KB063994

일본발(發) 혐한 바이러스

일본 지배계급의 비틀린 정치공학

일본발(發) 혐한 바이러스
일본 지배계급의 비틀린 정치공학

초판 1쇄 발행 2021년 10월 20일
　　2쇄 발행 2021년 11월 18일

지은이 | 이현주
펴낸이 | 윤관백
펴낸곳 | ▲돌설**선인**
등 록 | 제5-77호(1998.11.4)
주 소 | 서울시 마포구 마포대로 4다길 4 곳마루 B/D 1층
전 화 | 02)718-6252/6257
팩 스 | 02)718-6253
이메일 | sunin72@chol.com

정가 28,000원
ISBN 979-11-6068-621-0 93900

일본 지배계급의
비틀린 정치공학

일본發

혐한 바이러스

이현주 지음

도서
출판 선인

긴 이야기의 발단

　항간의 이야기들이 대부분 다 그렇듯이 나의 이 긴 이야기도 뒷골목 밥집에서 가끔 보는 대학 친구들과 했던 세상 돌아가는 일에 관한 잡담에서 시작되었다. 이야기의 끝은 언제나 학창시절의 누아르 영화 같은 무용담으로 끝나곤 했다. 누가 가장 성적이 좋았는지에 관해서는 한 번도 화제에 오른 적이 없었다.

　종종 북한문제나 일본에 관한 문제도 도마에 올랐다. 중국의 사드 보복 행태에 관해서 성토를 벌이기도 했다. 밥집의 여기저기에서 들려오는 소리를 들으면 한국인들은 중국에 대한 마음을 닫아걸고 다시는 열지 않을 것 같았다. 특히 2012년 말 제2차 아베 정권이 들어선 이후에는 일본에 관한 화제는 거의 매번 도마에 올랐다. 물론 일본을 밥집 사교계의 스타로 데뷔시킨 것은 2019년 7월 1일 일본 정부가 우리 대법원 판결에 대한 사실상의 보복으로 한국에 대한 수출관리규제 강화조치를 강행했을 때였다. 이 조치로 일본은 한국에 우호적인 국가가 아니라는 인식을 한국인들 사이에 각인시켰다. 원래 외교문제가 언론을 장식하고 장안의 화제가 된다는 것은 관련된 일이 잘못되었거나 손해 보는 장사라고 생각되기 때문이다. 한마디로 시끄러운 외교는 그리 성공적인 것이 아니라는 의미다. 보통사람들이 우리의 이익과 관련된 문제에 관해 가지는 촉감은 대단한 수준이다. 관료나 전문가들이 아무리 언론을 통해서 포장해도 사람들은 내용물을 투명한 유리 속의 물건 보듯 좋고 나쁨의 판성을 내린다. 그래서 항상 수준 높은 외교는 조용히 진행하는 것이다. 그렇다고 국민을 속인다는 의미는 결코 아니다. 외교를 조용히 해야 한다는 것은 국민이 쓸데없는 걱정을 하거나 흥분하게 만들어 정신건강을 해치지 않도록 해줘야 한다는 것이다. 물론 국민을 겁주지 말라는 의미도 있다. 그러나 요즘은 한국의 외교문제가 뒷골목 밥집의 화제에 오르고 있다. 그만큼 현 정부의 외교와 대북한 정책이 실패하고 있다는 의심이 커지고 있다.

◆ ◆ ◆

코로나가 창궐하기 전인 언젠가 모임에서 친구들이 기다렸다는 듯이 일본 문제에 관한 화두를 꺼냈다.

"일본 놈들이 전략물자 수출을 제한하면서 한국의 목을 조르겠다는데 그 저의가 뭘까?"

"아, 그건 한국을 너무 깔보고 그러는 거야. 우린 외교를 너무 못해."

"그거 현주가 좀 설명해봐라. 오랜만에 너의 그 썰 좀 들어보자."

"야 뭐가 오랜 만이야! 쟤는 시간만 나면 구라푸는데."

결국은 이렇게 해서 한마디 할 기회가 생겼다.

"일본인들의 행태가 잘 이해가 되지 않을 때는 내가 가끔 언급하는 다섯 가지 일본식 거짓말의 유형을 생각해 가며 들여다보면 더 잘 이해할 수가 있을 거야.[1] 일본인들의 행태는 억압사회에서 흔히 볼 수 있는 전형적인 현상이라고 할 수 있겠지. 중요한 정책 결정에도 그런 '무감각한 거짓말'이 결정적인 영향을 미치기도 했어. 주어진 상황이나 정보를 주관적으로 해석하기 때문에 오류가 많다는 거지. 내가 늘

---

1 52쪽 이하에서 상세하게 설명한다.

북한 사람들의 심리적 원형을 '공포'라고 하잖아. 일본사람들도 강한 자나 자신이 속한 공동체에 대해 비슷하게 '공포'를 가지고 있어. 그런 심리가 대외정책에서 강경한 태도를 과시하게 만든단다."

"공포? 억압? 일본은 민주주의 국가 아닌가?"

"맞아 일본은 민주주의 국가지. 그런데 눈에 보이는 정치제도 이면에서 작동하는 사회적인 특성을 봐야 해. 우선 일본이 억압사회라는 것과 일본인들이 왜 그렇게 정부가 하는 말을 잘 따르는지는 결국 같은 이야기야. 일본사람들은 천 년 가까이 사무라이 밑에서 엄격한 위계질서와 규율, 감시, 가혹한 처벌이라는 환경 속에서 살아왔어. 맞은편에서 걸어오던 칼 찬 사무라이가 아무런 말도 없이 갑자기 내 옆의 친구의 목을 쳐서 죽이는 장면을 생각해 봐. 너 같으면 어떻겠어? 사무라이가 빤히 쳐다보기만 해도 등에 식은땀이 흐르겠지. 그래서 일본사람들은 일상의 공포심에서 오는 자기보호 본능이 작동하여 독특한 심리적인 특징과 행태를 보이는 거야. 그 대표적인 특징이 강한 자, 즉 권력에 대한 순응이고, '설득력 없는' 다양한 유형의 변명이지. 변명이라는 것이 바로 거짓말이잖아. 아무튼 일본식 민주주의도, 혐한도 다 그런 심리적 배경이 있는 거야. '혐한'은 그 억압된 피지배자들의 피해의식을 배출시켜주는 역할을 한다고 보면 돼."

"그런데 요즘 그렇게 한국을 미워하는 건 왜 그런 거야? 아베가 나오기 전에는 한일관계도 괜찮았던 것 같은데…."

"물론 아베가 악화시킨 면은 있지만 이 모든 현상을 아베가 나타나서 갑자기 만들어 놓은 건 아니야. '혐한' 의식은 오랜 역사적인 배경이 있어. 그것은 이미 6세기 말부터 신라에 대한 적대감과 통일신라에 대한 두려움으로부터 시작된 거야. 백제를 멸망시킨 신라와, 백제와 밀접한 유대관계에 있던 왜가 적대적이 된다는 것은 당연한 귀결이 아니겠어? 그것이 소위 신라금수관(新羅禽獸觀)이니 조선멸시관이니 하는 걸로 이어져 오다가 임진왜란을 거치면서 굳어진 거지. 그러다가 19세기 말 일본이 조선에 대한 침략을 시작하면서 일본 정부가 '정한론(征韓論)'이라는 형태로 민중에게 주입하여 점점 더 고정관념화된 거야. 지금도 60대 이상은 그런 고정관념이 있다고 해. 물론 일본의 젊은 세대는 K-Pop과 한국 문화를 좋아하지만…."

"그렇다고 해서 1500년 전에 일어났던 일이 오늘날까지도 이어진다는 게 있을 수 있는 일인가?"

"인근국 간에는 현재까지도 오래된 갈등과 증오감이 녹아 있는 사례가 많잖아? 발칸반도가 그렇고…. 그런데 한국에 대한 일본의 증오는 원래는 민중 일반의 감정이 아니라 지배계급이 지배이데올로기로 이용한 것이라는 점을 염두에 둬야 해. 일본의 역사서인 『고사기』와 『일본서기』의 대부분이 백제와 신라에 관한 기술이고, 백제와 신라가 조공을 바쳤다는 허세가 기록되어 있어. 일본의 천황가를 비롯한 귀족들이 서로 자신의 정통성을 확인하고 강조하는 이데올로기로써 한국을 이용하는 거지. 이번에 영회가 펴낸 『일본의 만엽집은 신라의 향가였다』라는 책에서 영회가 그 시대의 한자의 의미와 이용방식으로 해독한 초기 만엽 가사(歌詞)들의 내용이 대부분 백제나 신라와 관련된 내용이라는 것도 그 증거 중의 하나가 될 거야.[2] 마치 우리 군대 갔을 때 훈련소에서 소싯적에 한 가닥 하지 않았던 사람은 한 명도 없다는 말과 같은 얘기지. 통일신라와 일본의 교류가 끊어진 다음에 수

---

2 김영회, 『일본 만엽집(萬葉集)은 향가였다』, 북랩, 2021. 김영회는 필자와 같은 대학 과 동기이다.

백 년을 거치면서 이런 인식이 각종 이야기로 계승되고 과장되어 조선멸시관이 고정관념이 된 거야. 마치 오랫동안 변이해온 바이러스 같은 것이지."

◆ ◆ ◆

"일본의 지배계급은 한반도 출신일 거 아니야? 기마민족이 정복했다고 하잖아? 근데 왜 고향인 한국을 미워하는 거지?"

"일본의 지배계급이 혐한정책을 추진하는 이유는 네 가지로 요약할 수 있다고 봐.

첫 번째로는 역사성. 거기에는 복잡한 심리가 얽혀 있을 텐데 정확한 이유는 유추할 수밖에 없겠지. 우리 부모님이 다 월남한 실향민인데, 골수 반공, 반북한 세력이었다는 걸 한 번 되새겨보면 좀 이해할 수 있지 않을까?

두 번째는 지배계급의 국내 권력 강화와 안정을 위해서는 외부의 적이 필요하다는 것인데, 이건 663년 백강(白江)전투에서 패한 왜에서 천황으로 집권한 덴무(天武)천황 때부터 써 온 정치공학적 수법이라고 할 수 있어. 특히 19세기 말 메이지 유신 후에는 정한론자로 알려진 사이고 다카모리(西鄉隆盛)가 '내란을 원하는 마음을 밖으로 돌려 나라를 흥하게 하는 원략'으로 정한론을 주장했다고 해. 이를 일본인들은 간단한 말로 내위외경(內危外競)[3]이라고 했지.

세 번째는 역사적 근거 때문이야. 한국과의 역사 논쟁에서 질 경우 분식(粉飾)되어 온 일본의 역사가 몽땅 뒤집혀지는 게 두려운 거지. 그러면 일본의 정체성이 무너지고 천황을 중심으로 해온 지배체제가

---

3 외국과의 분쟁을 일으켜 국내의 위기를 밖으로 돌린다는 의미.

위태로워진다는 거야.

마지막 네 번째 이유는 일본이 아시아지역 강국으로서의 지위를 유지하기 위한 방편이기도 해. 근대 이후 일본은 한반도가 환란의 근원이기 때문에 일본이 한반도를 차지해서 러시아에 대한 방어망을 구축해야 한다는 논리를 역설해 왔거든. 그것을 합리화시키기 위해서 지난 150년간 조선멸시관을 미국과 유럽에 유포시켜 왔던 거야. 그것은 한국을 이용해서 미국에게 일본의 전략적 가치를 과장하는 수법이지. 이러한 양상을 하나의 패턴으로 뭉뚱그려 보면 일본은 한국을 손쉬운 보상심리적 비하 대상으로서 일본판 짐 크로우(Jim Crow)[4]로 삼기도 하고, 무찔러야 하는 적의 의미로서 구마소(龍襲)로 삼기도 하고[5], 대신 희생되어야 하는 스케이프고트로서 닭[6]이나 뽕나무[7]처럼 취급한다는 거야. 그런데 요즘은 따 먹을 수 없는 포도를 '신 포도'[8]라고 하는 식으로 좀 바뀐 것 같아.

◆ ◆ ◆

"그렇다면 일본이 위안부나 징용자 문제 등 역사문제에서 책임을

---

4 1800년대 초 라이스라는 백인이 '짐 크로우'라는 흑인노예로 분장을 하고 춤과 노래를 연기하여 인기를 끈 데서 유래하여 흑인에 대한 차별의식의 대명사가 되었다. 1965년까지 미국남부에서 시행했던 흑인차별법을 「짐 크로우 법」이라고 불렀다.

5 일본의 『고사기』와 『일본서기』에 나오는 전설로서 중앙정권이 규슈의 권력자인 구마소를 제압하고 야마토정권을 수립한다는 내용으로 일본의 지배권력이 정통성을 과시하기 위해 설정한 적대세력을 의미한다.

6 한상일·한정선, 『일본, 만화로 제국을 그리다』, 일조각, 2006. 원숭이를 겁주기 위해서 원숭이가 보는 앞에서 원숭이보다 약한 닭을 본보기로 죽이다는 의미(殺鷄於猴看·살계어후간). 실제로 조선을 닭으로 비하하는 그림이 언론만평 등의 형태로 유포되었다.

7 뽕나무를 가리키며 회나무를 욕한다(指桑罵槐·지상매괴)는 의미.

8 여우가 포도를 따 먹으려 했으나 너무 높아서 먹을 수 없게 되자 시어서 안 먹는 것이라고 자기합리화를 했다는 이솝우화의 이야기.

인정하고 진정으로 사죄할 가능성은 전혀 없겠구만."

옆에 있는 친구가 한숨을 쉬며 실망조의 넋두리를 하자 다른 친구가 말을 이었다.

"그게 걔들의 한계겠지. 그러면서 무슨 대국을 꿈꿨나?"

"일본에서 지배계급에 속한다는 사람들은 일본의 과거 역사를 부정하면, 아니, 조금이라도 수정하거나 훼손하면, 일본의 현 사회체제, 특히 천황제가 무너질지도 모른다는, 일종의 심리적 '공포'가 있는 것 같아. 말하자면 일본의 지배계층에게는 역사 갈등이 단순한 갈등이 아니라 생사가 걸린 문제 같은 거지."

"그런데 일본의 지배계급이라고 하는데 일본은 평등사회잖아? 고정된 지배계급은 없잖아."

"그게 설명하자면 좀 길지. 요즘도 일본의 책에는 지배계급이라는 용어가 자주 등장해. 기득권층을 의미할 수도 있고… 세습의원이 사촌세습까지 합하면 70% 가까이 되니까…."

"한국과 일본은 언제까지 그렇게 티격태격하며 지내야 하는 걸까? 이웃이라고 하면서…."

"이웃관계라는 게 본래 그런 거야. 친하기보다는 갈등이 더 많지. 그리고 한일관계의 비극은 역사적으로 서로가 서로에게 1류가 아니라 2,3류의 존재였다는 것이야. 근세 이전까지는 한국과 일본 모두 중국과의 관계를 최우선으로 생각했을 거 아냐? 오늘날에는 중국의 자리에 미국이 들어앉아 있는 거지. 한일 양자 관계는 미국과의 관계의 하위 체제잖아. 그런데 한국의 국력은 점점 더 커지고 있고, 이에 따라 한반도에 대한 영향력을 유지하고 과시해야 한다는 일본의 강박증은 한층 더 커져 가고 있어. 동북아지역의 평화와 안정에 대한 한국과 일본의 진략적인 시각도 현실적으로 정반대야. 일본은 미국과 중국의 갈등을 부추겨가면서 미국에 대한 자신의 전략적 가치를 높이려고 하는 데 반해서 중국과 육지로 국경을 접하고 있는 한국은 미국과 중국 간의 관계가 원만하게 유지되는 것을 원하는 거지. 나는 미국과 중국 중 어느 편이냐는 선택을 강요하는 프레임도 일본이 부추기는 것이라고 생각해."

◆　◆　◆

그러다가 종내는 역시 미국에 관한 이야기가 나오게 된다.

"그런데 미국은 한국과 '같이 갑시다'라고 하면서 우리 편은 들어주지 않나?"

"18세기 말부터 미국이 아시아지역에 출현한 이래 미국이 한국 편을 들어준 적은 한 번도 없어. 한국 사람들이 그저 짝사랑 하는 거지. 미국은 언제나 일본 편이었어. 반미냐 친미냐를 떠나서, 역사적인 사실이 그렇다는 것이야. 전략적으로 미국에게 한국은 별로 가치가 없는 존재였어. 일본이 항복한 후에도 미국은 소련과의 냉전에 대응하기 위해 일본이 필요했기 때문에 일본에게 무한 지원을 해주었어. 동남아시장과 미국시장을 일본에게 열어주었고, 미국이 베트남전에 빠져든 것은 일본에게 미국의 안전보장 공약을 과시하기 위한 것이었다는 견해도 있을 정도야. 일본을 공산주의에 대항하는 자본주의적 근대화의 모델로 내세우기 위해서 '일본근대화론'까지 만들어 주었어. 결과적으로 일본에게 지역강국의 지위까지 보장해주었지. 그 과정에서 일본의 역사책임 문제는 흐지부지되어 버린 거야. 일본은 오늘날에도 여전히 중국에 대한 봉쇄정책의 중요한 한 축이 되고 있잖아. 서운하고 아쉽지만 우리가 미국과 동맹하고 우호를 다지면서도 그런 현실은 알고 있어야 해.

그러나 아베 신조(安倍晋三 · 1954-) 시대의 '혐한'은 사실상 '한국에 대한 질시'라는 측면이 커. 그만큼 한일 간의 국력 차이가 줄어들었고 그에 따라 힘의 균형도 변하고 있는 거지. 일본인들에게는 한국에 대한 우월감이 점차 사라지고 있는 것이 당혹스러울 거야. 그리고 우리가 정말 알고 있어야 할 것은, 19세기 조선의 몰락과 그 이후 한국인의 고난은 일정 부분은 한국인 자신의 책임이라는 거야. '일제강점기' 트라우마로부터 벗어나서 한국이 어떻게 능동적인 역할을 하고 새로운 프레임을 만들어 갈 수 있는가 하는 것이 앞으로 우리나라 외교의 가장 큰 과제라고 생각해."

◆　◆　◆

내가 말을 마치자마자 어떤 친구가 말했다.

"아 그렇구나. 그래서 언젠가 네가 우리 대화방에 올린 글에서 그 종족주의인지 뭔지 하는 책이 일본식 논리의 냄새가 난다고 했던 말이 바로 우리가 아직 일본의 식민지 프레임에 빠져있다는 의미구나."

물론 모든 친구가 나의 의견에 동의하지는 않았을 것이다. 대부분은 여전히 일본이 모든 면에서 우리보다 선진적이라고 생각하는 것 같다.

"야 현주야 수고했다. 오늘 오랜만에 공부했다. 자 다들 종강 기념으로 한 잔 하자."

이렇게 우리는 막걸리와 소주, 맥주를 마시며 '잡담'을 이어 갔다. 그러다가 어떤 친구가 말했다.

"그 정도로 끝내지 말고 아예 책을 한 권 쓰는 게 어때? 너 『횃불과 촛불』이라는 북한에 관한 책도 썼잖아?"

◆ ◆ ◆

사람은 귀에 듣기 좋은 말에는 혹한다고 하던가! 마침 공직 생활을 마치며 그동안 필자가 생각해오던 것들이 필지만의 주관적인 생각인지, 아니면 조금이라도 객관적인 근거가 있는 것인지 필자 스스로도 확인해보고 싶었다. 물론 필자가 저명한 인사라면 자신의 경험만을 기술해도 사회의 관심을 끌 수 있을 것이다. 그러나 필자와 같은 보통사람의 이야기는 그야말로 뒷골목 객담에 불과하다. 그리고 그것이 이야기라도 되려면 최소한의 객관적 근거가 필요하다. 그러나 무엇보다 더 중요한 자문(自問)은 왜 책을 쓰느냐이다. 세상 사람을 즐겁게 하기 위해서? 필자에게 그런 재주는 없는 것 같다. 그럼 자기 과시욕인가? 그럴지도 모르지….

오랜만에 '나는 왜 공무원의 길로 들어섰나?'를 생각해 보았다. 필자가 대학을 다닐 무렵인 70년대의 한국사회는 대체로 '계몽적' 분위기가 주류였다. 정치에서는 민주화를 외치는 학생운동이 가장 격렬한 '애국적 계몽'의 길이었다. 경제성장에 공헌하는 것이 '애국적 계몽'의 길이라고 생각하는 사람들도 많았다. 중동건설현장에서 일하는 사람들이나 수출현장에서 일하는 사람들에게는 정치와는 상관없이 모두가 다 그런 애국심이 있었다. 필자의 젊은 치기로는 세계무대에서 내 나라를 대표하는 일을 하는 것도 '애국적 계몽'의 길이라고 생각했다. 그리고 초년 외교관 시절, 주일본대사관의 상사로부터 "자네가 남기는 공문서는 모두 역사의 기록"이라는 말을 많이 들었다. '기록을 잘 남기는 것' 자체가 중요한 임무였다.

사실 필자가 1997년부터 1999년까지 2년간 한반도에너지개발기구(KEDO) 대표로, 대한민국 공무원으로서는 최초로 북한 땅에서 근무한 기록을 어떤 형태로든 남겨야 한다는 의식이 『횃불과 촛불(2003)』이라는 책을 쓰게 만들었다. '북한의 실상을 알려야겠다'는 큰 소명의식이 있었던 것은 아니다. 2년간 국민의 세금으로 월급 받았으면 무언가는 남겨놓아야 한다는 그런 생각이었다. 일본에 관한 이야기도 그런 것이다. 필자는 8년 정도 일본에서 근무했다. 사실 필자는 일찌감치 일본 전문 외교관이 되는 길은 포기했다. 그 이유는 이 책 후반부에 몇 줄로 고백했다. 그러나 일본을 떠난 지 22년 만에 다시 일본 근무로 불려갔다. 그리고 역사를 새삼 경험했다. 20여 년 만에 확 바뀌어버린 한일관계의 양태가 곧 역사였다. 필자의 경험이나 생각을 기록으로 남기는 것이 우리 사회에 조금은 도움이 되지 않을까 하는 오래 전의 '애국 의식'이 되살아났다.

◆　◆　◆

지금 한국이나 일본 사람의 서로에 관한 생각은 너무나 엉망으로 뒤엉켜 있다. 일본이 왜 '혐한'을 하고 역사문제에서 한국인이 원하는 '답'을 내놓을 수가 없는지를 아는 것도 그 엉킨 실타래를 푸는 작은 입구라도 될 것이다. 이제는 일본이 무언가를 해주기를 마냥 기다리기만 하는 시대는 지났다. 경우에 따라서는 한국이 능동적으로 한일관계를 이끌어가는 시대가 되었다. 한국이 '피해자'라고만 주장하며 세상에 '호소'할 정도의 존재는 이미 아니다. 얼마 전에 한국이 드디어 UN의 개발도상국 그룹인 '77그룹'에서 나와 선진국 그룹으로 들어가게 되었다는 뉴스를 들었다. 사실 그것은 이미 25년 전에도 한국이 선언하기만 하면 되는 것이었다. 필자는 1996년 한국이 OECD(경제협력 개발기구)에 가입할 때 한국이 선진국이 되었다고 선언해야 한다고 주장했다. 그러나 그 때는 개도국으로서의 혜택을 상실한다고 반대가 많았다. 한국이 선진국 그룹에 들어가는 것을 스스로 피한 것이다. 이처럼 한국인들은 스스로를 작다고 생각하고 심지어는 스스로를 폄하하는 데 상당히 익숙해져 있다. 그래서 지식도 외제를 좋아하는 습성이 있다. 북한에 관한 뉴스도 소위 외국전문가들의 말을 인용한 보도가 더 권위 있다고 생각한다. 그런데 그 사람들의 지식의 주요 원천은 한국신문의 영문판 정도이다. 더욱이 서글픈 것은 한국인들이 한국과 일본에 관한 이야기를 일본인들이 주장하는 이야기대로 전달한다는 것이다. 한국인의 시각이라는 것은 일본에 대한 '원한과 분노' 정도이다. 그렇다고 해서 "한국에서 태어나지 않아서 다행"이라고 했던 일본의 전 주한대사처럼 '저질적 수준'의 책을 쓸 수도 없다.

◆ ◆ ◆

일본 문제에 대한 필자의 시각은 센세이셔널한 것도 아니고 기발한 것도 아닐 수도 있다. 그저 담담한 기억과 기록이다. 역사는 기억과 기록이 쌓여서 이어져 간다. 그런데 그 기억과 기록은 최소한 객관적 근거로 뒷받침되어야 한다. 앞서 언급한 대로 필자가 저명한 관료라면 그 자체의 기억만을 가지고도 가치가 있을 것이고, 전문연구자라면 나름대로 객관성이 있다고 인정받을 것이다. 그러나 필자는 그어느 쪽도 아니다. 필자가 학창시절에 감명 깊게 읽었던 『러시아혁명사』의 저자인 김학준 교수는 『소련 정치론』의 서문에서 스스로가 러시아전문가가 아니라고 밝히면서 지역전문가의 요건을 세 가지로 간단하게 정의했던 것을 지금도 기억하고 있다. 첫째, 그 나라 언어를 말할 수 있고, 둘째, 그 나라에서 생활해 봐야 하고, 셋째, 1차 사료를 가지고 논문을 쓴 경력이 있어야 한다는 것이다. 필자는 일본에 관해서는 첫 번째, 두 번째 요건은 충족시킬 수 있으나 세 번째 요건은 그렇지 못하다. 그래서 그 세 번째 요건은 전문연구자들이 연구한 책들을 인용하는 방식으로 객관화시켜보기로 했다. 말하자면 2차 자료를 이용하는 것이다. 이 책은 그렇게 시작되었다.

그것은 고생문이 열리는 것이기도 했다. 지난 3년 동안 국내외 서적 약 400여 권을 읽고 정리했다. 그 내용을 타자 친 것이 A4용지로 1,700페이지 정도 되었다. 그러나 그런 자료들을 망라한다고 해서 반드시 객관적인 기록이 되지는 않을 것이다. 필자가 책을 선택하는 행위 자체가 주관적일 수 있기 때문이다. 역시 역사가 E. H. 카(Carr)의 말이 맞는 것 같다. 그러나 필자의 모자라는 능력과 제한된 여건 속에서 일본학자들과 제3자인 서구 전문가들의 시각을 빌리는 방법으로 객관성을 좀 더 확장했다. 필자는 일본을 인식하는 시각 중에 가장 흔하면서도 가장 위험한 것은, 서구의 '보편적 기준'과 '일본의 기준'이 동일할 것이라고 전제하고(일본을 선진국이라고 생각하므로) 어떤 사안에 접근하는 것이라고 생각한다. 일본은 개화기부터 서구의 일원이 되기를 갈망했다. 그러나 일본인들의 사고는 결코 서구화한 적이 없다. 그런데 서구화가 늦었던 한국인들은 일본인이 내세우는, 일본식으로 변형되거나 왜곡된 '프레임'을 당연한 것으로 알고 오랫동안 그 프레임에 순응해 왔다. 그런 사고의 가장 근본적인 원인은 한국 정치가와 지식인들이 소위 '일제 잔재'와 '오리엔탈리즘'의 속박에서 벗어나지 못하고 있다는 현실에 있다.

◆ ◆ ◆

다행히도 한국의 많은 보통사람들은 그런 트라우마에서 이미 벗어나 있다. 세대 차이에 따라 시각이 달라진 이유도 있다. 그런 시각은 일본문제에 대한 필자의 인식의 출발점이기도 하다. 필자의 선친이 갖고 있던 일본에 대한 의식과 필자의 인식을 대비해 보고, 또 필자의 자식들의 생각을 들어보면 일본에 대한 시각이 전혀 다르다는 것을 금방 알 수 있다. 약 70년 사이의 변화다. 그것은 일본에 관한 인식과 지식의 발전이기도 하다. 일본관계 일을 시작할 즈음 필자를 비롯한 비슷한 또래의 동료들은 "외교 업무를 하는데 왜 고대사까지 공부해야 하나"라고 넋두리를 하곤 했다. 대사관 인근의 선술집에서 단골 화두 중의 하나는 역사에 관한 것이었다. 그만큼 한국과 일본은 그 사연이 깊다. 특히 일본의 역사인식이라는 것이 그리 보편적인 인식이나 철학을 담고 있지도 않고, 오히려 그 역사기술 자체가 덧칠한 것이 많기 때문에 오늘의 이야기를 하려면 반드시 어제의 이야기를 점검해야 한다. 그렇게 점검해가다 보면 고대사 이야기까지 다다르게 되는 것이다.

그래서 일본이 주장하는 것은 무엇이든지 그 역사성과 논리를 이 잡듯이 샅샅이 점검해보지 않으면 시쳇말로 '당하게 된다'. 아주 자연스러운 '거짓말' 앞에서는 거짓말의 원점을 타격하지 않고선 다른 방법이 없다.[9] 그런 것을 일본담당 과장이던 대선배는 "일본외교관에게 뭔가 우리 의사를 전달할 때는 송곳으로 찌르는 것만 가지고도 부족하

---

9 강성현, 『탈진실의 시대, 역사 부정을 묻는다: '반일 종족주의' 현상 비판』, 푸른역사, 2020, 26쪽. 거짓말을 하는 개인이나 집단에게 "이건 거짓말이야"라고 폭로하거나, "당신은 거짓말쟁이"라고 주장하는 것은 그 프레임에 더 휘말려들기만 할 뿐이라는 것이다. "차라리 거짓을 발화하는 위치를 드러내고 그 거짓 목소리를 상대화하는 방향으로 논쟁을 시작하는 것이 낫다."고 한다.

다. 찌르고 후벼 파듯이 얘기를 해야 그들은 제대로 알아듣는다”고 표현했다. 그래서 한일 간의 역사를 펼쳐보지 않으면 ‘혐한’의 심리도 이해하기가 어렵고, 그것에 대해 잘못된 대응을 하게 될 가능성이 높아지는 것이다. 어떻든 잘못된 대응을 하는 것은 곧 우리의 손해를 의미한다. 이 책의 내용은 ‘혐한’의 정체를 뿌리까지 파헤쳐 보는 것이다.

‘혐한’은 일본의 정치 권력이 뿌려놓은 오래된 정치적, 사회적 바이러스이다. 저항력이 약한 사람들은 그 바이러스에 쉽게 감염되고 타인에게 전염시킨다. 이 바이러스도 역시 변이해왔다. 여러 종류의 독한 변종이 출현했다.

◆ ◆ ◆

제1부 1장은 역사 속 혐한의 원형에 대한 이야기이다. 2장은 일본인과 일본 사회, 일본문화의 심리적인 기저에 관한 이야기이다. 그것은 오늘날에도 일본인의 말이나 행태의 행간을 읽을 수 있는 근거를 제공한다.

제2부에서는 조선멸시관과 정한론이 혐한이 되는 과정에 관한 이야기이다. 그 시대적 전환점은 메이지 유신이었다. 필자는 그것을 소설 『라쇼몽(羅生門)』의 세계로 표현하고 싶었다. 원래 소설 『라쇼몽』의 이야기는 동명의 영화와는 전혀 다른, 일본인의 충동적 심리변화에 관한 것이다.[10] 그래서 그 결과를 아무도 모른다는 것이다.

제3부 1장은 미국의 아시아정책이 동아시아의 근대사에 어떻게 영향을 미치고 역사갈등을 초래했는지에 관한 이야기이다. 2장은 혐한을 국내정치적으로 이용해 온 일본의 지배구조 이야기를 다루었다.

---

10 그 충동적인 변화는 대체로 계산적이고 이기적인 방향으로 흘러간다.

3장은 일본의 언론과 일본 학계의 어용적 행태가 갈등을 조장하는 이야기와 냉전 이후 등장한 역사부정주의가 한일 간 역사갈등에 어떻게 작용하는지에 관한 내용이다. 4장은 한국이 제기하는 역사문제의 성격과 그 추이, 그리고 일본의 마구잡이식 주장과 한국 정부의 외교적 대응이 왜 문제가 되는지에 관한 내용을 담았다.

에필로그는 우리 한국인들에게 들려주고 싶은 이야기이다. 속옷은 집안에서 빨아야 한다는 옛말처럼, 우리 집안의 이야기이지 일본인들을 향한 이야기는 아니다. 다만 민초들의 민주주의 이야기는 한국과 일본의 보통사람들이 공감했으면 좋겠다.

◆　◆　◆

필자는 이 책을 준비하면서 주로 동북아역사재단의 자료실이 소장하고 있는 서적을 읽었다. 서적의 대출을 도와준 박종국 운영실장과 이영노님과 자료실 직원들에게 감사드린다. 그리고 이 변변치 않은 내용을 출간할 수 있게 해준 도서출판 선인의 윤관백 사장님과 김민정 대리에게도 사의를 표한다. 그리고 마지막에 필자의 원고를 꼼꼼하게 '검열'해준 오랜 친구인 심규선 기자에게도 고맙다는 말을 전한다. 마지막으로, 그리고 가장 큰 '고맙다'는 말을 이 지면을 빌려 필자의 아내이며 평생의 동지인 이소희에게 전하고 싶다. 이 지면이 그동안 일상생활에서 어색했던 그 '고맙다는' 말과 '사랑한다'는 말을 전하기에는 '딱 좋은 기회'이다. 소희는 딸과 아들을 훌륭하게 키워냈고 지난 3년 동안 서재에 처박혀 있는 필자의 곁에서 가죽으로 꽃브로치를 만들었다. 이제는 국전에서 입상도 한 가죽공예 작가가 되었다. 필자는 이 책을 마무리한 후에는 소희의 조수로 다시 복귀할 것이다. 그

나저나 코로나에서 해방되어야 둘만의 여행을 다시 시작할 수 있겠다. 참, 이 책을 한참 마무리하고 있을 때 필자의 손녀 재이가 태어났다. 먼 훗날 재이가 할아버지의 책을 읽고 할아버지 시대의 사람들은 무슨 생각을 하고 어떻게 살았는지에 관한 역사의 편린을 자신의 지식퍼즐의 한 조각으로 간직해 주면 고맙겠다.

차이콥스키는 악상이 잘 떠오르지 않을 때 "영감이란 첫 번째 초대에 나타나지 않는 손님과도 같다"고 말하곤 했다고 한다. 역사를 생각하는 것이 단순히 영감에 의존할 수 있는 것은 물론 아니다. 그러나 자신이 지득한 정보나 읽은 기록을 곰곰이 생각하며 그 연관성이나 의미를 생각하게 되면 그동안 생각하지 못했던 새로운 발견을 할 수도 있다. 역사학자들은 그것을 해석이라고도 하고 역사발전단계론 같은 어떤 법칙으로 만들려고도 했다. 아무리 전문적인 역사학자라 하더라도 단순한 사고로는 모든 역사적 사실을 다 연결시킬 수는 없을 것이다. 그러나 전문가든 아니든 누구나 호기심을 느낄 수는 있다. 어떤 것에 대해서는 30년 이상을 곰곰이 생각하며 궁금해 하는 것도 있다. 역사적 영감은 첫 번째 초대에 나타나지 않는 음악적인 영감보다 더 지독하다. 한 인간의 평생을 넘어 100년을 연구하고 논쟁하고 상상하며 초대해도 나타나지 않는 것이 역사적인 영감일 것이다. 그런데 일본에 관한 것들을 훑어보는 내내 귓가에 울리는 음악적 영감은 차이콥스키의 음률이 아니라 쇼스타코비치의 왈츠 2번의 선율이다. 상하이의 어디를 무대로 한 흑백 영화의 한 장면에 어울릴 듯한 그 선율이 맴돈다.

2021년 8월

저자 이현주(李賢主)

목차

3부 역사갈등 : 출구 없는 미로가 되기까지

1부

잊으려 해도
잊을 수 없는 타자(他者)

강박증의 역사적 구조

> "그들이 두려워한다면 미워하도록 만들라."
>
> 로마 도미티우스 황제*

> "부모라든가 자식이라든가 또는 친구나 지인, 그 외에도 자신이 신세를 진 스승이나 선배와 같은 사람들은 단순히 잊을 수 없는 사람이라고 말할 수는 없다. 오히려 잊어서는 안 되는 사람들이다.
> 그런데 은혜를 입은 관계도 아니고 의리를 지켜야 하는 관계도 아닌 전혀 낯선 타인으로서 원래는 그저 잊어버려도 인정이나 의리상 아무런 문제가 없는데도 잊어버릴 수가 없는 사람이 있다.
> 세상의 보통 사람에게는 그런 사람이 없겠지만 적어도 내게는 있다."
>
> 『잊을 수 없는 사람들(忘れえぬ人々)』, 구니키다 돗포(國木田 獨步 1871-1908)의 단편 소설

1. 고대 아시아판 크레올의 역사

필자가 처음으로 일본과 인연을 맺게 된 것은 지금으로부터 37년 전인 1984년 8월이었다. 외교부에 들어오고 나서 국비로 와세다 대학에 어학연수를 간 것이었다. 그때 처음으로 한국과 일본의 역사에 대한 인식의 괴리를 직접 경험했다. 그 때까지 필자는 일본의 문

---

* E. H. Norman "Feudal Background of Japanese Politics", in John W. Dower ed., *Origins of the Modern Japanese State: Selected Writings of E. H. Norman*, Pantheon Books, Random House, N.Y. 1975. p. 335.

물은 한국(주로 백제)에서 전수해 준 것이라고 알고 있었다. 와세다 대학의 일본어 수업에는 일본의 역사 과목이 들어 있었다. 어차피 외국인을 상대로 하는 역사 과정이니 개략적인 수준의 강의였다. 당시 필자는 일본어를 알아듣는 데 급급한 수준이었다. 역사 선생님은 참 친절하고 온화한 남자 분이었다. 그런데 어느 날 선생님이 일본의 고대 문화를 설명하면서 한반도의 도래인(渡來人)[1]들이 철기 등 여러 기술을 가지고는 왔지만 주로 일본이 한반도에 문물을 전해주고 지배한 적이 있다고 설명하는 것이었다. 그 근거로 임나일본부(任那日本府)를 예로 들었다. 그러면서 일본인 특유의 멋쩍어하는 표정으로 필자와 미국인 학생을 번갈아 보면서 "아마도 李 상(이 씨)은 나와 다른 생각이겠지만…"이라고 하면서 말꼬리를 흐렸다. 이 순간 필자의 애국심이 폭발했다. 마침 서울 광화문의 대학입시 재수학원에서 재미있게 배웠던 세계사 실력을 동원하였다. 더듬거리는 일본어로, 반은 영어를 섞어가며, 선생님께 반론을 제기했다. 그 후 뒷골목 술집에서 약간은 과장된 무용담이 된 이야기는 이러했다.

> "나는 물론 생각이 전혀 다릅니다. 첫째, 고대 문화의 흐름으로 보면 대륙에서부터 퍼져나갔으니 한반도에서 일본으로 흐르는 것이 좀 더 자연적이지요. 둘째, 그 전파 방식은 오늘날 같은 기술교류의 형태라기보다는 무력을 통한 정복 형태였을 것입니다. 그렇지 않고 '도래인'이 그저 철기를 전래한 이민자라면, 오늘날 미국의 대통령은 백인이 아니라 인디언이 차지하고 있어야 하는 것 아닙니까? 백인들이 원주민 인디언에게 총을 바치고 스스로 복속했을 것이므로…. 셋째, 임나일본부가 실제로 존재했다

---

1 고대 한반도에서 일본으로 건너온 사람들을 지칭한다. 이전에는 귀화인이라고 했다. 이런 용어들은 일본인이 원래부터 일본에 거주하고 있었다는 비역사적, 신화적 가설을 근거로 한 개념이다.

하더라도 왜 그것이 일본이 처음부터 한반도를 지배했다는 증거가 됩니까? 영국과 프랑스 간의 백년전쟁의 원인은 그로부터 4백 년 전인 1066년의 '노르만 콘퀘스트'에 기인하는 것이었습니다. 당시 프랑스왕 휘하에서 노르만디를 지배하던 노르만족 영주인 윌리엄 공작이 영국을 점령하여 노르만 왕조를 연 이후에는 노르만디 땅은 영국왕이 된 윌리암과 그 후손들의 땅으로 그대로 계승 되었지요. 그러다가 영국의 왕위계승권과 영토 소유권 문제가 발단이 되어 100년 전쟁이 터진 겁니다. 마찬가지로 원래 가야지역이었던 임나지역의 유력자가 일본열도로 건너와 왕이 되었을 수도 있지 않을까요?"

에가미 나미오(江上波夫) 도쿄대 교수의 기마민족정복설은 고고학적 발굴로 상당 부분이 입증되었다. 예를 들면 후쿠오카, 오사카, 나라 지역의 고분으로부터 별안간 4세기 말에서 5세기 시대의 금이나 은으로 된 관, 귀걸이, 마구, 요대 등 한반도 왕족의 복식과 김해 대성동 계통의 철제무기류가 발굴된다.[2] 청소년용 일본역사책에는 후쿠오카 인근 지역에서 창으로 찔려 뼈에 구멍이 난 인골이 다수 발굴되었다는 이야기가 실려 있다. 그것을 근거로, 서기 2~4세기경에 한반도에서 들어온 세력이 규슈와 오사카에 걸친 지역에서 큰 규모의 정복전쟁을 벌였다는 추론을 기술하고 있다.[3] 한편 고대 세계에서 중국과 신라는 한반도 남부와 일본의 서부 지역에 흩어져 살던 사람들을 모두 '왜(倭)'로 인식했던 역사기술도 많다. 중국의 고대문헌에 등

2 동북아역사재단 한국외교사편찬위원회 편, 『한국의 대외관계와 외교사, 고대편』, 동북아역사재단, 2019. 307-308쪽.
3 小学館, 『Junior 日本の歷史 1: 國のなりたち』, 2010, 97-100쪽. "유적에서 발견된 인골들은 평균 신장이 죠몬인보다 몇 센티 크고 한반도에서 발견되는 인골과 닮았다. 야요이시대 이후에는 점점 한반도인과 닮은 얼굴과 체형을 가지고 있는 사람들이 출현한 것으로 보인다."

장하는 '왜(倭)'는 한반도인과 동일체처럼 묘사되기도 한다.[4] 그 후 시간이 흐르면서 일본열도에 살고 있는 모든 사람들이 '왜'가 되었다. 고대 일본 열도는 한반도를 떠나온 '진취적인' 사람들이 이주해 온 아시아판 신대륙이었던 것 같다. 떠난 사람들이 기억하는 시간은 대부분 떠날 때의 시간에 고정되어 있다. 그들은 떠난 이후 고향에 남아있는 사람들보다 더 전통적이고 보수적이게 된다. 그래서 프랑스 이민사회인 캐나다의 퀘벡에는 아직도 18세기 프랑스어를 일부 사용하고 있어 프랑스어 연구의 대상이 된다고 한다. 브라질의 포르투갈어나 중남미의 스페인어도 마찬가지다. 중남미지역 이민지에서 태어난 유럽이민자의 후손들을 '크레올(creole)'이라고 불렀다. 알제리에 이주한 프랑스인의 자손들은 '피에누아르(pied-noirs · 검은발 또는 검은 장화)'라고 불렀다.[5] 이들은 신대륙의 원주민을 정복한 정복이민자들이다. 일본을 정복했다는 기마민족도 고대의 '크레올'이요 '피에누아르'라고 할 수 있다. '크레올'은 원주민이나 후기 이민자들을 차별하고 멸시했다. 계급적 서열화와 차별의식은 이들 정복이민자들에게 내면화되는 성격이다. 이러한 역사적으로 오래된 특징적인 기질을 사회심리학에서 '아비투스(habitus)'라고 한다.[6] 일본인들의 역사심리학적 내면에는 이러

---

4 김용운, 『한·일간의 얽힌 실타래: 신라·백제에서부터 한·일까지』, 문화사상사, 2007, 64쪽. 산해경에는 왜를 한반도 북방의 선비족으로, 논형(論衡)에는 중국 남쪽 해안 지대에 살던 족속으로, 한서지리지는 남쪽 끝 바다에 사는 족속으로 기술했다. 왜가 사는 지역이 점차 남하하는 것으로 기술하고 있다.
  위의 책, 65~66쪽. 삼국사기 신라본기 193년 6월에 "왜인 천여 명이 식량을 구하러 왔다"는 기록과 393년 "침략했던 왜가 배를 버리고 도망갔다"는 기록을 학자들은 왜의 본거지가 육로로 연결되는 가까운 곳에 있었다는 의미라고 해석한다. 신라인들은 남해안지역의 소왕국인 '포상팔국(浦上八國)'의 연합세력을 통틀어 '왜'로 보았다고 한다.
5 농장 주인들이 검은 장화를 신었던 데서 유래. 원주민을 탄압했다는 의미가 있다.
6 유선영, 『식민지 트라우마: 한국 사회 집단 불안의 기원을 찾아서』, 푸른역사, 2017, 18쪽. 프랑스의 사회학자인 피에르 부르디외가 이 용어를 처음 사

한 '크레올'의 심리가 보인다. 일본의 고대세계에서도 자신들보다 뒤에 이주해온 사람들을 차별하며 불렀던 호칭 중의 하나로 '이마키'(今來)라는 이름이 있다. '지금 막 온 사람'이라는 뜻이다. 나중에 신참이라는 것을 위장하기 위해서 올 來(래)자를 같은 발음인 나무 木(목)자로 바꿔서 今木(같은 발음 이마키)가 되었다고 한다. 특히 나라현에 '이마키'라는 성이 많다고 한다. 오늘날에는 소위 한반도에서 일본으로 이주해 왔다는 사람들을 통틀어 '도라이진(渡來人, 도래인)'이라고 한다.[7] 그 용어 자체가 차별성을 의미한다. 한 일본 지인은 도래인에 관해서 "일본의 천황과 귀족들은 1500년 이전에 일본으로 이민 온 사람이고, 심수관은 400년 전에 임진왜란 때 '이민 온(포로)'사람이고, '자이니치'(재일한국인)는 80년 전에 '이민 온'(강제연행) 사람들"이라고 농담조로 말한다. 고향에서 살 수 없는 어떤 조건이 고향을 떠나게 했고, 새로운 이민지에 정착한 이민자들은 고향을 떠난 아쉬움과 자신들을 떠나게 한 세력에 대한 서운함과 증오를 공유하며 향수를 달랜다. 고대 일본 사회를 건설한 이민자들도 한반도에 대해서 그러한 복잡한 심경을 가졌을 것이다. 그리고 떠난 것을 합리화한다. 그래서 떠나 온 자들은 할 말이 많다. 새로운 정착지에서 자신들의 뿌리에 관해 과시할 것도 많았을 것이다. 그래서 비교적 기록이 많이 남아 있다. 반면 한반도에 남아 있는 자들은 떠나버린 자들에 대해서 별로 관심이 없다. 그래서

용했다. 아비투스(habitus)란 특정한 환경 속에서 교육을 통해 형성된 인간에게 내재화되는 무의식적 사회화의 산물이라고 정의했다. 재인용: Pirre Bourdieu, *The Logic of Practice*, Cambridge: Polity Press, 1990, p.53-55. 앞으로 '혐한'의 내력과 역사를 찾아가는 데 이 '아비투스'라는 개념을 염두에 두기를 바란다.

7 『천년 향가의 비밀』의 저자인 김영회는 한국의 관점에서 도래인을 도거인(渡去人)이라고 칭해야 한다고 주장한다. 도망쳐서 간 사람이라는 의미인 도거인(逃去人)일 수도 있다.

이들에 관한 기록도 별로 없다. 삼국사기의 백제나 신라조에 왜국에 관한 기록이 거의 없는 반면에 일본의 고사기와 일본서기는 거의 백제와 신라 이야기로 채워져 있는 것도 그 때문일 것이다. 필자의 대학 동기로서 45년 친구이자 향가해독 전문가인 김영회의 일본 『만요슈(萬葉集)』 해독에 따르면 만요슈에 수록된 4,516편의 일본 고대가사의 내용에는 당시의 한반도와 관련된 내용이 많다고 한다.[8] 본국과의 인연에 관한 기록은 종종 과장되어지고 은폐되기도 한다. 백제계가 권력을 잡으면 가야계나 신라계의 기록이 지워질 것이다. 그리고 모국과의 인연이 끊어지면 모든 기록이 더욱 과장되거나 왜곡되고 지워질 것이다. 7세기 중엽 일본의 다이카개신(大化改新)에서 씨족의 이름(씨)과 성(카바네)[9]을 정리하여 『신찬성씨록(新撰姓氏錄)』[10]을 편찬하는 것은 일본의 권력관계를 정리하는 중요한 개혁이었다. 이러한 것을 크레올의 역사라고 할 수 있다. 칭기즈칸의 후예들이 수천 킬로미터 떨어진 지역에 세운 나라들의 역사서인 『사국사(四国史)』나 『집사(集史)』도 떠나온 먼 고향의 땅과 조상을 신화로 기술한 크레올의 역사이다. 시간이 흘러 세대가 바뀌면 옛 고향의 기억을 간직한 사람들은 사라지고 그 기억은 점차 변형되고 신화가 된다. 모국이 못살면 이민 떠난 자들은 모국 사람들을 깔보지만 심리적인 콤플렉스는 여전히 남아 있

---

8 김영회, 『일본 만엽집은 향가였다』, 북랩, 2021, 김영회는 『천년 향가의 비밀』이란 책도 냈다. 그는 어렸을 때 고향인 섬에서 할아버지가 훈장이던 서당에서 한자를 제대로 배웠다. 그는 향가나 일본의 만요슈를 음운으로 해독하면 안 되고 그 당시 한자의 훈과 한국말의 어순으로 조합되는 일정한 규칙이 있다고 주장한다. 그래서 당시의 말은 유추·해석할 수 없지만 그 내용은 보다 정확하게 복원할 수 있다는 것이다.
9 왕이 하사한 일종의 품계 명이다.
10 연민수 외 역주, 『신찬성씨록 상·중·하』, 동북아역사재단, 2020, 고대 일본의 유력 씨족 가문의 성씨를 가계별로 정리한 책. 종합적인 족보라고 할 수 있다.

다. 신대륙에 이주한 백인들의 유럽에 대한 감정과 크레올 관리들의 불만이 미국과 남미 민족주의의 시발점이 되었다고 한다.[11] 미국에 정착한 식민지민들은 1700년대 초에 자신들이 영국인이 아니라 미국인(American)이라는 것을 자각하게 되었다. 미국역사에서는 그것을 '정체성의 대인식(the Great Awakening)'이라고 한다.[12]

2. 잊으려 해도 잊을 수 없는 타자(他者)

떠나야 했던 자들의 향수와 원한

『잊을 수 없는 사람들(忘れえぬ人々)』은 근대 초기 일본의 소설가인 구니키다 돗포(國木田獨步 · 1871-1908)가 1898년에 쓴 아주 짧은 단편소설이다. 도쿄 외곽의 가메야(龜屋) 여관에서 우연히 같이 숙박하게 된 무명 소설가인 오쓰 벤지로(大津弁二郎)가 역시 무명 화가인 아키야마 마쓰노스케(秋山松之助)에게 "아무런 인연도 없이 한 순간 스쳐갔는데 잊히지 않는 사람들"에 관해서 쓴 자신의 소설 초안을 보여주며 밤새도록 이야기하는 내용이다. 밤새 대화를 나눈 사람은 아키야마였는데 소설의 마지막에 잊을 수 없는 사람은 아키야마가 아니라, 의외로 소설에는 별로 등장하지 않았던 '여관집 주인'이었다는, 좀 싱겁게 끝나는 이야기다. 근세의 일본지식인들이 중국을 열등한 '잊을 수 없는 타자'로 설정하면서 일본의 우월성을 찾아내고 과도한 일본예찬이

---

11 베네딕트 앤더슨(Bendedict Anderson) 지음, 서지원 옮김, 『상상된 공동체: 민족주의의 기원과 보급에 대한 고찰』, 도서출판 길, 2018, 87-110쪽.
12 Paul Johnson, *A History of the American People*, Harper Collins, New York, NY, 1997, pp.109-117.

시작되었다고 한다.[13] 그러나 사실은 고대부터 일본인들에게 그 '잊을 수 없는 타자'가 되어 온 것은 신라였다. 고대 '왜인들'[14]은 그러한 콤플렉스 때문에 선진 문물과 제도는 중국으로부터 직접 도입한 것처럼 교묘하게 변조했다. 가야를 의미하는 가라(韓)의 한자를 唐(당)이나 漢(한)으로 쓰고 '가라'로 읽는 식으로 지명이나 사람의 이름을 원래의 것과 비슷한 발음의 다른 한자로 위장했다.[15] 사실 고대세계에서 한반도를 거치지 않고 일본에서 바다를 건너 직접 중국과 왕래하는 것은 그 시대 원시적 수준의 선박과 항해 기술로는 불가능했다.[16] 8세기 중엽에도 당의 고승 감진(鑑眞·688-763)은 일본에 가기 위해서 동중국해를 건너다 다섯 번이나 조난을 당했고, 여섯 번째인 21년 만에 겨우 일본의 규슈 남단 섬에 도착할 수 있었다.[17] 9세기에 와서도 장보고가 한반도 서남해안으로 연결되는 해상항로를 장악한 것도 그런 조건이 있었기 때문이었다. 결국 일본인들의 심리적인 내면에 깊이 자리 잡고 있는 잊을 수 없는 타자는 한국뿐이었다. 소설 『잊을 수 없는 사람들 (忘れえぬ人々)』처럼 결말을 비틀어버린 것뿐이다. '비틀림'은 일본의 문학작품에서 자주 등장한다. 고대의 일본사람들이 한국과의 인연을 부인하려 한 것이 바로 일본의 역사심리적 콤플렉스이자 비틀기가 되었

---

13 三谷博(미타니 히로시), 『明治維新とナショナリズム : 幕末 外交政治 變動』, 出川出版社, 1997. 22-25쪽.

14 이 '왜인' 개념에는 백강 전투 훨씬 이전부터 한반도에서 이주해 온 구 이주민과 백강 전투 패전 이후 망명해 온 신 이주민들이 모두 포함된다.

15 김용운, 앞의 책, 2007, 84쪽. 현재 규슈 북단의 항구인 唐津(가라쓰)는 원래는 같은 가라쓰 발음의 韓津이었다. 동해연안의 高麗津(고마쓰)는 小松(고마쓰)가 되었다.

16 김현구 외, 『일본서기 한국관계기사 연구』(I), 일지사, 2002, 281-283쪽. 5~6세기경 통나무배 수준의 선박은 최대 길이 15m 최대 폭 3m 정도의 크기에 노꾼이 8~14명, 승객은 4~5명 정도였을 것으로 추정한다.

17 김용운, 앞의 책, 2007, 24-25쪽.

다. 한국에 관한 일본의 인식은 이미 1500년 전부터 비틀어졌다. 그 비틀림이 오늘날의 '혐한'의 뿌리이다.

『古事記(고지키)』와 『日本書紀(니혼쇼키)』는 일본의 가장 오래된 사서이다.(다음부터는 한국인에게 익숙한 『고사기』와 『일본서기』로 표기한다.) 그것은 백제의 멸망 후 일본의 권력투쟁에서 정권을 장악한 덴무(天武)천황 시대에 만들어진 역사서이다.[18] 그것은 백강 전투 이후 망명한 백제인이 백제가 편찬한 백제역사서를 인용하여 기록하였다고도 한다.[19] 그래서 그런지 백제에 관한 이야기가 많고 또 백제인의 입장에서 쓴 것 같은 내용도 많다.[20] 지명의 방위를 백제를 중심으로 남쪽, 남서쪽 등으로 설정한 사례도 많다.[21] 이 시기 일본 역사에 백제의 고급 인재들이 다수 등장한다. 백제인들의 문화적 흔적이 많아진다.[22] 세 살때인 663년 의관인 아버지에 업혀 전쟁난민으로 일본으로 건너와 역시 귀족이 되어 만엽가사 작가로도 유명해진 야마노우에 오쿠라(山上憶良·660-733)도 백제인들의 디아스포라 역사에 특별한 이야기를 더해준다.[23] 이제는 일본의 청소년용 역사책도 일본서기는 그대로 신뢰할

---

18 고사기는 712년 오노 야스마로(太安萬侶)가 히에다노 아레(稗田阿礼)의 이야기을 듣고(誦習·구술) 전체 3권으로 저술했다고 알려져 있다. 일본서기는 720년 도네리(舍人) 친왕이 편찬자가 되어 전 30권으로 완성했다. 고사기는 민간역사서(私撰·사찬)이고 일본서기는 관찬(官撰)이라고 한다.

19 김용운, 『풍수화: 원형사관으로 본 한·중·일 갈등의 돌파구』, 맥스교육(맥스미디어), 2014, 97쪽.

20 김현구 외, 『일본서기 한국관계기사 연구』(I)(II), 일지사, 2002.

21 이재석, 『고대 한일관계와 「일본서기」: 일본서기의 허상과 실상』, 동북아역사재단, 2019, 92·131쪽. 예를 들면 "남쪽 바다"에 있는 탐라인이 백제국과 통교했다는 기록이다.

22 김현구 외, 앞의 책(III), 2002, 280쪽. 예를 들면 사택소명(沙宅昭明)은 백제 귀족 중에 한 사람으로 문재가 뛰어나서 고위관직에 임명되었고 나카토미 가마타리(中臣鎌足)의 비문을 지었다고 한다. 그의 사망소식을 듣고 덴무천황이 매우 놀라고 종3위의 벼슬을 추서했다고 한다.

23 일본의 만엽학자인 나카니시 스스무(中西進)가 그 이야기를 찾아냈다.

수는 없다며 그 신빙성에 문제를 제기한다.[24] 일본의 양 역사서의 공통적인 특징은 일본의 건국시조 신화는 모두 가야와 신라에서부터 유래하는 이야기를 하면서 뒤로 가면 신라를 적대시하고 정벌의 대상으로 규정한다는 것이다. 신라의 연오랑과 세오녀 전설은 고사기에서 신라 왕자인 아메노히보코(天日槍)가 주인공이 되는 일본판 신드바드의 왕자 이야기로 변한다.

> "신라 여인이 낮잠을 자고 있는데 무지개가 음부를 비추더니 붉은 구슬(赤玉)을 낳았다. 신라 왕자 아메노히보코(天日槍)가 그 구슬을 방에 가져다 놓았더니 구슬에서 미인이 나왔고, 왕자는 그녀를 아내로 삼았다. 그런데 그녀는 일본으로 도망해 버린다. 아메노히보코는 그녀를 쫓아왔지만 처는 나니와에 있는 히메코소 사당(比賣碁曾社)의 제신 아카루히메(阿加流比賣)가 되어 있었다. 그는 할 수 없이 다지마국(多遲摩國)에 들어가 후손을 낳고 살았다."[25]

이것은 도착한 땅 사람들의 이야기이다. 그래서인지 규슈의 북단 가라쓰(唐津)에는 요부코(呼子)라고 불리는 바닷가 지명이 있다. 요부코는 글자그대로 누군가를 부르는 아이다. 멀리서 바다를 건너오는 사람들에게 그곳에서 손을 흔들며 "이쪽이요 이쪽이요" 하고 외쳤을지도 모른다. 이 주인공들에 관한 전설은 일본의 시조신인 아마테라스 오미카미(天照大神 · 천조대신)와 신공황후(神功皇后 · 일본어로는 진구황후)로까지 연결되고 있다.[26] 여기서 유의해야 할 점은 고사기와 일본서기는 모두 덴무천황 시대에 과거 수백 년 전부터 구전된 이야기를 기록했

---

24 小学館, Junior 日本の歴史 1: 國のなりたち, 東京, 2010, 277쪽.
25 김정기, 『일본 천황 그는 누구인가: 그 우상의 신화』, 푸른사상, 2018, 43–45쪽.
26 위의 책, 49쪽; 琴秉洞, 『日本人の朝鮮觀: その光と影』, 明石書店, 東京, 2006, 13쪽.

다는 점이다. 그렇기 때문에 그 내용은 8세기 일본인의 생각이지 그 수백년 이전 시대에 살던 사람들의 실제 생각이나 경험과는 많이 다르다. 그래서 향수와 원한과 같은 상반되는 감정이 뒤섞여 있다. 고대의 한반도 남부와 일본 연안 지방은 마치 프랑스의 역사학자 페르낭 브로델이 묘사했던 지중해 연안지역의 문화적 생활권 같은 것이었다.[27] 오늘날의 김해지역은 한반도에서 일본으로 건너가는 길목이었고, 철기를 거래하는 국제적인 '장터'였다. 따라서 많은 왜인들과 왜계 백제관료도 거주하고 있었다.[28] 그들은 가야나 백제에 상주하면서 일본의 자기 일족과 백제를 연결하는 일을 했다고 한다.[29] 일본서기는 그곳을 '임나일본부'라고 한마디 언급하고 있는데, 일본의 근대역사학자들이 그것을 고대 일본이 한반도 남부를 식민지로 지배했다는 증거라고 주장하고, 한일병합은 일본이 옛 땅을 되찾는 것이라고 주장했다. 그런데 '일본'이라는 국호는 7세기에 와서나 등장하기 때문에 그것은 앞뒤가 맞지 않는 이야기였다.[30] 오늘날에는 전형적인 임나일본부설을 주장하는 전문연구자는 없다. 일본의 청소년용 역사책도 임나일본부 기록은 허구라고 설명한다.[31]

가야가 신라에 의해 멸망한 후에는 백제와 왜의 관계가 상당히 찐한 '애정행각'으로 발전한다. 백제가 왜병을 활용하고 왜에 선진 문물

---

27 페르낭 브로델은 프랑스의 대표적인 역사가이다. '역사계의 교황'이라 불린다. 『지중해: 필리페2세 시대의 지중해 세계사』, 『지중해의 기억』, 『물질문명과 자본주의』 등의 대작을 썼다.

28 김현구 외, 앞의 책 II, 2002, 138-142쪽; 이재석, 앞의 책, 2019, 174-175쪽.

29 김현구 외, 위의 책, 266쪽.

30 위의 책, 183쪽; 김현구 외, 앞의 책 I, 2002, 20-21쪽. 60년대 북한의 사학자인 김석형은 임나일본부는 일본 열도 내의 한반도계 분국에 설치한 기관이라고 주장했다.

31 小学館, 앞의 책, 2010, 231쪽.

을 전수하며 백제와 왜 두 왕실 간의 교류도 빈번해진다.[32] 한편 천황이 한반도 출신이라는 설(韓籍說)[33]은 계속해서 제기되어 왔다.[34] 또한 백제 귀족이 일본의 지배세력과 인적 네트워크로 연계되어 있는 모습도 보인다. 백제왕가의 유력한 외척인 진(眞)씨는 9세기 초 일본에서 편찬한 신찬성씨록에서 천황가에 가장 가까운 씨족으로 기록되어 있다.[35] 475년 이후 백제사에서 사라진 목협만치(木劦滿致)는 소가노마치(蘇我滿致)라는 이름으로 왜의 권력자로 등장한다. 한편 백제와 왜는 언어도 어느 정도 공유했던 것으로 보인다. 일본에서는 오랫동안 불경을 백제어로 읽었다는 기록도 있다.[36] 고대사 등장 인물들의 이름의 끝에도 '치'자가 많이 보인다. 스치(須智) 신사의 수호신인 신공황후의 할아버지 스치 천황신은 도래계 이주민들이 모시는 신으로서 삼국사기에 나오는 가야국의 시조인 이진아시왕(伊珍阿鼓王)의 별칭인 내진주지(內珍朱智)와 같은 발음일 것이다. 스치는 한반도계의 인명에서 유래하는 신분명(身名)이라고 한다.[37] '치'는 고대 한국어에서 고위 직책을 나타내는 말이라고 한다.[38] 백제가 멸망하는 시기에 왜의 왕조는 백제

---

32 김용운, 앞의 책, 2014, 314쪽.

33 김정기, 앞의 책, 2018, 53쪽. 그 시조가 '일본 최초의 실존' 천황인 오진(応神)천황이라는 것이다.

34 2001년 12월 22일 아키히토 천황은 기자회견 중 "나 자신과 관련해서는 간무(桓武) 천황의 생모가 백제 무령왕의 자손이라고 속일본기(續日本紀)에 기록되어 있어 한국과의 인연을 느끼고 있다"고 말했다. 동아일보 https://news.naver.com/main/read.nhn?mode=LSD&mid=sec&sid1=104&oid=020&aid=0000104971(검색일 2021.7.8.)

35 김용운, 앞의 책, 2007, 85-86쪽.

36 위의 책, 86쪽.

37 김정기, 앞의 책, 2018, 84쪽.

38 안재홍 지음, 김인희 역주, 『조선상고사감』, 우리역사연구재단, 2014. 28-33쪽. 한국의 초기 한국사 학자들은 사서에 등장하는 인물이름이나 지명에 고대언어적 근원이 있다는 것을 중시했다. 안재홍 선생은 '기', '지', '치'가 고위 직책을 나타내거나 어떤 일을 하는 사람의 언어라고 규정했다. 예를 들면 고

에 대해서 애틋하고 지극정성을 다하는 모습을 보이고 있다.[39] 663년, 이미 백제가 멸망한 지 3년째가 되는 해에 왜의 왕조가 멸망한 백제의 부흥을 위해 '3만의 병력'을 백강 전투에 투입한다는 것은 요즘 시대의 기준으로는 상식 밖의 일이다. 당시 백제와 왜의 왕가 간의 관계에는 현대인이 상상할 수 없는 어떤 특별한 '사적인 인적 밀접성'이 엿보이는 것이다.[40] 당시 일본사람들의 복잡한 감정을 보여주는 것이기도 하다. 백제가 멸망하는 663년까지는 왜인들이 한반도에 대해 품었던 감정은 한마디로 '향수'와 '떠나야 했던 자들의 원망'이라고 생각해 볼 수 있을 것이다. 백강 전투 패전 직후에 왜국에서는 오아마(大海人) 왕자가 조카의 왕위를 찬탈하고 덴무(天武)천황이 되었다.[41] 고사기와 일본서기는 바로 이 덴무천황의 명에 따라서 편찬된 '정치적 승리자'

<hr>

대 개념의 왕은 큰사람이라는 뜻으로 '큰치'라고 했고 한자로는 건(建)치로 표기한다고 했다. 고문헌에서는 이러한 '기', '지', '치'를 표기하는 문자로서 기(岐, 己, 耆), 지(支, 知, 只, 祇), 자(者, 慈), 사(奢), 길(吉), 차(次, 借), 질(銍, 窒), 저(柢, 底), 졸(拙, 捽), 절(折), 직(直), 시(豉), 진(珍), 척(尺), 추(雛, 鄒), 착(鑡), 측(側, 測), 해(解). 태(台), 칭(稱) 등 다양한 한자를 썼다.

필자는 언젠가 아들과 대화중에 그 '치'에 관한 추리력을 발휘했다. "우리말에 가파치, 양아치, 그치, 저치 등 '치'는 몽골어의 흔적이라고 들어왔다. 몽골의 고려 통치기구인 정동행성(征東行省)의 관리 이름이 다루가치였고, 후금의 시조도 누루하치였다. 그런가 하면 러시아와 폴란드, 독일로 가면 '키'라는 이름이 많이 있다. 차이콥스키, 폴란드의 귀족 이름 찰토리스키 등. 거기서 다시 남쪽으로 발칸반도로 가면 다시 '치'가 보인다. 코마네치, 밀로세비치 등등. 그리고 보니 미국의 인디언 종족 이름도 있다. 아파치, 코만치…" 여기에까지 이르자 옆에서 잠자코 듣고 있던 당시 고교생이던 아들놈이 드디어 스톱을 걸었다. "아빠 그건 우연의 일치야."

39 김용운, 앞의 책, 2008, 104쪽. 일본서기는 백강 전투의 마지막을 "오늘로써 백제의 이름이 끝났다. 조상의 묘를 찾을 길이 없어졌다."라는 백제인들의 비통한 절규를 기록하고 있다.

40 위의 책, 79쪽. 곤지의 둘째 아들이 백제의 왕(동성왕)이 되어 본국으로 돌아갈 때는 유랴쿠(雄略)천황이 그의 머리와 얼굴을 쓰다듬으며 이별을 아쉬워했다.

41 이를 '진신의 난'(壬申の 亂)이라고 한다.

의 이야기다.[42] 이 시기에 최초로 '일본'이라는 국호와 '천황'이라는 명칭이 등장했다. 새로운 권력자인 덴무가 왕의 격을 높여 자신의 권력을 과시하는 것이었다. 덴무는 율령제 국가체제를 정비하고 '살아있는 신'으로 등극했다.[43] 덴무천황은 신라에 대한 적개심과 증오를 이용하여 천황을 신격화하여 신권적 절대 권력을 강화했다. 그 이후부터 일본의 지배계급은 한국에 대한 배타적인 감정을 부추기고 폄하하는 것을 지배이데올로기를 강화하는 유용한 정치수단으로 활용하였다. 그것은 오래된 정치공학 수법이다.

신라와의 끈질긴 악연
: 경계심과 적대감, 공포와 증오, 절연과 무시, 망각

신라는 일찌감치 '배타적 증오의 대상이 되는 타자'로서 일본의 고대 국가 성립에 불가결한 요소가 되었다. 일본 역사 초기에 출현하는 규슈지역과 이즈모(出雲·지금의 시마네현 동쪽해안지방)지역의 신라이주민 세력은 고대 왜국 정권의 적대세력이었다. 527년 규슈 지역을 지배하는 이와이(磐井)가 신라로부터 뇌물을 받고 반란을 일으켰다는 이야기가 그런 것이다. 일본의 고대사 기록의 대부분은 왜국 단독으로 또는 백제 가야와 함께 신라와 싸우는 이야기가 주를 이룬다.[44] 유홍준은 대략 8세기 이후 이룩한 일본 문명은 일본인의 독자적인 문명이라고 규정했다. "영국의 청교도들이 신대륙으로 건너가 이룩한 문화는 미

---

42 小学館, 앞의 책, 2010, 277쪽.
43 김정기, 앞의 책, 2018, 106쪽. 아키쓰미카미(現つ御神), 또는 아라히토카미(現人神)나 묘진(明神)이라고도 한다.
44 이재석, 앞의 책, 2019, 127-133쪽. 신라와 싸운 이야기는 거의 모두 백제인들이 한 이야기를 전용한 것이라고 한다.

국문화이지 영국문화가 아니듯이, 한반도의 도래인이 건너가 이룩한 문화는 한국문화가 아니라 일본문화이다. 우리는 일본 고대문화를 이런 시각에서 볼 수 있는 마음의 여백과 여유를 가져야 한다."고 말했다.[45] 그 시기부터 일본의 '정체성'은 신라에 대한 적대의식을 바탕으로 형성되었다. 백제의 멸망 이후 쓰라린 망명을 해야 했던 백제 유민들에게는 오히려 신라에 대한 원한과 증오심이 더 자연스러운 감정이었을 것이다. 신라에 대한 백제유민의 원한은 필자의 부모님과 같은 월남자들의 감정을 생각해 본다면 금방 이해할 수 있다.

신라정벌 설화와 조공국(부용국) 이야기 만들기

정한론의 원형인 신공황후의 신라정벌 이야기는 고사기와 일본서기에 '역사 형식'으로 등장한다. 물론 이 이야기는 8세기 일본의 정치권력이 만든 허구적 이야기에 불과하다. 당시 고대인들의 의식 수준은 그런 이야기를 현실로 이해하는 수준이었다. 사람들은 귀신을 볼수 있고 귀신과 대화도 할 수 있었고, 어떤 중요한 일이나 사건은 신이 내리는 결정이라고 믿었다.[46]

처음 신(神)은 구마소(熊襲) 정벌보다도 금은국(金銀國)인 신라를 쳐야 한다고 신공황후에게 신탁을 내렸지만 천황은 이를 의심해서 따르지 않았다. 그 뒤 다시 신탁을 황후에게 내려서 "태중에 있는 아들이 그 나라(신

---

45 유홍준,『나의 문화유산답사기: 일본편1 규슈』, 창비, 2013, 12쪽.
46 제베데이 바르부(Zevedei Barbu), 임철규 역,『歷史心理學(1983)』, 창작과
    비평사, 1997, 94-95쪽. 중세시대에도 유럽인들은 자신의 신앙을 현실이라
    고 믿고 있었다. 대부분의 사람들이 천사와 악마를 보기도 하고 듣기도 하고,
    혹은 실제로 만나는 일조차 있었던 것이다. 어떤 사람은 길을 가는 도중에
    '공중에서 지옥의 사냥터'를 매우 선명하고 또 생생하게 보았다고 한다.

라)를 얻을 것이다"라고 했다. 그런데 갑자기 천황이 죽게 되자 황후는 천황을 도요우라(豊浦)궁에 안치한 후 신탁을 받들어서 남장을 하고 한반도에 출병했다. (섭정전기 9년 겨울 10월) 와니노츠(和珥津)에서 출발하였다. 이때 바람의 신이 바람을 일으키고, 파도의 신이 파도를 일으켜 '바다속의 큰 고기들이 다 떠올라' 배를 도왔다.[47] 노를 쓸 필요도 없이 곧 신라에 이르렀다. 그때 배에 따른 파도가 멀리 나라 안에까지 미쳤다. 이것으로 천신지기(天神地祇)[48]가 모두 도와준 것을 알았다.

신라왕은 전전긍긍하며 어찌할 바를 몰랐다. 여러 사람을 모아서 "신라의 건국 이래 아직 바닷물이 나라 안에까지 올라온 일을 듣지 못하였다. 천운이 다해 나라가 바다가 되는 것이 아닌가"라고 말하였다. 그 말이 채 끝나기도 전에 수군이 바다를 메우고, 깃발들이 햇빛에 빛나고 북과 피리 소리가 산천에 울렸다. 신라왕은 '멀리 바라보고, 생각 밖의 군사들이 자기나라를 멸망시키려는가'라고 생각하였다. 두려워 싸울 마음을 잃었다. 마침내 정신을 차리고 "내가 들으니 동쪽에 신국(神國)이 있다. 일본이라고 한다. 또한 성왕(聖王)이 있다. 천황이라고 한다. 반드시 그 나라의 신병일 것이다. 어찌 군사를 내어 방어할 수 있겠는가"라고 말하고 백기를 들어 항복하였다.

흰 줄을 목에 감고 스스로를 포박하였다. 도적(圖籍·토지의 도면과 백성의 호적)을 바치고 항복하였다. 그리고 "금후는 길이 건곤(乾坤)과 같이 엎드려 사부(飼部·마굿간 지기)가 되겠습니다. 배의 키가 마를 사이 없이 춘추로 말빗과 말채찍을 바치겠습니다. 또 바다가 멀지만 매년 남녀의 조(調·조공)를 바치겠습니다"라고 말하였다. 거듭 맹세하여 "동해서 나오는 해가 서에서 나오지 않는 한 또 아리나레 가와(阿利那禮河)가 역류하고 강의 돌이 하늘에 올라 별이 되는 일이 없는 한, 춘추의 조(朝)를 빼거나 태만하여 빗과 채찍을 바치지 아니하면 천신지기(天神地祇)와 함께 죄를 주십시오"라고 말하였다.

그때 어떤 사람이 "신라왕을 죽입시다"라고 하였다. 이에 황후가 "처음에 신의 가르침에 따라 장차 금은의 나라를 얻으려고 하였다. 또 삼군에 호령하여 '스스로 항복하여 오는 자는 죽이지 말라'고 말한 바 있다. 지금 이미

---

47 고구려의 시조 주몽이 부여를 탈출할 때의 이야기와 동일하다.
48 하늘의 신과 땅의 귀신

재국(財國)을 얻었다. 또, 사람이 스스로 항복하였다. 죽이는 것은 상서롭지 못하다"라고 말하고, 그 결박을 풀어 사부(飼部)의 일을 맡겼다. 드디어 그 나라 안에 들어가, 중보(重寶 · 귀중한 보물)의 곳간을 봉하고 조적문서(圖籍文書)를 거두었다. 황후가 가지고 있던 창(槍)을 신라왕 문(門)에 세우고, 후세의 표(表)로 하였다. 그 창이 지금도 신라왕의 문에 서 있다.

신라왕 파사장금(波沙寐錦)은 미시코치하도리칸키(微叱己知波珍干岐)[49]를 인질로 보내고, 금은채색(金銀彩色) 및 능라겸견(綾羅縑絹 · 비단)을 가지고 80척의 배에 실어 관군을 따라가게 하였다. 이로써 신라왕은 항상 배 80척의 조(調)를 일본국에 바친다. 이것이 그 연유이다. 이에 고려, 백제 두 나라왕은 신라가 도적(圖籍)을 거두어 일본국에 항복하였다는 것을 듣고, 몰래 그 군세를 엿보게 하였다. 도저히 이길 수 없다는 것을 알고는 스스로 영(營) 밖으로 나와서 머리를 땅에 대고 "금후는 길이 서번(西藩 · 서쪽의 번국)이라고 일컫고 조공(朝貢)을 그치지 않겠습니다"라고 말하였다. 이로 인해 내관가둔창(內官家屯倉)을 정하였다. 이것이 소위 삼한(三韓)이다. 황후는 신라에서 돌아왔다. 일본서기 제9권, 신공황후 · 중애 천황 9년 9·10월.[50]

이 내용이 허구의 가공된 설화라는 사실은 이미 전전(戰前) 천황제 이데올로기로 학문적 반론을 통제하던 시대에 쓰다 소키치(津田左右吉 · 1873-1961) 등 일본학자들이 논증했다. 그 관련 사료가 고증할 수 없다는 것이었다.[51] 신공황후가 존재했다고 설정된 시대가 다른 역사 시대와 120년 괴리가 있고 또 그 당시 신라왕의 입에서 '천황'이라는 말이 나왔다는 것도 우스꽝스럽다. '천황' 칭호는 7세기 말 덴무천황 때 처음 등장한다. 앞뒤가 안 맞는 것은 일본서기에서 흔히 보이는

---

49 이 이름 끝자도 '치'이다

50 김현구 외, 앞의 책 (I), 2002, 61-63쪽.

51 이기용, 『정한론: 아베, 일본 우경화의 뿌리』, 살림출판사, 2015, 12쪽. 재인용: 津田左右吉 日本上代史研究; 池内宏(이케우치 히로시), 日本上代史-研究 -日鮮交渉と日本書紀; 三品彰英(미시나 쇼헤이), 日本書紀朝鮮關係記事考證.

사례이다.[52]

일본서기에는 있는 기록이 삼국사기에는 전혀 없는 사례는 많다. 떠나간 사람들의 이야기이기 때문일 것이다. 당시 신라는 당과 발해 쪽에 관심을 집중하고 있었다. 오직 일본만 신라에 관해서 시끄러웠다. 오늘날 한국이 일본 얘기만 나오면 시끄러워지는 것처럼…. 한편 신라는 신라대로 일본에 대해서 신라 중심의 천하 의식을 과시하였다. 신라의 사신이 신라가 왕성국(王城國)이라는 신라 중심의 천하 의식을 언급하여 일본 측은 이에 반발하고 신라사신의 입국을 거부하고 돌려보낸 사례가 보인다.[53] 신라는 일본이라는 국호가 아닌 왜라는 국명을 계속해서 사용했다. 일본사신을 접대하던 관서는 왜전(倭典) 그대로였다. 753년 당나라 정월삭 의식의 연회에 참석하는 일본 사신이 서열을 시정했다는 일본의 기록에 따르면 당을 사이에 두고 일본이 신라의 위상에 도전하는 모습을 보인다. 그것은 마치 오늘날에도 미국을 사이에 두고 한국 쪽이 일본의 위상에 도전하는 것과 비슷하다. 668년 이후 779년 마지막 사신까지 신라사신의 일본 내방은 47회(2,3년에 1회), 일본사신의 신라 내방은 25회(4,5년에 1회)였다.[54] 780년 이후 935년 멸망할 때까지 신라는 일본에 대해서는 관심이 없었다.[55]

---

52 김현구 외, 앞의 책(I), 2002, 29쪽. 예를 들면 "붉은 비단 백필을 임나왕에게 하사했는데, 신라인이 길을 막고 빼앗았다. 두 나라(일본과 신라)의 원한이 이때부터 비롯되었다."(垂仁天皇2년)는 기록에 대해서 쓰다 소키치(津田左右吉)는 그 당시에는 일본에서 비단을 그 정도까지 생산하지 못했으므로 그 기록은 사실이 아니라고 비판했다.

53 동북아역사재단 한국외교사편찬위원회 편, 앞의 책, 2019, 363-364쪽. 왕성은 천하의 중심지이고 왕성 밖의 천하는 크게 왕이 직접 관할하는 왕기(王畿), 제후의 권역인 후복(侯服)과 수복(綏服), 그리고 오랑캐의 땅인 만이요복(蠻夷要服)과 융적황복(戎狄荒服)이라는 3대 권역으로 구분된다고 한다.

54 미야케 히데토시(三宅英利), 하우봉 옮김, 『역사적으로 본 일본인의 한국관』, 풀빛, 1990, 23쪽.

55 김용운, 앞의 책, 2007, 69쪽.

신라금수관(新羅禽獸觀)
: 자폐증적 멸시관과 공포감의 자기증식 과정

일본에서는 신라와 공식관계가 단절된 지 100년이 지난 다음에야 신라에 대한 기록이 나타난다. 869년 5월 신라선 2척이 규슈의 하카다만에 쳐들어와서 공물인 비단과 면포를 약탈한 사건이 당시 일본 조정을 놀라게 할 정도의 큰 뉴스가 되었다. 게다가 신라가 일본을 침공할 것이라는 소문이 돌았다. 당시의 일본은 '신라해적'에 대응할 수 있는 군대가 없었다. 결국 신라에 대한 적개심을 증폭시키고 신의 도움을 받는다는 신국관에 의존하여 신라의 침공 가능성에 대한 공포심을 떨쳐버릴 수밖에 없었다.[56] 신라에 대한 적개심을 나타내는 신라금수관(新羅禽獸觀)을 '이류이형(異類異形)'이라는 말로도 표현했다. '이류이형'이라는 것은 배척의 대상인 '종류가 다른 것', 인간의 존엄을 인정하지 않고 부정하는 개념이었다.[57] 신라에 대해서는 '타국이류(他國異流)', 또는 '이류이형'이라고 했는데, 금수관처럼 철저하게 배타적인 이데올로기를 표현하는 단어였다. 9세기 말부터 신라는 흉적(凶賊)이 되고 신라금수관은 '신라표랑(新羅豹狼 · 신라는 표범과 늑대)', '신라자호랑지국야(新羅者虎狼之國也 · 신라는 호랑이와 늑대의 나라)' 등으로 표현했다.[58]

가마쿠라(鎌倉)막부(1192-1333) 말기에는 고려의 일본공격설이 널리

---

56 김정기, 앞의 책, 2018, 156쪽.
57 金光哲, 『中近世における朝鮮観の創出』, 倉書房, 東京, 1999. 27-28쪽. 12세기 초(1040-1043) 성립된 『大日本法華験記』에 수행승이 산속에서 길을 잃고 하룻밤 자는 사이에 말의 얼굴과 소, 새의 머리를 한 형상, 사슴 형상 등 수천 개의 '異流'가 출현하는 이야기가 나온다. 『今昔物語集』(옛날이야기모음집)은 『大日本法華験記』에 나오는 이러한 '異流'를 더욱 구체적으로 묘사하고 있다.
58 위의 책, 21-27쪽.

퍼졌다.[59] 한편 신라를 계승한 고려는 일본을 '화외(化外)의 나라'로 간주하고 늘 멀리하는 정책을 구사했다.[60] 일본에서는 쇄국적 의식 속에서 신라에 대한 적대감을 관념적인 유산으로 계승했다.[61] 신공황후 설화에 덧붙여 여러 신의 신라정벌설을 창작해 냈다.[62] 일본은 오래된 고립으로 인해 당시의 국제정세에는 상당히 어두웠다.[63] 원나라의 태조 쿠빌라이가 1266년부터 1272년까지 총 6회에 걸쳐 일본에 사신을 보내 복속할 것을 압박했으나 일본 측은 그 당시 세상이 돌아가는 것을 전혀 몰랐기 때문에 강경한 자세만 견지하며 응답하지 않았다.[64] 일본이 두 차례에 걸친 여몽연합군의 내습을 모두 태풍 덕분에 격퇴할 수 있었던 것은 천우신조의 행운이었다. 일본은 그 태풍을 '가미카제(神風·신풍)'로 간주하여 일본은 신국이라는 믿음이 더욱 강해졌다. 이후 일본의 지배계급은 대외위기가 발생할 때마다 신명의 가호를 기원하는 신국관념을 고양했다.[65] 몽고를 '무쿠리', 고려를 '고쿠리'로 비칭(卑稱)하는 풍조가 민간에 퍼지고,[66] 삼한정벌설을 새롭게 각색하

---

59 위의 책, 71-72쪽. "新羅國惡賊發來 爲日本打取日"
60 化外는 부처의 교화가 미치지 않는 곳, 가르쳐도 말귀를 못 알아듣는다는 뜻이다.
61 미야케 히데토시(三宅英利), 앞의 책, 1990, 30쪽.
62 金光哲, 앞의 책, 1999, 78쪽.
63 미야케 히데토시(三宅英利), 앞의 책, 1990, 30-37쪽. 일본 조정의 지식인들은 신라가 망하고 고려가 건국한 지 100년이 지난 11세기에 들어와서도 고려와 신라를 구분하지 못했다. 헤이안시대 귀족인 후지와라 가네자네(藤原兼實)는 1183년 1월 24일 일기에 60년 전 송나라가 금에 밀려 남쪽으로 천도한 사실을 처음 들었다고 기록했다.
64 위의 책, 38-41쪽/정순태, 앞의 책, 2007, 70-74쪽. 그것은 일본의 자존심이라기보다는 천황의 조정과 가마쿠라 막부 간의 정치적인 이해관계와 국제적인 무지에 기인하는 것이었다. 막부는 외교문제는 조정의 권한이라고 미루고 조정에서는 몽고의 국서를 묵살하기로 했다. 조선 말기 대원군의 "척화양이(斥和攘夷)" 정책이 그랬다.
65 미야케 히데토시(三宅英利), 앞의 책, 1990, 40-41쪽.
66 정순태, 여몽연합군의 일본정벌, 김영사, 2007, 185쪽.

고 윤색한 신공황후의 삼한정벌설화가 등장하였다.[67] 신라왕이 '앞으로 일본의 개가 되겠다'고 했다는 이야기도 새로 덧붙였다.[68] 그런 이야기는 다시 에마키(繪卷·두루말이 그림)가 되고, 에도시대 화가들은 그 그림을 다시 베껴 에마(繪馬)로 유포했다.[69] 그들은 자기증식된 신라에 대한 자폐증적 멸시관에 신공황후를 더해 더욱 더 과장되고 구체적인 이야기를 창작했다.[70]

정권교체기의 경계심

13세기와 14세기의 동아시아는 해적의 시대였다. 일본의 해적은 한반도 남부 해안뿐 아니라 중국의 동남해안에까지 진출했다. 일반적으로 해적을 의미하는 파이어리트(pirate)는 순수 민간인 해적을 의미하며, 정부나 지방 토호와 연계된 반관반민의 해적은 특별히 코르세어(corsair)라고 한다. 14세기의 일본 해적은 후자에 근접한 집단이었다. 중국 원 왕조의 말기 사회적인 혼란기였던 14세기 말에는 중국이나 고려나 해적을 통제하기가 어려웠기 때문에 왜구의 활동이 급증하였다. 또한 일본에서도 무로마치(室町) 막부(1336-1573) 초기에 중앙권력의 통제력이 약했던 것도 왜구가 창궐한 중요한 요인으로 작용했다.[71] 이에

---

67 金光哲, 앞의 책, 1999, 69-78쪽.
68 이기용, 앞의 책, 2015, 13-15쪽.
69 金光哲, 앞의 책, 1999, 198쪽. 에마는 그림을 그려 넣은 사각 또는 오각의 작은 판재로서 신사나 절에 소원을 빌며 걸어둔다. 19세기에 와서는 아이들 장난감 같은 개념으로도 팔렸다.
70 위의 책, 34-35쪽.
71 이영, 『팍스 몽골리카의 동요와 고려 말 왜구: 동아시아의 파이렛츠와 코르세어』, 혜안, 2013, 112-113·130쪽.
   목은 이색도 왜구에게 납치당할 뻔했는데, "잡목 숲속에 숨어서 배고픔과 공포의 고통을 겪음으로써 고려 백성들의 고통을 이해하게 되었다"라고 「山中

따라 공민왕 15년(1366) 때 왜구의 금압을 요청하는 사신을 무로마치 막부에 보냈다. 무로마치 막부도 답사(答使)를 개경에 파견했다. 이것이 무로마치 시대의 한일정부 간 접촉의 시작이었다.

조선 왕조가 출범한 후인 1398년에 막부의 초대 쇼군인 아시카가 요시미쓰(足利義滿)는 자신을 낮추는 서계를 보내 통교를 요청하였다.[72] 조선은 임진왜란 전까지 65회의 사행을 파견하였다. 조선 초기인 태조에서 세종대에만 48회의 사행을 파견했다. 무로마치 막부가 파견한 '일본국왕사'만도 71회에 달한다.[73] 1419년 6월 조선은 이종무 장군이 17,000여 명의 군사로 대마도를 토벌하였을 때에도 조선은 미리 일본 막부 쪽에 대마도를 조선의 영토에 편입시킬 의도가 없음을 알렸다.[74] 일본 조정에서는 이때도 적선이 물러간 이유를 가미카제(神風) 때문이라고 신국(神國)관념을 고양시키고 있다. 대체로 임진왜란 때까지 200년간은 평온을 유지했다. 그러나 양측 모두 내부적으로는 상대방에 대한 존중보다는 오랑캐라는 의식을 배양하고 있었다. 일본에서는 신공황후의 삼한정벌 설화가 퍼졌다.

조선멸시관과 일본멸시관의 충돌: 임진왜란

조선 초기의 대외정책은 명에 대해서는 사대, 주변국에 대해서는 교린체제였다.[75] 군사적 능력이 있던 조선 초기 교린체제의 핵심인 기

謠」에서 왜구로 인한 수난을 생생하게 전하고 있다.(같은 책, 112-113쪽.)
72 미야케 히데토시(三宅英利), 앞의 책, 1999, 42-43쪽.
73 하우봉, 앞의 책, 2006, 112쪽.
74 김용운, 앞의 책, 2007, 69쪽.
75 하우봉, 앞의 책, 2006, 5-6쪽.

48 **일본발(發) 혐한 바이러스** - 일본 지배계급의 비틀린 정치공학

미(羈縻)[76]정책은 수직(授職)과 역성(易姓), 경제적 회유 등의 수단과 향화(向化)정책을 혼합 병용했다. 조선이 쓴 향화정책의 기본방침은 "오는 자는 거절하지 않고 가는 자는 막지 않는다", 혹은 "오면 어루만져 주고 가면 쫓지 않음으로써 원한을 맺거나 분쟁을 일으키지 않는다"라는 것이었다. 1409년(태종9년)에는 경상도에 정주하는 향화왜인이 2천 명에 달했다고 한다.[77] 15세기 초에서 15세기 말까지는 무로마치 막부의 말기로서 힘이 약해진 막부가 조선과 대결할 수 있는 형편이 아니었다.[78] 일본의 막부나 지방권력들은 서계에 조선상국관(朝鮮上國觀) 내지 조선대국관(朝鮮大國觀)을 표시하면서 각종 경제적 지원을 요청했다. 심지어는 막부가 통신부(通信符)를 요청하였는데, 이것은 조공무역을 원한다는 의미이기도 했다. 이에 따라 조선에서는 16세기 이후 '일본이적관(日本夷狄觀)'을 바탕으로 '일본소국관(日本小國觀)'이 더욱 심화되었다.[79] 그러나 임진왜란이 끝나고 1603년 이후에는 향화왜인이 한 명도 없게 된다. 나라가 쇠락하면 찾아오는 외국인도 없게 된다.

세종대 이후부터 한일 간 국력의 격차는 더욱 가속되었다. 조선이 가장 번창한 시기인 세종 때인 15세기 중엽의 조선의 경제력은 일본 경제력의 45% 내지 50%였다고 한다. 그 이후 16세기 말 임진왜란 직전 시기부터 급속히 격차가 확대되기 시작했다고 한다.[80] 일본 사회는 13세기 말부터 금속화폐, 특히 송나라 동전의 유통이 활발해지고, 서민들 간에 읽고 쓰기와 주판이 보급되고 상업과 금융업이 발달하였

---

76 말의 굴레와 소의 고삐.
77 태종실록 9년 11월 14일 자 기록.
78 하우봉, 앞의 책, 2006, 127쪽.
79 위의 책, 29쪽.
80 2019년 12월 19일 배준호 한신대 명예교수의 해군해병대65차 동기회 학습모임 강의.

다.[81] 이미 고려 말에서 조선 초 그리고 임진왜란 직전에 일본에 사신으로 가서 일본의 물정을 직접 눈으로 본 조선의 지식인들은 일본의 경제적 번창과 도시의 화려함에 놀라고 감탄했다.[82] 조선이 일본에게 일방적으로 멸시당하는 처지가 된 것은 일본과의 국력 격차 확대에 따른 자연스런 귀결이었다. 임진왜란을 통해 '조선은 일본의 정복 대상'이라는 인식이 정착했다. 조선에 침입한 일본군들은 '신공황후 삼한을 퇴치하시니'라고 외치면서 진군했고, 장수들은 일기에 신공황후 설화를 언급하면서 감회에 빠졌다.[83] 일본군은 점령지에서 조선문자를 폐지하고 일본문자(이로하)를 강요했다.[84] 특히 군사력과 경제력에서 일본이 조선보다 훨씬 우위에 있다는 것을 확인한 후 일본의 조선 멸시관은 더욱 더 자기확증적인 고정관념으로 굳어졌다. 신공황후의 삼한정벌설은 조선침략을 정당화하는 이데올로기가 되었다.[85] 일본의 지배계급은 배타성과 혐한의 원형을 담고 있는 한반도 정벌에 관한 설화에 계속해서 덧칠을 했다. 근대 역사학자들은 그 신화를 역사적

---

81 김정기, 앞의 책, 2018, 162쪽.

82 강항(姜沆), 김찬순 옮김, 『간양록: 조선 선비 왜국 포로가 되다.』 보리, 2004. 174-175쪽. 남만 장사군이 가져왔다는 하얀 앵무새나, 낙타, 코끼리 등을 언급하며 왜국 시장에는 중국과 남만의 물화가 넘쳐난다고 했다; 금병동, 최혜주 옮김, 『조선인의 일본관: 600년 역사 속에 펼쳐진 조선인의 일본인식』, 논형, 2008, 25-26쪽. 1428년(세종10년) 12월 사신으로 일본에 갔던 박서생(朴瑞生)은 일본의 화폐유통과 세금을 돈으로 내는 제도를 신기해하면서 조선도 이 같은 제도를 채택하자고 건의했다. 임진왜란 발발 직전인 1590년 일본에 사신으로 갔던 김성일은 『해사록(海槎錄)』에서 "백성이 빽빽이 즐비한 집, 만천, 가게에는 보물, 얇은 옷감이 금바구니에 담겨 있네, 끝없는 판잣집들은 땅을 메우고, 사방으로 뻗은 시가는 가로 세로 통해 있네"라고 교토의 성대한 모습을 기록하고 있다.(같은 책, 35쪽.) 당시 한국의 사신들은 모두 '일본의 목욕 풍속'을 신기해 할 정도로 사회경제 면에서는 일본과 조선은 별세계였다.(같은 책, 250쪽.)

83 이기용, 앞의 책, 2015, 19-20쪽.

84 金光哲, 앞의 책, 1999, 221-223쪽.

85 이기용, 앞의 책, 2015, 21쪽.

사실로 만들어버렸다.[86] 그리고 일본 정부는 그것을 일본 민중에게 주입했다. 그렇게 해서 지난 1500년간에 걸쳐 덧칠해온 한국에 대한 배타적 이미지가 '혐한 바이러스'가 되었다.

86 이원희, 『日本 천황과 귀족의 백제어』, 주류성, 2015, 24-25쪽. 일본서기는 정격한문으로 되어 있어 쉽게 변조와 가필을 할 수 있기 때문에 원본 내용은 정확하게 알 수 없고 현재 전해지고 있는 판본들은 많이 변작된 내용이라고 한다. 그러나 고사기는 8세기 만엽가나로 쓰여 있어 변작이 어려웠다고 한다.

2장

혐한을 만들어내는 일본인의 심리구조

"관습과 법에 의해서

눈에는 그 보아야 할 것과 보아서는 안 될 것이

귀에는 그 들어야 할 것과 들어서는 안 되는 것이

혀에는 그 말해야 할 것과 해서는 안 될 것이

손에는 그 해야 할 것과 해서는 안 될 것이

다리에는 그 가야 할 곳과 가서는 안 될 곳이

마음에는 바라야 할 것과 바라서는 안 될 것이 정해져 있다."

BC 5세기경 그리스의 어느 웅변가*

1. 일본식 거짓말의 유형

일본의 지배계급은 '기리스테 고멘(切捨御免)'[1]이라는 말이 상징하듯이 메이지 유신 직전까지만 해도 일반 백성의 목숨은 파리 목숨 취급했다. 사무라이는 다이묘(大名)가 그냥 할복을 명하면 이유 불문 스스

---

* 제베데이 바르부(Zevedei Barbu), 임철규 역, 『歷史心理學(1983)』, 창작과 비평사, 1997, 35쪽.

1 '기리스테 고멘(切捨御免)'은 글자 그대로의 의미는 "베어버려도 상관없다"라는 뜻이다. 백성이 사무라이에게 단지 무례하기만 해도 칼로 죽여버려도 된다는 것이다. 그것은 18세기 중반 편찬한 법률인 구지가타오사다메카키(公事方御定書)에 규정되었는데, 그 이전부터도 일종의 관습법으로 인정되어 오고 있었다. 이 제도는 일본전통사회의 억압제도와 공포심리의 근원이었다. 법률상으로 농민의 생명이 보장되지 않았던 것이다.

로 배를 갈라야 했다.[2] 민중이 일상적으로 극단적인 심리적 위협을 느끼게 되면 그들은 지배계급이 무슨 말을 해도 순응할 수밖에 없게 된다. 그리고 핑계나 거짓말로 곤경을 모면하는 것을 부끄러워하지 않게 된다.[3] 극도로 억압적인 사회에서 거짓말은 상식이 되고, 인간의 심리는 프로이트나 융이 특정하는 사례와 같은 독특한 신경증적 특성을 보이게 된다는 것을 북한사람들에게서 수시로 볼 수 있었다.[4] 일본인의 모든 사고체계나 행태에는 이러한 거짓말의 유형이 씨줄과 날줄처럼 짜여서 작용하고 있다. 필자가 일본에서 생활하면서 느낀 일본식 거짓말은 5개의 유형이 있다. 첫째는 '새빨간 거짓말'인데 그런 것은 물론 어디에나 있는 거짓말이다. 둘째는 기준을 '선택적으로 적용하는 거짓말'이다. 셋째는 '비교하는 거짓말'이다. 넷째는 '말하지 않는 거짓말'이다. 다섯째는 '모르는 척하는 거짓말'이다. 요즘 우리나라의 정치인들도 이런 유형의 거짓말로 사회를 오염시키고 있다.

새빨간 거짓말: 다테마에와 혼네

일본인들은 필요한 경우에는 겉으로 드러내는 말이나 행동을 의미

2 야마모토 히로후미(山本博文), 이원우 옮김, 『할복: 일본인은 어떻게 책임지는가』, 논형, 2013, 6쪽.
3 필자가 북한에서 직접 경험한 북한사람들의 심리도 바로 이런 것이었다. 필자는 97년부터 99년까지 2년간 한반도에너지개발기구(KEDO: Korea Energy Development Organization)의 초대 대표로 북한의 함흥 북쪽 신포 인근 해안가의 원자력발전소 건설부지에서 근무한 바 있다. KEDO는 북한이 핵무기 개발을 동결하는 대가로 경수로형 원자력발전소 2기를 제공하기 위해 한미일이 결성한 국제기구였다.
4 이현주, 『횃불과 촛불: 벼랑 끝에 선 그들만의 천국』, 조선일보사, 2003. 3장 「우상과 공포」, 4장 「제도와 함정」은 북한에서의 신격화와 극단적인 억압통치와 그에 따른 민중의 공포와 지혜를 상세하게 기술하고 있다.

하는 '다테마에(建前)'와 속마음인 '혼네(本音)'가 다른 것을 당연하다고 생각한다. 그 둘이 달라도 된다는 것은 어떤 의미일까? 일본사람들은 "목숨을 건다"(一生懸命・잇쇼켄메이 또는 이노치오 가케테)라는 말을 아주 쉽게 한다.[5] 공부하는 데도 목숨을 건다. 『안팡맨(アンパンマン)』이라는 만화영화 캐릭터가 빵을 만드는 노래말도 "목숨을 걸고 빵을 만들자"이다. 또한 "이 세상 살아남으려면"(この世生き残るためには・코노 요 이키노코루 타메니와)이라는 말은 어린아이도 읊조릴 정도로 친숙한 말이다. 매일매일 목숨을 걸어야 할 정도로 위험한 세상에서 "살아남기 위해서" 하는 거짓말은 용인된다. '긴급피난'[6]이 무죄가 되는 것과 같은 이치다. 그래서 간단하게 거짓말을 하고 그것이 들통나더라도 천진난만한 표정으로 변명할 수 있는 것이다.[7]

선택적으로 적용하는 거짓말

침소봉대하거나 이중 기준을 적용하는 거짓말이 있다. 죽여야 할 사람은 티끌 하나만 붙어 있어도 충분하고, 살려줄 사람은 오물을 뒤집어쓰고 있어도 봐준다. 내가 필요한 것은 1%의 증거만 있어도 충

---

5 一生懸命는 본래 옛날에는 '一所'懸命이라고 했다. 一所, 즉 영지에 목숨을 건다는 의미였다.

6 법률에 '긴급피난'이라는 개념이 있다. 나의 생명이 위협받는 긴급한 위험한 상황에서 자구책으로 타인에게 해를 끼친 행위를 '긴급피난 행위'라고 하며 그에 대해서는 처벌받지 않는다는 원칙이다.

7 이안 부루마(Ian Buruma), 정용환 옮김, 『아우슈비츠와 히로시마: 독일인과 일본인의 전쟁 기억』, 한겨레신문사, 2002, 144쪽. "영화 『마지막 황제』(1987)의 감독인 베르나르도 베르톨루치는 일본 영화배급사인 쇼치쿠 후지(松竹富士)가 난징학살 장면을 몰래 삭제한 데 대해 항의했다. 그러자 일본 배급사는 영국의 제작사가 삭제를 부탁했다고 거짓말을 했다. 베르톨루치와 영국 제작사가 격렬히 항의하고 나서야 삭제된 장면은 다시 삽입되었고, 쇼치쿠 후지는 '큰 오해가 있었다'며 사과했다."

분하고, 상대방이 필요한 것은 99%의 증거가 있어도 부정되며, 나머지 1%의 증거까지 채워야 하는 것이다. 연역법과 귀납법을 편의에 따라 적용하는 것이다. 우리나라에서는 이런 거짓말을 '내가 하면 로맨스, 남이 하면 불륜(내로남불)'이라고 한다. 한마디로 공정성이 없는 것이다. 최근에는 역사부정주의자들이 이러한 논리를 구사한다. 그것을 '실증주의적 부정론'이라고 한다. 대표적인 사례가 아사히신문이 20년 전 일본군위안부와 관련된 요시다 세이지(吉田淸治)라는 사람의 허위증언을 그대로 보도했던 잘못을 사죄한 것에 대해 우익세력과 우익언론들이 "거 봐라 위안부문제 자체가 다 거짓이다"라고 공격하는 행태이다.[8] 서구에서도 가짜 고백 사례가 많지만 그런 것은 개별적 케이스로 처리되었다.[9] 도덕과 인권에는 법률적인 잣대를 적용하고, 법률적 책임 문제에는 도덕적 잣대나 상황 논리를 내세우며 부인하는 유체이탈 화법도 그런 류의 거짓말이다. 일본의 특기인 '비단벌레 색깔(玉虫・다

8 아사히신문은 1982년 9월 2일자에 과거 제주도에서 위안부사냥을 했다고 고백한 요시다 세이지라는 사람의 기사를 싣고, 그 이후에도 수차례에 걸쳐 관련 기사를 보도했다. 그런데 후일 요시다의 증언이 허위로 밝혀짐에 따라 2014년 8월 5일 아사히신문은 그 이전의 요사다의 증언과 관련되는 기사를 모두 취소하고 오보를 사죄했다. 그러자 우익세력이 벌떼처럼 들고 일어나서 마치 위안부 강제연행과 학대 사실이 모두 거짓이었던 것처럼 몰아갔다. 우익세력은 유엔의 1996년 「쿠마라스와미 보고서」 등 모든 국제적인 조사보고서도 부정했다. 일본의 다른 언론들도 마치 위안부문제 자체가 사실이 아닌 것처럼 거들었다. 그러나 소위 요시다의 증언이란 위안부문제에 관한 증거의 1%도 안 되는 것이었다. 다른 증거들은 차고도 넘친다. 유엔의 보고서도 요시다의 증언을 참고한 적이 없었다. 그럼에도 불구하고 이 사건은 아사히신문의 보도 태도를 위축시키는 결정적인 원인으로 작용했다.

9 오구마 에이지(小熊英二), 조성은 옮김, 『민주와 애국: 전후 일본의 내셔널리즘과 공공성(2002)』, 돌베개, 2019, 21–23쪽. "빈야민 빌코미르스키(Binjamin Wilkomirski)의 홀로코스트 생존 수기 『편린들: 전시의 어린 시절에 대한 기억, 1939–1948 (Fragments: Memories of a Wartime Childhood, 1939–1948)』는 1995년 출간되어 쇼아기록문학상 등 홀로코스트 관련 문학상을 석권했으나 3년 뒤 가짜로 판명되었다. 이 사건은 가짜의 진짜 같은 호소의 대명사가 되었다." 쇼아(Shoah)는 대학살을 뜻하는 히브리어다.

마무시 이로)의 합의'[10]는 사실상 거짓합의를 의미한다.

비교하는 거짓말

물귀신작전이라는 말이 비교의 거짓말을 가장 간단하고 쉽게 설명하는 말일 것이다. "저 사람은 나보다 더 나쁜 짓을 했는데 왜 나만 나무라느냐?"라는 것이 '비교하는 거짓말'이다. 이것은 자신이 나쁜 짓을 했다는 것을 전제로 하는 비교이다. 필자는 80년대 어떤 일본책에서 "영국인은 호주의 태즈메이니아에서 여우사냥하는 방식으로 원주민들을 학살하여 멸종시켰는데, 일본의 한국 식민지 지배는 그에 비하면 관대한 것이었다"라는 내용을 읽고 경악했던 적이 있다. 그 책의 저자는 그래도 저명한 대학 교수였다. 네덜란드인 역사학자인 이안 부루마(Ian Buruma)는 일본사람들이 자신들이 피해자 또는 희생자인 척하는 소아(小兒)적 태도를 일본의 문화적 특징이라고 한다. 그것은 마치 귄터 그라스의 소설 『양철북』에 나오는 세 살 때 성장이 멈춘 주인공 소년, 오스카 마체라트와 같은 문화적 소아증이라고 비판했다.[11] 이러한 일본의 책임 회피는, 발을 동동 구르며 "남들도 다 그렇게 했는데, 왜 나만 가지고 그래요"라고 소리 지르는 어린아이의 반

---

10 다마무시(玉虫)란 풍뎅이처럼 생긴 길쭉한 곤충으로서 그 등날개는 빛이 반사되는 각도에 따라서 색깔이 달라진다. 이를 비유해서 같은 문안의 합의를 해놓고도 서로 달리 해석하든가 정반대가 되는 입장을 취하는 것을 '다마무시 색깔의 합의'라고 한다. 그것은 전형적인 일본식의 예고된 거짓말 방식의 하나이다. 즉 강한 자나 승자가 필요시 부정하고 거짓말 할 수 있는 권리를 문서로써 보장해주는 것이나 마찬가지다. 근대 이래 한국이 일본과 맺은 조약이 거의 모두 다 이런 식이다.

11 이안 부루마(Ian Buruma), 앞의 책, 2002, 318쪽. 오스카 마체라트는 안나 브론스키 할머니의 풍성한 치마 속에 들어가 있는 것을 좋아했다. 그 속은 어둡고 따스하고 모태 같은 세계였다. 부루마는 그것에 빗대어 전후 일본인들이 맥아더에 의해 미국의 치마 밑으로 숨도록 요구받았다고 표현했다.(같은 책, 322쪽.)

항과 유사한 점이 있다는 것이다.[12]

말하지 않는 거짓말: 정보의 주관적 선택

예를 들면 어떤 사람이 "내일 비가 오면 나는 소풍을 가지 않겠다"고 말한 것을 앞부분의 조건 절은 빼고 그냥 "그는 내일 소풍에 안 간대"라고 전달하는 것이 대표적인 '말하지 않는 거짓말'의 사례이다. 과거 70~80년대에 재일한국인에게만 지문을 요구하는 차별적 대우가 문제가 된 적이 있다. 일본인에게는 지문을 찍으라고 하지 않으면서 재일한국인에게만 강제하는 것이었다. 당시 어떤 일본 신문은 "한국은 자기 국민에게도 지문날인을 강제하고 있다"라고 보도했다. 얼핏 보면 일본정부는 외국인인 재일한국인에게만 지문날인을 강제하지만, 한국 정부는 자국민에게까지 지문날인을 강제한다는, 마치 '똥 묻은 개가 겨 묻은 개 흉본다'고 비난하는 말처럼 들린다. 그러나 한국의 경우에는 안보문제로 인해 모든 국민과 외국인에게 발급하는 '신분증'에 지문날인을 받는 것이라서 차별이 없다. 반면에 일본에서는 일본인은 지문날인을 하지 않는데 유독 재일한국인들에게만 지문날인을 요구하는 것이라서 명백한 차별행위인 것이었다. 그런 차이를 '의도적으로' 설명하지 않고 보도하는 것이 이런 류의 거짓말이다. 일본군위안부 문제에 대해서 "한국군도 월남전에서 사창가를 드나들지 않았느냐? 그것과 무엇이 다르냐?"는 황당한 말도 그 조건의 차이를 '말하지 않는 거짓말'이다. 통계나 수치를 조작하는 수법도 여기에 해당된다. 이 유형은 '일본식 거짓말 예술의 극치'이다. 거기에는 권

---

12 위의 책, 321쪽.

력의 오만이 담겨 있다. 백성이 믿느냐 안 믿느냐는 상관없는 것이다. '힘이 정의와 진리를 만드는 것'이기 때문이다.

모르는 척하는 거짓말

이것은 독재체제 아래에서 보통 사람들이 할 수 있는 가장 간단한 저항의 표시이자 자기 보호 수단이다. 지금은 북한주민들이 이 분야에서 최고의 권위자가 되어 있다. 모르는 척하면 서로가 편리할 수도 있다. 일본 스님들이 토끼를 새라고 하면서 고기를 먹는 것은 모르는 척하는 거짓말의 결정판이다.[13] 일본 니코(日光)에 도쿠카와 이에야스를 신으로 모시는 신사인 도쇼구(東照宮)가 있다. 그곳에는 각각 양손으로 눈을 가리고, 귀를 막고, 입을 가리고 있는 원숭이 세 마리 그림이 있다. 보고도 못 본 척, 들어도 못 들은 척, 하고 싶은 말이 있어도 입을 다무는 것이 살아남는 지혜라는 것을 의미한다고 한다. 바보같이 행동해야 자기 명을 살 수 있는 것이다. 그래서 일본사람들은 "과연(なるほど: 나루호도!)", "아 그렇습니까?(あ そうですか: 아 소오데스카?)"라는 감탄사를 자주 한다. 알면서도 놀라는 제스처를 하는 것이 예의가

---

13 고선윤 글, 박태희 사진, 『토끼가 새라고?: 고선윤의 일본이야기』, 안목, 2016, 29쪽. 토끼는 앞발이 작아서 보이지 않으므로 발이 두 개인 새로 간주하고 먹었다는 것이다. 필자가 와세다 대학에서 일본어를 배울 때 일본어 선생님도 일본의 형식만능주의를 소개하면서 이와 같은 예를 들었다. 스님이 고기를 먹는 이야기의 시작은 물고기였다. 물에 사는 것은 짐승에 해당하지 않는다는 논리였다. 그 다음이 새였다. 즉 짐승은 '네 발 달린 것'만을 의미한다는 논리를 만들어 닭고기를 먹었다. 다음이 토끼였고 최종적으로는 돼지고기도 먹었다. 돼지의 네 발을 잘라내고 물에 던졌다가 건져서 먹으면 물고기가 되기 때문이라는 것이다. 그런 축제(祭り・마쓰리)가 실제로 있다고 했다. 조선통신사가 일본에 가면 주로 절에 머물렀는데, 그들이 좋아하는 고기를 들여오기 위해 쪽문을 별도로 만들고 그곳을 통해 들여온 고기는 고기가 아니라고 간주했다는 '형식논리'와 비슷하다.

되었다. 모르는 척하는 것이 생존의 유익한 방편이 되는 사회는 일종의 벌거숭이 임금님의 세계가 되어버린다. 권력자는 앞뒤가 안 맞는 모순되는 내용이나 논리도 아무렇지도 않은 듯이 주장하고 신하나 백성들은 믿는 척하는, '거짓말의 밸런스'가 유지되는 것이다. 북한에서 "장군님이 축지법을 쓴다"라는 노래가 '유행'하는 것도 다 이런 '거짓의 밸런스' 증상이다. 에릭 프롬이 묘사한 '비합리적인 합리화' 이야기가 그 절묘한 사례가 된다.[14]

2. 일본 사회의 구조적 특성: 갈라파고스가 된 천년의 억압

"일본 사회가 갈라파고스화해 간다"는 말이 있다. 갈라파고스화라는 말은 태평양에 홀로 떨어져 있는 섬처럼 세계로부터 고립되는 현상을 말한다. 일본인들은 일본의 '갈라파고스화'를 잘라파고스(Jalapagos = Japan + Galápagos)라고 한다. 일본사람들의 고립심리의 근원은 억압과 그로 인한 스트레스다. 18세기 말 통신사 일원으로 사행 후 돌아와 견문록인 『승사록(乘槎錄)』을 쓴 원중거(元重擧 · 1719-1790)는 다른 저서인 『화국지(和國志)』에서 조선이 문치주의사회인 데 비해 일본은 형벌과 법에 의해 세워진 중국의 진나라와 비슷한 법가적 무치

---

14 Erich H. Fromm, *Escape from Freedom*, Owl Books, Henry Holt and Company, Inc, N.Y., 1994, 192쪽. 자신의 입장을 모순된 논리로 변명하는 가장 특징적인 행태가 '비합리적인 합리화(irrational rationalization)'이다. 예를 들면 "어떤 사람이 이웃에서 빌린 유리주전자를 실수로 깼다. 훗날 주전자의 주인이 주전자를 돌려달라고 하자, 이 사람은 첫째, 나는 그 주전자를 이미 돌려주었다. 둘째, 나는 그 주전자를 결코 빌린 일이 없다. 셋째, 그 주전자는 내가 빌릴 때 이미 깨져 있었다"고 자기 딴에는 '완벽하게' 둘러대는 것이다.

(武治)주의사회라고 규정하였다.[15] 일본인들의 무의식 속에는 아직도 그 폭력에 대한 공포심리가 깊게 뿌리내리고 있다.[16] 전통시대에 일본의 농민은 사무라이가 빤히 쳐다보는 것 자체가 생명의 위협이었다. 사무라이 계급의 시선은 공포 그 자체였다. 일본인 특유의 다른 사람의 시선을 무서워하는 시선공포증은 그 시선에 자기 내면의 마음이 노출된다는 불안감 때문이다. 그래서 애매한 언어표현으로 본심을 숨기고 자신을 방어한다.[17] 사회의 억압 메커니즘은 질서와 전통을 형성하고 그 환경 속에서 인간의 자각이 형성된다.[18] 고대 시대서부터 이어져 오는 일본 사회의 억압적 특징이 일본인들이 권력에 순응하는 어용 사회 전통을 만들었다.

권력이란 '자신의 의지를 타인에게 강제할 수 있는 가능성'을 의미한다.[19] 권력이 우리의 삶에 파고드는 수많은 방식이 있다. 권력을 생산하는 방식을 갈브레이드(John K. Galbraith)는 폭력을 통해 복종을 얻는 완력(condign power), 반대급부를 제공하여 복종을 얻는 설득능력(compensatory power), 조직능력(conditioned power)으로 간단명료하게 분류해서 설명한다.[20] 앨빈 토플러도 권력의 원천을 이와 비슷하게 폭력, 설득, 그리고 정보의 통제 능력으로 분류하였다.[21] 권력의 행사가

---

15 하우봉, 『조선시대 한국인의 일본인식』, 혜안, 2006, 189-190쪽.
16 John W. Dower, "E. H. Norman, Japan and the Use of History", in John W. Dower ed. *Origins of the Modern Japanese State: Selected Writings of E. H. Norman*, Pantheon Books, Random House, N.Y 1975, p.12.
17 미나미 히로시(南博), 서정완 옮김, 『일본적 自我』, 소화(한림신서 일본학총서3), 2002, 62-64쪽.
18 제베데이 바르부(Zevedei Barbu), 앞의 책, 1997, 61-64쪽.
19 John Kenneth Galbraith, *The Anatomy of Power*, CORGI BOOKS, London, GB, 1985, p.20.
20 위의 책, p.23.
21 앨빈 토플러(Alvin Tofler), 이규행 감역, 『권력이동(Power Shift)』, 한국경

조직능력이나 정보의 통제 조정 능력의 비중이 크고 설득에 의존할수록 그 사회는 민주주의적이다. 반면 위협과 폭력에 의존할수록 봉건주의적, 권위주의적, 독재적인 성격이 된다. 미셸 푸코는 근대적인 정치권력의 수단으로서 '규율'과 '감시체계', 그리고 규율의 위반자에 대한 '처벌'이라는 세 가지 억압수단을 제시했다.[22] 감시와 처벌은 독재의 가장 편리한 억압수단으로 활용된다. 그것은 한 개인에게는 사회라는 공동체로부터 소외될지도 모른다는 두려움과 진실에 대한 열망 사이에서 선택을 강요당하는 영원한 시험대가 된다. 그 선택기술은 '생활의 지혜'를 만들어낸다. 그 시험대가 일본열도에서 펼쳐졌다.

엄격한 계급질서

필자는 과거, 일본이 평등한 사회인 줄 알았다. 그런데 일본을 떠난 지 22년 만에 다시 돌아와 본 일본은 그때와는 전혀 다른 일본이었다. 빈부의 격차가 눈에 보였다. 부잣집은 엄청나게 크고 으리으리하며 부자 동네도 따로 있다. 22년 만에 일본이라는 사회가 이렇게 변한 걸까? 아니다. 원래 그랬다. 3등 서기관으로 근무할 때는 보이지 않던 것이 총영사의 눈에는 보이는 것이다. 일본의 정치인이나 사업가들은 거의 모두가 '가업'을 상속받은 사람들이다. 그것은 하나의 기득권이자 계급이다. 일본 사람들은 기존의 권위에 도전하지 않는다. 한 번 권위를 인정받으면 그것은 영원한 기득권이 된다. 그래서 이미 500년 전 임진왜란 때 납치되어 일본으로 끌려갔던 조선의 유

제신문사, 1991.
22 미셸 푸코(Michel Foucault), 오생근 역, 『감시와 처벌: 감옥의 역사』, 나남출판, 1997, 119-289쪽.

학자 강항(姜沆 · 1567-1618)의 눈에도 "천하제일의 손을 거친 물건이면 그것이 아주 나쁘건 초라하건 반드시 금이나 은으로 후한 값을 주고 사며, 천하제일의 손을 거치지 않았다면 그것이 절묘하더라도 대접받지 못하는 것"으로 비춰졌다.[23] 사무라이 계급과 농민의 엄격한 계급은 천년 가까이 이어져 왔다. 메이지 유신을 거쳐도 그 구조는 변하지 않았다. 프랑스의 역사학자 조르주 뒤비(Georges Duby)는 유럽의 중세사회가 성직자(clergy), 귀족(무사 warrior), 농노(serf)라는 세 개의 계급으로 고정되어 있다고 설명했다.[24] 천황가와 그를 모시는 공가(公家 · 구게), 사무라이 계급, 그리고 농민을 대입하면 일본의 전통사회의 계급구조도 중세유럽의 사회구조와 정확하게 일치한다.[25] 사무라이는 하급자나 평민을 마음대로 죽일 수 있는 '기리스테 고멘(切捨御免)'이라는 특권이 있었다. 사무라이 계급에게 적용되는 법률과 피지배계급인 농민에게 적용되는 법률이 달랐다. 준법이라는 것은 오로지 아랫사람에게만 적용되는 것이다.[26] 처절할 정도로 엄격하고 고정된 계급구조로 이루어진 일본 사회의 전통은 일본인들의 사고방식과 심리, 그리고 그 행태의 거의 모든 것을 설명하는 문화적인 원형을 형성했다.

어떤 지배기구든 그것은 인간을 조작하는 정치에 의해서 만들어진

---

23 강항, 김찬순 옮김, 『간양록: 조선 선비 왜국 포로가 되다』, 보리, 2004, 168쪽.
24 Georges Duby, translated by Arthur Goldhammer, *The Three Orders: Feudal Society Imagined*, University of Chicago Press, Chicago, 1980.
25 오늘날의 북한도 3계급구조와 정확하게 일치하는 중세사회적 구조를 보여주고 있다.
26 마루야마 마사오(丸山眞男), 김석근 옮김, 「초국가주의의 논리와 심리」, 『현대정치의 사상과 행동』, 한길사, 1997, 56쪽. 필자 주: 일본에서 공부하고 돌아온 어느 한국 학자가 "일본은 지배계급에게 적용하는 매우 엄격한 법률이 따로 있을 정도로 상류층은 엄격한 도덕관념을 가지고 있었다. 그래서 부패도 없었다. 반면에 조선에는 그런 법률이 없었다."라고 강의하는 것을 보았다. 이런 게 대표적인 일본프레임이다. 사실 서로 다른 법을 적용했다는 것은 노골적으로 지배계급과 피지배계급을 차별했다는 것이었다.

다.[27] 천황제의 핵심은 천황을 정점으로 하는 위계질서의 절대성과 불변성이다.[28] 이러한 '이상적 위계질서의 규칙'은 사회의 모든 관계가 수직계층적으로 이루어져야 실현된다. 엄격한 신분사회에서는 신분의 서열에 따라 상위자에 대해서 충성심을 가지고 행동하기만 하면 일상생활은 안전하게 된다.[29] 에도시대에 '조닌(상인)'이나 농민은 '분수'를 지키는 것이 생존할 수 있는 조건이었다.[30] 그래서 일상생활에서 순종이 가장 큰 미덕이 되고, 계층의 질서를 인식하는 것이 윤리와 예의가 된다. 행사 참석 시 서열을 중시하고, 직업인에게 '家(작곡가)', '者(기자)', '人(예술인)', '師(의사)', '士(운전사)', '夫(잡역부)', '伯(화백)', '豪(문호)', '聖(시성)' 등의 호칭을 붙여 격을 매기는 것이 하나의 문화가 된다.[31] 그래서 일본책이나 언론 등 문헌에는 '지배계급'이라는 용어가 지금도 자주 등장하는 것이다. 다테마에와 혼네를 능숙하게 구사하는 것이 처세술이 되는 것은 신분제의 문화가 일본인들에게 남아있기 때문이다.[32]

세습

국회의원인 남편이 죽고 나서 치러진 보궐선거에 엄마가 나서서 선거운동을 해주는 '옴부니 다코' 선거[33]로 그 아들이 당선되는 것은

---

27 다키 고지(多木浩二), 박삼헌 옮김, 『천황의 초상』, 소명출판, 2007, 194쪽.
28 김정기, 『일본 천황 그는 누구인가: 그 우상의 신화』, 푸른사상, 2018, 130쪽.
29 위의 책, 18쪽.
30 미나미 히로시(南博), 앞의 책, 2002, 121쪽.
31 위의 책, 103-105쪽.
32 다키 고지(多木浩二), 앞의 책, 2007, 202-203쪽.
33 우리말로는 "죽은 국회의원의 미망인인 엄마가 (어린애를) 업어주고 안아주면서 선거를 치른다"는 의미이다. 일본의 선거는 거의 조직표로 이루어지며 기존의 지역인맥이 중요한 기반이 된다. 중의원의 대략 40% 정도가 2세 또는 3세 의원이라고 한다. 방계 가족관계까지 고려하면 그 비율은 70%까지 올라간다.

젊은 한국 외교관의 눈에는 낯선 광경이었다. 그런 것이 세습의원이었다. 일본에서는 정치가가 되려면 3방을 갖춰야 한다고 한다. 지역의 지지기반을 말하는 '지방(地盤)', 지명도를 뜻하는 '간방(看板)', 돈을 의미하는 '가방'이다.[34] 일본의 각 지역구의 유권자들이 대를 이은 국회의원후보에게 투표할 수밖에 없는 것은 '세켄(世間)'이라는 인간관계의 굴레 때문이다.[35] 일본이라는 계층사회에서는 한 인간이 사회에서 점하는 신분에 따라 서로 다른 사회적 지위와 사회적 역할이 할당된다. 일본인들은 그것을 사회질서라고 생각하며 당연한 것으로 받아들인다.[36] 세습 이데올로기의 저류에 깔려 있는 전통의식은 결국은 기득권적인 계급체제의 유지를 전제로 하는 것이었다.

규율

미셸 푸코(Michel Foucault)에 의하면 18세기 이후부터 규율은 국민을 권력에 순종하도록 하기 위한 지배의 일반적인 양식이 되었다. 규율은 개인을 차등화하고 서열화하고 양질의 사람들과 불량한 사람들을 분리하는 유용한 수단이다.[37] 도쿠가와 이에야스는 "백성은 죽이지도 말고 살리지도 말라"는 통치 교훈을 남겼는데, 그것은 피지배자인 백성이 힘을 키우지 못하도록 통제하되 반발하거나 굶어죽지 않

---

34 한다 시게루(半田滋), 조홍민 옮김, 『일본은 전쟁을 원하는가: 집단적 자위권과 전쟁국가의 귀환』, 글항아리, 2015, 9쪽.

35 아베 긴야(阿部謹也), 이언숙 옮김, 『일본인에게 역사란 무엇인가: 세켄(世間) 개념을 중심으로』, 도서출판 길, 2005, 20쪽.

36 松田武(마쓰다 다케시), 『戦後日本におけるアメリカのソフト・パワー:半永久的依存の起源』, 岩波書店, 東京, 2008, 80쪽.

37 미셸 푸코(Michel Foucault), 앞의 책, 1994, 215-221쪽.

는 수준으로 적절히 쥐어짜라는 의미이다. 에도막부의 통치조직은 억압적이었다. 막부의 법률은 복잡하며 잔인했고 사회적 계급에 편향적이었다. 백성은 법률을 알면 안 되었다. 법률을 알면 복종하지 않는 방법을 알게 되기 때문이다. 그야말로 '모르는 게 힘이다'.[38] 막부시대의 「5인조제도(五人組: 오호작통제)」는 백성을 통제하고 감시하는 제도였다.[39] 막부나 영주는 법규와 명령을 「오후레(御燭)」 또는 「후레가키(觸書)」라는 이름으로 마을 입구에 게시했다.[40] 각자가 기독교신자가 아님을 절(寺)을 통해서 증명하도록 했다. 그 방법으로는 「슈몽아라타메(宗門改)」[41], 「단카(檀家)제도」[42], 「데라우케(寺請)제도」[43]가 있다. 그것은 백성을 효율적으로 통제하는 제도였다. 에도막부의 지배권력은 지식인도 철저히 통제했다. 1770년 '요설 금지령'은 "이미 읽을 책이 많으니, 새로운 책은 쓸 필요가 없다"는 말로 시작한다. 특히 하층민인 백성은 바보로 살아야 안전했다. 와세다대학 창립자인 오쿠마 시게노부

---

38 조지 오웰의 소설 『1984년』에 등장하는 구호 중의 하나다.

39 E. H. Norman, "Feudal Background of Japanese Politics", 앞의 책, 1975, p. 328. "중국의 오래된 보갑제도를 모델로 한 것이다. 그것은 앵글로색슨의 frankpledge system, 인도의 punchayet와도 유사한 것이다."

40 조명철 등, 『일본인의 선택: 일본인, 그들은 무슨 생각으로 어떤 선택을 했는가』, 다른 세상, 2002, 42쪽; E. H. Norman, 앞의 책, p. 325. "케이안 후레가키(慶安御觸書, 1648-1651)에는 아침에 일어나서 하루종일 밭일을 하고 밤에는 새끼를 꼬는 일을 하라는 규정 등 농민의 생활을 통제하는 규범을 꼼꼼하게 규정하고 있어 농민들이 다른 생각을 할 수 있는 시간조차 없게 만들었다."; 이현주, 앞의 책, 2003, 174-175쪽. 필자가 북한에서 우연히 본 농민의 일과표와 비슷하다.

41 슈몽아라타메(宗門改)는 기독교 금지와 감시 목적의 종교통제제도였다. 후일에는 요즘의 가구센서스와 같은 역할도 했다.

42 단카제도는 특정한 사원과 대대로 장례관계를 맺고 시주를 하여 그 사원의 신도가 되는 것이다.

43 데라우케제도는 자신이 특정한 사원의 신자임을 증명하도록 하는 제도인데 자기가 소속된 절의 승려로부터 신자라는 증명을 받는 것이다. 이 증명서가 있어야 여행 등 이동을 할 수 있다.

(大隈重信 · 1838-1922)는 그의 일기에 "백성의 자유를 제한하는 것은 마치 거미집에 잡아놓고 있는 것 같다. 백성들은 '바보가 되어라, 바보가 되어라'라는 명령 아래서 살아야 했다"고 썼다.[44] 농민들의 입장에서 메이지 유신을 평가했던 노먼(E. H. Norman · 1909-1957)은 농민을 철저하게 착취하는 억압적 통제규율로 유지하는 일본의 전통적인 지배체제를 인도주의적 관점에서 비판했다.[45]

감시

감시체계는 규율에 강제성을 부여하는 것이었다.[46] 일본의 에도막부의 감시제도 중 가장 정치적이고 노골적인 것은 일정 규모 이상의 영지를 가지고 있는 250여 명의 다이묘들을 대상으로 한 참근교대(參勤交代)제도였다.[47] 또한 각 지역 다이묘에 대한 스파이망이 광범위하게 깔렸다. 다이묘가 천황과 직접 접촉하는 것은 금지되고 다이묘들 간의 왕래도 의심의 대상이 되었다.[48] 막부의 메쓰케(目付)라는 직책의 역할은 감시하는 것이었다.[49] 오메쓰케(大目付)라는 고위직 아래

---

44 John W. Dower, "E. H. Norman, Japan and the Use of History", 앞의 책, 1975, p. 11.
45 E. H. Norman, 앞의 책, 1975, pp. 325-328. 노먼에 대해서는 다음 책을 참고 바람. Roger W. Bowen(ed.), E. H. Norman: His Life and Scholarship, University of Toronto Press, Toronto, Canada, 1984.
46 미셸 푸코(Michel Foucault), 앞의 책, 1994, 176쪽.
47 참근교대(參勤交代)제도는 1634년부터 시행했는데 영주는 1년마다 에도와 영지로 거주지를 옮겨야 했다. 자신이 영지에 있을 때는 본부인이나 장남(후계자)이 에도에 있어야 했다. 일종의 인질제도이자 왕복행차비용을 소비하게 하는 영주의 힘 빼기 수단이었다.
48 E. H. Norman, "Japan's Emergence as a Modern State", 앞의 책, 1975, pp. 120-121.
49 메쓰케(目付)라는 말 자체가 글자 그대로 "눈을 감시대상자에게 붙이고 있다"라는 의미이다.

에는 수백 명의 메쓰케가 8개의 간선도로상의 통행을 통제했다. 오메쓰케는 뇌물과 정치적인 협박을 이용하여 전국의 귀족층을 통제했다. 번주(다이묘)직의 계승이나 결혼을 불허하는 권한도 있었다. 다이묘들도 관할 지역에 자신의 메쓰케를 두고 있었다.[50] 일반 백성에 대해서는 5인조제도를 감시 수단으로도 이용하였다. 그것은 1940년대 총동원체제에서 도나리구미(隣組)제도가 되었다.[51] 밀고와 고발제도는 사람들을 서로 의심하고 불신하게 만들어 지배계급에 대한 집단적 저항을 불가능하게 만들었다. 이를 신고하는 자는 큰 상을 받았다. 진정을 제기하거나 다이묘 몰래 쇼군의 막부정부에 진정서를 보내는 행위는 무조건 엄중한 처벌을 받았고 사형되기도 했다. 메이지정부의 정치조직은 도쿠카와 막부 시대의 구조와 조직을 그대로 답습한 것이다.[52] 따라서 일본의 경찰과 사법제도에는 봉건적 영향이 그대로 잔존되어 있었다. 예방적 구금과 협박, 고문, 영장 없는 무기한 구금, 자의적으로 권한을 행사할 수 있는 비밀경찰 등이 그 잔재였다.[53]

처벌

미셸 푸코는 '처벌'이라는 폭력수단이 고도의 정치적인 행위라고

---

50 E. H. Norman, "Feudal Background of Japanese Politics", 앞의 책, pp. 332-335. "메쓰케는 감시 임무 외에도 각종 의식을 관장하고, 검약을 규정하는 규율과 지침의 이행, 소방업무, 귀속재산의 관리, 화폐의 순도 검사, 순찰, 요인 경호, 그리고 감시를 위해서는 필수적인 인구조사 등의 폭넓은 업무를 관장하게 되었다. 오메쓰케는 전국에 '가이치메쓰케(徒目付)'라는 비밀요원 네트워크를 운영하고, '요리키(與力, 또는 寄騎)'와 '도신(同心)' 같은 하급 비밀 경찰을 거느리고 있었다. 이들은 무술은 물론 각 번의 사투리, 변장술과 주택 잠입 기술, 번의 다이묘에게 개인적으로 접근하는 사교기술도 익혀야 했다."

51 위의 글, p. 328.

52 위의 글, p. 385.

53 위의 글, p. 458.

규정했다. 18세기의 법규범에서 범죄는 지배자의 권리를 침해하는 행위였다.[54] 일본의 전통사회에서 처벌 형태는 계급에 따라 달랐다. 사무라이들에게는 목을 치는 참형과 스스로 목숨을 끊게 해주는 할복이 대표적인 사형방식이었다. 반면 사무라이의 살인특권인 '기리스테 고멘'의 대상이 되는 백성에게는 법형식적 개념의 형벌제도는 아무런 의미가 없었다. 백성에 대해 법률의 이름 아래 행해지는 고문이나 사형 방법은 훨씬 다양하고 잔인했다. 농민반란을 일으킬 경우 법과 질서를 어지럽혔다는 이유로 촌장이나 봉기 지도자들과 그 가족들은 '책(磔)형'[55]이라든지 '정확(鼎鑊)'의 형[56]에 처해졌다. 임진왜란 발발 직전인 1590년 일본에 사신으로 갔던 김성일은 해사록(海槎錄)에서 조선보다 잔인한 형법이나 취조법 등 사법집행법을 소개하고 있다.[57]

사적 테러(암살)의 공포

공적인 지배권력에 의한 규율과 감시, 가혹한 처벌에 대한 공포심은 사적인 테러, 즉 암살이나 '공개적인' 살해와 그 위협에 의해서 한층 더 배가된다. 어떤 원한, 경우에 따라서는 자신도 알지 못하는 원한 관계로 인해 복수의 대상이 될 수도 있는 불특정한 공포심도 있다. 일본에서는 원한을 갚는 복수는 일종의 준도덕적인 행위로 간주되기

---

54 미셸 푸코(Michel Foucault), 앞의 책, 1994, 78쪽.
55 죄인을 기둥에 묶어놓고 찔러 죽이는 처형 방법.
56 죄인을 가마솥에 넣고 삶아 죽이는 처형 방법.
57 금병동, 최혜주 옮김, 『조선인의 일본관: 600년 역사 속에 펼쳐진 조선인의 일본인식』, 논형, 2008, 40쪽. "죄인의 형량이 가벼우면 머리를 베고, 무거우면 십자로 된 나무를 길가에 세우고서 그의 두 손과 머리털을 못질하여, 혹은 불로 지지기도 하고 더러는 창으로 찌르기도 하여 참혹한 짓을 한다. 고통을 받다가 죽게 하는 것이다."

때문에 그만큼 행동으로 옮겨질 가능성이 높은 것이다.[58] 동남아시아 사람들은 가만히 (참고) 있다가 느닷없이 다가와 칼로 푹 찌르고 돌아서는 살인 패턴이 많다는 이야기를 들어본 적이 있을 것이다.[59] 일본 사람들도 유순하게 보이지만 어느 순간에 공격적으로 돌변하는 경우가 있다. 일본인이 유순하다고 말하는 것은 일본의 억압체계의 구속력이 작동하고 있을 때에만 해당된다.[60] 일본인은 유순하지 않다.[61] 일본에서 암살자는 영웅시되었다. 일본의 만화나 영화, 소설 등에서 자주 등장하는 '닌자(忍者)'가 있다. 닌자들은 얼굴에 검은 가면을 쓰고 검은 옷을 입으며 날렵하게 담장을 넘거나 지붕 위를 달린다. 그들은 권력자들에 의해서 고용된 암살전문가다. 일본에는 닌자들을 많이 배출하고 그 일로 먹고사는 마을이 존재했다.[62] '닌자'라는 존재는 언제 어디서 나타날지 모르는 정말로 위협적인 공포의 존재였던 것 같다. 일본의 대저택의 마룻바닥은 밤중에 외부 침입자가 이동할 때 아무리 조심스럽게 걸어도 마룻바닥에서 소리가 울리게 되어 있다. 실제로 걸어보면 '삐걱삐걱'하는 묘한 소리가 난다. 그것은 일종의 경보장치다. 후쿠자와 유키치(福澤諭吉 · 1835-1901)는 암살자가 쳐들어올 때의

---

58 그 대표적인 사례가 『주신구라(忠臣藏)』 이야기다. 그것은 억울한 사건으로 할복하여 죽은 주군의 원수를 갚는 47명의 사무라이들의 실제 이야기를 소재로 한 이야기이다. 18세기 초 막부의 명에 의해 아코(赤穗)번 번주(다이묘)가 할복한 사건이 실제 사건이고, 아코사건이라고 한다.

59 루스 베네딕트(Ruth F. Benedict), 서정완 역(후쿠이 나나코의 일본어판 옮김), 『일본인의 행동패턴』(1945 작성, 1997년 일본어판 발행), 소화, 2002, 82쪽. "'모욕'에 대해서는 철저히 보복하는 것은 태평양제도에서 공통적으로 보이는 문화패턴이다. 일본과 같은 문화가 멜라네시아나 뉴기니에서 쉽게 확인된다. 이런 부족은 '신경질적'이며 전혀 유순하지 않다. 또한 빌리고 빌려준 것에 대한 정산에 관한 가르침이 도덕체계의 기초가 되어 있다. 이러한 점은 모두 일본인에게도 적용되는 것들이다."

60 위의 책, 40쪽.

61 위의 책, 34쪽.

62 지금도 일본 각지에 그런 닌자마을이 관광지가 되어 남아있다.

대비책으로 벽장 안에 밖으로 통하는 비상 탈출구를 만들어 두었다.[63]

일본에서 암살은 암살당하는 자가 강한 자가 아님을 증명함으로써 정치적 반대자를 타격하는 '약자노출 게임'이다. 테러를 당한 쪽에서 오히려 자숙하거나 반성하고 책임을 지는 것은 일본 특유의 결말이다. 암살은 일본 정치의 독특하며 전형적이고 정치적 효과가 큰 정치 수법이다.[64] 1860년대는 '덴추(天誅)'[65]라는 이름 아래 낭인들에 의한 암살테러리즘이 판치는 시기였다.[66] 1860년 3월 막부 다이로(大老) 이이 나오스케(井伊直弼) 암살을 시작으로 암살은 밤낮없이 이어졌다. 1860년 전후 왕정복고 주체세력으로 '탈번유신지사(脫藩維新志士)'로 불린 사람들은 초기에는 테러리스트에 가까웠다. 이토 히로부미(伊藤博文)도 암살범이었다. 테러는 유신 이후에도 수백 건이 발생했다. 메이지 시대 초기의 가장 충격적인 암살 사건은 후일 '일본군의 아버지'로 추앙되는 오무라 마스지로(大村益次郎 · 1824-1869) 암살이었다. 오무라는 평민을 대상으로 한 징병을 최초로 주창했는데, 무력을 독점해왔던 사무라이들의 반발을 샀다. 그는 교토 출장 중 여관에서 목욕하다가 일단의 사무라이들에게 살해되었다. 1874년 1월 유신의 주역인 이와쿠라 도모미(岩倉具視) 살해 미수 사건이 있었고, 1878년 5월 역시 유신정부의 설계자였던 오쿠보 도시미치(大久保利通)가 암살당했다. 1899년 2월 11일 제국헌법이 선포되는 날 아침엔 문부대신 모리 아리노리(森有礼)가 암살되었다. 또한 1921년 11월 최초의 평민 출신 총리인 하라 다

---

63 Donald L. Keene, 김유동 옮김, 『메이지라는 시대: 유신과 천황 그리고 근대(Meiji and His World 1852-1912) 1』, 서커스, 2017, 380-381쪽.

64 E. H. Norman, "Feudal Background of Japanese Politics", 앞의 책, 1975, p. 399.

65 죄지은 자에게 하늘이 벌을 내린다는 의미.

66 E. H. Norman, 앞의 책, 1975, p. 372.

카시(原敬)가 동경역에서 암살되었다. 1930년 11월에는 런던해군군축조약을 체결한 하마구치 오사치(濱口雄幸) 총리가 도쿄역에서 우익에게 암살되었다. 이러한 쇼와시대의 테러를 '우익 테러리즘의 시대'의 개막이라고 했다.[67] 그 외에도 1932년 5·15 사건[68]을 일으킨 해군장교들에게 당시 내각총리대신 이누카이 쓰요시(犬養毅)가 살해되었고, 1935년 8월 군무국장 나가타 데쓰잔(永田鉄山)이 동료 장교에게 백주에 사무실에서 살해되었다. 1936년 2·26 사건 때에는[69] 다카하시 고레키요(高橋是淸) 대장상(전 총리)이 살해되었다. 이후 테러리즘으로 정당정치가 힘을 잃었고 육군에 대항할 정치세력이 사실상 소멸되면서 일본은 군국주의로 치달았다.[70] 전후에도 암살의 행렬은 계속 이어졌다. 1960년 10월 사회당 당수인 아사누마 이네지로(浅沼稲次郎)가 연설 중 연단에 난입한 17세 고교생에게 생선회 칼로 난자당해 살해되었다. 그 광경은 유명한 한 장의 사진으로 남아있다. 한편 1989년 1월 7일 쇼와천황이 사망한 후 1월 18일 모토시마 히토시(本島等 · 1922-2014) 나가사키 시장이 히로히토의 전쟁 책임을 지적했다는 이유로 한 극우분자에 의해 피격당해 부상을 입었다. 외국인도 테러공격으로부터 무사할 수는 없었다. 1870년 도쿄에 체류 중이던 미국인 그리프스(William Elliot Griffs)는 일본에서 수백 건의 테러(天誅)가 벌어지고 있다고 썼다. 1859년 이래 이미 약 50명의 외국인이 살해당했다. 외국인들은 집밖으로 나갈 때면 반드시 권총을 가지고 나갔다고 한다. 1842년에 뉴욕타임즈는

---

67 야스다 고이치(安田好一), 이재우 옮김, 『일본 '우익'의 현대사(右翼戦後史)』, 오월의봄, 2019, 17-19쪽.
68 해군 장교단이 일으킨 쿠데타 미수 사건.
69 육군 소장파 장교단이 일으킨 쿠데타 미수 사건.
70 야마모토 요시타카(山本義隆), 서의동 옮김, 『일본과학기술 총력전-근대 150년 체제의 파탄』, AK커뮤니케이션, 2019, 217-218쪽.

어떤 일본역사책을 '암살에 의한 정부'라고 제목을 붙였다.[71] 1964년 라이샤워 대사의 일본인 부인 하루가 일본청년의 칼에 찔리는 테러를 당했다. 테러는 오늘날에도 정치가, 언론인, 학자들의 언행을 '통제'하고 있다. 테러 공포는 여전히 일본정치의 심리적인 조건이다.

3. 공포와 순응의 심리구조, 그리고 스트레스

역사학자 리스(Ludwig Riess)는 근대사의 아버지라고 하는 독일 랑케의 제자이다. 그는 1887년 도쿄제국대학 역사학부가 창설될 때 26세의 나이로 역사학과 과장으로 부임하여 1902년까지 일본에 체류했다. 그는 독일에 귀국한 후 출간한 『일본잡기(日本雜記)』에서 일본인은 심리적으로 자의식이 발달하지 못했다고 단정했다. "일본인은 서양인에 비해서 개성과 자의식의 발달이 매우 뒤떨어져 있다. 한 사람은 전체를 위해서라는 원리로 지탱되는 사고방식이다."라고 지적했다.[72]

집단주의

가토 슈이치(加藤周 · 1919-2008)는 일본 사회의 특징을 경쟁적인 집단주의, 현세적 현실주의, 시간개념에서의 현재주의, 극단적인 형식주의와 주관주의, 외부에 대한 폐쇄적 태도를 들고 있다.[73] 집단주의

---

71 Walter LaFeber, *The Clash: U.S.-Japanese relations throughout history*, Norton, N.Y. 1998, p. 7.
72 김정욱, 「남북전쟁과 공적 역사」, 문화사학회 엮음, 『기억은 역사를 어떻게 재현하는가』, 한울엠플러스(주), 2017, 132쪽.
73 가토 슈이치(加藤周一), 김진만 옮김, 「일본 사회 · 문화의 기본적 특징」, 가토 슈이치(加藤周一) 등, 『일본문화의 숨은 形』(1984), 소화(한림신서 일본학총

는 차별과 억압적 환경에 처한 인간이 생존을 위해 자연스럽게 선택하는 수단이다. 짐승들이 무리를 짓는 본능과도 같다. 군중 속으로 숨는 것은 안전도 보장해주고, 때로는 공격자가 될 수도 있고, 또 그 책임도 분산시켜주는 고마운 존재가 된다. 야콥 부르크하르트(Jacob Burckhardt)에 의하면 중세 인간은 자신을 어떤 집단 내의 계급으로서만 의식했다. 예를 들면 중세의 농부는 자신을 "나는 농민, 어느 곳 농토의 어느 누구"라는 식으로 소개했다. 독일의 사회학자 퇴니에스(F. Tönies)는 이러한 사회를 '게마인샤프트'라고 했다. 그 반대는 '게젤샤프트'다. '게마인샤프트'에서는 개인의 생각과 감정은 정해진 공동체의 규범과 가치로부터 주어진 것이다.[74] 이런 사회에서는 개성적인 것, 개인주의적인 것은 인정되지 않았다. 가문이라는 집단이 개인의 범죄행위에 대한 책임을 졌다. 법은 집단에게 적용되었다. 그리스에서는 기원전 7세기 드라콘과 솔론이 제정한 성문법체제에 의해서 개인이 최초로 책임과 법적 적용의 대상이 되었다. 개인이 책임의 주체가 되는 것은 그 사회가 '게젤샤프트' 단계로 이행했다는 것을 의미한다. '게젤샤프트'에서는 자기의식이 확대되고 개인 간의 인격적인 관계가 확립된다.[75] 그러나 억압과 공포심리가 잠재화된 일본 사회에서는 개인이 개인으로서 살아가기가 매우 어렵다.[76] 집단주의적 속성이 그대로 드러난다.[77] '빨간 신호등도 함께 건너면 무섭지 않다'라는 일본 사람

서 1), 2002, 16쪽.

74 제베데이 바르부(Zevedei Barbu), 앞의 책, 1997, 112-113쪽.

75 위의 책, 132-133쪽.

76 김현구 외, 『일본서기 한국관계기사 연구(II)』, 일지사, 2002, 212쪽.

77 Friedlich A. von Hayek, *The Road to Serfdom*, The University of Chicago Prss, Chicago, 1994, pp. 156-157. "집단주의는 그 구성원을 특별하고도 배타적으로 만든다. 집단주의에 의존하는 자들은 대개는 열등감이 있고, 집단에 속함으로써 외부인에 대한 우월감을 느낀다."

들의 말이 그런 심리를 리얼하게 보여준다. 일본인은 개인일 때는 조심스럽고 소극적이지만 집단의 일원으로 행동할 때는 사람이 변한 것처럼 적극적이 된다. 그것은 책임을 공유할 수 있기 때문이다. 그래서 집단적 사고를 하게 된다. 타인과의 교제의 장이 되는 집단을 일본에서는 세켄(世間)이라 한다.[78] 그것이 조(組), 좌(座), 강(講), 회(會), 사(社), 련(連), 류(流), 파(波), 당(堂) 등의 이름으로 소위 나카마(仲間: 같은편 그룹) 집단이 된다.[79] 일본의 개인은 '세켄'이라는 외피에 둘러싸여 있다.

2011년 3·11 동일본 대지진 피해자들의 태도가 비교적 조용한 것은 자율적인 판단을 하지 못한 채로 회사나 국가의 눈치를 보는 탓이라고 한다.[80] 『체르노빌의 목소리』를 쓴 작가 스베틀라나 알렉시예비치(Svetlana Alexievich)가 2016년 일본을 방문하여 후쿠시마를 시찰한 후 행한 강연에서 "일본에는 '저항 문화'가 없다"라고 말했다.[81] 집단의 이익이 강조되면 개인의 존재는 약해진다. 엄격한 '수직' 질서관계로 구성된 '무라(村)' 안에서는 모두가 같은 일을 하고 같은 의견을 가져야 했다. 소수의견은 배척되고 다른 의견을 가진 구성원은 밖으로 추방한다. 그것을 '무라하치부(村八分)'라고 한다.[82] 집단 전체가 책임을 지는 구조이므로 개인은 자연스럽게 책임을 피할 수도 있게 된다. 모두에게 책임이 있다는 것은 어느 누구에게도 책임이 없다고 하는 것과

---

78 요네야마 도시나오(米山俊直), 김필동 옮김, 『일본인의 집단(나카마)의식』, 도서출판 소화, 1997, 14쪽.
79 위의 책, 26쪽.
80 서경식·다카하시 데쓰야(高橋哲哉), 한승동 옮김, 『책임에 대하여: 현대 일본의 본성을 묻는 20년의 대화』, 돌베개, 2019, 159쪽.
81 위의 책, 164쪽.
82 '무라하치부(村八分)'는 10가지 중에 오직 두 가지, 초상을 당하거나 불이 났을 때 도와주는 것을 제외하고는 모든 마을 사람들이 관계를 끊는 것을 말한다. 요즘 말로 하면 마을 차원의 집단 따돌림이다.

같다. 일본인은 상대방이 '아는 사람'이냐 '모르는 타인'이냐에 따라서 '지킬 박사와 하이드'처럼 완전히 다른 사람이 된다. 구성원이 아닌 타인이 곤경에 처해 있는 것은 못 본 체할 수 있고, 고향이 아닌 다른 곳에 가서는 무슨 짓을 해도 수치나 책임감을 느끼지 않는다. 자신을 알아보는 사람이 없기 때문이다. 그래서 전쟁 중에 잔혹행위를 저지를 수 있는 것이다.[83] 또한 소위 '나카마' 사이에서는 연대의식이 강해져 때로는 공범자적 의식을 가진다. 그래서 내부고발자가 거의 없다.[84] 늘 '세켄'이라는 집단범위만을 의식하기 때문에 절대적인 또는 보편적인 가치를 인식하지 못한다.[85]

집단사고와 집단행동은 퇴행적인 '편집병(偏執病)증후군(syndrome of paranoia)'의 증상으로 발전할 수 있다. 그 경우에는 '마니교도적인 (Manichean)' 이분법적 선악론을 내세우며 다른 집단을 증오하고 공격하는 집단 우월적 나르시시즘이라는 자폐증(autism)에 빠지게 된다.[86] 일본의 대외적 침략은 이러한 집단자폐증의 결과였다. 이와 반대로 패전이라든가 경제 침체로 인해 집단이 개인을 보호해주지 못하게 될 때에는 사람들은 자기중심적, 개인적 이기주의를 노골적으로 표출한다. 전쟁 중에 포로가 된 일본 군인들은 일정한 시간이 지나자 자발적으로 군사기밀을 모두 발설했다고 한다. 일단 집단을 떠나게 되면 충성심도 사라지게 되기 때문이다.[87] 이런 급격한 진폭은 닫힌 사회의 문화적 경향이라고 할 수 있다.[88] 이러한 집단질서 속에서는 일본인들

83 요네야마 도시나오(米山俊直), 앞의 책, 1997, 30-31쪽.
84 위의 책, 116쪽.
85 아베 긴야(阿部謹也), 앞의 책, 2005, 218-219쪽.
86 제베데이 바르부(Zevedei Barbu), 앞의 책, 1997, 83쪽.
87 이타사카 겐(板坂元), 정형 옮김, 『일본인의 논리구조(1971)』, 소화, 1996, 107쪽.
88 마루야마 마사오(丸山眞男), 김진만 옮김, 「原型, 古層, 執拗(집요)低音」, 가토 슈

끼리도 서로 'NO'라는 말은 하기 어렵다. 그래서 30년 전 『NO라고 말할 수 있는 일본인』이라는 책 제목이 눈에 확 띄었던 것이다. 현대 일본 사회에서도 주류에서 쫓겨나거나 외톨이가 되거나, '잘못하면 칼 맞는다'는 심리적 두려움이 작용하고 있다.[89] 그렇기 때문에 소위 '구키(空氣: 분위기)', 즉 주변상황을 의식해서 자기주장을 자제하게 된다.

운명론

순응하는 것이 현실이 되고 생활의 지혜로 정착할 때 자연스럽게 운명론이나 숙명론은 사회적 가치로 눌러 앉게 된다. 권력자의 말에 그저 따르는 것이 가장 속편한 인생이 되는 것이다. 인간이 자신의 존재에 관련되는 조건을 통제할 수 있는 능력이 없다는 것을 알게 되었을 때, 그 조건을 통제하는 어떤 슈퍼파워(초능력)가 존재한다고 생각한다. 그것을 '절대주의적 현실(absolutism of reality)'이라고 한다. 일본의 경우에는 이 슈퍼파워는 가미(神)이고 부처님이고, 유령이고, 귀신이다.[90] 일본인들은 대개는 불행한 상황을 참거나, 체념하거나, 위안이 될 만한 것을 찾거나, 불행의 원인을 자신에게 돌려 자책하는 것으로 해결한다. 결국은 참는 것 외에는 방법이 없는 것이다. 일본인의 '아키라메(포기)'는 스스로의 불행을 체념하고, 숙명이라는 '하늘의 결정'으로 받아들이는 소극적인 인생관이다. '깨끗이 단념하는 것'을 하나의 미덕으로 생각하는 경향이 있다. 그것은 상황이 변화하면 저항

이치 등, 『일본문화의 숨은 形』(1984), 소화(한림신서 일본학총서 1), 2002, 107쪽.
89 Frederik L. Schodt, *America and the four Japans: friend, foe, model, mirror*, Stone Bridge Press, Berkeley, Ca. U.S. 1994, pp. 84-86.
90 Stefan Tanaka, *New times in modern Japan*, Princeton University Press, Princeton, New Jersey, 2004, p. 22.

할 수도 있다는 의미도 있다. 다만 그 상황이 될 때까지 저항하지 않고 참고 견디는 것이 살아가는 지혜라고 생각한다.[91] 예로부터 지배자들은 인내와 복종이 최고의 미덕이라고 설교해왔다. 에도시대 유학자 가이바라 에키켄(貝原益軒)이 지은 『樂訓(낙훈)』은 그러한 수양서였다. "네, 네" 하며 복종하는 습관을 기르면 '인내'하는 습성이 생겨 '마음이 편해지고 기가 온화한' 심경에 이르게 된다고 했다. 그리고 '참을 수 없는 것을 참는 게 진짜 인내'라는 최고의 경지에 도달할 수 있다. 윗사람이 아랫사람에게 '긍정적 태도'를 강조하는 것은 이런 류의 세뇌이다. 철저한 염세관은 사람들을 무조건 복종시키기 위한 구실로 사용된다. 체념은 분수나 신분의 관념과 결부된다. 자기의 분수를 알고 안분지족해야 하는 것이다.[92] 또한 자기보다 더 불행한 다른 사람의 경우를 생각해서 위안을 삼는 비교법이 중요한 심술(心術)의 하나로 권장되었다. "위를 보지 말고 아래를 보라"는 것은 도쿠카와의 잠언이다. 자기보다 아래를 보면 일종의 우월감을 가지고 위안을 찾을 수 있는 것이다.[93] 이 모든 사회공학적 교훈은 결국은 피지배자들에게 무기력해지라는 것이다.

일본인들이 행복에 대한 감정 표현을 잘 하지 않는 이유는 예로부터 행복은 위험한 것이고, 동시에 불행을 참는 게 미덕이라는 관념을 지배계급이 철저하게 주입해왔기 때문이다. 도쿠가와 막부는 하야시 라잔(林羅山·1583-1657) 같은 유학자들을 동원하여 행복위험론을 강조하였다. 현재 주어진 이상의 행복을 바라는 게 위험하다는 것이다. 그

91 미나미 히로시(南博), 앞의 책, 2002, 240-241쪽.
92 미나미 히로시(南博), 남근우 옮김, 『일본인의 심리』, 소화, 2000, 80-86쪽.
93 위의 책, 99-101쪽.

래서 '호사다마(好事多魔)'라는 말이나 '즐거움은 괴로움의 씨앗'이라는 속담이 자주 인용되었다. 일본인들이 여전히 남의 호의를 부담스러워 하는 것도 이러한 역사적인 심리(아비투스)라고 할 수 있다. 현세의 행복을 부정하면 허무주의(니힐리즘), 즉 일본식 무상관(無常觀)에 빠진다. 일본의 시가, 소설 등 문학작품에는 허무주의가 많이 보인다. 인생이 허무하다는 것은 즉 욕심을 내지 않고 죽음도 두려워하지 않는 것이다. 지배 권력은 이런 논리로 청년들에게 전쟁에서 미련 없이 현세를 버리도록 세뇌했다.[94] 일본 군대는 전황이 불리해질수록 합리적인 방법보다는 정신주의를 중시하고 이로 인해 전황은 더욱 더 불리해지는 악순환에 빠졌다.[95] 일본의 허무주의는 절망과 광기 그리고 자살로 연결되었을 뿐이다.[96] 신화적 수준의 사유에서는 생의 영역과 죽음의 영역도 선명하게 구별되지 않으며, 죽음을 영속이라고 생각한다.[97] 숙명론에 빠져 있는 인간은 자신을 신령으로부터 '빌린 것(차용물)', '주어진 것'으로 생각한다. 생명이 '천황이 주신 것'이라면 천황을 위해 그 목숨을 '바치는' 것은 당연하다고 체념할 수 있는 것이다. 한편 일본에서 자살은 주변으로부터 인정받으려는 목적으로 개인이 용의주도하게 선택해서 실행하는 계산된 행동이다. '자살은 일본인에게 최고의 주장'이라고 미화되기도 한다. 또한 할복이라는 자살을 유도하는 것은 편리한 권력 수단이었다.[98] 그러나 에도시대의 무사들은 어떻게 해서든 할복은 피하려 했다. 그것은 종종 체면과 눈치 때문에 마지못해 선택하는 길이었다.

---

94 미나미 히로시(南博), 앞의 책, 2000, 56-70쪽.
95 위의 책, 194-196쪽.
96 위의 책, 72-75쪽.
97 에른스트 카시러, 박찬국 옮김, 『상징형식의 철학-제2권 신화적사유』, 아카넷(대우고전총서), 2014, 558-559쪽.
98 루스 베네딕트(Ruth F. Benedict), 앞의 책, 2002, 38-39쪽.

운명론에 젖은 인간이나 사회는 과거에 대해 강한 회상의 감각을 가지게 된다. 순응하는 자의 미래는 그의 것이 아니라는 것을 잘 안다. 무엇이 일어날지 모르기 때문이다. 불확실한 미래보다는 왠지 과거가 더 좋았던 것 같은 회상을 하게 되는 것은 당연한 귀결이다. 그 경우 과거의 가치에 관한 역사적인 자료가 의식적 혹은 무의식적으로 위조되는 경우가 있다. 그런 것을 공화증(空話症 · mythomanic)이라고 한다. 공화증이란 헛된 공상과 가공적인 이야기를 만들어내어 사실처럼 이야기하는 병적 증상이다.[99] 또한 일본인의 미신 의존 성향은 운명에게 책임을 지게 하고, 자기결정을 하는 책임을 회피한다는 뜻을 내포한다.[100] 에릭 프롬에 의하면, 인간은 사회적 유대감의 상실에서 오는 고독감과 좌절감을 느낄 때 오히려 자유를 포기하고, 보다 강력한 권력에게 몸을 맡기는 것이 심리적으로 안전하다고 생각한다. 그것이 자유로부터의 도피 과정이며, 그것은 권위를 사랑하고, 그런 권위가 내재하고 있는 운명론과 가학적, 자학적 증상에 순응하는 것이라고 한다.[101]

주술적 의식수준

예로부터 운명을 바꾸는 요행을 가져다주는 것은 운명의 권력을 가진 신이었다. 신화적-종교적 공동체에 묶여 있는 개인의 자아는 언제나 그 공동체의 신화라는, 눈에 보이지 않는 주술적 끈에 구속되게 된다.[102] 신화적 의식수준에서는 아직 자립적이고 자기의식적인 자

---

99 제베데이 바르부(Zevedei Barbu), 앞의 책, 1997, 79쪽.
100 미나미 히로시(南博), 앞의 책, 2002, 23쪽.
101 Erich H. Fromm, 앞의 책, 1994, p. 257.
102 에른스트 카시러, 앞의 책, 2014, 366쪽.

아가 존재하지 않고 다만 어떤 사실이라고 믿어지는 정신적인 힘에 속박된다고 한다.[103] 이렇게 되면 인간은 자신이 만들어낸 신화적 형상인 주술사나 우두머리의 힘을 과장되게 숭배한다.[104] 1872년부터 1881년에 걸쳐 전개된 메이지 천황의 대대적인 지방순행에서 천황에 대한 주술적 수준의 숭배가 대대적으로 일어났다.[105] 천황제에 비판적이었던 마루야마 마사오(丸山 眞男·1914-1996)조차 글을 쓸 때 '천황제의 주술력에서 해방되는 것은 어려웠다'고 회상했다.[106]

주술적 인식 수준에서는 거짓과 진실, 현실과 환상의 경계가 여전히 모호한 상태에 있게 된다. 고대시대에는 공적인 질서와 준법주의가 의사(疑似)주술적인 분위기 속에서 작용하고 있었다.[107] 법은 신이 내려주는 것이었다. 스파르타의 헌법은 아폴로 신이 주었다. 일본에서 1889년 제정된 제국헌법은 살아있는 신(現人神: 아라히토가미)인 천황이 일본 신민에게 내리는 흠정헌법이었다. 신화적 의식은 주관적 지각과 객관적 인식의 구분이 모호했기 때문에, 자신의 심리상태를 객관적 진실인 것처럼 생각한다.[108] 일본의 지배계급은 이러한 주술적

---

103 위의 책, 559-561쪽.

104 위의 책, 568쪽.

105 야스마루 요시오(安丸良夫), 박진우 옮김, 『근대천황상의 형성』, 논형, 2008, 229쪽. "천황이 식사를 하고 남긴 음식이나 앉은 자리의 방석, 옥좌 아래의 흙이나 장식 등의 흔적이 액운을 제거하는데 효험이 있다고 믿어졌다. 천황이 머물렀던 저택에 수많은 사람들이 모여들어 옥좌가 있던 자리의 방석을 손으로 비빈 후 그 손으로 자기 몸을 비비면서 이렇게 하면 평생 무병장수하고 아이를 쉽게 낳는다고 하는 기이한 행태를 보였다."

106 오구마 에이지(小熊英二), 앞의 책, 2019, 163쪽. 필자 주: 북한 지배체제의 주술력은 현재 진행형이다.

107 제베데이 바르부(Zevedei Barbu), 앞의 책, 1997, 147쪽.

108 이창재, 『신화와 정신분석』, 아카넷, 2014, 63쪽. 오늘날 주관적으로 이상화시킨 대상을 자신과 동일시하고 그 대상의 분신으로 행동하는 '모방형 인격'은 현대의 대표적인 신화적 의식을 가진 인간이다.(같은 책, 71쪽, 603쪽 미주.)

의식을 민중의 저항 의지를 꺾고 지배력을 강화하는 데 유용하게 활용했다. 일종의 문화적 헤게모니를 장악하는 것이었다. 어용 학자들은 주술적 사고를 이론화하는 데 앞장섰다. 또한 그것을 근대화되는 국민들에게 대중교육을 통해서 주입했다. 일본인의 주술적 정신구조는 지배계급에 의해 유지되어 온 억압사회의 누적된 결과로서 나타나는 현상이다. 오늘날에도 일본인의 정신구조에서 고대 샤머니즘의 그림자는 의외로 짙고 깊다.[109] 프로이트는 인간의 주술적 심리는 억압된 소망에서 기인한다고 본다.[110] 권력자가 여전히 일본의 신화를 현실의 세계로 끌어들이려고 시도하는 한 21세기에도 주술은 계속될 수밖에 없다. 일본의 신우익은 그 주술을 역사라고 포장하여 소환하고 있다. '혐한'은 그러한 주술적 정치공학의 일환이다. 투키디데스는 진실에 이르는 길은 신화로부터 벗어나는 데 있다고 했다.[111] 인간은 신화로부터 벗어나고 나서야 개인화된 정신을 소유하게 되고, 인간이나 사물을 현실 그 자체로서 지각하는 능력을 가지게 된다고 한다.[112]

귀납적 사고: 전략과 전술, 전체와 부분

보편적인 가치 개념이나 절대적인 신념체계가 없는 한 어떤 가치나 철학, 도덕적 기준을 전제로 한 연역적 사고 체계는 익숙하지 않게 된다. 그때그때의 상황에 맞추는 사고나 논리가 훨씬 더 안전하게 된

109 가토 슈이치 외, 『일본문화의 숨은 形』(1984), 김진만 옮김, 소화(한림신서 일본학총서 1), 2002, 11쪽. 재인용: 호리 이치로, 「일본의 샤머니즘」, 『민간 신앙사의 제문제』, 미래사, 161–162쪽.
110 이창재, 앞의 책, 2014, 61쪽.
111 제베데이 바르부(Zevedei Barbu), 앞의 책, 1997, 157–158쪽.
112 위의 책, 1997, 160쪽.

다. 북한을 상대로 어떤 교섭을 할 때 원칙적인 또는 일괄적인 합의를 추진하는 것이 쉽지 않다. 아무리 국제적으로 확립된 원칙이나 논리를 들이대도 "아 그건 case-by-case로 하자"는 것이 보통 기대할 수 있는 답변이다. 반면, 마음에 들지 않을 때는 포괄적 또는 연역적인 개념을 내세우며 일괄 부정하고 거부한다.[113] 말하자면 방어논리는 귀납법, 공세 논리는 연역법으로 이중적 논리를 구사한다고 할 수 있다. 일본인도 귀납적인 논리에 더 큰 안전감을 느낀다. 귀납적인 사고에서는 조각에서 출발해서 뭔가 큰 것을 만드는 것이기 때문에 처음에는 그 큰 것이 무엇인지 모를 수가 있다. 따라서 전술적 트릭은 강하지만 전략적인 큰 그림은 잘 보지 못하고, 부분은 보이지만 전체적인 것은 잘 보이지 않는다. 편의주의(opportunism)나 대세 순응주의가 그 전형이다. 그것을 '현실주의'라고 미화하기도 한다. 예술적 표현을 빌려서 말한다면, 전체의 질서보다는 부분적인 감각의 세련미가 강조될 것이다. 전체에 질서를 부여하는 원리가 없다.

이런 구체적인 예로서는 헤이안시대의 '가나 모노가타리(假名物語)'라는 길이가 긴 소설이 있다. 그것은 어떤 플롯이 있어서 스토리 전개가 처음부터 마지막까지 연계되어 구성되는 것이 아니라 그냥 독립성이 강한 짧은 이야기들을 연이어 붙여놓은 것이다. 형태는 길지만 긴 이야기는 아니다. 따라서 오늘날의 장편소설 개념과는 전혀 다른 것이다. 또한 17세기 초 다이묘 야시키(大名屋敷: 영주의 저택)는 터무니없이 복잡하다. 이것은 먼저 건물 전체의 공간을 생각하고 그 공간을 세

---

113 북한관리들은 '원칙적인' 또는 '일괄적인' 합의는 절대로 안 한다. 모든 합의는 바로 합의된 그 사안에만 적용된다고 본다. 책임 문제 때문일 것이다. 반면 부정할 때는 매우 포괄적이다. 조금이라도 마음에 들지 않는 것은 '주권을 침해하는 것이다', '모욕이다'라고 엄청나게 포괄적인 개념을 들이대곤 한다.

분해서 방을 만든 것이 아니라, 필요한 방부터 만들기 시작해서 (시간을 두고 돈의 여유가 있을 때마다) 나중에 만든 방을 다 이어 붙여 놓으니까 처음과 달리 상상도 못한 모양이 된 것이다. 많은 방의 연속이 전체가 된다. 어디서 끝나는가를 미리 계획하는 것이 아니기에 방 만들기가 끝날 때 건축이 끝난다. 이런 모습이 부분 존중주의이고, 일본 예술과 공간에 대한 일본인 특유의 사고방식이라고 한다.[114] 현재주의적 시간관념을 잘 반영한 것이 13~14세기에 활발하게 만들어진 에마키모노(繪卷物)라고 한다. 에마키모노는 길고 가느다란 것을 말아 놓은 그림이다. 그것은 전체를 함께 보는 것은 어렵다. 이미 본 부분은 말아 버려서 보이지 않고 앞으로 볼 부분은 아직 펴지지 않아서 보이지 않기 때문이다. 이런 것은 그리스도의 수난이라는 시간적으로 긴 사건을 한 장의 그림에 그려 놓은 중세 유럽의 '프리미티브(primitive, 르네상스 이전의 그림)'와는 대조적이다. 그와 같은 시간적 경과의 공간적 표현이 일체화된 것은 일본에는 없다. 다만 별안간 뭔가가 나타나면 신속하게 반응하는 심리적인 기술이 발달한다.[115] 일본의 외교를 '자도이치(座頭市) 외교'라고 하는 것도 그래서이다. '자도이치'는 동명 영화의 주인공으로, 검술이 매우 뛰어난 맹인 검객이다. 그는 멀리 보진 못하지만 상대방이 자신의 공격 범위에 들어오면 전광석화처럼 해치운다. 그래서 일본사람들이 하는 일들에는 "전략은 없고 전술만 있다"고 스스로도 지적한다. 연구나 회의는 언제나 강한 자나 상급자가 원래 원하는 결론을 내린다. 귀납적 사고의 가장 큰 모순은 그 결론에 도달하

---

114 가토 슈이치(加藤周一), 「일본 사회·문화의 기본적 특징」, 앞의 책, 2002 32-33쪽.
115 위의 책, 35-36쪽. 일본의 외교에 '닉슨 쇼크'나 '석유 쇼크'처럼 '쇼크'가 많은 것은 그러한 성향을 반영하는 것이라고 한다.

기 위해서 데이터를 조작하거나 은폐하게 된다는 것이다.[116]

수치와 죄

일본인의 '수치'라는 개념은 미국인들이 '수치'와 '죄의식'이라는 의식수준의 발전단계에서 일본인의 의식수준의 발달이 미숙하다는 것을 지적하기 위해서 꺼낸 하나의 지표 개념이다. 루스 베네딕트는『국화와 칼』에서 일본 문화를 '수치의 문화'라고 규정하고 서양 문화를 '죄의 문화'라고 규정했다. '수치의식' 단계는 저급한 원시적인 미발달 아동상태를 의미하고, '죄의식'은 자아가 발달된 고급단계의 상태를 의미하는 것이다. '수치의식'은 책임의식이 없다는 의미이고, 책임에 대한 인식이 약하다면 '죄의식'을 느끼기가 어려워진다는 것이다. 수치의 문화에서는 공동체의 기본적인 전통 가치들을 따르는 것이 도덕적인 것이 된다. 따라서 자신이 속한 집단 내의 타인의 시선이 가장 강한 기준이다. 그것을 지위의식(地位意識)이라고 한다.[117] 법률적으로는 죄가 되지만 수치스럽지 않다거나, 확신범이 오히려 당당한 것은 바로 그 지위의식 때문이다.[118] 때때로 유력정치인의 운전사나 비서가 상사의 죄를 뒤집어쓰거나 영원히 진실을 은폐하기 위해서 자살하는 것도 그런 경우이다.[119] 일본인들은 마치 자신의 운명에 순종하는 어

---

116 도베 료이치(戶部良一) 외,『失敗の本質: 日本軍の組織論的 研究』, ダイヤモンド社, 東京, 1984(2013년 70쇄 발행)
117 제베데이 바르부(Zevedei Barbu), 앞의 책, 1997, 137쪽.
118 미나미 히로시(南博), 앞의 책, 2002, 59-60쪽.
119 필자는 1989년 주일대사관에서 일본의 국내정치 분야를 담당하고 있었다. 그때는 일본의 정국이 소위 '리쿠르트 사건'으로 들끓고 있던 때였다. 유력정치인들이 리쿠르트 사의 미공개 주식을 분양받은 것이었다. 그런데 2월 어느날 다케시타 총리의 국회비서가 건물에서 투신하여 자살했다. 그는 재

린아이처럼 행동한다는 말이 있다.[120] 6세까지의 아동의 경우에는 행동의 도덕적 기준은 자기가 속해 있는 집단의 규범에 의해서 외적으로 인식된다. 그러나 6세 이후의 아동의 도덕성은 자신의 내면적 기준을 의식하기 시작한다는 것이다. 그래서 미국인들은 일본인을 곧잘 어린아이에 비유하는 경향이 있다. "맥아더 천황"이라 불렸던 맥아더 장군도 점령군 최고사령관에서 해임된 후 귀국하여 상원 청문회에서 일본을 열두 살 소년들의 나라라고 했다.[121] 그러나 부루마는 "일본은 열두 살 소년들의 나라가 아니라 아직도 열두 살이기를 바라는 성인들의 나라"라고 표현했다. 그리고 그것은 민족성의 결과라기보다는 정치적 상황의 결과라고 했다.[122]

죄의 문화에서는 가치의 기준은 양심이라는 내면적인 권위에 토대를 두고 있다. 개인이 도덕적으로 행동할 수 없을 경우, 그 표시로서 죄악감이 생긴다. 속죄나 후회라는 죄의식은 자율적인 도덕성이라고 할 수 있을 것이다. 민주적인 사회는 죄의 구조라는 강력한 요소를 포함하고 있다. 개인이 자유로운 행위자가 되면 개인은 책임과 죄를 외

정 담당이었다. 그림은 뻔한 것이었다. 그가 모든 증거를 안고 죽은 것이다. 필자는 그 사건으로 다케시타 총리의 정치 생명이 위태로워졌다고 생각했다. 바로 위 상사인 참사관에게 "큰일 났습니다. 이건 큰 정치적 스캔들입니다"라고 급히 보고했다. 그러자 참사관은 빙그레 웃으면서 "이 서기관 너무 흥분하지 마시게. 일본에서는 이런 일이 일어나면 큰일이 벌어지는 게 아니라 오히려 수습되는 길로 들어서는 거야. 이제 다케시타 총리는 살았네."라고 설명해 주었다. 그러면서 그런 비서나 운전사가 자살하면서 우야무야 덮어진 부패 스캔들을 몇 건 설명해 주었다. 70년대 당시 다나카 총리의 운전사가 산으로 차를 몰고 가서 배기관에 호스를 연결하여 차 안에서 호스를 물고 가스로 자살한 경우가 있었다. 그것으로 스캔들은 끝이 났다고 했다. 나는 본부나 일본대사관에서 일하면서 그때만큼 창피했던 적이 없었다. 그 야말로 '수치심'을 경험했던 것이다.

120 이안 부루마(Ian Buruma), 앞의 책, 2002, 323쪽.
121 맥아더가 1951년 일본점령군 최고사령관직에서 해임되고 귀국한 직후 개최된 상원 청문회의 답변 과정에서 언급한 내용이다.
122 이안 부루마(Ian Buruma), 앞의 책, 2002, 321-322쪽.

부에, 즉 사물이나 타인, 악마, 신들에게 투사하지 않는다. 모든 도덕적 잘못의 결과는 죄악감과 속죄의 감정으로서 내면으로부터 나오는 것이다. 깨끗하다는 개념이 주술적인 영역으로부터 도덕의 영역으로 이동하는 것이다. 죄의 문화에서 개인은 자기규제와 자기비판의 습관이 있다.[123] 이안 부루마는 "독일인은 자신들의 전쟁범죄를 범죄라고 인식했기 때문에 적극적으로 전쟁 범죄를 인정하고 그에 대한 사과를 했으나, 일본은 그것을 수치라고만 인식했기 때문에 독일같이 사과할 수 없었다."라고 말했다.[124] 일본인들은 침묵을 지키려 하며 무엇보다 남들이 침묵을 지키기를 바란다. 왜냐하면 문제는 죄의식이 아니라 공개적인 수치, 난처함, '체면'이기 때문이다.[125]

이기주의

일본인의 개인적인 이기주의 성향은 이미 오랜 역사 속에 숨어있었다. 일본의 생활문화에는 혼네(本音)와 다테마에(建前), 오모테(表)와 우라(裏), 오야케(公)와 와타시(私)라는 이분법이 있다. 그러나 그런 구분은 신분이나 상하 계층에 따라 서로 다르게 적용된다. 힘이 있는 자는 사적인 일도 공적인 일이라고 주장할 수 있다. 이런 현상이 강력한 계급구조와 집단주의 속에서도 교묘한 개인적 이기주의가 성행하게 되는 이유가 된다. 강항의 『간양록』에는 종종 일본인이 했던 말을 그

123 제베데이 바르부(Zevedei Barbu), 앞의 책, 1997, 138-148쪽.

124 Naoko Shibusawa, *America's geisha ally: reimagining the Japanese enemy*, Havard University Press, Cambridge, Massachusetts, 2006 p.374. 재인용: Ian Burma, The Wages of Guit: Memories of War in Germany and Japan.

125 이안 부루마(Ian Buruma), 앞의 책, 2002, 307쪽.

대로 옮겨 적은 내용들이 나온다. 일본인에게 일본인이 죽기를 두려워하지 않는 이유를 물었더니 대답은 다 같았다고 한다.

> "장관(다이묘와 사무라이들)들이 백성들의 생존권을 틀어쥐어… 어차피 장관 집에 붙지 않고는 옷과 밥이 나올 데가 없구려! 장관 집에 붙어먹는다면 이 몸이 이미 내 몸이 아닌 것이니 장관을 위해 서슴없이 몸을 바쳐야 한다오. 비겁하다는 소문이 한번 나게 되면 어디를 가나 받아들여지지 못하며… 칼이나 창에 찔린 흔적이 얼굴에 있으면 용감한 장부라고 일컬어 몫을 많이 받고, 그것이 귀 뒤에 있으면 도망치기 잘하는 자라고 버림을 받는구려. 그러므로 밥줄이 끊어져 죽을 바엔 차라리 적 앞으로 달려 나가 죽기를 다퉈 용감히 싸우는 것만 못하니 이게 실은 내 몸 위한 이해타산이지 주인을 위한 계책은 아니라오."[126]

집단주의와 공공의 질서를 강조한다고 해서 모든 사람들이 자발적으로 자신의 이익을 포기하고 전체의 이익에 봉사하는 것은 아니다. 어차피 집단으로 숨는 행위는 개인의 이익을 위한 것이다. 일본 사람들이 사회집단의 공공의 이익을 우선시 한다고 알려져 있지만, 일본에 오래 살아보면 일본인들이 오히려 상당히 개인주의적이며 이기적이라는 느낌이 점점 커진다. 필자가 한반도에너지개발기구(KEDO) 북한사무소 초대 대표로 북한에 근무하고 있을 때 같이 근무해왔던 일본 대표가 떠나면서 북한에 대한 인상이 자기 나라인 일본과 비슷하다고 말해서 주위에 있던 사람들이 의아해 했다. 그에게 그 말이 어떤 의미냐고 물었지만 그는 구체적인 답변을 피했다. 북한사람들은 필요할 때는 집단에 숨고 당이나 타인의 감시의 눈에서 벗어나게 되

---

126 강항, 앞의 책, 2004, 153-154쪽.

면 철저하게 이기주의적이고 개인주의자가 된다.[127] 그들은 '비용은 사회화하고 이익은 사유화한다.'[128] 정치권력이 통제를 강화하고 억압이 심해질수록 개인은 점점 더 이기주의적인 '생활의 지혜'를 짜내게 된다.[129] 이기심은 억압에 대한 일종의 소극적인 저항이다. 일종의 사보타지인 것이다. 제한적으로나마 허용된 '개인의 자유'는 그 범위 안에서는 자기 멋대로 행동하고 처신해도 되는 것으로 해석한다.[130] 마치 조지 오웰의 소설인 『1984년』의 섹스마저 통제하는 독재세계에서 몰래 섹스를 하는 것이 규율에 저항하는 것이라고 생각하는 줄리아의 행태를 연상케 한다.

명령에 대한 절대복종의 습성이 강해지면, 결국은 소극적인 무사안일주의에 빠지게 된다.[131] 일본인이 늘 겸손하며 조심스러운 것도 이 복종의 습성에서 비롯된 소극주의에 기인한다.[132] 복종이나 맞장구나 친절은 본디 안전하기를 바라는 이기주의적인 마음에서 나오는 것이다. 이처럼 복종과 소극주의의 습성은 이기심을 위장하고 나아가 그것을 조장하는 연막과 같은 것이다.[133] 남의 일에는 간섭하지 않는다는 것, 남들이 보지 않을 때는 재빨리 내 것을 챙겨 놓아야 한다는 것, 그리고 공적인 장소나 회합에서는 철저하게 '공적인 인간'인 것처

---

127 이현주, 앞의 책, 2003, 79-81쪽. "집안 텃밭에서 키우는 옥수수의 키가 협동농장의 옥수수의 키보다 두세 배는 더 크다는 것이 그런 증거 중에 하나였다. 또한 북한 관리들은 공식석상이나 여러 사람이 같이 있을 때 쓰는 언어와 아주 짧은 시간 혼자서 나를 상대할 때의 언어는 전혀 달랐다. 그들은 개인주의와 사리사욕에 가득 차 있었다."
128 위의 책, 201-206쪽.
129 위의 책, 145-152쪽.
130 미나미 히로시(南博), 앞의 책, 2000, 37쪽.
131 위의 책, 28쪽.
132 위의 책, 29쪽
133 위의 책, 31쪽.

럼 말하고 행동해야 한다는 것 등 이기주의는 점점 더 노골적이 된다. 누구나 다 그렇게 하기 때문에 부끄러움이 사라지게 된다. 필자가 느꼈던 '일본의 이기주의'는 그런 오래된 억압사회의 심리적 특징이었을 것이다. 1940년대의 일본이 그랬다. "의심증과 질투의 소용돌이 속에서, 타인에 대한 우정이나 동정은 종종 자기 자신의 위험을 의미했다. 누구나 자기 자신만의 보호를 위해 필사적일 수밖에 없는 상태였다."[134] 과거 일본인의 징병 기피 방법은 오늘날 우리 언론에서 가끔 보여주는 방식과 그리 다르지 않다.[135] 유력 일본인들은 대부분 자식들이 입대할 때, 편하고 안전한 곳으로 배치되도록 다양한 방법으로 손을 썼다.[136] 일본군 사병들은 보리나 피밥을 먹을 때 소대장은 고봉밥을 먹었다든가, 많은 병사가 굶어죽는 뉴기니 전선에서는 어느 육군 소장이 식량을 독점하고 그 창고를 지키도록 호위병을 배치해서 일반 병사들의 원성을 샀다고 한다.[137] 부하에게 특공 작전을 명했던 고급 장교들 중 패전시에 자결한 자는 극히 소수였다. "살아서 포로의 치욕을 받지 말라"는 「전진훈」(戰陣訓)을 시달한 도조 히데키(東條英機) 육군 대장이 자결에 실패하고 미군에 체포된 사건은 많은 사람들의 경멸과 분노를 일으켰다.[138] 패전 직후 적나라하게 드러난 구조적

---

134 오구마 에이지(小熊英二), 앞의 책, 2019, 64쪽.

135 요시다 유타카(吉田裕), 최혜주 옮김, 『일본의 군대: 병사의 눈으로 본 근대 일본』, 논형, 2005, 24쪽.

136 해군 주계장교라는 보급담당 직책은 육지에서 보급하고 자신은 소속한 함정에 타지 않고 육지에서만 근무했다. 나카소네 총리도 자신이 주계장교로 복무했다고 말했다. 일본육군에서 참모는 전선에 배치되어 직접 전투를 경험하지 않는다. 탁상 위에서 작전 짜는 임무만 수행한다. 그래서 죽지 않아도된다. 2차 대전에서 일본군이 패전한 주요 원인 중에 하나로 작전을 기획하는 참모들이 현장 전투 경험이 없는 군인들이었다는 사실이 지적되었다.

137 오구마 에이지(小熊英二), 2019, 67쪽.

138 위의 책, 78쪽.

인 무책임성과 노골적인 부패행위들도 그 이기주의를 증명했다.[139] 이기주의적인 복종은 언제든지 그 충성의 대상을 바꿀 수가 있다.

필자가 2012년 전후에 오사카 총영사로 근무할 때 오사카의 인도 총영사는 영화《슬럼독 밀리어네어》의 원작 소설 작가인 비카스 스와루프라는 사람이었다. 그는 가끔 서울을 갔다 온다고 했다. 한국어판 인세를 받으러 간다는 것이었다. 그러면서 그는 한국인들이 친절했지만 일본인들보다는 좀 투박하다고 했다. 일본인들이 훨씬 더 친절하다는 것이다. 그런데 그 투박한 친절함이 더 마음이 편했던 것 같다고 했다. 한국인 앞이라서 의례적으로 그렇게 말하는 거 아니냐고 했더니 "내가 그래도 소설가요"라며 그건 진짜 자기가 느낀 감정이라는 것이다. 그는 왜 그런 차이가 있는지 물었다. 그래서 필자의 '이론'을 설명해 주었다.

"한국인의 친절은 진짜 남을 위한 배려의 친절이기 때문에 나의 것을 모두 주지는 못합니다. 그래서 때로는 친절이 좀 모자라다는 느낌이 듭니다. 그러나 그것은 어쨌든 남을 배려한다는 보편적 가치에 따른 친절입니다. 그런데 일본인의 친절은 남에 대한 배려라기보다 심리적으로 '나의 안전'을 보장하기 위한 친절입니다. 그것은 일본의 역사를 들여다보면 금방 알 수 있는 것입니다. 항상 생명의 위협을 느끼는 사람들은 상대방, 특히 높은 계급에게는 최선을 다해 친절하게 보여야 합니다. 자신의 것까지 다 바치는 척해야 합니다. 그래서 일본인은 친절해야 하는 것이 무척 피곤할 겁니다. 그러나 상황이 바뀐다면 차가워집니다. 일본의 온천 여관에서 손님이 체크인할 때와 체크아웃할 때의 프런트 종업원의 엄청난 태도 차이가 바로 그런 겁니다. 체크인할 때는 손님이 다른 곳으로 가버릴 가능성이 조금이라도 있을 테니까… 마음이 편하다는 느낌은 그런 차이에서 오는 것 아닐까요?"

---

139 본문 2부 2장에서 상세히 소개한다.

무책임성

이제까지 살펴본 일본 사회의 모든 심리적 요소들이 공통적으로 표출되는 것이 바로 이 책임의 영역이다. 일본의 정치권력은 자신들이 일으킨 전쟁을 마치 자연재해였던 것처럼 말한다. 여기에도 무책임성의 사회심리가 작용하는 것이다.[140] 사실 일본인의 사회생활 속 지혜는 책임을 회피하는 데 맞추어져 있다. 일본인의 회의 진행 방식은 사실상 이미 결정된 것을 추인하는 과정이자, 참석하는 모든 사람들이 책임을 분담함으로써 서로 책임을 피하는 과정이다.[141] 일본 특유의 사전 정지 작업인 '네마와시'도[142] 책임분산 수단의 하나라고 할 수 있다.

보수적 현상유지주의

집단주의적 심리 환경에서는 사람들이 새로운 창의적인 시도를 감행할 가능성이 거의 없다. 일본이 제2차 세계 대전에서 패배한 이유 중의 하나로 형식의 전승이라는 것을 지적하기도 한다.[143] 형식만을 답습한다는 것은 진보가 아니라 퇴보할 가능성이 더 크다는 의미다. 실제로 1930년대 일본 군부의 전략적인 사고의 추이가 그랬다.[144]

---

140 미나미 히로시(南博), 앞의 책, 2002, 72쪽.
141 위의 책, 245쪽.
142 네마와시(根回し)는 글자 그대로 뿌리를 돌린다는 뜻으로서 나무를 뽑기 전에는 뿌리를 살살 돌려주고 난 후에 뽑아야 뿌리의 상처도 없고 잘 뽑힌다는 뜻이다. 이 말이 전용돼 협상이나 교섭을 하기 전에 상대방에 미리 인사를 하고 식사대접을 하거나 뇌물을 먹이거나 해서 사전에 유리한 입장을 확보한다는 뜻으로 쓰고 있다.
143 도베 료이치(戸部良一) 외, 앞의 책, 1984; 스즈키 히로키(鈴木博毅), 『「超」入門 失敗の本質』, ダイヤモンド社(다이야몬드사), 동경, 2012.
144 片山杜秀(카타야마 모리히데), 『未完のファシズム—「持たざる国」日本の運命』(미완의 파시즘-갖지 못한 나라 일본의 운명), 新潮社, 東京, 2012.

일본인 성격의 특징인 자아불안감은 보수적 성향을 낳는다. 일본인의 주저함이라든가 우유부단함은 행동의 결과를 예측하고 기대하는 것에서 오는 불안, 즉 예시불안감 때문이다.[145] 일종의 비관주의라고 할 수 있다. 일본인의 현상유지 성향이란 정면에서 변화를 구하지 않고 되도록 위험을 최소한으로 묶어두려는 것이다.[146] 확실한 공포보다 불확실한 그 무엇이 언제나 더 두려운 것이다.

반보편성, 몰도덕성

필자는 언젠가 이세신궁을 혼자서 천천히 걸으며 주위를 돌아본 적이 있다. 그때 문득 이 세상에서 보편적인 종교가 없는 나라는 일본뿐이라는 당연한 사실이 마치 새로운 발견인 양 불현듯 뇌리에 스쳐 갔다. '보편적'이라는 것은 일정한 시간이나 지역이나 종족의 경계를 넘어서 많은 사람들이 공통적으로 신뢰하고 실천하는 것들을 일컫는 말이다. 그것은 종교일 수도 있고, 정치적 신념일 수도 있고, 사회적인 관습일 수도 있고, 문화에도 해당된다. 서구에서는 그리스·로마문명이 보편적 문명의 원형을 제공했다. 아시아에서는 오랫동안 중국문명이 보편적인 문명가치였다. 특히 보편적 종교는 사람들로 하여금 보편적 윤리와 가치를 믿게 하는 기반이었다.[147] 어떤 사안에 도덕적 잣대를 적용하기 위해서는 모든 사람들이 순응하고 동의할 수 있는 어떤 보편적인, 불변의 가치가 있어야 한다. 그런데 일본 문화의 특징 중에 하나는 일본이라는 집단을 초월한 가치가 없다는 것이다.

---

145 미나미 히로시(南博), 앞의 책, 2002, 16-17쪽.
146 이안 부루마, 최은봉 옮김, 『근대 일본』, 을유문화사, 2004, 30쪽.
147 에른스트 카시러, 앞의 책, 2014, 580쪽.

일본인들이 도덕적인 잣대를 중시하지 않는 것은 보편적인 가치에 대한 인식과 신념이 없기 때문이다. 그래서 오규 소라이(荻生徂徠·1666-1728)는 "도덕은 신민을 통제하는 데 필요한 수단에 불과하다"고 했다.[148] 일본에서 절대적인 가치란 천황뿐이다.

몇 년 전 상영되었던 리암 니슨(Liam Neeson) 주연의 《사일런스》(silence)라는 영화는 17세기 일본의 카톨릭 박해 이야기를 다룬 내용이다. 그 영화의 원작 소설 『침묵』(1966)의 작가인 엔도 슈사쿠(遠藤周作)는 카톨릭 신자다. 엔도는 애니미즘적인 일본인들에게는 도덕적 토대, 즉 선과 악에 대한 감각이 결여되어 있다고 본다. 그래서 그를 포함한 모든 일본인들이 기독교인이 되지 못할 것이라고 생각한다. 엔도의 작품은 모두 그러한 절망으로 각인되어 있다.[149] '인간이 신이 되고 신이 인간이 되는' 식의 신관(神觀)이 지배하는 정신적 토양에서는 초월자(신)를 이해할 수 없다. 소설 『침묵』에서 이미 배교(背敎)한 페레이라 신부는 자신을 찾아서 일본으로 건너온 옛 제자 로드리고 신부에게 기독교라는 외래 종교에 대한 일본인들의 인식과 태도에 대해서 이렇게 말한다.

> "그런데 알게 된 것은, 다만 이 나라에서 자네나 우리 종교는 결국 뿌리를 내리지 못한다는 사실뿐이야… 이 나라는 늪지대야. 결국 자네도 알게 될 테지만, 이 나라는 생각하고 있었던 것보다 훨씬 무서운 늪지대였어. 어떤 묘목이라도 그 늪지대에 심으면 뿌리가 썩고 누렇게 말라 버리지. 우리는 이 늪지대에 그리스도교라는 묘목을 심은 거야… (그리스도교가 허용되었던 좋았던 그 시절에도) 이 나라 사람들이 믿었던 것은 우리의 하

---

148 John W. Dower, "E. H. Norman, Japan and the Use of History", 앞의 책, 1975, p. 11.
149 이안 부루마(Ian Buruma), 앞의 책, 2002, 310쪽.

나님이 아니야. 그들만의 신이지. 그것을 우리는 너무 오랫동안 모른 채 일본인이 그리스도인이 되었다고 생각하고 있었지… 성 프란체스코 사비에르 신부가 가르친 하나님이라는 말도 일본인들이 멋대로 오히(大日)라고 부르는 신앙으로 변해 있었어… 일본인은 그때부터 우리의 하나님을 그들 식으로 바꾸고, 그런 다음 다른 것을 만들어 내기 시작했어… 그리스도교의 하나님은 일본인의 마음속에서 어느 틈엔가 그 실체를 잃어가고 있었어… 그것은 하나님이 아니야. 거미줄에 걸린 나비 그대로야. 그것은 외견으로는 나비의 날개와 몸통을 가졌지만 사실은 실체를 잃어버린 시체가 되어 있었지. 우리 하나님도 이 일본에서는 거미줄에 걸린 나비에 지나지 않아. 외형과 형식만을 하나님처럼 보이면서 이미 실체가 없는 시체가 되어 버린 거야… 그들이 믿고 있었던 것은 그리스도교의 하나님이 아니야. 일본인은 지금까지도 하나님의 개념을 갖고 있지 않으며 앞으로도 가질 수 없을 거야. 일본인은 인간과는 전혀 다른 하나님을 생각할 능력을 갖고 있지 않아. 일본인은 인간을 초월한 존재를 생각할 힘도 가지고 있지 않아… 일본인은 인간을 미화하거나 확대시킨 것을 신이라고 부르고 있어. 인간과 동일한 존재를 신이라고 부르지…"[150]

일본 사람들은 문화적으로 보편주의라는 개념이나 용어에 익숙하지 않다. 일본의 역사적 사회 여건 속에서 누구에게나 적용되고 인정되는 변하지 않는 진리란 있을 수 없다. 정의나 진리나 규칙은 오직 힘 있는 자가 결정하기 때문이다. 일본 역사에서 옳고 그름은 중요한 기준이 아니다. 누가 강하냐 누가 이기느냐가 정의의 유일한 기준이다. 따라서 강하고 이기는 자의 편에 서는 것만이 안전하고도 옳은 일이었다. 그래서 "큰 나무 밑으로 숨으라"는 속담이 생활의 지혜가 되는 것이다. 절대적인 가치가 없으니까 그 소속집단, 구체적으로는 집, 마을, 번, 국가 등을 초월한 어떤 권위나 가치에 헌신하고 참여하

---

150 엔도 슈사쿠(遠藤周作), 공문혜 옮김, 『침묵』, 홍성사, 2003, 230-235쪽.

기는 어렵기 마련이다.[151] 그런 세계에서 어떤 가치의 보편성을 따지는 것은 귀찮기도 하고 또 위험한 일이었다. 모토오리 노리나가(本居宣長·1730-1801)는 "신토(神道)로 다스릴 수 있을 때는 신토로, 불교가 효과적일 때는 불교로, 일본에는 일정한 사상이 없고 상황에 적합한 것을 채택해 간다"고 말했다. 이처럼 일본에서 종교나 철학이나 사상도 모두가 상황에 따라 변한다. 정의는 승리자의 것이었다.[152] 이와 같은 특징은 '아주변성(亞周邊性)'에서 오는 특징이라고 한다. '아주변'은 '중심'과 그 바로 외곽인 '주변'보다 더 외곽에 위치하는 변방 지역 개념이다. 그것은 일본의 철학자인 가라타니 고진(柄谷行人)이 제시하고 있는 개념이다. '아주변'에서는 보편적인 이념이 잘 전파되지도 않고, 이념적, 도덕적인 태도를 싫어하고 손으로 하는 수작업과 같은 것에 가치를 부여한다.[153] 미국인들은 일본인이 계몽주의적 합리주의와 기독교적 도덕을 결여하고 있다고 보았다.[154] 일본인이 초월적 가치, 즉 보편적 가치를 이해할 수 없다면 합리주의나 민주주의라는 보편적 가치에 중점을 두는 '서양의 사상'은 일본인에 의해서 받아들여질 리가 없는 것이다.[155]

151 가토 슈이치(加藤周一), 「일본 사회·문화의 기본적 특징」, 앞의 책, 2002, 31쪽.
152 김용운, 『풍수화 : 원형사관으로 본 한·중·일 갈등의 돌파구』, 맥스교육(맥스미디어), 2014, 143쪽.
153 柄谷行人(가라타니 고진), 『帝國の構造-中心·周邊·亜周辺』, 青土社, 東京, 2014, 237쪽.
154 위의 책, 68쪽.
155 가토 슈이치 등, 앞의 책, 2002, 134쪽.

군중심리의 일상화: 집단 히스테리

"법령이 너무 엄격하고, 금지규정과 제도가 사람의 정신이 숨 쉴 수 없을 정도로 옥죌 때, 일본인처럼 오랫동안 고통 받고 전통에 얽매여 온 사람들조차, 몇 시간이나 며칠이든, 모든 제약을 떨쳐버리게 만든다. 그러한 순간에는 억제되고 통제되었던 수많은 연약한 사람들이 그들의 깊이 감춰져왔던 굴욕감에 대한 분노를 발산하는 기괴하고 비틀어진 형태의 광란에 빠진다. 막부 말기인 1866년 전후 연이은 흉작과 혜성 출현으로 미신이 광범위하게 퍼지고 배외적인 민족주의는 팽배해 있었다… 그러자 곧 마치 열대 스콜과도 같이 갑작스런 광란이 사람들에게 덮치더니 그 광란은 도카이도(東海道)를 따라서 에도로 번지더니 시나노(信濃), 야마나시(山梨) 군마(群馬)지역을 지나 오사카 지역으로 퍼졌다. '에에자 나이카(좋지 않은가)' 소동이었다. 그것은 사람들이 참을 수 없는 환경에 오랫동안 처하게 될 때 침울하고, 환상적이고, 미신적인 것, 발작적인 것, 해학적이고 사회규율을 무시하는 음란한 것들이 뒤섞인 하나의 행태적 반응패턴이었다. 그것은 에에자 나이카를 외치는 집단 히스테리라고도 할 수 있었다."[156]

'에에자 나이카' 소동은 이세신궁에 참배하러 가는 오카게마이리 (お陰參り · 집단참배) 운동과 연결되었다.[157] 그것은 천황가의 조상인 아마테라스오미카미의 신덕으로 대번에 세상을 바꾼다는 신정(神政)에의 여망을 나타내는 것이었다.[158] 이 같은 현상은 그 이전에도 종종 있었다. 오카게마이리는 잠재되어 있다가 어느 시점에 갑자기 촉발하는

---

156 E. H. Norman, "Feudal Background of Japanese Politics", 앞의 책, 1975, pp. 342-344.

157 수십만 명의 사람들이 열을 지어 이세신궁으로 참배하러 가는 것을 "오카게마이리"라고 한다. 그것은 광란과 무질서의 한 판이었다. 어느 날 갑자기 시작되어 몇 달 내에 끝난다. 대강 60년 주기로 발생한다는 설이 있다.

158 김정기, 앞의 책, 2018, 217-218쪽.

것이다.[159] 오랜 인내와 자중 속에 담아두었다가 한꺼번에 호쾌한 한 바탕 일을 저지르는 동남아식 특성이라고도 할 수 있다.[160]

지금으로부터 이미 150년 전에 구스타프 르 봉이라는 사람이 프랑스혁명에서 군중들의 행태를 관찰하여 군중이 얼마나 단순하고 무뇌아(無腦兒)적인가 하는 것을 상세하게 전해주었다. 그는 앞으로의 세상은 군중이 지배하는 군중의 시대가 될 것이라는 것을 예언했다. 군중의 시대라는 의미는 세상이 비이성적으로 움직일 수 있다는 것을 의미하는 것이었다. 르 봉이 묘사하거나 개념화하는 군중의 행태는 기묘하리만큼이나 이제까지 일본인의 심리적 특질로 거론한 요소들을 거의 모두 포함하고 있다.[161] 억압적 스트레스가 작용할 때 개인이 군중심리에 빠질 가능성이 자유인들의 경우보다 훨씬 더 크다고 한다. 군중심리가 일상화된다면 집단적 스트레스라는 감정적인 풍토(emotional climates)를 형성한다. 사회는 안정적으로 보이지만 왠지 불안해 보이는 양태를 드러낸다. 그것은 깨지기 쉬운 단단한 유리그릇이나, 어떤 계기가 마련되면 발화할 수 있는 인화성 물질이 된다. 특히 집단 감정은 극단적이거나 과장된 자존심으로 나타날 수도 있다.[162]

---

159 이타사카 겐(板坂元), 앞의 책, 1996, 51쪽.
160 위의 책, 44-47쪽.
161 구스타프 르 봉(Gustave Le Bon), 이재형 옮김, 『군중심리(Psychologie des Foules·1895)』, 문예출판사, 2013, 11-70쪽. 르 봉에 의하면 군중은 열등한 무의식적 집단정신 상태를 드러내고 전제적 권력으로 오직 파괴하는 힘밖에 없다. 군중은 가장 무책임한 익명의 조직이다. 감정과 행위는 군중 사이에서 쉽게 전파되는데, 군중 속의 개인은 어떤 조작자의 암시에 순종하는 충동의 노예가 된다. 충동적인 군중은 폭력성, 잔인성을 드러내며 아무 망설임 없이 가해자가 되기도 하고 스스로가 순교자가 되기도 한다. 군중 속에 유포되는 정보는 집단 환각의 상상력 속에서 엄청나게 왜곡되어 전설이 만들어진다. 감정은 한층 더 과장되고 사소한 사건도 군중이 목격하면 순식간에 큰 사건으로 바뀌어버린다. 군중은 허약한 권위에 대해서는 언제든지 봉기하고 강력한 권위 앞에서는 언제라도 비굴하게 머리를 조아린다.
162 제베데이 바르부(Zevedei Barbu), 앞의 책, 1997, 69-70쪽.

이러한 감정적 태도는 정치지도자에게 절대주의적 신성성을 부여한다.[163] 집단주의 또는 군중의 집합적 감정은 '불안의 시대'에는 퇴행적 행동을 보이기도 한다. 복고주의(Revivalism)는 퇴행의 징후이다.[164] 이러한 현상은 일본의 메이지 유신 시대에 신토와 천황숭배 의식이 일본정치로 전위되는 것과, 복고주의와 근대화가 양립할 수 있는 비틀어진 현상, 그리고 대외침략주의와 궁극적인 군국주의 논리 등을 포괄적으로 설명해주는 메커니즘이라고 할 수 있을 것이다. 그래서 맥아더가 "일본인은 미신주의적인 허구에 속박된 비참한 노예들"이라고 표현했던 것 같다.[165]

일본에서 집단 내부의 질서를 규정하는 규칙체계의 특징의 하나는 극단적인 형식주의이다. 그것은 앞서 소개되었던 모든 특질로부터 나타나는 결과적인 행동양식이다. 오랫동안 확립된 형식은 가장 구체적인 규칙으로서 자신이 위험을 무릅쓰고 해석하거나 자립적으로 행동해야 할 필요가 없게 해주는 가장 권위 있는 텍스트이다. 따라서 그 형식만 되풀이한다면 최소한 안전은 보장될 것이라고 믿을 수 있다. 대체로 순응주의자에게 일본 사회는 매우 안전한 사회이다.[166] 형식주의는 독특한 의식(儀式 · ritualism)과 명목을 존중하는 습관에 전형적으로 나타난다. 가령 선물 주고받기, 또 도장을 마구 찍어대는 것이 대표적인 사례

---

163 위의 책, 73-75쪽. 모네로라는 사회학자는 종교적 감정이 정치 분야로 전위되는 것을 '신성의 전위(le déplacement du sacré)'라고 했다.
164 위의 책, 80-82쪽.
165 Carol Gluck, *Japan's modern myths; ideology in the late Meiji period*, Princeton University Press, Princeton, NJ. 1985, p. 4.
166 가토 슈이치(加藤周一), 「일본 사회 · 문화의 기본적 특징」, 앞의 책, 2002, 38-39쪽. "예수님의 얼굴 그림을 밟기만 하면 배교를 인정해주는 '후미에(踏繪)' 의식이나 사상전향이 전향서 한 장 쓰는 것으로 인정되는 것이 그런 형식만능주의의 일종이다."

이다. 어디서나 싼 값으로 살 수 있는 도장은 사람을 식별하는 데 아무런 소용이 없다.[167] 그래도 그 도장을 찍으면 관청은 만족하고, 안 찍으면 우편물 하나도 받을 수 없다. 실질적 의미는 없어도 의식적인 형식은 그대로 남는다는 것이다.[168] 일본에서는 "할 만한 가치가 없는 일이라도 그 일을 잘해야 한다"고 모두가 생각한다. 모두가 기대되는(예상되는) 방향으로 행동해야 하고 말도 조심스럽게 해야 하므로 어떤 공허하고 의례적인 일이라도 의미가 부여된다.[169] 이 모든 트라우마적인 특성은 정치권력이 압박하고 강요하고 주입하고 유인했던 사회문화적 유산이다.

4. 일본 신국론

'사상'이라는 용어는 어떤 보편성을 내포하고 있다. 그런데 일본관계 서적을 읽다 보면 '일본의 사상'이라는 말이 종종 어색하게 느껴질 때가 있다. '일본의 사상'에는 보편성이 없기 때문이다. 그렇다면 '일본의 사상'이라는 건 무엇일까? 그것은 사실상 지배이데올로기이다. 그것은 정치권력이 긴 역사에 걸쳐 만들어 놓은 담장 안에서만 존재하는 관념체계이다. 즉 '관제 이데올로기' 또는 '어용 이데올로기'라는 것이다. 일본에서 민간에서 형성된, 또는 민간에서 수입한 외래사상이 정치권력으로 업로드된 적은 없다. 민간의 사고나 생활양식은 대

---

167 80년대 당시에는 문방구점에서 아무나의 이름을 새긴 도장을 마음대로 사서 은행구좌를 만들 수 있었다. 필자는 다나카(田中)라는 도장을 사서 은행구좌를 개설했던 것으로 기억한다.
168 가토 슈이치(加藤周一), 앞의 글, 2002, 37쪽.
169 Murphy, R, Taggart, *Japan and the shackles of the past*, Oxford University Press, New York, 2014, pp. xxiii-xxiv

부분 정치권력이 만든 지배이데올로기의 일부를 다운로드한 것이다. 따라서 '신국사상'이라는 것은 정치권력이 창시한 '관제 이데올로기'의 일부로서 '신국론'이라고 해야 할 것이다. 건국신화, 천황, 한국(백제, 신라), 불교가 신국론의 모태를 구성한다. 일본의 건국신화는 인간화된 생활 이야기같이 꾸며져 있다. 시조신인 이자나기와 이자나미는 남신과 여신이다. 이들은 우선 섹스를 한다. 그것도 아주 구체적으로 묘사한다. "나는 튀어나온 것이 있고 너는 구멍이 있으니 한 번 하자" 이런 식이다. 그들은 오누이인 아마테라스오미카미(天助大御神)와 스사노오미코토(素盞嗚尊), 그리고 달의 신인 쓰키요미(月讀)를 낳는다. 그 중 빛의 여신인 아마테라스오미카미가 천황가의 조상신이 되고 따라서 가장 높은 신이 된다. 매년 신정 때 일본 총리가 참배 가는 이세신궁이 이 아마테라스오미카미를 모시는 신궁이다. 일본에서는 신(神)도 관제가 되고 어용이 된다. 가마쿠라 막부가 제정한 「고세이바이 시키모쿠(御成敗式目)」의 제1조는 "신은 사람의 존경에 의하여 위력을 높이고, 사람은 신의 덕에 의하여 운을 더한다."고 규정했다.[170] 그만큼 일본에서는 신들에 관한 일이 현실 정치와 직결되어 왔다. 천황은 언제나 그 신들의 중심에 있었다.

고사기와 일본서기가 편찬되던 7세기 일본의 지배이데올로기는 세 가지로 연결된다. 첫째, 일본이라는 국호와 천황 칭호로 상징되는 통합정치권력으로서의 왕권의 확립, 둘째, 천황은 살아있는 신이라는 천황명신론을 바탕으로 하는 신국론, 셋째, 신라는 일본의 조공국이

---

170 사토 히로오(佐藤弘夫) 지음, 성해준 옮김, 『神國日本』, 논형, 2014, 86쪽. 고세이바이 시키모쿠(御成敗式目)는 1232년에 제정한 가마쿠라 막부의 일종의 기본법이며 일본 최초의 무사계급을 규율하는 법(무가법)으로 가마쿠라 막부 창설 이래 형성된 무사사회의 관습, 도덕을 법률로 제정한 것이다.

라는 자기우월적 역사기술이다. 따라서 '천황'의 존재와 신국론, 그리고 한반도에 대한 우월관은 한 몸이 되는 것이다. 야마토 왕조는 689년 아스카 키요미하라 레이(飛鳥淨御原令)로 국호를 '일본'으로 하고 '천황'을 왕의 칭호로 삼았다. 그 이전의 명칭인 '오키미(大王)'는 기나이(畿內·수도권)호족들의 합의로 결정되는 유력 씨족 중의 수장이었다. 반면 '천황'은 율령제에 의해 관직과 위계를 매개로 하는 전제왕권의 지위를 부여받았다. 또한 동시에 701년 다이호 리쓰레이(大宝律令)를 통해 천황에게 대제사장의 지위까지 부여하여, 천황의 권력에 권위를 더했다.[171] 그 주인공이 덴무천황이다. 그 당시에는 천황을 '스메라 미코토'라고 읽었는데 '스메라'는 최고라는 의미였다.[172] 그러나 이 시기에는 '스메라 미코토'라는 칭호는 거의 사용되지 않았고 '미카도', '다이리(內裏)' 등의 용어가 사용되었다.[173] 덴무가 명신천황제를 제도화했던 과정은 후일 메이지 정부의 책사들이 지향하는 모델이 되었다.[174]

　'성스러운 러시아', '성스러운 아일랜드', '성스러운 땅 티롤' 같은 말들은 모두 그 국가나 민족이 어려움에 빠져있을 때 나온 말들이었다.[175] 그와 마찬가지로 역사상 일본의 신국론도 외부로부터의 위협에 대한 수세적 상황이나 정권의 위기시마다 등장했다. '신국'이 처음으로 나타나는 것은 신공황후의 이야기이다. 소위 '신라왕'의 입을 빌려서 표현된다. 물론 그 이야기는 고사기와 일본서기에 기록된 수백 년 전의 허구적 이야기라고 이미 밝혀진 바 있다. 두 번째는 백강 전투에

---

171 柄谷行人(가라타니 고진), 앞의 책, 2014, 222–223쪽.

172 김정기, 앞의 책, 2018, 70–71쪽.

173 야스마루 요시오(安丸良夫) 지음, 박진우 옮김, 『현대일본사상론: 역사의식과 이데올로기』, 논형, 2006, 114쪽.

174 김정기, 앞의 책, 2018, 122쪽.

175 E.J. 홉스봄, 강명세 옮김, 『1780년 이후의 민족과 민족주의』, 창비, 2008, 72–73쪽.

서 패전한 후 '천황' 용어가 출현할 때이다. 세 번째는 869년 5월 신라 해적선 2척이 규슈 하카다만에 침입했을 때 신라의 일본정벌설이 유포되는 데 대한 대책('神命의 보호' 조칙) 속에서 출현했다. 네 번째는 여몽연합군이 침입했을 때였다. 고려에서 대장경을 만들었던 신앙심과 같은 이치이다. 다섯 번째는 14세기 천황가가 분열되었던 남북조시대에 소위 '남조의 정통성'을 강조하면서 나왔다. 여섯 번째는 조선 세종의 대마도정벌 때 다시 언급되었다. 일곱 번째는 에도 중기 이후에 존황론으로서 등장했다. 여덟 번째는 메이지 유신 시기에 '만세일계의 신칙'의 근거로 신국이 소환되었다. 아홉 번째는 아시아태평양전쟁 말기에 가미카제 특공대로 재현되었다. 최근에 와서 2000년 5월 모리 요시로(森 喜朗) 총리는 "일본은 천황을 중심으로 하는 신국"이라는 발언을 하여 파문을 일으켰다.[176] 그 뒤를 이어 아베 전 총리를 비롯한 복고주의적 신우익세력이 시대착오적 '신국론'을 들먹였다. 일본의 신국론은 고대나 현대에나 그 시대에 맞게 사회적 환경의 변화에 따라 창작되는 종교적 지배이데올로기와 그것을 민중이 받아들이도록 설득하고 억압하는 '그람시의 헤게모니'[177] 이야기이다.

신국의식에는 당시의 대외적 위기의식이 강한 영향을 미치고 있다. 백제와 고구려의 멸망 이후 신라는 일본에게 심각한 위협으로 간

---

176 2000년 5월 15일 신토정치연맹국회의원간담회에서 인사말을 하는 중에 나온 발언이다.

177 안토니오 그람시(Anthonio Gramsci), 이상훈 옮김, 『그람시의 옥중수고 I·II』, 거름, 1986. 헤게모니 이론은 1920년대 이탈리아의 마르크스주의 사회학자인 안토니오 그람시(Antonio Gransci·1891-1937)가 집필한 옥중수기에서 제시한 부르주아의 프롤레타리아 지배이론이다. 부르주아는 힘에 의한 강요가 아니라 각종 지식기관, 언론, 문화적 수단을 통해 프롤레타리아를 세뇌시키고 동의를 얻어 도덕적으로 프롤레타리아를 지배하게 된다는 것이다. 이러한 수법은 후일 나치스와 공산주의 독재에서 대국민 프로파간다로 적극적으로 활용되었다. 그리고 현재도 국내 정치나 국가 간의 관계에서 작용하고 있다.

주되었다. 일본서기의 신공황후의 신라정벌 에피소드와 일본이 신국임을 자처하는 것도 새롭게 한반도의 패자가 된 신라를 강하게 의식하여 그에 대항하기 위하여 창작되었다고 하는 성격이 강하다.[178] 869년 5월 신라해적선의 하카다만 침입과 약탈사건에 대한 대응 이야기는 종교적 지배이데올로기가 원초적으로 품고 있는 한반도에 대한 감정을 말해주는 것이다. 13세기 후반 두 차례에 걸쳐 가미카제가 막강한 여몽연합군을 물리쳤다는 사실도 신국의 증거가 되었다. 가마쿠라시대(1192-1333)는 일본에서 처음으로 지배이데올로기로서의 신국론이 아닌, 사회일반의 민중에까지 퍼진 '신국관념'이 융성한 시대로 간주된다.[179] 헤이안시대(平安·794-1192)에는 교토 조정의 귀족들이 지방에 대규모의 토지를 소유했는데 그것을 장원이라고 했다.[180] 그런데 12세기에 들어오면서 중간 관리자들의 연공(年貢)횡령이 횡행하고 점차 토지소유권 자체가 불분명하게 되었다. 이에 따라 지배체제는 권문세가가 주도하는 분권적인 사회로 변질되었다.[181] 지방의 지배세력이 난립하면 민중의 생활은 극도로 불안하고 피폐해진다. 사회가 망가지고 삶이 어려워지면 사람들은 현실의 세계를 버리고 신에 의존한다. 그래서 중세는 신불(神佛)의 시대였다. 현실 세계를 움직이는 것은 인간의 힘을 초월한 신불의 힘이라고 생각했다. 이 시대에는 유령과 마술이 농민에게든 귀족에게든 인간생활에 친숙한 존재였다.[182] 사

---

178 사토 히로오(佐藤弘夫), 앞의 책, 2014, 105쪽.

179 위의 책, 27쪽.

180 하야미 아키라(速水融), 정성원·정안기 옮김, 『근세일본의 경제발전과 근면혁명』, 도서출판 혜안, 2006, 59-62쪽.

181 위의 책, 69-70쪽. 조정은 장원에 슈고(守護)라는 관리를 파견했고 귀족은 지토(地頭)라고 해서 무력과 경찰권을 독점하는 관리인을 파견하였다. 지토가 점차 장원을 차지한다.

182 Stefan Tanaka, 앞의 책, 2004, pp. 55-56.

람들은 신과 부처의 소리를 들었다. 그런 시대에는 인간은 앞서 언급했던 '절대주의적 현실(absolutism of reality)'에 기대는 것이다.[183] 지배계급의 권력도 신불의 권위에 의존하지 않을 수 없게 되었다.[184] 신불의 가호 없이는 천황도 천황다울 수가 없었다.[185]

인간들이 점점 더 맹목적으로 신을 찾고 추종하게 되면 신들도 세속화되고 인간화된다. 그럴수록 신들은 더욱 더 인간들에게 의존하게 되었다. 이제껏 신들은(사실은 신사나 사찰)은 국가의 재정지원, 또는 유력 가문이 먹여 살려 왔다. 그런데 이제는 신들도 자신이 먹을 것은 스스로 벌지 않으면 안 되는 시대가 되었다. 특정 가문에 속해서 일반인들에게는 폐쇄적이었던 신사들은 적극적으로 참배객을 불러들이고 스스로가 토지를 확보하는 것이 존망의 열쇠가 되었다.[186] 신들이 각자도생에 나서면서 신들의 위계질서는 깨졌다. 현실 인간세계가 하극상을 벌일 때 신들의 세계에서도 '신들의 하극상'이 일어난다. 이를 '신들의 전국(戰國)시대'라고도 했다. 신들이 인간세계에 내려왔고 넘쳐났다.[187] 원래 나라시대부터 신사 주변에 신궁사(神宮寺)라고 불리는 불교사찰이 건립되어 있었다. 신궁사는 신사의 신을 위로하기 위한 부수적인 시설에 불과했다. 그러나 헤이안시대 후반에는 부속사원인 신궁사의 불교승려가 오히려 신사를 지배하게 된다. 오직 이세신궁만이 예외가 되었다. 중세의 신국관념은 신과 부처가 혼합된 민중신앙이었다. 그것은 시대적 절망감을 반영하는 것이었다. 11세기 이

---

183 위의 책, p. 22.
184 사토 히로오(佐藤弘夫), 앞의 책, 2014, 153-154쪽.
185 위의 책, 143쪽.
186 위의 책, 53-55쪽.
187 위의 책, 61쪽.

후부터 일본을 '말법변토(末法辺土)의 나쁜 나라'라고 부정하는 '말법사상'이 퍼졌다. 불교적 세계관에서 보면 일본은 '구제의 희망이 끊기고 악인이 들끓는 나쁜 세상', 즉 '말법의 세상'이라는 것이었다. 이어서 현세의 생활은 그저 내세로 가기 위한 임시거처라는 내세적 세계관이 나타났다. 사후의 이상세계인 서방극락정토를 갈망하는 정토신앙이 유행하였다. 정토신앙은 '혼치스이자쿠설(本地垂迹説·본지수적설)'로 나타났다. 본지수적설은 신토의 신들은 변방에 사는 일본인을 구제하기 위해 변신하여 출현한 부처의 화신이라는 신흥종교관념이었다. 신과 부처가 동업하는 것이다.[188] 여러 종류의 신들이 공존하고 있고, 신이 나라를 지키기 때문에 일본은 '신국'이라는 것이었다.[189] 한편 이 시대의 신국론을 이야기할 때 천황에 관한 이야기는 거의 나오지 않는다. 천황은 그 시대로부터 메이지 유신 때까지 정치적으로는 보이지 않았다. 신국에 어울리지 않는 나쁜 천황은 교체될 수 있다는 것이 당시 지배층의 공통 인식이었다.[190]

고대의 신국론은 천황을 중심으로 구성되어 신화를 통해서 구현되었다. 그러나 중세는 지배체제 전체를 위한 것이었고 불교적인 관념이 중심이 되었다.[191] 어쨌든 천황은 신국을 유지하기 위해서 필요한 존재였다. 체제의 모순과 위기가 강화될수록 천황의 권위가 강조되고

---

188 위의 책, 74-79쪽. 부처의 가르침은 석가 입멸 후 正法·像法·末法이라고 하는 3단계를 거쳐 점차로 쇠퇴하여 불법이 사람을 구제하는 힘을 잃는 시기가 오는데, 그런 세상은 구제불능의 악인이 가득한 암흑시대가 된다고 한다. 이것이 말법사상이다.

189 위의 책, 112-113쪽.

190 위의 책, 172쪽.

191 위의 책, 186쪽. 필자 주: 헤이안시대 후반기에는 모든 천황들이 형식적으로 은퇴 후 불교에 출가하여 법황이라는 칭호로 사실상 계속해서 정치권력을 행사하였다.

신토신앙이 강화되는 이유도 여기에 있다.[192] 특히 여몽연합군 침략 시기에 가미카제의 신력(神力)이 신공황후의 삼한정벌 설화를 소환했다. 일본은 신의 후손인 천황이 직접 다스리는 나라이기 때문에 신국이라는 우월적 의식과 대외 침략을 정당화하는 경향이 강해지게 되었다. 또한 민간에는 앞에서 언급한 메시아적 신국관념이 형성되었다. 따라서 정치권력이 신국론을 이용할 경우 그 정치력은 더욱 큰 동력을 얻게 되는 시대가 서서히 시작되는 것이다. 일본의 신국론은 점차 강렬한 선민의식과 자민족 중심주의의 지배이데올로기로 변했다.[193] 그 변형은 9세기 초부터 조정에서 행한 일본서기의 강독(講讀 · 講書)으로부터 시작되었다. 강독의 '교과서'인 일본서기는 시대에 따라 새롭게 해석되고 그 과정에서 새로운 신화가 만들어지고 변조되었다.[194] 그 이전에 기록된 것이나 인식된 것의 사실 여부를 확인하거나 따지지 않고 단지 덧붙여 가는 것은 설계도 없이 방에서 방으로 이어지는 일본식 대주택 건설 과정과도 비슷하다. 그런 주택은 미로로 가득 차게 된다. 그래서 상황에 따라서 역사도 변조했다. 근대의 천황제 이데올로기도 신국론의 변형이었다. 아베 전 총리가 자주 언급했던 '아름다운 나라 일본'이라는 말은 이러한 신국의식을 일본 국민들에게 다시 주입하고 싶어하는 염원이 담겨 있는 것이다. 그것은 일본의 지배계층이 위기감을 느낄 때마다 되풀이해 온 하나의 역사적인 패턴이다. 일본의 신국론으로부터 천황숭배의식과 국체(国体)가 배태되었다

---

192 위의 책, 194-195쪽.

193 위의 책, 202-203쪽.

194 고노시 다카미쓰(神野志隆光), 권오엽, 권정 역, 『古事記와 日本書紀』, 제이앤씨, 2005, 151-158쪽. "9세기부터 10세기 중엽까지 강서의 교과서인 고고슈우이(古語拾遺)는 여섯 번 개작된 후 904년에 先代旧事本紀가 만들어졌다. 그것을 바탕으로 헤이안시대의 새로운 일본서기와 고사기가 만들어졌다."

는 점에서 신국론은 '잘라파고스화'의 원점이라고 할 수 있다.

5. 마조히즘과 사디즘

'물리적인 힘'이 옳고 그름을 결정하고 정의를 만든다는 생각은 사람들로 하여금 항상 양극단의 선택을 준비하게 만든다. 양면적(이중적) 감정과 태도는 공포 분위기 속에 사는 대부분의 인간 집단에 특유한 것이다. 로마의 티베리우스 황제시대의 궁정의 분위기는 음모와 밀고의 두려움, 황제의 변덕의 두려움에 싸여있었다고 한다. 쉽사리 '대역 죄'로 얽히는 고발이 빈번했다. 이와 같은 분위기 속에서는 아첨과 박해가 병행한다. 역사가 타키투스는 당시 '아첨으로 그들의 지위를 지키는' 원로원의원들의 병적인 욕망을 "그들의 자기비하는 서서히 박해로 바뀌어갔다"고 묘사했다. 이처럼 그들의 행동은 비굴하면서도 동시에 자기의 권력을 과시하는 양극단의 병적인 욕구 사이를 오갔던 것이다. 하위징아(Johan Huizinga)는 『중세의 가을』에서 중세 후기 프랑스 사회의 이중적 감성의 분위기를 "피 냄새와 장미의 향기를 동시에 띠고 있다"라고 표현했다.[195]

중세 후기 유럽인들에게 엄격한 기독교 교리와 그에 따른 엄격한 행동의 규범은 무의식적인 차원에서는 강력한 억압기제(repressing mechanism)를 형성했다. 그것은 중세 후기 유럽인들을 양면적 성격으로 만들었다. 그래서 중세 후기의 인간의 행동은 양극단, 즉 극도의 사랑과 극도의 잔학, 극도의 동정과 극도의 복수심, 극도의 영

---

195 제베데이 바르부(Zevedei Barbu), 앞의 책, 1997, 88-89쪽.

적인 것과 극도의 관능 사이를 오갔다. 그들은 늘 마니교적인(摩尼教 的 · Manichean) 선과 악의 이분법적 사고를 하고 있었다.[196] 북한 사람들도 양극단적인 행태, 즉 마조히즘과 사디즘적 행태를 동시에 가지고 있었다. 필자는 그들이 상황에 따라 행태를 양극으로 바꾸는 지혜와 능력이 있다는 것을 직접 목격했다. 울다가 갑자기 웃거나, 눈 하나 깜짝하지 않고 거짓말을 하고, 또 그것을 금방 다른 거짓말로 번복한다. 친절하다가도 갑자기 화를 벌컥 낸다거나 또 그렇게 화를 내다가도 금방 안면을 바꿔 환하게 웃는다. 극단적인 변신 연기에 명수들이다.[197] 그렇게도 친절하고 인정미 넘치는 사람들이 순식간에 온갖 저주스러운 말과 악귀 같은 포악한 태도로 돌변하는 것은 극적(dramatic)이라기보다는 차라리 애처로우면서도(pathetic) 섬뜩(eerie)하다.[198]

사람들은 어떤 형태의 억압이 가해지는 긴장된 상황에서는 저항할 것인가 순응할 것인가를 그때마다 스스로에게 묻는 양면적 가치를 유지하는 것이 '생활의 지혜'가 된다. 나아가 순간적으로 그러한 판단과 행동을 하는 속도 그 자체가 지혜가 된다. 그 지혜는 생활의 경험이 쌓여서 얻어진다. 억압적인 힘이 워낙 강해서 대적할 수 없을 때는 순응한다. 그러나 약한 상대에 대해서는 공격적인 행동을 한다.[199] 그것을 "권력이 하부를 향해서는 '팽창'하고 상부를 향해서는 '수축'되는 현상"이라고도 했다.[200] 메이지 유신 직전 가장 호전적인 사쓰마(薩摩 · 지금의 가고시마현)와 조슈(長州 · 지금의 야마구치현)가 서구제국과 한 번 붙

---

196 위의 책, 91–94쪽.
197 이현주, 앞의 책, 2003, 148쪽.
198 위의 책, 181–188쪽.
199 제베데이 바르부(Zevedei Barbu), 앞의 책, 1997, 84–85쪽.
200 오구마 에이지(小熊英二), 앞의 책, 2019, 96–97쪽.

어 보고나서 금방 언제 그랬냐는 듯이 180도로 전환하여 친서구화되는 것이 이러한 양면적 성격의 가장 대표적인 사례이다.[201] 개인이나 사회의 급격한 180도 전향은 '힘'을 의식하는 정도가 그만큼 예민하다는 증거이다. 일본인들은 금방 그리스도인이 되었다가 기독교금지령 이후에는 놀라운 속도로 집단전향해서 종교를 버렸다.[202] 패전 직후에 보수 정치가나 지방 유력자나 모두 '귀축미영'이라는 입장으로부터 민주주의 예찬으로 돌변했다.[203] 『국화와 칼』의 저자 루스 베네딕트(Ruth Benedict)에 따르면, 일본인은 서양인들처럼 보편적 가치관에 의해서 행동하는 것이 아니라 상황, 윤리 혹은 특수 윤리에 맞추어 행동한다. 예의 바르고 관대한 인간이라도 상황이 바뀌면 난폭하고 냉혹한 행동을 한다는 것이다. 중요한 것은 어떤 상황인가 또는 각각의 상황에서 어떤 역할을 할당받는가 하는 문제이다.[204]

마조히즘과 순응

운명의존주의는 미래에 일어날 위험이 가져올 위기상태를 무의식 중에 파악하려는 심리적인 메커니즘이다. 이것이 일본적 마조히즘이 발생하는 심리적인 토대이다.[205] 타인에 의해 문책당하는 것을 피하

---

201 E. H. Norman, "Japan's Emergence as a Modern State", 앞의 책, pp. 151-152.

202 마루야마 마사오(丸山眞男), 김진만 옮김, 「原型, 古層, 執拗(집요)低音」, 가토 슈이치 등, 『일본문화의 숨은 形』(1984), 소화(한림신서 일본학총서 1), 2002, 107쪽.

203 오구마 에이지(小熊英二), 앞의 책, 2019, 970쪽.

204 존 다우어(John W. Dower), 최은석 옮김, 『패배를 껴안고: 제2차 세계대전 후의 일본과 일본인(Embracing Defeat: Japan in the Wake of World War II · 1999)』, 민음사, 2009, 278쪽.

205 미나미 히로시(南博), 앞의 책, 2002, 67-68쪽.

기 위해서 스스로 자책하는 것이 '자조(自嘲)'다. 어떤 법령이나 규제에 의한 강제를 회피하기 위해 자제하는 것은 '자숙'이라고 한다.[206] 일본 언론의 자율적 자기 검열도 자숙의 한 종류이다. 그것은 일종의 간접적인 마조히즘이다.[207] 마조히즘에는 권력과 권위주의에 대한 복종 심리가 작용한다.[208] 일본에는 "긴 것에는 감기고, 굵은 것에는 먹혀라"라는 교훈이 있다. '긴 것', '굵은 것'이란 권력을 의미한다.[209] 복종과 순응을 주입하는 일본의 '정신교육'은 대부분이 '일본적 마조히즘'이라고도 할 수 있는 심리적 경향을 심는 데 집중되었다.[210]

사디즘과 잔혹성

억압받는 심리적 상태에 있는 사람들의 마조히즘적인 행태는 상황에 따라 쉽게 사디즘적 행태로 전위할 수 있다는 것이 심리학의 통설이다. 일본인에게도 특유의 사디즘적 행태가 드러났다. 그것은 단지 전쟁 중 일본군의 잔혹행위에만 국한된 것은 아니다. 책임을 타인에게 전가하고 추궁하는 심리적인 공격 메커니즘을 통해 우월감과 쾌감을 즐기는 것은 일본인 특유의 사디즘이라 할 수 있다. 특히 일본의 수동성과 순응을 강조하는 억압적 지배이데올로기로 인해서 일본의 문화는 약한 자와 불행한 자에 대한 연민의 품성을 결여하게 되었다고 한다.[211] 그것은 신체적인 폭력뿐만이 아니라 언어적, 심리적인 공격행동

---

206 위의 책, 2002, 70쪽.
207 위의 책, 2002, 79쪽.
208 위의 책, 2002, 71-72쪽.
209 미나미 히로시(南博), 앞의 책, 2000, 12-14쪽.
210 위의 책, 27쪽.
211 John W. Dower, "E. H. Norman, Japan and the Use of History", in John

으로 나타날 때가 많다. 그래서 정치인이나 지식인들이 종종 한국에 대해 '상식 밖의 저질성' 언동을 하는 것이다. 또한 일본식 사디즘은 군중심리적 특성과 관련 있는 집단무책임성과 긴밀히 연동하고 있다. 개인이 실천하지 못하는 가학적인 행동을 집단의 힘을 빌려서 실천에 옮기는 경우가 대부분이다. 일본에 많은 익명의 기사나 평론은 똑같은 일본적 사디즘의 표현이다.[212] 일본군의 가학적인 행동은 엄격한 규율 속에서 만들어진 이상심리에 기인하는 사디즘의 발현이었다.

집단적 무책임 의식은 가학성을 더욱 강화한다.[213] 일본인들은 자신이 속한 세켄(世間)에서 일단 벗어나면 타인의 고통에 대해서 무책임해질 수 있다.[214] 마루야마 마사오는 일본군의 잔혹행위를 '억압의 이양'이라는 심리적 과정으로 설명했다. 국내에서는 '비루한' 인민이며, 병영 내에서는 이등병이라도, 일단 영외로 나서면 황군이라는 한없이 우월한 지위에 서게 된다. 생활의 압박을 해소할 데가 없는 대중이 일단 우월적 지위에 서면, 자신을 가둔 모든 중압에서 한 번에 해방되려는 폭발적인 충동에 휩싸이게 된다고 설명했다.[215] 가장 잔인하고 무지한 노예는 타인의 자유에 대해 가장 무자비한 약탈자가 되는 것이다.[216] 자유를 신봉한 경제학자인 하이에크(Friedlich A. von Hayek · 1899–1992)는 사악한 사람이 독재나 가혹한 행위를 할 가능성이 높다고 간단히 설명했다. 선량한 사람은 사악한 권력을 집행하는

W. Dower ed. *Origins of the Modern Japanese State: Selected Writings of E. H. Norman*, Pantheon Books, Random House, N.Y 1975, p.14.
212 미나미 히로시(南博), 앞의 책, 2002, 73–75쪽.
213 위의 책, 81–82쪽.
214 위의 책, 30–31쪽.
215 마루야마 마사오(丸山眞男), 「초국가주의의 논리와 심리」, 앞의 책, 1997, 62쪽.
216 오구마 에이지(小熊英二), 앞의 책, 2019, 505쪽.

자리에 앉기 어려운 것은 마음이 약한 사람이 노예 농장에서 채찍을 휘두르는 감독관이 될 수 없는 것과 같은 이치라는 것이다.[217] 때때로 일본 정부는 일본인의 사디즘적 행태를 조장하는 '미필적 고의'를 저지르기도 한다. 1923년 관동대지진 직후 조선인에 대한 조직적인 학살을 부추기고 방치한 것이 그 대표적인 사례이다.

지배이데올로기를 생산하는 어용 학문

주자학의 역성혁명론은 도쿠카와 이에야스의 정치권력의 정통성을 인정해주는 데만 적용되었다.[218] 그 이후에는 역성혁명론이 기득권 권력인 막부를 타도할 수 있는 이데올로기가 되었기 때문에 오히려 지배자에게 위험한 학문이 되었다. 그래서 유학자들이 유학적 정치이상을 그대로 논증하는 것은 극히 위험한 일이 되었다. 많은 학자들이 금지된 책을 보거나 글을 썼다는 이유로 처형을 당했다.[219] 유학자들은 무가정치의 정통성을 합리화하면서도 천황과 조정의 존재도 존중하는 줄타기를 했다. 일본의 주자학이 쉽게 신국론과 결합하여 천황 중심의 지배이데올로기로 변신하는 데는 이러한 조건이 작용하고 있었다.

일본인들의 이러한 심리적 속성이 전전(戰前)은 물론 현재까지도 일본인들이 객관적인 정보의 중요성을 경시하고, 정보를 권력자의 의도에 맞추어 왜곡하고 편의적으로 해석하는 풍조를 초래했다.[220]

---

217 Friedlich A. von Hayek, 앞의 책, 1994, p. 153.
218 야스마루 요시오(安丸良夫), 앞의 책, 52쪽.
219 E. H. Norman, "Feudal Background of Japanese Politics", 앞의 책, 1974, p. 338.
220 小谷賢(고타니 켄),『日本軍のインテリジェンス: なぜ情報が活されないのか』, 講談社, 2007, 204-218쪽.

2부

혐한의 정치공학
: 재구성되는 근대의 조선멸시관

신공황후의 부활

> 이미 있던 것들이 다시 생기고 사람들은 전에 했던 일들을 다시 한다.
> 하늘 아래 새로운 것이 없다. 누가 "보라 여기 새것이 있다."라고 말할 수 있겠는가?
> 그것은 이미 오래 전에 있었던 것이며, 우리가 나기 전에 이미 존재하던 것일 뿐이다…
> 구부러진 것을 곧게 할 수 없고, 부족한 것은 너무 많아서 헤아릴 수가 없다.
>
> 전도서 1장 9-15절

1. 일본 지배이데올로기의 변태

존중과 멸시의 갈림길

일본의 에도시대 초기에는 한국문화에 대한 존경심이 있었지만 점차 그 존경심은 사라졌다.[1] 임진왜란이 끝난 후 9년 만인 1607년에 조선과 일본이 국교를 재개할 수 있었던 것은 '전범'인 도요토미 히데요시(豊臣秀吉)의 세력을 꺾고 등장한 도쿠가와 막부가 침략과 관련 없는 정권이라는 점도 작용했다.[2] 도쿠가와 막부는 평화적인 통치체제

---

[1] 하타다 다카시(旗田巍), 이기동 역, 『일본인의 한국관』, 일조각, 1997, 49쪽.
[2] 반면 오늘의 한일관계는 일본의 패전 후 20년 만에 회복하였다. 일본이 과거의 정치권력과 단절을 하지 않고 있다는 것이 역사문제에 관한 공동인식이 불가능한 이유가 된다.

를 확립하기 위해서 유교적 통치원리를 새로운 정권이미지로 내세워야 했다. 따라서 당시 보편적 정치학문이었던 유학의 선진국인 조선과의 관계회복이 절실했던 것이다. 초기 도쿠가와 막부는 조선통신사를 극진하게 대접함으로써 조선에 대한 존중을 표시하였다. 이후 1811년까지 열두 차례에 걸쳐 조선통신사가 일본을 방문했다.

설익은 주자학

맹자에 의하면 천명(天命)이란 실제로는 민의(民意)다. 군주의 정통성은 혈통이 아니라 천명에 기초하는 것이다. 그러므로 민의를 저버린 왕조는 멸망하게 된다. 이것이 '역성혁명'이라고 불리는 왕조교체혁명을 정당화하는 관념이다.[3] 도쿠카와 이에야스의 책사인 하야시 라잔(林羅山 · 1583-1657)은 '탕무방벌론(湯武放伐論)'으로 새로운 정권창업을 합리화해 주었다.[4] 당시 '역성혁명론'은 지배이데올로기의 핵심이 되었다. 따라서 초기 도쿠가와 막부정권은 주자학의 대의명분으로 정권의 정통성을 합리화했다.[5] 그러나 무인인 사무라이들의 학문 수준은 매우 낮았다.[6] 그래서 유학자들은 한국의 학문과 학자를 존경했다. 에도시대 초기의 유학자인 후지와라 세이카(藤原惺窩 · 1561-1619)나

---

3 柄谷行人(가라타니 고진), 『帝國の構造-中心 · 周邊 · 亜周辺』, 青土社, 東京, 2014, 110쪽.
4 하나라의 걸왕을 은나라의 탕왕이 멸망시키고, 은나라의 주왕을 주나라의 무왕이 멸망시켰다는 역사에서 나온 말로 천자가 폭군일 경우, 백성을 위해 유덕한 제후가 그 천자를 토벌하는 것을 방벌이라고 하며 맹자가 제시한 '역성혁명' 개념이다. 도쿠카와 이에야스가 도요토미 히데요시 세력을 토벌한 것을 합리화해 주는 논거로 활용되었다.
5 성희엽, 『조용한 혁명: 메이지 유신과 일본의 건국』, 소명출판, 2016, 108-109쪽.
6 김용운, 『한 · 일간의 얽힌 실타래: 신라 · 백제에서부터 한 · 일까지』, 문화사상사, 2007, 195쪽.

하야시 라잔은 모두 한국의 유학을 배워서 자신의 학문을 형성했다. 후지와라 세이카는 도쿠가와 이에야스에게 어전강의를 할 때 조선선비의 의복인 '심의도복(深衣道服)[7]'를 입고 한국에서 인쇄한 서적을 텍스트로 하여 강의했다고 한다. 그는 임진왜란 때 일본에 끌려온 강항(姜沆)을 통해서도 조선유학을 배웠다. 그들은 모두 이퇴계를 특히 존경했다. 각 번은 통신사가 올 때마다 지역 유학자들을 보내 통신사로부터 학식을 배우도록 했다. 그래서 통신사 일행에는 항상 당대의 우수한 학자가 동행했다. 일본의 유학자들은 조선 학자와 시를 주고받거나 이들의 글이나 그림을 받는 것을 더할 나위 없는 명예로 생각했다.[8] 조선통신사와 일본 지식인이 주고받은 문답이나 시문을 정리한 필담창화집(筆談唱和集)이 일본에 많이 남아있는 것도 그런 연유에서다. 그러나 이런 존중 의식은 그리 오래 가지 못했다. 특히 임진왜란은 조선에 대한 일본인의 군사적, 경제적, 문화적 열등감을 단번에 멸시관으로 바꾸는 계기가 되었다.[9] 조선의 경제는 임진왜란과 그에 이은 두 차례 호란의 피해를 회복하지 못하고 쇠락해 갔다. 반면 일본은 도쿠가와 막부 성립 이래 긴 평화의 시대를 거치면서 경제가 비약적으로 발전했다. 두 나라 간 경제력의 격차가 확대될수록 일본은 조선에 대한 학문적 열등감은 없어지고 고대로부터 전승되어 온 멸시관을 합리화하기 시작했다. 이처럼 세상의 인식은 상호간의 필요성에 따라 변화한다. 도쿠가와 막부 후대로 내려가면서 맹자의 역성혁명론은 오히려 위험한 학설이 되어버렸다. 이는 막부체제가 기득권 세력이 되

---

7 조선의 신분이 높은 선비가 입던 겉옷.
8 이기용, 『정한론: 아베, 일본 우경화의 뿌리』, 살림출판사, 2015, 23~24쪽.
9 미야케 히데토시(三宅英利), 하우봉 옮김, 『역사적으로 본 일본인의 한국관』, 풀빛, 1990, 61쪽.

었기 때문이다. 또한 서양학문인 난학이 들어오기 시작하며 가장 결정적인 학문적 자존심의 전환을 가져왔다. 어용 성향이 강했던 일본의 학자들은 주자학의 원전을 쉽게 비틀어 체제이데올로기에 맞는 새로운 관념이나 이론을 만들었다. 그것을 '주자학의 일본화'라고 한다. 그 뒤틀려진 보편적 가치는 다시는 원상회복할 수 없는 상처를 일본 학계에 남겼다.

고학(古学 또는 古文書学)은 '주자학의 일본화'의 시작이었다. 이토 진사이(伊藤仁齊 · 1627-1705)가 고학적 방법을 통해 대학과 중용에 이본(異本)이 삽입되어 있다는 것을 구별해 냈다. 그를 이어받아 오규 소라이(荻生徂徠 · 1666-1728)는 논어에 다른 사상을 섞지 말고 고문서학적 방법을 통해 공자 말씀의 참 뜻을 이해해야 한다고 주장했다.[10] 통치자는 주자학적인 덕을 갖추고 있어야 한다고 생각하는 조선의 유학자들과는 달리, 그는 인간의 내면을 수양하여 덕을 갖추는 행위와 사회질서를 안정시키고 백성을 편안하게 해야 하는 통치행위는 전혀 다른 것이라고 구분했다.[11] 사적 세계의 도덕과 공적 세계의 정치윤리를 구분한 것이다. 그것은 마치 마키아벨리가 군주론에서 정치로부터 종교와 도덕의 제약을 분리한 것과 비슷한 논리이다.[12] 통신사를 수행하여 일본을 다녀와 『승사록』이라는 상세한 견문기를 쓴 원중거(元重擧 · 1719-1790)는 오규 소라이의 학문을 신랄하게 비판하면서도 일본의 한문 독서법을 제대로 정립했다는 공로를 소개하고 있다.[13] 예

---

10 성희엽, 앞의 책, 2016, 204-205쪽.
11 위의 책, 219쪽.
12 위의 책, 226쪽. 마키아벨리는 "악덕을 무릅쓰지 않고 통치할 수 없는 경우 비방을 감수해야" 한다고 말했다.
13 琴秉洞(금병동), 『日本人の朝鮮觀: その光と影』, 明石書店, 東京, 2006, 354쪽. 원중거는 오규 소라이가 "호걸의 재주를 지니고 있지만 기이하고 편벽된 의론

를 들면 조선에서는 '마상봉한식(馬上逢寒食)'[14]을 중국 원문 발음과 최대한 가까운 발음인 '마상봉한식'으로 읽는다. 그런데 오규 소라이 이전의 일본인 학자들은 '馬上逢寒食'을 한자의 뜻으로 해석된 일본어로 읽는다는 것이다.[15] 그렇게 읽어 버리면 한시의 운율은 아무런 의미가 없게 된다. 그러던 것을 오규 소라이가 중국의 운서를 바탕으로 원문에 가까운 일본어 발음을 한문에 달아서 한문을 음으로 읽을 수 있게 하였다. 즉 '馬上逢寒食'을 '바조우 호우한쇼쿠'라고 읽는 것이다.[16] 해남에 유배중이던 정약용은 원중거와는 달리 오규 소라이를 극찬했다. 그는 두 아들에게 보낸 편지와 일본론이라는 짧은 글에서 오규 소라이를 칭찬하고 당시 일본의 유학수준을 높게 평가하고 있다.

> "일본에서는 요즘 이름난 학자가 배출되고 있다는데 물부쌍백(物部雙栢)이 바로 그런 사람이다… 지난번 통신사가 오는 편에 얻어온 세 편의 글이 모두 정밀하고 예리하더구나. 대저 일본이라는 나라는 본디 백제에서 책을 얻어다 보았는데 처음에는 매우 몽매하였으나, 이후부터 중국의 좋은 책을 모조리 구입해 갔다. 또 과거로 관리를 뽑는 그런 폐단과 부담이 없어서 제대로 학문을 할 수 있었기 때문에 지금 와서는 학문이 우리나라와 크게 차이가 나니 부끄러움이 대단할 뿐이다."[17]

을 좋아해서 정주([程朱]정호(程顥), 정이(程頤) 형제(兄弟)와 주희(朱熹)를 일컬음)를 사리에 맞지 않게 패악스럽게 비방하고 있다"고 비판하면서 기이한 재주를 가졌으나 애석하다고 했다.

14 당나라 시인 송지문(宋之問)의 한시 첫 구절. 중국어로 '곧(馬上) 한식이 다가온다'라는 뜻.

15 예를 들면 영어발음은 모른 채 영어문장을 우리말로 읽어버리는 것과도 같다. "I am a boy"라는 문장을 보면서 "나는 소년이다"라고 한국말로 읽는 것이다. 요즘도 일본에서는 四字成語를 네 글자의 한자음이 아니라 일본말로 풀어서 읽어 이해한다.

16 원중거(元重擧), 김경숙 옮김, 『조선 후기 지식인, 일본과 만나다: 乘槎錄』, 소명출판, 2006, 349-350쪽.

17 정약용·정약전, 정해겸 편역주, 『다산서간정선』, 현대실학사, 2002, 54쪽.

"내가 이른바 고학(古學)선생 이등유정(伊藤維楨)씨가[18] 지은 글과 적선생(荻先生)[19], 태재순(太宰純)[20] 등이 논한 경의(經義)를 읽어보니 모두 문체가 찬란하여 멋이 있었다······ "[21]

이러한 변화 속에서 조선에 대한 관심과 존경심은 점차 사라지고 대신 전통적인 조선번국관(朝鮮藩國觀)이 되살아났다.[22] '조선통신사는 조공사'라는 관념도 표면에 드러났다. 통신사의 박식함에 놀랐던 하야시 라잔도 1617년 제2차 통신사 방일을 '일본에 조공을 바치러 온 것'이며, '조선은 고대 이래로 우리의 서쪽 오랑캐(西蠻)'라고 주장했다.[23] 조선통신사 일행이 이제는 '가난한 자의 오만'으로 비쳤다. 7번째 통신사가 온 1682년에 이미 시·서·화를 통신사에게 요청하는 행위를 금지하였고, 여러 분야에 제한령을 내렸다.[24] 통신사폐지론도 등장했다. 아라이 하쿠세키(新井白石 · 1657-1725)는 "조선은 무(武)로써는 일본을 당할 수 없으니 문(文)만 내세운다"고 비난하고 통신사의 제한을 건의했다.[25] 시시한 나라의 사신에게 지나치게 많은 경비를 쓰지 말고, 실력 없는 일본 문인이 조선통신사와 만나는 것을 제한하고, 통신사는 대마도에만 왕래하도록 하자는 것이었다. 결국 1811년 일본측의 제

---

18 이토 진사이(伊藤仁齊·1627-1705)를 말한다.
19 물부쌍백(物部雙栢)과 적선생(荻先)은 오규 소라이(荻生徂徠·1666-1728)를 말한다.
20 다자이 슌타이(太宰純台·1680-1747): 일본에 '經濟'라는 말과 개념을 처음으로 소개했다고 한다.
21 정약용,「日本論」, 민족문화추진회 편, 『다산문선』, 솔 출판사, 2006, 225-226쪽.
22 신유한 지음, 강혜선 옮김, 『조선 선비의 일본 견문록: 해유록, 대마도에서 도쿄까지』, 이마고, 2008, 23쪽.
23 가쓰라지마 노부히로(桂島宣弘), 김정근·김태훈·심희찬 옮김, 『동아시아 자타인식의 사상사: 일본내셔널리즘 생성과 동아시아』, 논형, 2009, 54쪽; 미야케 히데토시(三宅英利), 앞의 책, 1990, 87쪽.
24 위의 책, 100쪽.
25 琴秉洞, 앞의 책, 2006, 23쪽.

한에 의해 대마도까지만 갔던 통신사가 마지막이 되었다.[26] 1719년 통신사 일행으로 일본에 갔던 신유한은 아메노모리 호슈(雨森芳洲·1668-1755)와 논쟁 중에 "예는 공경에서 생기고 거만한 데서 폐지되는 법"이라고 말했었는데[27] 그 말이 100년 뒤 현실이 되었다.

신국론에 소환되는 천황과 '조선멸시관'

중세 시대부터 이미 천황은 정치적으로는 식물인간이 되어 있었다. 후계 천황은 사실상 당시의 막부가 임명했다.[28] 에도 막부 시대 천황은 철저한 감시 하에 평생 시문이나 지으라며 거처인 황거(皇居)에 사실상 연금당했다. 1626년 이후 1863년 고메이(孝明) 천황이 교토의 가모(賀茂)신사에 행차하기까지 거의 240년 동안 역대 천황은 황거 밖으로 한 발짝도 나가지 못했다.[29] 천황이 조선통신사 행렬에 호기심을 보였다는 이유로 막부가 당장 통신사의 숙소를 황거에서 멀리 떨어진 혼코쿠지(本國寺)로 변경했다고 한다.[30] 그러나 천황은 여전히 종교적인 권위는 가지고 있었다.[31] 에도시대 중기 이후 신국론은 국학자들에 의해서 일본의 절대적 우위를 강조하는 근세적인 신국론으로 변용

---

26 김용운, 앞의 책, 2007, 196-197쪽. 이 통신사를 역지빙례(易地聘禮·방문지가 바뀌었다는 의미)라고 해서 따로 부르고 있다.

27 신유한, 앞의 책, 2008, 130쪽.

28 김정기, 『일본 천황 그는 누구인가: 그 우상의 신화』, 푸른사상, 2018, 158쪽. 그래서 천황가의 각 계파는 자신의 파에서 후계 천황을 내기 위해서 빠른 말을 골라 다투어 막부에 사절을 보냈는데, 당시 하나조노(花園) 천황은 이를 '경마'와 같다고 한탄했다고 한다.

29 야스마루 요시오(安丸良夫), 박진우 옮김, 『근대천황상의 형성』, 논형, 2008, 51쪽.

30 池內敏(이케우치 사토시), 『日本人の朝鮮觀はいかにして形成されたか』, 講談社, 東京, 2017, 33-35쪽.

31 사토 히로오(佐藤弘夫), 성해준 옮김, 『神國日本』, 논형, 2014, 173-175쪽.

되어 나타나기 시작한다.[32] 또한 '조선은 조공국'이라는 고대의 기록도 소환되었다. 어차피 천황이 다시 등장하려면 '고대의 지배 대상'이었다고 하는 '조공국 조선(신라)'이 필요했다.[33] 신공황후의 삼한정벌 설화가 학자들의 모든 이야기의 근거가 되었다. 일본의 지배계급은 고사기와 일본서기의 내용을 심하게 각색해서 지배이데올로기로 이용했다.[34] 역시 일본의 정치권력은 언제나 한국을 밟아야 일어설 수 있는 것이다.

국학

신국론의 첫 번째 변질은 일본의 고전으로부터 일본 고유의 정신(和心 · 야마토 고코로: 일본의 마음)을 찾자는 움직임으로 시작되었다. 그것을 훗날 총칭해서 국학이라고 부른다. 그것은 이미 어떤 보편적인 개념이나 가치를 기본으로 한 학문은 아니다. 여기에 4명의 학자가 등장하는데, 이들은 '야마토 고코로'를 찾기 위해서 고사기와 일본서기, 만요슈(萬葉集), 겐지 모노가타리(源氏物語) 등 일본의 고전을 연구했다. 참고로 가장 선배격인 에도 전기의 승려 게이추(契沖 · 1640-1701)는 만요슈를 연구하였다. 게이추 이후 가다노 아즈마마로(荷田春滿 · 1669-1736)는 교토의 후시미이나리(伏見稲荷)신사의 신관으로서 복고신토의 창시자이다. 그의 제자는 가모노 마부치(賀茂眞淵 · 1697-1769)이고 가모노의 제자로 모토오리 노리나가(本居宣長 · 1730-1801)가 있다. 그는 고사기의 주석서인 『고사기전』을 저술하여 신토의 교전이 되었다. 모토오

---

32 위의 책, 215쪽.
33 가쓰라지마 노부히로(桂島宣弘), 앞의 책, 2009, 54쪽.
34 하타다 다카시(旗田巍), 앞의 책, 1997, 14-15쪽.

리의 사후 제자가 된 히라타 아쓰타네(平田篤胤·1776-1843)는 저승세계의 이야기를 신토에 혼입한 히라타 신토의 교리를 만든 사람이다. 가다노 이하 네 사람을 국학의 사대인(四大人)이라고 한다. 특히 모토오리는 중화문명을 부정하고, '유·불'은 '다른 나라의 도'라고 선언했다. 그것은 일본의 학문이 보편적인 사상을 벗어나 신화적인 누에고치 속으로 들어가는 입구를 만든 셈이 되었다.[35] 그는 고전에 숨어있는 순수한 일본 정신을 '야마토 고코로(和心)'라 하고, 중세 장편소설인 『겐지모노가타리(源氏物語)』에서 순수한 일본인 심정을 표현하는 '모노노아와레(物の哀れ)'라는 말을 찾아냈다.[36] '모노노아와레'가 이상적 정치의 본질인 미적 가치라고 간주함으로써 신화와 감성적 미학을 정치로 끌어들였다. 그것은 훗날 광신주의와 전체주의로 반전될 가능성을 내포하고 있었다.[37] 그는 또한 권력에 대한 무조건적인 복종을 강조함으로써 일본의 지배이데올로기에도 핵심적인 도덕률을 제공했다.[38] 이들이 설파하는 것은 일본의 신화이고, 종교색이 짙은 비현실적인 세계의 이야기였다. 결국 흘러가다보면 맞닥뜨리게 되는 것은 천황뿐이다. 막부의 정치권력을 부정하지만 않고 천황을 종교적으로 숭상한다면 다칠 일도 없었다. 아울러 그 속에는 차별할 수 있는 대상인 조선이 있었다. 쇠락한 조선은 아무리 건드려도 위험하지 않은 대상이었다. 그래서 국

---

35 가쓰라지마 노부히로(桂島宣弘), 앞의 책, 2009, 17쪽.
36 김정기, 앞의 책, 2018, 132-134쪽. 필자 주: '모노노아와레(物の哀れ)는 헤이안시대 문학에 나타난 자연이나 인간의 섬세하고 심오한 정취나 감정으로서 일본인의 공통적인 정서를 나타내는 핵심적 용어가 되었다. 그러나 이는 억압으로부터의 카타르시스라는 생각이 든다. 마치 북한 사람들이 어용적 감동의 눈물을 흘리는 것 같은….
37 강상중, 임성모 옮김, 『내셔널리즘』, 이산, 2004, 73쪽.
38 위의 책, 92쪽.

학자들은 하나같이 조선멸시관을 가차없이 표현한다.[39] 아무리 학문이 우수하고 문화가 출중하다 해도 그 주체가 절대 빈곤 상태에 있는 상황이라면 존중받기도 어려워진다. 오히려 그 문화가 부정될 뿐이다. 모토오리는 일본의 신이 한국의 신을 지배했다는 신화만을 근거로 조선멸시관을 주장했다.[40] 그는 "고대 조선의 나라들은 대부분 일본에 복속되어 있었기 때문에 언어뿐만 아니라, 의복, 기재, 풍속 등 일본에서 조선으로 옮겨간 것이 많았다. 그것을 반대로 조선에서 일본으로 옮겨왔다고 하는 것은 터무니없이 그릇된 것이다"라고 주장했다. 이 주장은 일본의 지배이데올로기와 조선침략론으로 등장하게 된다.[41]

앞서 오규 소라이가 사적 세계의 도덕과 공적 세계의 정치윤리를 구분했다고 했는데, 그의 학문을 계승했다는 모토오리는 정반대로 사적인 감정인 '모노노아와레'라는 미적 관념을 정치윤리로 만들었다. 그렇다면 그것은 학문의 진보인가 퇴보인가? 필자는 일본의 소위 '사상'이라는 영역의 학문이 갈라파고스화된 이유를 생각해 보았다. 거기에는 네 가지 이유가 있을 수 있다. 첫 번째는 일본의 유학자들이 유학의 정수는 터득하지 못했다는 것이다. 유학은 보편적인 사상이자 철학이며 인간의 사고와 행동을 규율하는 규범이다. 진정한 유학자에겐 신화라는 개념이 없다. 신들의 이야기도 들어갈 틈이 없다. 그래서 중국이나 한국의 고대 역사에는 신화가 없다는 것이다. 그러나 일본의 유

---

39 미국의 언론인 파리드 자카리아(Fareed Zakaria)는 형식적인 또는 제한적인 민주주의 형태를 illiberal democracy라고 했는데 이런 민주주의에서는 국내정치에 대해 의견을 표시할 수 있는 자유는 제한하면서도 외국에 대한 반대나 혐오를 표명하거나 행동하는 자유는 '무제한' 허용한다. 북한에서는 미국을 욕하는 것이 가장 안전하고 자유로운 정치행위이다. 마찬가지로 에도시대에 보이지도 않는 조선을 흉보는 것은 가장 위험하지 않은 일이었다.
40 미야케 히데토시(三宅英利), 앞의 책, 1990, 110-114쪽.
41 가쓰라지마 노부히로(桂島宣弘), 앞의 책, 2009, 68-69쪽.

학자들은 한문을 읽게는 되었지만 그 내용은 체득하지 못했다. 그래서 소설 『침묵』의 페레이라 신부는 일본은 "늪지대"라고 했다. 오늘날 일본인들에게는 기독교 교회 앞 정거장을 '기독교식 결혼식장 앞'[42]이라고 표현하는 것이 더 자연스러운 것도 이런 이유 때문일지도 모르겠다. '일본의 민주주의'가 좀 이상한 것도 민주주의의 기본적 가치에 대한 이해수준의 문제와 관련 있을 것이다. 두 번째는 주자학이 쉽게 비틀어진 것은 정치권력으로부터의 억압감, 즉 어용과 관련 있을 것이다. 공맹을 논하는 것보다는 일본의 신화와 천황을 논하는 것이 훨씬 안전하기 때문이다. 세 번째는 앞서 들여다보았던 아무도 따지거나 반론을 제기하지 않는 일본인의 순응적인 심리적 원형질과 관련 있을 것이다. 마지막 네 번째는 아무리 해도 조선 주자학의 수준에 대적할 수 없다는 넘사벽의 콤플렉스 심리도 작용하지 않았을까? 이른바 '여우의 신포도 이야기' 같은 것이다. 18세기까지만 해도 조선 서책의 '해적판'이 일본 서점에서 넘쳐났다고 한다.[43] 학문이 정치적인 목적으로 이용되거나 강요된다면 그것은 국민을 현혹하여 복종시키는 전형적인 정치공학적 선전선동(프로파간다)이 된다. 국민이 우매하면 우매할수록 그 정치공학 작업은 수월해진다. 결국 일본인은 누구나 눈 가리고, 입 가리고, 귀를 덮고 있는 세 마리 원숭이 이야기의 주인공이 되었다.

---

42 도쿄 와세다 대학에서 다카다노바바(高田馬場) 쪽으로 가는 길에 있는 실제 버스정류장의 이름이다.
43 신유한, 앞의 책, 2008, 25쪽. "신유한을 가장 크게 놀라게 한 것은 바로 일본의 출판문화였다. 중국의 책은 물론이려니와 조선의 책까지 모두 구비해 놓은 서점의 규모며, 통신사행 도중에 쓴 자신의 시문이 돌아오는 길에 출판되어 있는 놀라운 속도의 출판시장이 형성되어 있었다."
같은 책, 242쪽. "도시 한가운데 書林과 書屋이 있어, 柳枝軒이니 玉樹堂이니 하고 써붙였다. 고금의 百家의 서적을 저장하고 출판, 판매하여 돈을 벌어 부를 쌓았다. 중국의 책과 우리나라 여러 선현들이 저술한 책들이 없는 것이 없었다."

미토학(水戶學)

미토학은 17세기 도쿠가와의 일족을 의미하는 친번(親藩)인 미토번 (현재의 이바라기현 미토시)에서 시작된 학풍과 그 인맥을 칭하는 것이다. 미토학은 보통 막부 말기 메이지 유신 직전 시대의 후기 미토학이 주로 알려져 있다. 대표적인 학자인 아이자와 야스시(會澤安 호는 세이시사이, 正志齊 · 1782-1863)는 『신론』[44]을 저술하여 대외적인 위기를 극복하기 위해서는 막부와 번을 넘어 '국가'라는 관점에서 통일되어야 한다는 당위성을 처음으로 제시하였다.[45] 그 전까지 일본의 사무라이들은 이런 개념을 생각해 본 적이 없었다. 요시다 쇼인(吉田松陰 · 1830-1859)은 동북지방을 순례하는 길에 미토에서 아이자와를 만난 후 조슈라는 한 개의 번이 아닌 일본이라는 단일 민족, 단일 국가에 대해서 고민하기 시작했다. 후기 미토학은 일본이라는 단일 국가를 먼저 생각하는 사고의 대전환을 불러일으켰다.[46] 또한 후지타 도코(藤田東湖 · 1806-1855)에 의해 급진적인 존왕론도 강조되었다. 요시다 쇼인에 의해 국학과 미토학은 조슈에서 비로소 정치적 변혁론으로서의 존왕양이론으로 변신한다.[47]

난학

도쿠가와 막부는 1622년 카톨릭교도 55명이 처형을 당하는 '겐나(元和)의 대순교' 이후 기독교를 금지하고 1623년 포르투갈인의 일본

---

44 아이자와 야스시(會澤安), 김종학 역, 『신론(新論)』, 세창출판사, 2016.
45 성희엽, 앞의 책, 2016, 120쪽.
46 위의 책, 114쪽.
47 위의 책, 125쪽.

거주를 금지했다. 그 틈을 타서 네덜란드 상인들이 기독교 포교를 하지 않는 조건으로 일본의 독점적 상권을 차지했다. 이후 일본인들은 네덜란드 선박을 통해서 유입되는 서구의 과학기술에 탐닉하기 시작했다. 그 분야가 훨씬 안전하다는 것은 누구나 알고 있었다. 그 당시만 해도 막부는 물론 각 번 내에서도 이상하게 보이면 수상한 자가 되고 수상하면 생명 보장이 안 되는 시대였다. 그래서 의학이 가장 먼저 정착했을 것이다. 이미 1675년에 니시 기치베(西吉兵衛 · 1635-1684)라는 사람이 서양의학[48]을 배워 최초로 의사 인증을 받아 에도에서 개업했다. 그는 막부의 의관도 겸했다. 1774년 스키타 겐파쿠(杉田玄白)는 네덜란드의 의학책을 번역하여 아시아 최초의 인체해부학 책인 『해체신서』를 발간했다. 일본인들은 서양의학의 정확성과 실증적인 면을 보면서 중국의 한방의학을 불신하게 되었다. 결국에는 중화사상까지도 거부하게 만들었다.[49] 오늘날 우리가 접하는 의학용어는 거의 모두 이때 일본식 한자로 번역된 것들이다. 난학은 일본 전국에 급속히 보급되어 3,000명 이상의 난학자가 있었다고 한다.[50] 그러나 난학이 허용되어 있음에도 불구하고 많은 난학자들이 처형당했다.[51] 1811년 막부는 외교문서의 조사 및 번역 그리고 네덜란드 서적의 번역을 담당하는 조직을 신설했다. 그러나 세계정세와 관련된 지리, 지정학적 정보는 국가 기밀로 했다.[52]

---

48 네덜란드를 통해 들여온 서양의학을 처음에는 '홍모류(紅毛流)의학'이라고 했다. 먼저 들어온 스페인과 포르투갈 의학을 '남만(南蠻)의학'이라고 하다가 네덜란드 사람의 머리털 색깔에 빗대 '홍모류'라고 한 것이다.
49 조명철 등, 『일본인의 선택: 일본인, 그들은 무슨 생각으로 어떤 선택을 했는가』, 다른 세상, 2002, 23쪽.
50 성희엽, 앞위 책, 2016, 147-149쪽.
51 위의 책, 183쪽.
52 손일, 『에노모토와 메이지 유신』, 푸른길, 2017, 99쪽.

종교나 사회과학에서 텍스트(text)라는 말이 있다. 그것은 보편적 사실이나 가치를 지닌 것으로 평가되는 원전(原典)을 말한다. 예를 들면 기독교에서는 『성경』이 텍스트이고, 이슬람교에서는 『코란』이 텍스트이다. 다만 불교는 몇 가지 대표적인 경전이 『화엄경』, 『반야심경』 등 여러 텍스트가 있다. 아시아에서 『논어』는 철학의 텍스트이고 역사에서는 사마천의 『사기』가 텍스트이다. 텍스트는 라틴어나 한문 등 보편적인 문자로 쓰여 있기 때문에 같은 문화권에서의 지식인은 누구나 읽을 수가 있다. 텍스트는 그 내용이나 교훈이 부정되지 않고 반론을 받지 않으면서 인용되고 종교나 학문의 바탕이 된다. 이견은 단지 그 해석에만 있을 뿐이다.

　그런데 일본의 지배이데올로기나 역사학 그리고 혐한의식은 오직 『고사기』와 『일본서기』만을 텍스트로 하고 있다. 8세기 이후 일본의 시대별 지배이데올로기는 바로 이 일본만의 텍스트 위에 새로운 사실이나 왜곡된 해석을 덧칠해 가며 형성된다. 19세기 말부터는 고대 전설과 설화에 왜곡으로 덧칠된 이러한 '학문'에 근대 학문을 덧칠했다. 앞에서 살펴본 대로 모토오리와 후지타 도코의 천황숭배론은 이미 덧칠된 신화였다. 메이지 유신 주역들의 스승이고 아베도 존경한다는 요시다 쇼인도, 마치 조지 오웰의 소설 『1984』의 주인공인 윈스턴처럼, 거짓 정보가 양파껍질처럼 포개진 과거의 문서를 읽었다. 그의 '사상'이라는 것은 그 위에 자기의 생각을 덧칠한 것이었다. 일본의 '사상'이라는 것은 신화라는 미로 속에 갇혔다. 그 미로는 정치권력이 만든 것이다.

2. 근대 조선멸시관의 형성

서구의 서점에는 타민족이나 소수 민족을 집합적으로 폄하하고 멸시하고 증오하는 책은 거의 보이지 않는다. 한국에도 일본인을 하나의 집단으로 적대시하는 책은 없다. 반면에 일본에는 서점마다 혐한 서적 코너가 있다. 그 차이가 무얼까? 19세기에 이르기까지 지배계급 사이에서만 유통되었던 지배이데올로기인 '조선멸시관'이 민중으로까지 퍼지게 되는 데는 정치적, 사회적인 동력이 작용했다. 정치권력 또는 지배계급과 어용 지식인들이 그것을 부추긴 것이다. 상업적 출판업은 자극적인 볼거리나 읽을거리를 더 잘 전파한다. 권력에 순응하는 일본인들은 정부의 프로파간다에 역시 순응한다. 메이지 유신이라는 사회적 변혁 과정에서 이러한 요인들이 하나의 물줄기로 통합되어 민중은 더욱 더 "바람에 따라 흔들리는 풀잎처럼"[53] '조선멸시관'에 빠져들었다.

민중의 순수한 인식

17세기에서 19세기에 이르는 시대에는 민간 교류는 존재하지 않았다. 쇄국 상태의 일본에서 몇십 년 만에 한 번 오는 조선통신사는 일본인들에게는 외국인을 구경할 수 있는 흔치 않은 기회였다. 그러나 그것도 오사카와 교토, 에도와 같이 통신사가 들르는 대도시와 이를 연결하는 도카이도(東海道)변에 거주하는 사람들만이 누릴 수 있는 혜

---

[53] Carol Gluck, *Japan's modern myths; ideology in the late Meiji period*, Princeton University Press, Princeton, NJ. 1985, p. 3.

택이었다. 조선통신사의 행렬은 그만큼 일생에 한 번 볼까 말까 하는 매우 드문 큰 볼거리였다.[54] 1764년 정월 구사마 나오카타(草間直方)라는 오사카 사람이 조선통신사의 행렬을 보고 처음 느낀 것은 "듣던 바와는 달리 그리 멋있지는 않았다"는 것이었다. 특히 하급수행원들은 "여행 중이라서 그런지 대체로 지저분하다"라든가 "머리모양도 꼴불견"이라는 것이었다. 하급수행원이 넓은 소매 속에서 사탕을 바른 것 같은 조잡한 과자를 꺼내 구경나온 여자들에게 던진다든가 하는 행동을 추잡하다고 보았다. 그런데 후일 귀국길에 오르는 통신사일행을 다시 보았을 때는 "그 전에 도착했을 때 봤던 것과는 달리 모두 의복을 깨끗이 갈아입고 있고 전혀 보기 싫지 않았다"고 기록하고 있다. 이러한 민중의 솔직한 시각은 오히려 선입관이 없는 태도를 나타내고 있는 것이다.[55]

한편 표류민들은 보통 사람들, 때에 따라서는 변방의 가난한 어민의 시각으로 본 상대방의 이미지를 가감 없이 기록하고 있다. 이 분야의 기록도 역시 일본 측 기록이 훨씬 더 풍부하게 남아 있다.[56] 한국과 일본에는 1671년부터 1867년까지의 기간 중 50점 이상의 표류기록이 있다.[57] 민중의 표류기에 의하면 표류민들이 표착지 주민들로부터 따뜻한 보호를 받은 상황이 잘 나타나고 있다.[58] 송환체제가 성립되기 이전인 15세기 중반 조선 전기에 일본에서는 표류민과 물품(배)을 그 지역 다이묘의 획득물로 간주해온 관행에 따라 표류민은 노예가 되거

---

54 池內敏(이케우치 사토시), 『薩摩藩士朝鮮漂流日記: 鎖国の向こうの日朝交渉』, 講談社, 東京, 2009, 14쪽.
55 池內敏(이케우치 사토시), 앞의 책, 2017, 47~48쪽.
56 하우봉, 『조선시대 한국인의 일본인식』, 혜안, 2006, 248쪽.
57 池內敏(이케우치 사토시), 앞의 책, 2009, 26쪽.
58 위의 책, 36쪽.

나 매매의 대상이 되었다. 그러나 세종대 이후 표류민을 송환해오는 일본인에게 조선정부가 회사품 하사, 통교의 허가, 도서(圖書·유력 왜인들에게 지급한 도장)의 지급, 세견선 증선 등의 후대정책을 취하자 일본 각지의 제세력은 경제적 이익을 얻기 위해 표류민을 후대하여 송환하였다. 이러한 정책 덕분에 표류민들은 후한 접대를 받았다. 도쿠가와 막부는 1630년대 이후 표류민 송환의 일반적인 규정을 만들었다. 그러한 공식적인 상호 '표류민 무상 송환체제'는 대략 1640년대부터 시작되어 19세기까지 잘 기능하여 왔다. 1872년까지 270여 년 동안 일본으로부터 조선에 송환된 조선인 표류민은 970여 건 9,700명 이상, 대략 같은 기간 중 조선으로부터 일본에 송환된 일본인 표류민은 90여 건 1,200명 정도였다. 해류와 풍향 탓으로 조선인 표류민 수가 훨씬 많다. 표착지의 다이묘는 표류민을 나가사키까지 호송하는 비용을 부담해야 했고, 나가사키에서 대마도까지는 막부가, 대마도에서 부산까지는 대마번이 부담해야 했다. 일본 표류민의 송환비용은 조선정부가 부담했다.[59] 1644년 지금의 야마구치현의 나가도(長門)에 표착한 조선인 표착 사건이 기록상 최초의 조선인 표류민 송환 사례이다.[60] 표류민을 정중하게 대우하고 신속하게 본국으로 송환하는 사례가 차질 없이 계속됨으로써 조선과 일본 간의 우호관계도 순조롭게 유지되고 있다는 인식을 양국 관리들은 공유했다.[61] 홋카이도와 돗토리현 등은 조선인 표착민이 드문 지역이라서 이국인에 대한 호기심이 많았고 대접이 좋았다.[62] 1696년 5월 이지항(李之恒·동래부 소속 6품 무관)은 홋카이

---

59 하우봉, 앞의 책, 2006, 281-283쪽.
60 池內敏(이케우치 사토시), 앞의 책, 2009, 15쪽.
61 池內敏(이케우치 사토시), 앞의 책, 2017, 103쪽.
62 하우봉, 앞의 책, 2006, 283쪽.

도로 표류하였다가 1697년 3월 5일 귀국하여 『표주록(漂舟錄)』을 기술하였다. 이지항의 일본인식은 시종 우호적인 태도로 일관되어 있다. 『표주록』의 분위기는 국가권력이 개입되지 않은 민간인끼리의 순수한 교류의 모습을 보이고 있다.[63] 그는 일본의 경제적 번성함에 감탄하였다. 일본의 변방인 마쓰마에 번(松前藩·지금의 훗카이도 최남단 지역)에 대한 인상이 "시장에는 물산을 벌여놓았고, 남녀의 의복은 극히 화려하면서 묘했으며… 사람과 물산의 풍부함은 우리나라 도성의 두 배나 되었다"는 것이었다.[64] 오늘날 해남 대흥사의 승려였던 풍계대사(楓溪大師)는 1817년 11월 일본에 표류하여 귀국 후 『일본표해록(日本漂海錄)』을 남겼다. 그는 나가사키의 화려함에 놀라고 있다.[65] 일본인의 조선관이 매우 우호적이라고 했다.[66]

1819년 1월 12일 안의기(安義基)라는 사람을 포함한 일행 12명은 돗토리번 해안에 표착했다. 그들은 5일 전인 1월 7일 강원도의 평해에서 출항했다. 그들의 복장이나 두발 등 당시 조선 민중의 모습을 묘사한 그림이 돗토리의 현립도서관에 남아있다. 12명의 표착민이 돗토리성으로 이송될 때 이들이 통과하는 길 양쪽이 화려하게 장식되었고 구경꾼들이 몰려나왔다고 한다. 주민들은 우호적인 태도로 이들을 맞이했다. 표류민들은 거리의 모습을 보고 감탄하였다. 안의기는 후일 귀국길에 오르면서 돗토리의 관리 오카 킨에몬(岡金右衛門)에게 감사의 편지를 남겼다. 조선 표류민들의 일본인식은 전반적으로 우호적이었다. 그들에게 공통적으로 볼 수 있는 것은 구호와 무사송환을 해준 데

---

63 위의 책, 265쪽.
64 위의 책, 261쪽.
65 위의 책, 267쪽.
66 위의 책, 271쪽.

대한 감사의 정이다.[67] 반면 일본 구경꾼들은 조선인들의 복장과 신발이 더럽고 목욕이나 씻은 흔적도 없이 매우 지저분하다고 말하는 사람도 있었다. 또한 게걸스럽게 밥을 먹는 모습도 예의범절이 없어서 위화감을 주었다고 하였다. 그러나 이와 다른 관점으로 본 구경꾼도 있다. 조선인들의 목욕 습관이 딱히 일본인과 다른 것도 아니고 더러워진 의복은 오랜 표류 때문에 그럴 따름이지, 일본 뱃사람보다 오히려 더 낮지 않은가라고 지적하고 있다.[68] 1692년 부산 앞바다 절영도에 표착한 오카야마번(岡山藩) 사람들 22인이 구조되어 1개월 체류 후 귀국했다. 출발 전날 송별연에서 조선의 박 모라는 통역관이 자신이 조선통신사를 수행해서 일본에 갔을 때 오카야마번을 지나면서 융숭한 접대를 받은 은혜를 잊지 않고 있다고 말하는 것을 듣고 일행이 놀랐다고 한다. 일본의 표류민들은 조선에서 육류를 처음 먹어보았다.[69]

일본인의 표류기 중에 가장 인상 깊은 것은 1819년 사쓰마번 소속 영지인 도카라열도의 에라부지마(永良部島) 근무를 마치고 귀임하는 야스다(安田) 등 3인의 사무라이와 그 가족, 하인, 뱃사공(12인) 등 총 25인이 조선의 충청남도 비인현 해안으로 표착하여 겪은 경험을 야스다가 기록한 『조선표류일기(朝鮮漂流日記)』이다. 야스다의 표류일기는 지식인들 간의 교류로서 교양 있는 필담을 포함하여 일기의 내용이 풍성하다. 솜씨 좋게 잘 그린 채색 삽화도 포함되어 있다.[70] 야스다는 비인 현감 윤영규(尹永圭)의 인간적인 도량에 크게 감명 받았다. 윤영규

---

67 池內敏(이케우치 사토시), 앞의 책, 2017, 46-47쪽. 그 그림은 1910년 이은황 태자(영친왕)가 돗토리를 방문할 때 최초로 공개적으로 전시했다고 한다; 하우봉, 앞의 책, 2006, 279쪽; 池內敏(이케우치 사토시), 앞의 책, 2009, 16-19쪽.
68 池內敏(이케우치 사토시), 앞의 책, 2017, 51쪽.
69 池內敏(이케우치 사토시), 앞의 책, 2009, 37쪽.
70 위의 책, 37쪽.

는 소탈했으나 속물은 아니었다. 야스다는 윤영규를 "조선의 거벽(巨擘: 가장 뛰어난 사람)"이라고 평했다. 그런 정도의 사람이 19세기 조선에서 일개 지방관으로 있다는 사실에 놀랐다. 둘이 헤어진 뒤 윤영규에 관한 행적은 남아있지 않다고 한다.[71] 야스다는 윤영규를 비롯한 조선 측 관리들과 술자리와 인간적인 교류를 하며 벌어진 일화를 사실적으로 묘사했다. 이들과 농담을 주고받을 만한 사이도 되었다.[72] 그때도 조선의 통역은 엉터리였던 것 같다. 한양으로부터 파견된 역관에 대해서는 통역도 제대로 못하면서 중앙관료라는 자존심만 내세우는 "韓官 제일의 凡俗(전형적인 한국관리)"이라고 비난하였다.[73] 야스다의 일기는 조선과 일본의 지식인 간의 교류에 관한 이야기라서 보통의 표류기에서는 볼 수 없는 수준 높은 상호 간의 인식 수준이 표현되어 있다. 그 일기에 관한 책을 읽다보면 너무나 생생하게 표현된 상황들이 마치 영화의 한 장면을 보는 것 같다. 실제 영화화해도 재밌을 것 같고 제작 의의는 물론, 어느 정도 시장성도 있지 않을까 생각해본다.

정치권력의 작용

일본에는 옛날서부터 낯선 자를 의미하는 용어들이 다양하게 사용되었다. 번과 번 사이의 경계를 넘어가면 새로운 '암호'를 외워야 할 때도 많았다고 한다. 각 지방 특유의 사투리 중 이러한 암호 역할을 하는 것들이 있었다. 그런 '암호'가 오늘날의 북한에서 필수품인 '배지' 역할을 했던 것이다. '이형(異形)', '이류(異流)', '이형이류(異形異類)'라

---

71 위의 책, 144쪽.
72 위의 책, 120쪽.
73 위의 책, 108쪽.

는 말은 헤이안시대 이후 가장 적대시되는 대상으로서, 배척하는 의미를 가진 자극적인 개념이었다.[74] 낯선 자들은 통칭 '이인(異人)', 즉 '정체를 알 수 없는 자'라는 의미를 가지고 있었다. 19세기에 서구의 선박들이 일본 해안에 출몰하기 시작하면서 점차 이인에 대한 불안과 공포심이 지배층의 빈번한 양이(攘夷) 선동에 의해 서양인에 대한 배외의식으로 증폭되었다. 에도시대에는 외국인과의 접촉은 거의 생명의 위협을 느끼는 공포가 되었다. 외국인과 접촉했을 때 신고하지 않으면 엄벌에 처해졌기 때문이다.[75] 이러한 공포의 전통 덕분에 메이지 정부가 의도적으로 조선에 대한 멸시와 침략적 논리를 일본 국민에게 주입시키는 것은 손쉬운 작업이었다. 조선에 대한 우월감과 멸시관은 국민들을 천황 중심으로 결집시키는 중요한 매체가 되었다.[76] 정부가 유신 초기 신공황후나 도요토미 관련 신사를 정비했던 것도 국가권력이 신화와 전설을 창출하는 것이었다.[77] 1881년 2월 일본에서 최초의 지폐가 발행되었는데 1엔 지폐에 그려진 인물은 신공황후였다. 1엔에 이어 1905년에는 5엔, 10엔 권에도 신공황후가 등장했다. 신공황후의 초상은 신화의 역사적 부활이라는 당시 정부의 의도를 반영한 발상이다.[78] 메이지 정부는 '조선멸시관'을 지배이데올로기 강화에 이용했고, 정한론을 합리화하고 대륙침략을 역사적 명분화하는 논리의 근거로 만들어 대중 속으로 전파시켰다.[79]

---

74 金光哲, 『中近世における朝鮮観の創出』, 倉書房, 東京, 1999, 41–42쪽.
75 박진우, 『근대일본 형성기의 국가와 민중』, J & C, 2004, 39–40쪽. 북한에서도 이와 비슷한 내용의 포고령이 있었다. 필자는 북한사람들의 행태를 직접 체험하면서 그 공포심이 어떤 느낌일지 상상할 수 있었다.
76 위의 책, 59–60쪽.
77 위의 책, 120쪽.
78 다키 고지(多木浩二), 박삼헌 옮김, 『천황의 초상』, 소명출판, 2007, 173쪽.
79 미야케 히데토시(三宅英利), 앞의 책, 1990, 76쪽.

어용지식인의 작용

언론과 지식인 사회의 '알아서 기는' 자발적인 순응은 배외주의와 조선멸시관을 전파하는 데 큰 책임이 있다. 권력에 아부하는 어용 학자들이 비교대상이 될 수 있는 열등한 타자(他者)를 잘 만들어 주었다. 그것은 고사기와 일본서기에 있는 본래의 신화와 구별되어 '신공황후 이야기'라든가 '중세적 신공황후전설'이라고 한다. 그 변질된 이야기가 한국에 대한 일본인의 인식형성에 큰 영향을 끼쳤다.[80] 일본에서도 피차별집단인 '부라쿠(部落)'의 기원과 조선인을 연관 짓기도 하고, 천민의 기원을 신공황후의 신라정벌에 두기도 한다. 신공황후의 신라정벌이라는 허구의 기사는 일본의 배외적 확장주의의 출발점이자 그 불가결한 구성요소이기도 했다.[81] 그런 '무작정 덧붙이기'가 오랫동안 가능했던 것은 일본 지식인들의 어용 행태 때문이었다.

상업적 시장의 역할

17세기 말부터 실록체 소설로서 조선정벌기, 조선태평기 등 임진왜란 관련 전쟁이야기(軍記物 · 군기물)와 도요토미에 관한 소설, 그림책(에혼 · 繪本), 연극, 구사조시(草双紙 · 18세기 이후 나온 서민, 아동용 이야기책) 등 다수의 대중 오락물이 서점망을 통해서 유포되었다.[82] 일본의 상업발달과 대중의 소득증대에 따라 문화적 작품의 공연이 번창한 것도

---

80 池內敏(이케우치 사토시), 앞의 책, 2017, 53쪽.
81 金光哲, 「異民族起源說における神功皇后的朝鮮觀の檢討」, 京都部落史研究所 紀要 第 10號, 1990, 2-4쪽.
82 김시덕, 『일본의 대외 전쟁: 16~19세기 일본 문헌에 나타난 전쟁정당화 논리』, 열린책들, 2016, 36-38쪽.

그 궤를 같이한다. 그 이야기들은 대부분 도요토미의 조선침략과 신공황후의 삼한정벌 신화가 동일시 되도록 오버랩시키는 것이었다. 그런 것이 근세 조선멸시관의 원류가 되었다.[83] 조선에 관한 모든 이야기들은 신공황후와 임진왜란 이야기가 서로 결합되어 묘사된다.[84] 상업적 출판시장의 확대는 한국에 대한 멸시관과 대외적인 침략성을 자극하는 데 큰 역할을 하였다.[85] 흔한 마쓰리에도 조선은 악역으로 등장한다. 유명한 교토 기온마쓰리(祇園際)의 후네호코(船鉾 · 배 모양으로 만든 신령스러운 가마로 오미코시[御神輿]라고도 한다)에는 조선인 귀신상이 장식된다. 조선인을 정벌의 대상인 귀신으로 표현하는 것이다.[86] 또한 19세기 후반에는 신공황후를 그린 에마(繪馬)[87]가 크게 유행했다. 임오군란 직후에는 조선을 응징하는 그림이 세간에 널리 팔렸다. 그것들은 모두 호전적인 모티브에 집중되고 있다.

여기서 류성룡이 쓴 『징비록(懲毖錄)』이 일본에서 유행했던 이유를 한번 생각해보려 한다. 『징비록』이 일본에서 유행했던 이유는 지금 생각해도 금방 알 만하다. 『징비록』은 조선인 자신의 반성문 같은 것이다. 한국인에게는 자성의 기록으로서 귀중한 가치가 있는 것으로 그 당시의 조선의 사정이 발가벗겨져 있다. 군량미 수십 석을 구하러 영의정이 뛰어다니고 조선의 장군이 명나라 군영에 끌려가서 곤장을 맞는 장면들은 일본인들이 읽기에 남다른 재미가 있을 것이다. 굳이 조선에 관한 정보를 수집한다는 거창한 목적이 아니라도 남의 곤경에

---

83 池內敏(이케우치 사토시), 앞의 책, 2017, 52쪽.
84 김시덕, 앞의 책, 2016, 368쪽.
85 위의 책, 463-467쪽.
86 池內敏(이케우치 사토시), 앞의 책, 2017, 54-55쪽.
87 신사에서 파는 부적 그림이나 작고 얇은 목판에 그린 그림

관한 이야기를 당사자가 직접 기술하는 것은 흥미의 관점에서도 세일즈 포인트가 된다. 마치 수기가 잘 팔리는 이치와 같다.[88] 필자도 일본의 2차대전 패배에 관한 일본인 스스로의 반성문인 『실패의 본질』이라는 책을 높이 평가하고 애독하였다. 『실패의 본질』은 20세기 판 일본의 『징비록』이다. 이런 책들은 그래도 명저의 반열에 들어간다. 그러나 오늘날에는 이런 책들과는 전혀 차원이 다른 저질인 경우도 있다. 한국인을 한국인이 폄하하는 책이 일본에서 잘 팔리며, 한국인을 내세워 기획하기도 한다. 이런 책들은 대부분 쓰레기 같은 내용으로 차 있다. 민중이 어리석고, 순응적인 바보라면 그 효과는 더욱 클 것이다.[89]

3. 조선의 쇠락

19세기 말 당시 조선의 정치사회적인 실태가 일본에 알려지면서 '조선멸시관'은 더욱 쉽게 민중으로 확산되었다. 조선은 임진왜란 이후에도 계속해서 전란에 휩싸여서 사회 전체가 결딴나고 있었다. 조선후기 경제상태를 설명할 때 인구변동에 관한 데이터를 양반집 족보에서 찾는다든지, 물가변동은 종가집 가계부를 통해서 유추하고 또 그것을 통해서 시장의 유통기능을 유추하는 그런 어려운 작업을 통해

---

88 1912년 아오야나기 고타로(靑柳綱太郎)가 편찬해 출판한 『조선인이 기록한 풍태합정한전기(鮮人之記せる豊太閤征韓戰記)』라는 책이 바로 그렇다. '풍태합'은 도요토미를 말하고 '정한전기'는 '조선 정벌 전쟁의 기록'이라는 뜻이다. 조선인이 쓴 것을 묶었다고 강조했으니 물론 여기에도 『징비록』이 들어가 있다.

89 John W. Dower, "E. H. Norman, Japan and the Use of History", in John W. Dower ed. *Origins of the Modern Japanese State: Selected Writings of E. H. Norman*, Pantheon Books, Random House, N.Y 1975, p. 11.

서 엿볼 수밖에 없다.[90] 조선의 경제력은 세종시대 일본의 약 50% 수준에서 이후 계속 하락하여 일본과의 격차가 크게 벌어졌다. 19세기 말 조선정부의 1년 세수는 약 60만 석으로 당시 일본의 280여 다이묘 중 영지규모가 좀 큰 다이묘의 1년 수입 수준에 불과했다. 1910년 일본의 한국 강점시 한국의 경제력은 통계상으로는 일본의 7~8% 정도였다고 한다.[91] 그러나 실제로는 그보다 훨씬 더 큰 격차가 났을 것이다. 19세기는 요즘 용어로 말하자면 마이너스성장의 시대였던 것 같다. 인구도 감소하며 경제는 불황의 연속이었다. 중앙정부 재정의 기능도 중단되고 시장은 해체되었다. 19세기의 조선은 오늘날 개념으로 말하자면 '실패국가'에 가까웠다고 할 수 있다. 그러나 경제는 파탄이 났어도 오히려 주자를 신으로 섬기는 엘리트세력이 흥하는 역설이 벌어지고 있었다.[92] 그것은 천년을 이어져 오는 지배체제와 그 지배계급을 지키기 위한 지배이데올로기의 이야기이다. 권력은 소수의 출계집단에 집중되어 왔다. 고유의 친족 이데올로기는 신분의 위계와 신분의 배타성을 가지고 신라 초부터 19세기 말에 이르는 한국의 역사를 관통했다.[93] 신라 이래 천년 동안 한국의 권력집단은 변하지 않았다.[94]

90 이영훈 편, 『수량경제사로 다시 본 조선후기』, 서울대학교 출판부, 2004. 이 책은 한국판 『물질문명과 자본주의』(페르낭 브로델)이다.
    Jeremy Atack and Peter Passell, *A New Economic View of American History(2nd ed.)*, Noton & Co.,N.Y., 1994, pp. xvi–xviii. 18세기 미국경제도 간접적인 데이터를 활용해서 유추했다. 가령 신병들의 평균 신장과 평균 수명을 통해서 18세기 초 미국의 경제상황을 유추했다.
91 시계열로 본 한일격차(918–2017): 한신대 배준호 명예교수 2019년 12월 17일 해군해병대65차 동기회 모임 강의.
92 김정기, 앞의 책, 2018, 133쪽.
93 Martina Deuchler, 김우영·문옥표 옮김, 『조상의 눈아래서: 한국의 친족, 신분 그리고 지역성』, 너머북스, 2018.
94 John B. Duncan, *The Origin of the Choson Dynast*, University of Washington Press, Seattle, WA, 2014. 던컨 교수에 의하면 신라 이후 약 1,000년간 한국의 지배세력은 한반도의 중부와 동남 지역의 엘리트 집단이

조선의 권력집단은 어느 당파든 공통적으로 오직 중국과만 교류하는 문명국이라는 생각이었다. 이상이 현실성이 없을수록 더욱 더 관념의 신화 속으로 빠져들고 그것은 결국 누구도 건드릴 수 없는 도그마가 된다. 17세기 이후 그 관념은 극단적인 '화이준별론(華夷峻別論)'이 되고, 외래문화에 대한 배타적인 인식이 심화되었다. 중화사상은 조선의 경계를 넘어서는 문화보편주의적 관념이지만 조선의 '사상'은 극단적인 근본주의적 성격을 띠고 있었다.[95] 그것은 이미 사상이 아니라 절대적인 지배이데올로기가 되었다.[96] 18세기의 '조선중화주의'는 마치 일본이 스스로를 '신국'이라고 하는 것과 같은 자기독백이었다. 그렇게 일본과 청에게 얻어터지고 150년이 지난 후에도 여전히 바깥세상을 알지 못했다. 네덜란드인 벨테브레(박연)가 조선에서 살다 죽었고 하멜이 12년을 살다가 탈출한 후에도 조선의 위정자들은 네덜란드라는 나라 하나를 알지 못했다. 1797년(정조21년) 부산 동래 앞바다에 나타난 영국 배에 관한 정조와 관리들의 대화가 정조실록에 실려 있다. 정조가 "이 배에 탄 사람들이 아란타(阿蘭陀) 사람인 것 같은데 아란타는 어느 지방 오랑캐냐"고 묻자, 한 고위 관리가 "아란타는 하란(賀蘭)으로 대만이 바로 그곳입니다"라고 설명했다.[97] 바깥 세상에 대한 지식이 이 정도였다. 하긴 그로부터 80년 뒤 고종의 수준도 그랬다. 러

정치권력, 사회위계, 가문, 지식(교육), 지역적 연대라는 요소로 결합하여 구성되었고, 이들이 제도적, 교육적, 문화적, 이념적인 장치들을 동원해서 자신들의 정치사회적 특권과 지배력을 대대로 세습했다는 것이다. 지배세력은 그 범위 안에서 교대했다.

95 하우봉, 앞의 책, 38쪽.

96 小倉紀藏(오구라 기조), 『韓國は一個の哲學てある』, 講談社, 東京, 2011. 오구라는 조선의 도덕과 정치가 일체화되어 정치적 대립이 극단적으로 치닫게 되었다는 점을 강조하고 있다.

97 김학준, 『서양인들이 관찰한 후기조선』, 서강대학교출판부, 2010, 93-94쪽.

시아가 어떤 나라인지 전혀 몰랐다.[98] 반면, 일본은 1643년 쇄국령 이후에도 네덜란드를 통해서 세계가 돌아가는 정보를 얻고 있었다. 나가사키에 들어오는 네덜란드 선박에게는 소위 '풍설서(風說書)'라는 해외정보보고서를 반드시 막부에 제출하도록 의무화했다. 그래서 미국의 페리 제독이 올 것이라는 것도 미리 알고 있었다. 이미 17세기 이후부터 일본은 조선과는 전혀 다른 세상의 모습을 보여준다. 그러나 조선과 일본은 근세에 완전히 다른 행장을 하고 다른 길을 가면서도 서로 비슷한 모습을 보이고 있다. 조선은 움막 속에 틀어박혀 그 안에서 세상의 질서를 관조하는, 자기중심적 독백을 하고 있는 가난에 찌든 철학자다. 반면 일본은 좋은 저택 속에서 자신이 원래부터 부유한 특별한 신분이라는, 역시 자기중심적 독백을 하고 있는 졸부의 모습이다. 둘 다 똑같이 자기중심적이고 배타적이다. 소위 '동굴의 우상'에 빠져있는 것이다. 이외에도 양쪽 다 피지배계급인 백성은 무시했다는 공통점이 있다.

4. 반란의 동력이 되는 조선멸시관

조선의 경제가 급격히 쇠락하던 17세기 이후 일본의 경제는 조선과는 반대로 호황기가 계속되었다. 참근교대제로 인하여 전국의 280여 명의 크고 작은 다이묘들이 에도와 자신의 영지를 1년마다 호화스러

---

98 신명호, 『고종과 메이지의 시대』, 역사의 아침, 2014, 129쪽. "1874년 12월 당시 고종은 물론 박정양도, 조선의 관리들도 일본은커녕 대마도에 대해서도 아는 것이 없었다.", "다음은 고종과 수신사로 일본을 다녀온 김기수의 대화 내용이다. 고종: 노서아는 어디인가? 김기수: 이것은 아라사국입니다. 고종: 그러면 왜 노서아라 하는가? 김기수: 노서아는 즉 아라사의 다른 이름입니다."(같은 책, 234쪽.)

운 행렬을 지어가며 오가는 비용, 에도의 대저택을 유지하는 비용 등 상인에게 뿌려지는 돈은 곧 일본의 근대적인 경제체제의 뿌리를 만들어가고 있었다. 당시 다이묘들은 자신이 다스리는 번에서 거두어들이는 연공(年貢)의 70% 이상을 에도에서 소비하고 15% 내외를 영지에서 에도를 오갈 때의 비용으로 썼다고 한다. 연공을 납부한 농민들이 살고 있는 영지에서는 조세수입의 약 15% 정도만 소비하는 것이었다. 이는 농민의 소득이 외부의 상인들에게 상당부분 이전되고 있다는 것을 여실히 보여주고 있다.[99] 상인의 경제력이 커짐에 따라 사무라이 계층의 지위가 상대적으로 하락하고 막부의 정치권력도 상대적으로 느슨해지며 약해지고 있었다. 농민의 빈곤상태는 최악이었다. 일본 사회의 빈부의 격차는 더욱 확대되어 갔다. 18세기 말 일본 사회에 기본적인 변화가 발생하였다.

첫째, 장기간에 걸친 평화가 유지되면서 지방 다이묘에 대한 막부의 제도적인 통제 권한도 상대적으로 약해졌다.[100] 막부의 경제적 독점능력도 약화되었다. 대략 3천만 석의 쌀 생산량 중 쇼군은 약 8~9백만 석을 차지하고, 각지의 금광, 은광, 나가사키무역의 독점 등 상업적 이익도 독점했다. 쇼군은 먹여 살려야 하는 식솔도 많았다. 쇼군의 가신단 규모는 1868년 4월 기준으로 상층 사무라이(旗本 · 하타모

---

99 小学館, 『Junior 日本の歴史 5: 天下泰平のしくみ · 江戸時代』, 東京, 2010, 41~44쪽; E. H. Norman, "Japan's Emergence as a Modern State", in John W. Dower ed. *Origins of the Modern Japanese State: Selected Writings of E. H. Norman*, Pantheon Books, Random House, N.Y 1975, pp. 124-127.

100 서정익, 『일본근대경제사』, 혜안, 2003, 28쪽. "에도막부 체제하에서 막부는 다이묘의 영지를 삭감하거나 옮기는 명령을 할 수 있었다. 그러나 다이묘의 영지권이 장기화됨에 따라 다이묘를 개역(改易: 영지몰수), 전봉(轉封: 영지이전)하는 것이 어려워지고 막부의 중앙권력은 상대적으로 쇠퇴하였다. 이에 따라 지역자립성이 강화되었다."

토) 6,000명, 하급 사무라이인 고케닌(御家人) 26,000명 등 3만여 명에 달했다.[101] 막번체제가 안정되어 갈수록 막부가 사실상 중앙정부의 역할을 하게 되고 그만큼 막부의 재정지출은 급격히 증가하게 되었다. 그로 인해 18세기 초부터 막부는 만성적인 재정위기에 직면하게 되었다.[102] 그와는 반대로 후일 막부 타도의 핵심세력이 되는 조슈, 사쓰마, 히젠(肥前 · 오늘날의 규슈 사가현), 도사(土佐 · 오늘날의 시코쿠 고치현) 등 도자마 다이묘에 속해 있는 소위 웅번(雄藩)은 힘을 키워가고 있었다.[103] 1730년 이래 막부는 각종 재정수입 증가책을 시도하였으나 실패하고, 주로 금화의 금의 함량을 축소시키는 화폐의 개주(改鑄, 실제로는 惡鑄)를 통한 소위 개주이익금(seigniorage effect)[104]으로 재정수요를 조달하였다. 1863년 막부재정에서 개주이익금이 세입 전체의 53%에 달했다.[105] 재정적자 상황에서 막부는 주요 번의 영주들에게 경비 지출협력을 해야 했는데, 이는 전국정치에 대한 발언권이 없었던 유력 다이묘들에게 국정참여의 기회를 열어 주는 결과가 되었다.[106]

둘째, 사무라이 계층의 인구는 총 인구의 약 5~6% 정도로 추정되

---

101 성희엽, 앞의 책, 2016, 421쪽.

102 손일, 앞의 책, 2017, 207쪽.

103 성희엽, 앞의 책, 2016, 446-447쪽. "친막부적인 후다이(譜代) 다이묘는 약 150~170명, 막부에 반기를 들 가능성이 높은 감시대상인 도자마(外樣) 다이묘가 약 86~100명이었다. 쇼군은 직속 영지로서 일본 전토의 15%를 장악했고, 직속 가신들이 일본 전체 토지의 10%를 영지로 보유했다. 도쿠카와 방계 가문이 또다른 10% 차지했고, 충신들인 후다이 다이묘들이 20%를 차지했다. 도자마 다이묘들은 나머지 서부와 남부 외곽에서 국토의 약 40%를 차지하고 있었다."

104 화폐 발행권자가 화폐를 발행하거나 화폐개혁(금속화폐의 경우에는 개주)을 할 때 액면 가치에서 발행비용을 뺀 차익으로서 일종의 최초 유통을 통해 얻는 이익이다.

105 서정익, 앞의 책, 2003, 52쪽.

106 三谷博(미타니 히로시), 『明治維新とナショナリズム: 幕末 外交政治 變動』, 出川出版社, 東京, 1997, 324쪽.

는데 이들은 상비군 개념이라서 전쟁이 없을 때는 군사편성조직의 서열을 그대로 유지하면서 무위도식하는, 세습적인 봉록[107]만 받는 기생계층이 되어 버렸다. 막부를 비롯한 모든 번의 영주들은 고정된 연공수입으로 인플레시대에 이들 가신들을 먹여 살리는 재정적인 부담이 점점 더 커지고 있었다. 봉록은 점점 더 삭감되고 할 일도 없게 된 사무라이들이 낭인이 되어 도시로 이주하였고 난학을 공부하며 '불순' 정치세력이 되어 갔다. 이들은 후일 막부타도 세력의 원동력이 되었다.[108]

셋째, 상인의 경제력이 정치지배력을 잠식하여 사무라이와 상인들의 사회적 지위는 1720년대 무렵부터 역전된다.[109] 그것은 지배체제의 권위가 붕괴되고 있다는 것을 의미하는 것이었다. 다이묘의 주수입원은 농민으로부터 거두어들이는 쌀이었다. 그러나 상업과 화폐경제가 발달함에 따라 쌀의 상대적인 가격도 점차 하락했다. 다이묘들은 재정악화에 직면해서 세 가지 임시변통적인 조치로 대응하였다. 하나는 농민의 고혈을 더 짜내는 것이었다. 농민들은 기름을 짜내는 씨앗에 비유되었다. 또 하나는 예하 사무라이들의 봉록을 대폭 삭감하는 것이었다.[110] 그것을 좋은 말로 장기 대출(借リ上げ, 가리아게)이라고 불렀다. 이러한 조치들은 농민반란과 사무라이들의 불만을 야기하였다.[111]

---

107 봉록은 신하가 받는 보수로서 조선의 녹봉과 비슷한 개념이다. 그러나 일본의 봉록은 가문이 대대로 받는 가록과 공을 세운 자가 역시 대대로 세습해서 받는 상전록으로 이루어져 있다. 이들을 합쳐 질록(秩祿)이라고 하고 메이지 유신 이후 급속하게 삭감되고 궁극적으로는 일정 금액을 채권 형태로 지급하고 끝냈다. 그것을 '질록처분'이라고 한다. 다이묘와 사무라이 계층에게만 보상함으로써 구지배계층이 근대 일본 사회에서도 사실상 계급을 세습하고 산업자본을 장악할 수 있게 되었다.

108 E. H. Norman, 앞의 책, 1975, p. 167-168.

109 성희엽, 앞의 책, 2016, 198쪽.

110 절반으로 삭감하는 것을 한치(半知)라고 했다.

111 E. H. Norman, "Feudal Background of Japanese Politics", in John W. Dower ed., 앞의 책, 1975, p. 362.

마지막으로 다이묘의 지배지역에서만 유통되는 화폐인 번찰(藩札)을 남발하는 것이었다. 이것이 막부 말기 지속적인 물가상승을 가져온 커다란 원인의 하나였다.[112] 세상의 일은 시장이 정한다. 결국 돈과 권력의 등장으로 권력구조의 실체가 변화하게 되고 정치의 방법도 변화하지 않을 수 없게 된다. 하다못해 뇌물의 형태도 다양화되고 규모도 커진다. 상인들은 상업적 특권 유지를 위해 막부나 다이묘가 부과하는 많은 세금을 감당했다. 운조(運上)[113], 묘가킨(冥加金)[114], 고요킨(御用金)[115], 그 외 수시로 부과하는 잡세들을 부담하였다.[116] 재정이 계속 악화되어감에 따라 다이묘들이나 사무라이 계층은 상인들로부터 돈을 빌릴 수밖에 없게 되었다. 메이지 유신 직전 오사카에 일본의 70%의 부가 집중되어 있었다.[117] 이미 17세기에 일본의 주요 다이묘들은 모두 오사카의 50개 부유한 상인들에게 막대한 빚을 지고 있었다.[118] 시간이 흐르면서 채무자가 된 다이묘들이 도시상인들을 더 이상 경멸할 수 있는 하층계급으로 대할 수 없게 되었다. 오히려 부유한 상인들은 몰락한 다이묘나 사무라이 가계와 혼인이나 양자 방식을 통해 신분을

---

112 서정익, 앞의 책, 2003, 35쪽.

113 농업 이외의 산업에 종사하는 사람들에게 부과하는 세금의 일종.

114 특정 면허나 허가를 받는 대가로 일정 비율을 상납하는 형태의 세금.

115 군사비나 기근대책 등 특별한 목적을 위해 농민이나 상인으로부터 상납 받는 돈. 후일 낮은 이자율이 붙는 차입금 형식으로 돈을 뜯어내는 수단으로 변질되었다. 다이묘는 이를 거의 갚지 않았다.

116 E. H. Norman, "Japan's Emergence as a Modern State", in John W. Dower ed., 앞의 책, 1975, p.124-127.

117 위의 글, p.156.

118 성희엽, 앞의 책, 2016, 272쪽. "다이묘들은 상인들로부터 빌린 돈을 대부분 떼어먹고 말았다. 그 대표적인 사례가 사쓰마의 경우이다. 당시 사쓰마의 누적 적자는 500만 냥으로서 파산 위기에 있었으나 번의 부채를 250년에 걸쳐 상환하는 묘책을 내어 10년 뒤에는 100만 냥의 흑자로 돌아설 수 있었다." 필자 주: 일본은 전형적인 '권력의 수탈 체제'이다.

섞게 되었다. '돈과 칼'의 결탁은 도쿠가와 시대나 메이지 시대뿐만 아니라 오늘날도 정치계와 경제계의 결탁으로 계속되고 있다.[119]

넷째, 농민계층은 막부체제에서 가장 혹독한 수탈의 대상이 되었다. 농민은 거주이전의 자유가 없었다. 1643년 농민은 농지를 떠나는 것이 영원히 금지되었다. 도쿠카와 이에야스가 말했다는 "백성은 죽이지도 말고 살리지도 말라"는 것은 막부체제의 잠언이었다. 이것은 죽지 않을 정도만 남겨놓고 세금을 걷는 것이다. 원래 연공미는 40% 였으나(四公六民), 5:5, 심지어는 7:3이 되기도 했다. 농민들은 흉작기에는 고리대금에 의존하지 않을 수 없게 되고, 농지의 경작권은 점차 고리대금업자들의 소유로 이전되었다. 이들 고리대금업자들이 나중에 부재지주층으로 변신하게 된다. 이에 따라 소작농민의 연공부담은 이중으로 가중되었다. 농민은 50~70%에 달하는 연공부담 외에도 들에서 풀베는 세금, 대문세, 창문세, 방 신축세, 딸아이에 대한 세금, 의복세, 주세, 콩재배세, 밤나무세 등 총 307종류의 잡세에 시달렸다. 1년 또는 10년치 세금을 미리 당겨 징수하는 경우도 있었다. 부역은 대표적인 것이 스케고(助鄕)였다.[120] 농민은 어린애 죽이기(마비키 · 間引, 솎아낸다는 뜻)로 식량문제를 해결해야 했다.[121] 메이지 전환기에도 농민은 봉건주의체제로부터 해방되기는커녕 오히려 이전보다 더 큰 조세부담을 지게 된다.

마지막으로 다섯째, 화폐경제의 발전은 미국, 유럽 열강들이 일본과는 '대화가 가능하다'는 인식을 가지게 하였다. 일본은 화폐의 흐

---

119 E. H. Norman, 앞의 글, 앞의 책, 1955, p.168.
120 역참을 관리하는 부역이다.
121 위의 글, p.129-131.

름, 특히 금과 은의 교환비율의 변화나 차이가 경제전반에 미치는 영향을 잘 이해하고 있었다. 미일통상조약에서도 중요한 이슈로 다루어진 화폐문제(제5조)는 국제 금·은(金·銀) 교환비율과 국내 금·은 교환비율에 관한 것이었다. 당시 금의 국제적인 교환비율은 15.3:1이었는데 일본 내에선 그 비율이 5:1로 은의 가격이 국제 수준보다 3배 정도 높았다.[122] 이로 인해 금 값은 3배 가량 인상되었고, 금·은 화폐 유통량은 5,300만 냥에서 1억 3,000만 냥으로 크게 증가하여 물가가 급등했다. 1860년부터 1867년까지 오사카 도매물가는 3배나 올랐다. 개항 이후 외국과의 무역을 시작한 일본의 최우선 과제는 통일적이고 체계적인 화폐제도의 수립이었다. 처음에는 금은복본위제도에서 출발하여 당시 아시아의 공통적인 본원통화제도였던 은본위제도로 귀착하였다.[123] 노먼(E. H. Norman)은 이 시기의 일본에 쏟아진 외국상품과 금융혼란 등 서구의 경제적 제국주의가 직접적으로 막부체제를 붕괴시키는 대격변의 원인이 되었다고 보았다.[124]

사회구조의 이러한 변화와 동시에 천재지변에 따른 민심의 동요가 일어나고 있었다. 농촌의 기근과 지진은 사회적인 빈자들의 불만을 증폭시키고 종교적인 구원 심리를 자극했다. 에도시대 최악의 기근은 소위 덴메이(天明)기근으로 1782년부터 1788년까지 약 30만~50만 명이 굶어 죽었다. 1774년 2,599만 명이던 인구는 1792년 2,489만 명으로 감소했다.[125] 1854년 7월 이가우에노(伊賀上野) 대지진이, 그해 12월에

---

122 이 경우 국제 은이 유입되고 일본의 국내 금은 유출되어 금값이 오르게 된다.

123 서정익, 앞의 책, 2003, 43-55쪽.

124 John W. Dower, 앞의 글, in John W. Dower ed. 앞의 책, 1975, p.15.

125 성희엽, 앞의 책, 2016, 395쪽.

는 두 지역에서 동시에 발생한 대규모 쌍둥이 지진, 1855년 11월, 1858년 4월과 5월의 연속적인 대지진으로 이미 수만 명이 사망했다.[126] 연이은 흉작에 이은 1866년의 혜성 출현 때처럼 미신이 급속하게 퍼졌다. 계급차별에 대한 불만이 극한에 다다르고 민중은 제어할 수 없을 정도로 동요하였다. 1867년 가을에 갑자기 나타났던 "에에자 나이카(ええじゃないか, 좋지 않은가)" 소동은 민중의 불안감을 반영하는 집단 히스테리였다.[127] 민중의 광란 소동은 봉건시대에서 오랫동안 민중을 황폐화시키고 깊게 만연된 병폐가 있다는 것을 보여주는 것이었다.[128] "에에자 나이카" 소동으로 천황가의 조상인 아마테라스오미카미(天照大御神)의 신덕(神德)으로 대번에 세상을 바꾼다는 신정(神政)에의 여망이 광범하게 사회 밑바탕에 깔리게 되었다.[129] 생활고와 재난에 빠진 백성들이 천황에게 구원을 기원하는 종교적 성격이 부각되고 이는 신국론의 근대적 형태로서 천황숭배 사조의 시작을 의미하고 있는 것이었다.[130] 막부 말기에는 에도와 교토에 각 번의 에이전트들과 비밀경찰이 우글거렸다. 사회분위기는 발작에 가까울 정도의 민족주의가 팽만해 있었다. 막부나 번의 정책 결정은 마비상태였다. 그것을 아무런 대책도 통하지 않는 '정책 매진' 상태라고도 했다.[131] 그것은 한마디로

---

126 야마모토 요시타카(山本義隆), 서의동 옮김, 『일본과학기술 총력전-근대 150년 체제의 파탄』, AK커뮤니케이션, 2019, 43쪽.
127 E. H. Norman, "Feudal Background of Japanese Politics", in John W. Dower ed., 앞의 책, 1975, pp. 343-345.
128 위의 글, 위의 책, p. 355.
129 김정기, 앞의 책, 2018, 217-218쪽.
130 성희엽, 앞의 책, 2016, 395쪽.
131 E. H. Norman, "Feudal Background of Japanese Politics", in John W. Dower ed., 앞의 책, 1975, p. 342.

유동적인(amourphous) 상황이었다.[132] 드디어 1860년 3월 사쿠라다몬 가이(櫻田門外)[133] 사건으로 막부의 권위가 땅에 떨어졌다. 막부는 다이로(大老)의 생명조차 보호할 수 없는 허약하고 무능한 존재로 인식되고 그에 반비례하여 천황의 권위는 급상승했다. 이 사건으로 막부 타도 움직임이 시작되었다.[134] 이 사건 이후 암살은 근대 일본의 정치에서 아주 유효한 정치 수단이 되었다.[135] 양이파와 적극적 개국론자는 대외론에서는 정면으로 대립하지만 내정개혁 문제에 관해서는 종종 제휴하여 현상유지파의 기반을 무너뜨렸다. 결국 내정개혁문제만이 명료한 정치문제로 남게 되었다.[136]

이 시기 두 갈래의 상충하는 지배이데올로기가 공존하고 있었다. 그 하나가 막부의 지배 권력에게 계속해서 정통성을 부여하는 것, 두 번째는 천황이라는 잊혀진 스타를 다시 데뷔시키려는 신흥 지배이데올로기였다. 오래 전부터 일본정치 내부에는 대외관계에 대해서 항상 관념적으로 강경한 태도를 과시하도록 자극하는 동력이 있었다. 그것은 2중, 3중, 때로는 4중으로 위임된 정치권력 구조와 그로 인한 책임회피와 사보타지 성향 때문이었다. 권력의 선명성을 서로 과시하려고 하다 보면 신축적이고 타협적인 의견이 존재할 공간이 전혀 없게 되는 것이다. 우선 사무라이정권인 막부체제는 천황이 나라의 통치

---

132 야마모토 요시타카(山本義隆), 앞의 책, 2019, 41-42쪽.

133 미토번 낭인들이 막부의 대로인 이이 나오스케(井伊直弼)를 사쿠라다문 밖에서 암살한 사건.

134 성희엽, 앞의 책, 2016, 312쪽.

135 E. H. Norman, 앞의 글, in John W. Dower ed., 앞의 책, 1975, p.363. 암살이 약한 자를 폭로하는 정치게임이라는 것은 1부 2장 '일본 사회의 구조적 특성'에서 이미 설명하였다.

136 三谷博(미타니 히로시), 앞의 책, 1997, 71쪽.

에 관한 주요 사항(大政)을 쇼군에게 위임한 체제이다.[137] 그러나 막부
정권이 한창일 때는 대정위임론(大政委任論)은 별로 언급되지 않고 천
황의 존재 자체가 무시되었다.[138] 그 이중구조에 천황의 조정에서 섭
정 역할을 해온 구게(公家)를 더하면 3중의 위임체제가 된다.[139] 여기
에 막부의 총리격인 다이로(大老)를 더하면 4중의 권력 위임체제가 될
것이다.[140] 큰 권력의 줄기만 본다면 일본의 정치권력은 천황과 쇼군
이라는 2개의 중심을 가지고 있었다.[141] 일본이 중국의 조공체제에 들
어가지 않았던 이유는 국내의 권력구조를 유지하기 위한 목적도 있었
다. 즉 쇼군으로서는 중국으로부터 책봉받은 이야기가 나오는 것 자
체가 정치권력을 위태롭게 하는 것이 된다. 일본정치에 천황이 존재
하는 한 중국 황제가 천황을 배제하고 쇼군을 일본왕으로 책봉할 리
가 없기 때문이다. 괜히 천황의 존재만 다시 부각시키는 결과가 될 것
이다.[142] 만약 천황이 책봉을 받기라도 한다면 무가정권은 존립 이유

---

137 쇼군(將軍)은 794년 조정이 에조(동북지방과 북해도 자역)를 정벌하기 위해
군대를 파견하면서 그 최고지휘관을 '정이대장군'으로 임명한 데서 유래하
였다. 그래서 쇼군은 대외적인 외교교섭권이 없는 것으로 간주되었다.

138 성희엽, 앞의 책, 2016, 232쪽.

139 천황의 직접통치 시대인 헤이안시대에도 400년 이상 후지와라(藤原) 가문이
위임에 따라 섭정통치를 했다. 645년 당시의 최고 권력자인 소가 이루카(蘇
我入鹿)를 몰아낸 소위 '을사의 변'이라는 쿠데타와 다이카개신(大化改新)의
주역인 후지와라 가마타리(藤原鎌足)가 후지와라 섭정통치의 원조이다. 이미
이때부터 줄곧 천황과 섭정가라는 위임과 견제가 작동하는 이중 권력구조가
형성된 것이 섭정과 그 예하 조정의 관리들을 통틀어 구게(公家)라고 한다.

140 천황과 公家(2) + 쇼군과 大老(2) = 4

141 三谷博(미타니 히로시), 앞의 책, 1997, 321-322쪽.

142 정순태, 『여몽연합군의 일본정벌』, 김영사, 2007, 80쪽. "가마쿠라 막부의
섭정이었던 호조 도키무네(北条時宗)는 쿠빌라이의 국서를 보고 격노했다.
만약 쿠빌라이에게 굴복해 그 휘하로 들어간다면 가마쿠라 막부체제는 당
장 붕괴할 게 뻔했기 때문이다. 교토의 천황조정은 쿠빌라이의 책봉을 받아
세력을 만회하고, 반호조 무사들도 몽골이란 '호랑이의 위세'를 빌려 호조가문
타도에 나설 우려가 있었다."

를 상실하게 되는 것이다. 도쿠가와 막부의 쇄국정책도 그런 측면에서 보면 그 이유를 알 수 있다. 공식적으로 쇄국정책을 하면 아예 외교는 없는 것이 되고 천황은 정치에서 완전히 배제되는 것이다.

한편 이들 권력 주체나 담당자들은 상호간 얽혀 있는 견제 구조 속에서 선명성을 과시하거나 정책결정 책임을 서로 미루는 경색된 상황을 종종 연출한다. 오늘날의 북한의 권력구조와 정책결정체계가 그 극단적인 사례가 될 것이다. 보통은 강경책만이 권력유지를 보장해준다. 전후에 드러난 일본정치의 총체적인 무책임 구조의 원류도 여기에 있다. 메이지 유신 전야까지도 천황의 주권성과 외교권능은 관념적인 개념으로서만 존중되어 왔다. 쇼군은 국내정치만 천황으로부터 위임받았기 때문에 외교 권한은 없다는 것이 일반적인 인식이었다. 그러나 에도막부 말기 일본이 서구 열강과 조약을 체결할 때 서양 국가들은 쇼군을 황제로 인식하고 있었다. 천황과 조정도 화친조약에 반대하지 않았다. 미국대통령의 국서는 천황이 아닌 쇼군에게 전달되었다. 그러나 막부의 권위가 약화되면서 외교 권한의 문제가 드러나기 시작했다. 결국 막부가 '조정의 재가를 받지 않고' 미국과 통상조약을 체결한 것이 메이지 유신 세력의 막부에 대한 반란의 근거가 되었다. 천황의 칙허 없이 막부가 독단적으로 조약을 체결했다는 사실이 알려지자 불만을 가진 사무라이들이 비분강개하여 교토로 몰려들었다.[143] 이것을 '1858년(安政5년)의 정변'이라고 한다. 막부는 천황의 권위를 빌리는 존왕론에 기대어 난국을 돌파하고자 했다. 천황을 일선에 복귀시키는 것이다. 친막부파(좌막파·佐幕派)나 반막부파(도막파·倒幕波)나 국가통합의 기축으로서 천황을 앞세운 것은 위기국면의 타

---

143 성희엽, 앞의 책, 2016, 302-303쪽.

결책이라는 점에서는 둘 다 같은 입장이었다.[144] 도쿠가와 막부가 권위를 상실했을 때 당장 천황이 재통합의 중심으로 등장할 수 있었던 것도 이러한 '통치의 이중구조' 때문에 가능했던 것이다.

막부 말기까지 이러한 정치세력들의 균형을 맞춰가며 줄타기가 가능한 지배이데올로기를 만들어 준 것이 앞서 등장했던 '어용 학자들'이었다. 그들의 첫 번째 자산은 '신령들의 목소리'였다. 건국신화, 신공황후설화, 일본의 전통 신들에 관한 관념, 이런 것들은 아무도 함부로 건드릴 수 없는 '가치'였기 때문이다. 사회불안감과 종교적인 기원 분위기가 고조되면서 그들은 자연스럽게 천황의 종교적인 권위와 신성성을 부각시켰다. 두 번째 자산은 조선멸시관이었다. 조선은 일본의 우월성을 확인하고 입증하는 지표가 되는 타자(他者)가 되었다. 그들은 조선멸시관을 일본의 지배이데올로기의 핵심요소로 만들었다. 정한론은 일본의 역사왜곡이 클라이맥스로 치닫는 시작점이었다. 일본은 자신과 이웃에 대한 비틀어진 이미지를 만들어가면서 메이지 유신의 시대로 돌입했다. 일본은 풍차를 향해 돌진하는 '라만차의 돈키호테'처럼 서양의 품안으로 뛰어 들어갔다. 그러나 그곳은 비가 쏟아지는 어두운 밤이라는 소설 『라쇼몽』의 무대 속이었다.

---

144 조용래, 『천황제 코드』, 논형, 2009, 68쪽.

2장

혐한을 발효시키는 막간의 일본근대사 이야기

"주인으로부터 해고당한 한 남자 하인이 오갈 곳이 없어서 비가 퍼붓는 밤중에
교토의 한가운데 남북으로 뚫려있는 주작대로에 서있는 낡은 라쇼몽(羅生門) 밑에 앉아서
이대로 굶어죽어야 하는가 아니면 도둑이라도 되어서 먹고사느냐 하는 고민을 하고 있다.
그런데 자신은 도저히 악한 일인 도둑질은 할 용기가 없음을 알고
굶어죽는 길을 선택하겠다고 마음먹고는 하룻밤을 지내려고 라쇼몽의 이층 누각으로 올라갔다.
옛날에는 가난한 사람들이 죽은 사람을 종종 라쇼몽에 내다버리는 경우가 있었다.
누각에는 시신이 이미 몇 구 있었다.
그 가운데에서 키 작은 원숭이 같은 노파가 죽은 여자의 머리털을 한 올씩 뽑아내고 있었다.
그 노파는 가발을 만들려고 머리털을 뽑는다고 했다.
죽은 여자는 살아 있을 때 말린 뱀을 말린 생선이라고 속여 팔고 다니는 나쁜 짓을 했으니
자신이 그녀의 시신에서 머리털 몇 개 뽑는 것은 큰 죄가 아닐 거라고 말했다.
그 말을 듣고 그는 노파에 대한 치열한 증오심을 느꼈다.
이유가 어떻든 이 비가 쏟아지는 밤중에
시체로부터 머리털을 뽑는다는 것은 허용할 수 없는 나쁜 짓(악)인 것이다.
그러자 이 사내에게는 용기가 생겼다.
그것은 방금 전 라쇼몽 아래에서는 없었던 용기였다. 굶어죽는다는 용기는 사라져버렸다.
(대신 도둑이 되겠다는 용기가 생겼다) 사내는 노파에게 협박조로 말했다.
"그렇다면 내가 노상강도짓을 한다고 저주하지는 마쇼.
나도 그렇게 하지 않으면 굶어죽을 판이니."
사내는 재빨리 노파의 옷을 벗겨서 황급히 어두운 아래층으로 사라졌다……
나생문 밖은 암흑같은 어둠만 깔려있었다. 사내의 행방은 아무도 몰랐다."

(필자가 요약 변역한 것임)

『라쇼몽(羅生門)』 아쿠다가와 류노스케(芥川龍之介) 1915

1. 메이지 유신: 라쇼몽의 세계 속으로

흔히 우리는 일본 영화『라쇼몽』이라 하면 "아 그거 어떤 살인사건의 관련자나 목격자들이 각자 다른 내용을 얘기하는 거, 같은 사실을 두고 사람마다 시각이 다 다르다는 이야기…"라고 알고 있다. 그런데『라쇼몽』이라는 영화는 일본의 세계적인 거장 구로사와 아키라(黑澤明 · 1910-1998) 감독이 아쿠다가와 류노스케(芥川龍之介 · 1892-1927)가 1915년에 발표한 아주 짧은 단편 소설 두 개를 합성해서 시나리오를 구성한 것이다. 영화의 스토리는『야부노 나카(덤불 속)』라는 소설에서, 무대는 또 다른 소설인『라쇼몽』에서 따 온 것이다. 따라서 영화『라쇼몽』은 소설『라쇼몽』의 내용과는 별 관련이 없다. 원래 소설『라쇼몽』과『야부노 나카』는 배경도 그렇고 이야기 자체가 한국인에게는 좀 기괴한 내용이다. 특히『라쇼몽』은 전형적인 일본인의 심리를 잘 보여준다. 이것은 당초부터 구체적인 계획 없이 일을 진행하여 결국은 미로에 빠지고 만다는 사례를 비유한 것이다. 앞서 다이묘 야시키(大名屋敷 · 영주의 저택)가 전체적인 설계도 없이 그때그때 방을 이어 붙여서 지었기 때문에 터무니없이 복잡하다는 것을 소개했다.[1]

메이지 유신 시대를 살던 사람들의 입장에서 생각해 본다면, 메이지 유신을 주도했던 오쿠보 도시미치(大久保利通) 같은 정치권력자들이든, 시장에서 "두부를 파는 사람"이든[2] 메이지 유신이라는 것은 그야

---

1 가토 슈이치(加藤周一), 김진만 옮김, 「일본 사회·문화의 기본적 특징」, 가토 슈이치(加藤周一) 등, 『일본문화의 숨은 形』(1984), 소화(한림신서 일본학총서 1), 2002, 33쪽.
2 나쓰메 소세키(夏目漱石 · 1867-1916)의 학습원 강의, 「나의 개인주의」 1915. 보통사람들은 자신의 생계를 위해서 살아간다는 의미에서 "두부장수가 나라를 위해서 두부를 파는 것은 아니다"라고 말했다.

말로 소설『라쇼몽』의 스토리 같은 것이었을지도 모른다. 메이지 유신의 '개혁'은 시간의 흐름에 따라『라쇼몽』이야기처럼 상황과 행동 방향도 바뀌어 갔다. 그리고는 마치 다이묘 저택을 짓는 것처럼 방을 덧붙여가다가 점점 더 미로 속으로 들어가게 되었다. 그 미로 속에는 천황이 있었다. 막부를 타도하고 천황을 내세우는 과정은 정치적, 사회적 변혁이라기보다는 군사적 쿠데타였다. 막부측에서는 평화적으로 정권을 천황에게 이양하고자 했으나 조슈, 사쓰마등 중요 번의 핵심 세력들은 무력 충돌을 일으켜 내전을 통해 막부를 타도하였다. 그것은 250년 전의 세키가하라 패배에 대한 보복과도 같은 것이었다. 세키가하라 전투에서 패해서 치욕을 당했던 조슈와 사쓰마는 200년 이상 와신상담하며 도쿠카와 막부에 대한 복수를 다짐해 왔다.[3] 또한 교토조정의 구게(公家, 이후 공가로 표기)는 오랜 세월 동안 정치적으로 무시를 당하면서도 막부의 쇼군을 오랑캐촌장이라고 부르며 멸시하고 있었다[4] 메이지 유신 과정에서 그 공가는 하급 사무라이들과 손잡고 권력을 잡았다. 조슈의 기도 다카요시(木戸孝允 · 1833-1877), 이노우에 가오루(井上馨 · 1836-1915), 사쓰마의 오쿠보 도시미치(大久保 利通 · 1830-1878), 사이고 다카모리(西郷 隆盛 · 1828-1877), 구로다 기요타케(黒田 清隆 · 1840-1900), 도사의 이타카키 다이스케(板垣 退助 · 1837-1919), 고토 쇼지로(後藤 象二郎), 히젠의 오쿠마 시게노부(大隈 重信 · 1838-1922), 에토 신페이(江藤 新平), 공가의 이와쿠라 도모미(岩倉 具視 · 1825-1883),

3 조슈번의 모리(森)가는 원래 지금의 히로시마를 중심으로 하는 100만 석 가까운 규모의 넓은 영지를 가지고 있었으나 1600년 세키가하라 전투에서 도요토미 히데요시의 아들인 히데요리 편인 서군에 가담하여 패한 후 지금의 야마구치현의 하기(萩)라는 작은 지역(약 30만 석)으로 영지를 옮기는(轉封) 치욕을 당했다.
4 池内敏(이케우치 사토시),『日本人の朝鮮觀はいかにして形成されたか』, 講談社, 東京, 2017, 61쪽.

산조 사네토미(三条 実美・1837-1891) 등이 그 주역이 되었다. 이 사람들이 중심이 되어 코메이 천황 사후에 15살의 메이지 천황을 등에 업고 막부에 대해 전쟁 도발을 했다. 이들은 어린 메이지 천황을 "다마(손 안의 구슬)"라고 불렀다.[5] 결국 이들은 1868년 1월부터 1869년 6월까지 이어진 막부군과 벌인 내전(戊辰전쟁)에서 승리하여 새로운 정부를 세웠다. 그러나 근대 일본국가를 만든다는 것은 결국 '포템킨 나라 만들기'가 되었다. "일본인들의 불행은 메이지 국가 건설이 성공했기 때문"이라는 견해가 있다.[6]

왕정복고

유신 주체 세력은 천황을 전면에 내세워 정치적으로 이용해야 했다.[7] 내전이 거의 끝나가던 1868년 3월 14일 천황이 제사를 지내는 형식으로 진행된 5개조 서약문에 411명의 대소 다이묘들과 유력 공경(公卿)과 고위급 사무라이들이 서명했다. 이들은 여기서 천황의 직접 통치 시대로 복귀한다는 '왕정복고'를 선언하였다.[8] 왕정복고는 향후 일본의 정치 사회를 옥죄는 족쇄를 채우는 숨겨진 의미가 있었다. 그

---

5 Donald Keene, *Emperor of Japan: Meiji and His World, 1853-1912*, Columbia Unv. Press 2005, p.96. "옥"의 의미에 대해서는 일부 일본학자들이나 어떤 한국학자는 최고의 존중의 의미라고 해석한다. 그러나 서구학자들이나 일본학자들의 대부분은 "이용 가치가 있다"는 의미로서 소중한 "옥"이라는 의미라고 해석한다.

6 John W. Dower, "E. H. Norman, Japan and the Use of History", John W. Dower, ed., *Origins of the Modern Japanese State: Selected Writings of E. H. Norman*, Pantheon Books, Random House, N.Y., 1975, p.31.

7 성희엽, 『조용한 혁명: 메이지 유신과 일본의 건국』, 소명출판, 2016, 519쪽.

8 그래서 메이지 유신이 영어로는 구체제(ancien régime)의 복구라는 뜻의 restoration이 되었다.

첫 번째 족쇄는 근대 국가 일본은 결코 민주주의적인 체제를 지향하지 않는다는 의미이다. 메이지 유신의 주역들은 국가의 주권을 국민에게 되돌려준다는 것은 생각해 본 적도 없는 사람들이었다.[9] 그들은 오히려 철저하게 반동적이었다.[10] 그들은 프랑스혁명을 신랄하게 비판하는 에드문트 버크의 『프랑스혁명에 관한 성찰』을 읽었다.[11] 초기 일본학자인 제임스 머독(James Murdoch)은 유신의 주역인 야마가타 아리토모(山縣有朋·1838-1922)를 "일본 군국주의를 꾸민 악마적 천재"로 평가했다. 노먼(E. H. Norman)은 이토 히로부미(伊藤博文·1841-1909)의 헌법이론과 정치행위가 메테르니히와 같다고 했다. "신성동맹 이래 일본의 헌법만큼 확고하게 반동적인 헌법은 없었다."고 평가했다.[12]

두 번째는 신화의 족쇄이다. '불안의 시대'에는 과거로 되돌아가는 것이 불안한 현실보다 안전감을 더해 줄 수 있다. 복고주의는 공동체가 퇴행하는 징후이다.[13] 복고주의는 필연적으로 신국론과 천황의 신성성으로 연결된다. 그 복고적 지배이데올로기 때문에 근대 일본은 고대의 신화 속에 들어가서 살아야 하는 모순에 메이게 된다. 모토오리 노리나가 등 국학자들은 고대의 세계가 일본의 이상향이라고 노래를 불러왔다. 그것은 일본 역사에서 천황이 직접 통치했다고 알려진

---

9 republic의 본래 의미는 왕으로부터 주권을 빼앗아 국민이 갖는다는 의미인데, 일본인들은 republic을 '왕과 국민이 서로 화합한다'는 의미로 바꾸어 '共和'로 번역했다. 지배자와 피지배자가 서로 화합한다는 것은 피지배자가 순종할 것이라는 점을 전제로 하는 것이다.

10 E. H. Norman, "Feudal Background of Japanese Politics", 위의 책, 1975, p.382.

11 성희엽, 앞의 책, 2016, 406쪽.

12 John W. Dower, "E. H. Norman, Japan and the Use of History", 위의 책, 1975, p.26.

13 제베데이 바르부(Zevedei Barbu), 임철규 역, 『歷史心理學(1983)』, 창작과 비평사, 1997, 80-82쪽.

시대는 고대 '신화의 시대'뿐이었기 때문이다. 그래서 고대의 '역사'와 '신화'를 다시 소환해야 했던 것이다. 이에 따라 신화적 역사관을 근거로 조선과의 관계에 관한 역사를 새롭게 바꾸는 작업은 필수적인 과제가 되었다.[14]

부국강병

메이지 유신 후 출범한 일본의 신정부의 첫 번째 과제는 중앙정부로서의 재정관리 능력을 확립하는 것이었다. 당시 세입은 모두 쌀이었기 때문에 거의 고정되어 있었지만 세출은 계속 늘어나는 심각한 재정적자에 직면해 있었다.[15] 사무라이 계층의 봉록 지급에 필요한 예산이 총 세입의 3분의 1에 달했다.[16] 1870년 일본의 인구는 3,430만 명으로 추정되는데 이 중 사무라이 계층은 총인구의 5~6% 정도였다.[17] 또한 상인으로부터의 차입에 따른 막대한 부채가 있었고, 각 번이 남발한 불환지폐인 번찰의 정리와 금은의 비율을 유지해야 하는 화폐정책이 다음 과제로 기다리고 있었다. 우선 세출은 줄이고 세입은 늘려야 했다. 메이지 유신 당시 전국 쌀 생산량 3천만 석 중 중

---

14 하종문, 『왜 일본은 한국을 정복하고 싶어 하는가: 정한론으로 일본 극우파의 사상적·지리적 기반을 읽다』, 메디치미디어, 2020, 61쪽.

15 落合弘樹(오치아이 히로키), 『秩祿處分』, 講談社學術文庫, 講談社, 東京, 2015, 71-73쪽.

16 위의 책, 22쪽.

17 E. H. Norman, "Japan's Emergence as a Modern State", 위의 책, 1975, p.188. "프랑스혁명 시기 종교계층을 제외한 세속 특권계급의 비율은 총인구의 0.5-0.6%였다. 종교계층을 포함할 경우에는 1% 정도가 된다. 일본의 승려와 신관은 총인구의 0.34%가 된다. 일본의 특권층의 비율이 월등하게 컸다. 그것은 그만큼 농민이 착취당한다는 의미이다."

양정부가 장악한 자산(石高)은 약 800만 석에 불과했다.[18] 1873년에 시작되어 1879년까지 6년간에 걸쳐 실시된 지조(地租)개정은 일본에서 근대적 세제가 확립하는 출발점이었다.[19] 판적봉환으로 다이묘는 현지사로 임명되어 화족(華族)이 되고, 그 가신들은 사족(士族)으로 불리게 되었다. 1873년 징병령으로 사무라이 신분은 사실상 해체되었다.[20] 징병제는 사무라이층에 대한 녹봉폐지의 근거가 되었다. 이들의 녹봉을 정리하는 것을 '질록처분'이라고 했다. 무사신분의 최종적인 해체와 '질록처분'은 메이지 유신 원년으로부터 10년에 걸쳐 1876년 봉록이 최종적으로 폐지되고 금록공채가 교부되어 완료되었다.[21] 봉록을 채권 형태로 일괄 지급하고 그 채권을 할인하여 다시 매입하여 소각하는 방식이었다.[22] 질록처분에 의해 사무라이 계층(사족)의 3분의 2가 파산하고 몰락했다.[23]

그러나 메이지정부는 거의 사무라이 계급으로 충원되었다. 특히 경찰은 모두 사무라이 출신들로 구성되었다.[24] 적어도 사무라이 계층의 30% 이상은 관공서에 재취업한 것으로 보인다.[25] 경제적 이권은

---

18 落合弘樹(오치아이 히로키), 앞의 책, 2015, 45-46쪽.
19 서정익, 『일본근대경제사』, 혜안, 2003, 57-59쪽. "지가의 3%를 지조로 하고, 지조의 3% 이내를 지방세로 하였다. 지조는 소득에 대한 과세가 아니고 사실상 토지에 대한 고정자산세였다. 1887년에 가서야 연수 300엔 이상에 1-3%를 과세하는 소득세법을 제정하였다. 소득세가 세입의 중심을 차지하게 된 것은 1887년 이후였다."
20 落合弘樹(오치아이 히로키), 앞의 책, 2015, 123쪽
21 위의 책, 238쪽.
22 위의 책, 80쪽.
23 성희엽, 앞의 책, 2016, 471쪽.
24 E. H. Norman, "Japan's Emergence as a Modern State", 앞의 책, 1975, p.190.
25 서정익, 앞의 책, 2003, 60쪽. "1871년 「가록처분일람표」에 의하면 무사의 수는 39만 5천 명인데 1881년 관공리 수는 중앙 11만 9천 명, 지방 9만 명 합계 20만 9천 명이었다."

상층 사무라이 계층에게 헐값에 불하해 새로운 근대산업과 금융도 사무라이 계층이 독점하게 되었다. 중앙정부는 구번채(舊藩債)와 번찰 채무를 모두 떠안았다. 최종적으로 번의 채무의 80%를 파기하고 번이 발행한 화폐는 시가로 정부의 지폐로 교환했다.[26] 이로 인해 에도의 금융을 지탱하던 금융업자들(札差·후다사시)은 와해되고, 다이묘들에게 돈을 빌려주어 왔던 오사카의 환전상들도 거액의 불량채권을 떠안게 되었다. 유신 이전 오사카에는 대규모 상인들이 34개 있었는데 대부분의 가문이 파산되고 9개 상인만 가문의 명맥을 유지할 수 있었다.[27] 결국 오사카는 경제중심지로서의 위상을 상실했다. 반면 구번주나 고위 가신들은 채무를 전액 면책받아 큰 손해를 보지 않았다.[28] 그들이 받은 막대한 연금화 자본은 후일 철도건설 등 기간산업의 주요 투자자본이 되었다. 1880년에 화족, 공가, 사족이 전국 은행 지분의 76%를 보유하고 있었다. 1884년 일본국립은행의 총 예치금의 74%가 화사족의 자금이었다. 다이묘가 토지영주로부터 금융영주로 변신한 것이다.[29] 이렇게 해서 미쓰이, 미쓰비시, 스미토모, 야스다 상사 등과 같이 산업과 은행이 하나의 재벌 자본으로 긴밀하게 연결되었다.[30] 그 다음 단계의 과제는 방위력을 강화하는 산업정책이었다. 근대적인 육군과 해군을 건설하기 위해서는 중공업, 엔지니어링, 광업, 조선 등 전략산업을 육성시켜야 했다.[31] 군과 산업의 근대화가 동시에 병행해 위로부터 추진된 것이 일본의 자본주의화의 특징이다. 전기 통신이나 철도

---

26 위의 책, 61쪽; 落合弘樹(오치아이 히로키), 앞의 책, 2015, 92쪽.
27 落合弘樹(오치아이 히로키), 위의 책, 92-93쪽.
28 성희엽, 앞의 책, 2016, 460쪽.
29 E. H. Norman, 앞의 글, 앞의 책, 1975, pp. 216-219.
30 위의 글, p. 315.
31 위의 글, p. 225.

건설도 군사적인 목적이 상당히 작용했다. 1883년부터는 철도 부설구간에 대한 육군성의 관여권이 인정되었다. 철도는 아시아 침략을 위한 수단으로 '발전'했다. 조선 지배의 중추는 철도 부설이었다.[32] 일본의 산업계는 군부와 협력하여 발 빠르게 기술의 근대화를 추진했다.[33]

메이지 유신에 대한 역사적 평가

일본의 학자들은 메이지 유신 과정에서 희생자 수가 다른 혁명의 사례보다 훨씬 적었다는 것을 일본적인 휴머니티의 증거인 것처럼 강조하는 경향이 있다. 사망자가 많아야 3만 정도라는 것이다. 반면 프랑스혁명은 100만 이상의 사망자가 발생했고, 나폴레옹전쟁까지 포함할 경우 200만 정도이며 러시아와 중국의 혁명 과정에서는 수천만 명이 희생되었다고 지적한다.[34] 이런 인식은 전형적인 일본식 데이터 눈속임이다.[35] 우선 메이지 유신의 경우에는 사건 그 자체를 최단기간으로 한정하고 있는 반면, 다른 혁명의 경우에는 최장, 또는 연관되는 결과까지 포함하여 비교한다. 메이지 유신도 그 이후 발생한 침략전쟁의 결과까지 포함한다면 희생자는 수천만 명으로 늘어날 것이다. 또한 도시서민(sans culottes)과 농민들이 주축이 된 프랑스혁명과는 달리, 메이지 유신은 사무라이가 주축이 되었기 때문에 그 당시에는 대량 희생이 없었던 것이다. 마르크 블로크는 일본의 봉건제가 유럽의 그것과 달

32 야마모토 요시타카(山本義隆), 서의동 옮김, 『일본과학기술 총력전-근대 150년 체제의 파탄』, AK커뮤니케이션, 2019, 139-141쪽.
33 위의 책, 169-170쪽.
34 三谷博(미타니 히로시), 『明治維新とナショナリズム: 幕末 外交政治 變動』, 出川出版社, 東京, 1997, 320쪽.
35 조건의 차이를 말하지 않는 거짓말.

랐던 점은 "일본에서는 (중앙정부)국가와 봉건제라는 두 가지 제도가 서로 침투하지 않으며 공존하고 있었다."는 점이라고 지적했다.[36] 그것이 메이지 유신이 구 제도를 타파하지 못하고 구 제도의 범위 내에서 이루어진 이유였다.[37] 20세기 초 미국의 경제학자인 베블렌(Thorstein B. Veblen · 1857-1929)은 일본이 봉건적인 것과 자본주의적인 것을 동시에 가지고 있다고 하면서 이를 '일본의 기회'라고 명명했다.[38]

메이지 유신과 일본의 '근대화 과정'이 서구에 비해 비교적 조용하고 평화적으로 진행된 것은 봉건적 특권을 거의 그대로 유지했기 때문이다.[39] 메이지 유신에는 주술적 고대 천황의 부활과 서구적인 근대화가 동시에 진행되는 이중적 구도가 존재하고 있다.[40] 결국 일본은 근대 국가의 '외양'만을 따랐기 때문에 과학적 합리화를 추구하면서 신화를 현실로 믿는 기괴한 인간형이 태어나게 된 것이다.[41] 오스카 와일드는 일본에 관해, "일본 전체가 순전한 발명품이다. 이 세상에는 그런 나라도 없고 그런 사람들도 없다"고 썼다. 일본에서는 '모든 사람들이 알아야 하는 것'을 알지 못하게 하는, 개념을 왜곡시키는 족쇄가 작동하고 있다.[42] 그 족쇄는 메이지 유신 시기에 관제 역사학에

---

36 마르크 블로크(Marc Bloch), 한정숙 옮김, 『봉건사회 II』, 한길사, 2001. 230쪽.
37 John W. Dower, "E. H. Norman, Japan and the Use of History", 앞의 책, 1975, p. 30.
38 E. H. Norman, "Japan's Emergence as a Modern State", 위의 책, 1975, p. 116.
39 성희엽, 앞의 책, 2016, 471쪽.
40 서경식, 다카하시 데쓰야(高橋哲哉), 한승동 옮김, 『책임에 대하여: 현대 일본의 본성을 묻는 20년의 대화』, 돌베개, 2019, 221쪽.
41 존 다우어(John W. Dower), 최은석 옮김, 『패배를 껴안고: 제2차 세계 대전 후의 일본과 일본인(Embracing Defeat: Japan in the Wake of World War II · 1999)』, 민음사, 2009, 79쪽.
42 Murphy, R, Taggart, Japan and the shackles of the past, Oxford University Press, New York, 2014, pp. xx–xxi.

의해서 정치적으로 각색된 '과거'로 만들어졌다. 일본인들에게 천황제 국체이데올로기라는 현재와 미래의 족쇄가 채워졌다. 그 족쇄를 잠그고 있는 자물통이 바로 그 '조선멸시관'이요 '혐한'인 것이다. 그 열쇠는 어디에 감추어져 있을까?

2. 새로운 지배이데올로기

일본인들은 이제까지 '보편성' 또는 '보편적 가치'라는 개념을 생각해 본 적이 없었다. 그러한 '버릇'에 따라 서구 문명도 보편적 가치 개념으로 수입할 수 없었다. 일본의 특유성을 강조하고, 일본만의 가치를 고수하려고 하면 할수록 보편성과는 멀어지게 된다. 타인이 보기에는 낯설고 이상한 현대 일본인의 행태가 일본인 스스로에게는 아주 자연스러운 것은 이 때문이다. '보편성과의 투쟁'의 한 가운데 천황제 이데올로기가 있다. 천황제 이데올로기는 일본인이 정치적, 사회적으로 겪어온 역사 경험의 궤적을 따라서 형성된 결말이다. 천황제라는 절대적 이데올로기의 정수는 1889년의 제국헌법과 1890년의 교육칙어로 계승되었다. 그러나 그 당시에는 이 두 신성한 천황제 경전(text)의 계율을 제대로 이해했던 사람은 거의 없었고 이견도 많았다. 그 두 개의 경전은 이데올로기의 시작에 불과했고 해석에 새로운 해석을 겹치는 시간을 필요로 했다.[43] 정치적 이데올로기는 국내적으로는 천황의 신성성과 절대적 가치, 대외적으로는 일본의 민족적 우월성을 강조하는 내용에 집중되었다. 사회적 이데올로기는 신민으로서의 복종

---

43 Carol Gluck, *Japan's modern myths; ideology in the late Meiji period*, Princeton University Press, Princeton, NJ. 1985, p. 26.

과 희생의 미덕을 강요하는 것이었다. 그것은 결국은 천황을 중심으로 하는 '국체'의식을 강제하는 전체주의적 지배이데올로기로 귀착하게 된다. 그 이데올로기는 하나의 초점으로 수렴해가고 있었다. 그것은 배외주의였다. 특히 한국에 대한 멸시관과 침탈에 집중되었다. 결국은 미로에 빠져서 강한 자에게 덤볐다가 파멸하게 된다. 어떤 원대한 계획이 처음부터 있었던 것이 아니라 일이 진행되다 보니까 그렇게 되었다.

일본의 민족주의: 만들어지는 전통

일본인이라는 민족주의 인식은 근대국가 성립 이후에 만들어진 것이다.[44] 베네딕트 앤더슨은 근대 유럽의 민족주의를 "주권을 가진 상상된 정치적 공동체"라고 설명했다.[45] 그러나 한국이나 중국, 일본은 이미 천 년 이상 이전부터 서로 고립된 타자로서 구별이 되었고 영토도 구분되어 있으며 경계 내에서 언어적 동질성도 큰 문제가 되지 않았다.[46] 민족주의의 기본적인 양태의 하나는 우리와 남(타자)을 차별하

---

44 Stephen Vlastos ed., *Mirror of modernity; invented tradition of modern Japan*, Univesity of California Press, 1998, p. 11.

45 베네딕트 앤더슨(Bendedict Anderson), 서지원 옮김, 『상상된 공동체: 민족주의의 기원과 보급에 대한 고찰』, 도서출판 길, 2018, 25-28쪽.

46 E.J. 홉스봄, 강명세 옮김, 『1780년 이후의 민족과 민족주의』, 창비, 2008, 87쪽. 1789년 프랑스 인구의 50%는 프랑스어를 전혀 할 줄 몰랐고 단지 12~13%만이 프랑스어를 '정확히' 할 줄 알았다. 1830년대 동인도 회사가 무갈제국의 행정어였던 페르시아어를 영어로 대체한 것은 대다수의 인도인에게 아무런 의미가 없었다. 페르시아어와 영어 모두 그들에게는 외국어였다.(같은 책, 89쪽); 강상중, 임성모 옮김, 『내셔널리즘』, 이산, 2004, 46쪽. 이태리 통일 당시 인구의 2.5%만이 일상적인 목적을 위해 이태리어를 사용했다. 그래서 Risorgimento라는 이탈리아 국가통일운동이 통일 이후 50년간이나 전개되었던 것이다.

는 것이다.[47] 서구의 민족주의는 1880년~1914년 사이에 급속히 뿌리를 내렸다.[48] 민족주의의 확산과 동시기인 1870년대 이후 유럽 각국은 국가와 국민을 통합할 수 있는 '전통의 발견'에 몰입했다. 첫째는 초등교육 의무제를 도입하여 자국의 역사와 국민적 전통을 아동들에게 주입시켰다. 두 번째는 공식적인 의례를 확립했다. 1740년에 만들어진 영국의 '신이여 국왕을 보호하소서(God Save the King)'는 세계 최초의 국가이다. 프랑스는 1789년 프랑스혁명 당시 나타난 삼색기를 국기로 지정하고, 1880년 바스티유의 날을 국경일로 제정했으며, '라 마르세이유'를 국가로 지정했다. 세 번째는 공공 기념물의 대량 건립이었다.[49] 전통의 창조는 '상상된 공동체'를 만들어내는 공통분모를 형성해내는 데 기여한다.[50] 사실상 대부분의 전통은 권력자에 의해 만들어진다. 특정한 가치를 반복적으로 대중에게 주입하면 그것은 '만들어진 전통'이 되고 마치 과거로부터 전승되어 온 것처럼 생각되게 된다.[51] 이 모든 것은 사회공학적(social engineering) 작업들에 의해서 이루어진다. 그러나 오래된 역사적인 정체성은 그리 변하지 않는다.[52] 그래서 민족주의자들은 민족의 기원을 찾아 고대 역사를 찾아간다. 에릭 홉스봄이 "양귀비가 헤로인 중독의 원인이 되듯이, 역사는 국가주

---

47 三谷博(미타니 히로시), 앞의 책, 1997, 8-10쪽. 민족주의라는 용어는 오늘날 미묘한 뉘앙스의 차이를 내포하면서 번역한 국가주의, 민족주의, 국민주의, 그리고 일본에서 영어를 그대로 차용해서 쓰는 내셔널리즘으로 나누어 사용되고 있다. 여기서는 민족주의라는 용어로 통일해서 쓰도록 한다.
48 E.J. 홉스봄, 앞의 책, 2008, 145-146쪽.
49 에릭 홉스봄(Eric Hobsbawm), 박지향·장문석 옮김, 『만들어진 전통(The Invention of Tradition)』, 휴머니스트, 2004, 9쪽.
50 위의 책, 11쪽.
51 위의 책, 20쪽.
52 Anthony D. Smith, 강철구 옮김, 『민족주의란 무엇인가: 근대주의를 넘어선 새로운 모색』, 용의 숲, 2012, 40-41쪽.

의적, 민족주의적, 원리주의적 이데올로기의 원료가 된다"고 말한 것처럼 과거를 현재의 거울로 활용하려는 충동이 강해졌다.[53] 그리고 자신들의 민족성은 특별하다고 생각한다. 또한 민족주의는 철학이라기보다는 '정치적' 힘이다.[54] 1차 대전 시 폴란드의 독립영웅인 피우수트스키(Pilsudski)가 "국가가 민족을 만드는 것이지 민족이 국가를 만드는 것이 아니다"라고 말한 것은 국가가 있어야 민족이 보존될 수 있다는 현실을 의미하는 것이다.[55]

민족의 존엄성은 '열등한 이웃'들과의 비교를 통해 확인할 수 있다.[56] 그래서 민족주의는 뻔한 거짓말을 믿도록 강요한다. "역사를 왜곡하는 것이 민족형성의 일부를 이루고 있다"고 말하기도 한다.[57] 이렇게 해서 민족은 '신성한 사람들의 공동체'가 되며 민족주의는 '대체종교'가 된다. 그리고 선민의식이 된다.[58] 독일민족주의 이데올로기는 민족정신의 원천으로서 언어와 혈연적 종족성에 과도하게 집착함으로써 생물학적 민족결정론으로 변질되었다. 이렇게 해서 라인강 동쪽 유럽의 민족주의는 독성이 있는 민족주의가 되었다. 부르주아 계급이 없었고 전제주의와 봉건적 지주들이 지배한 동유럽은 권위주의적이며 때로는 신비적인 민족주의적 토양을 가지고 있었다.[59] 러시아 등

---

53 테사 모리스 스즈키(Tessa Morris Suzuki), 김경원 옮김, 『우리 안의 과거 (The Past within Us): 과거는 미디어를 통해 어떻게 기억되고 역사화되는가?』, 휴머니스트, 2006, 22쪽.
54 베네딕트 앤더슨(Bendedict Anderson), 앞의 책, 2018, 25쪽.
55 E.J. 홉스봄, 앞의 책, 2008, 67쪽.
56 Anthony D. Smith, 앞의 책, 2012, 58쪽.
57 E.J. 홉스봄, 앞의 책, 2008, 28쪽. 재인용, Ernest Renan, 『Qu'est que c'est une nation?』 pp. 7-8.
58 Anthony D. Smith, 앞의 책, 2012, 66쪽.
59 위의 책, 70-72쪽.

동유럽 왕조들이 민족주의를 새로운 지배이데올로기로 내세우는 것을 '관제민족주의(official nationalism)'라고 불렀다.[60] 일본은 동유럽 왕조의 민족주의 이데올로기의 개념과 정치공학적 수단을 도입해서 일본판 '관제민족주의'를 만들어냈다. 국체(国体)는 아이자와 야스시가 만들어낸 조어이다.[61] 유신 정치공학에 의해 만들어진 '국체 내셔널리즘'은 관제민족주의의 이데올로기이다.[62]

'국체 내셔널리즘'은 성스러운 존재로서의 천황과 '정치 종교'로서 신토가 그 중심이 된다. 교육제도와 징병제를 통해서 역사와 천황의 신민이라는 의식을 국민에게 주입하고 일본인의 응집력 있는 정체성을 창조할 수 있었다.[63] '고대'의 스포츠로 알려진 일본의 스모도 눈에 보이는 내용은 20세기 새로 구성된 것이다. 일본의 전통도 근대의 발명품이다.[64] 침략적인 배외주의를 품은 일본민족주의는 정한론을 시작으로 해서 청일전쟁과 러일전쟁 사이의 기간에 형성되었다는 것이 일반적 시각이다.[65] 그것은 바로 한국과의 관계로부터 시작되었다. 당시 조선은 어느 모로 보더라도 일본을 선민으로 만들어주기에 아주 적합한 존재였다.[66] 조선병합은 '민족의 자존심'이나 '민족의 사명'을 고양시켰다. 민족의 영광을 드높이는 것은 그 구성원 모두의 영광이

60 베네딕트 앤더슨(Bendedict Anderson), 앞의 책, 2018, 139-140쪽.
61 하종문 지음, 『왜 일본은 한국을 정복하고 싶어 하는가: 정한론으로 일본 극우파의 사상적·지리적 기반을 읽다』, 메디치미디어, 2020, 23쪽.
62 강상중, 앞의 책, 2004, 16쪽.
63 스테판 다나카, 박영재·함동주 옮김, 『일본 동양학의 구조』, 서남동양학술총서24, 문학과 지성사, 2004, 374쪽.
64 Stephen Vlastos ed., 앞의 책, 1998, pp.1-2.
65 三谷博(미타니 히로시), 앞의 책, 1997, 9쪽.
66 Anthony D. Smith, 앞의 책, 2012, 226쪽.

되는 것이다.[67] 일본의 피지배계층이 공격적인 제국주의적 민족주의를 환영했던 것은 관제민족주의의 소산이었다.[68] 배외주의는 다시 국내로 환류하여 '국체'이데올로기를 극단적인 원리주의로 몰아갔다. 그러나 국체가 무엇을 의미하는지는 1940년대 파시즘의 국체이데올로기가 최고조에 달해 있을 때도 분명하지 않았다. 분명하지 않은 것이 더 큰 권위를 과시하고, '까닭 모를 무서운 실재감'으로 느껴지기 시작했다.[69] 그 의미는 독재의 시작이라는 것이었다.

신토(神道)

통신사로 일본을 방문했던 원중거는 "세 집뿐인 마을이라도 그 가운데 한 집은 신궁(神宮)이고 한 집은 반드시 절집(僧舍, 승사)이다"라고 신토의 번성함을 묘사하였다. 또 천황이 수천 년을 유지해 온 것도 신토를 끼고 있기 때문이라고 보았다.[70] 메이지 유신 직후 천황이 정치 전면에 등장한다는 것은 곧 신토에 정치성을 부여한다는 의미이기도 했다. 원래 천황의 존재와 기능은 제사장이었으니 천황의 친정은 곧 신정국가가 된다는 것이고, 그렇다면 일본의 '고유 신앙'인 신토가 국교화되고 정치화되어야 했다.[71] 원래의 신토는 가르침의 종교는 아니다. 경전도 없다. 오직 제사의식만 있다.[72] 그러나 히라타 아쓰타네가

---

67 Peter Duus, *The Abacus and the Sword: the Japanese Panetration of Korea 1895-1910*, University of California Press, Berkeley and Los Angeles, Ca. 1998, p. 4.
68 베네딕트 앤더슨(Bendedict Anderson), 앞의 책, 2018, 153-154쪽.
69 강상중, 앞의 책, 2004, 48쪽.
70 하우봉, 『조선시대 한국인의 일본인식』, 혜안, 2006, 191쪽.
71 김정기, 『일본 천황 그는 누구인가: 그 우상의 신화』, 푸른사상, 2018, 262쪽.
72 위의 책, 260쪽.

만들어낸 소위 히라타신토는 일본의 고대신화를 재해석해서 유명계(幽冥界)라는 구원의 세계를 제시하는 현인신 천황교를 만들었다.[73] 메이지 유신 정부는 1868년 3월 고대국가 시절의 신기(神祇·하늘의 신과 땅의 귀신)를 관장하던 관청인 신기관(神祇官)을 부활시키고 신불판연령(神佛判然令)을 내렸다. 이른바 신토와 불교 분리령이었다.[74] 그리고 전 국민에게 사실상 천황가의 신토인 이세신토를 강제했다.[75] 또한 황실 행사나 제사를 축제일로 지정함으로써 천황에 관한 일이 국민의 행사와 새로운 윤리적 규범이 되었다. 메이지신궁 참배나 신토식 결혼 같은 전통은 불과 수십 년 된 전통에 불과하다.[76] 또한 신토는 일본의 천황통치체제를 인근 나라로 확산시키는 것은 일종의 자비로운 행위라는 논리를 확산시키는 데 주역을 담당했다.[77]

한편 야스쿠니 신사는 원래는 1853년 이래 죽은 자들을 제사 지내는 쇼콘샤(招魂社·초혼사)로 1869년 설립되었다가 1875년 야스쿠니 신

73 위의 책, 148-149쪽.

74 사토 히로오(佐藤弘夫), 성해준 옮김, 『神國日本』, 논형, 2014, 219쪽. 그때까지 신토의 신사는 불교사원의 부속물 같은 지위로 존재했다. 신관은 승려보다 하위직이었다. 그런데 천황의 본가(황종)이며 신토의 가장 높은 신인 아마테라스오미카미가 부처의 밑에 있을 수 없는 것이었다. 포고령은 단지 신사와 절을 분리하라는 것이었지만 권력의 향배를 알아차린 민중들은 불교사찰을 '파괴하는 것'으로 반응했다. '폐불훼석'이라는 말은 불단과 불상을 부순다는 의미였다. 마치 경주 남산에 널브러져 있는 조선 초에 목 잘린 불상들처럼 이때 일본의 사찰건물과 불단, 그리고 불상들이 훼손되었다.

75 김정기, 앞의 책, 2018, 216쪽; 安丸良夫(야스마루 요시오), 『神々と明治維新-神仏分離と廃仏毀釋』, 岩波新書, 東京, 1979, 131쪽. 1868년 7월 종래의 슈몽아라타메(宗門改)를 대신해 우지코시라베(氏子調) 규칙을 만들어 전 국민을 지역 신사(우부스나 신사·産土社)의 우지코(氏子·같은 씨족신의 자손)로 등록시켰다.

76 위의 책, 6-10쪽.

77 Marius B. Jansen, "Japanese Imperialism: Late Meiji Perspectives", in Ramon H. Myers ed., *The Japanese Colonial Empire, 1895-1945*, Princeton University Press, N.J., 1984, p. 72.

사로 개칭된 것이다. 그것은 정부가 명백한 정치적인 목적으로 건립한 신사이다. 이렇게 해서 야스쿠니 신앙은 천황을 위해 목숨을 바칠 각오를 다지는 국가 이데올로기를 찬미하고 일본 제국주의를 지탱하는 국가신도의 핵심이 되었다.[78] 야스쿠니가 건재한 것은 일본의 보수 지배층과 그 후예들이 전후에도 여전히 그 세력을 유지하고 있기 때문이다. 그들은 천황을 앞세워 지배체제를 구축해왔다.[79] 야스쿠니 신사는 일본이 여전히 신정국가라는 지표이다. 일본지배층의 집요한 야스쿠니 참배는 고대의 신화적인 지배체제와 지배계급이 영속할 것을 기원하는 주술 행위이다. 그것은 일본의 사회적, 정치적 미래를 보여주는 것이다. 그러므로 야스쿠니 신사 참배문제는 단지 과거 역사와 관련된 외교문제만은 아니다. 신토는 여전히 일본의 지배이데올로기의 핵심이면서 현재까지도 일본 신우익세력의 연결고리 역할을 하고 있다. 1945년 12월 15일 일본점령군사령부(GHQ)가 국가신도를 폐지하자 전국의 신사들이 1946년 2월 3일 이세신궁을 본종으로 하는 종교법인인 신사본청을 설립하고 내무성 신기관(神祇官)의 업무를 이어받았다. 이세신궁은 여전히 전국 8만여 신사를 지배하는 본종의 지위를 유지하고 있다. 신사본청의 수장은 대대로 천황가의 황족들이 차지해오고 있다.[80] 필자는 몇 년 전 오사카에 근무할 때 혼자서 이세신궁에 가본 적이 있다. 이세신궁은 그 장소 자체가 성황당과 같은 샤머니즘이나 원시적, 주술적 분위기가 있었다. 조그만 강을 건너 숲 속 깊숙이 거의 침묵 속에 잠겨 있는 '목조 건물'들은 일본인들에게는 어

---

78 조용래, 『천황제 코드』, 논형, 2009, 82쪽.
79 위의 책, 89쪽.
80 위의 책, 83쪽.

떤 신령이 내려앉아 있을 것이라는 정말 '음산한' 느낌이 들기에 충분한 분위기였다. 그 순간 이전에는 미처 떠오르지 않았던 생각이 스쳐갔다. 민주주의 국가 중에 보편적인 종교를 가지고 있지 않은 나라는 오직 일본뿐이라는 것이었다. 세계의 거의 모든 나라는 어떤 경위로든 수십 개의 국가들이 공유하고 있는 종교를 가지고 있다.[81] 보편적인 종교를 가지고 있지 않다는 것은 국경을 초월하여 공유되는 심정적인 동류가 없다는 것이다. 그러한 고립감이 현대 일본인의 정신세계를 규정하고 있다.

일본역사의 창조

역사 진행 과정에 대한 해석을 역사관이라 부르며, 그중 특별히 체계적인 것을 역사철학이라고 한다.[82] 역사학이 정치로부터의 독립, 중립이어야 한다는 말은 도덕적이거나 주관적인 가치관은 배제한다는 의미이다.[83] 역사 서술이라는 것은 과거를 현재의 개념으로 이해할 수 있는 형태로 변형시키는 행위의 하나이다.[84] 일본의 근대역사학은 두 가지 신앙적 틀에 고정되어 있다. 첫 번째 신앙적인 틀은 거의 모든 것이 '사회진화론'과 '역사발전단계론'의 틀에 집착한다는 것이다. 초기에는 일본의 역사발전과정을 보편적 발전론에 맞추는 데 주력했다. 그것을 일본인들은 '문명사관'이라고 했다. 그러나 일본은 자신

---

81 일본의 불교는 보편적이고 절대적인 가치체계를 가진 종교적인 의미가 퇴색되고 토착문화적 유산이 되었다.

82 나인호, 『증오하는 인간의 탄생』, 역사비평사, 2019, 10쪽.

83 關幸彦(세키 요시히코), 『國史の誕生－ミカドの國の歷史學』, 講談社, 2014, 48쪽.

84 스테판 다나카, 앞의 책, 2004, 7쪽.

의 힘의 우위를 확인하게 되면서부터 일본을 가장 발전된 주체로 하는 아시아판 '역사발전단계론'을 만들었다. 유럽인의 관점에서는 낙후된 과거를 상징하는 '타자'였던 일본이 동양에서 중국을 '타자'로 하는 주인공으로 변신했다. 그 매개체가 바로 '동양사' 프레임이었다. '동양사'는 아시아판 오리엔탈리즘으로서 종국적으로는 침략적 군국주의와 배타적 인종주의를 합리화하는 괴질이 되었다. 선진적인 민족이 후진적인 민족을 지도하고 나아가 지배하는 것은 역사의 섭리라는 서구제국주의 논리의 일본판을 만든 것이다. 일본의 근대역사학의 두 번째 신앙적 틀은 보편적 철학적인 기반 없이 랑케 실증주의라는 역사연구 방법론만 도입하여 일본 특유의 형식주의로 고정시킴으로써 소위 '일본식 객관주의' 신앙을 만들어냈다는 것이다. 정치권력이 정하는 기준이 곧 '객관적인 것'이 되었다. '일본식 객관주의'가 비판받는 것은 그것이 시작서부터 정치권력에 의해 오염되었기 때문이다. 현재 우리가 직면하고 있는 역사갈등 문제의 근원이 바로 여기에 있다고 할 수 있다.

19세기에는 세계 모든 주권을 가진 나라들은 민족과 국가를 일치시키는 민족사를 기술하는 작업에 집중했다. 따라서 그 민족사는 당연히 미화되었다. 그것은 현재의 민족의 위상이 어떤 먼 과거와 분명한 연속성이 있다는 스토리를 만드는 것이다.[85] 전통을 창작하여 기원을 먼 과거로까지 투사함으로써 민족국가의 정통성을 부여하는 것이

---

85 Christopher L. Hill, *National History and the World of Nations: capital, state, and the rhetoric of history in Japan, France, and the United States*, Duke University Press, Durham, NC, 2008, p. 33.

다.[86] 그래서 "역사는 본질적으로 민족적 현상"이라고도 했다.[87] 민족사를 서술할 때 최초로 부딪히는 문제는 과거와 현재 간의 현저한 이질성 문제이다. 천 년 전의 신라 사람들이 우리와 용모가 같았고 서로 통하는 말을 썼을까? 아마도 전혀 달랐을 것이다. 그런 이질성을 면면히 이어져오는 언어와 문화적 동질성으로 묶어내려 하는 것이 민족사 기술이다. 신성하게 미화되는 민족의 '창립 신화(founding myth)'는 권력(power)을 가진 현실이 된다.'[88]

역사적인 자료가 의식적 혹은 무의식적으로 위조되는 경우도 있다. 미국의 역사가 터너가 1891년 언급한 것처럼, "각 시대의 역사 서술은 그 시대에 최고로 적합한 조건에 따라 과거를 새롭게 쓴다."[89] 역사 기술의 객관성을 보장할 수 있는 장치는 국내적으로는 그 민족의 이성적 자제와 외부적으로는 오랜 역사에 걸쳐 얽혀서 살아온 이웃 국가들의 견제였다. 역사를 자기중심적으로 기술할 경우 필연적으로 옆 나라와 충돌할 수 있다. 우리의 영웅은 그들의 적이 되고, 그들의 영웅은 우리의 철천지원수일 수도 있는 것이었다.

유럽의 민족사 기술은 제한적이나마 밸런스를 유지하면서 '객관성'을 유지했다. 그러나 일본의 근대적 민족사 기술은 이 두 가지 밸런스 기능을 모두 결여했다. 첫 번째, 국내적 견제 장치가 처음부터 없었다. 역사는 메이지 정부가 시급히 필요했던 민족 만들기의 일환이 되었다. 어용 학자들이 역시 그 역할을 했다. 19세기 말 이노우에

---

86 위의 책, p.155.
87 위의 책, pp.ix-xi
88 Peter Novick, *The Noble Dream: the "Objectivity Question" and the American Historical Profession*, Cambridge University Press, N.Y., 2005, p.3.
89 스테판 다나카, 앞의 책, 2004, 374쪽.

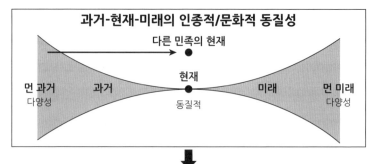

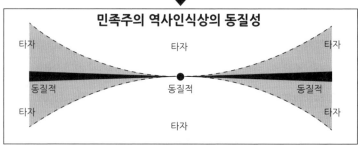

▲ 위 그림은 민족의 동질성을 강조하는 역사인식을 그려본 것이다. 아마도 자연 상태에서는 첫 번째 그림과 같이 현재에서 멀리 떨어진 과거에 살았던 우리의 조상일수록 현재의 우리와는 다른 민족들과 더 많이 인종적·언어적·문화적으로 얽혀 있었을 것이다. 그래서 그 범주가 넓어진다. 과거로 갈수록 나와 타자의 구분 경계선이 엷어지든가 넓어져 간다는 것을 의미한다. 그러나 하나의 민족을 상정해야 할 때는 아래 그림의 짙은 색 부분처럼 오랜 과거에도 우리는 타자와 다른 '우리'라는 동질성을 지니고 있었다고 보는 것이다. 그 경우에는 현재의 타자는 2천년 전에도 타자가 된다.

데쓰지로(井上哲次郎 · 1856–1944) 도쿄제국대학 철학 교수는 일본민족의 특수한 '숨은 정신'이 신토이며 역사학의 목적은 그러한 민족정체성의 토대를 만드는 것이라고 주장했다.[90] 그것은 곧 '민족정체성을 정립하기 위해서는 역사를 왜곡할 수도 있다'라는 메시지였다.

일본의 '문명사'는 이러한 목적에 맞는 과거를 창조하기 위해 등장하였다.[91] 그것은 콩트나 스펜서 등의 역사발전론에 일본이 원하는 역

90 위의 책, 94쪽.
91 Christopher L. Hill, 앞의 책, p. 52.

사관을 덧칠한 것이었다. 후쿠자와 유키치는 문명개화에 이르는 길을 혼돈–야만–미개 또는 반개–문명개화의 4단계로 분류하면서 사회진화의 법칙성이 있다고 주장했다.[92] 그 틀 속에서 각 민족이나 국가를 발전 단계별로 배치하면 문명의 우열관계를 쉽게 파악할 수 있게 되는 것이다. 즉 일본보다 낙후된 대상이 있다면 그것은 일본이 우월하다는 충분한 증거가 되는 것이다. 따라서 열등한 대상의 '야만성'만 잘 설정하면 되는 것이다. 이러한 관념은 국가 간 역사적 발전 단계에 따른 위계질서를 설정하여 문명적으로 앞선 발전 단계에 있는 국가가 후발 단계의 민족을 정복하거나 지배하는 것이 당연하다는 논리가 된다.[93] 후쿠자와의 국제인식은 '국가평등'이 아니라 단연코 '약육강식'적 국제사회관이었다.[94] 이러한 사고체계야말로 일본 고유의 지배이데올로기의 특성이다. 차별과 비교를 통한 서열화와 그 지배관계를 설정하는 것은 전형적인 정치공학 수법이었다. 불가촉천민을 통해서 피지배자들이 자신의 지위를 만족하도록 유인하는 것이 그 대표적인 사례였다. 1880년대에 후쿠자와는 조선을 강제적으로 문명화시키는 데 눈을 돌렸다. 이 시기에 등장한 '탈아입구론(脫亞入歐論)'의 배후에는 조선지배 문제가 있었다.[95] 청일전쟁에서 승리한 이후 메이지 정부는 배외주의적인 프로파간다가 국내정치적 효과가 있다는 것을 실감했다. 마침 유럽식 근대역사학의 사관과 연구방법론은 아시아에서는 일본이 선점하여 독점하고 있었다. 일본의 근대역사학에 최초로 영향을 준

---

92 關幸彦(세키 요시히코), 國史の誕生—ミカドの國の歷史學, 講談社, 2014, 74–75쪽.
93 Christopher L. Hill, 앞의 책, pp. 75–77.
94 야스카와 주노스케(安川壽之輔), 이향철 옮김, 『후쿠자와 유키치의 아시아침략사상을 묻는다』, 역사비평사, 2011, 90쪽.
95 關幸彦(세키 요시히코), 앞의 책, 2014, 157–158쪽.

사람은 헝가리 출신의 역사학자 젤피(George Gustavus Zerffi)라고 한다. 영국주재 일본 외교관 스에마쓰 겐조우(末松謙澄 · 1855-1920)가 젤피를 일본에 소개했다. 젤피는 역사란 영국인에게는 신앙(faith)이고 프랑스인에게는 의견(opinion)이며, 독일인에게는 지식(knowledge)이라고 평하며, 일본에게 독일의 역사학을 추천했다.[96] 1887년 동경제대에 사학과가 설치되고 1889년에는 국사학과가 창설되면서 일본은 랑케의 제자인 27세의 루드비히 리스를 초빙하여 독일의 역사학 방법론인 실증주의를 전수받았다. 이렇게 해서 독일의 랑케의 실증사학과 철저한 독일 우월주의적인 민족사관이 일본의 근대 역사학의 모델이 되었다.[97]

스테판 다나카가 지적한 것처럼, 아시아의 낙후된 타자를 기준으로 비교하여 일본을 우월한 위치에 두는 전략이 '동양사' 개념의 기반이 되었다. 그것은 일본 우월적, 배외주의적인 역사관이었다. '동양사'의 창출은 오리엔탈리즘의 동아시아화였다. 일본의 동양사학자들은 유럽의 오리엔트 학자들이 오리엔트를 객체화한 것과 똑같은 방식으로 '동양'을 객체화하였다.[98] 동양사관의 대표적인 역사학자는 시라토리 구라키치(白鳥庫吉 · 1865-1942)와 나이토 쇼난(内藤湖南 · 1866-1934)이었다. 동양이라는 지역적 관념은 18세기와 19세기 유럽(특히 독일)의 '오리엔트의 발견'과 중대한 유사점을 갖고 있다.[99] 독일의 동양학자와 철학자들이 인도에서 발견한 원초적 기원들을 독일과 연결시킨 것처럼, 시라토리는 '지나(중국)'와 북방 야만족들에게서 일본의 과거를 끄집어낼 수 있었다. '지나'와 일본은 각각 문화적인 단위의 일부가 되

---

96 위의 책, 100-105쪽.
97 Christopher L. Hill, 앞의 책, p.161.
98 스테판 다나카, 앞의 책, 2004, 391쪽.
99 위의 책, 33쪽.

어 중국의 '천하(중심성)' 개념은 사라졌다.[100] '동양사'는 '지나'를 일본의 열등한 타자로 만들었다.[101] 오리엔트가 서양사를 창조하기 위한 '과거'를 제공했던 것처럼, '동양'은 일본에게 아시아에서의 '오리엔트'를 제공했다. 서구가 열등한 타자인 오리엔트와의 비교를 통해서 자신의 발전을 파악했던 것처럼, 일본은 열등한 '지나'를 대상으로 자신의 근대적 발전을 확인할 수 있게 된 것이다. 중국의 실패는 곧 일본의 우월성을 입증하는 기준이 되었다.[102] 현재 '지나'는 낙후되었고 한국과 대만, 만주는 열등하며 지도와 도움이 필요하기 때문에 일본이 대륙을 지배할 의무가 있다는 논리가 역사교과서에 그대로 반영되었다.[103] 그것은 영국이 이집트를 지배했던 논리인 '이집트주의'를 모방한 것이었다.[104] '오리엔탈리즘'은 주체가 자신의 대상에게 의존한다는 것이다.[105] 그와 마찬가지로 일본이 자신을 이해할 수 있는 길은 동양의 '열등한 대상'에게 의존하는 것이었다. 따라서 일본은 탈아시아 해도 서양이 될 수 없고, 탈서양 해도 아시아에 머물 수가 없게 되었다. 일본은 스스로 다시 고립되었다. '잘라파고스'는 이미 오래 전에 탄생

---

100 이것은 모토오리 노리나가가 보편적 기준으로서의 중국문화를 배격한 것과 같은 사고방식이다.

101 위의 책, 31–32쪽.

102 위의 책, 291쪽.

103 위의 책, 290쪽.

104 Edward W. Said, 박홍규 옮김, 『오리엔탈리즘』, 교보문고, 2018, 367쪽. 영국의 이집트 총독이었던 크로머(Cromer)는 『현대 이집트』(1908)를 간행한 2년 뒤에 『고대와 현대의 제국주의』에서 영국의 제국주의는 노골적으로 동화, 착취, 억압정책을 취한 로마 제국주의에 비해 발전된 것이라고 주장했다. (같은 책, 631쪽(옮긴이 주))일본의 대일본문명협회는 크로머의 『현대 이집트』를 1911년 『최근 애급』이라는 제목으로 간행했다. 그 서문에서 오쿠마 시게노부(大隈重信)는 "이집트의 경영은 우리 한국에서 보호정치에 참고가 되어야 하는 점이 많다고 생각되며, 그 책을 한국통감 '이토 히로부미'에게 보낸다"고 했다.

105 스테판 다나카, 앞의 책, 2004, 45쪽.

한 것이다.

일본인들은 역사의 진로를 결정하는 것은 승자이므로 역사갈등은 불평등한 사이에서 일어난다고 생각한다.[106] 일본의 근대역사관이 괴이하게 변질이 된 것은 앞서 언급했던 대로, 내부에서 밸런스 기능을 하는 이성적 제어기능이 없었기 때문이다. 그것은 보편적인 가치관에 의한 규범적 규율의 경험이 전혀 없었다는 의미이다.[107] 보편적인 가치나 사상의 기반이 없는 경우 모순에 대한 '안전한' 비판기능은 기대할 수 없다.

역사관은 가치가 담긴 선택을 필수적으로 수반하는 것이다. 과거의 어떤 부분을 강조해야 하는지를 누군가가 결정해야만 한다. 원래 객관성이라는 개념은 그러한 가치에 대한 공정한 심판의 권위를 지식에 부여하는 것이었다. '객관주의 신화'의 문제는 무엇이 객관적인지를 결정하는 사람들의 손에 지나치게 많은 힘을 부여한 데 있다.[108] 어용의 세계에서는 국가권력이 객관적인 기준을 정한다.[109] 결국 일본의 역사학에서 객관성이라는 개념은 연구형식과 방법론으로서만 소화되었다. 그 객관성은 오히려 역사 기술의 훼손된 중립성을 은폐하는 수단이 되었다.[110] 19세기 후반과 20세기 초반에 쓴 일본의 역사는 국가의 목적에 '유용한 역사 서술'을 만들었다.[111] 국가권력이 제한하는 범

---

106 위의 책, 286-287쪽.
107 위의 책, 169-171쪽.
108 Stefan Tanaka, *Japan's Orient: Rendering Past into History*, university of california press, Berkeley, California, 1993, p. 265. 재인용: George Lakoff & Mark Johnson, Metaphors We Live By, University of Chicago Press, 1980, p. 160.
109 스테판 다나카, 앞의 책, 2004, 73-74쪽.
110 Stefan Tanaka, 앞의 책, 1993, p. 42.
111 스테판 다나카, 앞의 책, 2004, 61쪽.

위 내에서의 객관성이란 결국 주관적인 것이 될 수밖에 없다. 일본역사학의 실증사관이나 객관주의가 지적받는 것은 이 때문이다. 연구활동이 증대하면 '객관적 연구'가 쌓이고(덧칠되고) 제도화되면서 일정한 진리 판단의 규준들이 경직적인 틀이 되어버린다. 1930년대에 와서는 마르크스주의 학자나 제국주의 학자나 관계없이 모든 역사학자들이 일본의 침략정책에 부합하는 목소리를 내는 공모자가 되었다.[112] '객관성'이라는 것은 단지 일본의 비전에 맞게 아시아를 정의하는 것이 되었다.[113] '과거의 잘못된 연구'의 틀 속에서 가치중립적 연구를 하면 할수록 그들은 더욱 더 진실에서 멀어져갔다. 자신들의 주관적인 주장이 '객관적인 사실'이라는 환상에 빠지게 되었다.[114] 역사는 사실과 상상이 혼합되어 '자신의 이익이나 감정에 가장 잘 맞는' 자료들에 의해 좌우되었다.[115] 상식적인 지식을 정확성에 관계없이 되풀이하는 것이 정확성을 확인하기 위해 도전하기보다 쉬운 법이다.[116]

두 번째는 객관성을 보장하는 외부의 견제가 없었다는 것이다. 일본우월적인 역사관이나 역사기술에 대한 이해당사자인 한국과 중국으로부터의 강력한 견제나 저항이 없었다.[117] 역사연구와 역사기술은 일

---

112 위의 책, 365–366쪽.
113 Stefan Tanaka, 앞의 책, 1993, p. 256.
114 스테판 다나카, 앞의 책, 2004, 371쪽.
115 위의 책, 375쪽. 재인용: David Lowenthal, the Past is a Foreign Country, p. 212.
116 위의 책, 385쪽. 필자가 말하는 "거짓된 과거 기록에 덧씌운다"는 것과 같은 지적이다.
117 위의 책, 370쪽. 필자 주: 일본의 그런 학문적 독점은 현재도 유지되고 있다. 전후 아시아 역사문제에 관해서 서양의 관심이 높아졌을 때 일본의 동양사관이 그 베이스가 되어 버렸다. 특히 미국의 대일 정책이 결정적인 역할을 했다. 미국은 그 대가를 지금도 치르고 있다. 그것이 일본의 역사문제가 동북아시아 국제정치에 중요한 요소인 이유이다.

본중심의 독점체제였다. 일본은 에도시대에 이미 서양에 잘 알려져 있었고 일본의 권력자들은 16세기부터 유럽에 관한 정보를 접하고 있었다.[118] 그러나 한국은 19세기 말 청일전쟁 이후부터는 사실상 일본의 실질적인 지배 속으로 들어가서 정치적, 문화적 주권을 발휘할 여유가 없었고, 중국도 제국주의 열강의 침략과 내부문제로 일본의 역사학을 견제할 능력이 없었다. 한국과 중국은 '목소리 없는 사물'이 되었다.[119] '동양사'의 세계는 일본에 의한 일본을 위한 일본의 역사 무대가 되었다. 그러한 역사학의 독점구조는 일본의 대미, 대유럽 프로파간다에 아주 유리한 기반이 되어 왔다.

시라토리의 역사는 현실 정치와 융합되었다. 일본의 역사학은 철저하게 정치목적에 따라 연구되고 기술되는 어용학문으로 일찌감치 전락했다.[120] 시라토리는 자신의 연구를 정책 결정과 직접 연결시키고자 하였다.[121] 역사조작을 실험하는 것은 모두 조선을 첫 번째 대상으로 하여 시작되었다. 시라토리와 나이토 모두 조선 병합을 역사적으로 합리화했다. 시라토리는 일본이 조선을 합병한 것을 "조선이 일본의 보호 아래로 돌아온 것(가에루)"이라고 주장했다.[122] 그렇기 때문에 제국주의적인 침탈이 아니라는 것이다. 그는 고사기와 일본서기의 기록내용과 신공황후설화에서 침략정책의 선례를 찾았다.[123] 나이토는

---

118 關幸彦(세키 요시히코), 앞의 책, 2014, 69쪽. 걸리버여행기에도 일본이 '출연'하고 1783년에는 일본판 '걸리버여행기'인 風流志道軒伝(후우류우시도우켄덴)도 출판되었다. 『80일간의 세계일주』에서도 1870년대 일본에 대한 묘사가 있다.
119 스테판 다나카, 앞의 책, 2004, 43쪽.
120 위의 책, 330-331쪽.
121 위의 책, 346-347쪽.
122 '가에루(かえる)'라는 동사는 집으로 돌아오는 것을 의미한다.
123 위의 책, 348쪽.

"민족의 요람시대부터 그 소질이 조선인보다 뛰어났다는 것이 확인된 것"이라고 말했다.[124] 일본의 우월성을 강조하는 '동양사' 이데올로기는 이미 20세기 초부터 서구로 많이 전파되어 나갔던 것 같다.[125] 특히 미국과 일본의 학자들이 조선과 만주에 관해 언급하는 내용이 놀랄 정도로 비슷하다. 조선은 하등 인민의 나라이며, 가난하며, 진보는 수백 년간 완전히 정체되어 있고, 적어도 앞으로 한 세기 동안은 독립자치 능력이 없으므로 일본이 조선을 지배하는 것은 당연하며 한국인에게도 좋은 일이라는 것이다. 나이토는 조선인을 미국 내의 흑인에 비유하기까지 했다.[126] 1910년대가 되면 시라토리의 역사관은 이미 기정사실화 되었고, '동양'의 지도자로서의 '일본의 중심적 지위'에 대해 이의를 제기하는 일은 거의 없게 되었다.[127] 조선과 만주는 일본의 안전을 방어하는 지리적 지역에 불과할 뿐이었다. 그 역사는 합쳐서 '동양사'의 일부분인 '만선사(滿鮮史)'가 되었다. 일본 역사학의 비극은 일본인 자신의 역사를 외부의 조건과 비교하여 구성하면서도 자폐적인 독백을 해야 하는 모순을 만들어냈다는 것이다.[128] 시라토리와 나이토는 일본이 고대 한반도로부터 일본으로 문화가 유입되었다는 것을 인정하고 싶지 않았다. 그래서 일본인의 뿌리에 대해서는 얼버무리고 은폐했다.[129] 그래서 일본의 고대사 연구는 일본의 기원은 신화라는 공통된 가설을 벗어나지는 않는다.[130] 말로는 '객관적'이라고

124 위의 책, 258쪽.
125 상세는 뒷장 미국의 아시아정책, 오리엔탈리즘에서 설명 예정.
126 土屋由香(츠치야 유카), 『親美日本の構築』, 明石書店, 2011, 95쪽.
127 스테판 다나카, 앞의 책, 2004, 300쪽.
128 Stefan Tanaka, 앞의 책, 1993, p.103.
129 스테판 다나카, 앞의 책, 2004, 250쪽.
130 위의 책, 272-273쪽.

하면서 더 주관적이 되고, '합리적'이라고 하면서 더욱 비합리적이 되고, '과학적'이라고 하면서 더욱 비과학적이 된다. 1920년대 이후 일본의 역사학은 '겨울시대'로 들어간다.[131] 1930년대부터는 정치권력의 직접적인 압력이 작용하면서 국가주의와 관제역사학은 가장 밀접한 동업자가 된다.

전후 몇 년간 과거 역사연구의 '객관성'에 대해 의문이 일시적으로 제기되었으나 1951년이 되면 전전의 역사학 전통은 대부분 되살아났다.[132] 그것은 냉전과 한국전쟁의 발발, 샌프란시스코 강화회담과 미일안보조약의 조인과 시기가 일치하고 있다는 것은 우연이 아니었다. 스테판 다나카는 일본 역사학계의 이러한 복고적 태도를 그의 저서의 마지막 부분 결론에서 다음과 같이 비판했다.

> "시라토리의 제자들이 전후 일본의 동양사 연구에 다시 등장했다. 역사적 '객관성'의 재등장은 역사 이론과 해석에 관한 관심사를 압도해버렸다. 그러나 결국에는 역사의 의미와 일본의 자기 표상에 집착하는 것보다는 과거에 대해 사과하고 참된 사실(事實)을 추구하는 것이 훨씬 쉬울 것이다."[133]

역사는 어차피 현재의 시각과 입장에서 해석된다. 이탈리아의 역사학자인 크로체(Benedetto Croce)는 "모든 역사는 현재의 역사(All history is contemporary history)"라는 유명한 말을 남겼다. 그 말은 아무리 역사를 '있는 그대로(Wie es eigentlich gewesenist)' 기술하려고 해도 현실적으로는 '객관성'을 내세우는 것이 반드시 객관적이지 않을 수 있다는 것

---

131 關幸彦(세키 요시히코), 앞의 책, 2014, 227쪽.
132 스테판 다나카, 앞의 책, 2004, 399쪽.
133 위의 책, 400쪽.

을 의미한다. 그래서 서구인들이 '역사의 신'이나 '절대자'를 내세워 그 객관성을 보장하려 했던 것이다. 그 절대자는 어떤 보편적인 가치다. 역사의 방향 감각으로 절대자를 상정한 E. H. 카(Carr)의 사고방식은 서양인의 감각이다. 그러나 일본인들은 절대적인 존재나 가치를 이해할 수 없다. 따라서 카의 『역사란 무엇인가』의 내용이 매우 낯설 것이다.[134] 그래서 일본인은 카의 『역사란 무엇인가』를 역사교과서로 삼을 수가 없다.[135] "절대권력은 절대로 부패한다"라는 말로 유명한 영국의 19세기 역사가인 액튼 경(Lord Acton)은 『캠브리지 근대사』 시리즈를 발간하면서 그 저술에 참가하는 역사학자들에게 보낸 편지에서 "우리의 워털루(에 대한 역사기록)는 프랑스인과 영국인, 독일인 그리고 네덜란드인을 다같이 만족시키는 것이 되어야 한다"고 썼다.[136]

천황제 지배이데올로기

일본에 처음 가서 공부할 때 일본헌법론의 '성단(聖斷)'이라는 말을 처음으로 접했을 때 어떤 기괴한 느낌이 들었다. 더구나 '무조건 항복을 결정했다'는 것이 '성스러운 판단'이라니……. 천황이 아무것도 하지 않으면서도(無爲) 통치하는 것을 '시라스(政)'라고 한다. 아무런 행위를 하지 않으므로 천황은 당연히 무오류이고 순수하고 영속한 존재라고 신성시되면서 천황의 권위는 최소한 존중되어 왔다. 사무라이정권(막부)체제가 성립된 13세기 이래 일본의 전통적인 정치체제는 천황과

---

134 아베 긴야(阿部謹也), 이언숙 옮김, 『일본인에게 역사란 무엇인가: 세켄(世間)개념을 중심으로』, 도서출판 길, 2005, 196–197쪽.
135 위의 책, 218–219쪽.
136 E. H. Carr, *What is History*, Penguin Books, London, England, 1990, p. 9.

쇼군 양자의 역할 분담이다. 천황은 제사장으로서 즉 신권을 가지고 쇼군은 세속적인 정치권력을 가지는 것이다. 그것은 태평양제도(諸島) 특유의 제도가 녹아들어 있는 것이었다. 폴리네시아제도에서는 '신성한 수장'과 '말하는 수장'이 있는데, '말하는 수장'은 '신성한 수장'의 대리인이다. '신성한 수장'에 대한 충은 예로부터 일본에 존재했던 자연스런 덕이다.[137] 형식적인 힘의 균형 관계는 천황은 쇼군을 세속정치권력자로 인정해주고 정치를 위임하며, 쇼군은 천황을 보호해 주는 것이었다. 그러나 현실세계에서는 쇼군의 무력이 천황의 권능을 압도했다. 1570년 오다 노부나가(織田信長 · 1534-1582)는 교토에서 무로마치 막부의 쇼군 아시카가 요시아키(足利義昭)를 옹립하고 5개조에 걸친 「조목」을 통해서 오다의 허가 없이는 쇼군이 명령을 내리지 못하게 규제했다.[138] 그것은 사실상 오다의 권력이 천황을 압도하고 있다는 것을 과시하는 것이었다. 1588년 천황이 슈라쿠다이(聚樂臺 · 도요토미가 교토에 지은 호화주택)에 행차했을 때 도요토미 히데요시는 다이묘들로부터 3개조의 서약을 받았다.[139] 이것도 천황에 대해 자신의 권력을 더욱 강하게 과시하는 수단이었다. 그리고 도쿠가와 이에야스는 「금중 및 공가 제법도」를 정하여 천황을 노골적으로 직접 규제했다. 결국 천황은 언제나 정치권력에게 순종하고 이용되는 존재였다. 메이지 정부가 '천황의 친정' 체제라고는 하지만 그 실상은 세속권력이 천황의 신

---

137 루스 베네딕트(Ruth F. Benedict), 서정완 역(후쿠이 나나코의 일본어판 옮김), 『일본인의 행동패턴』(1945 작성, 1997년 일본어판 발행), 소화, 2002, 97쪽.

138 야스마루 요시오(安丸良夫), 박진우 옮김, 『근대천황상의 형성』, 논형, 2008, 39-40쪽.

139 위의 책, 45쪽. "그 내용은 이번 천황의 행차에 대한 답례, 조정과 공가의 영지에 대한 보증, 관백 히데요시의 명령에 대한 복종이었다."

권을 다시 이용하는 것이었다. 그래서 메이지 유신의 주역들이 메이지 천황을 "손 안의 옥(玉·다마)"이라는 은어로 불렀을 것이다.[140] 일본이 근대정치의 효시라고 하는 5개조 서약도 사실은 메이지 천황을 이용하여 새로운 정치권력이 세를 과시하는 것이라고 할 수 있다. 1889년에 제정된 제국헌법은 천황의 '신성불가침'을 최종적으로 제도화 했다. 이토 히로부미는 헌법의 공포와 동시에 출간된 『憲法義解(헌법의 해)』에서 "천황은 하늘의 후손이며 신성한 존재로서 모든 신민 위에 군림하고 절대 신성 불가침하다. 법이 그에게 책임을 물을 권한은 없다. 천황의 성신은 어떤 논의의 대상도 될 수 없다"라고 천황의 신성불가침의 의미를 강조했다.[141] 천황이 살아있는 신이 되면 세속권력자들은 정치권력을 더 편리하게 휘두를 수 있게 된다.

천황을 살아있는 신으로 하는 국체이데올로기를 만드는 데는 역시 어용 학자들의 공이 컸다. 그 시작은 모토오리 노리나가였다. 그는 고대 신화로 국민적 정체성을 확인하는 독백 체계를 만들었다.[142] 일본은 태양의 신인 아마테라스오미카미가 태어난 곳이기 때문에 '만국의 근본'이라고 했다. 만세일계의 천황이 그 증거라는 것이다.[143] 새로운 천황상으로 등장한 '현인신'과 그를 교주로 한 '천황교'는 모토오리 노리나가와 그의 사후 제자를 자처한 히라타 아쓰타네가 창작한 '종교' 였다.[144] 히라타는 일본의 신이 '원래는 관장하지 않았던' 신령의 세계를 그렸다. 그것은 후일 천황에 대한 죽음을 초월하는 충성, 즉 야스

---

140 위의 책, 167쪽.
141 존 다우어(John W. Dower), 앞의 책, 2009, 784쪽.
142 강상중, 앞의 책, 2004, 79쪽.
143 야스마루 요시오(安丸良夫), 앞의 책, 2008, 107-108쪽.
144 김정기, 앞의 책, 2018, 131쪽.

쿠니 신앙과 연결된다. 한편 후지타 유코쿠(藤田幽谷 · 1774-1828), 후지타 도코(藤田東湖 · 1806-1855), 아이자와 야스시(會澤安 · 1782-1863)가 대표하는 후기 미토학은 천황과 황실을 성스러운 존재로 그렸다. 그런데 천황의 정통적 계승성을 따져 올라가다 보면 결국은 신화에 의존할 수밖에 없게 된다. 그것은 천황이 직접 통치한 것은 신화시대뿐이었기 때문이었다.[145] 따라서 일본의 역사를 천황의 신성성에 맞춰서 다시 각색하는 작업이 필요하게 되었다. 신화 위에 덧칠하는 것이 '역사의 발전'이 되었다. 그것은 단지 '모순'이라고 하기보다는 차라리 기형적인 상황이었다. 1890년 천황을 신격화하는 교육칙어가 발표되자 학자들, 출판업자들은 그것을 더욱 더 그럴듯하게 각색하여 절대가치화했다.[146] 도쿄제국대학 교수인 이노우에 데쓰지로와 호즈미 야쓰카(穗積八束 · 1860-1912), 가토 히로유키(加藤弘之 · 1836-1916) 등 어용 학자들은 천황을 가장으로 하는 '가족국가' 개념을 만들어냈다.[147] '가족국가'라는 개념은 개별가족인 '이에(家)'를 국가적 가족인 '구니(國)'와 접합시킨 것이다.[148] 이노우에는 천황에 대한 충성을 일본이라는 국민국가의 가장 근본적인 덕목으로 만들었다.[149] 호즈미 야쓰카는 천황을 절대적인 도덕 인간에서 절대적인 정치 지배자의 위치로 끌어올렸다.[150] 한편 '가족국가론'은 '일본의 괴벨스'로 알려진 도쿠토미 소호(德富蘇峰 · 1863-1957)에 의해서 황실중심주의로 변용되었다. 그것은 일군만민(一君萬民)주의로도 표현되었다. 일본은 민족 전체가 황실을 종가

---

145 關幸彦(세키 요시히코), 앞의 책, 2014, 175쪽.
146 Carol Gluck, 앞의 책, 1985, p.129.
147 위의 책, p.142.
148 김정기, 앞의 책, 2018, 182쪽.
149 스테판 다나카, 앞의 책, 2004, 196-197쪽.
150 위의 책, 208쪽.

로 하는 일대 혈족국가라는 것이다.[151] 도쿠토미는 천황과 인민은 머리와 몸통 관계이며 천황은 사람의 주뇌(主腦)와 같다고 했다.[152] 역사학자들도 나섰다. 동양사의 개념를 구성한 시라토리 구라키치는 신화를 역사적 실재로 만들었다.[153] 그는 랑케가 독일민족의 진보의 원천이 프로테스탄티즘, 즉 '신의 의지' 때문이라고 주장했던 것에 착안하여,[154] 그 서구의 '신'의 자리에 천황을 대입하여 천황 숭배가 일본의 진보의 원천이라는 논리를 구워냈다.[155] 시라토리는 랑케의 정신을 변형시켜 천황을 역사발전을 주관하는 '현인신'의 지위로 부상시켰다.[156]

정부는 어용 학자들이 새롭게 구워내는 천황제 이데올로기를 정치공학적으로 이용했다. 천황의 신격화를 위한 상징적인 행사나 기념물이 건립되었다. 특히 천황릉의 지정은 그러한 작업의 백미였다. 궁내청은 근거를 확인하지도 않고 900여 기에 가까운 능묘를 천황가의 신성한 시설로 지정하였다. 궁내청은 능묘의 출입을 금지하고 학문적 연구마저 제한했다.[157] 종교나 신화가 정치로 표현되는 것을

---

151 정일성, 『일본 군국주의의 괴벨스 도쿠토미 소호(德富蘇逢)』, 지식산업사, 2005, 192쪽.
152 위의 책, 195-196쪽. 북한의 지배이데올로기도 이러한 일제의 국체이데올로기를 그대로 베꼈을 가능성이 크다. 북한에서 수령은 뇌수(腦髓)와 같다고 한다.
153 스테판 다나카, 앞의 책, 2004, 250-251쪽.
154 Stefan Tanaka, 앞의 책, 1993, pp.65-66.
155 스테판 다나카, 앞의 책, 2004, 256쪽.
156 위의 책, 263쪽.
157 김정기, 앞의 책, 2018, 259쪽. 필자가 오사카 총영사로 근무할 시기 사카이시를 예방했을 때 닌토구(仁德)황릉을 참관하자고 해서 가본 적이 있다. 안내를 해주던 사카이시 문화과장에 의하면 모든 황릉은 메이지 정부 초기에 설립된 궁내청이 지정한 것이라고 했다. 역사기록이나 발굴에 의해서 고증되고 입증된 것은 하나도 없다는 것이다. 또한 2~3년에 한 번씩 역사학자들에게 정해진 천황릉을 직접 답사하게 허용하는 이야기를 일본 신문에서 읽은 적이 있다. 기사에 의하면 천황릉 안의 지표면에 있는 돌덩어리나 표토 같은 모든 물질은 외부로 반출해서도 안 되고 지표로부터 30센티 이상

'신성의 전위(le déplacement du sacré)'라고 한다.[158] 일본인들은 "다이묘는 볼 수 있다. 하지만 쇼군을 보면 눈이 먼다. 그리고 천황(天皇)은 보려 해도 인간의 눈에 드러나지 않는다"라고 배워 왔다.[159] 메이지 정부는 새롭게 창작된 현인신 천황 이야기를 일본 국민에게 교육시켰다.[160] 민중교육의 핵심은 "바람에 쓸리는 풀처럼 민중이 복종하게 만드는 것"이었다.[161] 학교와 군대는 정부의 정책을 민중에게 주입시킬 수 있는 유용한 채널이었다. 야마가타는 일본이 하나의 거대한 학교가 될 것이라고 말했다.[162] 오쿠보 도시미치는 마치 프랑스의 루이 14세(1638-1715)가 자신의 일거수일투족을 과시하는 것을 권력 그 자체로 만들었던 것처럼, 천황이 국민의 눈에 보이도록 해야 한다고 생각했다.[163] 메이지 천황은 열병식이나 군대의 훈련을 지휘하면서 군대를 친히 통솔하는 군주의 모습을 보여주었다.[164] 메이지 천황이 1868년 9월 20일 도쿄로 가는 동행(東幸)의 전 과정은 천황의 권위를 시각적으로 선전하고 권력이 교대되었다는 것을 구체적으로 보여주는 공연이었다.[165] 그러나 1899년 제국헌법에 의해 천황이 공식적으로 신성하게 되면서 천황의 모습은 다시 보이지 않게 되었다. 천황의 순행은 더 이상 실시되지 않았다. 천황의 신비화가 시작된 것이

들어 올려서도 안 된다는 조건이 붙어 있었다.

158 제베데이 바르부(Zevedei Barbu), 임철규 역, 『歷史心理學(1983)』, 창작과 비평사, 1997, 74-75쪽.

159 존 다우어(John W. Dower), 앞의 책, 2009, 428쪽.

160 이기용, 『정한론: 아베, 일본 우경화의 뿌리』, 살림출판사, 2015, 55-56쪽.

161 Carol Gluck, 앞의 책, 1985, p.3.

162 위의 책, p.18.

163 다키 고지(多木浩二), 박삼헌 옮김, 『천황의 초상』, 소명출판, 2007, 13-18쪽.

164 야스다 히로시(安田浩), 하종문·이애숙 옮김, 『세 천황 이야기: 메이지, 다이쇼, 쇼와의 정치사』, 역사비평사, 2009, 46-48쪽.

165 다키 고지(多木浩二), 앞의 책, 2007, 26-28쪽.

다.[166] 그 대신 천황의 사진인 '어진영(御真影)'이 전국의 소학교로 하사되기 시작하였다. 사진은 실제로 천황과 똑같은 기능을 하게 된다.[167] 관공청이나 학교에서 천황의 사진을 하사받고 내걸고 관리하는 방식을 극도로 의례화하여 숭배감을 극대화시킨다.[168] 학교에 화재가 났을 때 '어진영'을 구하려던 많은 교장들이 목숨을 잃기도 했는데 그것은 미담으로 만들어졌다.[169] 마루야마 마사오는 전전의 교육은 "충실하지만 비굴한 종복"을 대량 생산한 것에 불과했다고 말했다.[170] 다음은 1937년 문부성이 편찬한『국체의 본의』의 한 구절이다.

> "천황은 황조황종(皇祖皇宗)의 어심(御心)에 따라 우리나라를 통합 지배하는 아키츠미카미(現御神)이다. 우리가 천황을 아키츠미카미(明神), 혹은 아라히토카미(現人神)로 받들 때, 그것은 이른바 절대 신이나 전지전능한 신을 의미하지 않으며, 황조황종께서 자신의 신적 품격을 자손인 천황으로 현신함을 의미하며, 결국 천황은 황조황종과 어일체를 이루어 신민과 국토의 생성 발전을 위한 영원한 근본이 되며, 따라서 천황은 영원히 존경과 경의를 표해야 할 존재라는 사실을 의미한다."[171]

아무리 봐도 도대체 무슨 의미인지 알 수가 없다. 사실은 그 무언지 모르는 두려움 그 자체가 권위이자 통제의 효과가 있는 것이었다.

---

166 Carol Gluck, 앞의 책, 1985, pp. 79-80. "메이지 천황은 재임 중 100회 이상 순행했는데 그중 70회 이상이 1889년 이전 행해진 것이었다. 천황이 보이지 않게 되면서 천황의 카리스마는 점차 신적인 것으로 신격화되었다."

167 다키 고지(多木浩二), 앞의 책, 2007, 84-85쪽.

168 위의 책, 124-125쪽.

169 위의 책, 213쪽; 이현주,『햇불과 촛불: 벼랑 끝에 선 그들만의 천국』, 조선일보사, 2003, 115쪽. 북한에서도 목숨을 버리면서도 지도자의 사진을 구하는 것이 가장 충성스러운 미담이 된다.

170 오구마 에이지(小熊英二), 조성은 옮김,『민주와 애국: 전후 일본의 내셔널리즘과 공공성』, 돌베개, 2019, 78-80쪽.

171 존 다우어(John W. Dower), 앞의 책, 2009, 784쪽.

시민에게 요구되는 것은 오직 충성과 자발적인 복종이었다. 그 무언지 모르는 국체이데올로기는 더욱 절대적인 것으로 굳어졌다. 그에 따라 경찰에 의한 사상통제가 강화되었다. 국체를 법률용어로 만든 것은 1925년에 통과된 치안유지법이었다.[172] 천황의 초인간성을 부정하는 행위는 대역죄에 해당되어 엄한 처벌을 받게 되었다. 그 이데올로기의 속박을 마루야마 마사오는 "보이지 않는 그물망"이라고 했고, 역사가인 이로카와 다이키치(色川大吉 · 1925-)는 "일본인들이 뭔지도 모르고 걸어들어 간 거대한 블랙 박스"라고도 불렀다.[173] 이러한 내부적인 딜레마는 결국 배외주의적 분위기를 부추김으로써 해결할 수밖에 없게 된다. 그 배외주의는 적극적인 대외 침략으로 이어지고 국체이데올로기가 더욱 더 합리화된다. 일본의 파시즘은 오직 전쟁에 의해서만 유지될 수 있는 것이었다.[174] 이 모든 과정 속에 한국은 '멸시와 차별'이라는 형태로 처음부터 마지막까지 그리고 현재까지 일본의 국내정치 권력을 강화해 주는 가장 중요한 '타자'로서 작용했다.

3. 삼가 맥아더장군님께 올림: 패전이 드러낸 일본의 민낯

일본에서 오래 살아온 외국인들은 일본 근대사의 대부분은 다 비극적이라고 생각한다.[175] 1930년대 이후는 일본이 천황제이데올로기와 전쟁에 미쳐버린 시대였다. 패전 후 살아남은 자들은 '교다쓰(虛脫 ·

---

172 강상중, 앞의 책, 2004, 103쪽.
173 Carol Gluck, 앞의 책, 1985, pp. 5-6.
174 후지타 쇼조(藤田省三), 김석근 옮김, 『천황제 국가의 지배원리』, 논형, 2009, 180쪽.
175 Murphy, R, Taggart, 앞의 책, 2014, p. xxii.

허탈)'에 빠져들었다. '교다쓰'는 무책임의 실상이 공개되는 출발점이었다. 점령군이 일본 땅에 발을 디디기도 전에 이미 일본인들의 사고방식과 행동은 변하고 있었다.[176] 그 '신성한' 국체 이념을 대부분 일본인들이 헌신짝처럼 내버렸다. 정부가 내세운 이념이 허구로 가득했다는 점은 이미 많은 사람들이 패전 이전부터도 느끼고 있었다.[177] 군대나 사회에서는 하극상이 발생했다. 전역 군인들은 그들을 전장에서 지휘한 장교에 대한 냉소와 경멸을 여지없이 드러내곤 했다.[178] 천황숭배의 약발도 떨어졌다.[179] 또한 점령당국이 발포한 국가신도 폐지령은 치안유지법에 의해 억압되어 있던 수백 개의 민중종교의 재흥을 촉발했다. 이러한 종교적 활황을 '신들의 러시아워'라 불렀다.[180] 종교의 부흥과 퇴행적 집단감정 사이에는 긴밀한 관계가 존재한다.[181] 한편 일본은 어느새 이기적인 무질서와 부패의 나라가 되어 있었다. 억압하고 통제하던 괴물이 사라져버리자 모두가 각자의 민낯을 드러낸 것이다.

---

176 존 다우어(John W. Dower), 앞의 책, 2009, 19쪽.

177 오구마 에이지(小熊英二), 앞의 책, 2019, 77쪽.

178 이안 부루마(Ian Buruma), 정용환 옮김, 『아우슈비츠와 히로시마: 독일인과 일본인의 전쟁 기억(Wages of Guilt: Memories of War in Germany and Japan, 1994)』, 한겨레신문사, 2002, 214-215쪽. 1987년 하라 가즈오(原一男)는 일본 황군의 퇴역 군인인 오쿠자키 겐조(奧崎謙三)에 대한 특이한 기록영화를 만들었다. 제목은《황군은 계속 전진한다》였다. 패전 직후 오쿠자키는 같은 소대원 두 명이 소대장에게 총살당했다는 이야기를 듣고 그 진상을 밝히기 위해 생존 소대원들을 찾아다니며 조사했다… 두 젊은 병사는 탈영 때문에 즉결 처형된 것이 아니었다. 소대장은 그들을 먹기 위해 죽이라고 명령한 것이었다. 오쿠자키는 그 소대장을 찾아가 뉘우치지 않는 그를 총으로 쐈으나 대신 그의 아들이 맞고 죽었다. 오쿠자키는 종신형을 선고받으며 '신의 심판'이라고 말했다.

179 존 다우어(John W. Dower), 앞의 책, 2009, 101쪽. 1945년 3월 공습으로 초토화된 도쿄의 한 지역에 천황이 직접 시찰에 나섰는데, 지역 주민들은 천황을 대할 때 제대로 된 경의도 표하지 않았다. 같은 책, 393-394쪽. 천황의 조상은 인도에서 왔으므로 천황은 '일본인이 아니다'라는 소문도 돌았다.

180 위의 책, 395-396쪽.

181 제베데이 바르부(Zevedei Barbu), 같은 책, 1997, 82쪽.

그 첫 번째 민낯은 무책임과 부패의 구조였다. 전후 일본 사회에서 책임론은 '패전의 책임'에 관한 것이었다.[182] 그러니 이겼다면 책임질 일도 없는 것이었다. 가장 먼저 그 책임 문제가 제기되고 또 그 책임으로부터 매미가 허물 벗듯이 빠져나간 사람은 바로 천황 히로히토였다. 히로히토는 분명히 최소한 수백만 명의 사망에 대한 책임이 있었다. 일본인 희생자에 관해서만 보아도 총 전사자 3백만 명 중 2백만 명은 국체보전을 위해 마지막 1년 동안에 죽었고, 백만 명은 마지막 6개월 동안 죽었다. 이미 1944년 7월 권력의 핵심부에서 조기 항복과 천황의 퇴위가 논의되었다.[183] 또한 1945년 2월 14일 황족인 고노에 후미마로(近衛文麿 · 1891-1945)가 퇴위를 진언했으나 히로히토는 이를 거부했다. 천황이 측근들의 충고를 따랐다면 일본은 도쿄공습도, 원폭 투하도, 100만 명이 넘는 사상자를 내는 것도 피할 수 있었을 것이다.[184] 그러나 히로히토가 「종전칙서」를 발표한 날 저녁 스즈키 간타로(鈴木貫太郎 · 1868~1948) 총리는 라디오 방송으로 "국체를 유지하라"는 교시를 발표했다. 같은 날 문부성은 천황제와 '성단' 신화 교육을 더욱 강화하라고 훈령을 내렸다. 8월 28일 급하게 총리로 취임한 황족 히가시쿠니노미야(東久邇宮 · 1887-1990)는 첫 기자회견에서 "1억 총참회"를 강조했다. 그것은 천황을 제외한 일본인 전체가 책임을 지자

---

182 하타노 스미오(波多野澄雄), 오일환 옮김, 『전후일본의 역사문제(國家と歷史-前後日本の歷史問題)』, 논형, 2016, 51쪽.
183 지모토 히데키(千本秀樹), 최종길 옮김, 『천황제의 침략책임과 전후책임』, 경북대학교출판부, 2017, 93쪽. 기토 코이치(木戸幸一 · 1889~1977) 내대신과 고노에 후미마로(近衛文麿) 등이 조기에 항복하고 히로히토를 퇴위시킨 후 히가시쿠니노미야(東久邇宮)를 추대하는 구상을 논의하였다. 고노에는 2·26사건 후인 1937년부터 중일전쟁 시기 총리를 맡았다. 1941년 10월 미국과의 전쟁 개시에는 반대하며 총리직을 사직했다. 패전후 전범으로 체포되기 직전에 자택에서 독약을 먹고 자살했다.
184 존 다우어(John W. Dower), 앞의 책, 2009, 279쪽.

는 것이었다. 모두에게 책임이 있다는 것은 어느 누구에게도 책임이 없다고 하는 것과 같다.[185] 그 이후 두 달여 만에 총리직을 사임한 히가시쿠니노미야는 히로히토를 만나 히로히토의 퇴위를 권유했으나 또다시 거부당했다. 히로히토는 기회가 날 때마다 자신이 주요 결정에 실질적으로 간여하지 못했다는 말을 되풀이했다.[186] 시종장이 기록한 소위 독백록이 타이밍 맞게 공개되기도 했다. 1945년 9월 27일 맥아더와의 첫 면담에서 히로히토가 "나를 처형해주기 바란다"고 말했다는 소문이 의도적으로 유포되었다.[187] 그러나 그것은 사실이 아니었다.[188] 히로히토는 오히려 도조 히데키를 비난하며 그에게 책임을 전가했다.[189] 1946년 1월 1일 발표한 「신일본 건설에 관한 칙서」(인간선언)에도 침략전쟁에 대한 사과나 반성은 없었다. 존 다우어는 그것을 일본과 미국의 "담합 오리엔탈리즘(collusive Orientalism)적인 국체의 재생 선언"이라고 비판하면서,[190] "천황 히로히토는 하늘에서 반쯤만 내려

185 미나미 히로시(南博), 서정완 옮김, 『일본적 自我』, 소화(한림신서 일본학총서3), 2002, 72쪽; 가토 슈이치(加藤周一), 김진만 옮김, 「일본 사회·문화의 기본적 특징」, 가토 슈이치(加藤周一) 등, 『일본문화의 숨은 形』(1984), 소화(한림신서 일본학총서 1), 2002, 28쪽.

186 성희엽, 앞의 책, 2016, 732쪽. 『쇼와천황 독백록』은 1936년 장작림 폭사사건부터 기록되어 있다. 미국과의 전쟁에 개인적으로는 반대했지만 통수부의 일치된 의견을 재가하지 않을 수 없었다고 강조했다; 야스마루 요시오(安丸良夫), 앞의 책, 2008, 16쪽. 천황 자신의 의사로 사태가 결정된 것은 2·26사건의 진압 명령과 포츠담선언 수락을 결정한 두 번뿐이라고도 했다.

187 도요시타 나라히코(豊下楢彦), 권혁태 옮김, 『히로히토와 맥아더: 일본의 전후는 어떻게 만들어졌는가(昭和天皇.マッカーサー會見)』, 개마고원, 2009, 49–50쪽.

188 위의 책, 60–62쪽. 히로히토가 맥아더에게 실제로 말한 내용은 "나 자신은 극력 전쟁을 피하고 싶었다. 전쟁이라는 결과로 이어지고 말았으니 나로서는 매우 유감이다."라는 것이다. '자신을 처형해주기 바란다'라고 말했다는 흔적이 없다고 했다.

189 위의 책, 42–43쪽.

190 강상중, 앞의 책, 2004, 122–125쪽.

왔다"고 비꼬았다.[191]

그러나 국제적인 여론은 히로히토를 전쟁범으로 처벌해야 한다는 의견이 대세였다.[192] 결국 히로히토가 의지할 데라고는 맥아더뿐이였다. 히로히토는 맥아더와 첫 면담 이후 맥아더가 해임되어 1951년 4월 15일 귀국하는 바로 전날까지 총 11회의 만남을 가졌다. 내용은 모두 비밀에 부쳐졌다.[193] 히로히토를 전쟁범죄에서 면책시키고 천황제를 온존시킨다는 방침은 태평양전쟁 중에 미국정부 내에서 이미 결정되어 있었다. 천황을 중심으로 하는 일본식 민주주의가 가능할 것이라는 국무성 내의 친일파 그룹의 의견이 채택된 것이다.[194] 하버드대학 교수이자 후일 주일대사가 되는 에드윈 라이샤워(Edwin O. Reischauer · 1910-1990)는 이미 1942년 '대일정책 비망록'에서 히로히토를 존치시키는 '괴뢰 천황제'를 구상했다.[195] 일본의 보수계 논자들은 "정치 능력이 낮은 일본의 국민과 정당은, 천황제를 폐지하면 무정부주의와 독재에 빠져들 것"이라고 끊임없이 주장했다.[196] 히로히토가 최종적으로 전범에서 제외된 것은 1946년 4월이었다. 미국의 친일파

---

191 존 다우어(John W. Dower), 앞의 책, 2009, 397-398쪽.
192 마고사키 우케루(孫崎享), 양기호 옮김, 『미국은 동아시아를 어떻게 지배했나: 일본의 사례, 1945~2012년(戰後史 正体)』, 메디치미디어, 2013, 81쪽. 1945년 6월 미국에서 갤럽이 실시한 천황에 대한 여론조사 결과는 처형 33%, 전범 재판 17%, 수감 11%, 국외 추방 9%, 무죄 3%였다.
193 도요시타 나라히코(豊下楢彦), 앞의 책, 2009, 29-32쪽. 맥아더의 회고록에서 그 내용의 일부가 공개되었으나 그 신빙성에 의구심이 많이 제기되었다. 1964년 '문예춘추'는 '맥아더전기-허구와 진실'이라는 특집에서 회고록이 자기변명과 자만, 자기합리화로 가득 찬, 유명한 늙은이의 단순한 자랑 이야기라고 신랄하게 비판했다.
194 조용래, 앞의 책, 2009, 43쪽.
195 강상중, 앞의 책, 2004, 125-126쪽.
196 오구마 에이지(小熊英二), 앞의 책, 2019, 165쪽.

지식인들은 재판의 합법성 문제를 지적했다.[197] 미 국무부의 정책국장이었던 조지 캐넌(George F. Kennan · 1904-2005)은 전쟁에서 개인책임을 소추할 근거가 없다는 이유에서 전범재판의 조기 종결을 권고했다[198] 결과적으로 도쿄재판은 사실상 미일 합작의 정치재판이 되고 말았다. 샌프란시스코 강화조약 체결 이후 1958년까지 연합국은 차례로 전범들을 사면 또는 석방했다.[199] 오늘날까지도 일본의 전쟁 책임 문제가 논쟁의 대상이 되는 현실은 도쿄재판이 히로히토 천황을 면책하고 일본의 전쟁 책임을 충분하게 묻지도 않았다는 데에 기인한다.[200]

그럼에도 불구하고 도쿄재판은 일본인들에게 큰 충격을 주고 지배계층의 권위를 추락시켰다.[201] 우선 일본군의 많은 잔학 행위가 공개된 것이다. 그리고 또 하나는 일본의 위정자들이 다들 자신의 책임을 부정했다는 점이었다. 어차피 일본의 전통적 지배구조 자체가 정치적 무책임성을 내포하고 있었다.[202] 메이지 헌법도 천황을 정치 책임을 물을 수 없는 절대적 권위로 규정했다. 이에 따라 천황은 신하의 보필에 따랐다고 하고, 신하는 자신이 천황의 명에 따른 것이라고 핑계 대는 거대한 무책임의 체계가 형성되었던 것이다.[203] 그들은 하나같이 자기가 전쟁에 수동적으로 끌려들어간 피해자라고 생각했다.[204]

---

197 하타노 스미오(波多野澄雄), 앞의 책, 2016, 33쪽.
198 위의 책, 40-41쪽.
199 1957년 1월 시점에서 스가모형무소의 복역자는 107명, 그중 미국 관할이 84명, 호주 관할이 23명이었다. 호주는 1957년 7월 전원을 석방했고 미국 관할 수형자만 남았다. 1958년 말에 마지막 남은 B,C급전범 18명의 감형과 가석방, 그리고 A급전범의 감형(형기만료)이 이루어졌다.
200 高橋哲哉(다카하시 데쓰야), 『戰後責任論』, 講談社, 東京, 2005, 27쪽.
201 오구마 에이지(小熊英二), 앞의 책, 2019, 150쪽.
202 강상중, 앞의 책, 2004, 98쪽.
203 야스다 히로시(安田浩), 앞의 책, 2009, 339-340쪽.
204 Murphy, 앞의 책, 2014, p.xxv 히틀러 등 독일의 전범들은 그들이 모두

마루야마 마사오는 「일본 정치의 논리와 심리」에서 뉘른베르크재판
과 도쿄재판을 비교했다. 나치의 지도자들은 자기에게 책임이 있다고
명확하게 말하지만, 일본의 전쟁지도자들은 모두 자기는 "전쟁을 하
고 싶지 않았지만 어쩐지 분위기가 전쟁 쪽으로 기울었기 때문에 찬
성했다"고 한다. 그것은 일본이라는 집단의 무책임성을 극명하게 드
러낸 것이다.[205] 많은 일본인들은 천황이 자살하지 않은 것을 비판했
다. 부하들에게 가미카제 자살특공 작전을 명했던 고급 군인 중 패
전 후에 자결한 자는 극히 소수였다.[206] 어떤 아버지는 "내 아들은 천
황의 명령에 따라 전장에서 숨졌다. 그러나 그 천황은 평화 애호자이
며, 전쟁을 좋아하지 않았다고 말씀하신다. 그렇다면 일본의 군대는
천황의 의사를 거역한 것이 된다. 이 모순을 부모로서 어떻게 생각해
야 하나"라고 부르짖었다.[207] 그것뿐만이 아니었다. 신민을 전쟁으로
내몰던 '전쟁의 상징'인 히로히토 천황이 이제는 '민주화의 상징'으로
'변신'하게 된다.[208] 이데올로기가 이렇게 신비스럽게 변신하는 마당에
평범한 신민들이 전쟁 책임을 반성할 이유가 없게 되었다. 천황이 아
무런 책임도 없다면 일본인 모두가 과거역사에 대해서 책임을 질 일

악마였다는 것을 잘 알면서 행동했다.
205 가토 슈이치(加藤周一), 앞의 글, 앞의 책, 2002, 29쪽; 마루야마 마사오
(丸山眞男), 김석근 옮김, 「군국지배자의 정신형태」, 『현대정치의 사상과 행
동』, 한길사, 1997, 131-174쪽.
206 존 다우어(John W. Dower), 앞의 책, 2009, 744쪽. 패전후 1948년 10월
까지 총 527명의 육해군과 소수의 민간인이 패전에 대한 책임감에서 자살
했다는 통계가 있다. "살아서 포로의 치욕을 받지 말라"는 '전진훈(戰陣訓)'
을 시달한 도조 히데키 육군 대장이 자결에 실패하고 미군에 체포된 사건은
일본인들에게는 그야말로 "쪽팔리는 것"이었다.
207 오구마 에이지(小熊英二), 앞의 책, 2019, 149쪽.
208 도요시타 나라히코(豊下楢彦), 앞의 책, 2009, 6쪽, 78-79쪽.

도 없게 되는 것이다.[209] 일본에서는 오히려 731부대의 주역들이 녹십자의 대표 등 의학계의 고위직에 올랐다.[210]

권력을 가진 자들이 책임을 지지 않아도 된다면 공정할 필요도 없고 청렴해야 할 이유도 없게 된다. 그래서 '무책임한 특권'은 부패를 동반한다. 일본에서 정치부패의 역사는 에도 시대부터 길게 이어져 왔다. 도쿠가와 막부의 관료제도는 역사상 가장 부패하고 탐욕스러웠다.[211] 패전 직후 일본에서 벌어진 부패의 양상은 세계에서 유래가 없는 것이었다. 정계의 오직과 부패는 전전부터 일본의 여론을 시끄럽게 했다. 전후에도 대규모 추문이 대강 10년에 한 번은 반드시 드러났다.[212] 부패는 전시 중 통제경제하에서 이미 만연해 있었다. 불량품의 원인은 만연한 재료 횡령에 있었다. 횡령과 동시에 발생하는 것이 유착이었다. 관료를 회사 돈으로 접대하는 습관이 전쟁시기부터 확산되었다고 한다.[213] 군대 내부의 부패도 상상을 초월했다.[214] 패전 직후 최고위층이 군수 물자와 공공 자원을 착복하는 데 앞장섰다.[215] 군인과 관료들은 군수품과 식량을 빼돌렸다.[216] 1945년 회계연도(1945년

---

209 미나미 히로시(南博), 앞의 책, 2002, 83쪽; 이안 부루마(Ian Buruma), 앞의 책, 2002, 217쪽.
210 위의 책, 201쪽.
211 E. H. Norman, "Feudal Background of Japanese Politics", in John W. Dower ed. *Origins of the Modern Japanese State: Selected Writings of E. H. Norman*, Pantheon Books, Random House, N.Y. 1975, p. 365.
212 제럴드 커티스, 박철희 옮김, 『흔들리는 일본의 정당정치: 전환기 일본 정치 개혁의 구조와 논리』, 한울, 2003, 74쪽.
213 오구마 에이지(小熊英二), 앞의 책, 2019, 50쪽.
214 위의 책, 67쪽. 군대의 구매부에서 2원 50전에 배급하는 술 한 말이 암시장에서는 500~800원에 팔렸기 때문에 물자 빼돌리기가 끊이지 않았다고 한다.
215 존 다우어(John W. Dower), 앞의 책, 2009, 19쪽.
216 미나미 히로시(南博), 앞의 책, 2000, 47-48쪽; 오구마 에이지(小熊英二), 앞의 책, 2019, 78쪽. 하사관들은 건축 자재를 빼돌려 집을 신축하고 몇 년분의 식량을 비축했다; 존 다우어(John W. Dower), 앞의 책, 2009,

4월-1946년 3월) 군사비 중 남은 예산은 점령군이 일본에 진주하기 전에 급히 군납업자들에게 지불되었다. 이러한 부패와 횡령으로 일본 육해군 물자 중 70%가 업자들의 손에 넘어갔다고 한다. 단순히 증발해 버린 것도 많았다. 은행에서 인출이 통제되어 있던 막대한 자금(약 2,460억 엔)은 항복 이후 순식간에 암시장으로 흘러들었다.[217] 정부 소유의 물자는 빼돌려져 은닉되었다. 그것은 1947년도 물가 기준으로 대략 3,000억 엔 어치 이상이었는데 그 해 국가 예산은 2,500억 엔에 불과했다.[218] 1947년 7월 중의원이 마지못해 '은닉 물자 조사를 위한 특별위원회'를 설치했지만 아무런 역할을 할 수 없었다. 1947년 설립된 GHQ를 위한 수사기관인 도쿄지검 특수부의 전신은 당초 은닉된 물자를 찾아내기 위해서 GHQ 산하에 설치했던 '은닉물자 수사본부'였다.[219] 대장성과 일본 은행은 잉크가 마르도록 지폐를 찍어냈다. 그 결과 살인적 인플레이션이 발생했으며, 결국 경제는 파탄에 이르게 되었다.[220] 1945년부터 1948년 말까지 물가는 매년 몇 배씩 올랐다.[221] 폐허와 빈곤 속에서 특권층의 광란적 부패를 보면서 대중은 더욱 더 좌절했다. '그 어느 것도 믿을 수 없게 된' 권위에 대한 불신은 일본인들의 이기주의와 자기중심적인 사고를 확대시켰다.[222] 이기

62-63쪽. 자살 특공대의 생존자들까지도 비행기를 동원해 부대 물품의 약탈전에 나섰다.

217 위의 책, 133-135쪽.

218 뒷부분의 "M-Fund" 설명 참조

219 마고사키 우케루(孫崎亨), 앞의 책, 2013, 105쪽.

220 존 다우어(John W. Dower), 앞의 책, 2009, 693쪽.

221 위의 책, 137-139쪽. 패전 이후 6개월간 암시장 가격은 같은 상품의 공시 가격의 38배에 달했다. 1946년에는 50가지 생필품의 암시장 가격은 공시 가격의 14배, 1947년에는 9배, 1948년에는 5배였다.

222 미나미 히로시(南博), 앞의 책, 2000, 47쪽.

주의라는 혼네(本音)가 드러난 것이다. 무책임한 지도자가 자신만의 안위만 생각하고, 국민을 상대로 모호한 게임이나 계산을 하고 있으면 국민들만 서로 싸우게 된다. 패전 직후에는 천황을 처형하느냐 마느냐로 친구들 간에 주먹질 싸움이 일어나기도 했다.[223] 1946년 초의 한 보고서에 따르면, 어린 남녀 아이들 사이에서 가장 인기 있는 놀이로, '암시장 놀이', '판판 놀이(매춘부와 손님을 흉내 내는 놀이)', '데모 놀이(좌익 정치 시위를 흉내 내는 놀이)' 등 세 가지가 꼽혔다고 한다.[224]

정치세계에서 자발적으로 책임을 인정하는 사례는 거의 없다. 책임의 이행은 사실상 강제되는 것이다. 오직 강한 자가 책임을 추궁하는 경우에만 이행될 수 있는 것이다. 국내적으로는 국민이 정치권력을 감시하는 힘이 있을 때에만 정치권력은 책임을 진다. 국가 간 관계에서는 국가가 설득이나 호소한다고 해서 책임을 인정하는 것도 아니고, 협상을 통해서 반성하게 만들 수도 없다. 책임을 면탈할 수 있는 경우는 스스로 충분히 힘이 강하거나, 강한 자가 눈감아 주거나 용서하는 경우뿐이다. 따라서 '강한 자만이 책임을 지지 않을 수 있고, 강한 자만이 용서할 수 있다.' 원래 민주주의 정치권력도 국민들에게 이러저러 핑계를 대면서 눈치를 본다. 그러다가 소위 '내로남불'이 등장한다. 그렇게 간을 보다가 정치권력은 점점 더 대담해져서 그런 핑계조차 대지도 않게 된다. 그때부터는 "그게 어때서?"가 되고 "너 죽을래?"하며 탄압이 시작된다.[225] 진정한 민주주의 사회에서는 이렇게 뻔뻔하고도 공격적인 무책임은 존재할 수가 없다. 정치세계에서 적반하

223 오구마 에이지(小熊英二), 앞의 책, 2019, 148쪽.
224 존 다우어(John W. Dower), 앞의 책, 2009, 130쪽.
225 조지 오웰의 소설 『동물농장』이나 『1984』가 정확히 이런 과정을 묘사하고 있다.

장이나 소위 ‘내로남불’이 아주 자연스럽게 통하는 것은 정치가 가짜 민주주의(illiberal democracy)이든가 독재일 경우에만 가능한 것이다. 그래서 정치권력이나 국가가 무책임하다는 것은 최고의 오만방자함이다. 마치 벌거벗은 뚱뚱한 자들이 오만하게 “내 옷 어때?”라며 더 보란 듯이 ‘벌거벗고’ 돌아다니는 모습과 같다. 이와 같은 행동이 더 강한 권력을 과시하는 효율적인 협박이라는 것을 잘 알기 때문이다. 따라서 아무도 따지거나 묻지 못하게 된다. 일본의 정치권력이 책임을 지지 않는 것은 국민이 그 책임을 추궁할 힘이 없다는 걸 알기 때문이다. 또한 역사갈등에서 한국을 무시하는 것은 한국보다 자신의 힘이 강하다고 생각하기 때문이다.

두 번째 민낯은 일본인들이 승자에 대해서 복종하고 충성을 다 바치는 모습이 그대로 드러났다는 것이다.

> “많은 미국인들이 천황을 숭배하는 광신도들을 만날 것이라고 예상하면서 일본 땅에 상륙했다. 그러나 완전무장한 미군을 맞이한 것은 ‘야아!’ 하고 환성을 지르는 여자들과, 인사를 하며 필요한 것은 없는지 물어 오는 남자들이었다. 이 미국인들은 우아한 선물과 접대, 그리고 일본인들의 공손한 태도에 매료되어 갔다.”[226]

평론가 오다기리 히데오(小田切秀雄)는 1946년에 귀축미영에서 민주주의 예찬으로 옷을 갈아입은 자들을 평하여, “영합할 주인이 바뀐 것에 불과하다”라고 표현했다.[227] 일본인들은 강한 자와 약한 자를 빨리 가려내는 지혜를 터득하고 있다. 또한 일단 항복하면 종전의 주인

---

226 존 다우어(John W. Dower), 앞의 책, 2009, 16쪽.
227 오구마 에이지(小熊英二), 앞의 책, 2019, 80쪽. 재인용: 小田切秀雄「轉向の問題(栗原幸夫編『コンメンタール戰後始』,『戰後50年』第1巻, 1995에 수록) 180쪽.

에게 가졌던 이상의 충성심으로 새로운 주인을 섬긴다.[228] 원폭이 투하된 나가사키에서조차 주민들은 방사능의 영향을 조사하기 위해 도착한 미국인들에게 선물을 전달하고, 미 점령군 병사들과 함께 '미스 원폭 콘테스트'를 열었다.[229] 이런 일본인의 심리를 잘 보여주는 『삼가 맥아더 장군님께 올림』이라는 책이 있다. 일본인들이 맥아더 장군에게 보낸 편지를 모은 것이다. 1946년 9월부터 1951년 5월까지 44만 1,161통의 편지와 엽서를 번역했다는 기록이 남아 있다. 거기에는 맥아더의 '신령님 같은 자비'를 찬양하고, 그를 '살아 있는 구세주'라고 하는 존경심과 그의 관대함에 대한 감사의 말들로 가득했다.[230]

> "일본인들은 맥아더를 수용하는 것과 가부장적 권위를 수용하는 것, 그리고 민주주의를 수용하는 것이 어떻게 다른지 명확하게 구분하지 못했다. 이것을 가장 노골적으로 표현하고 있는 것이 맥아더 앞으로 여성들이 보내온 특이한 내용의 편지들이었다. 이 내용을 분석한 사람들은 한참을 고민한 끝에 '당신의 아이를 낳고 싶다'라는 이름의 카테고리를 만들어 분류했다. 여기서 이 편지를 쓴 이들은 말 그대로 상상 속에서 최고 사령관을 껴안은 셈이다."[231]

미국에 대한 철저한 복종과 충성은 미국의 전후일본정책을 패전국인 일본에게 유리한 방향으로 유도하기 위한 일본의 구 보수 지배 계급의 전술이기도 했다. 이들은 일본이 가지고 있을 것으로 믿어지

김용운, 『한·일간의 얽힌 실타래: 신라·백제에서부터 한·일까지』, 문화사상사, 2007, 169쪽.
존 다우어(John W. Dower), 앞의 책, 2009, 307쪽.
위의 책, 291쪽. 한 노인은 "예전에는 아침저녁으로 천황 폐하의 초상을 신처럼 모셨습니다만 지금은 맥아더 장군님의 사진을 향해 그렇게 하고 있습니다"라고 쓰고 있다.
위의 책, 296쪽.

2장 | 혐한을 발효시키는 막간의 일본근대사 이야기 201

는 경제적, 군사적 잠재력뿐만 아니라 온갖 기만전술을 동원했다. 결국 '일본을 변화시킨다는 미국의 정책은, 미국을 먼저 변화시키게 되었다.'[232] 일본에 대한 미국의 태도를 변화시키는 데는 역시 친일파 일본전문가들의 역할이 컸다. 일본에 관한 미국인들의 지식은 일본의 지배계층이 만들어내는 지배이데올로기를 그저 외우는 수준이었다. 미국인들은 일본의 특권층과 우아하고 사치스러운 관계를 맺으면서 스스로 도취했고,[233] "일본인들은 능숙하게 미국인들을 일본화시켰다."[234] 한편 이러한 '친교'를 매개로 경제적 이익을 나누는 은밀한 부패 고리가 자연스럽게 생성되었다. 이들의 이해관계는 1960~1980년대까지도(어쩌면 현재까지도) 미일동맹 관계의 일부로서 작동하였다. 이 시기 대표적인 미일 간의 민간 부패네트워크는 재팬 로비의 대명사가 되었던 미국의 일본협회(ACJ: American Council on Japan)였다. ACJ는 1948년 6월 하버드클럽에서 18명의 멤버로 출범했다. 골수 친일파인 조셉 C 그류(Joseph C. Grew) 전주일대사(1932-1941 재임)와 후버정부의 국무부 차관을 지낸 윌리엄 R 캐슬(William R. Castle)이 명예회장을 맡았고, 헨리 F 컨(Harry F. Kern) 뉴스위크편집장, 변호사 카우프만(Kauffman), 그류 밑에서 주일미대사관 참사관 출신인 유진 두만(Eugene Dooman), 뉴스위크 동경특파원이었던 콤프턴 파크넘(Compton Pakenham)등이 참여했다.[235] 컨은 파크넘과 함께 일본에 대한 로비에

---

232 Naoko Shibusawa, *America's geisha ally: reimagining the Japanese enemy*, Havard University Press, Cambridge, Massachusetts, 2006, p. 20.

233 존 다우어(John W. Dower), 앞의 책, 2009, 281-282쪽.

234 위의 책, 387-388쪽. 점령군 고위층들은 황실 오리 사냥 등 궁중의 우아한 오락 행사에 초대되었다. 도쿄 전범 재판의 재판장도 황실의 초대에 즐거이 응했다. 중급 인사들에게는 게이샤가 합석하는 연회를 베풀었다.

235 Glenn Davis, John G. Roberts, *An occupation without troops : Wall*

핵심 역할을 하였다. 이들의 역할로 인해 뉴스위크를 중심으로 하는 미국 언론이 재팬 로비의 정착에 절대적인 지원 역할을 했다.[236] 이들은 각자 경제적인 이해관계에 깊게 연루되어 있었다.[237] 당시 상원의원이었던 덜레스(John Foster Dulles · 1888-1959)는 록펠러재단의 이사장이었고, 재단 산하의 법률회사인 설리번 앤 크롬웰(Sullivan & Cromwell)은 록펠러의 해외 이익을 관리하고 있었다. 컨은 그류와 덜레스와도 밀접하게 연결되었다. 여기에 미국의 소위 재팬스쿨(Japan Crowd)이 가세했다.[238] 재팬 로비의 개막은 컨이 뉴스위크에 기고한 맥아더의 재벌해체 정책을 비판하는 내용의 「Behind the Japanese Purge-American Military Rivalry」라는 논평이었다.[239] 특히 컨은 미일안보조약과 관련된 천황의 메시지를 덜레스에게 전달하는 역할을 함으로써 덜레스 등 정책결정자들에게 큰 영향을 주고 컨과 미국일본협회(ACJ)에게 큰 권위를 부여하게 되었다.[240] 요시다 시게루(吉田茂 · 1878-1967)가 총리가 되는 데는 ACJ의 명예회장인 그류의 영향이 컸다.[241] 그 덕분에 그들의 이권사업도 추진할 수 있었다.

패전국 일본에게 호의적인 생존 조건이 주어지게 된 것은 일본을 둘러싼 국제정세가 일본에게 유리하게 전개되었기 때문이기도 했다.

Street's half-century domination of Japanese politics, YENBOOKS, Tokyo, Japan, 1996, p. 69.

236 위의 책, p. 57.
237 위의 책, pp. 32-35. 뉴스위크는 J. P. 모건, 해리먼, 아스토스, 휘트니 등 주요 금융가문의 영향을 받아 라이벌인 타임지보다 훨씬 더 보수적인 성향이었다. 그류는 J. P 모건의 사촌이었고 부자였다. 그는 미국의 중국과 일본에 대한 투자에 관여하고 있었고 일본 재벌들과 밀접한 관계였다.
238 위의 책, pp. 35-37.
239 위의 책, p. 60.
240 위의 책, p. 86.
241 위의 책, p. 71.

일본인들의 말을 빌리자면 '가미카제(神風)'가 불어준 것이다. 패전 직후에는 일본의 철저한 민주화 개혁이 추진되었다. 그것이 '무조건 항복'의 조건이었다.[242] 일본점령 초기의 민주화정책을 추진한 점령군 관계자들은 이상주의와 소명 의식으로 충만했다.[243] 갤브레이드(John Kenneth Galbraith)는 이들을 "고상한 목적에서 비롯한 오만한 확신을 가진 사람들"이라고 불렀다.[244] 초기의 배상원칙과 배상의 목적은 일본의 배상을 통해 발전이 뒤처진 아시아 지역의 번영과 안정을 촉진시키는 것이었다.[245] 미군의 주둔 비용도 일체를 일본이 부담해야 했다. 그것은 당시 일본 전체 예산의 1/3에 달했다.[246] 원래 미국의 전후 아시아질서에 관한 구상은 중국이 안정적인 통일국가가 되어 미국과 함께 이 지역의 문제에 대처해 나간다는 것을 상정하고 있었다. 일본의 역할은 축소될 것이라고 전제하고 있었다. 일본은 농업국가로 만들어

---

242 도요시타 나라히코(豊下楢彦), 앞의 책, 2009, 172-173쪽.

243 존 다우어(John W. Dower), 앞의 책, 2009, 90-93쪽. 1945년 10월에 '시민적 자유에 관한 지령'과 '헌법 자유주의화' 지령이라는 초기 두 가지 지령이 발포되었다. 그에 따라 치안유지법이 폐지되고 집회와 언론의 자유에 대한 제한도 철폐되었다. 12월 15일에는 국가 신토가 철폐되고 12월 22일에는 노동조합법이 설립되었다. 1946년 1월 1일에는 약 20만 명에 대하여 공직추방령이 내려졌다. 같은 날 천황 히로히토는 "인간선언"을 발표하였다. 봉건적 가족제도 철폐, 여성 투표권 인정, 경찰의 분권화, 교육제도 개선, 선거제도 쇄신, 지방자치 강화 등으로 개혁은 확대되고 일본인들은 천황의 신민에서 시민이 되었다. '위로부터의 혁명'은 그 후 2년간 계속되었다.

244 위의 책, 81쪽.

245 Michael Schaller, *The American occupation of Japan : the origins of the Cold War in Asia*, Oxford University Press, N.Y. 1985, p. 36.

246 다케마에 에이지(竹田榮治), 송병권 옮김, 『GHQ: 연합국 최고사령관 총사령부』, 평사리, 2011, 86쪽. 점령군은 1945년 약 40만, 1946년 약 20만, 1947년 약 12만, 1948년 10만 2천, 1949년 12만 6천, 1950년 한국전 차출로 11만 5천으로 감소하였다가 1951년부터 다시 증가하여 강화조약 발효시점인 1952년 4월까지는 26만 명이 일본에 주둔하고 있었다. 같은 책, 91-92쪽. 다른 나라 군대는 1947년 말 호주군 1만 1천, 뉴질랜드군 3천, 영국군 4천 5백, 인도군 1만 1천 등 영연방군 병력 총 3만 9천 명이 일본에 주둔하고 있다가 1948년 12월에는 400명만 남기고 모두 철수했다.

다른 아시아 국가들과 비슷한 수준의 경제 역량만 유지하도록 통제할 예정이었다.[247] 그런데 중국 정세가 급변했다. 공산군이 연전연승을 거두고 공산정권을 수립한 것이었다. 게다가 한국은 이미 분단되어 있는 터였다. 그래서 일본이 공산주의의 위협을 풍구질하면 할수록 그 몸값은 더 높아졌다. A급 전범으로 스가모 감옥에 있던 기시 노부스케(岸信介·1896-1987)는 "냉전은 스가모에 있던 우리에게 유일한 희망이었다. 미소관계가 악화되기만 하면 처형당하지 않고 나갈 수 있다"고 생각했다. 냉전이라는 정세변화를 동물적인 감각으로 알아차린 것이다.[248] 요시다도 그랬다. 이들은 전쟁의 광풍 속에서 잔뼈가 굵어 온 사람들이었다. 그래서 요시다는 "전쟁에서 지고도 외교에서는 승리한 역사가 있다"라고 장담했다.[249]

아시아에서의 냉전적 대립 구도가 확실해지면서 일본에 대한 점령정책도 180도로 바뀌게 된다. 일본 언론은 그것을 '역코스(reverse course)'라고 불렀다. 1948년 11월 대통령선거에서 승리한 트루먼은 본격적으로 '역코스'를 개시했다. 일본을 수출공업국으로 회복시키고 재군비시키는 방향으로 전환하였다. 덜레스는 한국전쟁이 발발하기 수일 전 일본을 방문하여 요시다 총리에게 약 30만 명의 일본 군대를

247 西川博史(니시카와 히로시), 『戰中戰後の中國とアメリカ·日本: 「東アジア統合構想」の歷史的檢證』, HINAS(北海學園北東アジア研究交流センター), 札幌市, 2014, 131쪽. 폴리(Edwin W. Pauley)가 작성한 초기 대일피해배상정책은 일본의 생활수준을 일본에 침략 당했던 근린 아시아국가보다 높지 않은 정도로 하고 일본의 과잉공업설비는 배상물자로서 그 국가들에게 인도하여 동아시아의 정치적, 경제적 안정을 꾀하는 것이었다.
248 마고사키 우케루(孫崎享), 앞의 책, 2013, 116쪽. 『기시노부스케 증언록』
249 マイケル·シャラー(Michael Schaller), 市川洋一 訳, 『日米関係とは何だったのか: 占領期から冷戦終結後まで(Altered States: the United States and Japan since the Occupation, 1997)』, 草思社, 東京, 2004, 15쪽.

창설하도록 강하게 촉구했다.[250] 한국전쟁 발발 직후 맥아더는 일본 정부에게 7만 5천 명의 국가경찰예비대를 편성할 것을 명령하였다. GHQ에 의한 대규모 반공캠페인, 즉 공산주의자 추방(red purge)은 한국전쟁 발발 다음 날인 1950년 6월 26일 시작되었다. 공직추방은 좌파와 공산당 추방 수단으로 변질되었다.[251] 반면 같은 해 10월 13일부터는 일본의 침략을 선동한 혐의로 직장으로부터 추방되었던 약 70만 명의 공직추방자들에 대한 추방해제가 시작되었다. 강화조약이 발효되는 1952년 4월 28일까지 그중 3분의 2가 추방해제 되었다.[252] 재벌 해체는 당초 325개의 대상 기업 중 겨우 11개 기업이 실제로 분할 명령을 받은 것으로 일찌감치 끝났다. 결국 일본 국민의 눈에는 변한 것이 없었다. 1952년 10월 점령이 끝난 뒤, 첫 선거에서 중의원 의석수의 42%는 추방에서 해제된 자들이 차지했다.[253] GHQ의 개혁법령은 대부분 점령 종결 후 개정되어 1945년 이전의 전통적인 계층적 구지배질서(ancien regime)로 되돌아가게 되었다.[254] 일본의 보수적 헤게모니는 현재까지도 계속된다.[255]

세 번째 민낯은 천황제란 결국 천황과 기득권 세력 간의 동업체제라는 것이다. 신헌법에 의해서 천황은 '상징 천황'이 되었다고 하지만, 천황은 여전히 "나는 내 국민들과 상호 신뢰와 애정의 끈으로 연

---

250 덜레스는 이때 한국도 3일 간 방문했다.

251 Michael Schaller, 앞의 책, 1985, p. 44. 공공과 민간 부문에서 약 2만 명의 좌익인사가 추방되고 공산당의 기관지인 적기(赤旗·아카하타)를 비롯한 511개에 달하는 좌익잡지와 정기간행물이 발행정지 또는 금지되었다.

252 松田武(마쓰다 다케시), 『戦後日本におけるアメリカのソフト·パワー: 半永久的依存の起源』, 岩波書店, 東京, 2008, 62~64쪽.

253 마고사키 우케루(孫崎亨), 앞의 책, 2013, 134쪽.

254 マイケル·シャラー(Michael Schaller), 앞의 책, 2004, 70쪽.

255 존 다우어(John W. Dower), 앞의 책, 2009, 351쪽.

결되어 있다"고 주장했다. '자유로운 선거'가 시행되어도 일본사람들은 '이상하게도' 옛날 자신들 위에 군림하던 그 사람들에게 투표했다. 1946년 4월 전후 최초의 선거에서 당선된 의원들 중 40%이상이 전전부터 권력을 유지하고 있었던 정치인들이었다. 두 개의 보수정당(진보당과 자유당)이 의회의 다수를 점했다. 이들은 천황제를 옹호하고, 자본주의제도를 지지하고, 노동자조직의 권리를 제한하는 것을 주장했다.[256] 이에 따라 요시다 시게루가 이끄는 반동적인 내각이 구성되었다.[257] 미군이 점령을 끝내고 일본을 떠나자마자 토착 관료 사회는 전쟁 전보다 더 강력한 모습으로 재등장하게 된다.[258] 결국 전후 일본의 민주주의는 일본과 미국의 잡종 모델(a hybrid Japanese-American model)이었다. '상징적 군주제' 혹은 '천황제 민주주의'의 실체는 '군민일체'형의 '일본 공동체적 민주주의'라고도 칭한다.[259] 천황이라는 존재는 여전히 일본인의 정치 능력을 미성년 단계에서 멈추게 하는 것이다.[260] 전후에 일본인들에게 주어진 숙제는 그들이 어떻게 그 '하늘에서 떨어진 자유'를 가지고 탄탄한 희곡으로 만들어서 일정한 틀의 '자유극으로 연출해 낼 것인가'라는 것이었다. 그러나 그들은 제대로 된 희곡을 쓰지 못했다. 자유로운 마당극 공연은 해보지도 못했다. 옛날 그대로 '가부키'가 공연되었다. 국민들은 풀처럼 바람이 부는 방향에 따라 누울 뿐이었다.

　네 번째 민낯은 일본의 민주주의라는 것의 태생적 문제점이다. 패

256 マイケル・シャラー(Michael Schaller), 앞의 책, 2004, 22쪽.
257 松田武(마쓰다 다케시), 앞의 책, 2008, 36쪽.
258 존 다우어(John W. Dower), 앞의 책, 2009, 22쪽.
259 강상중, 앞의 책, 2004, 127-128쪽. 필자는 이를 '다이묘 민주주의'라고 칭한다.
260 오구마 에이지(小熊英二), 앞의 책, 2019, 165쪽.

전 후 진주한 승자인 새로운 지배자는 '자유'와 '민주주의'를 선물로 준다고 했다. 강한 자가 현실을 180도 바꾸어 버리는 방식은 일본에서는 그리 새로울 것이 아니었다.[261] 패전 직후 약 350개의 정당이 출현했다.[262] 보통사람들이 뒷골목 술집에서 천황의 책임과 운명에 대해서 큰 소리로 논쟁을 벌일 수도 있게 되었다. 1945년 12월 농민해방 지령이 공포되고 이듬해 토지개혁이 실시되었다. 교육칙어를 폐지하고 1947년 3월 교육기본법이 제정되어 학교도 달라졌다. 지방교육위원회가 설치되고 임기 4년의 교육위원을 직접선거에 의해 주민이 선출하도록 했다. 어제까지 귀축미영과 천황숭배를 강조하던 교사가 갑자기 미국과 민주주의를 찬미하고, 군가를 가르쳤던 음악 교사가 미국의 국가를 가르쳤다. 수많은 일본인들이 미국이 선사한 '하늘에서 떨어진 선물'과 위로부터의 혁명을 열광적으로 환영했다.[263] 그런데 그 '명령받은' 민주주의는 처음부터 조금 이상했다. '미국이 선물한' 그 평화헌법은 천황이 사전에 승인하고 나서야 의회를 통과했고, 그것을 여전히 칙서라는 이름으로 천황이 공표하였다. 천황은 이제는 신도 아니고 정치행위도 하지 않는 '상징 천황'이라고 했는데 처음부터 정치 행위를 했다. 그리고 보니 그것이 새로운 제정인지 구 제국헌법의 개정인지도 명확하지 않았다. 국민투표도 없었다. 민주헌법으로서는 이상한 절차지만 일본인들은 그것이 왜 이상하고 진정한 민주주의에는 맞지 않는 절차인지 잘 몰랐다. 소위 '천황제 민주주의'는 승자로

---

261 존 다우어(John W. Dower), 앞의 책, 2009, 255-257쪽.
262 William J. Sebald with Russel Brines, *With MacArthur in Japan: a personal history of the occupation*, W.W.Norton & Co.Inc. N.Y., 1965, p.48.
263 존 다우어(John W. Dower), 앞의 책, 2009, 94-95쪽.

부터 하사받아 천황으로부터 배달받은 민주주의였다. 그래서 '명령받은 민주주의'라고도 한다. '선물 받은 혁명', '배급된 자유'로 모든 것이 그저 주어지고 있을 뿐이었다. 일본인 스스로의 노력에 의한 것이 아니었다. 민주주의는 '너무 쉽게' 나타났고 결국 튼튼한 뿌리를 내리는 데 실패했다고 평가되었다. 위로부터의 민주화는 상위자의 명령에 묵묵히 따르기만 하면 된다는 식의 논리를 강화하는 데 일조했다.[264]

일본의 정치엘리트들은 일본을 민주화한다는 발상 자체가 황당무계한 것이라고 보았다. 요시다는 일본인에게는 진정한 자치를 수행할 능력이 없다고 말했다. 그들은 미국 헌법사상의 근저에 놓인 보편적인 법적, 철학적 원칙을 알지도 못했고, 수천만의 평범한 일본인들이 '민주주의'를 어떻게 생각하고 있는지에 관해서는 관심도 없었다. 인권의식도 그저 '법이 허용하는 한도 내에서' 자유와 권리가 보장될 것이라는 수준이었다. 그러나 과거 일본에서 인권과 자유를 억압한 것은 바로 그 '법'이었다. 일본 엘리트층은 서구 문화의 껍데기만 보고 형식만 모방했지 서구적 가치체계에 대해서는 무지했다. 그것이 또한 그들의 민주주의를 이해하는 수준이기도 했다.[265] 1946년 2월 점령당국(GHQ)의 헌법 초안을 본 요시다 시게루 등 일본 측의 분위기는 "딱딱하게 굳었고 회의장 분위기는 돌연 극적인 긴장감이 감돌았다"고 한다.[266] 특히 요시다는 경악했다.[267] 일본정부 측 헌법 초안 책임자

---

264 위의 책, 76쪽.
265 위의 책, 456-459쪽. 시데하라 총리는 친영국파이자 영어에 능통하고 셰익스피어나 밀턴의 작품을 읊조릴 수 있는 사람이었다. 외교관 요시다 시게루는 '구세대 자유주의자'로 알려졌다. 헌법학자인 마쓰모토도 영어를 꽤 잘했다.
266 위의 책, 484쪽.
267 오구마 에이지(小熊英二), 앞의 책, 2019, 194쪽. 재인용「憲法草案手交の際の會談記錄」(大嶽秀雄篇前《後日本防衛問題資料集》三一書房, 1991-1992, 第1卷수록) 75쪽.

인 법학자 마쓰모토 조지(松本烝治)조차 민주주의가 일본에 당장은 자리 잡기 어렵다고 주장했다.[268] GHQ는 만일 일본 정부가 신헌법의 원안을 수용하지 않으면 일본 국민에게 직접 이 안을 보여 주고 의사를 물을 것이라고도 협박했다.[269] 국민에게 미리 보여준다는 것이 일본의 정치지도자들에 대한 협박이 되는 것이다. 정작 히로히토 천황은 자신의 지위가 보장되는 것을 확인하자마자 GHQ안에 적극적인 지지를 표명했다. 히로히토가 GHQ안을 지지하자 각료들도 금방 순응할 수 있게 되었다.[270] 그러나 일본의 엘리트들은 헌법 개정 작업에서도 여러 가지 사보타지 수법을 동원하여 저항했다. 가장 대표적인 수법은 헌법 초안을 번역하면서 '비트는' 것이었다. 이로 인해 일본어판 헌법은 미국판과는 다른 텍스트가 되었다.[271] 3월 6일 천황 히로히토는 사실상 공포된 새 헌법안을 지지하라고 신민들에게 명하는 칙어를 발표하였다.[272] 그는 최초로 헌법을 위반하여 정치행위를 한 것이다.

미국의 지식인들은 전후일본의 민주주의는 점령당국의 이상주의에 기초한 눈물겨운 노력에도 불구하고 성공적이지는 않았다고 평가

---

268 존 다우어(John W. Dower), 앞의 책, 2009, 487쪽.

269 위의 책, 485쪽.

270 위의 책, 490쪽. 권위주의적인 체제에서 가장 간단한 의사결정은 톱다운 방식이다. 그 대표적인 사례를 우리는 북한 체제에서 볼 수 있다.

271 위의 책, 493쪽. 예를 들면, 영어판의 'advice and consent(조언과 동의)'는 일본어판에는 '보필과 협찬'으로 옮겨져 있었다. '인민의 의지와 주권'을 강조한 GHQ 헌법 초안의 전문을 빼먹었고, 화족 폐지 조항을 삭제했고, 지방 정부의 권한을 제한하고 중앙 정부의 통제를 강화하는 식으로 조항을 개정했다. 발언, 집필, 보도, 집회, 결사의 자유는 "공중의 평화와 질서를 해치지 않는 범위 안에서"만 보장하는 것으로 바꿨다. 인권 보장 조항은 삭제했다. 마찬가지로 "법이 특별히 규정하지 않는 한" 검열도 허용된다는 식으로 바꿨다. 노동자의 단결권, 교섭권, 집단 행동권 또한 "법이 보장하는 한도 내"란 말로 제한했다.

272 위의 책, 498쪽.

했다.[273] '미국에 의한 일본의 민주주의 실험 결과'에 관한 미국의 외교협회연구반의 평가는 "일본의 민주주의적인 능력이 여전히 제한적이고 그것은 일본인의 시민적인 능력 수준에 따른 결과"라고 비판했다. 그류나 두만 같은 구지일파인 국무성의 보수적인 전문가들은 일본민주주의의 천박함은 일본인들에게 근대유럽을 특징하는 민주주의, 평등주의, 개인주의 등의 원칙, 그리고 개인의 자유라는 개념이 없는 데에서 기인한다고 보았다. 그래서 일본인의 통치능력을 낮게 평가했다. 두만은 일본인들은 기독교신앙이 없기 때문에 민주주의를 받아들이는 기반이 없다고 보았다. 일본인은 위로부터 부여하는 자기 책임의 범위를 규정하는 것에만 익숙하다는 것이다. 그렇기 때문에 일본 민주화를 추진한 점령정책은 중대한 과오라고 비난했다. 일본의 지식인들도 일본의 민주주의의 장래에 대해서 그리 낙관적이지 않았다. 일본인들은 상위자의 지시나 의견에 따르는 경우에만 책임 있는 행동을 하거나 도덕적인 의사결정을 하고 그 이외에는 책임 있는 행동을 하지 않는다고 스스로 생각한다. 일본국민은 '큰 나무의 그늘에 숨는다'는 속담이 옳다는 것이 증명되는 것을 일상생활에서 보아왔다. 결국 미국 점령하의 일본 사회에서 일어난 변화는 표층적인 변화였다. 그 표층의 밑에는 오래된 봉건주의가 여전히 깊게 물들어 있다.[274] 1956년 6월 2일 500명의 경관들이 지키는 가운데 참의원은 교육위원 공선제를 폐지하는 법안을 가결했다.[275]

마지막으로 다섯 번째 민낯은 일본이 한국의 불행을 먹고산다는

273 松田武(마쓰다 다케시), 앞의 책, 2008, 299-300쪽.
274 위의 책, 320-324쪽.
275 오구마 에이지(小熊英二), 앞의 책, 2019, 435-436쪽.

것이다. 한국전쟁은 일본이 더 이상 패전국이 아니라 미국의 파트너가 되게 해주었다. 일본의 국제적인 지위는 급상승했다. 덜레스는 한국전쟁 덕분에 일본의 안보문제가 해결되었다고 생각했다. 한국전쟁을 통해서 미국의 결의를 과시함으로써 일본이 냉전에서 중립을 추구한다는 환상에서 벗어나게 되었다.[276] 미국에게는 한국은 여전히 본보기 역할로서의 가치만 있었다. 한국전쟁이 발발했을 때 일본은 극도의 불황기였다. 요시다 총리는 자유당의 비밀 의원 총회에서 "이것은 하늘이 도와준 것"이라고 말했다.[277] 그래서 일본인들은 한국전쟁을 '가미카제(神風)'라고 불렀다. 일본 속담처럼 "바람이 불면 나무통 장수가 돈을 벌게 되는 것이다."[278] 가미카제라는 동화 같은 이야기는 도처에 널려 있었다. 1950년 6월 도요타자동차의 트럭 생산 대수는 300대에 불과했다. 그러나 7월에는 1,000대의 군수주문을 받았다. 그로부터 1년 이내에 도요타는 5,000대의 차량을 미군에 팔았고, 곧이어 월 생산량 2,000대를 넘게 되었다. 종업원의 임금도 2배가 되었다. 어느 마대자루공장은 갑자기 통상 가격의 2배로 2억 개의 마대자루를 미군에게 팔았다. 그 공장은 새로운 기계가 도입되고 30명이었던 미싱공의 수가 1,000명으로 늘어났다고 한다.[279] 한국전쟁이 일어난 지 4개월 만에 일본의 공업생산은 완전 회복되어 전전 최고 시기인 1936년의 106%에 달했다.[280] 1950년~1952년 사이에 미군의 군수물자 조달액은 일본의 수출의 70%를 차지했다. 일본의 한국전쟁특

276 Michael Schaller, 앞의 책, 1985, p. 292.
277 오구마 에이지(小熊英二), 앞의 책, 2019, 548쪽.
278 齊藤貴男(사이토 다카오), 『戰爭經濟大國』, 河出書房新社, 2018, 18쪽.
279 マイケル・シャラー(Michael Schaller), 앞의 책, 2004, 99쪽.
280 Walter LaFeber, *The Clash: U.S.-Japanese relations throughout history*, Norton, N.Y. 1998, p. 293.

수 수입은 외화수입의 3분의 1을 넘었다.[281] 한국전쟁을 겪으면서 미국이 냉전에 대응하기 위해서 일본을 활용하는 것이 아니라 점점 더 일본을 위한 냉전이 되어갔다.[282] 한국전쟁은 또한 동남아시아시장을 일본에게 열어 주는 계기가 되었다.[283] 동남아시장은 거의 400년 가까이 서구 제국들의 독점시장이었다.[284] 일본은 수백만을 죽여 가면서 전쟁을 통해서 빼앗으려고 했던 지역을 거저먹을 수 있게 된 것이었다.[285] 한국전쟁이 끝난 후에도 군수물자와 동남아시아 지역 국가들에 대한 미국의 원조제품은 대부분 일본으로부터 조달되었다.[286] 일본의 미국은행 신용대출 혜택은 물론 일본에 대한 투자를 장려하고 환율은 일본의 수출에 유리하도록 1달러당 360엔으로 높게 고정시켜주었다. 일본의 세계은행과 GATT 가입도 지원하였다. 수출에 의한 외화 획득을 위하여 ECAFE회의에 참가한 GHQ대표는 사실상 일본상품의 세일즈맨으로 활동하기도 했다.[287] 일본의 보수지도자들은 미국이 아시아에서 힘을 과시해야 일본이 미국을 믿게 된다고 미국에 겁을 주

---

281 마고사키 우케루(孫崎亨), 앞의 책, 2013, 129쪽. 1950년 148백만 달러(외화수입 중 비율 14.8%), 51년 591백만 달러(26.4%), 52년 824백만 달러 (36.8%), 53년 809백만 달러(38.1%)에 달했다.

282 Michael Schaller, 앞의 책, 1985, p. 279.

283 Walter LaFeber, 앞의 책, 1998, pp. 294-295.

284 위의 책, p. 279. 1947년에 일본의 대아시아 수출은 총수출의 4.3%, 대아시아 수입은 총수입의 6%에 불과했다.

285 マイケル・シャ―ラ―(Michael Schaller), 앞의 책, 2004, 37쪽. 1949년 10월 중공정권 수립 후 GHQ 어느 전문가는 "일본을 과거의 대동아공영권으로 되돌려야 한다"고 주장하기도 했다.

286 위의 책, 190-191쪽. 1952년부터 1962년까지 조달 총액은 약 60억 달러, 연평균 5억 달러 이상이었다. 이 중 군사조달은 1962년까지 매년 4억달러 이상이 유지되었다; Mark Caprio, 杉田米行, 『アメリカの對日占領政策とその影響』, 明石書店, 東京, 2004, 17-21쪽. 1956년도 일본의 외화 획득액의 약 20%가 미국의 국방조달이었다.

287 西川博史(니시카와 히로시), 앞의 책, 2014, 376쪽.

었다.[288] 결국 미국의 냉전전략은 동맹을 통해 군사적 방역망(cordon)을 설치하는 것과 일본에게 동남아시아시장을 주는 것이 핵심이 되었다.[289] 결과적으로 미국은 바로 그 일본의 대동아 공영권 구상을 도와주기 위해서 전쟁을 하게 된다는 역설적 관계가 되어버렸다. 그러나 일본에 집착하는 덜레스의 아시아 방위 전략의 어두운 한 단면이 미국의 베트남 개입으로 드러났다. 1954년 아이젠하워와 덜레스는 디엔비엔푸 함락 사태가 일본에 미칠 충격을 우려했다.[290] 그들은 인도차이나의 안전이 일본과 동남아시아의 안전에 중요하다는 인식에 몰입하여 베트남에 과도하게 개입하고 집착했다.[291] 결국 베트남에 대한 미국의 안보공약은 대일본정책 때문이었다고도 할 수 있다.[292] 그것은 또한 일본의 경제부흥을 위한 것이기도 했다.[293] 베트남전에서 미군의 정글화는 모두 일본제였다.[294] 미국이 베트남에서 철수할 때 일본은 베트남시장을 접수했다. 일본의 1956년도 경제백서는 "더 이상 '전후'가 아니다."라고 선언했다. 1955년부터 일본은 매년 10%에 가까운 고도성장을 계속했다. 이러한 고도 성장세는 오일 쇼크가 발생한 1973년까지 계속되었다. 일본의 국제적 위치도 크게 변했다. 1968년 일본은 세계 2위의 경제대국이 되었다.[295] 일본이 전쟁 책임을 회

---

288 Michael Schaller, 앞의 책, 1985, p. 258. 이케다(池田)는 미국이 대만이나 인도차이나를 간단히 포기해버릴 가능성에 우려를 표명했다. "남한도 쉽게 버려질 수 있을 것"이라고 우려했다.

289 松田武(마쓰다 다케시), 앞의 책, 2008, 109쪽.

290 マイケル・シャラー(Michael Schaller), 앞의 책, 2004, 176-177쪽.

291 Michael Schaller, 앞의 책, 1985, p. 297.

292 Walter LaFeber, 앞의 책, 1998, p. xx.

293 Mark Caprio, 杉田米行, 앞의 책, 2004, 15쪽.

294 齊藤貴男(사이토 다카오), 앞의 책, 2018, 74-82쪽

295 70년대 이후 일본의 총리는 새로 취임하면 우선 동남아 몇 개국을 순방한 후 미국을 방문하는 것이 관례가 되었다. 그것은 일본이 동남아시아를 잘

피할 수 있었던 것은 사실상 미국의 냉전정책과 한국전쟁, 베트남전쟁 덕분이었다. 그것은 일찌감치 역사수정주의적 역사관이 고개를 들 수 있게 해 주었다.[296] 나아가 미국은 일본의 역사책임을 사실상 은폐해주는 일본근대화론까지 만들어 주었다.

관리하는 맹주임을 미국에게 과시하려는 목적이 있는 것이었다. 나카소네는 총리에 취임한 후 1983년 2월 첫 해외 방문국으로 한국을 선택함으로써 그 관례를 깼다. 나카소네는 한미일 군사협력을 추진하던 미국의 레이건 대통령에게 일본이 과거의 식민지였던 한국을 잘 다루고 있다는 것을 보여주려는 의도가 있었다고 해석되었다.

296 Michael Schaller, 앞의 책, 1985, p.110.

3장

정한론의 결말 : 침탈, 착취, 차별의 상흔

"이익선은 주권선의 안전과 밀접한 관계가 있는 구역을 말한다.
어떤 나라든 주권선과 이익선을 보호하지 못하는 국가는 존속할 수 없다.
독립을 유지하기 위해서는 주권선을 지키는 것만 가지고는 충분하지 않다.
반드시 이익선을 지켜야 한다."

1890년 12월 6일 야마가타 아리토모(山縣有朋) 내각총리대신의 중의원 시정방침 연설*

19세기 초반까지 일본인들이 인식하던 그 전통적인 '조선멸시관'은 지배계급 내의 권력의 정통성을 보강하는 지배이데올로기의 한 요소였다. 그것은 기껏해야 '시장'을 통해서 이야기꾼의 만담이나 전통 연극, 그리고 서적의 형태로 대중 속에 전파되었다. 그러나 일본의 메이지 유신은 그러한 전통적인 '조선멸시관'의 성격을 전혀 다른 것으로 바꾸어 놓았다. 일본의 새로운 지배 권력은 '조선멸시관'을 '정한론'이라는 이름으로 확대하여 근대적인 교육시스템을 통해서 일본 국민에게 적극적으로 주입시키고 부추겼다. 그것은 30년간에 걸쳐서 실행으로 옮겨졌다. 현대적인 '혐한'[1]은 첫째, 한국에 대한 침략, 둘

---

* https://worldjpn.grips.ac.jp/documents/texts/pm/18901206.SWJ.
 html(검색일: 2021년 7월 23일)
1 이후 일본인의 한민족 혐오감정에 대한 시대별 다른 호칭을 통일하여 '혐한'으로 표기하고자 한다.

째, 정부 주도의 인종적 개념의 멸시와 차별, 셋째, 그로 인한 한국인의 희생, 넷째, 국제적 프로파간다에 의한 왜곡된 인식의 국제화, 다섯째, 한국의 분단이라는 결과를 초래하며 한국인들에게 오늘날까지 그 아픔의 흔적을 남겨놓았다. 그것은 어떤 경우에도 양비론으로 치환될 수 있는 성격은 아니다. 전적으로 이웃에 대한 일본의 역사적인 비행(非行)의 결과인 것이다.

1. 침략

막부 말기에 정한론을 주장했던 사람들은 일본의 방어를 위해서는 러시아에 앞서 일본이 한국을 먼저 차지해야 한다고 주장했다. 한국은 예로부터 일본의 속국이라는 왜곡된 신화가 이들의 한국 침략론을 정당화하고 고무시키고 있었다. 정한론은 막부 말기 이래의 해외응비론에다가 불만을 가진 사무라이들의 눈을 밖으로 돌리기 위한 전쟁론이 결합된 것이다.[2] 조선이 아무런 힘이 없다는 것을 알게 되면서 '정한론'은 정치수단으로 이용되었고 궁극적으로는 침략을 의미하게 되었다.[3] 메이지 유신 이후 국가만들기 프로젝트는 국내정치든 국제관계든 조선을 끌어들이는 방향으로 구상되고 실현되었다.[4] 외교의 최고 권한을 가진 천황이 정치 전면에 나서게 되면 자연스럽게 '조선'

---

2 하타다 다카시(旗田巍), 이기동 역, 『일본인의 한국관』, 일조각, 1997, 15-19쪽.
3 야스카와 주노스케(安川壽之輔), 이향철 옮김, 『후쿠자와 유키치의 아시아 침략사상을 묻는다』, 역사비평사, 2011, 289쪽. 후쿠자와 유키치는 "우리 인민의 보국심을 진작시키기 위한 수단은… 일전을 벌이는 것보다 나은 것은 없다"라고 권모술수적 '내위외경(內危外競)' 노선을 제기하여 아시아 침략의 길을 부추겼다.
4 하종문, 『왜 일본은 한국을 정복하고 싶어 하는가: 정한론으로 일본 극우파의 사상적·지리적 기반을 읽다』, 메디치미디어, 2020, 125쪽.

문제를 동반하게 된다. 신정부는 조선과의 관계 정비를 '왕정복고'라는 대의명분과 연결해 거론했다. 조선을 굴복시키는 것은 곧 천황 친정의 권위를 과시하는 것이었다.[5] 근대 일본사에서 정한론은 일본의 국내정치적 지배이데올로기와 복고사상의 정당성을 입증하는 '역사적 증거'로 이용되었다.[6] '정한론'은 필연적으로 신공황후의 삼한정벌 설화를 소환한다. 한반도의 국가가 번국이라는 자기 최면적 기억은 천황의 권위를 지탱하는 중요한 기반이 되어 왔다.[7] 마침 조선이 엉망인 상태에 있으니 일본으로서는 크게 부담이 될 일도 없었다. 오쿠마 시게노부(大隈重信)는 "조선은 2천 년 내내 우리에게 신속(臣屬)했는데, 잠시 우리 외교 당국자가 조종 통제의 방향을 잘못 잡아 오만무례하게 우리를 무시하고 우리 사절에게 무례를 저질렀다"고 회상했다. '조종 통제'를 실수한 외교 당국자는 바로 막부를 가리킨다. 신정부 수뇌에게 정한론은 왕정복고의 이념적 구현으로 인식됐다는 것을 말해준다. 십대 나이의 메이지 천황도 조선을 멸시적 비교의 대상으로 삼았다.[8] 일본의 근대적 민족주의와 천황제 이데올로기를 만들어내는 과정에서 '혐한'은 언제나 그 출발점이 되었다.

정한론을 하나의 정책으로 최초로 건의한 사람은 외무성 관리인 사다 하쿠보(佐田白芽 · 1833-1907)였다. 1870년 3월 사다는 조선의 왜

---

5 위의 책, 61쪽.

6 다보하시 기요시(田保橋潔), 김종학 옮김, 『근대 일선관계의 연구 上』(1940), 일조각, 2013, 308쪽.

7 吉野誠(요시노 마코토), 『明治維新と征韓論: 吉田松陰から 西郷隆盛へ』, 明石書店, 2002, 16쪽.

8 야스다 히로시(安田浩), 하종문·이애숙 옮김, 『세 천황 이야기: 메이지, 다이쇼, 쇼와의 정치사』, 역사비평사, 2009, 86쪽. 메이지 천황은 관리의 관사를 서양식으로 바꾸는 데에 관해서 "각국 공사를 접대하는 집을 조선국과 같이 흙으로 지어 빈객을 초청하는 것은 스스로 일본의 수치를 알리는 것과 다름없는 일이다"라고 말했다.

관에 출장 갔다 와서 총 30개 대대(3개 사단 약 4만 명)를 동원하여 조선을 침략하는 건의문을 태정관에 올렸다.[9] 유신의 주역 가운데 가장 먼저 정한론을 제기한 자는 기도 다카요시였다. 막부를 타도하는 보신전쟁이 거의 승리로 끝나갈 무렵인 1869년 1월 기도는 이와쿠라에게 조선정벌을 건의하면서 정한론의 목표가 국내 통치 문제의 발본적인 개혁임을 강조했다.[10] 그 한 달 뒤인 2월, 산조 사네토미는 이와쿠라 도모미에게 보낸 편지에서 정치적 기술로서의 정한론을 구사한다고 주장했다.[11] 그것은 일본이 국내 정치 문제 해결에 골몰하거나 허세가 필요할 때마다 한반도 문제를 꺼내는 버릇의 단면을 보여주는 것이기도 하다. 도요토미의 임진왜란, 도쿠가와의 대(對)조선화친, 메이지 유신의 정한론은 모양은 달라도 다같이 국내 정치권력의 확보와 안정이라는 공통된 목적이 있는 것이다. 사이고 다카모리는 조선과의 전쟁이 "내란을 원하는 마음을 밖으로 돌려 나라를 흥하게 하는 원략"이라고 했다.[12] 1873년의 정한론 논쟁은 메이지 유신 직후 일본 국내 정치와 외교의 최대 분수령이었다. 당시 일본의 국력으로는 조선 출병이나 병합은 불가능했다.[13] 오쿠보가 1873년 정한론 정변 때 정한론에 반대한 이유는 전쟁비용으로 인해 국내 개발에 쓰일 돈이 낭비될 것을 우려했기 때문이었다.[14] 즉시 정한을 주장했던 자나 시기상조를 이유로 반대했던 자나, 정한이라는 대외관의 본질은 같았다. 따라서 이

9 다보하시 기요시(田保橋潔), 앞의 책, 2013, 311쪽.
10 하종문, 앞의 책, 2020, 60쪽.
11 후지타 쇼조(藤田省三), 김석근 옮김, 『천황제 국가의 지배원리』, 논형, 2009, 98쪽.
12 신명호, 『고종과 메이지의 시대』, 역사의 아침, 2014, 111쪽.
13 하종문, 앞의 책, 2020, 91~92쪽.
14 Walter LaFeber, *The Clash: U.S.-Japanese relations throughout history*, Norton, N.Y. 1998, p.43.

논쟁은 권력 내부의 파벌싸움에 불과했다.[15]

조선에 대한 침략 논쟁이 확산된 것은 실직 사무라이 계층(士族)의 불만이 저변에 작용하고 있었다. 1873년 1월 징병령 제정에 의해 사족의 직업특권도 소멸됐다. 사족들은 전쟁과 관련된 일은 자신들의 특권으로 생각하고 있었는데 농민이 병사가 되어 무기를 잡는다는 데 분개했다. 사족들은 정한론으로 자신들의 존재를 다시 부각시키려고 했다.[16] 사이고 다카모리 등 사쓰마의 옛 사무라이들은 조선과의 외교 분쟁을 군사적 충돌로 확대하려 했다.[17] 사이고는 내란을 일으킬 가능성도 있는 사족들의 불만을 분출할 수 있는 출구로 정한론을 끄집어 낸 것이다.[18] 1876년 3월에 검의 휴대를 금지하는 폐도령(廢刀令)이 내려진 데 이어 8월에는 녹봉이 완전히 폐지되면서 사족의 분노가 극에 달했다. 이런 분위기 속에서 1877년 2월 가고시마에서 사이고 다카모리가 난을 일으켜 세이난(西南)전쟁이 발발했다. 사쓰마는 일본의 스파르타와 같은 전체주의적 체제와 분위기를 가지고 있었다.[19] 조슈와 사쓰마 출신 권력자들은 사회심리와 민중의 감정을 대외적인 공격으로 유도하여 분출시키는 능력을 가지고 있었다.[20] 세이난 전쟁이 평정되

---

15 이기용, 『정한론: 아베, 일본 우경화의 뿌리』, 살림출판사, 2015, 45쪽.
16 落合弘樹(오치아이 히로키), 『秩祿處分』, 講談社學術文庫, 講談社 2015, 東京, 123쪽.
17 성희엽, 『조용한 혁명: 메이지 유신과 일본의 건국』, 소명출판, 2016, 508-509쪽.
18 落合弘樹(오치아이 히로키), 앞의 책, 2015, 139-140쪽.
19 성희엽, 앞의 책, 2016, 270쪽. 1862년의 사쓰마인구 61만 명 중 사무라이 비율이 매우 커서 40%였다(일본 전체의 사무라이 계층 비율은 5-7%).
   같은 책, 406쪽. 그래서 가장 지독한 농노제도가 유지되었다. 농민의 연공은 50-70%에 달했다.
20 E. H. Norman, "Feudal Background of Japanese Politics", in John W. Dower ed. *Origins of the Modern Japanese State: Selected Writings of E. H. Norman*, Pantheon Books, Random House, N.Y. 1975,

고 나서 몰락한 사무라이들의 저항 에너지는 대외침략과 쇼비니즘으로 전환되었다.[21] 그들은 현양사나 흑룡회[22]와 같은 대외팽창을 촉구하는 반동적 우익 단체를 만들고 일본의 여론이 쇼비니즘과 징고이즘으로 중독되게 만들었다. 청일전쟁과 러일전쟁에서 한일병합에 이르는 대외 침략정책도 이러한 불안정한 국내정치적 환경에 대한 대응전략이기도 했다.[23] 정치인, 언론, 경제계, 군부세력, 그리고 당시 조선에 체류하는 제국주의 하수인격인 일본인 커뮤니티는 한 목소리로 전쟁을 촉구하고 지원했다.[24]

조선과의 근대적인 외교 관계 수립은 신생 일본의 국가적 자존심이 되었다. 일본의 근대적인 배외주의의 시작은 조선과 일본 사이에 '격매김'을 하는 것으로 시작되었다. 천황의 권위와 일본의 우월성을 입증하기 위해서 조선을 '열등한 타자'로 만들어야 했다. 조선의 왕은 당연히 천황의 아래 지위에 해당한다는 논리를 만들어 내는 것이었다. 일본의 지배계급이 한국을 적대시하는 정치공학적 프레임은 일본의 전통적 정치체제 문제에서 기인한다. 15세기 중반 무로마치시대의 외교문서집인 『선린국보기(善隣國宝記)』에 수록된 무로마치 쇼군과 조선국왕 간의 외교문서에는 일본국왕이라는 표기가 하나도 없다. 쇼

pp. 382-384. 미국의 경제학자 베블렌은 1917년 일본의 외교를 평가하면서 일본의 지배계층을 가장 교활하고 냉정하고 약삭빠른 국가운영 기술자들이라고 평가했다.

21 위의 책, p. 320.

22 19세기 말에서 20세기 초에 걸쳐 생겨난 대외 침략의 앞잡이 역할을 한 친정부적 어용 민간단체(NGO).

23 위의 책, p. 381.

24 Peter Duus, *The Abacus and the Sword: the Japanese Panetration of Korea 1895-1910*, University of California Press, Berkeley and Los Angeles, Ca. 1998, p. 23.

군의 자칭은 일본국 원아무개(日本國源某)이고[25] 조선 측이 보낸 문서의 수신자는 일본국전하(日本國殿下)였다. 1635년부터는 도쿠가와 쇼군의 대외적 호칭은 최종적으로 중국왕조의 관직과 관계가 없는 것을 골라서 '일본국대군', '대군'으로 되었다. 외교상의 칭호를 '일본국대군'으로 한 것은 화이질서 속에서 '일본국왕'의 지위를 인정받지 못했던 도쿠가와 정권이 조선에 요청하고 승인을 받은 것이었다. 한편 17세기에 중국을 제외한 다른 동아시아제국이 도쿠가와 막부에게 보낸 외교문서에는 대부분 수신자를 '일본국왕'이라고 표시했다. 일본의 내부사정을 잘 모르는 먼 외국은 쇼군의 칭호를 당연히 왕으로 칭했을 것이다. 앞서 언급했듯 일본 측이 보내는 문서에는 쇼군이 일본국왕을 자칭한 경우는 없고 모두 '日本國 源아무개'로 표시되어 있다. 그런데 중국에 보내는 문서에는 '일본국왕 臣아무개'나 '일본국왕 源아무개'로 표기되어 있고, 중국 측 답신의 수신자는 일본국왕이었다. 일본국왕은 쇼군을 의미한다.[26] 중국의 조공체제 하에서는 변방의 왕이 황제에게 보내는 보고서는 수신자가 중국조정의 외교 담당 관리로 되어 있었다. 그래서 일본으로서는 중국에 문서를 보낼 때에는 쇼군이 왕 칭호를 쓸 수밖에 없었을 것이다. 그것이 반드시 일본의 독립성을 강조할 만한 증거는 아니다. 쇼군은 원칙적으로 외교권한은 없었기 때문에 쇼군의 외교행위는 불법이었다. 막부의 힘이 압도적일 때는 아무런 문제 없이 그냥 넘어가지만 막부의 힘이 약해졌을 때는 꼬투리를

25 源(源아무개)는 源자 뒤에 秀忠과 같은 당시 쇼군의 이름을 붙였다는 의미이다. 예를 들면 德川秀忠 쇼군은 직함 표기 없이 源秀忠(미나모토노 히데타다)라는 이름을 썼다는 것이다. 여기서 성을 源(미나모토)라고 쓴 것은 가마쿠라 막부의 '源씨 쇼군'이라는 것을 계승했다는 의미로 보인다.
26 池内敏(이케우치 사토시), 『日本人の朝鮮觀はいかにして形成されたか』, 講談社, 東京, 2017, 16-20쪽.

잡힐 수도 있는 문제였다. 그러니 특히 조선과 일정한 관계를 유지해야 하는 상황에서는 '대군'이라는 용어로 적절히 타협할 수밖에 없었던 것이다. 일본 쇼군의 칭호를 천황과의 위계관계 개념으로 바꾸어 조선과의 국가 간 위계의 근거로 적용한 것은 실상 국제적인 힘의 논리와 일본의 국내정치적 구조에 따른 것일 뿐이었다. 19세기 이후에 일본인 학자들은 일본을 한국보다 더 우위에 있었던 것으로 격매김하기 위해서 "조선의 왕을 일본의 천황 아래 있는 대군이 상대했으니 조선의 왕은 일본의 천황보다 그 지위가 낮았다"라고 아전인수격으로 주장했던 것이다. 그러나 아라이 하쿠세키가 쇼군의 대외 명칭을 조선과 대등한 왕으로 칭하려고 한 것은 우월관 때문이 아니라 칭호에서 열등감을 느끼고 대등한 관계를 회복하겠다는 의도였다. 이에 대해 아메노모리 호슈(雨森芳洲·1668-1755)는 쇼군에게 외교는 위임되지 않았다는 원칙 문제를 들어 반대했다. 아라이 하쿠세키는 그 원칙을 알고 나서는 다시는 일본국왕 칭호 문제를 언급하지 않았다고 한다. 그는 에도 초기의 외교승려인 이신 스우덴(以心崇伝·1569-1633)이 쓴 이국일기에 "왕이라는 단어는 오래전부터 고려에 대해서는 사용하지 않았다. 고려는 일본에서 볼 때, 융국(戎國: 서쪽의 야만국)에 해당하기 때문이다. 일본의 왕과 고려의 왕이 외교문서를 주고받은 적은 없다"라는 기록을 내세워 현실을 합리화했다.[27] 그 기록도 당시의 현실을 합리화하는 여우의 신포도 같은 일본 내부의 핑계 논리였다. 일본의 이러한 이원적 외교체제는 19세기 중반 이후 서구와의 접촉이 시작되면서 붕괴되기 시작했다.[28] 1811년 조선의 통신사가 마지막으로

---

27 위의 책, 19쪽, 24쪽.
28 미야케 히데토시(三宅英利), 하우봉 옮김, 『역사적으로 본 일본인의 한국관』,

대마도를 방문한 이후 조선과 일본 간의 관계는 멀어졌다. 생사의 국산화에 따라 조선과의 무역은 18세기 후반 정지되었다.[29] 결국 한일 간의 외교라는 것은 대마도의 중계기능만 남게 되었다. 그런데 막부가 천황의 재가 없이 미국과의 통상조약을 일방적으로 체결한 것이 '불법'이라면, 지난 200년간 천황을 배제하고 막부가 조선과 '대등한 외교'를 해 온 것은 더 큰 '불법'으로 간주되었다. 메이지 신정부와 조선 간의 소위 '서계문제'는 사실 이러한 일본의 국내정치체제 문제가 얽혀 있었다. 신숙주는 『해동제국기』에서 조선국왕이 막부장군과 대등한 의례를 취하는 당시의 외교체제에 대해 의문을 표시하였다.[30] 수백년 전에 신숙주가 우려했던 대로 근대 조선의 대일본 외교는 이러한 함정 속에서 출발하게 된 것이다.

메이지 유신 전후에 한일 간의 전통 외교는 정상적으로 가동되고 있었다. 경조사와 관련한 의례를 서로 교환하고 주요 외교 사안에 관한 정보도 잘 주고받고 있었다. 아시아의 전통 외교에서 서계는 일종의 최고 수준의 의전(프로토콜)이었다. 그러나 조선에 물리적인 힘이 없다는 것이 드러나면서 일본의 국제적인 위상문제에 불만을 가지고 있던 사람들은 한국에 대한 정책에 더욱 큰 관심을 집중했다. 메이지 정부가 돌연 새로운 방식의 외교를 강요하는 것은 사실상 도발이었다.[31] 또한 메이지 유신 후 대마도의 일본 국내적 지위도 위태로워졌다. 대마도는 임진왜란 이후에는 조선을 깔보는 태도로 돌변하였다. 통신사

　　풀빛, 1990, 84-85쪽.
29　三谷博(미타니 히로시), 『明治維新とナショナリズム: 幕末 外交政治 變動』, 出川出版社, 東京, 1997, 323쪽.
30　하우봉, 『조선시대 한국인의 일본인식』, 혜안, 2006, 147쪽; 신숙주, 신용호 외 주해, 『해동제국기』, 범우사, 2004.
31　Peter Duus, 앞의 책, 1998, pp. 30-31.

파견 준비와 통신사 일행을 안내하는 과정에서 조선 측에게 일방적인 일정을 강요한다든가, 일본 내 통신사가 통과하는 지역의 번에게 민폐를 강요하고 그 민폐를 덜어주는 대가로 금품을 뜯어냈다.[32] 나가사키인들은 "대마도 사람은 도적이나 다름없다"고 하였다.[33] 1764년 4월 통신사의 귀국길에 오사카에서 발생한 최천종(崔天宗) 살해사건을 처리하는 대마도의 태도와 소행이 그러한 사례의 하나였다.[34] 아메노모리 호슈도 1693년 독도어업 관련 협상에서 힘으로만 밀어붙이려고 하는 대마번의 태도를 비난하였다.[35] 장기적인 과정이라는 측면에서 보면 이러한 대마도의 소행이 한일 간의 불신과 상호 멸시관을 초래한 면이 분명히 있었다. 전통적으로 한일관계 자체가 한중관계보다 하급인 'B급 관계'였는데 대마도는 일본 내의 'C급' 정도 번의 위상이므로 조선과 대마도의 관계는 'BC급' 정도 수준의 교류라는 의미가 되는 것이다. 일본에서도 일본 내의 'C급'인 '대마도가 관리하는 대조선 외교'는 점차 무시될 수밖에 없었다.[36] 대마번은 조선에 대한 강경정책을 집요하게 주장하는 방법으로 대조선외교에서 자신의 가치를 과시함으로써 대마도가 중앙정부로부터 계속해서 국고보조를 받

---

32 하우봉, 앞의 책, 2006, 174쪽. 임진왜란 이후 한일관계에 나타난 장기적 변화를 단적으로 상징하는 현상이다. 조선은 대마도에 대해서도 큰소리를 치지 못할 입장이 된 것이다.

33 위의 책, 269쪽.

34 池內敏(이케우치 사토시), 앞의 책, 2017, 46쪽. 통신사 귀국 후 막부는 사건의 처리 결과를 조선 측에 상세히 전달하려고 했다. 그런데 대마번주가 조선인에 대해서는 일본의 무력을 바탕으로 엄하게 대응하는 것이 중요하다며, 괜히 온건한 자세를 보이면 금후 조일관계에 어떤 문제가 발생할지 모른다고 주장했다. 따라서 처리결과를 하나하나 전달하는 등 너무 정중하게 해서는 안 된다고 주장했다.

35 위의 책, 41-43쪽.

36 오늘날에도 한일 양국은 외교관이나 학자, 정치 교류 분야에서 자국의 최고 수준급을 투입하지 않고 있다.

는 특수권익을 승인받으려 하였다.[37] 메이지 초기에 한일교섭이 중단된 배후에 이러한 대마도의 부정적인 역할이 잠복되어 있었다.[38] 그러한 부정적인 역할의 한 결과가 1872년 5월 27일에 발생한 소위 일본 외교관들의 '난출(闌出) 사건'이었다.[39] 1683년 계해약조에 의하면 왜인들은 초량의 왜관 밖으로는 나올 수 없게 규정되어 있었다. 왜관의 출입구에 세워진 약조제찰비(約條製札碑)에 그 규정을 위반하는 자는 사형에 처한다고 새겨놓았다. 그런데 6월 1일 일본인 56명이 무단으로 왜관을 나와서 5박 6일 간에 걸쳐 동래부까지 왔다가 왜관으로 돌아간 것이다. 소위 약조제찰비의 규정이 지켜지는 것은 조선에 그것을 실행할 무력이 있다는 것이 전제가 되었는데, 이제 조선에는 그럴만한 힘이 없다는 것이 명백해졌다.[40] 이 사건 직후 귀국한 외무성 관리들이 앞장서서 정한론을 주장하고 메이지 정부 내에 정한론이 급속히 번지게 되었다. 8월에는 대마도가 관리하던 초량 왜관을 일본정부가 접수하였다.[41] 이제 일본은 조선보다 월등하게 강하다고 확신하고 새로운 외교프레임을 조선에 강요할 수 있었다. 그것은 새로운 국제법상의 옳고 그름의 문제가 아니라, 오래된 전통적 인근 국가 간의 예의와 신의를 저버리는 비우호적인 행태였다. 오늘날 일본 행태의 전조(前兆)이기도 하다. 1875년 9월에 발생한 강화도사건은 일본 내부의 정국 주도권을 둘러싼 알력이 치열해져가던 무렵에 터졌다. 그것은 정한론에 공감하는 군부내 사쓰마파의 강경론에 따른 운양호(雲揚

---

37 다보하시 기요시(田保橋潔), 앞의 책, 2013, 162-170쪽.
38 위의 책, 172쪽.
39 '왜관의 담장 밖으로 무단 외출했다'는 의미.
40 신명호, 앞의 책, 2014, 60쪽.
41 위의 책, 99-100쪽.

號)의 불법행위에 기인했다는 사실은 일본 내에 이미 넓게 알려져 있었다.[42] 1875년 9월 운양호가 불법적으로 조선 영해를 침범하여 강화도 포대를 폭격하고 22명의 일본 육전대가 강화도에 상륙했을 때 조선군은 시신 35구를 남기고 모두 도주했다. 일본측은 부상병 2명뿐이었다.[43] 강화도사건 1개월 전에 일본은 러시아와 지시마(千島)조약을 맺고 북방 국경선을 획정함으로써 조선 문제만이 당시 일본에게 남은 외교 과제였다.[44] 영국과 미국으로부터 사실상의 내락도 얻었다. 1875년 2월 러시아의 남침을 최우선 현안으로 여기던 영국은 일본에게 조선 문제의 추이를 관망하겠다는 입장을 표명하였다.[45] 일본은 조선침략의 첫 단계에서는 조선을 청의 영향권에서 떼어내기 위해서 조선이 러시아의 남하를 저지하는 방어지역이라는 논리를 영미에 인식시키는 데 주력했다. 조선을 폄하하는 국제적인 프로파간다를 시작한 것도 이때부터였다. 그러다가 1882년 임오군란을 계기로 일본의 전략은 조선의 중립화가 되었다. 당분간은 일본의 군비를 강화할 수 있는 시간을 버는 것이었다.[46] 조선중립화론의 타깃은 사실 청이었다. 단지 일본은 자신이 동아시아 안정을 거론할 정도의 국력을 갖추었음을 알리고, 국가 위상을 드높이는 데 디딤돌의 하나로 조선을 이용했다.[47] 1883년 12월 베트남에 대한 지배권을 놓고 벌어진 청과 프랑스 간의 전쟁에서 청이 패함에 따라 일본에게는 결정적으로 유리한 국제정세가 전개되었다. 1884년 12월 4일(양력) 발생한 갑신정변 후

---

42 落合弘樹(오치아이 히로키), 앞의 책, 2015, 186쪽.
43 다보하시 기요시(田保橋潔), 앞의 책, 2013, 395쪽.
44 하종문, 앞의 책, 2020, 110쪽.
45 위의 책, 119쪽.
46 위의 책, 181쪽.
47 위의 책, 190쪽.

일본은 청과의 톈진조약을 통해 조선의 유사시에 청과 동등하게 직접 파병하고 조선내정에 사실상 관여할 수 있는 권리를 확보했다. 조선이 "외교적으로 망동하지 않게 하기 위해서" 조선의 외교 사무를 청의 이홍장과 일본의 이노우에가 감독하되 그 시행은 이홍장이 하기로 하는 합의도 했다.[48] 이후 청일전쟁을 통해 일본은 조선에 대한 권리를 독점하게 되었다.

조선의 기이한 중국(청)의존 행태에 대한 일본인들의 경멸감은 근대의 일본과 조선관계를 최초로 총정리한 다보하시 기요시(田保橋潔)의 한마디 속에 녹아 있다. "중국은 조선이 속국이 아니라고 하는데 조선은 스스로 중국의 속국이라고 한다."[49] 일본의 외교실무자들도 이미 1869년 즈음에 조선을 보호국 지위로 만들어 일본이 외교권을 대신 행사하는 구조를 생각하고 있었다. 일본의 오키나와 합병은 조선 침략의 좋은 예행연습이 되었다. 1879년 3월 25일 일본 경찰 160명과 병사 400명이 류큐에 진입한 후 4월 4일 류큐왕국은 오키나와현으로서 일본에 병합되었다. 7월 9일 중국의 북양대신 이홍장이 고종의 측근 이유원에게 밀서를 보내 일본의 류큐왕국 병탄 사실을 알리며 조선이 국방을 강화할 것을 권고하고 영국, 독일, 프랑스, 미국과 수호조약을 맺을 것을 권유하였다. 당시 조선 조정은 바깥세상에 관한 지식수준 자체가 표현하기 어려울 정도로 저급한 수준이었다. 당시 고종은 물론 박정양도, 조선의 관리들도 일본은커녕 대마도에 대해서도 아는 것이 없었다.[50] 김기수나 박영효, 김홍집 등 이름을 많이

---

48 위의 책, 215-216쪽.
49 다보하시 기요시(田保橋潔), 앞의 책, 2013, 326쪽.
50 신명호, 앞의 책, 2014, 129쪽.

들어 본 소위 개화파 인물들에 대해서도 일본은 그리 깊은 인상이나 존경심을 갖지 않았던 것 같다. 역관계층을 비롯한 조선의 개화파들은 중국과 일본에 다니면서 그저 국내의 수구파를 비판하거나 조선의 체제를 비판하는 것으로 자신의 개혁성을 과시하면서 그 과정에서 국가의 기밀사항을 누설하곤 했다.[51] 그것은 '능력 있는' 자신을 중인계급이라고 홀대하는 자기 나라에 대한 원망이었다. 일본측 인사들은 개화승 이동인(李東仁)과 개화당을 조선 내부의 정세를 탐지하기 위한 정보원으로만 여겼을 뿐, 실제로는 그다지 신뢰하지 않고 있었다.[52] 청국 관헌은 박영효와 김옥균을 재주는 있으나 경박하다는 의미의 경박재자(輕薄才子)로 평가했다.[53] 일본인들은 이들 조선의 개화파 인사들을 어떻게 하면 잘 이용해 먹을까만 관심이 있었다. 이들은 효용 가치가 없다고 판단되면 야멸차게 버림받았다. 김옥균이 바로 그런 대표적인 사례가 된다. 1882년 7월의 임오군란이나 그 2년 뒤인 1884년 12월의 갑신정변은 일본에게는 조선에 세력을 뻗칠 수 있는 좋은 기회를 제공했고, 동시에 청에게는 종주권을 강화하는 데 유리하게 작용하였다. 청일 양측에 희망적인 메시지를 주었으니 장차 그 둘이 조선 영토에서 충돌하는 것은 이때 이미 그 문이 열렸다고 해야 하겠다. 조선이 이미 자신을 스스로 보호하고 방어할 능력이 전혀 없다는 것은 조선이나 일본이나 청도 모두 다 잘 알고 있었다. 그것은 단지 경제적 능력만의 문제가 아니라 조선은 정치적, 사회적인 모순이 한계에 와 있었다. 당시 일본공사관의 기록에 의하면 한성부에 주둔하는 6영에

---

51 김종학, 『개화당의 기원과 비밀외교』, 일조각, 2017, 27-46쪽.
52 위의 책, 112쪽.
53 다보하시 기요시(田保橋潔), 앞의 책, 2013, 813쪽.

분속된 군졸의 수는 1만 명에 가까웠지만, 군기는 문란하고 병기는 녹슬어서 군대라기보다는 차라리 유리걸식하는 무뢰배들이 아닐까 의심스러울 정도였다고 한다. 그러니 일본의 10년 전 정보분석에서 조선을 공격하는 데 30개 대대가 필요하다고 보았던 것이 이제는 1개 대대로도 충분하다고 보는 것도 무리는 아니었을 것이다. 가뜩이나 어려운 재정 형편 탓에 군량 지급이 어려운 판에 그나마도 착복하는 외척의 부패 행태가 군심에 불을 지른 것이 임오군란의 원인이었다. 임오군란은 이 시기 조선의 지배계급의 저열한 정치적 인식 수준을 보여주는 적나라한 사례였다. 그 2년 뒤의 갑신정변도 일본인의 시각에서 보면 조선 특유의 정권 쟁탈전에 불과했다.[54] 갑신정변은 후쿠자와 유키치가 배후 조종했다는 설이 있다.[55] 박은식의 『韓国痛史』에 의하면 일본에 야합한 조선인들이 매일 밤 상복으로 위장하고 일본 공관을 오갔다고 한다.[56]

일본은 역시 수백 년간 전쟁에 익숙해진 사무라이정권의 전통에 걸맞게 정보수집에 상당한 가치를 부여하고 있었다. 일본은 이미 메이지 유신 초기부터 밀정을 보내거나 외교관과 파견 무관을 통해서 조선의 정치, 군사, 경제사회 분야의 정보를 철저하게 수집했다.[57] 사이고 다카모리도 정한론을 주장하기 위해서 자신의 심복을 변장시켜 조선을 정탐하게 한 적이 있었다. 일본은 1872년에 최초로 육군 장교를 밀정으로 보냈다고 한다. 이들은 조선의 국방력에 관해서는 만

---

54 위의 책, 802쪽.
55 야스카와 주노스케(安川壽之輔), 이향철 옮김, 『후쿠자와 유키치의 아시아 침략사상을 묻는다』, 역사비평사, 2011, 157-159쪽.
56 박해순, 『1894 일본조선침략』, 나녹, 2019, 179쪽.
57 최혜주, 『정탐 제국일본, 조선을 엿보다』, 한양대학교출판부, 2019, 19쪽.

화 수준의 평가를 하고 있다.[58] 당시 한성 인구 20만의 식량공급 루트
도 조사했다.[59] 한편 민간인들도 각종 협회를 결성하여 학문이나 사업
에 필요한 정보를 수집하고 교환했다. 현양사(玄洋社) 같은 우익집단은
전쟁성과 해군성에 협조하여 프로파간다와 간첩활동 등을 통해 일본
의 대외 침략을 확대하는 데 기여했다.[60] 동경지학협회(東京地學協會)는
종합적인 목적의 조사단체로서는 가장 처음 결성되었다. 협회의 구성
원들이 영향력 있는 정계, 관계, 군인, 민간 지식인 등을 망라하여 근
대 일본인의 조선인식 형성에 영향을 미쳤다.[61] 갑신정변 이후 일본
인들이 조선으로 대거 이주했다.[62] 일본이 조선을 근대적 의미의 영향
권 개념으로 인식하기 시작한 것은 1880년대 이후의 일이다. 1885년
톈진조약부터 청일전쟁 발발시까지 10년간은 일본이 청의 조선에 대
한 영향력을 묵인했다.[63] 그러다가 1890년대부터 일본의 국수주의가

---

58 위의 책, 201쪽. 주(注) "군함 수를 들어 보면 기천이 될 것이다. 그러나 이른
바 군함이라는 것은 어선을 조금 바꾼 것으로, 그 큰 것은 쌀 30~40석을 실
을 수 있는 상선에 지나지 않는다. 함내 총포를 갖춘 것이 없고 선체 절반은
바다 가운데 침몰하거나, 혹은 사방에 구멍이 생겼다고 한다. 땔감 외에는 쓸
방법이 없는 군함이 많은 것을 볼 수 있다." 재인용 秋野要一郎, 『通俗新編
朝鮮事情』, 制3陸海軍の事, 1880.

59 박해순, 위의 책, 2019, 44-53쪽. 조선의 해상운송, 인천에서 경성에 이르
는 육로와 수로, 조선의 병력, 생활습관, 한강을 오가는 기선, 경성 주변의
쌀 창고 등에 관한 첩보를 수집했다. '인천경성간 도로시찰보고'에는 인천에
서 경성에 이르는 뱃길과 육로의 교통, 도로사정, 보병과 포병의 행군에 걸
리는 시간, 겨울 한강이 얼었을 때와 한여름 한강이 불었을 때 남대문에서 도
성 안으로 진입할 수 있는 방법 등에 관한 첩보 내용이 들어있다. 남산 부근
에 있는 일본공사관까지 장애물이 없으면 7시간 걸리고, 8시간 반이면 충분
히 도착 가능하다고 파악했다.

60 John W. Dower, "E. H. Norman, Japan and the Use of History", 앞의
책, 1975, p.28.

61 최혜주, 앞의 책, 2019, 20-21쪽.

62 위의 책, 198쪽. 1885년에는 4,521명, 1890년에는 7,245명이 거주하였다. 청일
전쟁 후에는 1만 2,303명, 러일전쟁 후에는 4만 2,460명이 조선에 거주하였다.

63 中川未來(나카가와 미라이), 『明治日本の國粹主義とアジア』, 吉川弘文館, 東
京, 2016, 15쪽.

아시아를 대외 침략의 대상으로 인식하기 시작했다. 일본인의 아시아 진출이 늘어나고 중국인 노동자의 일본 유입도 증가했다.[64] 특히 이토 히로부미와 야마가타 아리토모는 조선을 일본 방위의 외곽 거점으로 인식하기 시작했다. 그것은 오스트리아 빈 대학 정치경제학부 슈타인(Lorenz von Stein) 교수로부터 배운 서구의 전략 개념이었다. 군사력으로 보호해야 하는 주권의 영역을 권세강역, 권세강역의 존망에 관련된 외국의 정치 군사 상황을 이익강역이라 했다. 따라서 다른 나라가 조선을 점령하면 일본에게 큰 위협이 된다는 것이다.[65] 야마가타가 1872년에서 1919년 사이에 제기한 총 82건의 의견서의 핵심 포인트는 주권선과 이익선이라는 개념에 관한 것이었다. 조선은 지정학적으로 이익선에 해당되므로 조선은 타국의 간섭에서 벗어나 일본의 영향 아래에서 중립을 지켜야 한다는 것이었다.[66] 조선이 '동양의 발칸반도'라는 비유도 유행했다.[67] 일본의 거의 모든 정치지도자들은 배타적인 민족우월주의(jingoism)를 부추기고, 대외 팽창정책을 국내정치에 적극적으로 이용했다.[68] 청일전쟁 전야에 일본의 다테노고조(建野郷三) 주미공사는 미국의 그레샴(Walter Q. Gresham) 국무장관에게, "일본의 국내상황이 위급한 시기에 청과의 전쟁은 일본국민의 애국심을 불러일으키고, 정부를 지지하게 만들어 국내상황을 개선하는 좋은 기회가 된다."고 말했다. 미국은 일본에 우호적이었다. 청일전쟁 발발 직전 고종이 1882년 한미우호통상조약의 미국 중재 역할

---

64 위의 책, 13-14쪽.
65 성희엽, 앞의 책, 2016, 590쪽. 재인용: 가토 요코, 『근대 일본의 전쟁논리』 87-89쪽.
66 노 다니엘, 『아베 신조의 일본』, 새창미디어, 2014, 201쪽.
67 中川未來(나카가와 미라이), 앞의 책, 2016, 38쪽.
68 Peter Duus, 앞의 책, 1998, p. 4.

조항을 상기시키면서 미국의 지원을 요청했을 때 미국은 간단히 거절했다. 그레샴 국무장관은 같은 날 일본에게 미국이 한국을 도와줄 의사가 없다는 사실을 통보했다. 1894년 7월 청일전쟁 발발 직전 영국이 그레샴 국무장관과 클리블랜드 대통령에게 유럽 국가들과 함께 청일간 중재에 개입할 것을 제안했으나 미국은 이도 정중하게 거절했다.[69] 그 이후부터 일본이 아시아에서 무력을 행사할 때 옆으로 비켜서서 방관하는 것이 미국의 전통적 입장이 되었다. 미국은 일본을 '아시아의 영국'으로 간주했다. 미국인의 눈에 일본은 '아시아의 양키'이기도 했다. 그 때는 미국인들 모두가 일본에 대해 알고 싶어 했고 일본을 좋아했다.[70] 어쨌든 청일전쟁은 일본국민에게 눈에 보이는 큰 이익을 안겨 주었다.[71]

청일전쟁에서 승리한 후 일본은 더욱 더 깊이 조선의 내정에 간섭할 수 있게 되었다. 1895년에는 이미 총 40명의 일본인 자문관들이 한국 정부 내에 배치되었다. 일본은 조선을 명분상의 독립국으로 유지시키면서 조선의 내정과 외교에 적극 개입하여 사실상 보호국 또는 식민지화한다는 전략을 채택했다.[72] 1895년 초 이노우에 공사는 일본인을 관세감독관으로 채용한다는 조건으로 일본이 조선정부에 대규모 차관을 제공하겠다는 제의를 하였다. 그것은 영국이 이집트에서 경제적인 침투를 하고 그것을 지렛대로 하여 더 깊숙하게 정치적

---

69 Walter LaFeber, 앞의 책, 1998, p. 49.

70 위의 책, p. 50.

71 S. C. M. Paine, 앞의 책, 2017, pp. 17-18. 청일전쟁의 승리로 청으로부터 받은 배상금 3억 냥은 일본 돈 4억 엔 이상이었다. 1895년경 일본의 1년 예산은 1억 엔 내외였으므로 배상금 규모는 약 4년치 예산에 해당했다. 일본인들은 전쟁을 남는 장사로 인식하게 되었다.

72 신명호, 앞의 책, 2014, 405쪽.

인 관여를 할 수 있게 되는 '이집트화(Egyptianize)'를 모델로 한 구상이었다. 그러나 일본에게는 조선을 '이집트화'할 수 있는 충분한 자본도 없었고, 주한 외교단도 일본의 의도가 '최혜국대우 조항'을 위반하는 것으로 반대했다. 요동반도에 관한 삼국간섭의 간접적인 영향으로 일본의 최초의 보호국화 시도는 좌절되었다.[73] 이후 이노우에는 돌연 소환되고 미우라가 공사로 부임하여 명성황후 암살을 자행했다. 명성황후 암살은 암살이라기보다는 그저 일본식으로 '살해'한 것이다. 명성황후 살해사건 이후 고종은 러시아공사관으로 피신한다. 1896년 2월 아관파천 직후부터 2년간은 조선에서 영향권을 재설정하는 것이 조선에 대한 일본 외교의 핵심이 되었다.[74] 조선의 이집트화 구상 실패 후 일본은 조선(대한제국)에서의 이권 확보 경쟁을 계속함으로써 러일전쟁 직전까지는 한국에서의 경제적 헤게모니를 다시 회복했다. 한국의 주요 지역의 증가된 일본거류민을 이용하여 촘촘하게 연계된 경제적 연계망을 구축할 수 있었다. 1899년 5월 경인선철도 매입을 시작으로 해서 1904년까지 일본은 조선의 모든 철도건설을 장악했다. 한국은 더 이상 일본의 심장을 겨누는 단도가 아니라 일본의 주머니에 막대한 이익을 채워주는 복덩어리가 되었다.[75] 한국 내 간선철도 부설권을 확보하여 일단 '한국의 이집트화'가 목전에 임박하자 일본은 영국이 이집트에서 했던 것보다 더 직접적인 방법으로 '이집트화'를 완결 지으려 했다.[76] 그것은 한국을 보호국으로 만드는 것이었다. 이

---

73 Peter Duus, 앞의 책, 1998, pp. 91-97.
74 위의 책, p. 119.
75 위의 책, pp. 134-157. 만주철도 부설권이나 철도관리권을 놓고 일본과 러시아가 전쟁을 할 정도이니 한국 내 철도에 대한 지배가 어떤 의미인지는 자명해진다.
76 위의 책, p. 168.

토 히로부미는 러일전쟁 직전에 영국공사관의 어니스트 사토우(Ernest Mason Satow · 1843-1929)에게[77] "한국은 스스로 개혁할 능력이 없다. 조선이 독립한다는 생각은 실현 불가능하다. 조선은 병합되든가 아니면 가장 강한 나라의 보호국이 되어야 한다."고 말했다.[78]

청일전쟁에서 승리한 일본에게 조선에 대한 완전한 지배권을 확립하는 데에 대한 장애물은 러시아만 남게 되었다. 일본은 전쟁 없이 한국문제를 타협하는 세 가지 옵션, 즉 한반도의 분할, 국제적인 보장에 의한 한국의 중립화, 그리고 만주와 한국 교환(만한교환) 방안에 관해 협의했다.[79] 그러나 조선에서 러시아의 유리한 지위는 단기간에 너무 간단히 사라졌다. 러시아의 이권은 대부분 조선에 주재하는 현지외교 사절의 적극적인 활동으로 획득한 것이었다. 러시아 본국에서는 조선에 대한 이권보다는 중국 만주에서의 이권 확보가 훨씬 큰 관심사였다. 1898년 3월 러시아는 이홍장에게 뇌물을 주고 여순에 대한 25년간의 조차권과 동청철도지선 부설권을 얻었다. 만주에서의 새로운 이권은 조선에서의 이권과는 비교가 될 수 없는 것이었다. 그 직후 러시아는 조선에서 재정고문과 군사고문관들을 철수시켰다. 결국 러시아는 일본의 반발을 무마하고 만주에서의 더 큰 새로운 이권을 안전하게 확보하기 위해서 조선에서 일본과의 과도한 경쟁을 피한 것이다.[80]

---

77 메이지 유신 전야의 일본 사회에 관한 견문록을 기록한 것이 『사토우 일기』로 출간되었다.

78 위의 책, pp. 171-172.

79 위의 책, p. 73. 러일 간 한반도 분단에 관한 협상은 후반부 한반도 분단 부분에서 설명 예정이다.

80 위의 책, p. 125. 1898년 1월 초 일본의 주러공사 하야시 다다스(林董)는 "러시아는 일본과 마찰을 빚을 의사가 없으며, 일본이 조선에서 러시아보다 더 큰 이권이 있다는 것을 인정한다는 입장을 분명히 했다"고 보고했다. 하야시는 러시아의 이러한 태도가 "친구를 더 많이 만들 수 없을 때는 적의 숫자를 줄이는 게 낫다"는 전략을 구사하는 것이라고 말했다.

1898년 4월 일본의 니시 외상과 로젠 주일 러시아공사는 조선의 독립을 확인하고 조선의 내정에 간섭하지 않는다는 것, 상대방에 대한 사전 통보 없이는 군사교관이나 재정고문을 파견하지 않는다는 데에 합의했다. 이른바 니시-로젠 협정이다. 그것은 러시아가 조선에서 일본의 경제적 권익을 인정했다는 점에서 가쓰라·태프트 밀약의 예고편이었다.[81] 그 사이에 조선은 1897년 10월 12일 대한제국을 선포하였다. 러시아와 일본이 조선의 내정불간섭 원칙에 합의한 수년간 숨 돌릴 수 있는 막간의 여유가 있었다. 그러나 대한제국이 모르는 가운데 일본은 조선 보호국화를 착착 진행하고 있었다. 1902년의 영일동맹에서 영국은 조선에 대한 일본의 특별한 이익을 인정했다. 한편 미국의 시어도어 루스벨트 대통령은 조선의 운명을 봉인하는 거래를 일본과 했다. 한국이 어려울 때 미국이 도와주겠다고 약속한 1882년 조미수호통상조약의 중재조항은 아무런 의미가 없었다. 1904년 1월 일본은 미국으로부터 러시아와 전쟁을 일으킬 경우 '우호적 중립'을 지키겠다는 약속을 받아냈다.[82] 1905년 7월 미국의 태프트 국무장관과 일본의 가쓰라 총리가 동경에서 조선과 필리핀 지배권을 놓고 밀약을 맺었다. 이 밀약은 의회비준 절차를 피하기 위하여 행정협정 형식으로 했으며 그로부터 20년 뒤에 태프트의 회고록으로 밝혀지기 전까지는 비밀로 유지되었다. 1882년 조선과 수교한 최초의 서구국가가 되었던 미국은 일본의 요청에 의해서 1905년 가장 먼저 조선으로부터 외교사절을 철수하는 나라가 되었다.[83] 나라가 약하면 어제

---

81 위의 책, pp. 125-126.
82 신명호, 앞의 책, 2014, 468쪽.
83 Walter LaFeber, 앞의 책, 1998, pp. 85-86. 태프트와 가쓰라가 밀약을 협의하고 있는 동안 21세의 루스벨트 대통령의 딸 앨리스(Alice)는 태프트와

의 우호국들은 모두가 도둑의 협조자로 돌변한다. 이제 영국과 미국이 간섭하지 않는다는 조건이 마련되었으니 일본은 러시아만 제거하면 조선을 마음대로 요리할 수 있게 되었다.[84] 조선의 운명은 일본이 주장하고 관련 강국들이 어떻게 반응하느냐에 따라 좌우되었다. 이런 경우에는 '조선멸시관'은 그 자체가 아무런 의미가 없는 것이었다. 그것이 국제사회의 상식이 되었기 때문이다.

일본은 러일전쟁에서의 승리로 당장 조선을 독점할 수 있는 권리를 차지했다. 그러나 그 승리는 일본의 군사전략이 국가전략을 끌고 나가는 단서가 되었다.[85] 이후 일본의 모든 전략적 환상은 러일전쟁의 승리에 대한 기억에서 기원했다. 그러나 그 승리는 전쟁 당시에는 막대한 희생과 비용을 치른 '피로스 왕의 승리(Pyrrhic victory)'[86]였고, 그 부정적인 후과가 되풀이되는 '카드모스의 승리(Cadmean victory)'[87]라는 결과가 되었다.[88] 일본인들은 오다 노부나가의 오케하자마(桶狹間) 전

같이 일본에 온 김에 조선을 방문하여 서울에서 조선 조정으로부터 공주와 같은 대접을 받고 있었다.

84 위의 책, p.76.

85 야마다 아키라(山田郎), 윤현명 옮김, 『일본, 군비확장의 역사-일본군의 팽창과 붕괴』, 어문학사, 2019, 37-57쪽.

86 BC 279, 에피루스의 왕 피로스가 로마군과 싸워 이기긴 이겼으나 희생 (casualty)이 너무 커서 결국 망하게 되었다는 고사에서 따온 이야기. 승리의 대가가 너무 커서 사실상 패배라는 의미. 러일전쟁을 지칭한다.

87 그리스 전설상의 테베 건국자인 카드모스왕이 용을 죽였으나 죽은 용의 비늘이 다시 병사가 되어 카드모스왕의 병사들을 다 죽였다고 한다. 승리는 했으나 그 후의 대가가 너무 커서 사실상 패배라는 의미로 미국의 이라크전 같은 사례가 이에 해당된다.

88 Marius B. Jansen, "Japanese Imperialism: Late Meiji Perspectives", in Ramon H. Myers ed., *The Japanese Colonial Empire, 1895-1945*, Princeton University Press, N.J., 1984, p.66. 러일전쟁 이후에 러시아의 복원력이 하도 빨라서 전쟁에서 패한 쪽이 러시아가 아니라 오히려 일본이라고 생각될 수 있을 정도였다.

투[89]와 같은 무모한 작전의 성공은 우연한 행운이었다고 간주하고 다시는 그런 식의 군사작전을 하지 않았다는 유명한 교훈을 망각해 버렸다. 일본은 영국과 미국의 지지를 바탕으로 1904년 2월 23일 사실상 보호조약인 한일의정서를 맺고 1905년 11월 17일에는 을사보호조약을 맺는다. '화란(禍亂)을 불러오는 한국'을 안정시켜서 일본을 외침으로부터 방어한다는 일본의 당초 안보의식은 일본이 제국을 자처하며 먼저 한국을 확보하여 동양의 패권자가 되겠다는 더 큰 목표로 바뀌었다. 한반도 병합은 일본의 제국주의적 성장을 위한 출발점이며 기반이었다.[90]

일본근대화론자인 잰슨(Marius B. Jansen)은 일본의 제국주의는 그 당시의 세계적 흐름에 따른 자연스러운 귀결이라고 옹호했다.[91] 그러나 일본의 제국주의는 서구식 제국주의라기보다는 러시아의 제국주의와 더 닮았다. 일본과 마찬가지로 19세기 러시아도 국경지역에서 서구국가들이 식민지를 확대하는 것을 우려하고 있었다. 러시아도 마찬가지로 서구에 대한 문화적 정치적 열등감을 가지고 있었다. 러시아도 범민족주의(범슬라브주의)를 내세워 인근지역인 발칸반도와 동북아시아 침투를 정당화했다. 러시아도 농업경제 상태였다. 따라서 영역확장을 위해서 국가자본에 의지할 수밖에 없었다. 19세기 제국주의를 '발전된(advanced)' 제국주의와 '낙후된(backward)' 제국주의로 분류

---

89 1560년 6월 오다 노부나가가 약 2천의 병력으로 이마카와 요시모토(今川義本·총 병력 2만 5천-4만 5천)의 본진(5천-6천)을 급습해서 이마카와의 목을 베고 승리한 전투. 적은 숫자로 대병력을 이긴 전설적인 전투로 기록되어 있다. 오케하자마는 지금의 아이치현 나고야시 인근의 옛 지명이다.

90 전상숙, 『한국인의 근대국가관 '민주공화국' 재고: 식민지시기 국가의 이중성과 민족문제의 상관관계를 중심으로』, 도서출판 선인, 2017, 96-97쪽.

91 Marius B. Jansen, 앞의 책, 1984, p. 70.

할 경우 일본은 후자의 모델이 될 것이다.[92] 일본 제국주의의 특징은 산업화를 이루기도 전에 시작되었다는 것이다.[93] 그리고 그것은 서구 선발 제국주의와 같은 '사명 이데올로기'도 없었고, 단지 '아시아 멸시관'과 '일본민족의 우월의식'을 바탕으로 타민족을 열등한 하위의 계층으로 간주하는 '천황제 민족 질서'라는 억압체제였다.[94] 철저한 자기 이익중심주의로 피지배자를 탄압하기만 했다. 식민지지배에 관한 일본의 이론적, 혹은 꿈의 모델은 영국의 이집트 지배였다. 이집트화라는 말의 매력에 이끌렸다. 그러나 실제로는 시작부터 끝까지 대만이 조선 침략과 지배의 선도 모델이 되었다. 그것은 제국주의자로서의 여유조차도 가질 형편이 되지 못했기 때문이었다. 또 한 가지 특징을 더하자면 일본의 식민지는 이민정착형 식민지라기보다는 오히려 전쟁으로 획득한 점령지 식민지였다.[95] 전쟁을 통한 점령지 개념이었기 때문에 당장의 경제적인 이익을 추구하는 데 몰두했다.[96] 지배의 명분과 실제가 서로 모순되는 자기 모순적인 실상이 노출되었다.[97]

---

92 Peter Duus, 앞의 책, 1998, p.438; Mark R. Peattie, "Introduction", in Ramon H. Myers ed., *The Japanese Colonial Empire, 1895–1945*, Princeton University Press, N.J., 1984, pp.3–7.

93 Marius B. Jansen, 앞의 책, 1984, p.78.

94 하종문, 앞의 책, 2020, 29쪽.

95 Ramon H. Myers ed., *The Japanese Colonail Empire 1895–1945*, Princeton University Press, N.J., 1984, p.7.

96 Mark R. Piattie, "Japanese Attirudes Toward Colonialism, 1895–1945", in Ramon H. Myers Ed., *The Japanese Colonial Empire, 1895–1945*, Princeton University Press, N.J., 1984, pp.90–92.

97 전상숙, 앞의 책, 2017, 112–113쪽. 일본은 대만을 할양받을 당시 식민지지배에 대한 준비가 되어 있지 않았기 때문에 많은 시행착오와 원주민 희생을 초래했다. 이른바 '육삼법'이라는 법률 제63호 '대만에서 시행할 법령에 관한 법률'은 대만을 메이지헌법이 시행되지 않는 '이역(異域)'으로 설정했다. '이역' 대만을 지배하는 방식은 당초와는 전혀 다른 (해군)무관전임제 식민지 통치체제로 귀결되었다.

1910년 일본의 조선 병합은 정치와 경제가 서로 연결된 과정의 결과였다. 정치적인 것은 일본이 점차 영향력과 지배력을 확장하는 과정이다. 경제적으로는 이름 없는 수많은 일본상인과 체류자, 정착자들이 한국시장에 침투하는 과정이다. 이 두 과정은 서로 연결되는 상호보완적 과정이었다. "칼은 주판을 위해 봉사하지만, 그 주판은 원래 그 칼이 만든 것이었다."[98] 일본의 한국침탈에 대해서 다음과 같은 이야기가 있다. "조선해협을 가장 먼저 스파이가 건넜다. 이어서 총포를 둘러멘 병사들이 건넜다. 그리고 주판을 쥔 상인들이 건넜다. 괭이를 짊어진 농부들도 건넜다."[99] 일본의 식민지 경영은 자국 농민의 이주를 위한 '새로운 땅'을 확보하는 것으로부터 시작되었다. 그 자체가 일본의 식민지정책이 시작부터 잘못되었다는 대표적 사례가 된다. 원래 식민지란 글자 그대로 신천지에 대한 이주정책이었다. 일본인들은 1870년대부터 식민지화라는 의미를 인식하기 시작하였다. 일본의 이민정착형 식민지 개척은 1873년부터 시작된 홋카이도에 대한 이민이 처음이자 마지막이었다.[100] 그러나 조선은 이미 농업인구가 포화상태였기 때문에 농업이민이라는 것은 처음부터 기존의 토지소유주로부터 토지를 빼앗는 것으로 시작할 수밖에 없었다. 이들은 이미 경작하고 있는 토지를 헐값에 사들여서 궁극적으로 조선의 새로운 지주계급이 되었다.[101] 농업이민 외에는 잡역부, 보따리상 등 일본 사회에서 소외된 사람들이 조선으로 몰려갔다. 조선으로 이민 가는 일본인

---

98 Peter Duus, 앞의 책, 1998, pp. 23-24.
99 윤건차, 「식민지 일본인의 정신구조-'제국의식'이란 무엇인가-」, 이형식 편저, 『제국과 식민지의 주변인: 재조일본인의 역사적 전개』, 보고사, 2013, 48쪽. 재인용: 永田稠(나가타 시게시), 『滿洲移民前夜物語』.
100 Mark R. Piattie, 앞의 글, 앞의 책, 1984, pp. 80-81.
101 위의 글, 위의 책, pp. 89-90.

들을 19세기 말 북아프리카의 자그레브지역으로 이주한 가난한 프랑스인들인 '피에 누아르(pieds noirs)'에 비유할 수도 있다. 1500여 년 전에 일본으로 이주해 와서 지배계급이 되었던 고대의 '피에 누아르'의 후손들이 다시 조선에서 '피에 누아르'가 되고 있었다. 세련되고 성숙한 대규모의 산업자본이 아직 성장하지 못한 일본의 민간경제계는 한일 병합 이전부터 주로 사기성 있는 소규모 장사꾼들이 중심이 되어 조선의 경제를 잠식하였다.[102] 일본은 마치 신대륙에 이민을 보냈던 영국의 식민정책처럼 조선으로 농업이민자들을 보냈다. 1920년대 미국이 일본인 이민을 제한하자 대안으로서 조선으로의 일본인 이민을 더욱 확대하게 되었다.[103] 일본정부나 그 앞잡이 노릇을 하는 흑룡회나 각종 협회 같은 민간단체들, 그리고 동양척식회사(동척)가 일본인들이 매우 싼 값으로 용이하게 조선의 토지를 살 수 있다는 것을 선전했다.[104] 동척은 사실상 이민기관이 되었다. 일본에는 이미 1880년대부터 조선의 토지 매입이 유력한 이익사업이라는 것이 널리 알려져 있었다. 토지를 헐값에 매수하는 방법도 일본인들에게는 일반적인 상식이 되어 있었다.[105] 일본인의 조선 토지 입수 경로는 크게 두 가지 방식이 있었다. 하나는 동척이 각종 방법으로 획득한 조선의 토지를 분양받아 이주하는 농업이민이었고 다른 하나는 개별적인 수단으로 헐값에 매입하는 방식이 있었다. 동척은 조선 병합 이전부터 식민지 지

---

102 그런 약탈적 경제침탈 양상은 미국의 남북전쟁 직후 패배한 남부지역을 드나들며 사기행각을 벌인 'carpetbagger(카펫 같은 천으로 만든 가방을 들고 다녔다고 해서 붙은 멸칭)'와 비슷한 것이다.

103 Marius B. Jansen, 앞의 책, 1984, pp. 69-70.

104 최혜주, 앞의 책, 2019, 259쪽. 재인용: 天野誠齊, 『朝鮮渡航案內』, 朝鮮の實利, 1904, 10-13쪽.

105 조경달, 최혜주 옮김, 『식민지 조선과 일본』, 한양대학교 출판부, 2015, 27쪽.

배를 위해서 1908년 설립되었다. 그것은 겉으로는 '합법적인' 절차로 설립한 '국제적인 합작기업'이었다. 동척의 수입은 대부분 대부금 이자, 유가증권 수입, 농지와 산림 수입 등 세 가지였다. 토지를 저당 잡아 돈을 빌려주고는 담보로 잡았던 토지를 거둬들였다.(총독부 전 재무국장의 증언)[106] 1912년 8월 총독부는 토지조사령을 내리고 본격적으로 토지조사를 시작했다. 4조 규정에 의해 '신고'하면 토지소유권을 인정해주지만 그 당시의 농민은 근대법에 관한 경험도 지식도 없었기 때문에 '신고'를 게을리 한 사람이 많았다. 신고를 하지 않은 사람들의 토지는 무주지로 몰수되었다. 그런데 지방의 호족들은 촌락의 공유지까지도 자기의 사유지라고 신고했다. 이들 호족들은 대체로 조선의 옛 관료들이었기 때문에 총독부도 이들을 매수하려는 뜻에서 이런 사람들의 신고에는 특별히 편의를 도모해 주었다. 이렇게 해서 경작자가 토지를 잃고 구 관료의 토지 수탈이 법적으로 공인됐던 것이다. 조선농민의 몰락은 여기에서 시작되었다.

개별적인 '토지 사냥'은 약간의 밑천이 있는 자에게는 당장 큰 이익이 남는 비즈니스였다. 병합되기 훨씬 이전인 1880년대 초에 이미 일본인 거류민의 직업 분포를 보면 절반 이상이 고리대금업자들이었다. 열흘에 10%의 이자를 받는 고리대금업은 이자 수입보다 담보로 잡은 조선인의 토지, 가옥을 압수하는 데 주력했다. 많은 조선인들이 재산과 토지를 빼앗기고 빈민으로 전락했다.[107] 고리대금업자들이 토

---

106 야마베 겐타로(山邊健太郎), 최혜주 옮김, 『일본의 식민지 조선통치 해부: 일본의 역사학자 야마베 겐타로가 진술한 일본 식민지 조선 통치 보고서』, 어문학사, 2011, 45–49쪽. 동척은 한일병합 직후인 1910년부터 일본으로부터 농업 이민을 모집하여 1926년까지 17회에 걸쳐 9096호의 농가를 조선에 이주시켰다.

107 유선영, 『식민지 트라우마: 한국 사회 집단 불안의 기원을 찾아서』, 푸른역

지를 편취하는 '기술'은 이미 일본의 농촌에서 '약탈자'나 '피약탈자'로서 경험했기 때문에 일본인들은 이 분야의 도사들이었다.[108] 조선의 쌀농사가 조선에서의 주식이익률보다 유리했다고 하니 조선은 지주의 천국이었다. 땅값은 아주 싸고 쌀의 가격은 조선의 수요공급에 관계없이 일본의 시가에 따라서 결정되었기 때문이다.[109] 윤치호도 일기에서 수차례에 걸쳐 일본인의 토지매입 수법과 그 매수규모가 증가하는 것을 우려했다.[110] 1921년 3월 26일자 일기에는 일본인들이 순진한 조선 농민들을 대상으로 사실상 토지매입 사기를 치는 수법이 소개되어 있다.[111] 별 볼일 없는 일본인이 조선에 건너오자마자 뛰어난

사, 2017, 24쪽 재인용: 高崎司宗 20-25.

108 야마베 겐타로(山邊健太郞), 앞의 책, 62-65쪽. "조선인이 토지를 저당해서 일본인 대금업자로부터 돈을 빌리는 경우 그 변제 기한은 대개는 100일 이내였다. 변제 기일이 되면 일본인 대금업자는 시계의 바늘을 한 시간쯤 앞으로 당겨 놓는다. 조선인이 돈을 갚으러 오면 시간이 지났다고 해서 저당을 유실시켜버리는 좀처럼 생각할 수 없는 일들이 일어나고 있었다. 또는 토지매수라고 해도 그것은 보통 일반적인 매입이 아니고 허리에 권총과 망원경을 가지고 토지를 사러 다니는 것이다. 이런 방법은 일본 관리가 사용한 방법이다. 휴일에 망원경을 가지고 산언덕 위에 올라가서 마음에 드는 토지를 망원경으로 발견하면, 그곳에 아무개 소유의 말뚝을 세우고 사방에 새끼줄을 쳐 놓는다. 만약 소유자가 신고해오지 않으면 대체로 말뚝을 세운 사람의 소유가 되고 만다. 이런 거짓말 같은 이야기는 모두 당시 경험자들의 말로 지금도 기록에 남아 있다고 한다. 이런 이야기들은 모두 일본인 학자나 경험자들에 의해서 기록되고 전해지는 이야기들이다."

109 위의 책, 160쪽.

110 윤치호 지음, 김상태 역, 『물 수 없다면 짖지도 마라: 윤치호 일기로 보는 식민지 시기 역사』, 산처럼, 2001, 168쪽. 일본인 농업이민자의 두 배 이상의 한국인 농민이 토지에서 쫓겨나고 있다.(1920년 1월 2일자 일기) 같은 책, 195쪽. (같은 해 8월 1일자) 수리조합의 토지 수용권을 핑계로 값나가는 농경지들을 빼앗고, 일본인 농민들을 위해 조선인 수백 가구를 만주로 내몰고 있다.
같은 책, 230쪽. (1921년 1월 26일자) 농지세가 급등하고 땅값은 폭락하여 저당 잡힌 토지를 찾을 수 없게 된다.
같은 책, 204-205쪽. (9월 16일자) 쌀가격의 폭락과 통화량 축소 정책으로 농경지와 임야 가격이 헐값으로 하락해서 일본인들이 조선을 굉장히 싸게 사들인다.

111 위의 책, 242쪽. "일본인이 조선인의 토지를 강탈하려고 애용하는 방법 중

장사 수완을 발휘할 수 있었던 것은 그들이 피지배 지역에 있었기 때문이었다. 그들에게는 조선이 "천국과 같았다." 그들은 일본의 제국주의적 정책에 자진하여 협력하고, 조선인에 대한 차별을 통해 자기의 자존심을 확인하려고 했다. 그들은 '제국의식'의 포로들이었다. 그래서 "조선에 있는 일본인들이 일본에 있는 일본인들과 매우 다르다"고 했다. "일본의 식민지 관료 중 고상한 인격자들은 거의 없고, 대부분은 인격 열등자들이다"라는 차이나 프레스 특파원의 보도도 있었다. 식민지 일본 관료들은 후한 임금을 받아 상당한 재산을 모아서 관리 노릇을 하면서 고리대금업을 부업으로 삼는 자들도 있었다.[112] 재조선 일본인 수는 1871년 54명에서 1905년에 42,460명으로 늘어나고 1910년 171,543명으로 급증했다.[113] 식민지 조선은 프랑스 지배하에 있던 알제리를 제외하고는 세계 최대의 이주식민지가 되었다. 1920년에 40만 명, 패전 시에는 약 80만 명에 달하는 일본인이 조선에 거주했다.[114]

동척의 영업과 일본인의 토지 점유를 단순한 상업적 개발투자였다고 주장하는 한국인 학자들이 있다. 식민지근대화론자로 불리는 그들은 한마디로 말하면 일본식 프레임 또는 일본인을 거쳐서 더 조

의 하나는, 총독부나 어느 큰 회사가 그 땅을 징발할 거라는 구실로 땅 한 귀퉁이를 차지하는 것이다. 이에 어리숙한 땅 주인들은 왈칵 겁을 집어먹는다. 그런 다음 일본인은 조선인의 땅을 시세의 10분의 1이 될까 말까 한 가격에 매입하려고 중개인으로 끼어들거나, 직접 겁에 질린 조선인과 터놓고 협상에 들어간다. 이렇게 되면 조선인은 조금이라도 건진 걸 그나마 다행이라고 여기며 자기 땅을 팔아넘길 수밖에 없다. 일본인이 이런 방식으로 조선인들의 땅을 얼마만큼이나 빼앗았는지 아는 사람은 아무도 없다."

112 윤건차, 앞의 글, 앞의 책, 2013, 53-55쪽. (1910년) 제26회 제국의회중의 원속기록.
113 위의 글, 위의 책, 47쪽.
114 위의 글, 위의 책, 16쪽.

악하게 변형된 미국의 근대화론에 맹종하는 학문적 피지배자라고 할 수 있다. 어쨌든 법적 형식과 절차는 갖추었기 때문에 토지대장이나 매매기록은 언제나 합법적인 기록으로 남아있다. 식민지시기에 쌀이 증산되었다는 것 자체가 농민들에게는 반드시 '좋은 일'은 아니었다. 그것은 지주계층이나 일본의 쌀소비자에게 이익이 돌아가는 것이었다.[115] 산미증산계획은 1918년 일본에서 일어났던 쌀 소동 후의 미곡 대책으로부터 시작된 것이고, 조선인을 위해서 한 것은 아니다. 그것은 쌀을 증산해서 일본에 보다 많이 이출하기 위한 계획이었다.[116] 그렇기 때문에 산미증산계획은 언제나 일본 사정에 의해 좌우되었다. 그것이 조선 농가경제의 향상을 목적으로 한다고 하는 총독부의 주장은 허구였다. 1932년경부터 일본의 쌀값을 유지하기 위해 조선과 대만으로부터의 쌀수입을 억제하라는 요구가 일본의 지주들 사이에서 일어났다. 이에 따라 1934년 산미증산계획 그 자체가 중지되었다. 산미증산계획으로 돈벌이를 한 것은 쌀의 수출상, 좁쌀 수입상, 그리고 특권회사인 조선토지개량주식회사와 이 회사의 공사를 청부한 토건업자, 이자를 받고 돈을 토지개량회사에 빌려준 조선식산은행과 동척이었다. 반면에 손해를 본 것은 흔히 수세라고 불리는 수리조합비를 낸 농민과 개량공사의 수익자 부담이라는 명목으로 부담금을 낸 농민들이었다. 이들 수세와 부담금은 조합을 지배하고 있는 일본인 지주가 대체로 조선인에게 전가해 버렸기 때문이다. 이 부담금을 지불하기 위해 조선인 소지주는 오히려 그 토지까지 팔지 않으면

---

115 야마베 겐타로(山邊健太郎), 앞의 책, 150쪽.
116 위의 책, 155-156쪽. 계획상으로는 약 1,000만 석의 쌀을 일본에 보낼 예정이었다.

안 되었다. 이것이 산미증산계획의 결말이었다. 조선에서 면화 재배는 그 경작면적과 수확고가 다같이 늘어나 있다. 그러나 면화증산의 내막에는 무서운 권력의 강제가 있었다. 면화를 재배하지 않고 보리나 콩을 심는 농가는 총독부가 헌병이나 순사까지 동원해서 강제로 발로 밟아 쓰러뜨렸다.[117] 조선에서는 여론이라는 것 자체를 신경 쓸 필요가 없었기 때문에 일본에서는 시행하기가 상대적으로 어려웠던 통제적 경제시스템은 식민지 조선에서 시작되었다. 조선에서의 경험은 총력전체제 형성에서 하나의 모델케이스가 되었다.[118] 압록강 전력 개발을 베이스로 흥남에 전력과 화학공업을 결합한 거대 콤비나트를 신속하게 건설할 수 있었다.[119] 그것은 중국 침략에 필요한 군수산업을 위한 것이었다.[120]

『소용돌이의 한국정치』의 저자인 그레고리 핸더슨(Gregory Handerson)은 전쟁 수행을 위한 경제적 군사적 지원을 한국인으로부터 쥐어짜내는 정책을 '식민지 전체주의'라고 표현했다.[121] 식민지 조선은 이민과

---

117 위의 책, 160-161쪽.
118 야마모토 요시타카(山本義隆), 서의동 옮김, 『일본과학기술 총력전-근대 150년 체제의 파탄』, AK커뮤니케이션, 2019, 194쪽.
119 위의 책, 197쪽.
120 위의 책, 200쪽.
121 Mark R. Piattie, 앞의 글, 앞의 책, 1984, p. 122; Walter LaFeber, 앞의 책, 1998, p. 94. 1914년에 와서는 일본의 연간 예산의 반 가까이가 군사비나 전쟁채무 상환비용에 충당되고 있었다. 어떤 역사가는 일본이 군사정부와 민간정부라는 두 개의 정부를 운영하고 있다고 말했다; 서정익, 『일본근대경제사』, 혜안, 2003, 200쪽. 군사비지출은 1910년에 이미 세출의 30%를 넘어섰고 그 이후 1931년까지 꾸준하게 그 수준을 유지하였다. 국가총생산(GNE)에서 군사비가 차지하는 비중은 3-4% 수준을 유지하였다.
같은 책, 315쪽. 일본의 한국강점이 한창이던 1930년대에서 1945년 패전시까지 군사비는 거의 10배 이상으로 불어났다. 그에 따라 연간 국채발행액은 12배 이상으로, 통화량은 30배로 늘고 통제경제와 배급제에도 불구하고 공식적인 물가는 3배 이상으로 올랐다. 사실 물가상승 통계는 의미가 없는 것이었다. 그 사이 병력 수는 700만 명 이상으로 늘어나 있었다.

경제적 이익, 무역 등 모든 면에서 착취당하는 대상에 지나지 않았다. 경제학에서 말하는 '모든 조건이 같았을 때(Ceteris Paribus)'에도 1910년부터 1945년까지의 조선이 식민지 상태의 상황보다 못했을 것이라고 단정할 수 있는 근거는 없다. 오직 일본의 식민지지배를 합리화하는 시각에서 보았을 때 "조선이 근대화되었다"는 자기합리화 논리에 불과할 뿐이다.[122] 1937년부터 1939년까지 조선과 일본의 무역에서 조선의 대일 수입은 전체 수입의 85% 전후, 대일 수출도 85% 전후를 차지하고 있었다.[123] 경제적인 측면에서는 일본과 조선 등 식민지 관계는 영국, 프랑스의 아시아식민지와의 관계보다 훨씬 밀접했다. 지배받는 쪽에서 보면 옴짝달싹할 수 없는 종속된 위계적 관계였다. 일본제국의 힘은 바로 식민지로부터 나왔다고 할 수 있다.[124] 일본이 식민지에게 혜택을 준 것은 아니었다. 일본과 식민지 조선의 관계는 유럽과 식민지 간의 관계와는 전혀 다른 형태를 띠고 있다. 그것은 일본 제국주의의 영토 팽창이 인근국을 대상으로 했다는 것이다. 일본과 식민지 사이의 인종적, 문화적 유사성으로 인해 궁극적으로 일본의 식민지는 별개의 존재가 아니라 일본화되어야 한다고 하면서 '동화(同化)'라는 말이 식민지정책의 중심이 되었다.[125] 동화정책의 원형은

---

122 '근대화론'의 정체에 관해서는 이 장의 뒷부분과 미국의 아시아정책 부분에서 설명할 예정이다.

123 요즘의 북한-중국간 무역 실태와 비슷하다.

124 가토 요코(加藤陽子), 양지연 옮김, 『왜 전쟁까지: 일본제국주의의 논리와 '세계의 길' 사이에서(戦争まで: 歴史を決めた交渉と日本の失敗 2016)』, 사계절, 2018, 52-53쪽. 대만도 마찬가지 수준이었다. 반면 말레이시아의 대영국의 무역은 수입이 15% 내외, 수출이 10% 내외였다. 인도는 영국에 대한 수입과 수출이 약 30% 정도였다. 프랑스령 인도차이나는 대프랑스 무역이 약 50-55%, 네덜란드령 동인도(인도네시아)는 대네덜란드 무역이 약 20% 내외였다.

125 Mark R. Piattie, 앞의 글, 앞의 책, 1984, p.96.

홋카이도의 아이누나 류큐(오키나와)에 대한 정책에서 시작되어 '대동아 공영권'에 이르렀다. 그 실상은 세계적으로도 유례를 찾기 힘들 정도로 민중 탄압과 민족 말살의 성격을 지니게 되었다.[126] 식민지정책이라는 것은 단지 조선이 영원히 일본에게 지배당해야 할 것이라는 논리를 만들고 그것을 한국인과 일본인, 그리고 국제사회에 주입시키는 것이 급선무가 되었다. 한국사에 대한 왜곡된 기술이 바로 그 대표적인 사례이다. 그 말도 안 되는 대본을 가지고 스토리를 만들고 또 그것을 이데올로기처럼 포장하는 것은 쉬운 일은 아니었을 것이다. 더구나 한국 사람은 일본인처럼 그렇게 권력이 말하는 것에 잠자코 '열심히' 순응하는 사람들이 아니었다. 누구나 다 자기 의견이 있고 생각이 있었다. 그것이 일본인의 눈에는 핑계가 많고 거짓말을 하고 말을 잘 안 듣는 불성실함으로 비춰지는 것이다. 원래 정부권력이 말 같은 얘기를 해야 백성은 잠자코 자기 일을 하고, 정부의 지시나 유도를 잘 따르게 되는 법이다. 일본처럼 오랜 세월 잔혹하게 탄압해야만, 권력이 무슨 말을 하든 무슨 짓을 하든 백성이 순응하는 체질로 변한다. 그런데 한국 사람들은 최소한 왕도 잘못하면 쫓겨난다는 것으로 알고 있는 사람들이었다. 일본식 권력은 그런 사람들의 마음을 잡거나 순응할 수 있게 만들 능력이 없었다.

일본의 식민지정책은 그 제도 자체가 기만적이고 차별적이었다. 합방이란 나라를 합친다는 의미지만 당시의 식민지 조선과 일본은 법체계상 별개의 나라나 마찬가지였다. 조선은 천황의 직속관할지 형태로서 정부도 다르고 예산은 분리되어 있었으며, 법률 자체가 달랐다.

---

126 나가하라 게이지(永原慶二), 하종문 옮김, 『20세기 일본의 역사학』, 삼천리, 2011, 285쪽.

한일 간 거주이전은 제한되어 있고(사실상의 비자가 필요했다) 화폐제도도 별개였다. 다만 조선은행권도 '엔'을 기본단위로 하는 일본은행권과 일 대 일의 고정비율로 자유교환이 보증되었다.[127] 심지어는 언론과 학문에 대한 검열제도도 달랐다. 그래서 모든 것은 강제로부터 시작되어 탄압과 처벌로 끝날 수밖에 없었다. 한마디로 말하자면 일본은 조선을 식민지로 통치할 수 있는 제국의 여력이 없이 제국주의자 노릇을 함으로써 그 부정적인 후유증을 지우기 어려울 정도로 깊게 남겨놓게 된다. 미국의 역사학자 마크 피아티(Mark R. Piattie)는 일본의 점령지 지배는 사악하고 잔혹한 행위로 점철되어 있다고 했다.[128] 그는 일본의 식민지동화정책은 모두가 그 시작서부터 왜곡되고 오히려 부작용과 저항을 초래했다고 평가했다. 첫째, 동문동종(同文同種) 원칙은 적극적이고 철저한 일본화정책의 근거로 변질되었다. 둘째, 일시동인(一視同仁) 원칙은 평등한 권리 보장보다는 평등한 의무만을 강조하는 개념이 되었다. 셋째, 모두가 천황의 신민이라는 주장은 궁극적으로는 황민화(皇民化) 개념이 되었다. 넷째, 신화에 바탕을 두는 역사 왜곡은 일본의 과거 역사를 현재의 식민지관계와 꿰어 맞추는 역사관을 강요했다. 또한 식민지에 이주한 일본인들의 특권적 지위와 오만한 태도가 상호 간의 소통을 가로막고 궁극적으로는 일본의 동화정책 자체를 불가능하게 만들었다는 것이다.[129] 일본의 괴벨스라고 불렸던 어용 언론인 도쿠토미 소호의 궤변에 가까운 언설이나 시라토리 구라키치 같은 역사가들의 신화적 주술 수준의 역사학으로는 한국인들을

---

127 서정익, 앞의 책, 2003, 340쪽.
128 Mark R. Piattie, 앞의 글, 앞의 책, 1984, p. 93.
129 위의 글, 위의 책, pp. 97-98.

세뇌시키는 것도 어려웠고, 국제사회에 대한 거창한 프로파간다도 일시적이었다. 일본 국민들마저 패전 당일 내팽개쳐 버릴 정도의 유치한 이데올로기는 오직 폭력에 의해서 표면적인 순응을 확인할 수 있을 뿐이었다. 피아티는 "식민지정부 관리들의 고압적인 태도와 억압은 도쿠가와 막부시대의 봉건적 압제를 재현하는 것 같았다. 문화적으로 일본인보다 앞서있다고 생각하는 한국인은 일본인을 인종적으로 문화적으로 멸시함으로써 일시동인(一視同仁)정책 자체를 무기력하게 만들었다. 오히려 토지소유에 있어서 한국인의 평등한 권리를 부정함으로써 한국인의 반발을 자극하고, 한국인의의 첨예한 인종적 민족적 정체성에 대한 인식을 강화시켰다. 그러한 요인이 3·1운동의 원인이 되었다"고 보았다.[130] 조선총독부는 순응과 복종을 강요하기 위해서 1936년 12월 12일에 조선사상범보호관찰령을 공포했다. 이것은 기소유예나 집행유예, 가출옥, 만기출옥을 하더라도 치안유지법 위반자의 경우는 보호관찰을 한다는 것이었다. 전국 7개소에 보호관찰소를 설치했다.[131] 보호관찰제도는 해방 후에도 한국의 형법으로 이어져온 악법 중의 하나였다.

2. 정부 주도의 정한론과 혐한의 대중화

메이지시대의 혐한 프로파간다가 이전과 다른 것은 대중적인 국민교육 시스템을 통해서 그것을 의도적으로 조직적으로 민중 속으로

---

130 위의 글, 위의 책, p.105.
131 조경달, 앞의 책, 2015, 222쪽.

전파시켰다는 것이다.[132] 일본의 우익 세력이 떠드는 '혐한'은 메이지 시대 이후 의도적인 교육의 결과였다.[133] 조선역사 연구가 본격적으로 시작되기 전에도 단편적으로 신공황후의 신라정벌 설화 등 일본사서에 기록된 사료를 인용하여 일본의 한반도 진출역사를 날조해 유포했다. 조선은 상고시대부터 일본과 중국에 의해 지배당해 독립한 적이 없으므로 결국 일본의 지배를 받을 수밖에 없다는 논리이다.[134] 역사학자들이 그것을 역사적 사실로 만들었다.[135] 이에나가 사부로(家永三郎)는 그의 저서『태평양전쟁』의 첫머리에서 "중국 침략은 오랜 세월에 걸친 일본인의 왜곡된 대중국의식의 결과였는데 그 왜곡의 원형은 조선에 대한 의식과 정책의 왜곡이었다는 사실에 우선 주목해야 할 것이다"라고 적었다.[136] 그는 후쿠자와 유키치가 아시아에 대한 멸시와 부정적인 편견을 근대 일본인에게 심어놓았다고 비판했다.[137] 일본의 국수주의와 배타적 이데올로기는 국내의 민중지배 방식을 반영하는 것이다. 지배계급의 입장에서 불가촉천민의 존재는 피지배계층이 적어도 '우리는 불가촉천민보다는 낫다'라는 인식을 하게 만드는 상징체계를 제공한다.[138] 차별을 종용하는 배타적인 이데올로기가 일본 사회 전반에 아직 남아있는 것은 지배구조의 기본 구도가 달라지지 않

---

132 琴秉洞,『日本人の朝鮮觀: その光と影』, 明石書店, 東京, 2006, 11쪽.
133 이기용, 앞의 책, 2015, 103쪽.
134 최혜주, 앞의 책, 2019, 53-55쪽.
135 위의 책, 171쪽. 시라토리 구라키치(白鳥庫吉)가 그런 역사왜곡의 원조이다.
136 야스카와 주노스케(安川壽之輔), 앞의 책, 2011, 167쪽.
137 위의 책, 285쪽; 다카하시 소지(高崎宗司), 최혜주 옮김,『일본망언의 계보(妄言の原形)』, 한울, 1996, 14쪽. 후쿠자와 유키치가 조선에 대해서 처음으로 정리된 글을 쓴 것은 1875년 10월 7일자『유빈호치(郵便報知)신문』에 발표한「아시아제국과의 화전(和戰)은 아국의 영욕과 무관함」이다. 같은 해 9월 운양호사건(강화도사건)을 계기로 쓴 것이다.
138 조용래,『천황제 코드』, 논형, 2009, 103쪽.

았기 때문이다.[139] '혐한'을 유도하는 정치공학적 수법은 이러한 국내적인 계급적, 차별적 지배이데올로기의 연장선상에서 작동하고 있는 것이다.

날조와 왜곡은 그것을 만들어내는 자들보다 그것을 듣고 퍼 나르는 자들에 의해 더욱 과장되고 공고화되어 신화가 된다. 아빠의 과장된 소싯적 골목대장 이야기든 학문분야든 정치의 세계든 이런 방식으로 전승된 '사실'은 '진실'로 승격되어 다음 세대로 계승되곤 한다. 앞선 자가 말한 것이나 만들어놓은 이론체계는 그 후학들이 그대로 따르고 그 프레임에 또 새로운 내용을 덧칠한다. 그 새로운 내용을 듣거나 보는 사람들은 그 원형이 무엇이고 어디에서 왔는지도 모르면서 단지 그것을 되풀이한다. '이집트주의'와 같은 제국주의자의 향수나 에드워드 사이드가 그 정체를 해부했던 '오리엔탈리즘'이나 다 그런 과정의 결과였다. 그런 거짓이나 일방적인 인식이 축적되면 마치 조지 오웰의 『1984』의 세계처럼 도대체 무엇이 진실인지 알 수 없게 된다. 조선멸시관도 그러한 과정을 거쳐서 끊임없이 일본대중에게 작용하였다. 모든 이론의 귀결은 일본의 조선 병합은 자연적인 것이고, 합리적이고, 불가피하다는 것이다. 따라서 병합은 제국주의적인 정복이 아니라 민족적인 통합이 된다. 그것은 식민지지배가 정당한 것이라는 논리가 되었다.[140] 20세기 초에는 모든 일본인들이 국제적으로 다원주의가 대세이고 국가 간 경쟁에서 살아남기 위해서는 제국주의적인 팽창이 당연한 노선이라고 생각했다.[141] 현양사와 흑룡회와 같은 반동적 단체와 그

---

139 위의 책, 105쪽.
140 Peter Duus, 앞의 책, 1998, p. 423.
141 S. C. M. Paine, 앞의 책, 2017, p. 66.

와 관련되는 수많은 우익단체들은 용의주도하게 일본의 여론이 쇼비니즘과 징고이즘으로 중독되게 만들었다.[142] 1923년 관동대지진 직후 경찰과 군의 앞잡이 노릇을 하는 애국청년단이 민중의 히스테리를 이용하여 조선인에 대한 조직적인 학살을 자행한 것은 대중의 히스테리와 사회적 불만을 은폐하기 위한 것이었다. 그것은 마치 유대인 학살을 자행함으로써(pograms) 대중의 불만을 부추겼던, 차르러시아 시대의 검은 100인단(the Black Hundreds)의 사례와 같은 것이다.[143] 그만큼 한국인에 대한 이질적인 적대감과 멸시관은 평범한 일본 사람들에게 바이러스처럼 널리 전염되었다.

3. 국제적인 프로파간다

일본인이 서구인으로부터 차별을 받으면 받을수록 일본인은 자신이 보통의 아시아인과는 다른 특별한 아시아인이라는 것을 입증하기 위해서 한국인을 폄하하는 프로파간다를 강화해 갔다. 게으르고 거짓말 잘 하는 부패한 관리들이 다스리는 미개국이라는 조선의 이미지가 일본의 프로파간다에 의해 서구로 퍼져 나갔다. 조선인 아동을 대상으로 해서도 조선 민족을 외부의 힘으로 문명화하고 각성시켜야 한다는 교과서를 만들어 배포했다.[144] 서구는 일본과 중국의 주요 도시에서 발행하는 영자신문을 통해 조선에 관한 정보를 얻었다.[145] 일본은 일본의 시각을 미국에 선전하는 프로파간다를 강화하기 위해 도쿄타임즈

---

142 E. H. Norman, 앞의 글, 앞의 책, 1975, p. 319.
143 위의 글, 위의 책, p. 355.
144 유선영, 앞의 책, 2017, 43쪽.
145 위의 책, 49쪽.

의 미국인 편집장인 에드워드 하우스(Edward H. House)를 고용하여 효과적으로 활용했다.[146] 19세기의 조선은 한국의 수천 년 역사 중 가장 쇠락했던 시기였다. 그 상태에서 서구의 선박들이 출몰하던 지역의 조선의 가장 가난한 외딴 섬에 살고 있는 사람들을 최초로 목격한 목격담을 서구에 소개했고, 일본의 지식인들은 그중 가장 나쁜 것을 서구에 퍼 날랐다. 그래서 미국인이나 유럽인들은 심지어는 조선에 가보지도 않은 사람들도 조선에 대해서 가장 나쁜 평을 하는 것이 일반화되었다.[147] 어느 미국 신문기자는 "한국인이 문명에 도달하는 것은 굴조개가 스스로 껍질을 벗어나 산을 넘어 다른 해변으로 옮기는 것보다 더 어려울 것이다"라고 말했다는 것이 일본에 소개되었다.[148] 이러한 비판의 결론은 언제나 같은 것이었다. 조선은 스스로 개혁하고 문명화할 능력이 없으므로 일본의 지도를 받아야 한다는 것이고, 그것이 일본의 조선 병합과 식민지지배의 정당성 논리가 되었다.[149] 일본의 논리는 프랑스의 북아프리카를 문명화시킨다는 식민지배 논리인 문명화 사명(미시옹 시빌라트리스 · mission civilatrice) 논리와 유사하다.[150] 프랑스의 『일뤼스트라시옹(L'illustration)』지는 1867년 1월 19일자와 26일자에서 연이어 조선을 폄하하는 기사를 싣고 있다. 19일자는 제너럴셔먼호사건이 조선인 해적의 공격인 것처럼 보도했다. 26일자는 조

---

146 Walter LaFeber, 앞의 책, 1998, p.50. 1894년 11월 일본군이 여순을 점령했을 때, "일본군포로들의 머리가 성문에 걸려있는 것을 보고 일본군이 눈에 보이는 것은 닥치는 대로 학살을 감행했다"고 미국의 기자가 보도했다. 그런데 미국인들은 여순학살의 책임을 야만적인 중국인에게로 돌리고, 그 학살을 미군이 경험했던 인디언들의 잔혹행위에 비유했다.
147 김학준, 앞의 책, 2010.
148 최혜주, 앞의 책, 2019, 245쪽. 재인용: 伊藤長次郎, 『韓國及九州談』, 「風俗所感」, 1905, 75쪽.
149 Peter Duus, 앞의 책, 1998, pp.399-400.
150 위의 책, pp.412-413.

선인은 인색하고 욕심이 많으며, 잔인하고, 항상 과음하고 술에 취해 있다고 했다. 조선은 중국의 속국이라고도 했다.[151] 프랑스의 언론이 지구 반대쪽 조선에 대해서 일주일 사이에 두 번이나 기사를 싣는다는 것은 당시로서는 이례적인 일이다. 요즘도 그렇게 흔하지 않을 것이다. 그런데 그 내용에서 동아시아의 해적이 조선인이라는 일본의 프레임 냄새가 난다. 또한 영국의 『일러스트레이트 런던 뉴스(The Illustrated London News)』는 1865년 1월 7일자에서 조선에는 몽골족이 사는데 그 군주는 중국 황제에게, 그리고 때로는 일본 쇼군에게도 조공을 바친다고 보도했다.[152] 1881년 3월 19일자는 신공황후에 관해서 보도했다.[153] 미국의 『하퍼스 위클리(Harper's Weekly)』 1894년 12월 1일자는 영국 육군 포병 대위 아더 리(Arthur H. Lee)의 조선 관찰 기사를 싣고 있다. 그는 조선이 보다 계몽적이고 헌법적 정부인 일본의 지배를 받는 것이 이로우며, 일본이 이집트에서의 영국의 선례를 따른다면 조선에게 이익이 되고 일본 이외의 외세의 영향력을 차단할 수 있다고 주장했다.[154] 이 주간지의 1898년 1월 5일자 기사는 원산의 일본인 마을을 소개하면서 한국의 미래는 일본과 함께할 때 가장 희망적이라고 보도했다.[155] 1895년 10월 프랑스의 몇몇 언론은 거의 동시

---

151 이재정·서윤희, 『19세기 말 20세기 초 서양인이 본 한국』, 국립중앙박물관, 2017, 26-27쪽.

152 위의 책, 56쪽.

153 위의 책, 64쪽. "우리는 최근 E. Reed경이 일본에 관해 쓴 신작을 읽었다. 신비로운 힘을 가진 여제 징고(Jingo) 혹은 진구(Jingu)가 그 주인공이다. 그녀는 일본이 조선을 무력으로 정복할 당시 대부분의 남자 무사를 능가하는 무공을 발휘하였다고 한다. 그래서 일본에서는 이 여전사(Amazonian Lady of Battle)를 국가적인 전쟁 여신으로 숭배한다고 한다. 아마도 같은 맥락에서 영국의 대중적인 우상 숭배의 주문(呪文)인 'By Jingo'가 그녀의 이름을 딴 것이 아닐까 싶다."

154 위의 책, 101-102쪽.

155 위의 책, 143쪽.

에 명성황후 살해사건이 조선군대의 불만세력에 의해서 저질러졌다는 왜곡보도를 하고 있다.[156] 일본의 대미 로비 네트워크는 한국보다 거의 100년이나 앞서서 미국에서 구축되어 한국강점기에는 일본의 한국지배를 정당화하고 미국의 지지 또는 용인을 이끌어내는 역할을 적극적으로 이행했다. 러일전쟁 때 일본이 당시 시어도어 루스벨트 대통령과 하버드 법대 동기인 가네코 겐타로(金子堅太郎 · 1853-1942)를 공개된 '비밀특사'로 보내 루스벨트를 구워삶았다는 이야기는 잘 알려져 있다.[157] 한편 태프트 전 대통령도 참가하고 있던 뉴욕의 재팬소사이어티는 일본의 대미 프로파간다의 중추적인 역할을 했다.[158] 1907년 블랙슬리(George H. Blakeslee · 1871-1954)라는 사람이 일본이 식민지화 작업에 막 착수한 조선과 중국동북부를 처음으로 방문했다. 그때의 인상을 1909년 아메리카정치학회회보에 기고했다. 그는 일본에 의해 식민지화되기 이전의 조선은 "추락한 관료와 무지몽매하고 학정에 시달리는 사람들이 살고 있는 전형적인 오리엔탈의 나라"라고 단정했다.[159] 그가 보스턴 신문에 기고한 한국에 대한 인상도 마찬가지이

---

156 위의 책, 112-117쪽.
157 土屋由香(쓰치야 유카), 『親美日本の構築』, 明石書店, 2011, 93쪽.
158 우치다 다쓰루(內田樹) · 시라이 사토시(白井聰), 정선태 옮김, 『속국/민주주의론: 일본은 미국의 지배에서 벗어날 수 있을까?(屬國民主主義論)』, 모요사, 2018, 59쪽. 재팬소사이어티의 회장이었던 은행가 제이콥 시프(Jacob H. Schiff)라는 유태인이 일본의 러일전쟁 전시국채를 인수했다. 그리고 "러시아의 전시공채는 사지 말라"고 전 세계 유태인 금융네트워크에 지령을 내렸다. 시프는 러일전쟁이 끝난 후 메이지 천황으로부터 최고훈장을 받았다.
159 土屋由香(쓰치야 유카), 앞의 책, 2011, 35쪽. "일본이 조선에 근대적인 정치제도와 철도, 도로, 전보, 전화를 도입하고 공중위생과 교육을 정비하였으며, 산업과 농업을 육성한 덕분에 조선이 근대화, 문명화되고 있는 중이다. 조선인이 부당한 처우를 받는 개별적인 사례가 있기는 하지만, 그것은 일본의 식민지정책의 결점이 아니라 군사적 침공과 함께 들어온 불량자들의 소행인데 미국이 필리핀을 점령했을 때 무법자들 같은 자들의 짓이다. 또한 일본인이 조선인을 인종 차별하는 경우가 있으나 영국인이 인도인을 하대하는 것 같은 인종편견만큼 심한 것은 아니다. 일본인과 조선인은 인종

다.[160] 서구 언론은 대체로 일본의 통감통치와 식민통치를 '선정(善政)' 이라는 일본의 주장 그대로 보도했다. 일본은 자치능력이 결여된 조선 민족성의 결함을 거론했고 빈곤, 불결, 게으름, 교활의 이미지를 생산했다. 열등한 조선을 우월한 일본 문화에 동화시킨다는 문화적 사명론을 전파시켰다. 그것은 아시아판 식민주의 오리엔탈리즘이었다. 서구 여론은 일본이 만들어내는 담론을 그대로 흡수하였다. 서구에서 발행된 한국에 관한 거의 모든 출판물은 일본 정부가 직접 또는 제3자에게 대행시켜 발행한 것들이었다. 세기 말과 20세기 초 일본과 조선을 여행한 서구의 유명 여행가들이 쓴 책들은 일본은 지극히 찬미하면서, 중국과 조선은 야만의 나라로 서술하는 것이 보통이었다. 일본의 유력한 정치인, 관료들이 이들의 조선 방문을 주선하고 제반 편의를 제공하면서 조선의 원시성을 부각시킨 여행기나 보고서를 영어로 출판하는 데 도움을 주었다. 그러나 조선은 아무것도 할 수 없었다.[161] 부르스 커밍스는 인구 규모와 전략적 위치에 비해 한국만큼 서구 문헌에서 적은 관심을 받은 나라도 없다고 평가했다.[162]

적으로 가까우므로 언젠가는 식민지에서 손을 떼게 될 서양제국과는 달리 일본이 조선인을 완전히 동화시키지 못할 것도 아니다." 재인용: George H. Blakeslee, "The Government of Korea," in Proceedings of the American Political Science Association(1909): p. 155, pp. 161-162, Blakeslee Papers.

160 위의 책, 35-36쪽. "하얀 옷을 입고 갓을 쓴 한국인 남성은 거의 자발성(이니셔티브)이란 것은 없다. 그는 온종일 작은 자기 집 앞에 느긋하게 앉아서 긴 장죽으로 조용히 담배를 빨고 있다. 그러한 나른하게 태평한 표정에는 어떤 감정도 보이지 않는다… 수 세기에 걸쳐 학대당하는 동안 그들은 수동적 체념이 몸에 뱄다. 그들에게는 에너지나 노력하고자 하는 것이 전혀 없다. 또한 어떤 일을 하겠다는 능력도 거의 없다." 재인용: George H. Blakeslee, "The Japanese in Korea: Great Reforms Inaugurated, but the People Inspired with Hatred," Boston Evening Transcript(date missing, 1907), Blakeslee Papers.

161 유선영, 앞의 책, 2017, 172쪽.
162 위의 책, 91-97쪽.

4. 한국인의 희생

　메이지 유신 이후 전개된 일본의 대외침략전쟁에서 희생된 일본인, 한국인, 중국인 그리고 여타 아시아인들을 다 합한다면 2천만 명이상이 된다는 것은 이미 잘 알려져 있다. 중일전쟁으로 사망하고 학살된 사람들도 많다. 당시 일본의 식민지이던 조선이 전쟁터가 되지는 않았기 때문에 수십만 수백만이 희생하는 사례는 물론 없었다. 그래서 비교하기를 통해서 빠져나가기를 잘 하는 일본인들은 "뭘 그런 정도를 가지고 그렇게 징징대냐"는 투의 반론을 하거나 그보다 더한, 상처를 더 찢는 저질적 언동을 많이 한다. 그러나 일본의 전쟁제국주의로 인해서 한국인이 경험한 고난의 시간은 최소한 청일전쟁시기인 1894년부터 1945년까지 50년 이상으로서 아시아에서 가장 길고 신체적, 정신적, 물적 피해도 컸다. 동학혁명군 진압을 위해 출병한 일본군의 전사자가 병사자 한 명인데 반해서 수만 명의 동학군을 사살했다고 자랑하는 일본의 공식, 비공식 기록을 감안한다면 그 참상은 눈에 보이지 않아도 짐작할 수 있는 것이다. 특히 청일전쟁으로 입은 조선, 청, 일본의 인명 손실 규모와 내역은 상당히 기형적이라고 한다. 일본군의 전사는 1,132명인데, 병사자는 1만 2,179명(각기병, 말라리아, 콜레라 등), 부상 3,758명으로 총 1만 7,069명이었다. 청의 공식적인 인명 손실은 전사자를 3만 1,500명으로 추정한다. 그런데 동학농민전쟁에서 희생된 조선인은 무려 30만~40만 명에 달한다고 한다.[163] 한국인들에게는 단순히 죽은 사람들의 숫자보다는 아시아의 그 잔혹사

---

163 하종문, 앞의 책, 2020, 142쪽.

의 과정에서 일본이 한국에 행한 군사적 침탈, 정치적, 사회적, 문화적인 자존심의 유린, 신체적, 정신적 피해자들의 기억 등 다양한 유형의 피해와 상처의 기억을 남겨놓았다. 막 독립된 한국이 분단되고, 북한의 남침으로 인한 전쟁을 겪고 그 전쟁의 폐허 위에서 다시 일어서는 동안 피해자들은 달리 호소할 길도 없었다는 현실이 그 아픈 상처를 더욱 더 고통스럽게 만들었다. 그래서 극히 최근에 와서야 피해자들의 권리회복 운동이 일어날 수 있었다.[164] 일본군위안부 피해자들과 강제동원징용 피해자들이 그 대표적인 살아있는 증거가 되고 있다.

5. 민족과 영토 분단

일본이 역사적으로 한국인에게 남겨놓은 가장 치명적인 상처는 '분단'이다. 그 상처는 아직도 아물지 않고 오히려 더 크게 벌어지고 있다. 일본은 한국의 '분단'에 최소한 미필적 고의에 의한 정치적 책임과 역사적인 책임이 있다. 일본은 역사상 모든 한반도 분할 논의에 직간접적으로 관여되어 있다는 것이다. 한반도 분단 논의가 최초로 등장한 것은 1592년 말 임진왜란 초기에 일본의 고니시 유키나가(小西行長 · 1555-1600)가 명의 심유경(沈惟敬 · 1526-1597)에게 요구했던 한반도 남북 '할지(割地)'론이었다.

그것은 그림의 ①에 해당된다. 그런데 이때의 '할지' 요구는 일본군이 기세가 등등하게 승리하는 상황이 아니라 어려운 상황에서 나온 논의였기 때문에 사실상 실현가능성은 처음부터 없었다고 볼 수 있다.

---

164 한국인의 피해자가 얽혀있는 역사 갈등 문제는 3부 4장 '역풍(歷風): 되살아나는 한국인의 기억'에서 후술하기로 한다.

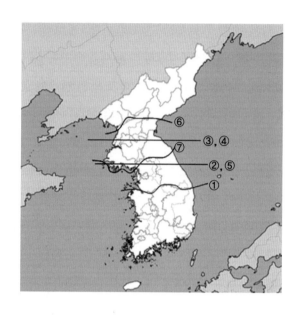

임진왜란이 발발한 해인 1592년 9월 명의 심유경과 고니시 유키나가 간에 논의된 강화협상에서부터 시작하여 이듬해인 1593년 6월 조선의 남부 4도를 일본에 할양하라는 요구가 나오기까지 조선분할 논의가 진행되다가, 결국 명과 일본 본국에 대한 거짓 보고를 포함한 황당한 이야기와 기록을 남기고 역사 속의 에피소드로 끝났다. 심유경은 1597년 7월 의령에서 명군에게 체포되어 참형을 당했다. 이때의 분할 협상에 관한 기록은 완전한 공식 문서는 거의 없고 분식된 문서나 소문의 형태로 알려져 있다. 조선 측은 소문으로 이를 파악하고 그것을 저지하기 위해서 백방으로 노력하였다. 결국 이 당시의 분할론은 현대적인 의미의 영토분할이라기보다는 조선출병 명분으로 '땅을 차지하겠다는 욕심'이라는 의미가 컸다.[165] 그 이후 두 번

165 이완범, 『한반도 분할의 역사: 임진왜란에서 6.25전쟁까지』, 한국학중앙연구원출판부, 2013, 47-100쪽.

째 분할 논의부터는 조선도 모르는 사이에 청과 일본, 러시아와 일본에 의해서 38도선 또는 39도선을 기준으로 한 분할 논의가 반복되었다. 두 번째 분할 논의도 일본으로부터 제기되었다. 대강 그림의 ②에 해당된다. 시작은 청일전쟁 전야인 1894년 6월 일본 정부 내에서 제기되었다. 미국 주재 일본 공사 다테노 고조(建野郷三)가 본국정부에 건의한 조선분할 보호안은 청일전쟁을 원하지 않는 미국의 의도도 고려한 것으로 보인다. 그것은 1888년 영국과 프랑스가 타결한 소말리 해안의 공동관리 협정을 참고로 하여 조선을 셋으로 분할하여 관리한다는 안이었다. 한반도 남부의 4개 도는 일본이, 북부의 3개 도는 청이 그리고 한성과 경기도는 잠정적으로 조선국왕이 관리하게 한다는 것이었다. 그 한 달 뒤인 7월 영국의 킴벌리 외상은 조선중립화 또는 청과 일본이 조선을 분할 점령하는 「한국에 대한 일·청군의 공동점령안」을 청과 일본 양측에 제기했다. 결국 그 즈음에 비슷비슷한 분할안이 워싱턴과 런던 외교가에 어느 정도 퍼져 있었던 것으로 보인다. 영국은 조선에 대한 청의 단독 지배에서 분할 지배로 정책을 수정했다가 일본이 강해진 것을 간파하고는 조선에 대한 일본의 세력확장을 용인하였다.[166] 세 번째 분할 논의는 일본의 상대가 러시아로 바뀐다. 청일전쟁의 승리에도 불구하고 조선에서는 아관파천으로 일본의 영향력이 급속히 약화되었던 시기였다. 1896년 5월 러시아의 니콜라이2세 대관식에 참석한 일본의 특명전권대사 야마가타 아리토모가 러시아의 로바노프 외상에게 제의한 것이다. 대략 39도선(대동강-원산) 또는 38도선으로 알려져 있다. 그림의 ③에 해당한다. 그러나 러시아의 반대로 러시아와 일본 간에 합의된 모스크바의정서(로바노프-야마가타 의

---

166 위의 책, 103-107쪽.

정서)에 명기되지는 않았다. 그러나 장래에 필요할 경우 '공동으로 보호'하기로 합의했기에 사실상 '비상시 열강에 의한 한반도 분할이 합의된 최초의 문서'라고 평가된다. 이때 조선도 민영환 주러공사가 대관식에 참석했지만 러시아와 일본 간의 비밀협상에 대해서는 전혀 모르고 있었다. 그러나 그런 소문은 조선으로 전해져서 5월 16일자 독립신문이 보도했다.[167] 네 번째는 1902년 영일동맹을 체결한 후 정세가 일본에게 유리하게 전개되자 1903년 가을 이번에는 러시아가 일본에게 조선 분할안을 제기했으나 이번에는 일본이 그것을 거부했다.[168] 다섯 번째는 2차 대전에서 일본이 패전한 후 미국과 소련에 의한 38도선 분할이었다. 역시 ⑤에 해당된다. 역사적으로 논의와 협상으로만 진행되었던 한반도 분할이 드디어 현실이 된 것이다. 미소간의 한반도 분할점령이 결정되는 과정에 대해서는 다양한 기록과 해석이 있다. 미국은 38도선이 일본의 항복을 접수하기 위한 편의적인 구획이었다고 주장했다.[169] 그러나 미국이 정치적인 의도를 가지고 38도선을 획정했다는 정치적 의도설도 있다.[170] 기록에 의하면 1945년 8월 11일 이전에는 '결정'이 이루어지지 않았다고 볼 수 있지만, 한반도 점령에 대한 검토는 1944년부터 이루어졌으므로 그 결정이 '즉흥적이었다'는 것은 신빙성이 없는 것이다. 최근에는 일본 때문에 38도선이 획정되었다는 구체적인 주장도 대두하였다. 1990년 러시아 학자가 주장한 것인데 일본은 패전 후 한반도에 강력한 단일 국가가 탄생하는

167 위의 책, 121쪽.
168 위의 책, 124-139쪽.
169 위의 책, 157-161쪽.
170 위의 책, 162쪽.

것을 바라지 않았으므로 분할을 유도했다는 것이다.[171] 참고로 ⑥은 키신저가 그의 저서 『디플로머시(Diplomacy)』에서 6·25전쟁 중 유엔군의 북진을 평양 북쪽-원산 선을 연결하는 "가느다란 목"에서 멈추었으면 중공이 개입하지 않았을 것이라며 제시한 선이다.[172] ⑦은 물론 휴전선이다. 필자가 앞서 소개한 한반도 분할에 관한 역사적인 사실을 종합한다면 첫째, 미국이나 소련이 그 이전의 분단 논의에 관한 역사를 전혀 모르고 선을 그었다고는 생각할 수 없을 것이다. 일본이 그 모든 역사적 사실에 직간접적으로 관여했다는 사실만 가지고도 일본은 역사적 책임이 있는 것이다. 둘째, 100년간에 걸친 일본의 왜곡된 프로파간다의 결과라는 것이다. 미국이 전후 한반도정책을 검토할 때 처음서부터 신탁통치 운운하는 것은 그 앞선 수십 년간 일본이 미국과 서구에 뿌려 놓은 한국과 한국인에 관한 왜곡된 이미지에 기인하는 것임은 틀림없다. 블랙슬리 같은 일본적 시각을 가진 사람들은 잔인한[173] 패전국 일본에게 전후 지위에 대해 유리한 조건을 만들어주었다. 하물며 한국에 대해서도 일본의 견해를 존중해주었을 가능성이 크다. 미국이 한국을 강화회의 참가국에서 배제한 것은 일본의 반대에 따른 것이라는 것은 이미 공개된 사실이다.[174] 그만큼 한국문제에 관한 일본의 정치적 기득권을 미국이 인정해주고 있었고, 한국에 관한

---

171 위의 책, 164쪽.
172 Henry Kissinger, *Diplomacy*, Simon & Schuster, N.Y. 1994, p. 481. "…중국의 계산에 영향을 줄 수 있는 한 방편이 한반도의 그 가느다란 목 지점(narrow neck)에서 진군을 멈추고 나머지 지역은 어떤 형태의 국제적인 감시 하에 비군사화하는 안을 제안하는 것이었다."
173 Walter LaFeber, 앞의 책, 1998, p. 259. 1945년 8월 12일에는 8명의 추락한 미군조종사들을 총살하였고, 8월 15일에도 8명을 처형했다.
174 하타노 스미오(波多野澄雄), 오일환 옮김, 『전후일본의 역사문제』, 논형, 2016, 75쪽. 영국도 반대했다고 한다.

일본의 프로파간다에 미국도 세뇌되어 있었던 것이다. 세 번째는 '미필적 고의'에 의한 책임이다. 일본의 지배권력이 천황제 국체유지를 위해 무모하게 전쟁을 계속함으로써 그 6개월 동안 자국민을 100만 명이나 더 죽게 만든 책임은 이미 널리 지적되고 있다. 그런데 그러는 동안 소련이 참전하게 되고 한국이 분단되는 처지가 되었다. 미국은 일본을 러시아와 분할 점령할 생각은 추호도 없었다. 미국은 소련이 일본의 분할 점령 문제를 제기할까봐 염려했다. 한국의 분단은 일본의 안전과 영토보존을 위해서 사전에 취해진 소련에 대한 방어조치였다.[175] 사실상 한국은 일본을 대신해서 분단된 것이다.

미국, 영국, 프랑스 등 서구국가들은 그래도 국내적으로는 민주주의체제와 인권이라는 가치를 존중한다고 했음에도 불구하고 식민지 지배는 강요와 착취 그리고 탄압을 수반했다. 하물며 자국민을 탄압했던 독재국가 일본이 한국의 발전에 공헌했을 리가 없다. 독일 민족주의의 병폐는 독일이 근대 서구 유럽의 한 부분이 되지 못했다는 것이다. 지난 100년 동안, 독일은 자신이 유럽에 흡수되는 대신 유럽을 흡수하려는 방법으로 그 병폐를 치료하려 하였다.[176] 마찬가지로 일본도 메이지 유신 후 100년 동안 자신이 아시아의 커뮤니티의 일원이 되는 대신 아시아를 흡수하려고만 했다. 철학자 가라타니 고진은 일본이 앞으로 '아시아공동체'에 들어가는 것은 아마도 무리일 것이라고 예언했다.[177]

---

175 Marc Gallicchio, *The scramble for Asia : U.S. military power in the aftermath of the Pacific War*, Rowman & Littlefield, Lanham, Maryland, 2012, pp. 36-38.

176 Eugene Kamenka, 손인철·김창희 역, 『민족주의의 이해(Nationalism: The nature and evolution of an idea)』, 문음사, 1990, 31쪽.

177 柄谷行人(가라타니 고진), 『帝國の構造-中心.周邊.亜周辺』, 青土社, 2014, 254쪽.

3부

역사갈등
: 출구 없는 미로가 되기까지

1장

미국의 아시아정책의 구조

"한국과 중국이 제2차 세계 대전의 소위 위안부문제에 관해서 일본과 싸우고 있다.
역사교과서문제는 물론 해양의 이름(the names given to various bodies of water)에 대해서도
불화(disagreements)가 있다. 이 모든 것들은 이해할 수는 있으나 동시에 좌절감을 느낀다
(frustrating). … 물론 민족주의적인 감정은 여전히 (정치적으로) 이용될 수 있다.
어느 나라의 정치지도자든 과거의 적을 비방함(vilifying)으로써 손쉽게 박수를 받는 것은
어렵지 않다. 그러나 그러한 도발은 상황을 마비시킬 뿐이며 진전시키지는 못한다.
… 우리는 자신의 역사에 발목이 잡혀있는 나라가 어떻게 되는지에 관한 교훈을 얻기 위해서
멀리 볼 필요도 없다. … "(이어서 북한문제에 관한 언급이 이어진다.)

2015년 2월 27일 미 국무부 정무차관 Wendy Sherman, 카네기재단주최 종전 70주년 기념 세미나 연설*

지금은 바이든 정부의 국무부 부장관으로 영전한 웬디 셔먼(Wendy Sherman)이 위에 언급한 내용을 한국인들이 들으면 뭔가 일본 편을 들고 있다고 느낄 수도 있다. 앞뒤의 문맥을 연결해서 보면 한국, 중국, 북한을 다 싸잡아 비난하는 것처럼 비쳐진다. 사실 그 발언의 속내는 한국과 일본에 대한 미국 지식인들의 전통적인 인식을 대체로 반영하는 것이다. 일본은 19세기 이래 일관되게 미국의 아시아정책의 핵심

---

* https://2009-2017.state.gov/p/us/rm/2015/238035.htm(검색일 2021.7.15.)

적인 보루였다. 미일관계의 깊이가 그것을 말해준다. 물론 가끔 중국이 중심축이 되기도 했다. 과거 유럽대륙에 대한 영국의 세력균형자(balancer of power) 역할을 아시아에서 미국이 해온 것이나 마찬가지였다. 반면 한국에 대한 미국의 인식과 정책은 언제나 부수적이었다.[1]

미국의 일본 전문가인 마이클 그린(Michael J. Green)은 미국의 아시아정책의 역사에는 5개의 대립적 긴장(tension)이 각각 작동하여 왔다고 지적했다. 그 첫 번째 긴장은 유럽과 아시아에 대한 우선순위 선택에 관한 것이다. 미국의 관심이 유럽이나 중동에 쏠려 있을 때에는 아시아정책은 언제나 심각할 정도로 부실해졌다. 두 번째는 대륙과 해양에 대한 우선순위이다. 구체적으로는 중국을 우선시 하는가 아니면 일본을 우선시 하는가 하는 선택의 문제가 되었다. 미국은 해외 진출에 관한 한 해양국가이다. 19세기 말 미국의 해군전략가인 머핸(Alfred Thayer Mahan · 1840-1914)이 주장한 이래 미국의 아시아태평양 전략은 일본을 그 기반 축(anchor)으로 전개되었다. 페리(Perry) 제독이나 머핸, 시어도어 루스벨트, 조지 슐츠, 리처드 아미티지 같은 해군 출신 사람들은 일본을 미국의 파트너라고 생각했다. 반면 키신저나 브레진스키 같은 사람들은 중국이 아시아지역의 세력균형 유지를 위한 미국의 파트너라고 생각했다. 세 번째는 아시아의 전방 방위선을 어디로 설정하는가 하는 문제이다. 해양 방위를 고려한다면 최전선 라인은 일본이 된다. 네 번째는 민족자결주의가 우선인가 보편적 가치가 우선인가 하는 문제이다. 그것은 현실주의와 이상주의에 관한 것이다.[2] 현

---

1 지난 150년간 한국의 국력 수준을 감안한다면 미국의 그러한 전략적 인식은 당연한 것이다. 그것이 한국의 객관적인 국제적 위상이었다. 물론 지금부터는 많이 달라져야 하겠지만….
2 Marc Gallicchio, *The scramble for Asia : U.S. military power in the*

실주의와 이상주의를 외교안보정책에 그때그때 상황에 맞추어 적절히 적용하는 것은 쉬운 일은 아니다. 그것이 잘 적용되었다면 20세기 아시아의 비극도 없거나 줄일 수 있었다. 한국전쟁에 자유주의적 도덕을 부여한 것은 잘 들어맞았는데 베트남전에서는 실패했다. 그것은 베트남전이 프랑스의 식민지전쟁의 연장이라는 성격이 있었기 때문이었다. 마지막 다섯 번째는 보호주의와 자유무역에 관한 것이다.[3]

한편 미국의 아시아정책은 고위 정책결정자의 전략적 결단보다는 대개는 실무자에 의해서 다루어진다. 대통령 등 정치가들은 유럽에 더 큰 관심을 두기 때문이다.[4] 19세기 말부터 닉슨 대통령 시대까지 75년간 미국의 아시아정책을 주도했던 주역들은 12명 안팎의 실무급 관료들이라고 한다.[5] 물론 그 이후 아시아에 대한 정책 비중은 높아졌지만 여전히 아시아 문제는 외교실무자들의 역할이 두드러진다. 반면 한국이나 일본에서 대미 외교문제는 온 국민을 들끓게 만드는 중요한 국내정치문제가 된다. 그것이 미국과의 외교가 언제나 소위 비대칭적인(asymetric) 외교구도가 되는 이유이다. 그래서 미국의 아시아외교안보 관계자의 능력이나 권한은 종종 과대평가 된다. 또한 민간경제계가 연계된 사적인 이익이 얽힌 압력이 작용하는 경우가 있다. 특히 방

aftermath of the Pacific War, Rowman & Littlefield, Lanham, Maryland, 2012, p.19.

3 Michael J. Green, by More Than Providence, Columbia University Press, New York, 2017, pp.6-12; 土屋由香(쓰치야 유카), 『親美日本の構築』, 明石書店, 2011, 58쪽. 미국의 외교는 인류공통의 가치나 이념이라는 보편주의를 내걸고, 타국에 대한 개입을 '아메리카의 사명'이라고 생각하는 경향이 있다.

4 Michael Schaller, The American occupation of Japan : the origins of the Cold War in Asia, Oxford University Press, N.Y. 1985, p.22.

5 Michael H. Hunt and Steven I. Levine, Arc of empire : America's wars in Asia from the Philippines to Vietnam, The University of North Carolina Press, 2012, p.257.

위산업이나 금융 산업 등 전략산업 분야에서 그렇다. 일본의 사례는 이미 살펴본 바 있다. 한편 외교사적인 관점에서 미국의 아시아정책은 성공보다는 실패 사례로서 더 자주 언급된다. 일본을 지원하고 키워주고 나서는 일본으로부터 공격을 당했고, 중국을 키워주고 나서는 중국에게 미국의 헤게모니가 도전받고 있다.[6] 지금 미국은 다시 일본에 올인하고 있다. 일본이나 중국이나 배고플 때는 말 잘 듣지만 배부르게 되면 날아가 버리는 "배고픈 독수리"였다.[7] 미국의 외교정책은 실패해도 그 부정적 영향은 눈에 잘 보이지 않는다. 미국이 강대국이기 때문이다. 미국외교의 실패의 결과는 오직 약한 자, 즉 약소국의 내란이나 전쟁, 또는 경제 붕괴의 형태로 나타난다. 베트남전이나 최근의 아프가니스탄 전쟁이 그 대표적 사례다. 마치 미국의 키신저가 자신의 머리가 아니라 다른 사람 머리에 총구를 대고 발사확률을 시험하는 러시안 룰렛 게임을 하는 것과도 같다. 전쟁을 해도 그 전쟁터는 보통 미국 밖의 다른 지역을 상정한다.[8]

1. 일본은 언제나 가장 중요한 파트너

미국인이 미국 대륙을 가로질러 와서 처음으로 태평양을 바라보게 된 것은 1805년 11월이었다. 미국의 제퍼슨 대통령은 1803년 프랑스

---

6 닉슨-모택동의 만남 이후 미국이 중국에게 '배은망덕'을 당하는 이야기는 『About Face』와 『The Hunred-Year Marathon』이라는 책에 상세하고 재미있게 소개되어 있다.

7 Michalel Pillsury, *The Hundred-Year Marathon : China's Secret Strategy to Replace America as the Global Superpower*, St. Martin's Griffin, New York, 2016, p. 66. 1975년 등소평이 포드 미 대통령에게 삼국지의 조조와 유비의 관계에 빗대어 한 말.

8 미국은 전 세계를 5개 전쟁권역으로 나누어 각기 사령부를 두고 있다.

로부터 매입한 '루이지애나'라는 새로운 영토를 파악하고 태평양으로의 진출로를 확인하기 위해서 루이스(M. Lewis)와 클라크(W. Clark)를 대장으로 하는 탐사대(Corps of Discorvery)를 보냈다. 이들은 1804년 5월부터 미주리강을 거쳐 로키산맥을 넘어 다음해인 1805년 11월 초 태평양에 도달했다.[9] 한편 일본인이 최초로 아메리카대륙의 땅을 밟은 공식 기록은 1610년이다. 센다이의 다이묘 다테 마사무네(伊達正宗 · 1567-1636)가 당시 멕시코로 밀사를 보냈다.[10] 미국땅을 최초로 밟은 일본인은 1841년 태평양상에서 표류하다가 미국포경선에 의해서 구조된 나카하마 만지로라는 어부였다. 그는 10년 만인 1851년 일본으로 귀국했다. 한편 1846년 로널드 맥도널드(Ranald MacDonald)라는 미국인이 최초로 일본에 와서 1849년까지 영어 교사로 일했다.[11] 1820년대부터 미국의 포경선들이 서태평양으로 진출하기 시작했다. 1853년 페리 제독이 일본의 개항을 요구한 것은 난파된 포경선들의 안전과 땔감과 물을 보급할 수 있는 중간 기착지가 필요했기 때문이었다. 그로부터 20년 후

---

9 *Stephen E. Ambrose, Undaunded Courage: Meriwether Lewis, Thomas Jefferson, and the Opening of the American West,* Touchston of Simon & Shuster, NY, 1996, p.310. 이 책은 스티븐 앰브로즈(Stephen E. Ambrose)가 메리웨더 루이스(Meriwether Lewis)가 쓴 일기를 재구성하여 쓴 책이다. 앰브로즈는 노르망디 상륙작전 기록인 『The Longsest Day』와 『Band of Brothers』의 원작을 쓴 미국의 역사 작가이다. 필자는 2003년 8월 보름에 걸쳐서 그들의 루트를 그대로 따라서 태평양 연안까지 여행해 보았다.

10 Frederik L. Schodt, *America and the four Japans: friend, foe, model, mirror,* Stone Bridge Press, Berkeley, Ca. U.S. 1994, p.16. 1613년에는 스페인식 갈레온 선을 만들어 183명 규모의 사절단이 갔다. 그중 일부는 멕시코를 건너 스페인, 그리고 로마교황청까지도 갔다. 나머지 사람들은 멕시코의 아카풀코와 멕시코시티에 6년간이나 체재했다.; Walter LaFeber, *The Clash: U.S.-Japanese relations throughout history,* Norton, N.Y. 1998, p.15. 일본이 미국이라는 나라를 처음으로 알게 된 것은 1797년 네덜란드가 선박이 부족하여 미국 선박을 몰래 나가사키로 들여온 것이 발각되었을 때였다.

11 Frederik L. Schodt, 앞의 책, 1994, p.19.

그랜트(Ulysses S. Grant · 1822-1885)는 대통령에서 퇴임 후 1877년에서 1879년까지 세계 여행을 하는 도중 일본을 방문해서 메이지 천황을 만났다.[12] 1890년 래프카디오 헌(Lafcadio Hearn)이라는 미국의 작가가 서구의 황폐된 생활에 싫증을 느끼고 미국인으로서는 처음으로 일본의 시마네현 이즈모(出雲)에 정착했다.[13] 19세기에는 일본제품과 일본을 연상시키는 상품이 유럽과 미국에서 유행했다. 1876년 필라델피아박람회에 이어서 시카고박람회(1893), 세인트루이스박람회(1903)의 일본관은 인파가 쇄도했다. 이때 형성된 '일본열기(Japan craze)'는 1920~30년대까지 이어졌다. 일본에 대해 미국인들이 가지고 있는 낭만적인 이미지는 '재피(Jappie)'라고 불렸던 깜찍한 일본인형으로부터 형성되었다고 한다. 일본은 사람들이 종이 창문과 매트(다다미)바닥으로 된 인형의 집에서 사는 장난감 나라로 묘사되었다. 1906년에는 일본의 미국이민이 최고조에 달했다. 일본은 1906년 샌프란시스코 지진이 발생했을 때 모든 외국의 위로금을 합친 액수보다 많은 위로금을 보냈다.[14] 워싱턴의 봄이 되면 한국인이 미일관계의 깊이에 주눅 드는 일이 하나 있다. 매년 3월 말에서 4월 초에 워싱턴에서 벚꽃축제(National Cherry Blossom Festival)가 개최된다. 제퍼슨 기념관 인근의 타이덜 베이슨(Tadal Basin) 호수의 주변을 둘러싸고 심어져 있는 약 3천여 그루의 벚꽃이 화사하게 만발한다. 이 벚꽃은 1912년 일본이 기증한 것이다. 그만큼 미일관계의 역사가 깊다는 것을 상징하고 있다. 그러나 그 즈음부터 미일관계가 경쟁관계로 바뀐다. 어떤 상태가 최고조에 달했다는 것은 그 이

---

12 Donald L. Keene, 김유동 옮김, 『메이지라는 시대: 유신과 천황 그리고 근대 1』, 서커스, 2017, 596쪽.
13 Frederik L. Schodt, 앞의 책, 1994, p.9.
14 위의 책, pp.52-53.

후에는 곧 하락한다는 것을 의미한다.

미국은 러일전쟁에서 러시아의 남진을 견제하기 위해서 일본을 지원했다. 그러나 러일전쟁 후 일본 해군력이 증강됨에 따라 미일 간에 태평양에 대한 주도권을 의식하며 서로 의심하는 관계로 변화된다. 1907년부터 1908년에 걸쳐 미국의 28척의 전함으로 구성된 '거대한 백색함대(Great White Fleet)'가 세계일주를 하면서 미국의 해군력을 과시했다. 일본은 미국 함대를 겉으로는 환영했으나 그 함대가 떠난 직후에는 미국함대를 적으로 상정하는 대규모 훈련을 실시했다.[15] 미국의 해군전략가들도 그 시기에 이미 일본과의 전쟁 수행을 위한 비상계획을 세웠다. 그 과정에서 필리핀의 전략적 취약성을 발견했다.[16] 필리핀을 방어하기에 충분한 규모의 미국의 해군력은 일본을 위협할 것이고, 반면에 미국의 위협에 대응하기에 충분한 규모의 일본의 해군력은 하와이를 포함한 태평양 전체를 위협하게 될 것이기 때문이었다.[17] 1905년 7월 가쓰라·태프트 밀약을 체결토록 한 것도 미일 간의 그러한 의구심을 일단 정리하기 위한 것이었다. 1907년 이전에는 머핸(Mahan)은 일본이 러시아를 봉쇄하고 문호개방원칙을 존중한다고 칭찬했다. 그러나 1910년에 와서는 일본이 아시아를 위협하는 문제국가라고 우려했다. 그러한 우려 속에서 1911년 2월 미국은 관세문제에서 일본의 주권을 인정하고 일본은 미국에 대한 이민송출을 제한하는 협정을 맺었다. 이로써 일본은 최종적으로 불평등조약을 해소하게 되었다.

1920년대에 미국에서는 일본의 제국주의적 팽창정책에 대한 혐오

---

15 위의 책, pp. 53-54.
16 Michael H. Hunt and Steven I. Levine, 앞의 책, 2012, p. 11.
17 Walter LaFeber, 앞의 책, 1998, p. 56.

와 불신이 팽배했다. 미국인들은 일본이 아시아에서 무책임하게 행동하고 있는 것은 배후에서 동맹국인 영국의 보호가 있기 때문이라고 생각했다.[18] 1922년 미국의 우려를 감안하여 영국은 영일동맹 조약을 연장하지 않았다.[19] 1924년 미의회는 인종차별적 이민법을 제정하여 일본인의 이민을 금지했다. 그럼에도 불구하고 1931년 일본의 중국 침략이 본격화되기 전까지 미국과 일본은 그런대로 원만하게 관계를 유지했다.[20] 그러나 1941년 일본이 미국에 도전하여 아시아태평양전쟁을 일으킨 후 미국의 아시아정책은 중국 중심으로 전환하였다. 미일 간의 협력과 충돌은 모두 중국 때문에 시작된 셈이다.[21] 일본의 패전 후 1949년 장개석의 국민당정부가 공산군에게 패하고 중국대륙에 모택동의 공산정권이 수립됨으로써 미국은 "중국을 상실했다." 결국 냉전이 구체화되면서 미국의 아시아지역 외교정책은 일본을 활용하는 방향으로 선회하였다. 일본과 필리핀이 태평양지역의 안전보장체계의 초석이 되었다.[22] 그로부터 20년 후 소련과 중국의 대립이 심화됨에 따라 미국, 소련, 중국이 서로 얽히는 새로운 전략적 환경이 형성되었다. 1972년 2월 닉슨 미 대통령의 중국 방문으로 시작된 미중관계 정상화는 미국의 전후 아시아정책이 일본 중심에서 다시 중국 중심의 정책으로 전환한다는 의미가 있었다. 이는 일본의 전략적 가치를 약화시키는 큰 충격이었다. 이 시기에 키신저는 일본을 미국의

---

18 위의 책, pp. 127-129.
19 Michael H. Hunt and Steven I. Levine, 앞의 책, 2012, pp. 67-69.
20 Walter LaFeber, 앞의 책, 1998, p. 160.
21 위의 책, pp. 94-98.
22 西川博史(니시카와 히로시), 『戰中戰後の中國とアメリカ·日本:「東アジア統合構想」の歷史的檢證』, HINAS(北海學園北東アジア研究交流センター), 札幌市, 2014, 368-369쪽. 재인용: PPS/23, 1948.2.24. FRUS, 1948, Vol. I, General pp. 510-545.

안보에 필수불가결한 존재는 아니라고 생각했다.[23] 그러나 1990년 미소 냉전의 종료 이후 미중 간의 밀월관계는 서서히 식어가기 시작했다. 중국이 급속한 경제발전을 이루자 마치 "배부른 독수리"처럼 미국의 품안에서 날아가 버린 것이다. 2012년 전후부터 중국이 미국의 패권에 도전하자 미국은 중국을 견제하는 정책으로 다시 선회하였다. 이에 따라 다시 일본의 전략적 가치가 높아지고, 미일동맹이 강화되었다. 결국 일본은 평화보다는 갈등이나 전쟁을 먹고 사는 팔자다. 한 가지 변함없는 것은 전후 내내 일본은 미국에게 순종했다는 것이다.[24]

한편 미국과 일본 간의 비군사적인 문화적 관계는 정치군사적 관계의 변화에 일정한 영향을 받았으나 여전히 깊고 넓게 전개되어 왔다. 1910년대부터 미국 백인지식층 사이에서 일본인을 이해하고 우호관계를 구축해야 한다는 '패권주의적 친일파'가 출현했다. 그들은 일본인을 다른 아시아민족보다 인종적으로 우수하고 타민족을 지배할 수 있는 능력이 있는 '예외적 오리엔탈'이라고 생각했다. 일본 쪽에서는 1920년대 '친미 리버럴 노선'을 추종하는 인물들이 등장했다. 이 시기에 양국의 엘리트들 간에 태평양지역의 패권을 나누어 갖는 논의가 시작되었다. 그것은 일종의 동업자 관계라고도 할 수 있다.[25] 1945년 일본의 패전 후 이들 구 친일파 미국인들은 패전국 일본에 대한 미국의 정책을 호의적인 방향으로 유인하는 역할을 했다. 앞에서 언급한 미국일본협회(ACJ: American Council on Japan)의 멤버들이 그 중

23 マイケル・シャラー(Michael Schaller), 市川洋一 訳, 『日米関係とは何だったのか: 占領期から冷戦終結後まで)』, 草思社, 東京, 2004, 369쪽.
24 Michael H. Hunt and Steven I. Levine, 앞의 책, 2012, p.262.
25 石井修(이시이 오사무), 『ゼロからわかる核密約』, 柏書房, 東京, 2010, 29쪽.

심에 섰다.[26] 이들은 1970년대까지도 미일관계에 공적, 사적인 영향력을 발휘했다. 친일 인맥을 잇는 미국의 주류 학자들과 그 제자 학자들도 국무부의 공식 라인에 맞도록 연구했다.[27] 그러나 1980년대부터 미국인들은 일본이 미국에 위협이 될 수 있다는 생각을 하기 시작했다. '일본근대화론'과 메이지 유신에 대한 비판적인 시각이 등장한 것도 이즈음부터였다. 일본에 대해 비판적인 소위 'Japan bashing 4인방'이라는 학자들이 유명세를 탔다.[28] 그러나 미중관계가 악화되고 미일동맹이 강화되면서 친일적인 일본전문가들이 미국의 아시아정책의 전면에 다시 등장했다.

2. 미일동맹

패전국인 일본은 냉전 덕분에 일찌감치 그 전략적인 가치를 인정받을 수 있었다.[29] 1950년 초 동남아를 여행한 언론인 스튜어트 올소프는

---

26 Glenn Davis, John G. Roberts, *An occupation without troops : Wall Street's half-century domination of Japanese politics*, YENBOOKS, Tokyo, Japan, 1996, p. 30.

27 위의 책, p. 14.

28 Frederik L. Schodt, 앞의 책, U.S. 1994, pp. 65-67. 이들 이름과 저서: Chalmers Jonhson, *MITI and the Japan's Miracle*(1982), Clyde Prestowitz, *Trading Places*(1988), James Fallows *Containing Japan*(1989, article in the Atlantic Monthly), Karel van Wolferen, *The Enigma of Japanese Power*.

29 Michael Schaller, 앞의 책, 1985, p. 258. 1958년에는 미국이 일소평화조약 프로세스에 개입했다. 당초 일소 양 측은 북방 섬 4개 중 2개만 일본이 돌려받는 것으로 합의하고 평화조약을 체결하려고 하였으나, 미국이 4개 섬 전부를 반환받아야 한다는 일본 내 여론을 자극하여 조약체결이 좌절되었다. 그 이후 일본은 일괄 반환 이외에는 다른 선택지가 없는 상황이 되어 소련(러시아)과 평화조약을 맺을 기회를 '영구히' 상실하였다. 미국이 일본과 소련(러시아) 사이에 대못을 제대로 박아버린 것이다.

(도미노 이론에 앞서서) 아시아의 공산화에 대한 우려를 볼링핀에 비유했다.[30] 조지 캐넌(George F. Kennan)의 표현에 의하면 "진정한 우호국인 일본과 명목뿐인 적대관계에 있는 중국"이라는 조합은 위험성이 없고 오히려 안전한 것이다. 반면 "명목상 우호적인 중국과 진짜 적의를 품는 일본"이라는 조합의 위험성은 이미 태평양전쟁에서 입증된 것이었다. 가장 나쁜 것은 "중국과 일본을 동시에 적으로 돌리는 것이다."[31] 또한 덜레스는 소련이 일본을 이용한다면 소련은 무적이 되어 자유세계의 생존을 위협할 것이라고 생각했다.[32] 따라서 미군이 일본에 계속 주둔할 필요가 있고 이 경우 유효기간이 짧고 갱신이 가능하고 언제나 파기가 가능한 '기지협정' 체결을 희망하고 있었다. 덜레스가 구상하는 미일안보조약의 목적은 "미국이 원하는 만큼의 군대를, 원하는 장소에, 원하는 기간만큼 주둔시킬 권리를 확보하는 것"이었다.[33] 오키나와는 계속해서 미국이 장악해야 했다.[34] 전후 미국은 아시아를 지키기 위해서는 일본이 필요했고, 일본은 살아남기 위해서는 미국이 필요했다.[35] 미일동맹은 그러한 공통 인식 위에서 탄생했다.

원래 동맹은 세 가지 고도의 정치적 의미를 함축하고 있다. 첫째는 공동의 적을 전제로 하여 성립한다. 그런데 미일동맹은 그 적이라

---

30 マイケル・シャラー(Michael Schaller), 앞의 책, 2004, 38-39쪽. "헤드핀은 중국이다. 그것은 이미 넘어졌다. 2번 줄에는 두 개의 핀이 있다. 버마와 인도차이나이다. 그것이 무너지면 3번 열의 타이와 말레이반도 인도네시아도 넘어질 것이다. 이 모든 핀이 넘어지면 네 번째 열의 인도, 파키스탄, 일본, 필리핀을 넘어뜨릴 것이 확실하다."
31 西川博史(니시카와 히로시), 앞의 책, 2014, 264-265쪽.
32 Walter LaFeber, 앞의 책, 1998, pp. 297-298.
33 마고사키 우케루(孫崎享), 양기호 옮김, 『미국은 동아시아를 어떻게 지배했나: 일본의 사례, 1945-2012년(戰後史正休)』, 메디치미디어, 2013, 160쪽.
34 위의 책, 137쪽.
35 Walter LaFeber, 앞의 책, 1998, p. 260.

는 대상을 사실상 미국이 지정하고 있다. 두 번째는 공동의 적으로 규정한 대상국의 공격으로부터 체약국을 지켜주겠다는 약속이 가장 중요한 의무이다. 그런데 최초의 미일동맹조약에는 그러한 명시적인 규정이 없었다. 덜레스는 『포린 어페어스(Foreign Affairs)』 1952년 1월호에서 "미국은 일본을 지킬 의무가 없다"고 주장했다. 미국은 적어도 1960년까지는 법적으로 일본을 방위할 의무가 없었다.[36] 세 번째는 어떤 동맹도 주권적 독립성을 전제로 한다는 것이다. 이 대목에서 미일동맹은 전통적인 동맹과는 성격이 완전히 다른 변종이 되었다. 동맹과 관련되는 일이 거의 상시적으로 일본의 국내정치의 담론과 쟁점이 된다는 것이다. 그것은 일본의 평화헌법이 미국에 의해서 강제되었다는 사실에 기인한다. 일본은 사실상 미일동맹에 정치적으로 속박되어 있다고 할 수 있다. 그런 양상은 네 번째의 특징을 시사한다. 즉 일본이 독자적으로 행동하는 것을 감시하고 방지하는 기능이다. 그런 측면은 장차 일본의 재군비나 헌법의 전쟁금지조항인 9조 개정의 한계를 설정하는 것이 될 것이다. 미국은 일본이라는 주전자 속의 물이 뜨거워지기를 바라지만 그렇다고 해서 뚜껑이 날아갈 정도로 끓어오르는 것은 위험하다고 생각하여 억제할 것이기 때문이다. 따라서 미일동맹이란 일본이 미국의 아시아정책과 전략에 철저하게 종속되어야 지속될 수 있는 것이다. 그렇기 때문에 미일동맹은 전통적 군사동맹과는 다르다. 그것은 외교안보전략과 자위대의 미군 통합(사실상의 보조병), 친미적인 일본국민, 일본의 국내정치에 대한 미국의 통제 능력이라는 3개의 기둥으로 구성되어 있다. 그런 면에서 미일안보조약과 한미방위조약을 비교해 볼 수 있을 것이다.

---

36 마고사키 우케루(孫崎亨), 앞의 책, 2013, 163쪽.

외교안보전략과 자위대의 미군 통합

미일동맹의 최초 설계자인 덜레스는 일본이 재무장을 하더라도 "완전한 군사적 행동의 자유를 행사할 수 없는 상태로 계속되는 것이 바람직하다"고 생각했다.[37] 일본 내에 미군기지를 확보하는 것은 그러한 목적을 포함한 다면적인 포석이 될 수 있었다. 그것은 '태평양서안에 섬을 연결하는 방어망(offshore island perimeter)'를 구축하여 태평양의 지배권을 확보한다는 구상의 일환이기도 하다.[38] 미국의 군사기지를 일본 영토 내에 반영구적으로 남기는 것은 사실상 '일본의 식민지화'를 의미했다. 그런 인식은 미일안보조약을 체결할 당시에도 일본인들 가운데 이미 널리 퍼져 있었다. 요시다는 미국대사관원에게 "일본이 미국의 식민지가 되는 것은 먼 미래를 내다보면 일본이 강해지는 일이다"라고 농담을 했다.[39] 전후 일본의 외교 목표는 미국과 대등한 파트너가 되는 관계를 회복하는 것이었다. 그 첫 번째 시도는 기시가 추진한 신안보조약이었다. 1960년 1월 조인된 미일 신안보조약은 일본의 내란에 대한 미군의 활동 관련 조항을 삭제하고, 유사시 상호 방어를 명문화했다. 또한 주일미군의 배치와 장비의 이동에 관하여 양국 정부의 사전협의제도를 설치하여 주권국으로서의 일본의 체면

---

37 松田武(마쓰다 다케시), 『戦後日本におけるアメリカのソフト・パワー: 牛永久的依存の起源』, 岩波書店, 東京, 2008, 90-91쪽.

38 David Vine, *Base Nation : How U.S. Military Bases Abroad Harm America and the World*, Henry Holt and Company, LLC, New York, 2015, p. 29, 같은 책, pp. 3-9. 미국은 2015년 기준으로 해외의 70여 개국에 약 800개 정도의 군사기지가 있다. 해외주둔 군인, 군속과 그 가족은 합해서 약 50만 명이 된다. 전 세계에 170개의 국방부 관할 골프장이 있다. 해외 미군기지 운영비용은 매년 1천억~1천2백억 달러이다. 이는 전쟁지역의 비용을 제외한 것이다. 전쟁지역 주둔비용까지 합할 경우 그 비용은 2012년에 1천700억 달러였다.

39 사카이 나오키(酒井直樹), 최정옥 옮김, 『희망과 헌법』, 그린비, 2019, 25쪽.

을 세워주었다.[40] 그 이후 미일 양국은 안보조약의 새로운 가이드라인을 만드는 방식으로 동맹의 적용범위와 수단을 확대함으로써 사실상의 개정을 해오고 있다.[41] 그 두 번째 시도는 나카소네 야스히로(中曾根康弘·1918-2019) 총리 시대의 미일안보협력이었다. 나카소네 시대의 '대등'이란 친미 추종을 강화하는 것을 조건으로 하는 일본의 국제적인 지위 향상이었다. 3차 시도는 바로 아베의 노선이라고 할 수 있다. 그것은 친미 추종을 강화하면서, 평화헌법 개정을 통해 '전쟁이 가능한 국가'로 전환한다는, 보다 근원적인 변화를 추구하는 것이었다. 한편 일본의 외교와 대외경제정책에도 종종 제약이 걸리기도 한다. 2000년대 초반에 일본은 매장량이 260억 배럴로 세계 최대였던 이란의 아자데간 유전 개발권을 획득했으나 결국 미국의 압력으로 개발권을 포기해야만 했다. 아자데간 유전개발을 추진했던 당시 고무라 마사히코(高村正彦·1942-) 외상은 2008년 경질되었다. 그 유전 개발권은 중국으로 넘어갔다.[42]

---

40 노 다니엘,『아베 신조의 일본』, 새창미디어, 2014, 47쪽.
41 나카노 고이치(中野晃一), 김수희 옮김,『우경화하는 일본 정치』, 에이케이커뮤니케이션즈, 2016, 107쪽.
   1995년 2월   미 국방성의「동아시아전략보고서」
   1995년 11월 일본의「신 방위대강」
   1996년 4월   「미일 안보공동선언-21세기를 향한 동맹」발표. 동맹의 지리적 대상을 확대.
   1997년 9월   「미일 신방위협력지침」
   1999년 5월   주변사태법을 제정. 집단적 자위권을 전제로 자위대와 미군을 사실상의 통합 운영.
   2000년 10월「미국과 일본-성숙한 파트너를 향해(일명 아미티지 보고서)」발표. 아미티지보고서는 미영의 특별한 관계를 모델로 제시하고, 일본의 집단적 자위권 행사를 제약하는 일본의 법적 제도적 문제점을 지적했다.
42 마고사키 우케루(孫崎亨), 앞의 책, 2013, 33-34쪽. 필자도 2003년경 주미 대사관 경제참사관으로 일하고 있을 때 이 이야기를 미 국무부 관계자로부터 직접 들었다. 미 국무부 정보조사국 아시아 담당관에게 "당신은 요즘 무슨 일로 바쁘냐?"고 물었더니 일본의 이란 접근, 특히 일본이 이란의 유전 개발권

친미적 일본인 만들기

미국은 일본에 대한 점령정책에서 일본인을 친미민주주의로 심리적으로 유도하기 위해 「재교육/재전환정책(re-education & re-orientation)」을 주요 점령정책의 일환으로 추진하였다. 일본인들은 '민주주의에 관한 교육'을 받았다.[43] 이와는 별도로 덜레스는 특별한 문화교류 프로그램을 만드는 과제를 록펠러재단의 이사장 록펠러3세에게 의뢰하였다.[44] 록펠러는 일본에서 기초조사를 진행한 후 미일 문화교류에 관한 보고서를 국무부에 제출했다. 그는 일본국민 전체를 지배계급과 피지배계급이라는 두 개의 범주로 나누어 대응할 것을 제안했다. 그 두 개 그룹 중에서 지식인 계층에 우선적으로 관심을 집중시켜야 한다고 보았다. 그것은 전통적인 일본인은 권위 있는 자에게 순응하는 경향이 있으므로 그들에게 영향을 미치는 지도자를 통하는 것이 가장 효과적인 방법이라는 것이다.[45] 또한 록펠러는 일본의 사회집단에 접근하는 데는 기존의 일본의 매스미디어를 이용하는 것이 가장 효과적인 수단이라고 생각했다.[46] 그것은 일본의 언론이 정부의 정책에 순응하고 전파하는 어용적 성격이라는 것을 알고 있었기 때문이었다.[47] 소

을 확보하려고 하는 문제에 관한 일 때문에 바쁘다고 대답했다. 그는 일본은 미국과 달리 해외유전을 개발해도 그것을 보호할 수 있는 능력이 없는데도 유전 개발권을 이유로 이란에 접근하는 것은 무슨 이유가 있는지 들여다보고 있다고 말했다.

43 土屋由香(쓰치야 유카), 앞의 책, 2011, 10-13쪽.
44 덜레스는 록펠러재단의 이사를 역임했다.
45 松田武(마쓰다 다케시), 앞의 책, 2008, 156-159쪽. 도쿄에 문화센터 설립, 도쿄와 교토에 국제회관 설립, 인적교류 확대, 영어교육, 자료교환 프로그램 등.
46 위의 책, 168쪽.
47 위의 책, 255쪽. 특히 교토 미국연구 하계세미나는(교토세미나) 1987년까지 37년간이나 개최되어 세계적으로 유명하게 되었다.

프트파워의 문화제국주의적인 영향은 한참 시간이 흐른 뒤에야 뚜렷한 형태로 나타난다.[48]

일본의 국내정치에 대한 미국의 통제 능력

네덜란드인 일본역사가인 이안 부루마(Ian Buruma)는 미국이 일본 패전 후에도 과거의 정치적 지배구조를 그대로 유지할 수 있도록 허용함으로써 일본인들의 정치적 성장은 정지되었다고 본다.[49] 덜레스 국무장관은 철저하게 일본에 간섭하고 대미종속적인 전후 일본의 원형을 만들었다.[50] 『패배를 껴안고』의 저자인 존 다우어(John W. Dower · 1938–)의 평가에 의하면 제국주의자인 요시다 같은 인물이 전후 점령상태의 일본의 총리가 된 것은 미국의 그러한 정책의 출발점이었다.[51] 전후 일본의 정치논쟁의 핵심이 '미국이 선물한' 소위 평화헌법의 개정 논란이고, 헌법의 개정은 곧 제9조 부전(不戰) 조항의 존폐에 관한 것이고, 그것은 다시 미일동맹에서 일본의 역할과 의무와 직접 관련되는 문제가 된다. 따라서 미일동맹과 관련된 문제는 언제나 국내정치 문제가 된다. 미국이 미일동맹을 통해서 일본의 국내정치에 관여하는 방식은 마치 당근과 채찍 같은 두 가지 상반되는 기제로 작동된다. 미국의 정책이나 전략에 잘 조응할 경우에는 상을 준다. 전후 일본에 관대한 강화조약 조건은 물론 안전보장의 일방적인 제

---

48 위의 책, xi쪽.

49 이안 부루마(Ian Buruma), 정용환 옮김, 『아우슈비츠와 히로시마: 독일인과 일본인의 전쟁 기억』, 한겨레신문사, 2002, 318~322쪽.

50 森田実(모리타 미노루), 「日本獨立の氣槪はどこで失われたのか?」in 關岡英之 +特別取材班 編著, 『アメリカの日本改造計劃』, イースト.プレス, 2007, 84쪽.

51 강상중, 임성모 옮김, 『내셔널리즘』, 이산, 2004, 172쪽.

공, 경제부흥을 위한 다양한 지원, 군수조달, 동남아시장에 대한 독점적 접근 보장, 그리고 국제경제통상시스템 참여 지원 등이 그것에 해당된다. 또한 일본을 동아시아지역에서 강대국으로 대접해 주는 것이다. 그것은 조지 캐넌의 전후 구상이나, 덜레스가 일본의 아시아인에 대한 인종차별적 우월감을 부추겨서 일본을 미국의 충실한 도구로 이용하려고 했던 것과 같은 맥락의 심리 전략이다.[52] 또한 주요 정치세력이나 유력 정치인에게 은밀하게 정치자금을 제공하기도 했다. 그것은 일본의 국내정치에 사실상 직접적으로 관여하는 것이다. 그것은 패전 직후 회수된 은닉물자 처분으로 생긴 막대한 자금을 일본의 보수세력이 정치자금으로 쓸 수 있도록 도와주는 것으로부터 시작되었다.[53] 은닉자금과는 별도로 1950년대부터 1960년대 초까지 미국의 CIA가 일본의 정당에 뒷돈을 대주었다는 사실이 1994년에 와서 해제

---

52 松田武(마쓰다 다케시), 앞의 책, 2008, 113-115쪽.
53 패전 직후 몰수되거나 횡령되었다가 회수된 재산을 점령당국이 관리하다가 샌프란시스코 협정 이후 미국과 일본이 공동관리 하면서 정치자금으로 활용했다고 한다. 미국 캘리포니아 소재 일본정책연구소의 1995년도 working paper에 의하면 그것을 'M-Fund'라고 했다. 그것은 최초 관리자 이름을 딴 '마퀏펀드(Marquat-Fund)'에서 유래했다고 하는데 1991년 시점까지 철저하게 비밀로 유지했다(그 이후는 어떻게 되었는지 확인되지 않는다). 그 규모는 1960년에는 약 350억 달러였는데 1991년 시점에는 약 5,000억 달러로 불어났다고 한다. 문제는 그것이 정부의 공적 기관에 의해서 관리되는 것이 아니라 지정되거나 위임된 특정 정치인에 의해서 사적으로 관리된다는 것이다. 1960년 미일안보조약 개정 후 사퇴한 기시 전 총리에게 그 관리권이 주어져 대장상이던 다나카 가쿠에이에게 위임되어 다나카가 1986년까지 관리했다. 이후 나카소네 야스히로가 그 관리권을 차지하였다. 총리가 되었다고 해서 반드시 'M-Fund' 관리권을 인계받는 것은 아니다. 나카소네는 퇴임 후에도 그 관리권을 놓지 않았다고 한다. 그래서 1989년의 리쿠르트 스캔들로 사임한 다케시타 노보루 총리는 표면적인 것이고, 그 내막에는 나카소네가 관리하는 'M-Fund'와 리쿠르트사가 얽힌 거대한 불법 은행융자가 관련되어 있었다고 한다. 상세한 내용은 동 working paper를 참조. 「Japan's "M-Fund" Memorandum, Jan. 7, 1991 by Nobert A. Schlei」, JPRI Working Paper No. 11. www.jpri.org/publication/workingpapers/wp11. html.

된 미국정부의 비밀문서로 인해 알려지게 되었다.[54] CIA 국장이었던 앨런 덜레스(Allen Dulles)[55]는 측근에게 "CIA가 한 개 이상의 일본정당에 게 자금을 제공했으며, 특히 1958년 기시를 총리로 재임시키는 총선에 는 CIA가 막대한 자금을 제공했다."고 말했다고 한다.[56] 1960년대 초 까지 미 CIA에서 일본 정당과 정치가에게 제공한 자금은 매년 200만 달러에서 1,000만 달러였다.[57] 이러한 정치공작은 미일 양자관계의 일 부분이 되었다.[58]

두 번째는 일본이 말을 잘 듣지 않을 경우에는 다양한 직간접적인 제재를 가한다. 미국은 에도시대의 '메쓰케(目付, 감시자)'와 같은 존재 가 되었다. 미국이 반대하는 사람은 일본의 총리가 될 수 없거나[59] 총 리직에서 물러나게 하는 것이다. 그 방식은 대체로 두 가지 유형이 있 다. 하나는 미일 간의 어떤 밀약의 내용이 외부로 유출되면 일본 총 리의 국내정치적 입지가 어려워진다는 것이다. 따라서 이는 일본 총

---

54 Glenn Davis, John G. Roberts, 앞의 책, 1996, p. 127. 예를 들면 한국전 쟁중 일본의 보수주의 세력은 패전 직후 군인들이 빼돌려 감추어두었던 텅스 텐을 CIA와 Dooman의 중개에 의해 미군에 1,000만 달러에 팔아서 정치자 금으로 썼다는 것이다. Dooman 등은 이 거래에서 2백만 달러를 챙겼다고 한다.; Walter LaFeber, 앞의 책, 1998, p. 287. CIA는 고다마 요시오를 중 개인으로 해서 일본의 여러 보수파벌에 대한 정치자금을 제공하기 시작했다.
55 John Foster Dulles 국무장관의 동생
56 Glenn Davis, John G. Roberts, 앞의 책, 1996, p. 92.
57 마고사키 우케루(孫崎亨), 앞의 책, 2013, 206쪽.
58 マイケル・シャラー(Michael Schaller), 앞의 책, 2004, 239쪽.
59 마고사키 우케루(孫崎亨), 앞의 책, 2013, 233쪽. 이케다 하야토(池田勇 人・1899-1965) 정권은 CIA 지지를 업고 탄생했다. 1960년 6월 6일 안보회 의에서 CIA 국장인 앨런 덜레스가 먼저 기시를 몰아내야 한다고 기시 타도를 주도하였다. 6월 20일 맥아더 대사(맥아더 장군의 조카)가 요시다에게 다시 총리를 맡을 것을 제안하자, 요시다는 자기 대신 이케다와 사토를 추천하였 다. 6월 21일 이케다는 맥아더 대사에게 기시의 후임 총리가 되고 싶다고 말 했다. 맥아더 주일 대사는 이케다를 미일 협력의 충실한 신봉자이며, 가장 뛰 어난 후계자라고 평가하였다.

리의 목을 죄는 밧줄이 된다. 미일 간에는 크게 4개의 밀약이 존재하는 것으로 알려졌다. 그 대표적인 것이 '핵반입'에 관한 것, 한반도 유사시 주일미군이 유엔군으로서 미군기지로부터 출동하는 것은 사전협의 대상이 아니라는 것,[60] 1972년 오키나와가 "핵무기가 제거된 본토와 같은 조건"으로 일본에 반환된 후 오키나와에 핵무기를 재반입하는 것, 미국이 부담해야 할 오키나와 반환 관련 비용을 일본이 대신 떠맡는다는 것 등이었다.[61] 미일간의 '밀약'은 절묘한 타이밍에 미국의 관계자의 미의회 증언이나 각종 연설 등의 기회에 부분적인 발언, 그리고 미 언론의 보도 등을 통해서 공개되어 일본의 정치지도자들을 곤경에 빠뜨리는 경우가 있다.[62] 1967년 사토 에이사쿠(佐藤榮作 · 1901-1975) 총리는 핵제조금지, 핵보유금지, 핵반입금지라는 비핵3원칙을 선포했다. 일본의 비핵화에 관한 사토 독트린이었다. 그런데 1969년 사토 총리와 닉슨 대통령은 두 개의 밀약을 맺었다. 오키나와에 핵무기 재반입을 허용한다는 것과 섬유수출 자율규제였다. 그런데 일본은 국내정치적 여파를 우려해 섬유 밀약을 부인하고 이행하지 않았다.[63] 사토 총리는 1972년 7월 사임했는데 밀약 불이행에 따른 닉

---

60 도요시타 나라히코(豊下楢彦), 권혁태 옮김, 『히로히토와 맥아더 : 일본의 전후는 어떻게 만들어졌는가(昭和天皇.マッカーサー會見)』, 개마고원, 2009, 190-211쪽; 石井修(이시이 오사무), 앞의 책, 2010, 99쪽. 1974년 7월 닉슨 대통령이 서명한 문서인 「한국이 침략을 받았을 경우의 주일미군기지 사용」 (NSDM262)은 미국립공문소관에 보관되어 있다.

61 위의 책, 57-58쪽 ; 같은 책, 103쪽. 사토 총리는 오키나와 반환과 핵무기 제거에 대해 불안해했던 박정희 대통령에게 "한반도 유사시에는 오키나와에 핵무기가 재반입될 수 있다"라고 안심시키는 시그널을 보냈다고 한다.

62 위의 책, 48-53쪽. 1974년 10월 미의회 청문회에서 진 라로크 예비역 해군 소장이 "핵병기의 적재가 가능한 함정은 실제로 핵무기를 적재하고 있다. 일본이나 다른 지역에 기항할 때 핵무기를 비우지는 않는다. 통상 핵무기는 적재되어 있다."고 증언함으로써 미일 간 비핵3원칙을 무시하는 비밀 양해가 과거에 있었다는 의심을 유발했다.

63 마고사키 우케루(孫崎享), 앞의 책, 2013, 259쪽. 키신저는 그의 저서

슨과의 관계 악화가 그의 사임을 초래했다고 알려졌다.[64]

또 다른 제재수단은 정치가 개인에게 직접적인 타격을 가하는 것이다. 미국은 일본정치가의 약점을 잡기 위해 끊임없이 일본정치가의 스캔들을 조사하고 있다. CIA는 총리의 갑작스런 사임 등 일본의 굵직한 정치 파동에 관련되어 있다고 알려져 있다. 1954년 요시다 퇴진에도 미국의 입김이 작용했다. 그것은 요시다가 재군비에 반대했기 때문이었다.[65] "미국의 CIA는 일본 검찰을 이용하여 정보를 흘리며 모종의 공작을 시도한다. 이를 제보받은 신문들이 그 사실을 폭로하여 총리를 물러나게 한다." 이런 패턴은 패전 직후의 정치부패 스캔들인 쇼와전공사건 때부터 존재했다. 그 사건과 관련해서 아시다 히토시(芦田均 · 1887-1959) 총리가 체포되었다. 그는 주일 미군이 유사시에만 일시 주둔할 것을 주장했다. 1970년대 말 다나카 가쿠에이(田中角榮 · 1918-1993) 총리는 록히드 수뢰사건으로 체포되었다. 그 내용은 미국 언론에서 먼저 폭로했다. 그런데 그는 미국보다 먼저 중일 국교정상화를 추진했다. 1989년 다케시타 노보루(竹下登 · 1924-2000) 총리가 리쿠르트 사건에 연루된 것을 인정하고 사임했다. 그는 미국의 해외작전에 대한 자위대의 군사 협력을 거부하여 미국과 대립하고 있었다. 민주당의 하토야마 유키오(鳩山由紀夫 · 1947-) 총리는 오키나와의 후텐마기지를 '최소한 현외' 또는 국외로 이전하는 공약을 내세웠다가 8개월 만인 2010년 6월 하차했다.[66] 또한 유력 정치가인 오자와

『Whitehous Years』에서 일본의 이 약속 불이행에 관하여 두 페이지에 걸쳐 상세하게 비난조로 언급하고 있다.

64 위의 책, 265쪽.

65 위의 책, 172쪽.

66 필자는 2009년에 북경의 주중대사관에서 정무공사로 일하고 있었다. 그해 10월 북경에서 ASEM정상회담이 열렸다. 당시 일본의 신임 총리였던 하토야

이치로(小澤一郞 · 1942-)는 니시마쓰(西松) 건설회사 사건과 그의 정치자금 관리단체인 리쿠잔카이(陸山會) 사건으로 기소되었다. 그는 중국에 접근하려 했던 것으로 알려졌다.[67] 호소카와 모리히로(細川護熙 · 1938-) 총리의 사가와규빈(佐川急便) 스캔들도 이미 이전부터 조사하고 있었다. 따라서 스캔들을 알고 있다는 것을 넌지시 암시하면 일본의 정치가들은 순응하게 된다. 그런 구조는 1985년의 플라자합의나 일본의 국내시장 구조개혁문제, 우정민영화 등 주요 정책과 연결되어 있다. 그 공통점은 일본의 금융자산이 미국으로 이전되는 것이었다. 나카소네 야스히로(中曾根康弘 · 1918-2019)나 고이즈미 준이치로(小泉純一郞 · 1942-) 정권 등 철저하게 미국에 순응한 정권은 장기 집권할 수 있었다.[68] 그래서 일본 정치계 내부에서는 최종적으로는 "아메리카님께서 결정해주시겠지"라고 생각하고 관망할 것이라는 견해도 있다.[69] 대미 자주노선을 선택한 정치가나 공무원은 대부분 배척당했다.[70] 이에 따라 관료들도 점차 미국에 순응하게 되었다.[71] 일본이 미국의 영향력

마 총리의 기자회견장에 일본대사관의 공사와 같이 있었다. 그런데 하토야마 총리가 기자의 질문에 "후텐마기지를 현외 내지 국외 이전하겠다"고 발언을 하자마자 일본공사가 뛰쳐나가서 동경의 외무성 사무차관에게 전화로 그 내용을 보고했다. 본부로부터 총리의 발언을 예의 주시해서 보고하라는 지시를 받고 있었다고 한다.

67 위의 책, 104-107쪽.
68 森田実(모리타 미노루), 앞의 글, 앞의 책, 2007, 84-93쪽.
69 우치다 다쓰루(內田樹) · 시라이 사토시(白井聰), 정선태 옮김, 『속국/민주주의론: 일본은 미국의 지배에서 벗어날 수 있을까?(屬國民主主義論)』, 모요사, 2018, 74쪽.
70 마고사키 우케루(孫崎亨), 앞의 책, 2013, 35쪽.
71 森田実(모리타 미노루), 앞의 글, 앞의 책, 2007, 91쪽.
   같은 책, 37쪽. 대장성의 한 관리는 "미국과 교섭을 할 때마다 이번에는 이길 수 있다는 신념으로 최선을 다해 부딪친다. 그런데 별안간 뒤에서 총탄이 날아온다. 총리관저에서 발사한 것이다. 더 이상 개인적인 주장은 그만두라는 신호이다. 그런 경우가 얼마나 많은지 헤아릴 수조차 없다."고 회상했다.

아래에 있다는 것은 역으로 말하면 그만큼 미일관계는 폭넓고 밀접하다는 근거도 되는 것이다.

3. 미국의 오리엔탈리즘

오리엔탈리즘이란 유럽인의 중동인(오리엔탈)에 대한 왜곡된 고정관념을 의미하는 것이다. 그것은 1970년대 미국의 비교문학 평론가인 에드워드 사이드(Edward W. Said)가 저술한 책의 제목이다.[72] 그것은 서양이 조작한 동양에 관한 모든 편견, 관념, 담론, 가치, 이미지 등을 말한다.[73] 오리엔탈리즘은 인종차별주의적이고, 제국주의적이며, 동양을 영원히 '이질적인 약자'로 취급하는 것이다.[74] 동양인은 문학이나 음악 등 예술작품 속에서 주로 도둑이나 길거리 술주정꾼, 이국적인 착한 창녀나 충성스러운 하인 등 열등한 역할로 등장한다.[75] 그런 문화적인 지배와 종속의 상태를 문화적인 헤게모니라고 했다.[76] 동양인 학생들(그리고 동양인 교수들)은 오늘날에도 미국의 오리엔탈리스트에게 와서 그 무릎 아래에서 배운 후 오리엔탈리즘의 도그마를 반복하게 된다. 이러한 재생산 시스템에 의하여 동양인 학자는 자기 국민에 대한 우월감을 갖게 되고, 사실상 미국을 위한 '원주민 정보원' 역할을 한다는 것이다.[77]

---

72 Edward W. Said, 박홍규 옮김, 『오리엔탈리즘』, 교보문고, 2018.
73 위의 책, 14-16쪽. 역자 주
74 위의 책, 352-354쪽.
75 위의 책, 358쪽; Edward W. Said, 김성곤·김정호 옮김, 『문화와 제국주의』, 도서출판 창, 2002. 문학작품 속의 사례를 기술
76 안토니오 그람시(Anthonio Gramsci), 이상훈 옮김, 그람시의 옥중수고Ⅰ·Ⅱ, 거름, 1986.
77 Edward W. Said, 앞의 책, 2018, 552-555쪽.

미국의 오리엔탈리즘적 헤게모니

1543년 포르투갈인들이 다네가시마(種子島)에 표류했을 때 그들을 맞이한 배 안에는 "중국인들보다 더 백색인 남성들"이 타고 있었고 작은 눈에 짧은 수염을 기른 모습이었다. 이들은 '백인'으로 묘사되었다. 1549년 선교활동을 선도한 프란시스코 사비에르가 1552년 에 쓴 유명한 '유럽에 보내는 편지'에도 일본인은 백인으로 묘사되었다. 그것은 일본인이 기독교도가 될 수 있으리라는 가능성 때문이었다.[78] 그러나 1614년 일본에서 기독교가 공식적으로 금지된 이후 일본인들은 '구릿빛'이며, '올리브빛이 나는 황색'에 '번들거리는 흑색'으로 묘사되었다.[79] 20세기 초 일본에서는 자신들을 '황색'으로 규정하면 대단히 불쾌하게 생각했다. 1920년대에 일본인은 "황색보다는 밝은 색이지만 충분히 밝지는 못한 상태"였다.[80] 일본인은 서구인이 평가하는 일본인의 이미지에 편집증 같은 예민함을 보인다. 그런데 미국인이 동양을 이해하는 것은 유럽인의 그것보다 훨씬 단순했다.[81] 20세기 초에 유럽과 미국에서 진화론적 인종개발론과 오리엔탈리즘이 유행했다. 1910년 미동부의 클라크(Clark)대학에서 『인종개발저널(The Journal of Race Development)』이라는 학술지가 블랙슬리(Blakeslee)에 의해 창간되었다.[82] 『인종개발저널』은 후진적 인종을 계몽하는 식민지정책에 초

---

78 마이클 키벅(Michael Keevak), 이효석 옮김, 『황인종의 탄생: 인종적 사유의 역사』, 현암사, 2016, 59쪽.
79 위의 책, 61쪽.
80 위의 책, 221쪽.
81 Edward W. Said, 앞의 책, 2018, 15쪽.
82 그 잡지는 1919년 『Jounal of International Relations』로 개명되었다가 1922년에 오늘날의 『Foreign Affairs』지로 흡수되었다.

점을 두고 있었다. 일본인은 문명화된 예외적 오리엔탈로서 분석의 대상이 되었다. 동시에 일본의 지식인들도 이 잡지에 기고했다. 여타 아시아태평양지역을 식민지통치 대상으로서 인종개발 되어야 할 진짜 오리엔탈이라고 재정의하면서 일본인 스스로가 인종개발론을 언급하는 주체가 되었다. 그 대상의 첫 번째는 물론 한국이었다. 일본인이 미국인들에게 일본 버전의 오리엔탈리즘을 선전(프로파간다)하고 미국인들이 그것을 수긍하는 과정을 일단 '일본식 모방 오리엔탈리즘'이라고 해두자. 1910년대의 친일파 미국인과 친미파 일본인들은 아시아에 대한 '일본식 모방 오리엔탈리즘'적 인식을 공유하게 되었다.[83] 그것은 이미 오래 전에 일본인들이 전파한 내용을 되풀이하는 수준이었다. 그러나 미국인들은 일본과 전쟁을 하게 되면서 일본인에 대한 노골적인 인종적 편견을 더 드러냈다. 미국인들은 "페리 제독은 병 속에서 지니를 꺼냈지만 지니는 피에 흠뻑 젖은 괴물이 되어 버렸다"고 말했다.[84] 『타임 라이프(Time-Life)』의 발행인인 헨리 루스(Henry Luce)는 "미국인은 독일인을 미워하는 것을 배워야 독일인을 미워할 수 있다. 그러나 일본인을 미워하는 것은 배우지 않아도 된다. 자연적이다"라고 말했다.[85] 일본을 "진흙으로 만든 발을 가진 거인(big man with feet of clay)"이라고 무시하기도 했다.[86] 미국의 언론은 일본인을 코흘리개 야

---

83 土屋由香(쓰치야 유카), 앞의 책, 2011, 31-37쪽.

84 존 다우어(John W. Dower), 최은석 옮김, 『패배를 껴안고: 제2차 세계 대전 후의 일본과 일본인(Embracing Defeat: Japan in the Wake of World War II · 1999)』, 민음사, 2009, 14쪽.

85 Naoko Shibusawa, *America's geisha ally: reimagining the Japanese enemy*, Havard University Press, Cambridge, Massachusetts, 2006. p. 2.

86 가토 요코(加藤陽子), 양지연 옮김, 『왜 전쟁까지: 일본제국주의의 논리와 '세계의 길' 사이에서(戦争まで: 歷史を決めた交渉と日本の失敗 2016)』, 사계절, 2018, 331쪽; 다니엘 2장 31-33절, 41-43절에 나오는 말이다.

만인, 사디스트 광인 혹은 로봇으로 묘사했다.[87] 냉전이 시작되기 전에 실시된 갤럽 여론조사에 따르면 대부분의 미국인들이 일본에 투하할 원자폭탄이 두 개밖에 없었다는 것을 아쉬워했다.[88] "일본은 배신과 형용할 수 없는 공포의 나라이며 일본인들은 모두 악마이고 잔인하다"는 인식이 일반적으로 퍼져있었다. 종전 직후 미국의 여론은 철저하게 혐일적이었다.[89]

그러나 일단 일본의 항복으로 전쟁이 끝나자 일본에 대한 적대적이고 멸시적인 오리엔탈리즘은 다시 과거의 동정적인 오리엔탈리즘으로 돌아갔다. 그러나 그것은 단지 민주주의 교육을 받아야 할 "고등 열등 인종"이라는 인종적 차별을 저변에 깔고 있는 것이었다. 일본을 민주화한다고 하면서도 일본인은 주로 '원숭이 인간(monkey men)'으로 표현되었다. 일본인들은 "한 장의 필름에서 여러 장 뽑은 사진 복사판" 같은 인간들이라고 묘사하여, 스스로의 개성이 없는 일본인의 이미지를 부각시켰다. 전쟁 중에 일본인이 저지른 잔혹 행위는 태어날 때부터 계속 억압되어 온 인간이 돌발적으로 취한 행동으로 설명된다.[90] 일본인이란 '지도자를 무조건 추종하도록 훈련된' 사람이므로 일본인의 머릿속에 든 뇌를 바꾸는 것이 점령군의 과제라고 했다.[91] 미국의 어느 외교관은 "원숭이도 훈련시키면 성조기를 흔들 수 있다. 그러나 그렇다고 원숭이를 애국자라고 할 수는 없는 것이다"라고 빈정거렸다.[92] 맥아더는 일본인은 전쟁에서 이기면 '유치한 잔혹

---

87 존 다우어(John W. Dower), 앞의 책, 2009, 269쪽.
88 Naoko Shibusawa, 앞의 책, 2006, p.3.
89 위의 책, p.14.
90 존 다우어(John W. Dower), 앞의 책, 2009, 269-270쪽.
91 존 다우어(John W. Dower), 앞의 책, 2009, 273쪽.
92 Tessa Morris-Suzuki, 伊藤茂 譯, 『愛國心を考える』, 岩波文庫, 2007, 67쪽.

상'에 휩싸이고, 지면 마치 노예라도 된 듯 승자에게 의존한다고 말했다고 한다.[93] 일본을 좋은 이미지로 묘사하는 미국인들도 일본인들은 "석기시대의 심리"를 가지고 있으므로 일본에 속지 말아야 한다고 경각심을 환기했다.[94] 영국의 아시아 문제 전문가들은 일본인을 "말 잘 듣는 가축 떼"라는 말을 쓰면서 일본인의 민주주의제도 운영 능력에 심각한 우려를 표명했다.[95] 『국화와 칼』의 저자인 루스 베네딕트는 일본인은 권위에 순종적이라고 지적했다. 이는 "말 잘 듣는 가축 떼"를 점잖은 어휘로 표현한 것이다.[96] 전후 미국인들은 미국은 남성이고 어른이며, 황인종 일본은 여성이고 어린이가 되는 '자연적인 계층관계'를 상정했다. 어린애인 일본에게 미국이 민주주의를 가르치는 선생이라는 전후 새로운 이미지를 만들었다. 미국언론은 일본을 "세계에서 가장 큰 개혁 학교"라고도 불렀다. 점령군 최고사령관에서 해임되어 귀국한 맥아더는 1951년 5월 3일 미 상원 외교군사위원회의 청문회에서 독일에서의 민주화 작업보다 일본에서의 민주화 작업이 훨씬 어려운 임무였다는 것을 강조하기 위해서 독일과 일본은 원래 다르다고 했다. "독일 문제는 일본의 문제와 전혀 다른 것이다. 독일민족은 성숙한 민족이다. 앵글로색슨 민족을 45세 정도라고 한다면 독일인은 상당히 성숙한 수준에 있다. 그러나 일본인은 12세 정도의 어린애일 것이다"라고 말했다.[97]

---

93 존 다우어(John W. Dower), 앞의 책, 2009, 283쪽.
94 Naoko Shibusawa, 앞의 책, 2006, p. 68.
95 존 다우어(John W. Dower), 앞의 책, 2009, 276쪽.
96 위의 책, 278쪽.
97 위의 책, 쪽. 53-55.

아시아에 대한 '일본식 모방 오리엔탈리즘'

미국의 인종적 편견과 오리엔탈리즘의 가장 기본적인 틀은 미국인은 일본인을 '오리엔탈리즘'의 시각으로 보고, 일본인은 그것에 저항하기 위해서 '일본식 모방 오리엔탈리즘'을 이용한다는 것이다. 19세기부터 한국의 나쁜 이미지에 관한 모든 것은 일본인이 만들고 전파시키고 그것을 미국인 아시아전문가라는 사람들이 그대로 흡수하고 더 왜곡된 형태로 재생산하면 그것을 다시 일본 학자들이 인용하는 '일본식 모방 오리엔탈리즘'의 순환구도가 정착되었다. 블랙슬리는 일본의 패전 후 조선민족이 봉기하여 불안정한 상태가 될 것인데, 조선인은 현시점에서는 자치능력이 없으므로 일본이 조선을 계속 통치하는 것이 낫다고 주장했다.[98] 미국의 지식인들이나 정부 내 친일파 정책입안자들의 이러한 인식은 일본인이 전파한 조선인론을 복사한 것이다. 그러한 왜곡된 인식은 서구연구자들에게 전파되어 미국의 아시아정책에 영향을 미치게 되었다.[99] 덜레스는 인종차별문제에 대한 일본국민의 특별한 감정과 일본인의 이중적 기준을 최대한 이용함으로써 일본이 미국에게 순응하게 할 수 있을 것이라고 계산했다. 그는 연합국점령당국(GHQ)의 영국 대표와 회담시 "일본인들은 앵글로색슨 민족이라는 엘리트 클럽의 정회원으로 대접 받기를 강하게 원하고 있다"고 말하기도 했다.[100] 미국은 비록 일본을 '교육 받는 원숭이' 취급을 하지만 그 원숭이가 아시아의 다른 열등한 원숭이들을 다시 지배할 수 있는 조건을 만들어 주는 것이었다. 전후 일본의 아시아에 대한 '모방

---

98 土屋由香(쓰치야 유카), 앞의 책, 2011, 36-39쪽.
99 위의 책, 95-97쪽.
100 松田武(마쓰다 다케시), 앞의 책, 2008, 113-117쪽.

오리엔탈리즘'은 결국 미국이 앞장서서 개척해 준 것이었다.

오리엔탈리즘의 프리즘 일본

2차 대전 이후 한국인과 일본인은 모두 미국의 '그람시적인 헤게모니' 아래에서 살고 있다. 그러나 오리엔탈리즘에도 서열이 매겨져 있었다. 한국인은 지난 100년 동안 일본의 '그람시적 헤게모니' 아래에서 살아왔다. 일본의 헤게모니는 양방향으로 실상을 굴절시키는 프리즘이었다. 한국인은 일본이라는 프리즘을 통해서 일단 굴절된 미국과 서구를 인식했고, 미국을 비롯한 서구세계는 일본이 전파하는 왜곡된 한국의 이미지를 받아들여 그대로 고정관념으로 삼았다. 일본이 패망하여 한국이 해방된 이후에도 그러한 프리즘은 계속해서 작동하고 있다. 일본의 보수지배계급은 미국에 대한 반공캠페인의 일환으로 한국인을 모두 좌익 공산주의자로 몰아붙였다.[101] 하지 중장 휘하의 21군단이 한국에 상륙하기도 전에 한국주둔 일본군 사령관은 한국내 공산당과 좌파가 혼란한 상황을 이용하여 지방에서 불안을 조장하고 있다고 오키나와에 있던 하지에게 경고하는 전신메시지를 보냈다. 이에 대해 하지는 당분간 일본군이 그대로 질서를 유지해 달라고 지시했다.[102] 여기서 우리는 어떤 정보를 의도적으로 가공하고 전파한다는 것은 아주 효율적인 프로파간다 수단이라는 것을 알 수 있다. 100

---

101 오구마 에이지(小熊英二), 조성은 옮김, 『민주와 애국: 전후 일본의 내셔널리즘과 공공성(2002)』, 돌베개, 2019, 544쪽. 1948년 3월 일본점령군 8군 사령관이었던 아이첼버거(Robert L. Eichelberger) 중장은 "적화할지도 모르는 50만이나 되는 재일조선인들을 억제하기 위해 일본인 부대를 미국 부대의 일부로서 이용하자"는 제안을 했다.

102 Marc Gallicchio, 앞의 책, 2012, p. 81.

년 전에 한국인은 국제사회에 자기소개를 할 수 있는 기회가 없었다. 한국에 관한 소개는 일본인이 하고 다녔다. 일본의 패전과 우리의 해방 이후에 닥쳐온 민족과 영토의 분단도 일본의 오래된 네거티브 프로파간다와 일정 부분 관련이 있는 것도 분명한 사실이다. 한국은 100년 이상을 이렇게 비틀려져 왔다. 그런데 오늘날에도 그 비틀림은 아직도 원상으로 되돌아오지 않고 있다. 오늘날에도 일본학자들은 과거의 인식으로 한국에 관한 시각을 재생산하는 경향이 있다. 그리고 한국인들은 그것을 그대로 따라가곤 한다. 현재의 이미지도 상당 부분 이러한 정보의 흐름 방식에 기인하는 것이라고 할 수 있다.

언젠가 군정보기관에서 근무했던 어느 고교 선배가 우스꽝스러운, 그러나 한미일 삼국 간에 현실로 엄연히 존재하는 '정보의 유통' 실태를 들려주었다. 한국군이 자체정보망으로 파악한 북한군 정보의 일부를 서울의 일본대사관에 근무하는 일본자위대 무관에게 제공한다. 그런데 얼마 후 워싱턴의 한국대사관에 근무하는 한국 무관이 그와 똑같은 정보를 보고해 왔다는 것이다. 한국 무관은 그 정보를 미국의 군 관계자로부터 지득한 것이다. 결국 그 정보의 유통을 잘 추적해 보면 한국 측에서 주한 일본대사관 무관에게 흘린 정보를 그 무관이 일본에 보고하고, 그것을 다시 일본 자위대 관계자가 일본 자체의 정보인 것처럼 가공해서 주일 미군관계자에게 제공하면, 주일 미군관계자는 그것을 다시 워싱턴의 국방성에 보고하고, 워싱턴의 미군관계자는 그 정보를 한국대사관 무관에게 '선물'한다. 그러면 주미한국대사관 무관은 그것을 미군이 단독으로 수집한 정보라고 '격을 높여서' 서울로 보고하여 똑같은 내용의 정보가 결국 돌고 돌아 그것을 최초로 생산했던 사람에게로 돌아온 것이다. 우리가 알고 있는 이데올로기를 비롯한 많은 정보들이 사실은 그런 원작자 불명인 변형된 복사판인 경우가 많다. 20세기에는 그 프리즘이 일본이었다. 그렇기 때문에 원전에 일본적 '양념'이 첨가되어 있다. 예를 들면 『빨간 머리 앤』으로 잘 알려진 소설의 원래 제목은 『초록지붕집의 앤』이다. 그 소설을 일본에서 최초로 번역해 출간할 때 일본인의 시각에 잘 맞게 제목을 약간 변형시킨 것이다. 그 일본어 번역본을 한국어로 다시 번역하면서 『빨간 머리 앤』이 제목으로 고정된 것이다. republic(리퍼블릭)을 공화(共和)라는 일본식 번역어의 한자 뜻으로만 이해해서 한국의 전문 학자들 중에는 "공화제란 글자 그대로 군주와 백성이 서로 조화롭게 사는 체제를 의미하는 것 아닙니까"라고 천연덕스럽게 설명하는 사람도 있다. republic은 원래 군주가 없는 세상을 의미하는 것이다. 한국인들은 인도어인 불경을 한자의 우리 발음으로 외우면서 부처님께 빌었고, 이집트를 애굽, 파라오를 바로왕이라고 하면서 하나님께 기도했다.

4. 일본근대화론의 정체

미국의 일본 '편애' 하이라이트는 역사에 대한 일본인의 자기반성을 봉쇄해 버리는 '일본근대화론'이라는 선물을 안겨다 준 것이었다. 일본을 마치 모범적 모델로 만들어 아시아인들에게 보여주는 것이다. 캐나다 역사학자이자 외교관이었던 노먼(E. H. Norman · 1909-1957)이라는 사람이 있었다. 그는 일본의 근대화를 비판적 시각에서 바라본 몇 안 되는 서구학자였다.[103] 미국의 초기 점령정책의 핵심인 반봉건적

---

103 그는 일본의 나가노라는 산골지방에서 캐나다 목사의 아들로 태어나 고등학교 무렵까지 일본에서 살았다. 일본의 근대화 과정을 민중의 입장에서 해

민주주의적인 개혁정책은, "20세기의 일본의 억압성과 침략성은 메이지 이전 시대부터 만들어진 일본의 사회구조로부터 기인한다"는 노먼의 견해에 바탕을 두고 있었다. 점령당국인 GHQ의 각 분야 담당자들도 초기에는 노먼의 글을 읽었다. 토지개혁, 신 헌법제정, 재벌의 해체와 같은 개혁조치들은 노먼이 제시한 전제국가와 봉건적 유산을 제거하는 것이었다.[104] 그러나 캐나다인 노먼은 곧 미국의 정책입안자들과 학계에서 배제되었다.[105] 이러한 갑작스런 전환은 냉전 때문이었다. 일본을 아시아의 반공 보루로 만들겠다는 미국의 변경된 전략은 아시아전문 미국학자들에 대한 매카시즘의 공격과 시기적으로도 맞물려 더 자연스럽게 합리화되었다.[106] 반공적 대응이데올로기를 위해서는 일본 근대화의 긍정적이고 성공적인 측면을 부각시켜주어야 했다. 이런 조건에서는 노먼과 같은 학자의 순수한 견해는 미국의 정책에 반하는 것이 되었다.[107]

'근대화론'은 원래 소련과의 냉전 논쟁 속에서 생겨났다. 월트 로스토우(Walt Rostow)는 『경제성장의 제단계: 한 비공산주의 선언』에

석했다. 미국의 초기 점령정책은 노먼의 견해에 기반을 둔 것이 많았다. 그러나 그는 1957년 주이집트 캐나다 대사로 재임 중 매카시열풍에 휘말려 공산주의자라는 낙인이 찍혀 4층에서 투신자살했다. 그 후 그의 학문적 업적은 미국학계에서는 잊혔다. 오히려 일본에 더 많이 알려졌다. John W. Dower가 1970년대 말에 노먼을 학계에 '복권'시켰다.

104 John W. Dower, "E. H. Norman, Japan and the Use of History", in John W. Dower ed. *Origins of the Modern Japanese State: Selected Writings of E. H. Norman*, Pantheon Books, Random House, N.Y 1975, p. 29.

105 위의 글, 위의 책, pp. 31–33. 그래서 그는 미국과 일본의 학계에서는 잊힌 인물이 되었다. 페어뱅크와 라이샤워가 쓴 『동아시아-근대적 전환』(1964)에는 노먼의 글이 참고문헌에조차 들어있지 않다.

106 위의 글, 위의 책, p. 43. 51–51년간 개최된 태평양관계재단(IPR)에 대한 상원의 청문회는 IPR 관련자 총 46명이 공산당 당원이었다고 발표했다.

107 위의 글, 위의 책, p. 39.

서 근대의 전 과정을 '전통사회-도약준비-도약-성숙-대중소비'라는 단계론의 형태로 파악하고 자본주의와 공산주의가 어디서부터 갈라지는가에 대한 개념도를 내놓았다. 원래 미국에서는 19세기 초 이래 유럽에서 기원한 각종 사회철학 이론을 현실세계에 실제로 실현해 보는 실험이 활발하게 이루어져 왔다.[108] 또한 유럽에서 분명한 역사적 배경을 가지고 발전된 각종 사회적, 경제적 발전 이론이 미국에서는 대체로 단순 명료하게 정리되었다. '일본근대화론'은 탤콧 파슨 (Talcott Parson), 월트 로스토우 등 유명 학자들이 만든 경제발전단계론을 일본의 역사에 맞추어 에드윈 라이샤워(Edwin O. Reischauer)가 정치적인 목적을 가지고 재구성한 것이었다.[109] 라이샤워의 '일본근대화론' 은 일본이 점진적으로 민주주의 방향으로 발전했으며,[110] 서구와 같은 '통제적 자본주의'[111]로 이행했다는 것을 그 근거로 삼고 있다.[112] 메이지 유신 이후의 일본의 경제적 성공은 일본 문화의 특수성 때문이라는 것이다. 1961년 라이샤워는 주일대사로 부임하여 그 이론의 정착을 직접 '감독'하는 역할을 하게 된다. 외교적 목적과 근대화 이론이 결합되었다. 일본의 언론들은 그것을 "케네디와 라이샤워의 공세"라

---

108 Robert L. Heilbroner, *The Worldly Philosophers : The Lives and Ideas of the Great Economic Thinkers*, Touchstone/Simon & Shuster, New York, 1992, pp.105-135. 넓은 토지에 땅값도 싸고 인구도 적어서 사회적인 잉여가 무한하다는 여건 때문이었다. 흔히 '공상적 사회주의자'라고 알려진 로버트 오웬(Robert Owen)이나 샤를르 푸리에(Charles Fourier)가 구상했던 평등한 공동체가 미국에서 실제로 설립되었다.

109 John W. Dower, 앞의 글, 앞의 책, 1975, pp.46-47.

110 Edwin O. Reischauer, 이관섭 옮김, 『일본 근대화론(1965)』, 소화, 1997, 93-95쪽.

111 일반적으로 대공황 이후 케인스주의에 입각한 소위 '수정자본주의'를 일본에 맞추어 각색한 용어인 것 같다.

112 위의 책, 127-148쪽.

고 불렀다.[113] 라이샤워는 부임하자마자 도쿄 근처의 가나가와현 온천 휴양지인 하코네(箱根)에서 세미나를 개최하여 미국의 학자들이 일본 학자들을 잘 설득시키는 작업을 시작했다. 1960년에 최초로 개최되어 총 6차례 개최된 '하코네회의'는 '일본근대화론'을 일본학자들에게 교육시키는 학회였다.[114] 그런데 재미있는 것은 초기에는 '일본근대화론'에 대해 일본학자들이 "그것은 사실과 다르다"고 반박과 반발이 심했다는 것이다. 일본학자들은 '일본근대화론'이 역사의 사실성(史實性)을 너무 무시하고 있다고 비판했다.[115] 애초에 존재하지 않은 것을 만들어냈다는 것이다. 라이샤워는 그들을 싸잡아서 마르크스주의자라고 불렀다. 그들이 마르크스주의에 너무 세뇌되어 있어서 자기 나라를 오해하고 있다는 것이다. 라이샤워는 일본인보다 자기가 더 일본을 잘 안다고 주장했다.[116]

그럼에도 불구하고 '일본근대화론'은 혁명 없이도 경제발전을 이룰 수 있다는 것을 다른 아시아국가들에게 보여주는 모범적인 근대화 모델로 선전되었다. 따라서 학계의 연구 방향은 일본이 근대적인 자본주의국가로 발전한 매력적인 측면을 더욱 더 부각시키는 것이 되어야 한다는 것이다. 1960년대 후반이 되어 일본의 고도성장이 가속화되면서 아시아 여러 지역에서도 일본의 '성공'을 모델로 삼으려는 기운이 높아졌고, '일본근대화'론의 관점을 받아들이려는 움직임이 일본 학계에서도 커져 갔다. 일본의 '성공'의 유래와 비밀을 파헤치려 하

113 John W. Dower, 앞의 책, 2009, pp. 295-296.
114 John W. Dower, 앞의 글, 앞의 책, 1975, p. 54.
115 Stefan Tanaka, *New times in modern Japan*, Princeton University Press, Princeton, New Jersey, 2004, pp. 18-20.
116 패트릭 스미스(Patric Smith), 노시내 옮김, 일본의 재구성(Japan: A Reinterpretation), 마티, 2008, 58-59쪽.

는 것이 유행했다.[117] 그 발전은 계량적 방법으로 입증됐다. 이에 따라 계량경제사가 새로운 연구방법의 총아로 등장하였다. 그러나 그런 논리는 서양의 문화와 일본문화가 서로 물과 기름처럼 융합도 혼합도 되지 않은 채 혼재하고 있다는 일본 사회의 엄중한 현실을 감추고 미화하는 데 불과했다.[118] 근대화론은 사실상 국가와 지주, 산업금융의 착취적인 역할에 대한 관심을 지워버렸다. 착취는 경제적인 요소로 기인하는 것이지, 정치적인 이해나 계급적 통제 때문은 아니라는 것이다.[119] 일본의 메이지 유신 이후의 역사는 군국주의와 침략전쟁의 어두운 측면보다는 자본주의적 방식에 의한 사회근대화와 경제발전이라는 밝은 면이 더 중요하다는 것이었다. 이를 위해서는 착취와 전제주의, 경제적, 사회적 불평등, 잦은 대외 침략과 전쟁 등 부정적인 요소에 대해서는 눈을 감아주는 접근을 하는 것이다.[120] 근대화론은 미국의 세계전략에 대응하는 이데올로기적 경향이 있었다. 20세기 이래 일본인을 다른 아시아인에 비해서 "고등 열등 인종"으로 대우해 주던 미국의 전통도 여전히 작용했다고 볼 수 있다. 오리엔탈리즘적 사고체계는 열등한 상대에 대해 '멸시적'이라는 것이다. 따라서 외부에 대한 책임의식이 생길 여지가 없다. 따라서 전쟁 책임과 같은 역사 반성은 언급조차 될 수도 없게 되었다. 강대국 정부의 정책과 학문적 이론이 융합되면 그것이 적용되는 나라나 그 이론을 수입하는 나라에서는 일종의 절대적인 이데올로기가 된다. 미국의 학문적 헤게모니가

---

117 나가하라 게이지(永原慶二), 하종문 옮김, 『20세기 일본의 역사학』, 삼천리, 2011, 213-215쪽.
118 松田武(마쓰다 다케시), 앞의 책, 2008, 73쪽.
119 John W. Dower, 앞의 글, 앞의 책, 1975, pp. 64-65.
120 위의 글, pp. 40-41.

원래부터 어용적인 일본의 학계를 미국정책의 어용으로 만들어버렸다. 「일본근대화론」은 그 대표적인 사례이다. 미국은 그것을 미일동맹의 중요한 한 부분으로 규정했다. 1960년 개정된 미일안보조약에는 새로운 조항인 제2조가 추가되었다. 경제조항이라는 이 조항은, 일본이 동아시아 지역으로 경제진출을 할 수 있게 해 준 조항이다. 일본은 이번에는 총칼을 차는 대신 미국의 지원을 등에 업었다.[121]

존 다우어가 비판하는 일본근대화론은 두 가지의 학문적 문제점이 있다는 것이다.[122] 첫 번째는 정부정책을 포장하는 '어용'이라는 것이고, 두 번째는 인간과 사회적 가치개념을 무시해버리는 몰가치적인 수량데이터 중심의 비교 이론이라는 것이다. 다우어는 1970년대에 미국의 일본학계에 그동안 잊어졌던 노먼의 연구성과를 소개함으로써 노먼을 복권시키는 역할을 했다. 당시까지는 노먼의 연구는 박사논문의 주제조차 되지도 않았다고 한다. 노먼을 연구하면 박사학위를 받을 수 없었다. 노먼의 가장 중요한 논문인 「근대일본 국가의 기원」이나 「일본정치의 봉건적 유산」 등은 다우어가 출간하지 않았으면 세상에 알려지지도 않았을 것이다. 일본현대사에 관한 다우어의 또 다른 저서인 『Ways of Forgetting, Ways of Remembering(망각의 방법, 기억의 방법)』

---

121 가토 요코(加藤陽子), 앞의 책, 2018, 180쪽. 제2조 경제조항 내용 "체약국은 자유로운 제도를 강화함으로써, 이러한 제도의 기초를 이루는 원칙의 이해를 촉진함으로써 또한 안정 및 복지의 조건을 조장함으로써, 평화적 나아가 우호적 국제관계의 더 큰 발전에 공헌한다. 체약국은 국제경제정책의 불일치를 제거하는 데 힘쓰며 또한 양국 간의 경제적 협력을 촉진한다."

122 존 다우어는 잰슨(Marius B. Jansen·1922-2000)과 마찬가지로 하버드대학에서 라이샤워로부터 일본학을 사사했으나 스승인 라이샤워와 잰슨과는 전혀 다른 학문의 길을 걸었다. 잰슨이 시종일관 일본근대화론의 주창자가 되었던 반면, 다우어는 사실상 라이샤워의 친일적인 학문적 편향을 비판하면서 일본 사회에 내재된 억압과 순종의 구조를 파헤쳤다. 그것은 노먼의 시각에 영향을 많이 받은 것으로 보인다.

에서도 제일 첫 번째로 노먼의 연구를 소개하고 있다. 다우어의 글을 읽다보면 30년 연상의 만나본 적도 없었을 노먼을 그가 학문적으로 얼마나 존경하고 있는지를 느낄 수 있다. 필자도 다우어를 통해서 노먼을 알게 되었다. 이제부터 소개하는 일본근대화론에 대한 비판적 시각은 다우어의 책과 노먼의 저작 내용을 주로 소개하는 것이다.

라이샤워는 1949년 개최된 국무성내 회의에서 "아시아는 이데올로기를 원하고 있는데 미국은 그것을 제시하지 못하고 있다"라고 비판했다. 1955년에 발표한 「Wanted: An Asian Policy」에서 라이샤워는 미국의 대외정책이 군사, 경제, 이데올로기 세 분야에서 동시에 추진되어야 하는데 그중에서 이데올로기가 가장 중요한 것이라고 주장했다. 라이샤워는 프로파간다에 학문이 유용하게 사용될 수 있으며, 역사를 재구성하면 "대단히 실리적인 결과"를 가져올 수 있다고 미국정부에 건의했다.[123] 라이샤워의 영향으로 다른 견해는 마르크스주의적인 '구닥다리'로 간주되었다. 라이샤워가 「Wanted: An Asian Policy」에서 제시한 1955년의 어젠다는 '일본근대화론'이 순수 학문적인 것이 아니라 정치적인 목적을 가진 것이라고 공개하는 것이었다.[124] 라이샤워는 근대화의 개념에 대한 오해를 언급하면서, "가장 흔한 오해는 근대화를 어떤 일이 일어나야 하는 것으로 이해하는 것인데, 나는 가치판단을 하지 않고 그것이 좋은 것이든 나쁜 것이든 '단지 무엇이 일어나는가'로 본다"고 설명했다. 잰슨은 그러한 라이샤워의 몰가치적인 시각을 "가치문제로부터 자유로운 가치(the value of the "value free")"라고 말장난처럼 표현했다. 잰슨은 근대화라는 개념이 반드시 사회적 정

---

123 패트릭 스미스(Patric Smith), 앞의 책, 2008, 45쪽
124 John W. Dower, 앞의 글, 앞의 책, 1975, pp. 44-49.

의와 모든 사람의 복지를 의미하는 것은 아니라고 강조했다. "중요한 것은 사람들이 읽었다는 것이지 무엇을 읽었느냐는 아니다. 사람들이 대중사회에 참여했다는 것이 중요하지, 자유민으로서 참여했느냐 아니냐는 상관없는 것이다. 기계는 작동되면 되는 것이지 누구를 위해서 움직였는지는 중요하지 않다. 무엇이 생산되었느냐가 아니라 물건이 생산되었다는 것이 더 중요하다. 근대라는 관점에서 보면 자동차를 만드는 것이나 총을 만드는 것이나 다 근대적인 것이다. 학교를 세우는 것이나 정치범수용소를 세우는 것이나 다 근대적인 것이다."[125] 그러나 '근대화'라는 개념도 결국은 전통적인 인간중심 개념의 문명을 진전시키는 경우에 '진보'와 동일시할 수 있는 것이다.[126]

라이샤워와 노먼이 모두 일본의 민주주의를 중시했다는 점에서는 서로 다르지 않다. 다만 두 사람은 일본의 역사 전개를 해석하는 관점이 달랐다.[127] 라이샤워는 전전 일본의 체제를 전쟁주창자(군부)와 평화유지 그룹(경제계, 관료) 진영의 대립으로 보았다. 이에 대해 노먼은 '과두지배권력(oligarchy)'이 분열된 적은 없었다고 본다. 체제내부의 정책 결정 과정의 중심축이 때에 따라서 이동했을 뿐이었다. 이 과정에서 '과두지배권력'은 권력내부의 이견대립을 억제시키면서 국내에서는 일반 대중에 대해서, 대외적으로는 아시아대륙에 대한 헤게모니 확립을 지지하기 위하여, 자기들끼리는 단합했다는 것이다.[128] 한편 라이샤워는 1931년 이후 일본의 대외침략 확대가 단순히 그 이전 유지

---

125 위의 글, pp. 55-57.
126 위의 글, pp. 65-68.
127 노먼은 나가노라는 깡촌에서 농민들의 실상을 보며 자랐고, 라이샤워는 도쿄라는 대도시에서 일본의 상류사회와 어울리며 성장했다는 큰 차이가 있다.
128 위의 글, p. 73.

되던 정책으로부터의 탈선의 시작이라고 본다. 그러나 노먼은 메이지 유신이 후대에 군국주의적 정책과 권력구조를 물려주었다고 보았다. 그것은 일본이라는 국가의 본질이 충실하게 반영된 결과이며 그 뿌리는 더 깊은 곳에 있다고 주장했다. 노먼은 "일본의 비극은 그들이 서구로부터 열심히 공부한 많은 좋은 것들이 일본의 지배계급에 의해 무시되고, 침략목적과 냉소적인 외교를 수행하는 기술로서만 이용되고 발전시켰다는 데서 초래된 것이다."라고 보았다.[129] 라이샤워나 잰슨 식의 역사 해석을 할 경우 그 시대의 어둡고 불행한 측면은 가려져버리고 미화하는 일만 남게 된다. 그들은 사회적 소외와 제도적인 억압에 대해서 외면했다. '봉건적 잔재'와 사악한 '문화적 유산' 문제에도 눈을 감았다.[130] 억압에 대해서 잰슨은 그 시기에 치안유지법 적용으로 사형된 사람이 소르게사건[131]으로 인한 한 명뿐이라는 것을 내세워 억압도 별거 아니었다고 강변한다. 그러나 그것은 정부주도의 이데올로기와 프로파간다, 학교교육, 순응적 윤리 강화 등, 1870년부터 시행되어온 간접적인 사상통제 문제, 즉 '제도적인 억압' 문제를 피해가는 것이다. 그리고 살해된 사람은 부지기수로 많다. 1911년 대역사건에서 고도쿠 슈스이(幸德秋水·1871-1911) 등 무정부주의자들 사형 사례, 1923년 무정부주의자인 오스기 사카에(大杉榮·1885-1923)와 그의 정부, 그리고 그녀의 7세 조카를 헌병대사령부 내에서 교살한 것, 1923년 관동대지진 직후 사실상 경찰의 사주에 의한 수천 명의 조선인 학살사건(백색테러), 1933년 11월 강좌파 학자 노로 에이타로(野呂

---

129 위의 글, p. 56.
130 위의 글, pp. 74-75.
131 1941년에 일본에서 체포된 소르게라는 소련의 스파이와 얽힌 사건을 지칭한다.

榮太郎 · 1900-1934)가 체포된 지 3개월 후 시나가와형무소에서 34세의 젊은 나이에 사망한 것, 철학자 미키 기요시(三木淸 · 1897-1945)가 항복 후인 9월 26일 옥사한 사건이 있다. 1928년 이후 수많은 공산주의자들이 체포되고 투옥되었다. 그들은 일본의 패전이 아니었다면 죽을 때까지 감옥에서 고초를 당했을 것이다. 이런 사례까지 계산하면 근대화론자들이 내세우는 수량적인 증거를 상쇄하고도 남을 것이다.

또한 그에 더하여, 바로 그 잰슨이 말한 일본에서 '변화가 빛의 속도로 일어나던 시기'에 대만이 일본에 의해 점령된 후 의도적으로 계획된 무력진압으로 살해된 수천 명의 대만 주민들도 있다. 또한 '기술발전과 산업화 시대'에 공장에서 혹사당하다가 폐결핵으로 사망한 수백 명의 여성노동자들과 탄광의 노예노동으로 사망한 광부들이 있다. '한층 더 복잡해진 사고패턴이 출현하는 시기'에 한국에서 살해된 셀수 없이 많은 사람들(3·1운동을 의미), 1918~1922년간 시베리아에서 일본에 의해 사주된 백색테러에 의해서 살해당한 수많은 시베리아 러시아 사람들, 아시아태평양전쟁 중 굶어죽은 2백만 명의 베트남 사람들(당시 총인구의 8%), 1937년부터 1945년 사이에 살해된 1,100만 명의 중국인들, 그리고 메이지 유신에서부터 1945년까지 일본의 대외침략전쟁에서 희생된 수백만 명의 일본인들도 있다. 이러한 성격의 수량화가 19세기의 일본의 근대화를 평가하는 데 필수적인 것이다. 이러한 어두운 현실을 덮고 잰슨은 일본을 '아시아의 모델'로 치켜세웠다. 그는 하코네회의에서 정리된 주요 분석을 되풀이 강조하면서 "일본의 케이스는 '후기 근대화'의 첫 번째이자 가장 성공적인 것"이라고 강조했다. 그런데 일본의 학자들이 이러한 논리를 스스로 전파할 수가 없었으므로(그들은 전전에 일본이 한 짓을 알고 있기 때문에), 이를 전파하는 역할을 미국의 젊은 학자들이 맡을 수밖에 없었다.[132] 전후 미국의 대일정책 프레임에 갇히게 된 일본학 연구는 일본 내의 현실은 외면된 채 라이샤워가 제시한 프레임으로 규율되었다. 리버럴이나 좌파 성향의 일본학자들의 연구 성과는 영어로 번역되지도 않았고 당연히 미국학계에 소개되는 기회도 적었다. 이에 따라 미국의 학계는 주어진 프레임 속에서 일원화되었다.[133] 그들을 국화회(Chrysanthemum Club) 학자들이라고 한다. 하버드 법대에 미쓰비시사의 이름이 붙은 교수직이 있고 미시간 대학에는 도요타사 이름의 석좌교수 자리가 있는 식으로 일본이 돈을 쏟아부었다. 그런 자리에 가 있는 사람들은 대부분 국화회의 '게이샤' 학자들이다. 찰머스 존슨(Chalmers Johnson)은 "게이샤는 훈련이 잘되어 있어서 따로 일일이 지시할 필요가 없다"고 비꼬았다.[134] 요즘 말이 많은 하버드대의 램지어 교수도 그중의 하나이다. 근대화가 기술발전, 공업화 등 물질적인 발전을 의미한다면, 근대성(being modern)은 심리 및 의식의 측면으로서 개인의 자유로운 자주성을 견지할 능력이 있는가에 관한 개념이다. 그런 시각에서 보면 일본은 근대화는 되었지만 근대성은 없는 것 같다.[135] 다우어는 근대화론을 주장하는 것은 마치 표면을 여러 색깔의 크림으로 아주 예쁘게 장식한 케이크를 테이블에 전시해 놓고 있다가, 사고 싶어 하는 사람이 와서 내용물을 이리저리 자세히 보려고 하면 금방 먹어버리는 것과 같다고도 했다. 학자의 연구가 정부의 프로파간다의 도구가 되어서는 안 된다. 1970년대 이후 일본근대화론을 지나치게 강조하는 경향은 사라졌다. 노먼이 강조했던

---

132 위의 글, pp. 58-59.
133 위의 글, pp. 52-54.
134 패트릭 스미스(Patric Smith), 앞의 책, 2008, 66쪽.
135 위의 책, 10쪽.

역사적 관점으로 일부 회귀할 것이라는 견해도 나오기 시작했다.[136]

한국에서는 '식민지근대화론'에 대해서 논쟁이 계속되어 왔다. 위에서 소개한 '일본근대화론'과 그에 대한 비판을 통해서 '식민지근대화론' 문제에 대해서 조금이라도 관심이 있는 사람들은 그 '식민지근대화론'이 어디에서 유래되었는지 금방 알 수 있을 것이다. '일본근대화론'은 미국이 미국의 목적을 위해서 일본에게 선물한 것이었다. 반면 '식민지근대화론'은 일본의 식민지지배가 한국의 근대화를 가져왔다고 주장하고 싶은 일본의 목적에 맞게 재포장된 미제(美製) 이론을 일본이 한국의 몇몇 학자들에게 '사탕과 함께 주입시킨 것'이다. 일본 정치가들의 망언 중에 단골 발언이 "일본이 한국을 지배하면서 시혜를 베풀었다"는 주장이었다. 식민지시대에 모든 수량적 통계는 늘어났으니 근대화 프레임에는 딱 맞는 것이다. 그 안에서 그 수량의 배분이 어떻게 이루어졌고 그 질은 어땠는지는 물을 필요가 없는 것이다. 근대화에는 "가치에서 자유로운 가치"가 있다고 하지 않았는가. '식민지근대화론'은 또한 미국이 일본에 행한 오리엔탈리즘이 일본이 한국에게 행하는 '일본식 모방 오리엔탈리즘'으로 변용된 것이다. 그것을 한국학자들이 수용하는 것은 뒤에서 고민해 볼 일종의 '일제 잔재'이다.

5. 미국 정책 속의 한국과 일본

미일관계의 원류를 생각할 때 시즈오카현 시모다(下田)는 그 출발점이다. 시모다에 와보면 일본인들이 왜 미국에 순종하고 있는지 그

---

136 John W. Dower, 앞의 글, 앞의 책, 1975, p.62.

이유를 금방 느낄 수 있다. 시모다는 그 중요한 증거를 말해주는 곳이다. 시모다는 1854년 미국 대표 페리 제독과 막부가 미일화친조약의 비준서를 교환한 곳이며 이 조약에 따라 하코다테(函館)와 함께 가장 먼저 개항한 곳이다. 일본의 강압으로 강화도조약을 맺고 그 조약에 따라 개항한 우리의 인천과 비슷하다. 일본의 개방을 압박한 페리는 1853년 일본에 와 일본인들의 내적인 불만을 발산하고 메이지 유신으로 가는 내부개혁의 문을 열어준 사람이 되었다. 1853년부터 1940년까지 90년간 미국은 일본의 향도이자 도우미였다. 그래서 아베가 아무리 트럼프에게 굽실거려도 일본 사람들은 개의치 않는다. 일본에서 친미는 곧 정의이기 때문이다. 미국은 일본인들을 봉건적 억압체제에서 구해주었고, 군국주의의 전시억압체제로부터 또 한 번 구해주었다. 미국은 일본인들에게는 언제나 선망의 대상이자 감사해야 하는 대상이 되었다. 반면 한국인에게 미국은 조금은 복잡한 존재다. 한미관계는 미일관계만큼 단순명쾌하지 않다. 조선말기 고종을 비롯한 지식인들은 미국에 큰 호감을 가지고 도움을 요청했다. 그러나 미국은 무심했고 한국인은 미국에게 버림받았다고 생각하게 된다. 그것은 1905년의 가쓰라·태프트 밀약으로 확인되었다. 루스벨트는 1908년 일본의 한국 점유를 용인했다. 그는 한일관계는 이미 법적인 문제가 아니라 현실의 힘(power)에 의해서 결정되었다고 생각했다. "한국은 전적으로 일본의 것이다. 법적으로 한국은 분명히 독립국이지만 한국은 그 법을 지킬 수 있는 능력이 없다. 독립을 위해서 아무것도 할 수 없는데 어떤 다른 나라가 한국의 독립을 지켜준다는 것은 전혀 말도 안 되는 불가능한 일이다."라는 것이었다.[137] 미국은 한국을 속이고,

---

137 Henry Kissinger, *Diplomacy*, Simon & Schuster, N.Y. 1994, p. 41.

버리고, 일본에 넘겨주기도 했고, 분단의 선을 긋고, 한국을 독립시켜
주고 공산주의로부터 구해주는 은혜를 베푼 당사자이기도 하다. 한일
간 역사갈등에서 확실하게 한국 편을 들어준 적도 없다. 미국은 역사
상 언제나 일본 편이었다. 엄연한 사실이 그런데도 미국과 일본이 가
까우면 한국인들은 배가 아프다. 미국이 한국 편을 안 들면 곧 일본
편을 드는 것으로 인식하고 서운해 한다. 한국인들이 자기중심적으로
미국은 한국 편이라고 생각했을 뿐이다. 그것이 한국인들이 일본인들
과는 달리 미국에 대해 좀 더 복잡한 심경을 가지는 이유이다. 그것은
지난 150년간의 역사를 되돌아보면 누구나 금방 알 수 있다.

　한국은 미국의 초기 아시아정책 시기부터 이제까지 줄곧 하나의
전략적인 실상으로 간주된 적이 없다. 한국은 미국에게는 언제나 상
대적인 부수물이거나 별로 좋지 않은 부정적 의미의 '본보기', 또는
'손보기'의 대상으로 이용되곤 했다. 신미양요도 그런 목적이었다. 미
국의 『하퍼스 위클리(Harper's Weekly)』라는 주간지는 1894년 8월 18일
자에 미국의 해군 대령인 슐리(W. S. Schley)가 쓴 「조선에 있는 미 해
군」이라는 제목의 글을 싣고 있다. "1871년 로저스 해군 제독이 이끄
는 조선원정 함대의 승리(신미양요) 이후 동양의 모든 조약에 외국인
들의 위신과 안전에 관한 내용이 크게 증가하였다는 점에 대해 만족
스럽다. 1870년 톈진에서 힘없고 무고한 외국 여성선교사들이 무참
히 살해당한 사건이 발생한 후 극에 달했던 야만적인 불안상태가 이
로 인해 확실히 종식되었다. 로저스 제독의 공격은 사실상 모든 동양
의 국가에게 조약의 조건을 지켜야 한다는 점을 상기시켜준 사건이
었다."[138] 조선은 그때 이미 본보기로 이용되었던 것이다. 한국전쟁도

---

138 이재정·서윤희 [편], 『19세기 말 20세기 초 서양인이 본 한국』, 국립중앙박

이러한 한국의 본보기적 가치를 적나라하게 보여주는 것이었다. 미국이 한국전쟁에 대응한 것은 한반도에 대한 전략적인 이익 때문이 아니라 단지 침략에는 응징이 따른다는 본보기를 보여주기 위한 것이었다.[139] 그러나 결과적으로 한국전쟁은 미국에게 전략적으로 일석다조의 기회를 가져다주었다.[140] 덜레스는 한국전쟁 덕분에 미국의 결의를 보여주어 일본이 냉전에서 중립을 추구한다는 환상에서 벗어나게 되었다고 안심했다.[141] 오늘날 미국과 중국 간의 갈등으로 일본은 자신의 전략적인 가치를 미국에게 과시할 수 있는 절호의 기회를 다시 얻었다. 이에 따라 일본은 다시 한국에 대한 네거티브 프로파간다를 할 수 있는 여유가 생겼다. 역사문제에 관한 갈등 국면에서 그런 행태가 등장했다. 일본은 한일 간 역사갈등 문제에서 미국이 한국의 편을 들어줄 수 없다는 것을 알고 있기 때문이다. 한국이 중국에 접근해간다고 워싱턴에 고자질하는 것은 과거 오랫동안 써먹어 온 프로파간다 프레임의 현대판이다. 물론 한국은 여지없이 그런 프레임에 말려들곤 한다. "한국이 중국 편이냐 미국 편이냐?"라는 양자 선택의 프레임은 한국이 일본에게는 여전히 잠재적인 가미카제이자 봉 노릇을 하고 있다는 증거이다. 미국과 중국에게도 한국은 여전히 대신 매 맞는 지상매괴(指桑罵槐)나 "원숭이 앞에서 닭잡는(殺鷄於猴看)" 본보기가 되고 있

물관, 2017, 35쪽.

139 Henry Kissinger, 앞의 책, 1994, p. 478.

140 Michael Schaller, 앞의 책, 1985, pp. 280-284. 미군의 한반도 투입은 정부 내의 정책갈등을 해소하고, 국방부와 합참이 좀 더 관대한 국무부의 대일강화조약안을 수용하는 계기가 되었다. 또한 국방예산을 대폭적으로 증액할 수 있게 되었다. 일본이 강화조약 후에도 계속해서 미군의 일본주둔이 필요하다는 인식을 확고히 가지게 만들고, NATO를 더욱 효율적인 동맹으로 만들며, 영국과 중공 사이에 쐐기를 박고, 프랑스가 인도차이나에서 더욱 강하게 싸우게 만드는 효과가 있는 것이었다.

141 위의 책, p. 292.

다. 미중 간의 갈등이 고조되고 상대방에 대해 기분이 나빠지면 괜히 한국을 걸고 넘어가는 경우가 많다.

미국의 아시아정책의 역사를 찬찬히 훑어보면 한일 간 역사갈등 문제에는 한국, 일본, 그리고 미국이라는 삼자가 서로 얽혀있다는 것을 인식하게 만든다. 존 다우어는 도쿄전범재판에서 한국인 판사나 검사가 한 명도 없었다는 것은 식민지 조선에서 수십만의 남녀가 위안부, 징용, 징병으로 일본의 전쟁 기계에 의해 짐승처럼 학대당했다는 사실을 무시하는 처사였다고 비판했다.[142] 필자는 그런 의미에서 2018년 10월 30일의 한국대법원의 강제동원피해자에 대한 손해배상 판결은 존중해야 한다고 생각한다. 그것은 어느 기업에 대한 손해배상 문제가 아니다. 일본의 한국 지배가 불법이었다고 판결함으로써 도쿄전범재판이 하지 못했던 일을 대신 한 것이나 마찬가지이다. 미국은 일본에 대해서는 마치 어머니가 자식의 버릇 고치는 프로그램을 실행하듯이 세세히 신경 쓰고 배려한 흔적이 뚜렷하다. 반면 한국은 들판에서 찬밥 먹고 컸다. 한국은 미국의 어깨너머로 눈치껏 배우든가, 아니면 독학했다. 민주공화국이라는 우리의 '국체'를 규정한 제헌헌법도 한국인의 손으로 만들었다. 몇 번에 걸친 시민 혁명과 그 희생을 바탕으로 성숙한 민주주의 사회를 이룩했다. 그렇게 해서 한국은 스스로 '모범적인 미국의 학생'이 되었다. 미국은 기회 있을 때마다 한국을 미국의 성공적인 국가건설(nation building) 지원 사례로 국제사회에 소개하고 있다.

흔히 미국의 전후 아시아정책에 문제가 제기되거나 실패로 평가되는 사례들의 이면에는 미국 정책담당자들의 아시아 역사에 대한 무지

---

142 존 다우어(John W. Dower), 앞의 책, 2009, 612-613쪽.

나 몰이해가 원인 중 하나로 지적되곤 했다. 미국의 '전후 처리'는 일본이 해를 입힌 아시아 주변국들에 대한 책임을 이행하는 것이 아니라 오히려 일본이 그들로부터 안보적, 경제적인 이익을 취하게 해주었다.[143] 미국의 종군기자인 데이비드 핼버스탬(David Halberstam)은 미국의 월남 참전 확대 과정을 추적한 *The Best and The Brightest*에서 아시아 역사에 대한 미국 정책입안자들과 정치인들의 무지가 중국도 잃고, 베트남전도 진흙탕싸움으로 만들었다고 지적하고 있다. 그런 교훈을 감안한다면 미국은 오히려 더 적극적으로 동아시아의 역사문제에 당사자로서 역할을 발휘해야 한다. 미국은 최소한 19세기 말 이후부터는 확실하게 동북아시아 역사문제의 당사자이다. 미국은 결코 중립적인 입장에 있다거나 방관자가 될 수 없는 것이다. 미국은 좋은 일로든 나쁜 일로든 직간접적으로 이 지역 역사에 얽혀있다. 이는 미국의 아시아정책이 이러한 역사적 동력을 감안해야 한다는 것을 의미한다. 그것은 미국의 물리적인 힘에 더해서 중국과 일본에 대한 도덕성의 우위를 얹어 줄 수 있을 것이다. 안보나 헤게모니는 군사력만으로는 유지되기 어렵다는 것이 미국의 유수 학자들의 공통된 의견이다. 그래서 소프트파워라는 용어가 등장했다. 그 소프트파워는 영어를 앞세운 미국의 문화를 파는 것이 아니라, 상대국 국민들의 마음을 사로잡는 지혜도 되어야 한다. '역사를 반성할 줄 아는' 미국이 오히려 더 적극적으로 동아시아의 역사문제에 당사자로서 참여하는 것이 '스마트 파워'를 발휘하는 것이다.

---

143 권혁태·차승기 엮음, 『전후의 탄생: 일본 그리고 조선이라는 경계』, 그린비, 2013, 5-6쪽.

2장

일본정치 속의 혐한과 질시의 호응

요시다 시게루: "일본을 민주화시킬 수 있다고 생각하오? 난 아니라고 보는데…."
GHQ 민정국 찰스 케이데스 대령: "시도는 해 봐야죠."*

1. 봉건적 잔재 다이묘 민주주의

　요시다 시게루 총리가 맥아더를 일본의 은인이라고 했던 것은 일본에게 민주주의를 선물로 주었기 때문이 아니라 천황제를 유지시켜 주었기 때문이었다.[1] 반면 일본의 보통사람들은 천황을 위해서 죽을 필요가 없게 해 주었기 때문에 미국에게 고마워했다.[2] 그러나 '상징 천황'은 여전히 전쟁 이전 시대의 강한 연속성을 유지하고 있다.[3] 전후 일본은 여전히 천황제 국가라고 할 수 있다. 헌법의 개정 절차도

---

* 존 다우어(John W. Dower), 최은석 옮김, 『패배를 껴안고: 제2차 세계 대전 후의 일본과 일본인(Embracing Defeat: Japan in the Wake of World War II·1999)』, 민음사, 2009, 70쪽.
1 김정기, 『일본 천황 그는 누구인가: 그 우상의 신화』, 푸른사상, 2018, 273쪽.
2 패트릭 스미스(Patric Smith), 노시내 옮김, 일본의 재구성(Japan: A Reinterpretation), 마티, 2008, 33쪽.
3 후지타 쇼조(藤田省三), 김석근 옮김, 『천황제 국가의 지배원리』, 논형, 2009, 32쪽.

천황의 '재가'를 거쳐 '공포'되었다는 사실이 그렇다.[4] 천황의 소위 "인간선언"에 대해서 한 일본인 학자는 현세의 언어로 '다른 세상'에 대해 말하는 것은 마치 "연기를 가위로 자르는 것 같다"고 비판했다.[5] 현대 일본 사회에서도 보이지 않는 천황제질서의 그물망은 여전히 일본인들을 얽어매고 있는 굴레이다.[6] 천황제는 어떻든 민주주의의 발전을 저해하는 기능을 가지고 있다.[7] 히로히토 천황의 중태가 보도된 1988년 가을에 전국에 걸쳐 일어난 '자숙'현상은 여전히 천황의 거대한 권위성이 사회를 석권하고 일본인들을 지배하고 있다는 것을 생생하게 보여주었다.[8] 현대 일본 사회는 얼핏 온화하게 보이면서도 실은 극히 강한 권력질서가 내재되어 있으며, 그러한 질서의 정점에는 역시 천황제가 존재한다. 그렇기 때문에 또다시 위기상황이 도래하면 전체주의적인 사회로 돌변할 가능성도 있다는 것이다.[9] 메이지로부터 쇼와 천황에 이르는 불과 3대의 신격화 스토리는 가장 명쾌한 사례를 보여준다. 그것은 교육으로 해결할 수 있는 문제는 아니다. 정치로 해결해야 하는 과제이다. 역사학자인 사토 히로오(佐藤弘夫)는 『神國日本』에서 다음과 같이 말했다.

"신국사상은 그 기저에 있는 '신'의 문제와 함께 지금도 여전히 '일본인'에게 무거운 질문을 던지고 있다. 일본인들은 그것으로부터 도피하거나 눈을 피하는 것은 허락되지 않는다. 그것과 정면으로 맞서 그 역사적인

4 야스마루 요시오(安丸良夫), 박진우 옮김, 『근대천황상의 형성』, 논형, 2008, 6쪽.
5 존 다우어(John W. Dower), 앞의 책, 2009, 403쪽.
6 야스마루 요시오(安丸良夫), 앞의 책, 2008, 285쪽.
7 지모토 히데키(千本秀樹), 최종길 옮김, 『천황제의 침략책임과 전후책임』, 경북대학교출판부, 2017, 251-252쪽.
8 야스마루 요시오(安丸良夫), 앞의 책, 2008, 15쪽.
9 위의 책, 7쪽.

실태를 명확하게 해가는 것에 의해서만이 신국이라는 나쁜 주술의 속박으로부터 완전히 해방될 수 있는 길이 열릴 것이다."[10]

어느 한 나라의 정치제도와 그 운영 방식은 그 나라사람들의 문화와 역사적 전통, 그리고 의식수준을 반영하고 있다는 것은 일반적인 상식이다. 일본의 전후정치사를 조망해보면 일본의 민주주의를 '다이묘 민주주의'라고 불러도 큰 무리는 없을 것 같다. 노먼(E. H. Norman)은 「일본정치의 봉건적 유산」이라는 긴 논문에서 "1930년대 이후 일본의 전체주의와 군국주의는 일본의 에도 막부 이래 오랜 봉건적인 억압적 정치체제의 전통을 반영하는 유산이며, 그것은 메이지 유신이 민주주의적인 근대 시민혁명이 아니라 소수 사무라이들과 상인세력만이 참가한 제한적인 권력교체였기 때문"이라고 진단했다.[11] '일본의 근대화' 역사에서 5번 정도 민주주의체제로 변신할 수 있는 기회가 있었으나 일본 국민은 이 기회를 모두 놓치고 '다이묘 민주주의'에 머물렀다. 일본인들이 놓쳐버린 첫 번째 기회는 메이지 유신이었다. republic을 '共和'로 번역할 때 이미 게임은 끝나 있었다. 메이지 이데올로기는 결국은 기득권적인 봉건적 계급체제의 유지를 전제로 하는 것이었다. 일본의 국내정치와 경제계의 내면에 흐르는 저류는 여전히 일본 사회의 역사적 경험을 고스란히 간직하고 있다.[12]

두 번째는 1870년대의 약 10년이라는 짧은 기간 동안 역시 일부 사무라이 계층을 중심으로 민선의원의 설립을 제창한 자유민권운동

---

10 사토 히로오(佐藤弘夫), 성해준 옮김, 『神國日本』, 논형, 2014, 225쪽.
11 E. H. Norman, "Feudal Background of Japanese Politics", in John W. Dower ed. *Origins of the Modern Japanese State: Selected Writings of E. H. Norman*, Pantheon Books, Random House, N.Y. 1975.
12 존 다우어(John W. Dower), 앞의 책, 2009, 447쪽.

이었다. 그러나 자유민권운동의 중심인물들이 1873년 정한론정변으로 중앙의 권력투쟁에서 패배한 사무라이들이고, 그들은 민주주의적 가치를 무시했다. 그것은 천황의 권위를 전제로 하는 것이었다.[13] 그 나마 자유민권운동은 1870년대에 시행된 언론탄압과 집회 금지조치로 인해 그 싹조차 잘렸다.

세 번째는 다이쇼데모크라시 시대였다. 1915년경에서 대략 치안유지법이 발효되는 1925년까지 다이쇼(大正) 천황시대에 최초로 정당에서 총리를 지명하는 정당정치가 전개되었다. 메이지 천황이 죽은 후 1912년 9월 야마가타의 심복이었던 가쓰라 타로(桂太郎)는 원로 야마가타의 그늘을 떠나서 정당을 결성했다. 정치권력 내부의 차원에서는 그것이 다이쇼데모크라시의 시작이었다.[14] 1920년대 초에 가서는 정우회와 헌정회(뒤에 민정당)라는 2대 정당이 교대로 정권을 담당하는 본격적인 정당정치의 형태가 형성되었다.[15] 또한 러일전쟁과 제1차 세계대전 이후 찾아온 불황과 인플레이션에 따른 민중의 불만을 배경으로 일본 최초의 평민 내각인 하라 다카시(原敬) 내각이 출현했다. 그러나 하라가 1921년 11월 4일 도쿄역에서 19세의 이름 없는 청년에게, 현직 총리로서는 최초로, 암살당했다는 사실은 일본의 정치가 여전히 구래의 음모와 암살정치에서 벗어나지 못했다는 것을 여실히 보여주었다. 1918년부터 1932년 5·15사건으로 이누카이 총리가 살해되고 정우회 내각이 붕괴될 때까지 12대 내각 가운데 9개 내각이 정

---

13 박진우, 『근대일본 형성기의 국가와 민중』, J & C, 2004, 152쪽.
14 Carol Gluck, *Japan's modern myths; ideology in the late Meiji period*, Princeton University Press, Princeton, NJ, 1985, p. 269.
15 신동준, 『근대일본론: 군국 일본의 국가제도와 그 운용자들』, 지식산업사, 2004, 367쪽.

당내각이었다.[16] 그러나 이 시대의 정치는 표면적인 행동양식의 변화에 불과했다.[17] 내적으로는 천황제 이데올로기와 그 체제 통제 방식은 더욱 공고해졌다.[18] 이 시기에 정치인의 부정부패가 오히려 만연하여 이후 일본 사회에서 민주주의적인 정당정치를 혐오하는 분위기가 조성되었다.[19] 일본의 정당이란 대중이 중심이 되는 것이 아니라 여전히 특권층들의 모임이었다. 그래서 정당정치는 민주화보다는 제국주의적 지배체제를 추구하고 천황에 대해서만 책임을 지는 절대주의의 본질에서 벗어나지 못하였다.[20] 정치가 활성화되면 오히려 정치적 탄압이 더욱 강화되는 현상이 되풀이되었다. 1923년 12월 무정부주의자가 히로히토를 저격한 도라노몽(虎門)사건은 1925년 3월 치안유지법 제정을 촉진하는 결과를 가져왔다. 1923년 관동대지진 같은 자연재해도 탄압의 구실을 제공하였다. 정부는 도쿄 일대에 계엄령과 치안유지령을 공포하여 국민의 사상을 통제하였다. 치안유지법은 1925년 보통선거가 실현되던 해에 동시에 성립하였다. 선량한 민중에게는 보통선거법이라는 '당근'을 주어 체제 안으로 끌어들이고, 이에 대해 불만이 있는 자들에 대해서는 치안유지법이라는 '채찍'으로 말살했다. 보통선거법과 치안유지법 제정 이후 다이쇼데모크라시는 대체로 끝이 났다.[21]

네 번째는 패전 이후 승전국 미국에 의해서 제정된 소위 '평화헌법' 아래에서 시행된 전후민주주의였다. 그러나 그 '명령받은 민주주

---

16 위의 책, 411쪽.
17 위의 책, 465쪽.
18 Carol Gluck, 앞의 책, 1985, p. 239.
19 위의 책, pp. 238-240.
20 신동준, 앞의 책, 2004, 459쪽.
21 위의 책, 455쪽.

의'와 '배급받은 자유'는 48년 점령정책의 '역코스'가 시작되면서 일찌 감치 '반납'되었다. 그 후 50년간 사실상 자민당 일당지배체제가 계속 되었다. 다섯 번째는 가장 최근에 주어진 기회인 민주당 정권으로의 정권교체였다. 그러나 그 민주당이라는 것은 자민당에서 이탈한 파벌 이 창당한 보수정당이었기 때문에 사실상 무늬만 정권교체였다. 정권 은 불과 3년 뒤인 2012년 말 중의원선거를 통해서 역시 자민당에게 '반납'되었다. '55년 체제' 이후 최초의 주류 정당 간의 정권교체극은 역시 일본답게 "갑자기 나타났다가 갑자기 사라졌다."

일본인들이 패전후까지도 자신들의 시민적 권한을 주장해보지도 못하고 '명령받은 민주주의'에 순응하는 것은 일본정치의 수준이 여전 히 몇 가지 역사적인 족쇄로부터 자유롭지 못하기 때문이다. 그 첫 번 째 족쇄는 도쿠가와 막부가 남겨놓은 혹독한 봉건적 억압체계라는 역 사적 유산이다. 노먼은 일본의 문화적 패턴의 줄기는 권위주의와 탄 압이었다고 보았다. 그것은 인민을 무지하고, 나태하고, 증오하게 만 들고, 지배자들 자신을 무능하게 만드는 악순환을 낳았다고 진단했 다. 그 정신적 사회적 상흔이 깊게 남아있다는 것이다. "일본이 겉으 로는 평온하고 질서 있어 보여도 어둡고 깊은 속에는 폭력성과 히스 테리, 잔인성이 억눌려져 있다. … 일본 불교의 선(禪)마저도 아무렇지 도 않게 간단히 살생하는 절대주의를 주입한다"고 했다.[22]

두 번째 족쇄는 천황이다. 상징천황제라 하더라도 그 자체가 민주 주의를 저해하는 기능을 한다. 그것은 여전히 개인의 자립이나 자유

---

22 John W. Dower, "E. H. Norman, Japan and the Use of History", in John W. Dower ed. *Origins of the Modern Japanese State: Selected Writings of E. H. Norman*, Pantheon Books, Random House, N.Y 1975, pp. 11-12.

로운 연대를 저해한다.[23]

세 번째 족쇄는 기득권적 계급구조를 지탱해온 지배계급의 세습구조가 여전히 존재한다는 것이다. 일본에서는 정치가가 되려면 '지방(地盤)', '간방(看板)', '가방(돈가방을 의미)' 등 3방을 갖춰야 한다는 말은 사회적인 신분상승의 사다리가 기능하지 않는다는 것을 의미한다.

네 번째 족쇄는 일본의 지식계층의 오래된 어용 전통이다. 오늘날에도 지식인들의 외침은 있으나 정부정책이나 정치의 질에 대한 영향력은 미미하다.

다섯 번째 족쇄는 일본 사회의 배타적인 이데올로기가 여전히 체제안정을 위한 도구로 기능하고 있다는 것이다.[24] 그것은 일본 사회의 문명적 수준을 반영하는 것이다.

여섯 번째 족쇄는 정치권력에 대한 국민의 저항 본능이 없다는 것이다. 그래서 국민은 정부와 지배기구의 프로파간다에 순응하기만 한다. 서양인들은 "일본인을 통제하기 쉽다", "일본인들의 문화에는 명령하는 자가 있고, 따르는 자가 있다", "일본인은 유순한 국민이며, 억압적이고 확고한 규칙을 항시 필요로 한다"라고 평한다.[25] "바람에 쓸리는 풀처럼 복종하는" 일본인의 사회적인 관습은 정치행위에서 그대로 드러난다. 유권자들은 미리 모여 지지할 사람을 정한다.[26] 현대 일본의 정치에서는 중간 계층의 표수집 기능이 세습적인 '다이묘 민

---

23 지모토 히데키(千本秀樹), 최종길 옮김, 『천황제의 침략책임과 전후책임』, 경북대학교출판부, 2017, 252쪽.

24 조용래, 『천황제 코드』, 논형, 2009, 105쪽.

25 루스 베네딕트(Ruth F. Benedict), 서정완 역(후쿠이 나나코의 일본어판 옮김), 『일본인의 행동패턴』(1945 작성, 1997년 일본어판 발행), 소화, 2002, 28-29쪽.

26 E. H. Norman, "Feudal Background of Japanese Politics", 앞의 책, 1975, p. 387.

주주의'를 지탱하고 있다.

1955년에 보수적인 자유당과 민주당이 합당하여 결성된 자민당 정권의 '55년 체제'는 정권교체 가능성을 가진 경쟁적인 정당 시스템을 만들어내지 못했다는 점에서 '자유'의 정도가 낮은 정치 시스템이라고 평가된다.[27] 그래서 전후민주주의를 '도금(鍍金) 민주주의'라고도 한다.[28] 필자는 그것을 '다이묘 민주주의'라고 부른다. 이미 언급한 것처럼 민주주의에 대한 팽창된 희망이 급속하게 과거의 억압체제로 회귀하는 것은 일본정치사의 특징적인 패턴이다. 갑자기 파시즘적 권력 구조가 형성될 수도 있다는 의미다. 마치 순간적으로 마스크를 바꾸는 변검술(變臉術) 같은 일본정치의 그러한 급변신은 간단히 설명하기가 어렵다. 그래서 그 갑작스럽게 '비틀리는 전환'은 한 편의 누아르 영화 같은 것이었다. 그것은 천황이라는 존재, 정치적 지배계층의 반격, 사회와 개인의 정치적 의식 수준 문제가 서로 어우러져 전개되는, 일본인만이 가능한 고난도의 정치기술이라고도 할 수 있다. 이 다섯 번에 걸쳐 주어진 민주주의적 기회의 전환기에 드러난 일본 사회의 공통점은, 정당의 활동이 아무리 활발해지고, 정치적인 언설이 언론에 이전보다 더 많이 더 자유롭게 보도되어도 민중은 그런 새로운 조류의 최종 목적지가 무엇인지, 민주주의에서 개인의 권리와 그 역할이 무엇인지는 모르고 있다는 것이다. 1930년대에 군국주의 또는 전체주의라고도 하는 괴물도 갑자기 튀어나왔다. 1925년에 자유를 확대하는 보통선거제도와 그 자유를 극단적으로 제한하고 처벌하는 치

27 신동준, 앞의 책, 2004, 53쪽.
28 서경식·다카하시 데쓰야(高橋哲哉), 한승동 옮김, 『책임에 대하여: 현대 일본의 본성을 묻는 20년의 대화』, 돌베개, 2019, 25쪽.

안유지법이 자연스럽게 동시에 시행될 수 있다는 것은 참으로 이해하기가 어려운 일이다. 그러나 상호 모순적이고 상충적인 것이 동시에 진행될 수 있다는 것이 일본적인 특성이다. 조지 오웰의 소설 속 세계에서는 권력을 가진 자들이 하려고 했던 동기(motives)와 실제로 하고 있는 일에 관해 그들 스스로를 속이는 "이중적 사고(doublethink)"를 형성한다.[29] 이중적 사고 심리는 앞의 1부 2장에서 설명한 일본인의 심리적 특성의 중요한 부분이다. 그런 모순을 은폐하거나 합리화시키는데 바로 '혐한'이 정치공학적으로 이용되어 왔다. 그런 점에서 일본의 정치지배 세력의 한국에 대한 태도는 일본의 민주주의를 가늠하는 좋은 지표가 될 수 있을 것이다. '혐한'은 일본의 민주주의가 쇠퇴한다는 징조다. 혐한을 부추기는 것은 바로 그 커다란 모순이 존재한다는 것을 드러내는 것이다.

마지막 짧았던 민주주의 바람 후에는 역시 반동적인 강풍이 불었다. 그 반동적인 강풍의 진원은 아이러니컬하게도 소위 개혁세력이 소선거구제로 선거제도를 바꾸는 개혁의 결과였다. 그 이전의 중선거구제에서는 한 선거구에서 3명 내외의 의원이 당선될 수 있었기 때문에 사회당과 같은 견제 정당이 존립할 수 있었다. 그러나 소선거구제에서는 견제용 정당조차 사라져 버렸다. 소선거구제 하에서는 2위 이하 후보의 고정표를 모으기가 어려워진다.[30] 가장 강하게 보이는 후보자에게 표가 몰리기 때문이다. 자민당은 불과 25% 정도의 득표율로 절대적 다수의 중의원 의석을 차지했다. 보수파의 '개혁 의도'는 양

29 Murphy, R, Taggart, *Japan and the shackles of the past*, Oxford University Press, New York, 2014, p. xxiv.

30 이안 부루마, 최은봉 옮김, 『근대 일본』, 을유문화사, 2004, 241쪽.

대 보수정당이 교대로 집권하는 플랜이었다고 한다. 그것은 '55년 체제' 이전으로 돌아가는 것을 의미했다. 그런데 이번에는 야당의 존재가 아주 사라져버린 이전의 자민당 일당정치체제보다 더 독한 절대적인 다수의, 사실상 독재가 가능한 일당체제로 변질되어 돌아왔다. 민주주의 열풍 후에는 이전보다 더 억압적인 반동정치가 나타나는 것은 일본정치사의 되풀이되는 패턴이었다. 다이쇼데모크라시가 모든 정당이 여당이 되는 익찬(翼贊)정치가 되고 그것이 군국주의적인 일본판 파시즘을 초래했던 것을 연상시킨다. 자민당 내부에서도 정치가 변화하였다. 지역 정치기반의 붕괴로 인해 내부 파벌의 힘이 약화된 것이다. 이에 따라 총리의 권력이 강화되는 것이다. 총리가 대통령과 비슷한 권력을 누리게 된다. 그러한 반동 바람의 한가운데에서 2012년 12월 아베의 자민당이 절대 다수당으로 집권한 것이다. 따라서 아베는 일본 정치의 변화를 이끌어내는 인물이 아니라 단지 그 변화를 상징하는 데 불과한 인물이었다.

2. 신우익과 아베 세대의 질시

전후 보수본류와 우익

일본의 전후 민주주의가 성립되는 과정에서 일본국민이 시종일관 수동적인 존재로서 아무런 역할을 하지 않았다는 사실을 감안한다면, 일본의 전후 민주주의란 '지배계급이 미국으로부터 선물 받았다는 개념'으로서만 존재하게 된다. 그래서 일본의 전후 정치체제를 미국과 일본이 공모한 담합된 체제라고도 한다. 또는 '천황(히로히토)과 미국의 공모작'이라고 비꼬기도 한다. 그것은 천황제 방위를 위한 안보체제가 전후 일본의 새로운 국체가 되었기 때문이라는 것이다.[31] 이렇게 해서 '국체를 보장하는(國體護持)' 안보체제가 '독립'한 일본의 새로운 '국체'가 되었다.[32] 따라서 천황제와 기존의 계급적 지배체제를 그대로 유지하려는 일본의 보수주의와 미일동맹은 동일체인 지배이데올로기가 되는 것이다. 그것은 사실상 일본의 모든 정치행위에 미국이 관여한다는 것을 의미한다. 그래서 대미의존도가 높은 일본의 민족주의를 '기생적 민족주의'라고 부르기도 한다.[33] "전전의 천황제가 모양만 바꿔 전후에는 천황이 차지하고 있던 자리에 미국이 들어앉았다"고도 했다. "미국에서 하라는 대로 따라가는 것이 전후 일본의 보필방식"이라고도 한다.[34] 이런 경위로 전후 일본은 "친미 종속으로 대미자립을 이룬다"는 대단히 교묘한 전략을 유지해왔다.[35] 이런 상태에서는 일본의 정치세력이 친미정책을 유지하는 한 미일관계는 안전하고 따라서 일본의 국내정치는 안정된다. 그 반대 의미는 국내정치세력이 너무 과도하게 미국으로부터의 이탈을 시도하면 국내정치세력의 기반이 약해질 수 있다는 것이다. 이러한 밸런스가 일본의 정치와 미일관계를 유지하는 데 중요한 요소가 된다. 이러한 한계 내에서 일본의 정치적 논쟁은 몸부림치는 것이다. 그래서 전후정치사가 비틀린 기형아이고, 그렇기 때문에 정치적 논쟁 자체를 '기만구조'라고도 한다.[36]

---

31 도요시타 나라히코(豊下楢彦), 권혁태 옮김, 『히로히토와 맥아더 : 일본의 전후는 어떻게 만들어졌는가(昭和天皇.マッカーサー會見)』, 개마고원, 2009, 21쪽.
32 위의 책, 190–212쪽.
33 사카이 나오키(酒井直樹), 최정옥 옮김, 『희망과 헌법』, 그린비, 2019, 27쪽.
34 우치다 다쓰루(內田樹)·시라이 사토시(白井聰), 정선태 옮김, 『사쿠라 진다—전후 70년 현대일본을 말하다(日本戰後史論)』, 이터널션샤인, 2019, 119–120쪽.
35 위의 책, 44쪽.
36 가토 노리히로(加藤典洋), 서은혜 옮김, 「패전후론」, 『사죄와 망언사이에서』,

미일동맹을 통해서 미국이 일본의 정치에 영향력이 제대로 작동하는 데는 4개의 전제 조건이 있다. 첫째, 보수계급의 국내정치적 기득권체제 유지, 둘째, 일본의 경제발전의 기반 제공, 셋째, 미일 반공동맹 체제 유지, 넷째, 일본 국민의 친미적 인식이다. 이러한 조건이 잘 유지되고 있었던 60년대로부터 90년대 중반까지는 일본의 '전후 민주주의'가 유지되어 왔다. 그것을 지탱해온 정치세력이 '전후보수주의자'들이었다. 이들을 '보수본류'라고 했다. 그들은 대외적으로 비교적 온건한 정책을 유지하면서 국내정치 지배이데올로기에 주력하는 정치세력이었다. 그 세력이 계속해서 집권할 수 있는 기본 조건은 대미의존, 즉 친미정책이었다. 그러나 80년대 이후 미국의 영향력의 두 번째 조건인 경제 기둥은 이미 사라졌다. 일본은 더 이상 경제발전을 하지 않으며 미국이 지원하지도 않는다. 네 번째의 일본국민의 친미적인 태도는 미국이 강하고 일본의 지배계급이 친미정책을 계속하는 한 불변의 상수이다. 그렇다면 일본의 보수적 국내정치 세력과 미일 동맹이라는 두 개의 조건만 남는다. 미국이 '그 두 개 조건만 컨트롤하면 되는 것이냐', 또는 '그 두 개 조건뿐이 컨트롤할 수밖에 없는 것이냐'라는 개념의 차이에 따라 미국의 영향력이 달라질 것이다. 미국이 과거와 같이 충분한 힘이 있다면 전자일 것이고, '약발'이 좀 떨어져 있다면 후자일 것이다. 그런데 지난 30년간 일본 자신의 힘은 더 빠져 있다. 이런 '애매한' 상황에서 일본 국내의 전통적인 전후보수세력에서 분파가 생기기 시작한 것이다. '신우익'이라고 하는 좀 더 천황중심주의적인 강경보수파가 등장하는 것이다. 그들은 새로운 메이지 유신을 꿈꾸는 일종의 복고적 '망상주의자(daydreamer)'들이다. 그들

창작과 비평사, 1998, 78쪽.

은 또한 배타적이고 특히 한국에 대한 적대감(혐한)과 좀 더 강력한 민족주의적 성향을 띠고 있다는 점에서 이제까지의 '전후보수주의' 세력과 구분된다. 이 두 개의 분파를 이제부터는 '보수주의'와 '우익'이라고 구분해서 칭하기로 하자. 그 둘은 모두 전통적 지배이데올로기라는 뿌리를 같이하는 세력이다. 다만 양 세력의 차이는 천황과 미국이라는 족쇄를 차고 몸부림치는 정도의 차이라고 설명할 수 있다. 전후 일본의 정치는 '친미 종속'이라는 한계 속에서 '보수세력', '평화헌법 개정 시비', '대미관계(미일동맹)의 설정', '자주국방'이라는 네 개의 축을 중심으로 전개되어 왔다. 그런데 일본의 정치가 진보적으로 바뀔 가능성은 거의 없으므로 '보수세력'이 계속 집권하는 것은 상수가 된다. 그렇다면 일본의 정치논쟁은 나머지 세 개의 축을 중심으로 전개되게 된다. 이 경우 헌법의 개정문제는 '미일동맹'에 대한 태도 여부와 불가분의 관계를 갖는다. 한국의 시각에서 '일본의 우경화'의 지표는 헌법개정이었다. 헌법개정을 추구하는 것을 군국주의의 부활로 보았다.[37]

남기정은 이러한 대미의존구조 속에서 '①호헌이냐 ②개헌이냐'라는 헌법에 대한 태도에 관한 대립적 입장과, '③자주냐 ④동맹이냐'라는 미일동맹에 대한 상반적인 태도의 매트릭스가 형성되고, 그 조합에 따라서 전후의 보수본류로부터 우경화하는 과정을 추적했다. 전후의 보수본류는 ①과 ④의 조합인 호헌과 미일동맹이었다. ①과 ③의 조합인 호헌과 자주국방은 패전 직후 냉전 초기에 사회민주주의자들이 주장한 것으로서 그 이후 이러한 형태의 조합은 볼 수 없다. ②와

---

37 남기정, 「서문: 일본 우경화 신화에 대한 과학적 이해를 위하여」, 남기정 엮음, 『일본 정치의 구조 변동과 보수화: 정치적 표상과 생활세계의 실상』, 박문사, 2017, 11쪽.

④의 조합인 개헌을 추진하면서 미일동맹을 유지하려는 움직임은 보수본류보다 좀 더 우경화한 세력이다. 말하자면 아베가 여기까지를 일단 목표로 했다고 할 수 있다. 여기서 ②와 ③의 조합인 신우익은 평화헌법의 전쟁포기 조항인 제9조를 개정하여 전쟁이 가능한 국가로 만들고 자주국방을 실현하겠다는 세력이다. 냉전이 종결되는 90년대 이후에는 그 보수본류가 쇠퇴하고 개헌과 미일동맹을 추구하는 세력이 등장했다. 현재는 그것이 개헌과 자주국방 세력인 신우익세력으로 넘어가려고 하는 양상이라는 것이다. 그러나 외교정책의 영역에서는 우경화는 현실적으로 어렵다는 한계가 있다. 그래서 '우경화'는 국내정치와 사회적 경향을 의미하는 것으로 이해해야 한다고 보았다.[38] 우익의 헌법개정 요구는 1960년대부터 있었지만 정치적 담론으로 눈에 띄지는 않았다. 60년 안보파동을 거친 후 1964년 도쿄올림픽을 성공적으로 치른 1960년대 일본은 '번영과 성장'이 국민통합의 유효한 수단이었다.[39] 그런 환경 속에서 1969년 5월 종교법인 '생장의 집'의 창시자인 다니구치 마사하루(谷口雅春·1893–1985)가 개헌을 위한 대중단체인 '자주헌법제정 국민회의'를 결성하였다. 회장으로 기시 전 총리가 취임하였다. 이 단체는 메이지헌법을 복원할 것을 주장했다.[40] '우경화'는 언제나 헌법의 개정을 주장한다. 그것은 헌법을 개정하여 국민의 군대를 갖는 것은 헌법과 역사라는 두 가지 실지(失地)를 되찾는 일종의 '일석이조'의 목표였기 때문이다. '우경화'는 다시 국가주의

---

38 남기정, 「자위대는 군대가 될 것인가?: '자주방위의 꿈'과 '미일동맹의 현실'」, 남기정 엮음, 『일본 정치의 구조 변동과 보수화: 정치적 표상과 생활세계의 실상』, 박문사, 2017, 235–238쪽.
39 김태기, 「'일본회의'의 성장과 종교단체의 역할: '생장의 집(生長の家)'을 중심으로」, 위의 책, 2017, 197쪽.
40 위의 글, 위의 책, 201쪽.

로부터 민족주의로, 다시 인종주의로 이동하고 있다.[41]

우경화하는 정치

일본인은 정면에서 변화를 구하지 않고 현상유지를 추구함으로써 되도록 위험을 최소한으로 묶어 두려고 하는 성향을 보인다고 한다.[42] 그러나 한편으로는 힘이 약간이라도 쏠리게 되는 경우에는 강하게 보이는 쪽으로 힘이 몰린다. 그것은 일본인들이 강한 자의 편에 서는 것을 절대 진리로 믿기 때문이다. 그래서 가장 강한 자에 의해 만들어진 제도가 오랫동안 지속된다. '55년 체제'의 핵심이었던 자민당이 70년 이상 사실상 일당지배를 해오는 것도 그런 양상이었다. 미국과 같은 두 개의 거대정당이 정권을 주고받는 양당체제는 근대 일본정치에서는 존속한 적이 없다. 또한 두 세력이 연합해도 그리 오래가지 않는다. 그런 면에서 '55년 체제'가 합당한 정당인 자민당이라는 이름으로 70년 이상 존속하고 있었던 것은 양 세력이 모두 철저하게 보수주의적이었고 그 내부에서 다수의 파벌이 합종연횡하는 구도가 있었기 때문이었을 것이다. 그 존속의 동력은 천황과 냉전체제, 경제의 지속적 발전, 그리고 미국의 후원과 감시였다. 그 모든 것은 정치발전을 제약하는 족쇄였지만, 그 족쇄는 권력 내부의 이질분자들이 균형을 깨뜨리거나 이탈하지 못하게 하는 '안전 족쇄' 역할도 했다.

그러나 1990년대 초 냉전의 종결이 일본 국내정치 상황을 극적으

---

41 남기정, 「자위대는 군대가 될 것인가?: '자주방위의 꿈'과 '미일동맹의 현실'」, 앞의 책, 2017, 233-235쪽.

42 제럴드 커티스, 박철희 옮김, 『흔들리는 일본의 정당정치: 전환기 일본 정치 개혁의 구조와 논리』, 한울, 2003, 30쪽.

로 바꿔놓았다. 사회당이 미일안보조약에 반대하는 전제가 사라진 것이다. 반면 경제침체는 심화되었다. 그만큼 정치세력 간의 대립의 벽도 얇아졌다. 어차피 일본에서 무슨 큰 이념이나 가치의 대립이 있었던 것도 아니다.[43] 1993년 자민당의 파벌세력이 뛰쳐나와 자유와 개혁을 외치면서 사회당의 잔존세력과 합쳐 정권을 잡은 것이 호소카와 모리히로(細川護熙·1938-) 정권이었다.[44] 그것은 '55년 체제'의 붕괴를 의미했다.[45] 어떤 정치학자는 그것을 '길드의 죽음'이라고도 했다.[46] 그러나 그 합쳐진 세력은 역시 오래가지는 못했다. 특정한 강자나 족쇄가 없는 정치세력은 이합집산을 되풀이할 것이었다. 그 이합집산의 시작도 호소카와 정권이었다. 호소카와 연립내각은 1994년 소선거구제도를 도입한 후 불과 8개월 만에 붕괴되었다.[47] 당초 오자와 이치로(小沢一郎·1942-), 호소카와 등 연립여당의 지도자들은 선거제도가 개혁되면 두 개의 거대 보수정당이 서로 교대하는(catch-ball) 보수 정치 체제가 가능할 것으로 기대했다. 그러나 실상은 서로 정반대의 '정치 개혁'을 내세우는 정치투쟁이 시작되었다.[48] 소선거구제도는 어쨌든 일본 정치체제의 변화를 가져오긴 했다. 우선 자민당 내에서는 파벌의 기능이 약화됨에 따라 공천권을 가지는 자민당집행부의 중앙집

---

43 위의 책, 79쪽.
44 자민당을 탈당한 오자와 이치로, 하타 쓰토무(羽田 孜·1935~2017) 등이 결성한 신생당과 역시 자민당을 탈당한 호소카와 모리히로(細川護熙)가 결성한 일본신당, 사회당의 후신인 민사당, 공명당, 공산당 등 비자민당 8개 정파가 연합하여 성립된 정권이다. 1993년 8월 9일 성립하여 불과 8개월 만인 1994년 4월 28일 붕괴되었다.
45 위의 책, 29쪽.
46 위의 책, 52쪽.
47 여기서도 호소카와 총리 사임에 대한 미국의 강한 압박이 작용한 흔적이 보인다.
48 위의 책, 139쪽.

권적 통제가 강화되는 변화가 일어났다. 두 번째, 정당의 구조도 변화했다. 사회당이 소멸되고 자민당과 민주당의 보수 양당체제가 성립된 것이다. 세 번째, 정책결정 권한이 관료주도로부터 정치주도로 이전됨으로써 관료는 정치에 순응하게 되었다. 네 번째, 재계의 발언권이 강해졌다.[49]

우익은 전후 정치무대의 독립적인 요소는 아니었다. 자민당의 틀 내에서 활동했기 때문에 대세에 순응하여 왔다.[50] 그것은 내부 파벌 간 균형이라는 족쇄 덕분이었다. 그러나 '55년 체제'가 붕괴되자 우익이 족쇄를 풀고 뛰쳐나왔다. 일본의 우경화는 이미 아베 정권 등장 이전인 1990년 후반부터 시작되었다. 일본은 1990년대 초 버블 붕괴로 저성장 시대를 맞이했으며, '잃어버린 20년'이라는 경제 침체의 늪에서 헤어나지 못했다. 게다가 2010년에는 세계 제2위의 경제 대국 자리까지 중국에 넘겨주었다. 이런 현실은 일본 국민에게 큰 허탈감과 상실감을 안겨주었다. 이는 '강한 일본, 대국으로 재도약하자'고 외치는 우익 세력이 활동 영역을 넓히는 계기가 되었다.[51] 넷(internet) 우익을 포함한 우익 세력의 목적은 '개헌'뿐 아니라 전후 체제를 부정하는 것이다.[52] 우익 세력의 주장이 정치에 반영되기 시작한 것은 1980년대 나카소네에 의한 보수방류인 '신우익' 정권의 출범 이후였다. 신우파의 리더는 세대별로 나카소네 야스히로, 오자와 이치로, 하시모토 류타로(橋本龍太郞·1937-2006), 고이즈미 준이치로, 아베 신조로 이어진

---

49 渡辺治(와타나베 오사무), 『〈大國〉えの執念: 安部政權と日本の危機』, 大月書店, 東京, 2014, 28-30쪽.
50 제럴드 커티스, 앞의 책, 2003, 257쪽.
51 이기용, 『정한론: 아베, 일본 우경화의 뿌리』, 살림출판사, 2015, 4쪽.
52 야스다 고이치(安田好一), 이재우 옮김, 『일본 '우익'의 현대사(右翼戰後史)』, 오월의봄, 2019, 11쪽.

다.[53] 일본의 정치 우경화는 정치엘리트가 주도하는 것이지 일반여론이 주도한 것은 아니다. 그것은 이미 수차례 언급된 바와 같이 여론이 정치에 별로 영향을 미치지 못하는 일본 사회의 특성상 당연한 현상이다. 우경화 정권은 국가의 권위나 권한을 확대한다. 외교안보 정책에서도 중국이나 한국 등 아시아 근린국들과의 화해를 지향했던 종래의 입장에서 일탈하기 시작하고, 역사수정주의를 내세우며 해외에서 전쟁에 참가할 수 있는 보통국가를 지향했다. '신우익'은 이러한 정책 변화를 '개혁'이라고 표방했다. '분권'을 표방하는 신자유주의가, 그와 반대로 국가 기구 안에서는 '권력의 집중'을 추진했다. 그 이유는 신자유주의적 개혁 추진을 위해서는 보다 강력하고 집중된 권한이 필요하다는 이유에서였다. 권력의 부패를 막는다는 목적으로 도입한 소선거구제는 자민당으로 정치권력을 더욱 집중되게 만들고, 자민당 내에서는 파벌의 견제력 약화를 초래하여 당 총재이자 총리의 권한을 급격하게 강화하는 결과를 초래하였다. 신자유주의를 추진하며 신우파가 '강한 국가'를 지향하는 국가주의로 연합할 수 있는 여건이 마련되

---

53 나카노 고이치(中野晃一), 김수희 옮김, 『우경화하는 일본 정치』, 에이케이커뮤니케이션즈, 2016, 10-11쪽.
1982-87 나카소네의 전후정치의 총결산(신우파 전환)
1989 　　자민당 참의원 선거 패배, 과반수 실패(회기: 일시 정지, 감속)
1993-94 호소카와 정권
1989-94 오자와 이치로 '정치 개혁과 정계 재편'(신우파 전환)
1994-96 사회당의 무라야마 도미이치(村上富市)를 수반으로 하는 자민당·
　　　　　사회당·신당사키가케 연립내각 정권 성립.
1996-98 하시모토 류타로 '6대 개혁', '백래쉬'(신우파 전환)
1998 　　자민당 참의원 선거 패배, 과반수 실패(회기)
2001-06 고이즈미 준이치로 '구조 개혁'
2007 　　아베 신조 '전후 체제 탈피'
2007 　　참의원선거 자민당 패배, 아베 총리직 사임
2009 　　중의원선거 민주당 승리, 민주당 정권 탄생
2012- 　　아베 신조 총리 재등판

었다. 이것은 보수 반동 세력의 '실지 회복' 운동이기도 했다. 신우익 연합의 양 날개인 신자유주의와 국가주의는 경제적 자유주의와 정치적 반자유주의라는 사실상 모순된 정치 조합이었다.[54] 그러나 그 두 개의 조류는 강자의 이기적인 행동을 합리화한다는 점에서 이념적 접점이 있는 것이다. 그렇기 때문에 특히 일본에서는 신자유주의와 국가주의는 표면상의 모순에도 불구하고 오히려 정치적으로 강고한 보완성을 가지고 있었다.[55]

신자유주의개혁에는 우선 노동자의 임금삭감과 일본형 종신고용제도의 폐지가 필요하게 된다. 두 번째로는 대기업의 법인세부담을 경감하고 재정지출을 삭감하는 것이다. 따라서 재정지출의 최대 비목인 사회보장비의 삭감이 필요해진다. 다음으로 법인세 경감을 보진하기 위해서 소비세증세가 필요해진다. 세 번째는 규제완화를 통한 비효율적 산업의 도태, 지역산업과 농업의 재편, 즉 경제의 구조개혁이 필요한 것이다.[56] 역대 자민당정권은 이러한 신자유주의개혁이 자민당 자신의 지지기반을 잠식하는 것이므로 함부로 나설 수가 없었다.

그러나 2001년 등장한 고이즈미 정권(2001-2006)은 우선 급진적인 신자유주의개혁을 강행하였다. 고이즈미의 지론인 우정사업의 민영화는 거대한 재정낭비를 제거한다는 것을 명분으로 했다. 고이즈미 정권은 능히 우경화된 정권이라고 부를 수 있을 정도로 새로운 우익적인 특성과 지지 세력을 가지고 있었다. 일본에서 그것은 포퓰리즘

---

54 위의 책, 24쪽.

55 위의 책, 26쪽.

56 渡辺治(와타나베 오사무), 앞의 책, 2014, 8쪽.

이라는 형태로 나타났다. 고이즈미의 정치를 '극장형 정치'라고도 했다. 포퓰리즘의 대표적인 정치 수법은 대립되는 가치 이분론을 내세워 정치적인 적을 도덕적인 악으로 규정하는 것이다. 그리고 대중매체를 이용하여 대중을 동원했다. 사실 고이즈미가 실현했던 신자유주의적인 규제 완화와 민영화, 고용자유화 정책은 일본 사회가 당장 소화할 수 없는 것이었다. 민영화는 자유화도 아니고 이데올로기도 아니다. 사실 외국의 압력을 받아 시행할 일도 아니다. 그러나 고이즈미 정권이 가시적인 성과라고 내세우기 위해서 단행한 우정사업의 민영화는 일본 사회의 필요에 따른 것이 아님은 분명했다. 그것은 사실 미국자본에게 좋은 투자기회를 제공하는 것이고 일본의 자본시장이 미국금융시장에 통합되는 것을 의미했다.[57]

고이즈미가 추진한 구조개혁은 첫 번째, 정부의 공공재원에 의존하는 지방개발, 평생고용이라는 사회적 안전장치가 오랫동안 유지되어 온 일본의 정치사회 구조를 밑바닥부터 뒤집어엎는 큰 충격이었다. 빈부격차, 성장동력 약화, 산업공동화가 이미 진행중인 상태에서 개혁의 역작용이 더욱 크게 증폭되었다. 두 번째로 관료가 무기력하게 되면서 모든 정책이 포퓰리즘으로 급변했다. 세 번째는 이에 따라 친미종속이 더욱 심해졌다. 미국의 평가(점수 매기기)나 용인이 절대적인 조

---

57 橫田一(요코다 이치), 「年次改革要望西研究: いま明らかされるマスコミに默殺れた內政干涉の全貌」 in 關岡英之+特別取材班 編著, 『アメリカの日本改造計劃』, イースト. プレス 2007, 273쪽.
위의 글, 위의 책, 277쪽. 1994년 미야자와와 클린턴 간 미일정상회담의 합의에 따라 미국이 매년 연차개혁요망서를 일본에 제시하면 일본은 그에 대한 조치 결과를 미국에 통보해야 했다. 미국의 요구사항의 대부분은 일본 국내에서 법제화되었다. 예를 들면 1996년 미국이 인재파견 자유화 요구에 대해 1999년 일본정부가 노동자파견사업법을 개정하여 파견노동을 원칙적으로 자유화했다. 1997년 대규모소매점포법(대점법) 폐지 요구에 대해 2000년 대점법을 폐지하고 대신에 대점입지법을 제정했다.

건이 되어갔다. 네 번째는 '고이즈미키즈'라는 연예정치인들 같은 무능한 정치지도자들이 등장한 것이다. 고이즈미 정권 말기부터 신자유주의적 구조개혁의 모순이 드러나면서 자민당의 개혁 강행이 어렵게 되고 구조개혁의 폐해가 국민의 부담으로 돌아오게 되었다. 국민여론이 자민당으로부터 등을 돌렸다. 결국 2006년 고이즈미 정권이 끝날 때쯤부터 신자유주의적 구조개혁과 정치개혁의 목표가 분열하고 상호 대립하는 시대가 시작되었다. 구조개혁에 반대하는 대중운동이 고조되자, 민주당은 국민의 불만을 흡수하기 위해서 구조개혁과 군사대국화 추진으로부터 이탈한다는 공약으로 정권을 잡을 수 있었다.

결국 제1의 목표인 보수정당간의 정권교대는 이루었지만 제2의 목표인 정책노선의 계승은 불가능했다.[58] 1993년 소선거구제 도입을 통해 이루고자 했던 보수양당제는 이루어질 수 없었다. 이미 수차례 언급한 대로 힘의 균형을 유지하는 것이 어려운 일본 사회에서 2개의 보수정당이 유력정당으로서 안정되게 존립하는 것은 거의 불가능한 일이었다. 그것은 불과 2~3년 만에 다시 입증되었다. 일본국민은 구관이 명관이라는 지혜로 돌아가 버렸다. 2009년의 중의원 총선거에서 42.41%의 득표를 했던 민주당은 2012년 12월 실시된 총선에서는 16%의 득표를 해서 자민당에게 패하여 정권을 내어주었다. 소선거구제라는 마법의 작용으로 자민당은 전체의 4분의 1 정도인 27.62%의 표를 얻어 절대 과반수의 의석을 차지할 수 있었다. 2012년 12월 총선의 결과는 보수양당제의 기대가 파탄된 것을 의미했다. 신자유주의 개혁이 또 하나 남긴 것은 극우정당을 초래하는 바로 그 '자유'이다.

---

58 渡辺治(와타나베 오사무), 『安部政權と日本政治の新段階: 新自由主義.軍事大國化.改憲にとう對抗するか』, 旬報社, 2013, 28쪽.

모두가 좀 더 큰 자유를 누리게 된다면 우익도 좀 더 극단적인 우익이 될 수 있는 자유를 누릴 수 있다. 자유민권운동과 다이쇼데모크라시가 반짝하다가 붕괴되고, 그 이후 반동적인 파쇼정권과 천황제 권위주의 정치체제를 초래했던 것은 일본의 근대정치사에서 민주주의를 좌절시킨 두 가지 아이러니이다.

고이즈미의 포퓰리즘은 이제 세 번째 아이러니가 될지도 모르는 일이 되었다. 일본에서 포퓰리즘은 일부 소수의 신우익세력이 목소리를 높이고 활동을 확대할 수 있는 군중심리적인 촉매 역할을 하였다. 민중의 정치권력 확대가 역으로 민주주의의 발전을 저해하는 역설적인 현상이 일본에서 일어난 것이다. 이미 125년 전에 프랑스의 구스타프 르 봉이 아무리 많은 군중이 의견을 외치더라도 외부에서 가해지는 암시적인 권력에게 곧 무너지고 순응하게 될 것이라는 군중심리의 경박성을 예견했다.[59] 상호 대립하고 경쟁하는 이데올로기가 사라진 결과 2001년 탄생한 자민당 고이즈미 정권의 신자유주의개혁과 2009년 성립한 야당정권인 민주당 정권은 본격적인 극우정당을 탄생시키는 산파역할을 했다.[60] 자민당 내에서 그동안 억제되어 왔던 자극적인 우익이데올로기가 노골적으로 표출되었다. 우익적인 언설이 횡행하기 시작했다. 유권자의 여론이나 시민사회의 정치적 영향력이 거의 없는 일본정치에서 정치적 자유는 곧 '정치권력의 자유'를 의미하고 그것은 다시 정치권력의 집중을 초래한다. 국가의 권력을 강화해야 한다고 믿는 우익들에게는 우익편향적 개혁을 위해서 바로 그 집

---

59 구스타프 르 봉(Gustave Le Bon), 이재형 옮김, 『군중심리(Psychologie des Foules·1895)』, 문예출판사, 2013, 176쪽.

60 하구치 나오토(樋口直人), 김명숙 역, 『재특회(在特會)와 일본의 극우:배외주의운동의 원류를 찾아서』, 제이엔씨, 2016, 47쪽.

중된 권력이 필요하다. 민주당이 단명했던 이유는 총리관저 주도의 '독재'가 불가능했기 때문이었다. 아베는 바로 이러한 상황 속에서 두 차례 집권하게 된 것이다. 오늘날 아베의 '혐한' 정책은 바로 그러한 형편을 반영하는 것이다. '혐한'의 실상이 '질시'라는 것이 곧 드러나기 시작한다.

아베 정권의 의미: 미국에 대한 면종복배

제2차 아베 정권은 이러한 모순과 시행착오의 혼란 속에서 출범했다. 일본의 특징적인 '잘못된 토대 위에 잘못된 정책을 덧씌우는' 패턴이 다시 되풀이되었다. 초기 신자유주의개혁에 이은 2기 개혁이 주로 민주당 정권의 혼선의 시대였다면, 아베 정권은 제3기에 해당한다고 할 수 있다. 신자유주의개혁에 대한 국민의 반발로 인해서 아베 정권은 당장의 불황을 극복한다는 경기 대책에 집중할 수밖에 없었다. 그것이 재정확대, 금융완화, 구조개혁이라는 소위 세 개의 화살이었으나 그로 인해 빈부격차는 더욱 확대되었다. 그럼에도 불구하고 아베 정권은 오히려 재정 재원 마련을 위해 그동안 미루어 왔던 소비세 인상을 강행하고, 사회보장비 삭감 등 국민들이 원치 않는 '새로운 개혁'을 추진해야 했다.[61] 정책적 여유가 없는 만큼 아베의 포퓰리즘은 고이즈미의 것보다 한층 더 노골적이고 거칠었다. 아베의 정치 수법은 "사람들의 악감정에 의거하는 정치"라는 의미에서 히틀러의 정치 수법과 공통점을 갖고 있다고도 한다.[62] 2012년 중의원 선거에서 아

---

61 渡辺治, 앞의 책, 2014, 8–9쪽.
62 우치다 다쓰루(內田樹)·시라이 사토시(白井聰), 앞의 책, 2019, 96쪽.

베 자민당의 슬로건 '일본을 되찾는다'는 '전후 체제로부터 탈피'하겠다는 것이었다. 그것은 일본을 다시 대국으로 만들겠다는 야망을 노골적으로 공언하는 것이었다. 그것을 위해서 헌법개정과 군사대국화 정책, 신자유주의개혁, 그리고 역사수정주의역사관을 국민에게 주입시키는 교육개혁 등 세 개 정책에 집중했다.[63] 우선 헌법개정을 공언했다. 평화헌법의 제9조에 규정된 무력행사에 대한 제약을 철폐하여 집단적 자위권[64] 행사가 가능하게 하는 것이다. '전쟁이 가능한 나라'를 만들기 위한 것이다. 우선 무력공격사태법, 국민보호법 등 유사법제나 통신방수법, 즉 도청법이나 특정기밀보호법 등 치안입법을 정비했다. 또한 역사 인식이나 애국심 함양, 도덕과 일본 고유의 전통 문화 존중을 위한 교육을 강화하기 위해서 교육기본법을 개정하고, 기미가요 제창과 일장기 게양을 강제했다.

이러한 조치를 통해서 자연스럽게 '황국 일본'이 근대화 과정에서 싸운 모든 전쟁을 자존과 자위, 즉 평화를 위한 전쟁으로 정당화하는 야스쿠니 사관을 중심으로 하는 역사수정주의가 영향력을 강화하게 되는 것이다. 아베 정권은 '일본의 근대'를 찬미하는 복고색 강한 국가주의의 특징을 보여주었다.[65] 아베는 기회가 있을 때마다 "일본이 돌아왔다"고 외쳤다. 자신이 해나가고 있는 일이 제2의 메이지 유신으로 평가되기를 바랐던 흔적도 많다. 한국을 밟고 일어서는 것을 국내 민심을 통합하기 위한 지렛대로 이용하고, 그것을 일본의 국제적

---

63 渡辺治, 앞의 책, 2014, 1-2쪽.
64 일본에서 국가의 무력행사를 의미할 때 집단적 자위권이라는 말을 쓰는 것은 일본의 영토가 공격받지 않았는데도 해외에서 무력행사를 하는 것은 유엔안보리의 결의와 미일동맹에 따라 행동하는 것이라는 '은폐성'이 있는 용어이다.
65 나카노 고이치(中野晃一), 앞의 책, 2016, 21-22쪽.

인 지위가 향상되는 것으로 과시하려고 하는 수법은 과거 메이지정부 수법의 판박이였다. 지난 수년간 아베 정권이 한국에 대해서 해왔던 일들은 과거의 음울한 기억을 다시 되돌리게 하여 역사갈등에 부정적인 동력을 추가한 꼴이 되었다. 그러나 일본에게는 불행하게도 그런 지도자의 꿈은 전혀 달라진 시대적 조건과 상황을 반영하지 못하는 것이었다. 이미 중국은 초강대국이 되어 있고, 한국도 세계 10위권의 경제대국이자 유수의 군사강국이 되어 있다. 아베가 일본을 군사강국으로 만들겠다는 꿈은 눈덩이처럼 불어나 있는 국가채무와 재정적자의 벽을 넘지 못할 수도 있다. 또한 미국이 어느 선까지 그것을 용인할지 아무도 모르는 상태에서는 결국 미국에 대한 종속만 더 심해진다는 지적도 있다. 무엇보다도 지난 70년간 평화를 사랑하고 평화에 익숙해져 있는 일본국민들이 과거의 일본인처럼 '전쟁할 수 있는 일본'을 과연 반기고 그것에 자신을 기꺼이 바칠 것인지는 아무도 모르는 것이다. 아베가 원했던 정책들은 모두 당초 기대한 바와는 달리 원활하게 추진할 수 없었다. 결국 아베가 가장 부담 없이 할 수 있는 것은 우파세력의 환심을 간단하게 살 수 있는 '혐한 정책'밖에 없었다.

아베 정권이 출범한 이후 미국은 일본이 대미추종노선을 유지 강화하는 조건으로 아베의 활극을 어느 정도 용인해 주었다. 아베는 미국의 입맛에 딱 맞는 인물이었다. 미국은 아베가 역사문제에서 너무 오버하지 않도록 견제해 가면서 아베 정권을 전면적으로 지지해 주었다.[66] 우선 아베노믹스가 파탄나지 않도록 엔저기조를 용인하였다. 일본 엔의 가치가 떨어진 상태에서 일본의 수출이 늘어나면 아베노믹스가 성공하는 것처럼 보일 수 있는 충분한 가시적인 효과가 있게 된

---

66 渡辺治, 앞의 책, 2014, 20-22쪽.

다. 마침 소위 '양적 완화(Quantitative easing)' 정책을 통해 화폐공급량을 늘여 온 미국으로서도 엔의 가치가 떨어지는 것은 상대적으로 달러가 급격하게 저평가되는 것을 막아줄 수 있는 효과도 있는 것이었다. 두 번째는 역사갈등 문제에 관해서는 일본의 입장을 어느 정도 배려해주는 자세를 견지해 왔다. 2015년 한일 간 위안부 합의를 유도한 것은 그러한 미국의 입장을 반영하는 것이라고 볼 수 있다. 세 번째는 미국의 세계정책과 아시아정책에 순응한다는 전제 범위 내에서 일본의 우경화 경향을 묵인해주는 것이었다. 아베는 트럼프에 굴종하는 태도를 노골적으로 보였다. 아베 정권에서 한 일이 모두 아베 개인의 작품은 아니다. 자위대의 해외파병을 요구하는 미국의 압력은 이미 30년이 넘었고 2000년 이후 계속해서 집단자위권을 행사할 수 있도록 하라는 압력을 가해오고 있었다. 또한 일본은 매년 규제완화에 대한 미국 정부의 요청서를 정책에 반영하고 그것을 미일 포괄 정책 협의에서 점검함으로써 미국이 일본의 신자유주의화에 직접 관여하는 구조를 초래했다.[67] 신우파 전환의 모든 것은 개혁에서 시작되었고, 그 개혁은 미국의 압력에 의해서 개시되었다.

그런데 아베의 목표는 미국과 대등해지는 것을 통해 일본의 자립을 되찾는다는 것이었다. 그러기 위해서는 '미국의 함선을 지키는 집단적 자위권'이 필요하다는 것이었다. 미국의 압력으로 시작된 개혁을 통해 미국으로부터 자립을 이룬다는 도무지 앞뒤가 맞지 않는 이상한 논리가 서로 꼬여 있는 상태가 되어버렸다. 그것은 처음부터 '친미 종속'에서 이탈할 수 없다는 모순이 내재되어 있다는 것을 의미한다. 그 모순을 극복하는 길은 미국에 편승하면서 다른 적을 찾는 것이

---

67 渡辺治, 앞의 책, 2013, 96-97쪽.

될 수밖에 없다. 그 적을 중국에서 찾았다.[68] 그것으로 미국에게도 할 말은 할 수 있는 관계가 된다는 것이다.[69] 그런 적극적인 미일동맹 강화 노선이 아베 정권을 7년 넘게 버티게 해주는 발판이 된 것은 공공연한 사실이었다. 적어도 미국이 비토하지 않는 한 일본 정권은 일정 기간 이상 버틸 수 있다는 것이 이미 상식처럼 되어 있다. 따라서 아베가 처음부터 미국과의 군사적 협력을 강화하는 노선을 강조한 것은 당연한 귀결이었다. 그러나 아베의 행동 동기는 말하자면 미국에 대한 원한이라고 한다.[70] 일본의 기득권층은 대단히 굴욕적인 경험을 해왔다.[71] '패전을 부인'하는 방법으로 그 굴욕감을 감추어 왔다.[72] 아베 신조가 품고 있는 미국에 대한 양극단적인 감정, 즉 '언젠가 잠든 미국의 목을 베기 위해 미국에 붙어서 잔다'는 느낌이 무언중에 일본인에게 전해지는 측면이 있었다. 그래서 우익세력의 공감을 얻었다.[73] 그런 점에서 아베 정권의 행태는 일종의 전형적인 면종복배 행태라고 할 수 있다.[74] 그러나 우익세력이 어떤 몸부림을 치든 일본의 정치가 미국의 품에서 벗어나기는 여전히 어려운 일이다. 미일관계의 기묘한 구조의 본질은 일본이 '알아서 기는' 구조이다.[75] 미국은 궁극적으로는 개헌을 허용하지 않을 것이며, 2013년 4월 시점에 "개헌을 해서는 안

---

68 야나기사와 교지(柳澤協二), 이용빈 옮김, 『망국의 일본 안보정책: 아베 정권과 적극적 평화주의의 덫』, 한울, 2015, 8–9쪽.

69 위의 책, 35쪽.

70 半藤一利(한도 카즈토시)·保阪正康(호사카 마사야스), 『日中韓を振り回すナショナリズムの正體』, 東洋經濟, 東京, 2014, 36–38쪽.

71 우치다 다쓰루(內田樹)·시라이 사토시(白井聰), 앞의 책, 2019, 299쪽.

72 위의 책, 302–303쪽.

73 위의 책, 170–171쪽.

74 위의 책, 256–257쪽.

75 위의 책, 164쪽.

된다"는 백악관의 지시가 있었다는 관측이 있었다.[76] 아베노믹스는 일본경제의 양극화를 더욱 확대했고, 2012년 12월부터 2015년 10월 사이에 실질 GDP, 가계소비지출, 민간설비투자가 감소하고 '가계저축률의 감소시대'로 진입하였다.[77] 미국과 일본 재계의 아베 이용은 거기까지였다.[78]

신우익세력의 등장

일본의 우익은 민족주의, 전통주의, 역사수정주의 3개가 연결되어 기본적인 이데올로기를 형성하고 있다.[79] 또한 민족주의에 덧붙여, 배외주의, 역사수정주의, 전통주의, 반공주의의 어느 하나 이상이 더해진 집단을 극우로 간주한다. 스피커를 달고 군가를 틀며 활주하는 우익은 민족주의와 전통주의, 그리고 반공을 추구하는 세력이다. '새로운 역사교과서를 만드는 모임'은 민족주의와 역사수정주의를 추구한다.[80] 냉전체제가 소멸된 이후에는 '반공'을 대신하는 '개헌'이라는 새로운 테제가 탄생했다. 우익은 코드 진행을 바꾸며 사회에 다시 침투했다.[81] 현재 일본 사회의 움직임은 마치 막부 말기 존왕양이 움직임과 유사하다. 지금은 '양이'의 자리에 '애국'이 끼어들어 존왕양이는

---

76 위의 책, 158–159쪽.
77 牧野富夫(마키노 토미오) 編著, 『アベノミクス崩壊』, 新日本出版社, 東京, 2016, 40–42쪽. 이코노미스트지는 이미 2003년에 그런 것을 "Japan Trickle-down pain"으로 표현했다.(2003년 5월 8일자 Economist)
78 위의 책, 17–18쪽.
79 하구치 나오토(樋口直人), 앞의 책, 2016, 39–40쪽.
80 위의 책, 13쪽.
81 야스다 고이치(安田好一), 앞의 책, 2019. 10쪽.

이제 존왕애국으로 탈바꿈했다.[82] "세상의 경기가 나빠지고 개인의 생활에서도 고뇌하는 사람이 많아지면 상처 입은 자존심이나 자의식을 국가의식을 통해 끌어올리고자 하는 사람이 늘어났다"는 지적이 있다.[83] 그것은 전후 일본의 번영과 안락이라는 전제 조건이 급격하게 동요하기 시작하면서 현대 일본 사회의 기저부에 커다란 불안과 방향감각의 상실을 가져왔다는 시각이다.

우익 세력이 정치권력을 쟁취하거나 사회적 영향력을 발휘하는 데는 다음과 같은 몇 가지 역사적인 동력이 합쳐져서 가동된다.

첫째, 이들은 언제나 만세일계의 천황의 신성함과 불가침성을 내세우며, 그 이데올로기는 천황을 궁극적인 지향점으로 하고 있다. '천황이 있어야 우익'인 것이다.[84] 그 천황제 논리구조 속에는 예외 없이 침략전쟁을 정당화하거나 아시아에 대한 차별과 우월감이 뿌리 깊게 침전되어 있다.[85] 극우 학자인 니시오 간지(西尾幹二 · 1935–)는 "모든 역사는 신화"라고 강변하며 신화적인 황국사관을 21세기에 그대로 재생산하고 있다.[86]

둘째, 우익세력과 일본의 신토와 유사종교 세력은 언제나 연계되어 왔다. 일본 사회가 불안한 상태가 될 때마다 유사종교는 급증하고 그에 비례해서 우익세력도 증식되었다. 신우익의 정신적 원조라고 하는, '생장의 집(生長の家)' 창시자인 다니구치 마사하루(谷口雅春)는 1930년 1월부터 『생장의 집』이라는 잡지를 발간하면서 활동을 시작하

---

82 조용래, 앞의 책, 2009, 227–228쪽.
83 우치다 다쓰루(内田樹) · 시라이 사토시(白井聰), 앞의 책, 2018, 200–204쪽.
84 야스다 고이치(安田好一), 앞의 책, 2019, 35쪽.
85 박진우, 『근대일본 형성기의 국가와 민중』, J & C, 2004, 236–241쪽.
86 위의 책, 243쪽.

였다. 1993년부터 생장의 집은 종교단체로 변모하여 자민당의 현역 정치인들과 연대하여 정치적인 영향력을 미치고 있다.[87] 한편 1967년 12월 신사본청은 신토정치연맹을 결성하고 신토세력의 정치세력화를 시작하였다. 국회의원 모임인 '신토정치연맹 국회의원 간담회'가 대표적인 신토정치 그룹이다. 자신의 목숨을 국가에 바치는 것을 국민의 모범으로 현창하는 야스쿠니 신앙은 우익 이데올로기의 핵심이다.[88] 그것은 지배권력이 만들어 놓은 소위 '만들어진 종교'이며 일본이 여전히 제정일체국가라는 상징이다. 따라서 총리나 정치인들의 야스쿠니 참배는 일본의 정치적인 실체를 의미하는 것이다. 그렇기 때문에 외국의 압력에 의해서 야스쿠니 참배를 하지 않는 것은 일본의 지배계급이 수용할 가능성이 없다.

셋째, 일본에서는 현양사나 흑룡회 같은 우익단체들이 언제나 준동하고 있다. 그들의 실태는 구렌타이(遇連隊·불량배조직)라는, 기업의 '하청 폭력단'적 색채가 짙었다.[89] GHQ는 1946년 1월 「어떤 종류의 정당, 정치적 결사, 협회 및 그 외의 단체의 폐지건」이라는 지령을 발표하여 전전 우익단체의 해체와 우익인사의 공직 추방을 지시했다. 이에 따라 250개의 우익단체가 해체되고 4만 9,000명의 우익인사가 공직에서 추방되었다.[90] 그 이후 1959년 3월 생장의 집을 비롯해서 일본상이군인회, 일본향우연맹 등 구군인조직, 신사본청 등 종교단체와 옵저버 단체를 포함하여 51개 단체가 모여 "일본국민회의"

---

87 김태기, 「'일본회의'의 성장과 종교단체의 역할: '생장의 집(生長の家)'을 중심으로」, 앞의 책, 2017, 217-222쪽.
88 서경식·다카하시 데쓰야(高橋哲哉), 앞의 책, 2019, 61-62쪽.
89 야스다 고이치(安田好一), 앞의 책, 2019, 40쪽.
90 위의 책, 46-47쪽.

를 정식으로 결성하였다. "일본회의"의 모태가 이미 이 시기에 만들어진 것이다. 한편 1981년 10월 보수계 문화인 및 단체, 구일본군 관계자를 중심으로 "일본을 지키는 국민회의"가 단체명을 개칭하여 출범하였다. 여기에 의원단체가 가세하여 발족한 "일본회의"는 전국에 약 240개 지부가 있고 자민당 국회의원을 중심으로 현역 국회의원 280여 명이 참가하고 있다. 일본에는 요즘도 스피커를 밴 차량 위에 얹어놓고 유세하는 우익단체들이 전국에 수백 개가 있다.

넷째, 우익의 활동에는 언제나 암살 등 사적인 테러가 뒷받침 역할을 해왔다. 일본의 정치사 자체가 암살의 역사라고도 한다.[91] 흥미 있는 점은 일본의 사법은 대개 우익테러에 관용적인 태도를 취했다는 것이다.[92] 또한 일본에서는 테러가 발생하면 확실하게 그 테러의 목적이 달성된다. 테러의 대상은 겁먹고 자숙하고 잠복한다. 한나 아렌트는 오늘날 테러가 과거와 같은 정적 제거가 아니라 순종적인 대중을 지배하는 도구로 사용된다는 점을 지적한다.[93] 또한 요즘은 물리적인 테러보다는 넷 우익에 의한 넷(internet) 테러가 테러의 공포 조성 효과를 대신해 준다.[94] 우리나라의 문자폭탄 세례 같은 것이다.

다섯째, 우익은 무력(무위) 증강을 주장한다. 제2차 아베 정권은 군비를 증강하겠다는 명확한 정책방향을 설정하였다. 그러나 그것은 '자주국방의 꿈'이 강할수록 미일동맹의 현실에 의해 좌절되는 구도가 더 분명해진다는 현실적인 한계를 안고 있는 것이었다.[95] 미국은

---

91 그 실태는 앞서 2장에서 상세히 소개하였다.
92 위의 책, 63쪽.
93 한나 아렌트(Hannah Arendt), 이진우·박미애 옮김, 『전체주의의 기원 1』, 한길사, 2006, 87-88쪽.
94 위의 책, 301-302쪽.
95 남기정, 「자위대는 군대가 될 것인가?: '자주방위의 꿈'과 '미일동맹의 현실'」,

미국의 군사전략에 맞는 범위 내에서 일본자위대의 군사력이 증강되는 것을 원한다. 그렇기 때문에 아베의 안보정책이라는 것은 결국 전후 일본 정치와 미일관계에서 발생했던 모순을 모두 안고 있는 기괴한 정책이 되었다. 그것을 썩은 고기만 먹는 게 아니라 자기가 적극적으로 사냥해서 잡아먹는 하이에나처럼 되겠다는 생각이라고 냉소적으로 풍자하기도 한다.[96] 일본의 지식인들은 이런 상태를 흔히 '비틀림'이라고 표현했다. 일본에는 이런 '비틀림'이 너무 많다. 방위력 증강에는 현실적인 제약이 많다. 일본의 여론도 그리 호의적이지 않았다. 집단적 자위권 행사와 헌법개정에는 여전히 부정적 여론이 더 높은 추세가 유지되고 있다.[97] 또한 일본의 재정현실상 계속적인 방위비 예산 증액이 가능할 것이냐 하는 문제가 있다. 일본의 재정은 이미 오래 전부터 드라마틱한 적자상태에 있다. 국가의 채무 총액은 2020년 현재 1,114조 5천억 엔으로서 GDP의 240%를 넘어섰다. 이제부터 방위력을 증강한다고 하면 도대체 얼마나 더 많은 부채를 초래하게 될지는 아무도 모른다. 2020년 예산을 들여다보면 더 이상하다. 세수는 63조 엔인데 세출예산은 103조 엔에 가깝다. 즉 국채발행 규모가 총 세출예산의 약 48%, 당해 연도 세수의 약 78%나 된다는 말이다. 게다가 세출예산 중 약 4분의 1인 23조 엔이 기존에 발행된 국채의 상환금과 이자로 나가기 때문에 실제로 쓸 수 있는 금액은 약 80조 엔으로 줄어든다. 세출의 5.2%인 5조 엔의 방위비도 실제 가용 가능한 재원을 기준으로 환산하면 사실상 세출의 6.25%나 된다.[98] 일본의 재정여

앞의 책, 2017, 248-249쪽.

96 齊藤貴男(사이토 다카오), 『戰爭經濟大國』, 河出書房新社, 동경, 2018, 16쪽.

97 남기정, 앞의 글, 앞의 책, 252쪽.

98 같은 해 우리나라의 국방비는 53조원으로서 총예산 555조원의 약 10%를 점

건이 얼마나 버텨줄지 모른다. 인구의 고령화는 더욱 더 가속화될 것이다.[99] 결국 아베의 안보정책은 대미 군사적 종속만 심화되는 역설로 끝났다.

여섯째, 일본의 홀로 서기의 한계가 뚜렷해질수록 이념적인 우경화는 역설적으로 더 강해지고 역사수정주의로 더 기울어졌다.[100] 개헌도 생각만큼 국내여론이 찬성해주지 않는 가운데 역사수정주의만이 홀로 달려 나간 꼴이 되었다.[101] 일본의 혐한 분위기나 한일 간 역사갈등의 악화는 이러한 모순을 그대로 반영하고 있는 것이다. 우익세력은 어차피 천황제 지배이데올로기를 합리화하는 역사관을 기본으로 하고 있기 때문에 침략의 역사를 인정할 수 없고 오히려 미화하는 입장이다.[102] 그러니 그들이 전쟁이나 식민지 피해국인 한국에게 사과할 가능성도 없다.

하고 있다. 국방비의 액면상 규모는 일본과 거의 비슷하다. 세수는 300조원으로서 적자규모는 109조원, 비율은 세수의 36%, 총세출 예산의 약 20%였다. 한국의 국가부채와 적자재정도 만만치 않다. 숫자상으로는 일본보다 덜한 상태이지만 실질적으로는 민간의 부채가 많고 훨씬 더 위험한 상태이다. 일본은 해외자산이 많고, 일본 엔은 주요 교환통화이지만, 한국은 그렇지 못하기 때문이다. 참고로 2020년 일본의 방위비 규모는 전세계에서 6위, 한국은 7위였다.

99 65세 이상 인구는 2030년 31.6% 예상되어 일본인 3명 중 1명이 고령자이며, 2명이 1명을 부양해야 하는 상황이 될 것이다. 총인구는 2010년 1억 2,806만 명으로 최고 기록 이후 감소하여 2030년 1억 2천만 명 이하, 2050년에는 1억 이하로 감소할 것으로 예상된다.

100 위의 글, 위의 책, 281-283쪽.

101 일본에서는 그런 경우를 "앞으로 나아가다 너무 서둘러 꼬꾸라진다(마에노메리)"고 표현한다.

102 渡辺治(와타나베 오사무), 앞의 책, 2014, 13쪽.

한국에 대한 질시

일본의 정체성에 관한 담론의 중요한 한 부분은 일본의 우월성을 확인하기 위해서 한국을 폄하하여 비교하는 것이었다.[103] 그런 구조를 감안할 때 최근 일본의 혐한 심리에는 네 가지 구조적인 측면이 있다.

첫 번째는 물론 역사적인 경위가 있는 것이다. 일본인들이 한국을 보고 생각하는 감정의 저류에는 수백 년 이상 지속적으로 포장되어 온 소위 조선멸시관이라는 신화가 잠재되어 있다. 이에 관해서는 이미 앞에서 살펴보았다.

두 번째는 한일 간 국력의 격차가 축소되는 데에 따른 심리적 충격이다. 과거에는 한국과 일본의 국력은 비교도 되지 않았다. 그러나 지금은 대략 1:3 수준까지 그 격차가 줄어들었다. 1인당 가처분소득을 기준으로 하면 한국이 추월했다는 통계도 나온다. 급속하게 신장하는 중국과, 이제는 일본을 모델로 삼지 않는 한국에 의해 일본의 가치가 폄하되고 있다는 피해의식이 더해져, '한국에 대한 콤플렉스'가 형성되고 있다. 그것이 아베 정권에 대한 지지 배경이라고도 한다.[104] 그것이 애국심이라는 인자한 얼굴을 돌연 외국인 혐오라는 추한 얼굴로 변화시키는 것이다.[105] 증오하는 주체로서의 인간(Homo ódiens)이 극우주의의 이름으로 부활하고 있다.[106]

세 번째는 시대적, 세대적 요인이 작용하는 측면이다. 최근의 혐한은 대체로 2000년대 들어와서 드러난 현상이다. 2019년 일본 정

---

103 Tessa Morris-Suzuki, 伊藤茂 譯, 『愛國心を考える』, 岩波文庫, 2007, 106-110쪽.
104 야나기사와 교지(柳澤協二), 앞의 책, 2015, 9쪽.
105 Tessa Morris-Suzuki, 앞의 책, 2007, 9쪽.
106 나인호 지음, 『증오하는 인간의 탄생』, 역사비평사, 2019, 9쪽.

부의 「외교에 관한 여론조사」에 따르면 한국에 친근감을 느낀다는 사람은 26.7%였다. 그것은 같은 질문에 대한 답변을 처음으로 조사한 1978년 이후 가장 낮은 것이었다.[107] 세대 차이라는 관점에서 보면 식민지시대에 초등교육 이상의 교육을 받았던 장노년층 세대는 여전히 한국을 깔보고 있다. 그것은 심리적 트라우마라고도 할 수 있다. 그러나 나이가 어릴수록 서로를 평범한 이웃 외국으로 보고 상대방의 문화도 즐기는 여유를 가진다. 외교에 관한 여론조사에서 세대 간의 갭이 명확하게 드러나는 것은 2012년부터이다. 유럽과 미국에서는 학력이 높을수록 반이민감정이 약해지는 데 반해서 일본에서는 고학력층에서 배외주의가 높아지는 경향이 있다.[108]

마지막으로 일본의 국내정치적인 측면이 있다. 지배권력인 정부와 정치인들이 혐한을 여전히 국내정치적 목적으로 이용한다는 것이다. 일본의 언론도 정부의 정책에 편승하여 혐한을 풍구질 해왔다. 정치권력이 역사문제와 같은 이슈에서 적반하장적인 태도를 과시하는 것만으로도 대중에게 방향이나 행동지침을 제시하는 역할이 된다. 많은 일본인들이 한국이 분단 상태와 북한핵문제, 중국 때문에 일본과 협력하는 길 이외에는 선택지가 없을 것이라고 생각하는데, 그런 생각은 정체적이고 시야가 좁은 역사인식이다. 국제정세란 고정되어 있는 것이 아니기 때문이다. 오히려 한국과 긴밀한 관계를 수립하는 것이 궁극적으로 일본에게 유리할 것이라는 지적이 있다.[109]

---

107 澤田克己(사와다 카쓰미), 『反日韓國という幻想: 誤解だらけの日韓關係』, 毎日新聞出版, 2020, 179쪽. 2014년 박근혜정부 초기 위안부문제로 대립이 격화되고 있을 때 당시까지의 최저 수준이라는 것이 31.5%였다.

108 위의 책, 182-184쪽.

109 Murphy, R, Taggart, *Japan and the shackles of the past*, Oxford University Press, New York, 2014, pp. 377-378.

교토대학 철학과 교수인 오구라 기조(小倉紀藏 · 1959-)는 오늘날의 '혐한'은 일본인들의 자신감 상실과 고립감이라는 열등의식의 반증이라고 본다.[110] 일본에서 한국을 폄하하고 중국을 증오하는 서적이 잘 팔리는 배경이 여기에 있다. 잡지 『월간 보물섬(月刊寶島)』이 한국이나 중국을 비난하는 특집을 편성하면 매출이 약 30% 증가한다고 한다.[111] 야마노 샤린(山野車輪)의 저서 『만화 혐한류』가 출판되어 베스트셀러가 된 것이 2005년이다. 그때부터 '혐한'심리가 급속하게 확대되었다고 한다. 이 기간에 일본 서점에는 '혐한'을 내용으로 하는 서적이 넘쳐났고, 주간지와 월간지는 끊임없이 '혐한'을 다루었다.[112] 한국에 대한 헤이트스피치가 압도적으로 많아졌다. 타자에 대한 차별이나 혐오가 정치적인 이익이 되고 따라서 증폭되는 것은 그 사회가 비민주주의적인 사회라는 유력한 증거 중의 하나이다. 무릇 억압적 독재 사회에서 타자를 폄하하고 혐오하는 언론의 자유는 활짝 열려 있다. 정부나 당에 대한 비판은 철저하게 금지되어 있으니 정치적인 스트레스는 타국(타자)에 대해서 마음대로 풀라는 것이다. 오늘날 우리 주변국에서 그런 사례를 흔히 볼 수 있다. 오늘날 한국에 대한 혐한론을 부르짖는 일본인들도 같은 심리일 것이다. 아무리 비난하고 욕하고 폄하해도 칼 맞을(테러) 걱정은 하지 않아도 되는 것이다. 그러나 그것은 일본의 국제적인 이미지에 결코 도움이 되는 것이 아니다.

'아베의 개혁'은 일본 쇠퇴기의 시작을 조금 더 극적으로 열었던 역사적인 의미로서 기억될지도 모른다. 구체적으로 그 시작은 2019년 7

---

110 오구라 기조(小倉紀藏), 한정선 역, 『일본의 혐한파는 무엇을 주장하는가(강연록)』, 제이엔씨, 2015, 29-38쪽.
111 하구치 나오토(樋口直人), 앞의 책, 2016, 28쪽.
112 오구라 기조(小倉紀藏), 앞의 책, 19쪽.

월 1일로 기억될 것이다. 그날은 바로 한국에 대한 수출관리규제 강화조치가 시행된 날이다. 그것은 실제로는 한국에 대한 질시를 드러내는 것이었다. 이런 무모한 정책이 만들어지고 추진되고 궤변 같은 논리로 뒷받침될 수 있는 일본의 정치행태가 곧 봉건적인 잔재를 상징하는 것이었다. 그것은 일본정치에서 여전히 민중의 목소리가 없다는 것을 의미한다. 아베의 뒤를 이은 스가도 그랬고, 스가에 이어 고노 다로가 총리가 되든 기시다가 되든 일본 정치지도자들의 '혐한' 팔이는 계속될 것이다.

귀를 자극하는 혐오 구호를 외치는 스피커를 달고 군중 속을 헤집고 다니는 차 안에서 우익분자는 행인을 '창백하고 무표정한' 눈빛으로 응시한다. 그것은 일본의 보통사람들에게 순종을 강요하는 협박으로 보였다. 그들과 눈을 마주치는 것을 피하기 위해 애써 외면하고 걷고 있는 행인들이 바로 그 협박을 느끼고 있다는 것을 말해준다. 우익 세력의 시위도 결국 그것은 일종의 국내정치 행위이다. 필자는 어느 일요일 오사카의 남북을 관통하는 '미도스지(御堂筋)' 거리에서 우익 차량의 시위를 보면서 일본이 왜 인종차별 금지법을 제정할 수 없는지, 엉뚱하게도 '표현의 자유'를 강조하는지 그 이유를 알게 되었다. '혐한'으로 먹고 살아야 하는 일본인들이 있는 것이다. 자유를 누리는 기술은 무엇보다도 더 신나는 일이지만 그 자유를 어떻게 이용하는가를 배우는 것은 무엇보다도 어려운 일이다.[113] 자유를 누리고 유지하는 데는 도덕(morality)이 동반되어야 한다.[114]

---

113 Alexis de Tocqueville, translated by Gerald E. Bevan with an Introduction and Notes by Isaac Kramnick, *Democracy in America and Two Essays on America*, Penguin Books, London England, 2003, p. 280.
114 위의 책, p. 21.

3장

역사왜곡을 조장하는 공범들

"나는 우리가 눈이 멀었다가 다시 보게 된 것이라고 생각하지 않아요.

나는 우리가 처음부터 눈이 멀었고, 지금도 눈이 멀었다고 생각해요.

눈은 멀었지만 본다는 건가.

볼 수는 있지만 보지 않는 눈먼 사람들이라는 거죠."

주제 사라마구(Jose Saramago), 『눈먼 자들의 도시』 중에서

1. 지식인들의 방황

19세기 말인 1894년 프랑스는 소위 드레퓌스(A. Dreyfus) 사건으로 들끓었다.[1] 그 후 1898년 프랑스의 작가 에밀 졸라가 『새벽(L'Aurore)』 이라는 신문에 「나는 고발한다(J'accuse)」라는 공개서한을 게재하여 이 사건이 허구임을 폭로하였다. 일본에는 에밀 졸라 같은 역할을 할 수 있는 지식인이 없다.[2] 일본 사회에서는 '양심적' 지식인들이 외쳐도

---

[1] 육군 대위인 알프레드 드레퓌스가 독일에게 군사기밀을 넘기는 간첩행위를 했다는 혐의로 종신형을 받았다. 프랑스육군은 진범이 체포되었는데도 그것을 덮고 유태인인 드레퓌스를 범인으로 몰았다. 드레퓌스가 최종적으로 무죄로 판명되어 풀려나서 육군소령으로 복귀하는 1906년까지 프랑스 사회는 양쪽으로 분열되었다.

[2] 이안 부루마(Ian Buruma), 정용환 옮김, 『아우슈비츠와 히로시마: 독일인과 일본인의 전쟁 기억』, 한겨레신문사, 2002, 313쪽.

치열한 논쟁도 일어나지 않고, 정치권력은 별로 신경 쓰지도 않는다. 필자는 몇 년 전에 유럽에 출장 가는 길에 비행기 안에서 우연히 독일 영화 한 편을 본 적이 있다. 《거짓말의 심연(Labyrinth of lies)》이라는 영화였는데, 1950년대 말 서독의 라트만(Ladman)이라는 젊은 검사가 서독정부 내의 나치 잔당들의 온갖 방해를 무릅쓰고 수사를 진행하여 아우슈비츠 수용소에서 SS의 감시원으로 근무하면서 잔혹행위를 했던 독일인 789명을 독일의 형법위반으로 기소했다는 실화를 영화화한 것이었다.[3] 필자는 그 영화를 보면서 두 가지 점에 주목하였다. 첫 번째는 나치 잔당들이 기존의 국내법인 서독연방 형법을 위반한 혐의로 처벌을 받았다는 것이다. 그것은 법적인 책임의 근거가 이미 존재하고 있다는 의미이다. 두 번째는 주독일 미군 당국이 그 수사에 적극적으로 협조했다는 것이다.

그러나 일본에서는 이러한 일이 전혀 일어나지 않았다. 일본 사회나 일본인은 움직이지 않았고, 미국은 전쟁 범죄 문제를 오히려 덮어 주었다. 왜 그렇게 되었을까? 그것은 보편적 가치에 대한 인식 수준 문제였다. 또한 미국이 역시 아시아에 대해서는 유럽과는 차별되는 정책을 적용한다는, 어떤 류의 오리엔탈리즘이 작용하고 있기 때문은 아닐까? 미국의 역할이 어찌됐건, 일본에서 자생적인 정치적·사회적 역사 반성의 메커니즘이 형성될 수 없다는 현실은 이미 드러나 있다. 일본에서는 프랑스의 에밀 졸라나 미국의 노암 촘스키 같은 반권력적인 지식인은 생존하기가 어렵다. 1945년 이전까지만 해도 지식인에

---

3 기소된 자들은 1963년에서 1965년에 걸쳐 프랑크푸르트 법원에서 재판을 받아 750명이 처벌받았다. 라트만 검사의 수사가 이스라엘의 모사드가 아이히만을 체포하는 단서를 제공했다. 독일주둔 미군은 모든 서류를 개방함으로써 라트만이 증거서류를 찾을 수 있었다.

대한 통제와 억압은 정치권력을 유지하는 핵심적인 수단이었다. 신문지조례나 치안유지법을 이용해서 언론과 출판의 자유를 제한, 검열하고, 사상범을 처벌하는 것이 지식인 통제의 대표적인 수단이다. 특히 역사학에서 정부의 통제가 심했다. 따라서 전전에는 역사적 사실을 객관적으로 규명하는 것은 자살행위와 같았다.[4] 언론과 학문에 대한 강력한 정치적 사회적 통제는 어용 지식인을 양산했다. 1940년대에 와서는 순응하지 않는 지식인·예술가들에게는 종이나 그림도구 배급을 중지했다. 작가는 어용이 되거나, 아니면 군수 관련 공장에서 일해야 하는 양자택일의 상황에 처했다. 학자들이 정치권력에 순응하고 협조하는 직접적인 원인은 감옥에 들어간다는 공포 때문이었다. 전쟁에 협력하면 군이나 관청의 우대가 보증되었다.[5] 그래서 일본의 지식인들은 아시아 침략을 합리화하는 전쟁영합론으로 일관했고, 젊은이들을 국가를 위해 목숨을 바치라고 선동했다.[6] 그들은 배외주의를 부추겼다. 그것은 바로 그 분야에 대해서만큼은 자유로울 수 있고 정부권력과 동업할 수 있기 때문이다.

필자가 '학문의 수요자'라는 관점에서 알게 된 일본 지식계의 특징은 네 가지로 정리할 수 있다. 첫째, 대체로 어용적이다. '어용'이라는 말은 글자 그대로 '공무수행'이라는 의미이다. 일본에서는 '권위'를 의미했다. 일본 학문의 어용적 성향은 패전 이후 민주화된 이후에도 그 심리적 전통이 이어졌다.

4 나가하라 게이지(永原慶二), 하종문 옮김, 『20세기 일본의 역사학』, 삼천리, 2011, 139쪽.
5 오구마 에이지(小熊英二), 조성은 옮김, 『민주와 애국: 전후 일본의 내셔널리즘과 공공성(2002)』, 돌베개, 2019, 60–64쪽. 소장급 대우를 받으며 군에서 보내준 당번병을 하인처럼 쓰면서 생활한 사람도 있었다.
6 나가하라 게이지(永原慶二), 앞의 책, 2011, 150–151쪽.

둘째, 순응적이다. 어용은 적극적으로 권력에 봉사하는 것이지만, 순응은 권력에 대해 소극적으로 복종하는 것이다. 미리 자기검열도 하고 입을 닫고 있다거나, 사회적인 통념과 각 조직의 내부질서에 복종하는 것이 그런 것이다. 일본의 학자들은 누구나 그러한 직간접적인 제약 속에서 연구하고 활동한다고 한다. 전후 일본 사회와 '사상'에 대해 나름대로 비판적인 자세로 비평을 되풀이해 온 지식인조차 자신이 지적인 활동을 지속할 수 있었던 것은 그러한 제한 속에서 전후 일본 사회 조류에 순응했기 때문이라고 실토했다.[7] 일본 학계나 문화계의 특징은 서로 상충되는 모순도 공존할 수 있다는 것이다. 그것은 다양성과는 전혀 다른 개념이다. 그 '모든 다른 것들'이 천황제라든가, 또는 다른 형태의 이미 주어진 틀 속에 있다는 공통점이 있기 때문이다. 아무리 보편적이고 평범한 것이라 해도 주어진 틀에서 벗어나는 것은 용납되지 않고, 아무리 독특하고 엉뚱해도 주어진 틀을 벗어나지 않으면 배척당하지는 않는다. 그래서 정치인이나 지식인들이 궤변 같은 기괴한 논리나 소위 '저질적' 언설(言說)도 부담 없이 표현할 수 있는 것이다. 그 틀에는 많은 터부가 있다. 가장 치명적인 터부는 천황에 대한 언급이다. 천황의 전쟁 책임 추궁은 천황에 대해서는 반역행위였다. 일본에 대한 충성이 천황에 대해서는 반역이 된다는 교착이 나타난다.[8] 일본의 정치·사회·철학이나 사상에 관한 서술이 매우 추상적이고 전문 조어를 남발하여 읽기 어렵게 기술하는 성향이 있다. 논리가 몇 가닥으로 꼬여 있고 문장표현도 어렵다. 그만큼 피해

---

7 야스마루 요시오(安丸良夫) 지음, 박진우 옮김, 『현대일본사상론: 역사의식과 이데올로기』, 논형, 2006, 15쪽.
8 오구마 에이지(小熊英二), 조성은 옮김, 『민주와 애국: 전후 일본의 내셔널리즘과 공공성(2002)』, 돌베개, 2019, 133쪽.

다녀야 할 터부가 많기 때문일 것이다. 그래서 일반인들에게는 의미가 '애매하고' 혼란스럽다. '더러움', '비틀림' 이런 용어들은 그 터부에서 벗어나 보려는 발버둥일 수도 있다.

셋째, 일본의 지식인들은 대중에 대한 우월감이 강하다.[9] 민중을 멸시하는 지식인들이 특별하게 외국의 인민에 대한 배려가 있을 리도 없었다. 아시아에 대한 책임의식도 없었고, 조선과 타이완에 대해서도 냉담했다.[10]

넷째, 일본을 총정리하는 특징으로서 보편적인 가치에 대한 인식이 없다는 것은 이미 수차례 언급한 대로다. 그로 인해서 지식인들의 생각의 흐름이 큰 줄기를 형성하지 못하고 그때그때의 정치사회적인 상황에 따라 서로 다른 담론을 형성하게 된다.

전후(戰後)의 천황에 대한 비판이나 책임추궁은 보편적 가치문제에 기반을 둔 것이 아니라 '절대자'가 패배하고 항복한 데 대한 원망의 개념에 더 가까웠다. 전쟁을 일으킨 책임과 패전의 책임이라는 개념이 엉켜져서 '애매한' 책임 논쟁이 전개되어 왔다.[11] 정치사회적 논쟁이라는 것도 앞에서 보았던 대로 '자율적 헌법이냐 아니냐 자주국방이냐 미일동맹이냐' 등 눈앞의 현실문제와 구체제로의 복고 여부에 머물고 있다. 그것은 시민의 자유를 위한 보편적인 가치문제가 아니라 강자로부터 강요된 자유에 대한 복잡한 심정에 불과한 것이었다.[12] 그래서 그 당시에는 신헌법에 반대했던 사람들이 훗날 호헌 세력이

---

9 위의 책, 122쪽.
10 위의 책, 126-127쪽.
11 가토 노리히로(加藤典洋), 서은혜 옮김, 「패전후론」, 『사죄와 망언사이에서』, 창작과 비평사, 1998, 79-81쪽.
12 오구마 에이지(小熊英二), 앞의 책, 2019, 1,126쪽.

되고, 신헌법을 적극적으로 지지했던 사람들이 후에 개헌파가 되는 이상한 상황도 벌어지는 것이다.[13] '전후사상'이라는 것은 어떤 보편적인 가치문제에 관한 것이 아니라 그저 "전쟁의 기억이란 무엇이었는가"를 이야기하는 것이었다.[14] 일본에서는 10년 정도의 연령 차이의 세대 간 사고가 극명하게 달랐다. 같은 세대에 속하는 사람들은 일종의 공통점을 갖고 있었다.[15] 그것은 그들이 성장할 때의 교육의 영향 때문이라고 할 수 있다. 특히 1920년대 생인 전중세대(戰中世代)는 천황 신격화와 군국주의적 교육을 받았다. 그들은 전후의 체제에 익숙해지지 않았다. 그들은 평화를 혐오하고 전쟁을 로맨틱하게 동경하였다. 그들은 전쟁에 대한 책임을 전혀 느끼지 않았다. 한편 1935년 이후 태생인 전후파와 그 이후 세대는 전쟁을 직접 경험하지는 않았기 때문에 전쟁의 무서움을 모르는 세대였다. 전쟁을 전혀 알지 못하는 아베와 같은 세대에게는 전쟁이 호기심의 대상이고 동시에 미화의 대상이 되었다.[16] 일본의 시대정신은 매우 빠르게 단속적으로 변한

---

13 위의 책, 212쪽.

14 위의 책, 955쪽.

15 위의 책, 719-720쪽. 패전시에 30세 전후였던 세대를 전전파 세대라고 불렀다. 1920년 이전 태생들이다. 마루야마 마사오가 대표적인 인물이다. 전중파 세대는 패전시에 10대 후반에서 20대 전반의 청춘기였던 세대를 가리켰다. 1920-30년대 생들이다. 전중파 지식인의 대표로 자주 거론되는 인물이 평론가 요시모토 다카아키(吉本隆明·1924-2012), 작가 미시마 유키오(三島由紀夫·1925-1970), 정치학자 하시카와 분조(橋川文三·1922-1983) 등이다. 이들보다 나이가 어렸던 1935년 전후 태생으로서 패전시 10세 전후였던 에토 준(江藤淳·1932-1999)과 오에 겐자부로(大江健三郎·1935-) 등의 세대를 전후파라고 했다. 그리고 1955년 무렵은 전중파 세대 지식인들이 30세 전후의 나이가 되어 논단에서 활동하기 시작한 시기였다.

16 위의 책, 671쪽. 1925년생 소설가 미시마 유키오는 1970년 헌법개정과 자위대 궐기를 주장하며 할복자살하였다. 1956년 좌담회에서 당시 24세의 이시하라 신타로(石原慎太郎·1932-)는 "전쟁물을 읽거나 그런 영화를 보면 영웅적인 느낌도 듭니다. 서부극 이상의 감동을 받는 경우도 있습니다."라고 말했다. 그들은 전쟁이 끝날 것이라는 생각을 해 본 적이 없었다. 태어나서 줄곧 전쟁 속에서 살았기 때문이다.

다. 앞선 세대의 생각이 존중되고 계승되는 경우가 그리 많지 않다. 일반적으로 '전후사상'은 이전 세대에 대한 비판이 특징이다. 세대 간에 공유할 수 있는 사상적 기조가 없다. 그것은 세대 간에 단층이라고 해도 좋을 정도의 전혀 다른 세계관을 가지게 되기 때문이다.[17] 그래서 마루야마 마사오는 그런 특성을 "문어집 현상"이라고도 했다. 서로 연계성이 없다는 것이다. 이런 의식구조는 보편적 사상에 대한 인식이 없는 양태의 당연한 귀결이다.

재일한국인 학자인 서경식 교수는 "와다 하루키(和田春樹 · 1938-) 교수가 '독일이 한 것과 같은 일을 일본에게 하라고 요구하는 것은 잘못'이라고 말하는데 자신은 그렇게 생각하지 않는다"고 말했다.[18] 흔히 일본과 독일을 비교하면서 일본을 비판하면, 일본인들은 일본과 독일은 역사적, 문화적인 배경이 다르다는 천편일률적인 답만 한다. 그것은 보편적인 사상이나 가치에 대한 인식이 없기 때문이다. 역사인식은 보편적 가치에 대한 인식에 관한 문제이지 비교문화적인 문제는 아니다. 그래서 일본에서 소위 '사상'이라는 것은 큰 줄기가 없고 분열되어 파편화한다. 그 '사상'은 필자가 샀던 대부분의 일본책들처럼 그 수명이 짧다. 독일의 경우에는 패전 후에도 독일의 전전 문화가 통째로 부정된 적은 없었다. 독일 문화의 바탕에는 유럽세계가 공유하는 기독교사상이라든가 철학적인 보편성이 깔려 있기 때문이다. 그래서 독일인들은 유대인 학살을 저지른 자들을 자신의 손으로 재판에 회부하여 처벌할 수 있었다. 그러나 일본에서는 그러한 주체적인 노력을 발

---

17 위의 책, 960-963쪽.
18 서경식 지음, 한승동 옮김, 『다시, 일본을 생각한다: 퇴락한 반동기의 사상적 풍경』, 나무연필, 2017, 40쪽.

견할 수 없다.[19] 일본의 전통문화는 정치권력에 의해서 대부분 오염되어 있었다. 그래서 미국의 검열관들은 '봉건주의'를 연상시킨다는 이유로 사무라이영화 상영도 금지시켰다. 심지어는 신토의 자연숭배의 대상이었던 후지산조차도 촬영이 금지되었다. 어떤 영화에서는 농부들이 후지산 기슭에서 일하는 장면이 삭제되기도 하였다. 일본의 경우 문화 전체가 총 점검을 받아야 하는 형편이었다.[20]

일본에서 최초로 발굴된 선사시대의 유물은 1877년 미국의 동물학자인 모스(Morse)가 도쿄와 요코하마 사이의 철로변에서 발견한 패총(조개무덤)이다. 신화에 의존하여 설명하는 일본의 기원에 관한 '절대적인 사실'을 고고학이 붕괴시켰다. 일본 역사가들은 선사시대 유물이 발굴되면서 일본 신화와 전혀 관련 없는 과거가 존재했다는 사실에 혼란을 겪었다.[21] 마치 유럽에서 창조론이라는 성서의 세계와 진화론이라는 과학의 세계가 분리되는 순간과 같은 충격이었다. 그러나 현대 일본 지식인들의 고민은 그들이 여전히 과거의 개념체제를 벗어나지 못하고 있다는 것이다.[22] 그것은 마치 "집요하게 되풀이되는 집요저음(basso ostinato)처럼 역사의식, 윤리의식, 정치의식의 영역에서 작용한다."[23] 지식인들은 여전히 "지구는 돌고 있다"라고 말하지 못한다. 보편적 가치를 존중하고 그것을 일본 지식계의 기본으로 삼아야

19 우치다 다쓰루(內田樹)·시라이 사토시(白井聰), 정선태 옮김, 『속국/민주주의론: 일본은 미국의 지배에서 벗어날 수 있을까?(屬國民主主義論)』, 모요사, 2018, 344쪽.

20 위의 책, 69-70쪽.

21 Stefan Tanaka, *New times in modern Japan*, Princeton University Press, Princeton, New Jersey, 2004, p.53.

22 위의 책, p.39.

23 마루야마 마사오(丸山眞男), 김진만 옮김, 「原型, 古層, 執拗(집요)低音」, 가토 슈이치 등, 『일본문화의 숨은 形』(1984), 소화(한림신서 일본학총서 1), 2002, 130쪽.

한다고 주장하는 소수의 학자들은 외면당하고 배척당한다. 1994년 노벨상을 받은 오에 겐자부로(大江建三郎 · 1935-)는 「애매한 일본의 나」라는 제목의 수상 기념 강연에서 앞선 노벨문학상 수상자인 가와바타 야스나리(川端 康成 · 1899-1972)의 강연이 "매우 아름답고 또한 매우 애매한 것이었다"라고 말했다.[24] 그리고 '애매한 일본'의 '애매한'이라는 말의 의미는 'vague'가 아니라 'ambiguous'라고 밝혔다. 'vague'는 내용이 불명확한 것이었지만, 'ambiguous'는 두 가지 이상의 해석 가능성이 있다는 뜻이다.[25] 작가인 헨미 요(辺見庸, 1944-)는 자신의 아버지가 스스로를 침략전쟁의 '피해자'인 것처럼 천연덕스럽게 말하는 것을 "섬뜩한 이노센스(innocence, 천진함)"라고 표현했다. 바로 그 "섬뜩한 이노센스"가 '애매한 일본'을 만들어온 사람들의 심성을 단적으로 얘기하고 있는 듯하다. 그 '애매함'은 언제나 가해 책임자에게 유리하다. 그 이유는 일본의 국가와 민중이 '공범 관계'를 맺어왔기 때문이다.[26] "과거를 속이면서 미래를 쌓아올리는 것은 불가능하다."[27] 오에는 일본정부가 수여하는 문화훈장을 사양하면서 오오카 쇼헤이(大岡昇平 · 1909-1988)가 예술원 회원이 되기를 거절했던 것을 예로 들었다.[28] 일본의 지식인들이 이런 방식으로 정치권력에 대한 '순응'을 거부하고 저항하는 것이 학문적 존재감을 과시하는 유일한 길일 것이다. 그

---

24 필자 주: 이 '애매함'은 다음에 나오는 이야기들의 핵심 키워드이다.
25 서경식, 앞의 책, 2017, 134쪽. 오에는 "(1853년) 개국 이후 120년의 근대화로 이어진 현재의 일본은 근본적으로 애매함(ambiguity)의 양극으로 갈라져 있습니다… 일본의 근대화는 오로지 서구가 되겠다는 쪽으로 방향이 설정되어 있었습니다. 그러나 일본은 아시아에 자리 잡고 있고, 일본인은 전통문화를 확고하게 지켜오기도 했습니다. 그 애매한 진행은 아시아에서 침략자 역할로 자신을 몰아갔습니다."라고 말했다.
26 위의 책, 164쪽.
27 위의 책, 140쪽.
28 가토 노리히로(加藤典洋), 앞의 책, 1998, 95쪽.

러나 현재까지도 일본의 대부분 지식인들의 사고체계는 일본 중심의 고정된 전제를 하고 있다. 한국근대사를 연구한 다케우치 요시미(竹內好·1910-1977)는 일본이 전후 아시아에 책임을 지는 자세 자체를 폐기해 버린 것은 일본인이 "목욕물과 함께 아기마저 버려버린 꼴"이라고 자탄한다.[29]

2. 정치권력에 순응하는 언론

1988년 봄 신임 이원경 주일한국대사의 일본기자클럽 초청 연설이 한일 양국 간에 과거사 문제 해결을 위한 논의를 본격적으로 시작하는 계기가 되었다. 신임대사의 20분 정도 길이의 연설문 초안을 작성하는 일이 당시 주일대사관의 2등 서기관인 필자에게 떨어졌다. 이러저러한 경과를 거쳐서 완성한 기조연설문에 A4용지로 한 쪽 반 분량의 역사문제 해결에 관한 내용을 겨우 포함할 수 있게 되었다. 미래지향적인 한일관계를 튼튼하게 유지하려면 과거사 정리가 반드시 필요하다는 내용이었다. 행사가 모두 끝나고 나오는 길에 유력 일간지의 편집국장이라는 분이 필자에게 말을 건넸다. "누가 그 원고를 썼는지 모르겠지만 참 격조 높은 연설이었습니다. 이제까지는 미국의 맨스필드 대사의 연설이 가장 격조 있었는데 그것을 능가하는 수준입니다." 그러나 그 다음날 일본의 소위 6대 일간지[30]에는 역사라는 단어 하나도 보이지 않았다. 필자는 그때 '선진국'이라는 일본 언론

---

29 가쓰라지마 노부히로(桂島宣弘), 김정근, 김태훈, 심희찬 옮김, 『동아시아 자타인식의 사상사: 일본내셔널리즘 생성과 동아시아』, 논형, 2009, 115-116쪽.
30 아사히(朝日), 요미우리(讀賣), 마이니치(每日), 니혼게이자이(日本經濟), 산케이(産經), 도쿄(東京) 신문을 6대 일간지라고 했다.

의 '담합적 자기검열' 실상을 처음 알게 되었다. 지금도 필자가 일본 언론 보도의 진실성을 그대로 믿지 않는 것은 그날서부터 시작되었다. 일본 언론의 담합 행태는 무척이나 자연스럽다. 외교 협상에서 일단 합의된 사항은 공식 발표시까지 언론에 공개하지 않는다는 '엠바고(embargo)' 원칙이 있다. 그러나 엠바고는 항상 일본에 의해 깨졌다. 일본 언론에서 그 사안을 한 발짝 먼저 보도하는 것이었다. 그런 일이 있을 때마다 한국 외교부는 한국 언론의 뭇매를 맞는다. 일본 측에 항의하면 언제나 똑같은 답이 돌아온다. "어디선가 샜다(leak)"는 것이다. 나중에 알게 된 것은 일본 외무성을 취재하는 언론이 서로 간 묵인 하에 차례대로 특종을 내기 때문에 한국과의 외교 사안에 대한 '언론플레이'가 가능하다는 것이었다. 한국 외교부는 그런 언론플레이는 꿈도 꾸지 못한다. 세계보도자유도의 일본 랭킹은 소위 서구적 민주주의를 행하고 있는 선진국이라는 관점에서 매우 낮은 수준이다. 2014년에 세계 59위, 2015년 61위, 2016년 72위, 2017년 72위, 2018년 67위, 2019년 67위이다. 반면 한국의 세계보도자유도 랭킹은 그 기간 중 대개 40~42위를 기록했다.[31]

일본이 근대적인 대중 언론제도를 도입했을 때 신문은 처음으로 모든 종류의 부도덕과 범죄와 부패 양상을 토해냈다. 그때까지 외국인들은 일본을 '청정국가'라고 생각하고 있었다. 하지만 외국인이 품고 있던 환상을 깨뜨려버린 것이다. 이러한 증상을 일본에 최초로 정착했던 미국인 헌(Hearn)의 실망감과 좌절감을 상징하는 "래프카도 헌

31 Matin Fackler, 『安倍政権にひれ伏す日本のメディア』, 雙葉社, 東京, 2016, 180-182쪽.

증후군(Lafcado Hearn Syndrom)"이라고도 했다.[32] 그러나 일본 언론은 태어날 때부터 '제한과 검열'이라는 정치권력의 통제를 받았다. 따라서 일본 언론의 권력 장치적 기능은 어용 성격은 물론 권력의 선동자(프로파간다)로서의 역할, 통제에 대한 순응, 그리고 열렬한 애국심과 배외주의로 표출되었다. 오늘날까지도 이러한 '비틀어진' 잔영이 여전히 남아 있다.

일본의 언론은 정치권력에 대해서 별로 비판적이지 않다. 오히려 협조적인 편이다. 오늘날에도 일본의 관료기구와 언론이 실질적으로 연합체를 형성하고 있다고 비판받는다. 그래서 군산복합체라는 조합어를 본떠서 '관보복합체(官報複合體)'라는 냉소적인 신조어가 만들어졌다.[33] 또한 '국민의 눈이 진실을 보지 못하게 하는 대정익찬(大正翼贊)보도'라고 비판받는다.[34] 그러한 구조는 권력자 측의 발표를 그대로 유포시키는 언론의 '(대본영)발표 보도 체질'이기도 하다.[35] 권력과 밀착하여 협조하는 언론의 체질로 인해서 뉴스의 객관성과 정확성이 결여되고 있다.[36] 정치권력과 협조하여 강한 자의 주장만 보도하고 약한 자의 주장은 말하지 않는 체질은 일본 언론의 공통적인 특징이다. 그것은 오래 전부터 이어져 온 사회적인 통제 전통에 기인한다. 아베는 한

---

32 Frederik L. Schodt, *America and the four Japans: friend, foe, model, mirror*, Stone Bridge Press, Berkeley, Ca. U.S. 1994, p.96.
33 牧野洋(마키노 요), 『官報複合體: 權力と一体化する新聞の大罪』, 講談社, 2012, 33쪽.
34 橫田一(요코다 이치), 「年次改革要望西硏究: いま明らかされるマスコミに黙殺れた内政干涉の全貌」 in 關岡英之+特別取材班 編著, 『アメリカの日本改造計劃』, イースト.プレス 2007, 276쪽. "다이쇼(大正)시대의 친정부적 언론"이라는 의미이다.
35 위의 책, 30-32쪽.
36 위의 책, 276쪽.

국에 대한 혐한정책에도 그런 일본 언론을 곧잘 이용했다.[37] 예를 들어 동경대대학원 하야시 가오리(林香里) 교수의 리포트에 의하면 제1, 2차 아베 정권이 일본군위안부 문제를 더 많이 국제사회에 퍼뜨렸다. 군대위안부 문제를 부정하는 일본정부의 입장을 일종의 국제적인 프로파간다로 활용한 것이다.

언론이 선동적이라는 것은 단순히 정치권력에 순응하는 수준을 벗어나서 언론 스스로가 정치권력의 지배이데올로기에 적극적으로 영합한다는 것을 의미한다. 일본 언론은 대부분 정부의 프로파간다에 보조를 맞추어 왔다.[38] 특히 조선멸시관을 조장하는 데 앞장섰다. 민권운동을 하던 민권파 신문이 오히려 더 지독했다.[39] 신문은 대부분 조선의 문화적 수준을 3류 소설처럼 악랄하게 폄하하는 기사를 실었다.[40] 1990년대 후반에는 보수세력과 언론을 중심으로 전개된 반동적인 역사수정주의 캠페인이 일본 사회의 여론을 크게 바꾸었다. 특히 양극화되는 새로운 사회균열을 희석시키기 위한 국수주의적 담론이 언론을 통해 일본 사회에 전파되고 정착하였다.[41] 특히 텔레비전은 날조된 '역사'를 쏟아내었다.[42] 일본에서는 텔레비전과 신문이 같은 계열

---

37 Matin Fackler, 앞의 책, 2016, 134쪽.

38 박진우, 『근대일본 형성기의 국가와 민중』, J & C, 2004, 59-60쪽.

39 위의 책, 113쪽.

40 위의 책, 129쪽. 주로 조선의 빈곤과 이에 따른 불결한 생활상, 정치적인 부패와 압정, 민중의 무지몽매, 무기력, 노예근성 등을 내세워 조선이 야만스럽고 미개하다는 기사였다. 강화도에서 조일수호조약을 협상하고 있을 때 양국 대표가 만찬 후 "먹다 남은 생선을 버린 것을 조선의 관인으로 보이는 자가 이를 주워 정원 구석에 숨어서 먹고 있었다." "조선의 관인은 손님을 응접하는 석상에서도 용변이 마려우면 한쪽 구석으로 요강을 가져오게 해서 용변을 보았다"는 등

41 서경식·다카하시 데쓰야(高橋哲哉), 한승동 옮김, 『책임에 대하여: 현대 일본의 본성을 묻는 20년의 대화』, 돌베개, 2019, 23-24쪽.

42 지모토 히데키(千本秀樹), 최종길 옮김, 『천황제의 침략책임과 전후책임』, 경

이기 때문에 뉴스의 내용을 서로 증폭시키는 경향이 있다.[43]

한편 언론은 정치권력의 통제 대상으로서 감시·규제당하며 검열 받는다. 언론은 이러한 제약 때문에 스스로가 언론의 자유를 침해당 하는 '피해자'라는 인식을 가지고 있다. 일본제국의 검열은 단순히 어 떤 표현을 금지하는 차원을 넘어서 권력이 의도하는 표현을 창출하 도록 강요했다. 즉 정부의 적극적인 협력자로 만드는 것이었다.[44] 일 본 언론은 패전 후에도 온전한 언론의 자유를 누리지는 못했다. 미군 점령당국(GHQ)은 민주주의를 비민주주의적인 방법으로 전파시켰다.[45] GHQ는 일본 정부의 언론통제를 철폐하여 언론 자유의 원칙을 확인 하면서, 그와는 반대로 점령군 관련 보도는 엄격히 제한하고 검열하 였다. 우편물과 전보, 전화의 도청을 통한 검열도 시행했다.[46] 언론의 자유를 정착시키기 위해서 언론의 자유를 통제하는 모순이 그대로 시 행되었다. 패전 후에도 언론은 철저한 자기 검열을 행하는 병적 양상 이 생겨났다.[47] 특히 천황을 비롯한 황실에 관한 기사는 더욱 더 스스 로 통제한다.[48]

또한 일본 언론은 외교사안에 관해서 종종 정부와 담합하기도 한

북대학교출판부, 2017, 17쪽.

43 大嶽秀夫(오타케 히데오), 『日本型ポピュリズム』, 中央公論新社, 東京, 2003, 236-238쪽.

44 정근식·한기영·이혜령·고노 겐스케·고영란, 『검열의 제국: 문화의 통제와 재생산』, 푸른역사, 2016, 11쪽.

45 松田武(마쓰다 다케시), 『戰後日本におけるアメリカのソフト·パワー：半永久 的依存の起源』, 岩波書店, 東京, 2008, 42쪽.

46 다케다 에이지(竹田榮治), 송병권 옮김, 『GHQ: 연합국 최고사령관 총사령 부』, 평사리, 2011, 239-240쪽.

47 존 다우어(John W. Dower), 최은석 옮김, 『패배를 껴안고: 제2차 세계 대 전 후의 일본과 일본인(Embracing Defeat: Japan in the Wake of World War II·1999)』, 민음사, 2009, 530-531쪽.

48 서경식·다카하시 데쓰야(高橋哲哉), 앞의 책, 2019, 75-76쪽.

다. 특히 한국과 얽힌 문제에서는 더욱 더 그렇다. 그것은 한국 언론이 당해낼 수 없고 범접할 수도 없는 영역이다. 2021년 6월 15일자 요미우리신문과 6월 23일자 교도통신을 보면 일본정부가 "한국 측이 도쿄올림픽 기간 중 문재인 대통령의 방일을 (먼저) 타진함에 따라 일본정부가 이를 수용하여 조절 중"이라고 보도한 것이 그 전형적인 사례다. 보통은 주최국에서 개막식에 가급적 많은 외국 원수가 참석해 주기를 원하면서 초청을 한다. 설사 먼저 방문하고 싶다고 요청해도 대부분은 주최국의 초청 형식이 외교 관례이고 예의다. 한국이 먼저 그랬다고 언론이 보도하는 것 자체가 언론과 일본 정부의 저열한 수준을 증명하는 것이다. 이것은 오히려 일본 측이 한국 대통령의 참석을 간절히 원하고 있다고 반증할 수 있다.[49] 이후 문재인 대통령의 일본 방문 계획이 백지화된 후에도 일본은 모든 책임을 한국 정부에게 뒤집어씌우는 저질적인 '자기합리화' 보도가 이어졌다. 북한의 언론이 '황포돛대를 달고 어업에 나서는 장면'을 보도하는 것은 연료가 부족하다는 뜻으로 이해해야 하는 것처럼, 일본 언론의 보도도 행간을 읽어야 한다. 2014년 10월 7일 월스트리트저널은 미국 전문가의 말을 인용해서 "미국의 전문가가 마이니치신문과의 인터뷰에서 '미 하원의 일본군위안부 문제결의에는 요시다 증언과 아사히신문의 오보내용은 반영되지 않았다'고 말했는데도 마이니치신문은 그 내용을 (의도적으로) 빼고 보도했다"는 비판 기사를 보도하여 일본 언론의 왜곡보도를 적나라하게 폭로했다.[50] '삭제하는 방식의 거짓말 보도'는 일본 언론의

---

49 그 행태는 급기야 7월 주한 일본대사관의 2인자인 총괄공사의 (대통령의) "마스터베이션(자위행위)" 발언으로 이어졌다. 그것이야말로 일본외교관들의 인성 수준을 드러내는 것이다.

50 Matin Fackler, 앞의 책, 2016, 90-91쪽.

대표적인 사실 왜곡 방식이다. 1부에서 소개한 모든 일본식 거짓말의 유형은 일본 언론의 보도 행태에 모두 등장하는 유형이다.

아베 정권은 일본 언론의 이러한 전통적인 행태를 더욱 더 잘 이용하여 사실상 일본 언론을 길들이고 통제했다. 아베나 스가 요시히데 등 우익 정치인들에 의해 편집준칙이 진보 성향의 방송 프로그램과 언론사를 '편향성'이나 '사실 왜곡'이라는 수사를 통해 압박하는 근거로 사용되거나, 행정처분 신설을 위한 방송법 개정의 구실이 되어 왔다. 일본은 정부의 중앙행정기관(체신성–우정성–총무성)이 규제를 포함한 방송행정을 직접 관할하는 특수한 구조를 유지해 왔다. 정부의 직접적인 방송 감독행정은 NHK를 포함한 방송사업자 전체를 정부·여당의 개입이나 영향에 취약하게 하는 구조를 만들었다.[51] 2005년 1월 아사히신문이 하타 이쿠히코(秦郁彦) 같은 역사수정주의자와 아베, 이를 추종하는 정치인 등이 NHK의 역사다큐멘터리 프로그램의 내용을 수정하라는 압력을 가했다는 의혹을 보도하였다.[52] 정부가 직접 나서서 언론의 공정성과 균형성을 요구하는 것만으로도 언론을 친정부적으로 통제하는 효과를 발휘하고 있다. 그렇게 해서 일본 언론의 정치적 스펙트럼을 우경화시키는 것이다. 언론의 자유를 보장하는 근거인 '정치적 공평 원칙'이 우익 정치인들에 의해 국가가 적극적으로 개입할 수 있는 근거로 이용되고 있다.[53] 2014년 12월 총선 직전에 자민당은 NHK와 주요 민영방송국에 출연자의 공평한 발언시간과 횟수 보장, 출연자 선정에서 공평

---

51 정지희, 「자민당 정권의 방송 내용 규제 논리와 NHK 우경화 논란: 2000년대 이후를 중심으로」, 남기정 엮음, 『일본 정치의 구조 변동과 보수화: 정치적 표상과 생활세계의 실상』, 박문사, 2017, 298-299쪽.
52 위의 글, 위의 책, 301쪽.
53 위의 글, 위의 책, 305-306쪽.

중립과 공정 유지, 공평하고 공정한 주제 선정, 거리 인터뷰 시의 자료 영상 등에 관한 정치적 중립 유지를 요구하는 공문을 발송했다. 그것이 언론에게는 노골적인 압력이었다.[54] 원래 편집준칙은 방송사업자의 자율규제를 원칙으로 하는 윤리규정이었다. 아베 정권은 이를 행정지도와 같은 정부에 의한 방송 규제의 근거로 적극적으로 해석하는 방법으로 사실상 언론에 대한 통제를 강화했다.[55] 또한 아베 총리는 다시 정권을 잡은 후 2013년과 2014년 두 차례 아사히신문 회장 등 고위 간부들과 만찬을 했다. 2014년 12월 20일자 도쿄신문은 아베 총리가 2년간 총 40회에 걸쳐 언론사 회장, 사장들과 만찬을 가졌다고 보도했다. 일본의 언론은 아베의 정부를 견제하는 보도를 할 수 없게 되었다.[56] 한편 2013년 국회에서 강행 통과된 특정비밀보호에 관한 법률은 기밀 누출자에게 최장 10년의 징역형을 선고할 수 있도록 했다. 제공받은 비밀을 유출한 자도 5년 이하 징역에 처할 수 있는 규정은 언론의 자유를 위축시킬 것이다.[57] 이러한 규정은 언론인에 대한 큰 위험성을 내포하고 있으며[58] 특정비밀보호법은 일본의 세계보도자유도 랭킹을 추락시킨 주요 원인이기도 하다. 덧붙여 2021년 한국의 여당이 밀어붙이는 언론 중재법 개정안이 통과될 경우 한국의 언론자유도 랭킹도 추락할 것이다.

---

54 Matin Fackler, 앞의 책, 15-17쪽. 이런 상황은 우리 언론의 최근 모습과도 오버랩 된다. 반드시 무조건 친정부 발언하는 사람이 한 사람 포함되는 방식은 그 자체가 친정부적인 압력을 행사하는 것이다. 방송은 별도로 정부를 옹호해주어야 할 사람을 배치할 의무가 없다. 정부 그 자신이 거대한 권력이고 정보를 독점하고 있기 때문에 정부의 현역 홍보담당 관리 이외에는 별도의 '정부변호인'이 모든 프로그램에 나오는 것 자체가 언론을 통제하는 것이다.
55 위의 책, 320쪽.
56 위의 책, 28-30쪽.
57 정지희, 앞의 글, 앞의 책, 2017, 287-288쪽.
58 Matin Fackler, 앞의 책, 184-187쪽. 그 법의 최대 문제점은 취재기자를 위축시키는 것이 아니라 정보원을 위축시키는 것이다. 취재기자는 처벌을 면한다 해도 정보원인 내부고발자는 최대 10년의 징역형에 처해질 수 있다.

3. 일본인의 역사부정주의(Historical denialism)

　　필자는 90년대 초 폴란드에 근무할 때 홀로코스트(Holocaust: 유태인 학살)의 대표적인 현장인 아우슈비츠 수용소를 열 번은 더 가볼 수 있었다. 지금의 폴란드 지명으로는 「오시비엔침 수용소」라고 하지만 국제적으로는 아우슈비츠로 더 잘 알려져 있다. 아우슈비츠 수용소는 초기 단계의 수용소에 만들어진 전시관과 그곳으로부터 수 ㎞ 정도 떨어진 곳에 있는 이보다 훨씬 더 큰 「비르케나우 수용소」로 이루어져 있다. "Arbeit macht Frei(노동은 자유를 준다)"라는 입구 간판은 그 작은 전시관 입구에 그대로 걸려 있고, 그 전시관에 희생자들의 안경, 머리카락, 가방, 신발 등 유품이 전시되어 있다. 영화에서 유대인들이 짐짝처럼 화물차에 실려서 도착하는 장면은 「비르케나우 수용소」 내부의 기차 플랫폼이 그 배경이 된다. 그곳은 끝이 보이지 않을 정도로 긴 철조망으로 둘러싸여 있다. 목조로 된 수백 채의 수용소 건물은 모두 없어졌지만 각 건물마다 하나씩 있었던 굴뚝 수백 개가 숲을 이루고 있다. 시신을 태우는 소각로도 녹슨 상태로 남아 있고 그곳에서 희생된 사람들의 유골 가루가 모래둔덕처럼 쌓여 있다. 필자는 그곳에 대해 잊지 못할 기억이 남아 있다. 1990년 봄, 처음 갔을 때 전시관 2층에 조그만 테이블형 전시대에 전시되어 있는 어린이 희생자들의 유품을 보고 많은 눈물을 흘렸다. 마치 인형 옷 같은 손바닥만한 아기 옷과 신발들을 보면서 필자는 한국에 남아있는 아내와 아이들을 생각했다. 온 가족이 수용소에 끌려왔을 때 아이들을 보호해 줄 수 있는 사람은 가장이다. 그런데 아빠가 아무런 보호도 해줄 수 없을 때 어떤 심정이었을까? 나는 그곳에서 무슨 일이 있어도 가장으로서

아내와 아이들에게 충실한 아빠가 될 것을 다시 한 번 다짐하는 마음 속의 의식을 거행했다. 또 하나는 비르케나우 수용소를 견학 온 한 무 리의 독일 고등학생들과의 대화였다. 그들은 역사 현장 학습으로 그 곳에 왔다고 하면서 시종일관 진지하게 인솔한 선생님의 설명을 듣고 있었다. 윌리엄 포크너가 말했다는 것처럼 그곳에서 "과거는 사라지 기를 거부하고 있었다."[59]

그런 홀로코스트의 증거가 독일과 폴란드 도처에 남아 있는데 홀 로코스트는 없었고 사실이 아니라고 주장하는 사람들이 나타났다. 그 런 사람들을 보통은 역사수정주의자라고 하는데 실제로는 역사부정 주의(historical denialism)이라고 해야 할 것이다. 역사부정주의가 눈에 띄게 된 것은 대체로 냉전체제가 소멸한 이후부터였다. 홀로코스트를 부정하는 논의는 가치 있는 역사 지식은 아니다.[60] 독일과 프랑스를 비롯한 유럽의 17개국에서는 홀로코스트를 부정하는 것을 범죄로 규 정하고 있다. 2017년에 우리나라에서도 개봉되었던 《나는 부정한다 (Denial)》라는 영화는 역사부정주의와 그것을 반박하는 학자 간에 벌어 졌던 명예훼손 소송을 영화화한 것이다.[61] 역사부정주의는 이미 일반 적으로 확립된 역사적 사실이나 평가를 비학문적인 방법으로 부정하 는 것을 지칭한다. 역사부정주의자들은 학문의 자유를 악용하는 사람 들이다. 자유는 자율을 전제로 한다는 대전제가 무너질 때 자유는 사

---

59 테사 모리스 스즈키(Tessa Morris Suzuki), 김경원 옮김, 『우리 안의 과거 (The Past within Us): 과거는 미디어를 통해 어떻게 기억되고 역사화되는 가?』, 휴머니스트, 2006, 18쪽.

60 위의 책, 326-327쪽.

61 미국의 데보라 립스타트(Deborah Lipstadt) 교수는 영국의 홀로코스트부 정부의자인 데이비드 어빙(David Irving)을 비판하는 책인 『Denying the Holocaust』를 썼다. 이에 대해 데이비드 어빙이 데보라 교수와 출판사인 펭 귄사를 고소한 소송에서 원고인 데이비드가 패소했다.

회를 나쁜 방향으로 감염시키는 독이 될 수도 있는 것이다. E. H. 카(Carr)는 『역사란 무엇인가』에서 다음과 같은 가상의 에피소드를 소개한다.

"존이라는 사람이 저녁파티에서 술을 먹고 귀가길에 운전을 했다. 그런데 어두워서 앞이 잘 안 보이는 급커브 길에서 로빈슨이라는 사람을 치어 죽였다. 마침 브레이크도 잘 안 들었다. 로빈슨은 맞은편 골목길에 있는 담배 가게에서 담배를 사기 위해 길을 건너던 중이었다. 사건이 일단 처리된 후 경찰서에서 사고원인을 규명하는 회의가 개최되었다. 운전자의 음주가 사고원인가? 그 경우 운전자는 처벌을 받게 된다. 불과 일주일 전에 브레이크를 정비해주었던 서비스센터의 불량정비 때문인가? 또는 커브 길에 가로등을 설치하지 않은 시 당국의 책임인가? 그런 논의를 하고 있을 때 갑자기 두 명의 꽤 유명한 사람들이 들어와서 회의참석자들에게 거침없이 그러나 진지하게 말했다. 로빈슨의 담배가 다 떨어지지 않았었다면 로빈슨은 길을 건널 일도 없었을 것이고, 차에 치어 죽지도 않았을 것이므로 로빈슨이 담배가 피우고 싶었던 것이 사고의 원인이라고 주장했다. 그러므로 그러한 원인을 무시한 채 진행되는 조사는 시간낭비이며 그 조사의 결론도 의미 없고 무효라고 주장한다고 하자. 그럴 때 우리는 어떻게 해야 할까? (길게 생각할 것도 없이) 그들의 말을 빨리 끊고 그들을 점잖게, 그러나 단호하게 문밖으로 내쫓고 문지기에게는 그들을 다시는 들여보내지 말라고 경고한 후, 우리는 논의를 계속할 것이다. 그런데 우리는 그 방해꾼들에게 뭐라고 대답해주어야 했을까? 물론 로빈슨은 애연가였기 때문에 죽었다. 역사과정에서는 모든 일들이 영향을 주는 것은 엄연한 사실이고 그것이 논리적이다. 『이상한 나라의 엘리스』에서도 그런 일들이 벌어진다. 그러나 역사는 『이상한 나라의 엘리스』에서 일어나는 일과는 전혀 다른 일이다. 역사는 역사적인 중요성을 기준으로 선택하는 과정이다."[62]

---

62 E. H. Carr, *What is History*, Penguin Books, London, England, 1990, pp.104-105.

카는 역사가는 그 사료를 다양하게 해석할 수 있다고 했지만, 그와 동시에 위의 비유적인 에피소드를 통해 '말도 안 되는 주장을 하는 사람들에게 그런 주장을 할 수 있는 자유를 주지 않고 쫓아내어야 한다'고 주장한다.

역사부정주의자들이 더욱 활개칠 수 있는 것은 오늘날 멀티미디어의 발달로 역사 시장에서 소비자들에게 직접 접근할 수 있는 다양한 채널이 형성되어 있기 때문이기도 하다. 촬영하는 사람의 의도에 따라 사진 한 장이 다른 인상을 줄 수 있다. 역사를 표현하는 동영상은 역사에 관한 해석을 은연중에 제시한다.[63] 그래서 그것을 '재현의 리얼리즘'이라고도 한다.[64] 소셜미디어 이용자들은 폐쇄적으로 진영화되어 소통 능력을 상실해가고 있다. 그것을 '사일로' 효과와 '필터버블' 효과로 설명하기도 한다.[65] 그래서 "탈진실의 시대"라는 용어가 등장했다.[66]

역사부정주의자들이 특정 역사적인 사실을 부정하는 수법에는 대체로 세 가지가 있다고 알려져 있다. 첫째, 단도직입적인 부정론이다. 목격자, 체험자 그리고 피해자들의 기억을 '거짓말', '조작', '왜곡', '날조', '각주가 있는 소설' 등의 자극적인 용어를 동원하여 간단

---

63 테사 모리스 스즈키(Tessa Morris Suzuki), 앞의 책, 2006, 320쪽.
64 임지현, 앞의 책, 2019, 30쪽.
65 강성현, 『탈진실의 시대, 역사 부정을 묻는다 : '반일 종족주의' 현상 비판』, 푸른역사, 2020, 21-23쪽. 사일로 효과란 조직 부서들이 서로 다른 부서와 담을 쌓고 내부 이익만을 추구하는 현상을 일컫는 말이다. 필터버블은 정보를 제공하는 인터넷 검색 업체나 SNS 등이 이용자 맞춤형 정보를 제공하는 과정에서 이용자가 특정 정보만 편식하게 되는 현상을 말한다.
66 대니얼 J. 래비턴, 박유진 옮김, 『무기화된 거짓말』, 레디셋고, 2017, 6쪽. 2016년의 단어로 선정되었던 영어 탈진실(post-truth), 독일어 탈사실(postfaktish) 현상은 "사실의 진위(참과 거짓)와 상관없이 신념이나 감정이 여론 형성을 주도하는 현상"이라고 정의된다.

하게 부정해버리는 가장 설익은 논리이다.

둘째, 어떤 '혐의(嫌疑)'를 뒤집어씌우는 방식으로 상대방의 신뢰성을 부정하는 것이다. 이는 부정론자들이 자주 사용하는 담론장치 가운데 하나이다. 증인의 기억에서 사소한 오류를 찾아내 이를 빌미로 증언의 역사적 진정성에 의문을 제기하고 결국 증언 자체가 거짓이라는 인상을 주는 수법이다. 일본의 극우 정치가들은 일본군위안부 피해자들이 매춘 여성이라는 악질적인 주장을 한다. 그들은 자신이 제기한 혐의를 굳이 입증하지도 않는다. '아니면 말고' 하는 식이다. 그것은 피해자들에게 사실상 '2차 피해'를 입히는 범죄행위이다.[67] 최근 한국의 '진보적' 언론인을 자처하는 뉴스진행자가 일본군위안부피해 할머니를 향해서 이런 식의 '혐의'를 씌우는 경우도 있었다.

셋째, '실증주의적 부정론'이다. 역사부정주의자들은 전통적 실증주의적 역사방법론에 따라 자료와 증거를 내세우고, 통계 숫자를 나열하면서 그것을 의도적이고 편향적으로 오독한다. 거짓말이 무기가 되는 것이다. 그들에게 '실증주의'는 희생자들의 기억이 부정확하고 조작되었다는 인상을 만드는 수단일 뿐이다. 이른바 '부정의 실증주의'이다. 또한 피해자 스스로 피해를 입증해 보라고 요구하면서 피해자 개인들을 고립시키며 모욕감과 수치심을 안겨준다.[68] 예를 들어 나치가 홀로코스트를 실행했다면 아돌프 히틀러의 명령이 담긴 문서가 반드시 있어야 하는데 그런 문서는 한 통도 발견되지 않았다는 식이다. 보통은 힘 있는 가해자가 관련 문서 증거와 역사 기술(記述)을 독점하고 있다. 힘 없는 희생자들이 가진 것은 대개 기억뿐인데 그것

---

67 임지현, 앞의 책, 2019, 64쪽.
68 강성현, 앞의 책, 2020, 29-30쪽.

은 불완전하고 감정적이며 때로는 부정확하다. 역사부정주의자들은 피해자들의 증언의 신빙성을 훼손시키기 위해서 실증주의 수법을 이용하는 것이다.[69] 일본군위안부의 존재를 부정하는 사람들도 피해자들의 증언을 모두 위증으로 몰고 간다. "일본군이 강제로 조선 여성을 연행했다면 명령서가 반드시 남아 있을 것이다. 그러나 그러한 문서는 한 통도 발견되지 않았다"라며 강제연행을 지시한 군의 공식 문서가 없으니 피해자들의 증언은 모두 거짓이라고 몰아붙인다. 피해자들이 다 거짓말을 꾸며내고 있다고 한다면 영화 《아히히만 쇼》에 나오는 홀로코스트 생존자인 호텔종업원 아주머니의 말처럼 "피해자들은 모두 할리우드의 작가가 되었을 것이다." 그런데 흥미 있는 것은 역사부정주의자들이 활용하는 수법에는 앞서 1부에서 소개했던 '일본식 거짓말'의 모든 유형이 동원된다는 것이다. 일본 우익의 억지논리로부터 배웠나? 예를 들면 독일의 역사부정주의자들은 소련의 학살을 나치스의 만행의 모델로 제시함으로써 책임의 초점이 슬며시 독일민족을 비켜가도록 한다.[70] 데보라 립스타트는 그것을 "비도덕적인 등가물(immoral equivalence)"이라고 칭했다.[71] 일본의 역사부정주의자들은 그런 거짓말에 관해서는 독일인보다 더 도통한 사람들이다. 한편 역사부정주의를 반박하는 사람들은 반박하면서도 부정론자들이 사용하는 수법을 흉내 낸 듯한 방식을 답습함으로써 그들의 프레임에 말려드는 경우가 많다. 예를 들면 한국 정부의 일본 역사교과서에 대한 대

---

69 임지현, 앞의 책, 35-37쪽.

70 테사 모리스 스즈키(Tessa Morris Suzuki), 앞의 책, 2006, 27-29쪽.

71 Deborah Lipstadt, *Denying the Holocaust: The Growing Assault on Truth and Memory*, The Free Press/Macmillan, New York, N.Y. 1993, p. 41.

응이 바로 그 전형이다.[72] 한국의 역사문제 대응은 관료주의적 타성으로 전락해 버렸다. 그것은 일본의 이일대로계(以逸待勞計)[73]에 빠져 있는 대표적인 사례다.

일본의 역사수정주의는 천황신화를 복원한다는 '역사적 복고주의'와 과거의 국가적 범죄행위를 부정하려는 '역사부정주의'로 구성된다. 그런데 그런 인식은 본질적으로 반자유주의적이고 반민주주의적인 것이다.[74] 일본에서는 역사 교육을 진실을 가르치기보다 사실을 왜곡하더라도 국가에게 불리한 것은 가르치지 않는다는 국민 교화의 수단으로 보는 사고방식이 전후에도 이어지고 있다.[75] 우익세력은 이런 조류를 대표한다. 1980년대의 일본이 역사문제를 바라보는 시각과 2000년 이후의 일본이 역사문제를 보는 시각이 달라진 것은 일본 사회의 환경과 국제적인 조건이 변화했기 때문이다. 문제는 그 시각의 변화가 복고적이고 퇴보적이고 개악적이라는 것이다. 1993년 11월 호소카와 총리는 국회 연설을 통해 침략과 식민지지배에 대해서 사과했다. 일본 국민들도 이에 대해 지지했고 주변국의 반응도 긍정적이었다.[76] 그러나 그 이후 일본정부는 그러한 입장을 다시 번복했고, 일

---

72 1980년대 일본 역사교과서 문제가 발생한 이후 한국 정부는 매년 봄 일본의 각급 학교 역사교과서 검증이 끝나면 그 모든 교과서를 페이지마다 조사해서 잘못된 부분을 찾아낸다. 그것은 보통 수천만 원의 예산과 수십 명의 인원이 서너 달 동안 동원되는 '사업'이다. 그렇게 '발견된 오류'를 책으로 묶고 친절하게 번역까지 해서 외교부를 통해서 일본외무성에 전달한다. 그것을 전달할 때마다 일본외무성의 실무담당자는 그저 한쪽 구석에 놓고 가라고 한단다. 일본 측으로부터는 물론 아무런 답변이 없다. '쓸데없는' 작업을 왜 되풀이하느냐고 물으면 "국회에서 아무 대응도 하지 않는다고 지적당할까봐 그런다"라는 답변이 돌아온다.

73 남을 바쁘게 만들어 힘을 소모시키는 전략, 36계 중의 하나다.

74 이안 부루마(Ian Buruma), 정용환 옮김, 『아우슈비츠와 히로시마: 독일인과 일본인의 전쟁 기억』, 한겨레신문사, 2002, 312쪽.

75 나가하라 게이지(永原慶二), 앞의 책, 2011, 297-298쪽.

76 Ria Shibata, "Apology and Forgiveness in East Asia", in Kevin P Clements ed., *Identity, Trust, and Reconciliation in East Asia:*

본은 역사부정주의가 판치는 세상이 되었다. 사과에서 가장 중요한 것은 국가 차원의 대표성이다. 그 '사과의 권위'는 공식적이고 구속적인 성격이 되어야 하고, 기록으로 남겨져서 일관성이 있어야 한다. 그것을 위한 국내법적 근거를 만드는 것이 바로 그 출발점이다.[77] 법제화가 없이는 사과의 진정성이 보장되지 않는다. '불가역성'은 가해자의 그러한 책임의식의 일관성과 연속성이 필수적이라는 것을 강조하는 말이다. 그러나 불행하게도 일본이라는 국가의 사과에는 진정성도 없고, 일관성도 없고, 사회성도 없다. '불가역성'의 개념조차 무지하다. 일본이 너무 많이 사과해서 사과 피로감이 있다는 주장이나 일본이 사과한 적이 없다고 말하는 정반대의 견해가 병존하는 것은 바로 그러한 법적 조치가 없기 때문이다.

Dealing with Painful History to Create a Peaceful Present, Palgrave Macmillan, Cham, Switzerland, 2018, p. 280.
77 위의 책, pp. 274-275.

4장

역풍(歷風): 되살아나는 한국인의 기억

"과거에 대한 연구는 현재를 해석하는 데 있어서 가장 보편적인 전략 중 하나이다. 과거에 대한 그러한 연구를 생동감 있게 해주는 것은, 비단 과거가 무엇이었는가와 과거에 무슨 일이 일어났는가에 대한 의견의 불일치뿐만 아니라, 과거가 정말로 끝나고 지나갔으며 결론지어졌는지, 아니면 비록 형태는 다르지만 아직도 계속되고 있는지에 대한 불확실성이다."

에드워드 사이드(Edward W. Said)*

일본의 역사책임은 두 개의 범주가 있다. 하나는 난징학살이나 포로 학대, 만주에서의 생체의학실험과 같은 전쟁 범죄와, 보다 일반적으로 일본의 침략과 식민지지배에 대한 역사인식 문제이다.[1] 1990년대는 특히 식민지지배와 전쟁 중 인권유린에 대한 배상과 정의 회복에 대한 요구가 많아졌다. 일본의 공식적인 입장은 "'법적 의무'를 다 이행했다"는 것이다. '일본이 세계에서 가장 많이 사과한 나라'라는 주장도 있다. 한국과 중국의 계속되는 사과 요구가 일종의 사과 피로 현상(apology fatigue)을 초래하고 있다고도 한다. 그러나 그것은 바로 일

---

* Edward W. Said, 김성곤·김정호 옮김, 『문화와 제국주의』, 도서출판 창, 2002, 47쪽.

1 Ria Shibata, "Apology and Forgiveness in East Asia", in Kevin P Clements ed., *Identity, Trust, and Reconciliation in East Asia: Dealing with Painful History to Create a Peaceful Present*, Palgrave Macmillan, Cham, Switzerland, 2018, p. 276. 재인용: Japanese apologies for World War II: A Retorical Study, Yamzaki, J. W. Routledge, New York, 2006, p. 24.

본의 그 '반성과 사과의 품질'에 문제가 있다는 의미이다. 첫째는 그 사과라는 것이 공식적인 일본국가의 의사인지 정치인 개인의 의사인지, 그리고 진정성이 있는 것인지 그 모든 것이 언제나 '애매했다.' 독일과 같이 공식적인 반성과 사과를 보증하는 법적인 장치가 전혀 없다는 것이다. 여기에서 두 번째 문제가 발생한다. 즉 한 번 사과한 것이 그 이후에 정치적으로 훼손되고 부정되는 사례가 반복된다는 것이다. 일본의 후속 정권이 전 정권의 사과를 부정하기 때문이다. 정치인의 '망언'은 이루 셀 수도 없다. 난징학살과 일본군위안부 문제에 대한 책임 부정 등으로 대표되는, 일본의 소위 '역사적 망각(historical amnesia)'은 피해자들의 분노를 야기했다. 역사적인 불의에 대한 집단 전체의 사과는 화해의 가장 중요한 요소이다.[2] 사회구성원의 지속적인 피해 트라우마와 불행은 민주주의 사회에서는 당연히 중요한 정치 문제가 된다. 특히 그 원인이 국경 밖에서 오는 것이라면 당연히 외교 문제로 비화될 수 있는 것이다.

1987년 가을 당시 주일대사관의 초임 외교관이었던 필자가 한일 간 역사문제의 피해자들이 도처에 있다는 것을 알게 된 것은 한 권의 사진집 때문이었다. 당시 주일대사관 2층에는 오래된 문서들을 보관하는 문서창고가 있었다. 대사관에 부임한 후 처음 6개월은 일과 후에 그곳에 처박혀서 옛날 문서를 뒤지다가 귀가했다. 그러다가 70년대 초반 어느 일본사진작가가 한국의 합천과 산청지방(필자 기억이 맞는다면)에 사는 한국인 원폭피해자들의 실태를 사진에 담아 출간한 사진집을 우연히 보게 되었다. 불과 몇 장 넘기기도 전에 일본과의 관계를 담당하는 외교관이라는 자신이 부끄러워졌다. 그만큼 그 사진에 비친

2 위의 책, p. 294.

한국인 피폭자들의 신체는 눈뜨고 볼 수 없을 정도로 거의 짓뭉개져 있었다. 그때까지 우리 정부는 아무런 손도 쓰지 않고 있었다. 그들은 그런 상태로 20년을 버티고 있었던 것이다. 그러나 90년대 초 냉전체제가 소멸되고 민주화가 진전되면서 그러한 무지와 침묵의 밸런스가 무너졌다. 피해자들의 개별적 호소가 등장하기 시작했다. 현재 정치화되고 외교문제가 된 역사문제는 이미 역사학자들이 해결할 수 없는 차원으로 곪아 있다. 국내정치와 외교, 그리고 학문적인 영역을 분리하여 접근할 수 있는 길이 있다면 다행이겠지만 그것은 결코 간단한 과제는 아닐 것이다.

1. 한일 간 역사갈등의 구조

오늘날 국가 간의 관계는 민간 분야의 교류를 통해서 그 기반이 형성된다. 정부 간의 공적인 외교라고 하는 개념은 그 저변 위에서 이루어지는 것이다. 외교는 창조적이거나 예방적 성격의 일은 아니다. 오늘날의 외교 업종은 민간 행위자도 등장하여 작용하기 때문에 상황의 조정과 타협은 더욱 더 복잡하고 어려워진다. 냉전시대에는 국가관계의 최정점에 미국과 소련이 양분하는 동서진영의 리더십과 이데올로기가 존재하고 있었다. 그 진영 내에서 벌어지는 개별 국가 간의 이익충돌은 그 진영이 공유하는 이데올로기와 슈퍼 파워의 권위에 의해서 해결되거나 덮어져버렸다. 각자의 진영에는 각자의 리바이어던[3]이 있어 질서를 유지하는 것이었다. 그런데 냉전의 대립시대가 지나

---

3 Thomas Hobbes, 진석용 옮김, 『리바이어던 1: 교회국가 및 시민국가의 재료와 형태 및 권력』, 나남, 2018, 232쪽.

가고 '평화의 시대'가 도래하자 큰 충돌 대신에 작은 충돌들이 연이어 일어났다. 프랜시스 후쿠야마(Francis Fukuyama · 1952–)는 소련이 해체된 후 "역사가 끝났다"고 민주주의의 최종 승리선언을 했다.[4] 헤겔의 발전론을 그대로 따른다면 자유로운 시민사회가 도래하는 것이 역사 발전의 마지막 단계라고 한다. 그러나 실제로는 '문화적 갈등'이 고개를 들었다. 새뮤얼 헌팅턴(Samuel P. Huntington · 1927–2008)은 그것을 "문명의 충돌"이라고 표현했다. 문화적 갈등은 정치적 갈등보다 훨씬 더 예민하고 그만큼 해결하기도 어렵다는 것이다.[5] 유럽에서 역사와 영토에 관한 문제는 공동연구와 대화를 통해 상호 이해하는 수준으로 대체로 잘 동결되었다.[6] 심지어는 유럽에서 가장 껄끄러운 역사 관계를 가지고 있는 러시아와 폴란드도 1918년 이후의 현대사를 한 권의 책으로 깔끔하게 정리했다. 2차 대전 초기 1만여 명의 폴란드군 장교들이 처형된 카틴 숲속의 학살은 소련군의 소행이었다는 것을 러시아 측이 학문적으로나 정치적으로 공식적으로 인정했다.[7] 그러나 아시아는 달랐다. 특히 한국과 일본의 경우에는 역사문제가 일단 표면에 떠오르자 그것은 보통사람들의 심정을 후벼 파는 극도로 예민한 갈등으로 발전하였다. 불행하게도 한국과 일본 간에는 역사문제가 그렇게 수준 높은 차원으로 해결되지는 않았다.

---

4 Francis Hukuyama, *The End of History and the Last Man*, 1992.
5 Samuel A. Huntington, "The Crash of Civilization", *Foreign Affairs*; Summer 1993.
6 Tibor Frank and Frank Hadler ed., *Disputed Territories and Shared Pasts: Overlapping National Histories in Modern Europe*, Palgrave Macmillan, New York, 2011.
7 Adam D. Rotfeld and Anatoly V. Torkunov ed., *White Spots and Black Spots: Difficult Matters in Polish–Russian relations 1918–2008*, Unversity of Pittsburg Press, Pittsburg PA., 2015. 러시아 측은 차후의 정치적으로 부정할 가능성을 방지하기 위해서 사전에 푸틴의 재가를 받았다고 한다.

한국과 일본 간의 역사문제는 크게 두 가지 유형으로 분류할 수 있다. 하나는 역사 인식과 역사 서사(敍事) 또는 기술(記述)이라는 순수한 역사문제이다. 다행히 이 분야는 양국 학자들의 노력에 의해 어느 정도 정상적으로 복원되었다고 한다. 문제는 두 번째 케이스로서 식민지지배 역사로 인한 보통사람들의 고통과 피해에 관한 것이다. 이 책에서 앞으로 '역사문제'나 '역사갈등'이라고 하는 것은 바로 이 두 번째 카테고리의 역사문제를 의미하는 것이다. 사실 이것은 역사문제라기보다는 '피해자 구제'라는 정치문제라고 해야 할 것이다. 일본 내에 잔류하게 된 구 조선인들의 인권과 생존권 문제는 일본이 패전한 직후부터 제기되었다. 일본이 항복할 당시 조선인 약 135만 명이 일본에 거주하고 있었다. 46년 말까지 그중 93만 명이 귀국했다.[8] 재일한국인들의 교육투쟁이나 지문날인 거부 투쟁으로 대표되는 재일한국인의 법적 지위 문제, 원폭피해자 문제, 전쟁 상해자에 대한 동등한 처우 요구 등 민간 차원에서는 끊임없이 제기되어 왔다. 다만 독립한 한국이 분단되고 또 내전인 한국전쟁을 겪고 그 폐허 속에서 가난을 이겨내며 먹고사느라 여유가 없었기 때문에 정부 차원에서 구제를 해주거나, 일본에 대해서 문제 제기를 못했을 뿐이다. 일본은 패전 후에도 문명국으로서의 자격이 의심스러울 정도로 편협했고, 제국주의자로서 제국을 운영할 정신적 능력 자체가 없었다는 것을 스스로 드러냈다. 어쨌든 조선인들은 일본이 똑같은 '황국신민'이라던 사람들이었다. 그런데 일본은 패전 당일부터 조선인을 외국인으로 간주해 버렸다. 그리고 1947년 미국이 제시한 헌법 초안을 일본어로 번역하는

---

8 존 다우어(John W. Dower), 최은석 옮김, 『패배를 껴안고: 제2차 세계 대전 후의 일본과 일본인(Embracing Defeat: Japan in the Wake of World War II·1999)』, 민음사, 2009, 55쪽.

과정에서 일본인들은 언어유희를 통해 외국인 인권보장 조항을 아예 무력화해버렸다. 원래 점령당국의 헌법초안의 인종이나 국적에 의한 차별을 명확히 금지하는 문구에 있는 'the people'을 '고쿠민(國民)'으로 번역하여 일본 국적의 인간의 권리만 보장하고 식민지 출신의 수십만 신민들에 대해 평등한 시민적 권리를, 일본인답게 교묘하게 부정했다. 미국인들은 이 의미의 변화를 눈치채지 못했다. 이는 GHQ의 원래 의도에 반하는 결과였다. 일본 측 관계자들은 헌법에서 재일외국인을 대등하게 대우하게 될지도 모른다는 가능성에 대해 '병적으로' 우려했다고 한다.[9] 변질된 헌법 조항에 따라 1947년 5월 2일 공포된 외국인 등록령은 대표적인 '조선인 배제령'이다.

이러한 무책임한 '괴이한 차별' 사례의 극치는 《잊어진 황군(忘れられた皇軍)》이라는 다큐멘터리 영화에서 생생하게 묘사되었다. 필자는 이 영화를 2013년경에 오사카에서 인터넷을 통해 보았다.[10] 이 기록영화는 전후 18년째인 1963년 오시마 나기사(大島渚·1932-2013)라는, 당시에는 28세의 젊은 영화감독이 제작한 흑백 다큐멘터리 영화이다. 이 영화는 강제징집 되었다가 중상을 입은 재일한국인 12명이 일본국회, 총리부, 외무성, 주일 한국대표부 앞에서 군인연금 지급을 요구하는 시위를 밀착 촬영한 것이다. 그 주인공 중의 한 사람은 두 눈이 멀고 한쪽 팔과 한쪽 다리가 절단된 그야말로 신체가 다 망가진 상이군인이었다. 색안경을 벗은 그의 휑하니 비어있는 두 눈을 클로즈업시키는 돌발적인 촬영기법이 유명했다. 그들은 일본인들이 시위

---

9 위의 책, 801쪽 註.
10 이 영화는 현재도 일본인터넷에서 볼 수 있다. http://vimeo.com/274057074 (검색일 2021년 9월 5일)

에 나설 때 전통적으로 입는 흰 겉옷을 걸치고 시위를 했고, 시위를 끝내고 동료들끼리 일본 군가를 부르면서 술을 마셨다. 그들은 식민지시대에 일본의 천황제 국체를 배운 '천황의 신민'이었고 여전히 '황군'이었다. 그들은 일본법원에 소송을 제기했으나 1997년 대법원에서 최종적으로 패소하였다. 일본인이 아니라는 이유에서다. 그렇다고 그들은 한국 정부로부터도 구제를 받지도 못했다. 감독은 자신이 직접 내레이션을 낭독한다. "그들의 나라라고 해서 전쟁으로 폐허가 되었는데 어떻게 도와줄 형편이 되겠는가?"라고 반문한다. 영화는 마지막에 감독이 관객들을 향해 "일본사람들이여! 우리는 이들에게 아무것도 해준 것이 없다. 이래도 되는가?"라는 단말마적으로 외침으로 끝난다. 독일과 달리 일본정부는 지난날의 과오에 도의라는 잣대의 적용조차 거부하고, 그 사법부는 법리라는 잣대에서 인간의 얼굴을 지웠다. 일본정부는 강압적 식민통치의 후유증 치료에 스스로 나선 적이 없다. 최근 다시 부각된 강제동원피해자 '배상'문제도 같은 범주에 속한다. 이제부터 이 용어 사용에 유의해야 한다. '배상'은 위법, 불법행위에 의한 손실과 피해를 금전으로 산정하여 지급하는 것이다. 반면 '보상'은 합법적인 행위에 의한 피해를 구제하는 수단으로서 지불하는 것이다. '변제'는 미지급 임금이나 미이행된 채무를 원상회복하기 위해서 지급하는 것이다. 따라서 이 문제에서는 '변제'와 '배상'의 개념만 있고 '보상'이라는 용어는 나와서는 안 되는 말이다. 이 세 가지 개념의 용어가 구체적인 정의 없이 혼용되어 그 혼란이 더해지는 면이 있다.

개인의 고통과 피해와 관련된 문제가 깔끔하게 해결되지 못하고 그것이 양국 간 외교문제로 비화되게 만든 데는 일본의 인식론 수준에서 오는 책임이 크다고 할 수 있다. 그로 인해서 지금은 그 갈등의 엉킨 실타래를 푸는 것이 거의 불가능한 지경에 이르렀다. 이런 상황에서는 보통은 앞으로 가려고 하면 늪에 빠진 것처럼 더 깊숙이 엉켜들 뿐이다. 오히려 그 시작점으로 되돌아가서 그 당시의 시점에서 다시 보고 오늘의 관점에서 관조하여 서로 인정하고 필요로 하는 교훈을 얻을 수 있는 여유를 가졌으면 좋겠다. 일본의 패전 후 한일관계가 정상적인 국가관계를 회복한 것은 그 20년 후인 1965년이었다. 한일 양국은 한국전쟁 중인 1951년 교섭을 시작하여 1965년 6월 기본조약과 함께 청구권, 재일교포지위, 어업, 그리고 문화재 반환에 관한 4개의 협정을 체결하였다.[11] 기본조약과 청구권협정은 지금까지도 그 '애매함' 때문에 그 성격과 내용에 관한 해석을 둘러싸고 논란이 이어진다. 일본은 한일 간에 맺어진 조약은 '전쟁당사국 간의 평화조약'이 아니라는 입장이었다. 그러면서도 일본은 그것이 19세기형 강화협정인 것처럼 역사적 책임 문제이든, 개인적 채권과 피해의 보상 문제이든, 모든 문제를 '퉁치는' 방식으로 일괄 타결되었다고 주장하는 모순을 보인다. 그렇다고 그 조약이 식민지독립을 위한 지배자와 피지배자 간의 협정인지, 불법적인 식민지배를 청산한 토대 위에 새 관계를 설정한 협정인지도 '애매했다.' 이미 독립국이 되어 있는 한국과 샌프란시스코조약으로 독립을 회복한 일본이 대등한 입장에서 맺은 조약이라는 것은 분명한 사실이다. 일본이 공식적으로 식민지지배를 불법

---

11 유의상, 『대일외교의 명분과 실리:대일청구권 교섭과정의 복원』, 역사공간, 2016. 한일 청구권협정의 상세한 내용과 외교적 의의에 관해서는 한일외교 분야를 담당했던 외교관인 유의상의 박사논문을 읽으면 유익할 것이다. 공개된 외교문서를 바탕으로 그 교섭과정을 상세히 복원하고 그 의의를 평가했다. 현장외교관의 현장감각이 묻어 있다.

으로 인정한 적도 없고, 따라서 그것에 대해서 사과한 적도 없다. 그것이 일본정부의 일관된 입장이었다. 양국은 기본조약 제2조의 "1910년 8월 22일 이전에 대한제국과 일본 사이에 체결된 조약 등은 모두 '이미 무효임(already null and void)'이 확인된다"는 조항에 대한 해석도 엇갈린다. 일본은 1951년의 샌프란시스코 강화조약에 따라 무효가 된 것일 뿐, 당시에는 유효했다고 주장한다. 그것은 1910년 '병합'조약의 적법성, 식민지배의 정당성을 주장하고 식민통치행위가 낳은 피해에 대한 사죄와 배상의무는 존재하지 않는다는 입장과 직결된다. 일본정부는 기본조약 제3조 "한국은 국제연합총회결의 제195조에 명시된 것처럼 한반도의 유일한 합법정부임이 확인된다"라는 조항에 관해서도, 그것은 UN 감시하에 선거가 치러진 남한지역만을 영토로 하는 남한정부의 합법성을 의미한다고 해석하고 있다. 일본은 1965년 한국에 대해서 "무상으로 3억 달러를 제공한다"는 소위 '청구권협정'으로 모두 해결되었다고 주장하지만 무엇이 해결되었다는 것인지는 '애매하다.' 청구권의 개념은 한국인 노동자에 대한 미지불 임금 같은 채권채무관계의 변제 성격의 대상만을 언급했을 뿐, 개인에게 가해진 불법행위에 대한 배상 개념은 없었다. 그 자금에는 원조라는 말도 붙어 있지 않았다. 그저 "제공한다"였다. 일본 측은 그것을 경제협력자금 또는 독립축하금이라고도 했다. 이런 해석에는 청구권협정은 식민통치에 관한 것이 아니라며 책임을 회피하려는 의도가 숨겨져 있다. 한국과 일본은 역시 '아시아인답게' '애매한' 조건에서 돈을 주고받았다. 일본은 그 당시에는 마치 불쌍해서 주는 돈처럼 생색내더니 나중에는 무슨 법률적인 문제든 간에 뭐든지 그걸로 다 해결된 것이라고 시치미를 뗀다. 조약 체결 당시에는 애매한 문장이나 조건을 나열하고 각자 자국에 돌아가서는 달리 해석하는 전형적인 일본식 "비단벌레(玉蟲·다마무시) 색깔의 합의"를 한 결과라고도 할 수 있다. 그러니 요즘 일본이 언급하는 소위 한일관계의 '1965년 체제'가 무엇을 의미하는지도 '애매하다.' 이러한 '애매함'이 한일 간의 모든 역사문제를 진흙탕으로 만드는 근본 원인이다. 2010년 한일양국 지식인들이 '병합조약원천무효' 성명을 공동 발표하고 기본조약상의 구조약 실효조항과 관련하여 '침략주의의 소산'인 '병합'조약은 당초부터 불법이며 무효임을 천명했다.

한국에 성숙한 민주주의가 정착했을 때 개인의 권리 회복에 대한 민원이 급속히 늘어난 것은 당연한 귀결이라고 해야 할 것이다. 새롭게 제기된 문제는 역사적, 법률적 '불법성'에 관한 문제 제기이다. 그러나 일본은 한국이 자꾸 이미 끝난 문제에 사과를 요구하고 "골대를 옮긴다"고 비판한다. 어떤 미국 학자는 과도한 사과가 국가 관계를 더 악화시킨다는 논리까지도 만들어 냈다.[12] 그러나 일본 정부나 정치인들의 그동안의 소위 '망언'과 그 행태를 보면 그 사과 행위를 재차 부정하는 것을 되풀이한 것은 한국이 아니라 일본 때문이라는 것을 금방 알 수 있게 된다.[13] 그들은 천황의 사죄 발언까지도 무시했다. 2007년 일본군위안부 문제가 미국의회로까지 불똥이 튀고 국제적인 인권문제의 주요 어젠다로 등장하게 만든 것은 바로 다름 아닌 아베 총리(1차 아베내각)의 역사수정주의적 발언으로부터 그 단초가 시작된 것이었다. 결국 알고 보면 골대가 옮겨진 것이 아니라 일본이 수

---

12 Jennifer Lind, *Sorry States: Apologies in International Politics*, Cornell Universit Press, New York, 2008.
13 동북아역사재단(편), 『동북아 평화와 역사문제』, 2016, 50-54쪽. (참고자료 1. 일본 정치가들의 역사왜곡 발언).

시로 골라인을 옮겨서 그었던 것이다. 자신들이 골라인을 새로 그어 놓고 한국이 골대를 옮겼다고 주장하는 것이다. 여기서 상당히 전형적인 '일본식 냄새'가 난다. 모든 사안을 '애매한' 표현으로 그저 되풀이하는 것이다. 마치 공산당이나 나치파시즘의 프로파간다 방식과도 같다. "거짓말이라도 되풀이하면 진실이 된다." '애매하다는 것', 그리고 그 해석은 필요할 때마다 달리 한다는 것, 그것은 1965년 한일 기본조약 체결과 국교정상화 당시에도 그랬고, 80년대 이후 역사문제가 외교문제로 비화된 후에도 되풀이되어 온 일본 정치의 '수법'이다. 바로 여기서 세 번째 문제가 등장한다. 도대체 사과나 사죄의 개념에 대해서는 한일 양측 간에 공통된 인식은 있는가 하는 것이다. 결론부터 말하자면 그런 개념에 대한 합의는커녕 검토조차 없었던 것 같다. 필자가 아는 한 지난 20여 년간 한국과 일본은 무엇이 사과인가에 대한 개념조차 공유하지 않고 싸워왔다. 논쟁이나 분쟁에서 개념이 '애매하면', 대화할수록 오히려 갈등만 더 깊어질 수 있다. 한일 간에는 그런 현상이 일반적이 되었다. 특히 일본군위안부 합의와 강제동원피해자 배상문제에서 그런 현상이 두드러진다.

2. 주요 개별 이슈

역사교과서 문제

역사문제가 외교문제로 표면에 최초로 등장한 것도 일본의 왜곡된 역사교과서 문제 때문이었다. 일본교과서의 역사왜곡 문제가 심각한 것은 미래세대가 잘못된 역사인식을 갖게 되어 미래의 바람직한 한일

관계를 훼손할 것이기 때문이다. 일본에서 교과서는 일종의 그람시적 헤게모니를 실현하는 도구였다.[14] 1930년대 일본의 군국주의를 초래한 세대가 19세기 말 메이지 정부의 천황신격화 교육을 받고 자란 세대였다. 그런가 하면 1970년 자위대 기지에서 기괴한 의례에 따라 할복자살한 소설가 미시마 유키오는 바로 그 1930년대 천황제 군국주의 교육을 받고 자란 세대였다. 일본 내에서 교과서 문제는 1950년대 초부터 전후 부활한 일본의 보수지배세력에 의해서 시작된 오래된 문제였다.[15] 점령당국(GHQ)의 일본 민주화 개혁 조치의 주요 부분인 민주주의적 역사교과서를 전전의 교육칙어 시대로 되돌리려는 보수세력의 시도를 "교과서에 대한 공격"이라고 했다.[16]

역사교과서 문제는 80년대 초반 일본의 역사교과서 검증 과정에서 불거졌다. 역사왜곡에 대해 한국뿐만 아니라 아시아 국가들의 비난이 일자 일본정부는 1982년에 "역사교과서 검정 시 근린제국을 배

---

14 Laura Hein and Mark Selden, "The Lesson of War, Global Power, and Social Change", in Laura Hein and Mark Selden ed., *Censoring history: citizenship and memory in Japan, Germany, and the United States*, M.E.Sharpe(An East Gate Book), N.Y., 2000, p. 4.

15 위의 책, p. 8. 일본에서는 19세기 이래 정부가 교과서의 내용을 직접적으로 검열하기 때문에 교과서는 국가의 정책과 이데올로기를 권위 있게 기술하게 된다. 독일에서는 출판자가 지방정부의 가이드라인에 따라 교과서를 집필한다.

16 1차 공격은 샌프란시스코 강화조약이 발효되고 일본이 주권을 되찾은 직후인 1950년대 중반 시작되었다. 교육에 관한 권한이 중앙정부로 되돌아갔다. 2차 공격은 1980년대 초반에 일어났다. 1982년 6월 문부성이 검정과정에서 '출병'을 '파견', '침략'을 '진출'로 수정하도록 하였다는 사실이 언론에 보도되었다. 이에 대해 한국 정부가 맹렬하게 항의함으로써 교과서 파동이라는 외교 문제로 비화하였다. 일본 문부성은 1982년 11월 24일 교과용 도서검정기준에 '근린제국 조항'을 추가하여 '근린 아시아 각국과의 사이에 근현대의 역사적 사상을 다루는 데 있어서 국제이해와 국제협조의 시점에서 필요한 배려를 할 것'이고 약속했다. 그것은 일본정부가 국제사회를 대상으로 한 공약이었다. 3차 교과서 공격은 냉전 종식 이후인 1990년대 중반 자민당 내 보수정치가들이 중심이 되어 일본군 '위안부'에 관한 기술을 삭제하려는 시도를 하면서 시작되었다.

려하겠다"고 국제적으로 약속했다. 그러나 그 이후에도 일본 우익의 '역사교과서 공격'은 계속되었다. 2000년 4월 우익세력은 "새로운 역사교과서를 만드는 모임(새역모)"를 결성하여 후소샤(扶桑社)를 통해서 역사교과서를 발간하여 국제적인 비난의 대상이 되었다.[17] 이를 계기로 한국과 일본정부의 후원 하에 2002년과 2007년 두 차례에 걸쳐 "역사공동연구위원회"가 설립되었으나, 그 결과는 만족스러운 것은 아니었다. 한국과 일본이 프랑스와 독일과 같이 공동교과서를 만든다는 것은 아직도 요원한 꿈에 불과하다. 1974년 11월 유네스코는 「국제이해·협력·평화를 위한 교육과 인권·기본적 자유에 관한 교육권고」를 채택했다. 교과서에 관한 내용은 "오해, 불신, 인종차별주의, 다른 집단과 국민에 대한 경멸이나 증오를 불러일으키기 쉬운 요소가 없도록 보장하는 적절한 조치를 취하도록 장려하라"는 것이다. 독일과 프랑스는 2003년 엘리제조약[18] 40주년 기념사업으로 공동역사교과서 발간작업을 시작하여 2006년 완성했다. 그러나 2012년 말 일본의 아베가 재집권하면서 역사교과서에 관한 한일 간의 협력은 오히려 결정적으로 퇴보하였다. 아베 정권의 역사교과서 왜곡은 1974년 유네스코의 권고를 무시하는 것일 뿐 아니라 "역사교과서 검정 시 근린제국을 배려한다"는 1982년 일본정부의 국제 공약에도 반하는 것이다. 또한 식민지 지배와 침략전쟁에 대해 사죄하고 반성한 1995년 무라야마 담화를 부정하는 것이기도 하다. 그런 것들이 전형적인 '일본의 후

---

17 그러나 새역모의 교과서는 일선학교에서의 채택률은 저조하여 2009년에 1.7%였으나 이후 점차 증가하여 2015년에는 약 6.7%로 증가하였다.

18 1963년 프랑스와 독일이 역사적 숙적관계를 청산하고 새로운 차원의 관계를 쌓는 것을 목표로 체결한 조약. 한일기본조약 같은 것이다. 프랑스의 드골 대통령과 서독의 아데나워 총리가 그 주역이다.

속 정권이 전 정권의 사과를 부정'하는 사례다. 그것이 '반성과 사과의 질' 문제를 야기한다. '사과의 권위'도 추락시킨다. 교과서를 둘러싼 외교마찰은 계속될 것이다.

일본군위안부 문제

일본군위안부 문제는 그 피해자들이 자진해서 피해를 호소하기가 어려운 문제였기 때문에 표면에 등장하기까지는 오랜 세월이 걸렸다. 특히 피해자들이 아직은 젊은 시절에는 더욱 그러했을 것이다.[19] 그렇기 때문에 피해자가 직접 증언을 하는 것은 보통 사람으로는 상상할 수 없는 용기가 필요했을 것이다.[20] 미국의 정신과의사인 허먼(Judith Herman)은 그것을 "말할 수 없는 것을 말하는 힘(the power of speaking the unspeakable)"이라고 칭했다.[21] '이야기할 수 없는 것'을 안고 살아가야 하는 것은 외상 후 스트레스 장애(PTSD: Post-Traumatic stress Disorder)를 초래한다.[22] 그 아픔을 혼자만의 비밀로 억누르고 살아야 했던 피해자들의 심정은 당사자 아니면 모르는 일이다. 그래서 여기에 이 문제의 예민함이 있는 것이다. 이들 피해자들에게 '2차 가해' 같은 행위를 해서는 안 되는 것이 이 문제의 핵심이기도 하다. 일본군위안부 문제는 1988년 4월 윤정옥 교수에 의해 처음 제기되었다. 1990년 6월 일본 참의원에서 일본정부가 "일본군 및 국가와는 무관하며 민간

---

19 다카하시 데쓰야(高橋哲哉), 김성혜 옮김, 『역사/수정주의』, 푸른역사, 2015, 124쪽.
20 오누마 야스아키·에가와 쇼코, 조인구·박홍규 옮김, 『한중일 역사인식 무엇이 문제인가』, 섬앤섬, 2018, 135쪽.
21 다카하시 데쓰야(高橋哲哉), 앞의 책, 2015, 96쪽.
22 위의 책, 98-99쪽.

업자가 한 일"이라고 답변한 것을 계기로 진실규명운동이 시작되었다. 이듬해인 1991년 8월 피해자인 고 김학순 할머니(1997년 12월 사망)가 생존 위안부로서는 최초로 기자회견을 해서 "말할 수 없는 것을 말하기" 시작했다. 이어서 1992년 1월 요시미 요시아키(吉見義明) 교수가 일본군이 일본군위안부 모집에 관여했던 사실을 입증하는 관련 공문서를 방위청 방위연구소 도서관에서 찾아냈다. 이에 따라 진상조사에 착수한 일본정부는 1993년 8월에는 일본군 및 관헌의 관여와 징집과정에서의 강제성을 인정하는 2차 조사결과를 공개하고, 「고노 관방장관 명의 담화」를 통해 중대한 인권 침해가 있었음을 인정하고 사죄하였다. 그러나 일본정부는 피해자 '보상'은 청구권협정으로 이미 해결되었다는 입장을 고수하였고, 1994년 8월 "피해자의 명예와 존엄성을 훼손한 데 대한 도의적 책임과 인도적인 견지에서 민간차원의 아시아여성기금을 조성할 계획"을 밝혔다. 그러나 피해자와 한국정부는 반인도적 범죄에 대한 국가책임과 배상의무의 회피라며 기금에 의한 처리에 반대했고 이러한 입장을 계속 유지했다.

일본에서 여성의 성을 특정 목적을 위해서 이용하는 것은 흔한 일이었다. 위안부제도에 정부가 관여했다는 것도 그리 놀랄 만한 새로운 사실도 아니다. 일본 사회의 여성의 인권에 관한 인식은 지금도 그리 선진적이지 않다. 그것도 '전통'이다. 1872년 10월 메이지 유신 정부는 태정관 포고 295호로 「창기 해방령」을 발포하였다. 여기서 '해방'이라고 한 것은 그 이전에는 창기들이 자유의사로 매춘을 그만둘수가 없는 어떤 법적, 사회적 제약이 있었다는 것을 의미한다. 그런데기도 다카요시는 이와쿠라 사절단의 일원으로 유럽을 방문할 때 유럽

각국의 공창의 실정을 알고 나서는[23] 1873년 편지에서 "작년에 창기 해방령으로 유녀들을 대책 없이 방환시킨 것은 참으로 실책이었다"라고 썼다.[24] 일본에서는 에도 시대 이전부터도 공창이 존재했기 때문에 매춘은 일반인들에게도 익숙할 정도로 대중화되어 있었다. 18세기 초 조선시대 통신사의 일원으로 일본을 방문했던 신유한은 『해유록』에서 일본 오사카의 매춘업을 신기한 듯이 기술하고 있다.[25] 일본인들이 신성시하는 이세신궁 앞에도 홍등가가 형성되었다고 한다. 그렇기 때문에 일본인의 기본적인 인식 자체가 정부권력이 주도하든 민간의 모집이든 그것은 '그렇고 그런 것' 정도로 인식하는 경향이 강하다.[26] 그러니 일본인들은 일본군위안부 문제를 자꾸 성매매 개념으로 매도하려고 하는 '버릇'이 있는 것이다. 그렇기 때문에 일본군위안부 문제는 '정부가 관여한 것이 사실이다 아니다', '강제 연행이 있다 없다', '그래서 법적 책임이 없다 있다'라는 식으로 따질 필요도 없는 일이다. 요점은 두 가지다. 첫째, 일본정부가 국가의 목적을 위해 여성을 성노예로 이용한 역사는 오래되었다. 그래서 필요할 경우에는 정부가 직접 그것을 조직하는 것은 익숙한 일이다. 서구의 역사가들은 그런 전통을 생생하게 기술하고 있다.

일본의 남성 권력은 여성의 성을 군사적, 방어적 목적으로 이용하

---

23 실제로 자신이 그 공창을 가 보았는지는 확인할 수 없다.
24 다나카 아키라(田中彰), 현명철 옮김, 『메이지 유신과 서양 문명: 이와쿠라 사절단은 무엇을 보았는가』, 小花, 2006, 36쪽.
25 신유한, 강혜선 옮김, 『조선 선비의 일본 견문록: 해유록, 대마도에서 도쿄까지』, 이마고, 2008, 243쪽. "창녀와 기생들이 거주하는 蘆花町이라는 거리는 10여 리나 되는데 비단, 향사(香麝), 붉은 주렴, 그림 장막을 설치하였고, 여자는 국색이 많았다. 명품은 아름다운 얼굴을 자랑하며 애교를 파는데 하룻밤에 백금의 값을 요구하기도 했다."
26 高橋哲哉(다카하시 데쓰야), 『戰後責任論』, 講談社, 2005, 49쪽.

는 첫 번째 수단으로 생각했다. 1853년 7월 페리 제독의 함대가 도쿄 만에 출현했을 때에도 일본은 강한 자를 달래는 수단으로 여성을 이용했다. 이들에게 성접대를 한 것이다. 미국의 한 장교는 "일본인들은 우리를 일본여성과 성교하도록 초대함으로써 분명한 긍정적인 신호를 보냈다"라고 기록했다. 역사가인 이안 부루마(Ian Buruma)는 그것을 "미국은 '대포'를 보여주고 일본은 그들의 '치마'를 올렸다"라고 묘한 표현으로 풍자했다.[27] 이후 1857년 초대 미국총영사 타운센드 해리스(Townsend Harris)가 시모다로 부임했을 때에도 일본은 19살의 오키치라는 여성을 시첩으로 들여보냈다. 시첩이란 글자 그대로 시중도 들고 첩 노릇도 한다는 의미이다. 해리스가 미국으로 돌아간 후에 오키치는 일본인들로부터 멸시를 받고 살다가 50살에 강물에 투신자살했다. 그 오키치에 관한 이야기가 소설도 나오고, 춤과 연극으로 공연되어 인기를 끌었다고 한다. 오키치는 그저 이용당하고 버려지는 한 개인의 사례에 불과하다. 비슷한 드라마는 1945년에 대규모로 연출되었다. 일본의 항복 직후인 1945년 가을 무대는 안둥(현재의 단둥)이다. 안둥은 중국인, 한국인, 러시아인, 그리고 만주지역에서 피난 온 7만 명의 일본인으로 가득 찬 국제 도시였다. 만주로 진격해 오는 소련 군대가 여성들에게 무슨 일을 할지 모른다는 두려움에 사로잡힌 일본인 민간 지도자들은 일본여성에 대한 소련 군인들의 관심을 다른 데로 돌리기 위해 사창가를 세우기로 결정했다. 안네이 한텐(飯店·여관)이라는 시설을 운영하는 일이 사십대 초반 여성인 오마치에게 맡겨졌다. 일본 온천의 게이샤 출신인 오마치는 일본여성을 모집했다. 그 여성들

---

27 Walter LaFeber, *The Clash: U.S.-Japanese relations throughout history*, Norton, N.Y. 1998, p.13.

은 일본을 위해 스스로 몸을 희생하라고 요구받았다. 그들은 여성판 가미카제였다. 안네이 한텐은 각종 정보가 모이고 팔리는 장소가 되었다. 오마치는 후일 1946년 9월 간첩혐의로 압록강변에서 중공군에게 처형당했다.[28] 한편 일본 국내에서는 정부가 주도하여 사실상 '국가매춘시설'을 만들었다. 일본정부는 일본군이 해외에서 저지른 것처럼, '성에 굶주린' 미국점령군 병사들이 부녀들을 보는 대로 강간할 것을 우려했다. 항복 직후부터 외국군을 위한 공창을 만드는 계획을 세워 위안부 수만 명을 모집하였다. 그들의 사명은 '일본여성의 정조를 보호'하고 일본민족의 오염을 방지하기 위한 '성의 방파제'가 되는 것이라고 설명했다.[29] 일본근대사의 권위자인 존 다우어는 일본의 전후사인 『패배를 껴안고』에서 이 부분을 상세하게 기술하고 있다. 다우어는 이를 "기괴한(grotesque) 민간 외교"라고 풍자했다.

> 매춘업의 상당 부분은 방대한 수의 점령군에게 성(性)을 제공하는 것과 맞물려 있었다. 수십만 명에 달하는 연합국 요원들에게 봉사해야 한다는 사실이 지니는 성적 함의는 무시무시한 것이었다. 전쟁 중에 수많은 비일본인 여성들이 강제로 '이안후(위안부·慰安婦)'가 되어 제국 군인의 노리개 역할을 했다는 것과 자국 군대가 해외에서 강간 행위를 일삼았다는 것을 알고 있던 이들에게 이 공포심은 엄청난 것이었다. 천황이 항복을 선언한 직후에는 "일단 상륙이 시작되면 적군은 여자들을 하나도 남김없이 차례로 겁탈할 것이다."라는 소문이 들불처럼 번져 나갔다. 내무성 정보과 분석관들이 지적했듯이 "약탈이니 강간이니 떠들어대며 불안을 부추기는 자들 중 대다수는 전선에서 돌아온 사람들이었

---

28 이안 부루마, 신보영 옮김, 『0년: 현대의 탄생, 1945년의 세계사(2014)』, 글항아리, 2016, 261-263쪽.

29 マイケル・シャラー(Michael Schaller), 市川洋一 訳, 『日米関係とは何だったのか: 占領期から冷戦終結後まで(Altered States: the United States and Japan since the Occupation, 1997)』, 草思社, 2004, 17쪽.

다… 도시 거주 여성들은 농촌으로 피신할 것을 권했고… 사람의 눈길을 끄는 여성적인 복장을 피하라는 지침도 내려왔다…."

결국 문제는 한마디로 누가 봉사할 것인가 하는 것이었다. 정부는 발 빠르게 이 질문에 대한 답을 내놓았다. 8월 18일 내무성은 일본 전국의 경찰에 비밀 무전을 보내 각지에 점령군 전용의 '특수 위안 시설'을 설치하라는 지시를 내렸다. 그 준비는 철저히 비밀리에 이루어졌다. 대체로 지방 장관이나 경찰이 이 시설들을 건설할 책임을 졌으며, 이들은 각 지역에서 이미 성매매 산업에 종사하고 있던 업자들이나 개인들을 동원했다. 같은 날 도쿄의 고위 경찰관들은 도쿄-요코하마 지역에서 활동하는 '업자들'과 만나 5,000만 엔의 지원을 할 테니 그들도 그에 맞먹는 금액을 투자할 것을 당부했다. 다음 날인 8월 19일에는 고노에 후미마로 부총리가 직접 '경시 총감이 직접 지휘해 달라'는 요청을 했다. 그는 "부디 우리 일본의 딸들을 지켜 주기 바란다."고 말했다.

그러나 며칠 뒤 항복 절차를 협의하기 위해 마닐라로 가 맥아더와 그 참모들을 직접 만난 가와베 도라시로(河辺虎四郎) 장군이 도쿄로 돌아와 정부가 위안 시설에 직접 관여해서는 안 된다고 주장했다. 그 뒤 정부의 주된 역할은 이 안건에 관련된 계획을 허가하고 대출금을 지원하며, 경찰력으로 질서를 유지하는 데 국한되었다. 사업을 하청 받은 업자는 내무성, 외무성, 대장성, 경시청, 도쿄도 등이 사업을 공인했다는 내용이 실린 팸플릿을 만들어 민간 투자를 끌어냈다. 9월 6일 관영 권업(勸業)은행은 이들 시설에 대한 정부 지원금으로 상정된 전체 금액 중 약 3,000만 엔을 지원했다.

이 사업 지원을 추진했던 이케다 하야토(池田勇人)는 훗날 "정조를 지키는 데 1억 엔이면 싼 거지"라고 말했다고 한다… 소수의 여성들을 모집해서 '선한' 일본 여성들을 지키는 방파제로 삼는다는 것은 서양 오랑캐를 상대하는 데에는 이미 전통으로 자리 잡은 방식이었다. 페리 제독이 일본의 쇄국 정책을 폐지했을 때에도 특별 유곽이 발 빠르게 설치되었고, 나라를 위해 몸을 바친 젊은 여성이 근대 일본 신화에서 애국적 순교자로 미화되어 있던 상황이었다. 오키치라는 이름의 그 여성은 1856년에 초대 미국 총영사로 부임해 온 타운센드 해리스(Townsend Harris)의 정부(情夫)로 선발된 사람이었다.

1945년의 매춘업자들은 바로 그녀의 슬프고도 관능적인 이미지를 동원해서 자신들의 사업을 옹호했다. 그들이 모으고 있는 여성들이야말로 현대의 오키치라는 것이다… 그러나 매춘부들이 미국인들의 성기가 너무 커서 부상당할지도 모른다는 공포심 때문에 모집에 응하지 않자 결국 업자들은 일반 여성들을 모집하기로 했다. "신일본 여성들에게 고함"이라는 거대한 간판이 도쿄 긴자 거리에 걸렸다. "전후 처리를 위한 국가적 긴급 시설의 일환으로 진주군 위안이라는 대사업에 참가할 신일본의 여성들의 솔선수범을 청한다."라는 다소 애매한 문구가 적혀 있었다. "18세에서 25세 사이의 여성 사무원, 숙식 및 의복 제공"이라는 모집 조건도 쓰여 있었다. 이 광고를 보고 면접을 보러 온 여성들 대부분은 허름한 차림이었다. 대부분은 실제로 무슨 일을 하게 될지를 듣자마자 그 자리를 박차고 떠났다… 몇몇은 '나라를 위해' 헌신한다는 생각에 공감해서 찾아왔다고 밝히기도 했다. 놀랄 만한 일도 아니었다. 이것이야말로 그들이 평생토록 주입받은 사상이었기 때문이다. 8월 27일까지 1,360명의 여성이 모집되었으며, 이들은 RAA(Recreation and Amusement Association, 특수 위안 시설 협회)라는 약칭으로 알려지게 되었다.

8월 28일 최초의 점령군 소규모 부대가 상륙하던 시간에 황궁 앞 광장에서 RAA의 창립 대회가 열렸다. 미사여구로 가득 찬 문어체의 '선서'가 낭독되었다. "…이때에 명이 내려와 우리 직역(職役)으로서 전후 처리의 국가적 긴급 시설의 일환인 주둔군 위안의 난업을 과하셨도다. … (중략) … 오로지 동지 결맹하여 신념이 명하는 곳으로 나아가 '쇼와의 오키치' 수천 수만의 희생 위에 거센 파랑을 막을 방파제를 쌓고 … 우리는 결단코 점령군에게 아첨하지 않으며, 절조를 굽혀 마음을 팔지 않음이라. … 국체호지(國體護持)에 정신(挺身)하려 함일 뿐임을 거듭 천명한다."

… RAA의 여성들은 하루 평균 15명에서 60명의 미군을 상대했다고 한다. … 이와 같은 유흥센터는 즉각적으로 도쿄 전역으로 확산되었으며 (33군데) 동시에 약 20개의 지방 도시로도 확산되었다.[30]

---

30 존 다우어(John W. Dower), 앞의 책, 2009, 149-154쪽.

어떤 일본외교관은 "치안 분야의 최고 책임자는 물론 나중에 총리까지 된 국가의 핵심 인물이 솔선해서 점령군을 위한 매춘시설을 만든 나라가 과연 있을까?"라고 한탄했다고 한다.[31] 패전 직후 거리에서 개인적으로 호객 행위를 하는 매춘부를 "판판"이라고 불렀다.[32] 대부분의 연합군 최고사령부 고위 장교들은 1945년에 이미 일본인 정부를 두고 있었다.[33] 전쟁미망인들도 전쟁터에서 숨진 남편에 대한 의리를 잊어버리고 새로운 애인을 찾았다.[34] 값싼 매춘사업은 번창했다. 일부는 1달러보다 더 싼 값에 몸을 팔았다. 1달러면 암시장에서 담배 반 갑 가격이었다. 일본 주둔 미군의 성병감염률이 27%에 달했다.[35] 역사학자 패어뱅크는 아시아 주둔 미군의 문제를 "술과 여자, 지프차가 종합된 문제"라고 언급했다.[36] 당시 주일 미군이 가장 무서워하던 것은, 끝발음이 '－리아'인 세 가지가 있었다고 한다. 다이어리아(diarrea 이질설사병), 고노리아(gonorrhea 임질), 코리아(korea 한국으로 배치되는 것을 의미)였다.[37] 1946년 1월 점령군 당국이 일체의 '공적' 매춘을 철폐하라

---

31 마고사키 우케루(孫崎亨), 양기호 옮김, 『미국은 동아시아를 어떻게 지배했나: 일본의 사례, 1945-2012년(戰後史 正体)』, 메디치미디어, 2013, 65쪽.

32 이안 부루마, 앞의 책, 2016, 69쪽. '판판 소녀'라고 불렸던 자유계약 성매매 여성들은 백인 상대, 흑인 상대, 일본인 상대 등으로 세분화되었다. '온리(오직 한 명)'라 불렸던 일부 여성은 고객 한 명만 관리했다. 좀 더 난잡한 관계를 갖는 여성은 '바타프라이(나비)'라는 별명을 얻었다. 히비야 공원이나 유락조 등 도쿄의 특정 지역은 전형적인 판판의 무대였다.
같은 책, 65쪽. 베를린에서 성매매 여성은 폐허의 생쥐(Ruinenmäuschen)로 통했다. 폐허가 된 도시를 돌아다닌다는 의미였다.

33 이안 부루마, 앞의 책, 2016, 68쪽.

34 위의 책, 108쪽.

35 Marc Gallicchio, *The scramble for Asia : U.S. military power in the aftermath of the Pacific War*, Rowman & Littlefield, Lanham, Maryland, 2012, p. 130.

36 위의 책, p. 132.

37 Don Oberdorfer, *The Two Koreas*, Addison-Wesley, Massachusetts, 1997, p. 7. 한국주둔사령관이 되는 하지 중장이 말했다고 한다.

는 지령을 내렸다. 점령군 당국의 지령에 대응해서 일본 관료들은 인권에 대해서 비범하고도 대단히 세련된 해석을 내놓았다. 1946년 12월 내무성이 "여성들에게는 창녀가 될 권리가 있다"고 선언했다.[38]

한국인 일본군위안부 피해자들도 감언이설로 속여서 끌고 간 사례가 매우 많았다는 사실이 지금까지의 조사연구로 밝혀졌다. 민간업자가 간호사나 가사도우미로 일하는 것이라고 거짓말을 하고 데려갔는데, 막상 도착해 보니 그곳이 '위안소'였고, 성적 봉사를 강요당했다고 하는 식이다. 사전에 '그 일'에 관한 구체적인 설명을 하지 않는 것은 위에서 언급된 소위 RAA의 모집방식 그대로의 수법인 것이다. 이 경우 군이 직접 강제 연행한 것이 아니라 하더라도 본인의 의사에 반하여 성적 봉사를 강요한 것은 부정할 수 없다. 군의 관리 하에 놓여 있었고 도망칠 수도 없었으므로 그녀들이 자유의사에 근거하여 그런 환경에 있었다고는 말할 수는 없는 것이다.[39] 일본군과 독립계약자들은 일본관헌의 지시, 독려, 또는 방조에 따라, 유인하고, 속이고, 납치하고 협박하는 방법으로 한국과 대만의 수많은 젊은 여성들을 군대가 운영하는 성적 위안소에서 소위 위안부로 일하게 만들었다. 일본의 국내법으로 보아도 국외이송 목적의 유괴와 약취 행위는 전전 일본제국의 형법상 형사범죄에 해당되는 것이었다. 형법에는 엄연히 규정되어 있는 것을 단지 후에 적용하지 않았던 것이다.[40] 일본군위안부

---

38 존 다우어(John W. Dower), 앞의 책, 2009, 156쪽.
39 오누마 야스아키·에가와 쇼코, 앞의 책, 2018, 143쪽.
40 강성현, 『탈진실의 시대, 역사 부정을 묻는다: '반일 종족주의' 현상 비판』, 푸른역사, 2020, 94-95쪽. 전전(戰前)일본 형법 제33장 제226조에 따르면, 본인의 의사에 반해 폭행이나 협박을 수단으로 여성을 국외로 이송하는 것은 범죄였다. 1937년 3월 5일자 대심원 판결 사례가 있다. 1932년 여성을 약취해서 상하이해군 위안소에 1년 정도 억류한 자들이 유죄판결을 받았다. 그러나 1937년 7월 중일전쟁 이후 그 형법이 적용된 사례가 없다.

문제는 인도에 반하는 일본군의 행위로서 그것을 용인했던 국가가 속죄를 하는 태도에 관한 문제로 전개되고 있다. 일본은 정부의 정책으로 자국민들을 그렇게 위안부로 이용했다는 사실에 대해서도 아무런 역사적인 반성이 없다. 일본의 지배계급의 관점으로는 여성을 성적 수단으로 이용하는 것은 하나의 평범한 전술일 뿐이다. 그래서 상습적으로 이러한 짓을 되풀이하고 또 정부나 군주도의 위안부조달과 운용시스템을 운영했다는 뚜렷한 방증도 되는 것이다.

두 번째로 초점을 맞출 수 있는 것은 이제까지 일본군위안부 제도에 대한 역사적, 법적 책임과 위안부 피해자들에 대한 구제 문제에 관하여 일본 정부와 다투는 과정에서 '왜 2차 가해 금지 원칙이 지켜지지 않고 있는가'에 관한 것이다. 보통 성추행이나 성폭행에 관한 사건에서는 가해자에게 그런 사실이 없다는 것을 입증할 책임이 더 무겁게 부과된다. 피해자는 연약한 약자의 입장에서 피해사실을 입증할 수 있는 것은 구체적인 정황설명뿐이 없는 경우가 대부분이기 때문이다. 그 범죄행위를 부정하는 알리바이는 가해자가 입증해야 하는 것이 상식으로 되어 있다. 그런데 일본군위안부 문제에 관해서 일본정부는 늘 그 증거가 없다고 한다. 그것은 피해자들에게 증거를 내놓으라고 하는 것이나 마찬가지이다. 보통 성폭행 사건에서는 이런 경우를 '2차 피해'라고 해서 사실상 금지하고 있다. 그런데 일본정부는 언제나 피해자에게 입증해보라는 투의 논리를 마구 쏟아내고 있는 것이다. 결국은 요시미 요시아키(吉見義明·1946-) 교수가 위안부 강제 연행의 증거가 되는 문서를 방위청 도서관에서 찾아낸 후에야 일본 총리는 사과하지 않을 수 없었다.

"BBC 기자가 일본 정부 대변인에게 정부가 진실을 인정하는 데 왜 그렇게 오래 걸렸느냐고 묻자 이 대변인은 정부측 연구자들은 그 자료에 대해서 아무것도 몰랐다고 대답했다. 기자는 어떤 학자는 그것을 며칠 만에 찾을 수 있지 않느냐고 정중하게 반문했다. 텔레비전 방송 역사상 가장 기억할 만한 순간이 뒤따랐다. 그 대변인은 일 분 내내 아무 말도 하지 않고 입술을 깨물며 기자의 시선을 피했다. 그러다가 결국 그것이 '매우 부당한 질문'이었다고 말했다."[41]

　　일본군위안부 문제의 핵심은 '위안소'를 군대의 부속시설로 만들고 여성인력을 모집하는 계획을 세우고 그것을 실행한 정부의 공권력, 또는 그것에 직간접적으로 관여하고 부추긴 공권력이라는, 제국주의 정권의 그 시스템을 문제 삼고 책임을 묻는 것이다. 그리고 인류의 보편적 가치와 국제법에 관한 의식을 묻는 것이기도 하다. 일본군위안부 피해자 개인이 어떤 조건이었나 하는 것은 그 자체가 프라이버시이고 논의해서도 안 되는 것이다. 그렇기 때문에 그 사실 입증 책임은 일본정부에 있는 것이지 피해자들에게 있는 것이 아니다. 일본정부는 피해자들에게 증거를 제시하라고 요구할 것이 아니라 정부가 관여하지 않았다는 것을 입증해야 한다. 그 경우 증거문서가 없다는 것은 입증 책임의 증거가 될 수 없는 것이다. 성폭행범의 전과가 유력한 정황 증거가 되는 것처럼 일본정부의 과거이력도 유력한 혐의의 증거가 된다.

　　일본군위안부 피해자 문제는 이미 국제적으로 "여성의 성노예" 문제로 확인되어 UN에서도 중요한 인권침해 사례로 다루어졌고 이에 관한 공식보고서도 수차례 채택된 바 있다. 또한 미국 등 서구의 개

---

41 이안 부루마(Ian Buruma), 정용환 옮김, 『아우슈비츠와 히로시마: 독일인과 일본인의 전쟁 기억』, 한겨레신문사, 2002, 239-240쪽.

별국가 차원에서도 정치적, 법률적으로 이 문제가 중대한 인권유린이라는 점을 확인하고 있다. 1992년 2월 유엔인권위원회에서의 논의를 시작으로 1994년 11월 유엔NGO법률가위원회가 보고서를 채택하였고, 1996년 1월 UN 여성폭력문제 특별보고관 라디카 쿠마라스와미가 UN인권위원회에 보고서를 제출했다. 「쿠마라스와미 보고서」는 '위안부(comfort woman)'가 아니라 '전시하 군대 성노예제(military sexual slavery in wartime)'라는 용어를 사용했다. 이어서 1998년 8월 유엔인권소위원회는 「맥두걸 보고서」를 발표했고, 2000년 12월 "일본군 성노예 전범 여성 국제법정" 개최로 이어졌다. 그러나 그러한 국제적인 흐름에 역행하여 2007년 3월 16일 아베 정부는 "정부자료 안에는 군이나 관헌에 의한 이른바 강제 연행을 직접 나타내는 기술은 없었다"는 취지의 각의 결정을 했다. 그것은 일반적으로 '강제성'을 인정한 것으로 해석되는 「고노담화(1993년 8월 4일)」를 부정하는 것이기 때문에 미국의 비판을 초래했다. 나아가 일본 극우파가 조직한 "역사사실위원회"가 2007년 6월 14일자 「THE FACT」라는 제목으로 "위안부는 공창이었다"는 의견광고를 실었다. 이것이 미국 의회관계자, 학자, 저널리스트로부터 강력한 반발을 불러일으켰다. 친일적인 공화당계 사람들조차 이를 비판했다.[42] 이러한 일본정부의 입장이 공개된 후 2007년 7월 미국 하원은 일본정부에 일본군위안부 문제에 대한 사과를 요구하는 결의안을 채택했다. 그 후 네덜란드, 캐나다, 유럽의회 등이 결의안을 채택했다.

　이러한 과정에서도 일본정부는 "청구권협정으로 법적문제가 종결

---

[42] 오누마 야스아키·에가와 쇼코, 앞의 책, 2018, 139쪽; 강성현, 앞의 책, 2020, 98쪽.

되어 인도적 차원의 조치만 가능하다"는 입장을 계속 견지해 오고 있다. 또한 2013년 아베 총리의 재집권 이후 역사부정주의적 정책이 다시 시작되었다. 아베 내각은 2014년 6월 소위 「고노담화 검증 보고서」를 발표하여 사실상 담화의 권위를 훼손했고, 2015년 4월. 미국 양원 합동연설에서 일본군위안부희생자를 "인신매매(human trafficking)의 피해자"라고 하여 교묘하게 국가책임론을 희석시켰다. 2015년 8월 소위 종전70주년에 즈음한 아베담화에서 "20세기 전시 하의 여성피해"로 일반화하며 물타기를 했다. 그러나 일본정부가 아무리 이 문제를 뒤집으려 해도 그럴수록 국제사회는 일본정부를 더 비판하는 방향으로 움직였다. 이러한 아베 정권의 역사부정주의적 역사왜곡에 대해 2014년 10월 일본 역사학연구회를 시작으로 2015년 2월 미국 역사학회, 같은 해 5월 세계의 수백 명의 역사학자들이 비판성명을 발표했다. 또한 2014 미 의회조사국(CRS)의 미일관계 보고서는 "아베 신조 총리의 역사관은 제2차 세계 대전에 관한 미국인의 인식과도 충돌할 위험성이 있다"고 지적했다.[43] 2012년 힐러리 클린턴 미 국무장관도 '위안부(comfort women)'라는 표현 대신 "강제적인 성노예(enforced sex slaves)"라는 명칭을 써야 한다고 주장하는 등 "성노예"라는 용어를 사용하자는 주장이 확산되고 있었다. 2014년 4월 한국을 방문한 버락 오바마 대통령도 정상회담 후 기자회견에서 "위안부 문제는 끔찍하고 매우 지독한 인권침해"라고 언급했다.

그런데 우리나라의 학자들 가운데 일본군위안부를 서슴없이 '매춘행위'라고 한다든가 일본군과의 인간적 유대관계 운운하는 학자들이

---

43 한다 시게루(半田滋), 조흥민 옮김, 『일본은 전쟁을 원하는가: 집단적 자위권과 전쟁국가의 귀환』, 글항아리, 2015, 31-32쪽.

있다는 것도 놀라운 일이다. 그것은 단지 한국학자가 어떻게 그런 이야기를 할 수 있냐는 투의 반일적인 지적은 아니다. 학문의 기본에 관한 문제를 제기하는 것이다. 뒤에서 다시 한 번 더 상세하게 이야기할 기회가 있겠지만 우선 일본군위안부의 전신은 '공창제도'라고 하면서 마치 조선의 오래된 제도와도 관련 있는 것처럼 말한다. 그러나 조선에는 그런 대규모의 '공창'은 없었다. 물론 양반들을 대상으로 한 기생들의 매춘은 있었을 것이다. 그런데 그가 저술했던 경제사에 관한 책에서는 조선이 워낙 가난해서 유통업 같은 상업 활동이라는 것이 거의 없었다고 했다. 그런데 상업과 유통은 없는데 '높은 수준의 상업적'이라고 해야 할 '공창'이라는 것이 어떻게 있을 수 있었을까? 조선 사람들은 굶어도 그 짓은 해야 했다는 것일까? 일본의 식민지지배가 막 시작되었던 1910년 일본인들이 전국의 기생 수를 조사한 자료가 있다. 그에 따르면 전국의 기생 수는 총 600명 정도에 불과했다. 경성부(서울)가 199명으로 가장 많았고 다음 평안남도가 156명, 경상북도가 119명, 경상남도가 72명, 경기도가 20명, 전라도가 17명, 나머지 도에 10명 이하였다.[44] 일본 주둔 미군의 성병감염률이 27%에 달할 때 주한미군의 성병감염률은 9.3%에 불과했다. 아시아 전역과 비교해서도 가장 낮았다고 한다.[45] 주한 미군이 가고 싶어도 갈 수 있는 '업소'가 사실상 많지 않았다는 것이다. 그리고 '매춘' 운운하는 사람들은 일본군위안부 문제를 마치 그 피해자 할머니들의 개인적인 일,

44 최혜주, 『아오야기 쓰나타로의 조선정탐과 출판활동』, 한양대학교 출판부, 2020, 82쪽.

45 Marc Gallicchio, *The scramble for Asia : U.S. military power in the aftermath of the Pacific War*, Rowman & Littlefield, Lanham, Maryland, 2012, p. 130.

'그것이 매춘이냐 아니냐, 돈을 벌었느냐 아니냐' 하는 문제로 접근하는 데 집착한다. 특히 최근 문제가 되고 있는 하버드 대학의 램지어 교수가 주장하는 패턴이나 방법론은 데이터와 자료의 교묘한 편집과 각색, 그리고 취사선택이라는 방식이 너무나 일본적 논리체계와 역사 부정주의자들의 수법을 이용하고 있다. 그것이 '매춘'을 주장하는 한국의 일부학자들의 수법과도 동일하다는 점이 참으로 신기하다.

강제동원 피해자 문제

도쿄전범재판에서는 조선인이나 중국인에 대한 강제연행, 강제노동에 대해서도 관련 증언을 확보했으면서도 이 문제에 대해서는 소추를 하지 않았다. 대부분 이 문제들은 천황의 불기소와 마찬가지로 정치적 판단에 따른 것인데, 오랫동안 봉인되었다가 '개인적 피해자 문제'라는 형태로 다시 불거진 것은 냉전 이후의 일이다.[46] 한국인 강제동원문제에 대해서는 우선 그 용어부터 다시 생각해 볼 필요가 있는 것 같다. 전시의 조선인 노무동원은 조선인 '강제연행'과 '강제동원'이라는 용어가 양립되고 있다. 조선인을 강제로 연행했다는 것은 전쟁범죄로서의 의미를 내포한다. 그러나 한국에서 사용되는 '강제동원'은 식민지지배 피해로서의 의미를 지닌다. '강제연행'이 포괄하고 있는 것이 폭력적, 불법적 의미라면, '강제동원'은 강제라는 표현 속에서 폭력적인 면을 강조하고 있지만 비교적 체계적, 합법적 개념이 더 부각된다고 한다. 일본에서 강제연행이라는 용어로 자리매김하게 된 것은 1965년 박경식의 『조선인 강제연행의 기록』에 의해서이다. 중국

---

46 하타노 스미오(波多野澄雄), 오일환 옮김, 『전후일본의 역사문제』, 2016, 41쪽.

인 노동자에게 적용되었던 '모집'과는 달리 조선인에 대한 '모집'이 강제였던 것은 그것이 폭력적이었기 때문이 아니라 조선이 '식민지'였기 때문에 일어날 수 있었던 편법적 운영이었기 때문이다.[47]

1939년 7월 일본정부는 「노무동원계획」에 의해서 식민지 조선인을 일본 본토로 동원해야 했다. 그런데 조선인이 일본(내지)에 가기 위해서는 사실상 현재의 비자 같은 특별한 허가가 필요했다. 그래서 새로운 법적 장치인 「조선인 내지 이입에 관한 건」을 결정하게 되었다. 이 법의 구체적인 내용은 사실상 노무자를 모집하기 위한 근거 법률이 아닌 모집 노동자의 자격과 도항에 관련한 것이었다. 이에 따라 조선총독부에서는 노동자 모집을 위해 「조선 노동자 이주에 관한 방침」을 정하여 노동자의 자격을 규정하였다. 1940년 1월부터 조선총독부는 더 많은 노동자를 모집하기 위해서 기존의 관할법인 「노동자모집 단속규칙」을 폐지하고, '내지(사할린 포함)이주 노동자'의 경우는 「모집에 의한 조선인 노무자의 내지 이주에 관한 건」(1940.3)을 기본법으로 분할 운용했다. 그런데 「노동자모집 단속규칙」은 경찰이 모집자를 단속하는 것이었는데, 새로운 법인 「모집에 의한 조선인 노무자의 내지 이주에 관한 건」은 관의 주도하에 지역적으로 노무자 모집인원을 할당하고 경찰과 군이 그러한 업무를 보조한다는 내용이었다. 즉 경찰의 단속대상이 모집자에서 노동자로 바뀌었다는 것을 의미한다.[48] 좀 더 노골적으로 모집의 강제성이 드러난 것이었다. 이런 법령 기록으로만 보아도 '모집'이 자유로운 직업선택이었다고 마냥 주장할 수만은 없게

---

47 한혜인, 「'강제연행'과 '강제동원' 사이: 이중적 역사과정 속에서의 '식민지 조선인'의 배제」, 권혁태·차승기 엮음, 『전후의 탄생: 일본 그리고 조선이라는 경계』, 그린비, 2013, 151-152쪽.
48 위의 글, 위의 책, 155-156쪽.

된다. 당시 조선총독부 후생국 노무과 직원에 따르면 노동자 모집에 어려움이 있어 사실상 반강제적으로 할 수밖에 없었다고 한다.[49] 이 문제도 역시 일본 제국주의와 식민지배라는 큰 틀의 거시적 시각에서 평가해야 할 것이다.

　그런데 역사부정주의자들은 이 문제를 징용자가 '일본인 노무자와 동등하거나 더 나은 대우를 받았다'라고 주장하여 초점을 흐리고 있다. 일본군위안부 문제를 '매춘' 운운하며 일본의 주장을 거들고 있는, 학자를 자처하는 몇몇 한국인들은 이 문제에서도 똑같이 일본의 입장을 대변하고 있다. 우선 여기서도 일본식 논리체계의 냄새를 지울 수가 없다. 어느 한 탄광의 월급표를 가지고 한국인 노무자가 융숭한 대접을 받았다고 주장하는 학자가 있다. 일제 때 자료는 대부분 총독부나 일본정부, 또는 고용주의 자료일 것이다. 서류와 현장의 사실이 다르다는 것은 언제 어디서나 상식적인 사실이다. 공식 서류와 기록만 가지고 본다면 북한은 너무나 '모범적 민주주의 국가'일 것이다.[50] 언론과 교과서에 게재되었던 한국인 탄광노동자가 혹사당하는 사진이 사실은 일본인 광부의 사진이었다는 것이 밝혀져서 물의가 일어났던 적이 있다. 그때 SNS상에 "거봐라 한국인들이 주장하는 게 다 거짓이다"라는 내용의 글이 많아 올라와 있었다. 그때 필자는 다음 내용으로 답글을 올렸다.

　"역사적 사실을 규명하다 보면 실수도 있습니다. 이 문제는 역사학자들
　의 실력의 문제이지 역사적 사실이 진실이냐 거짓이냐의 문제는 아닙니

---

49 澤田克己(사와다 카츠미), 『反日韓國という幻想: 誤解だらけの日韓關係』, 每日新聞出版, 2020, 102쪽.
50 노동신문 일 년치를 다 보아도 북한사회를 비판하는 내용은 한 줄도 없다.

다. 일본인들의 처우가 그 정도일진데 조선인징용자의 처우는 어느 정도였을까 라는 간단한 상상은 안 되나요? 현 정부의 반일선동이 지나친 면이 있는 것은 사실이지만 그렇다고 산케이 신문 수준으로 내려가서야 되겠습니까? 일본식 거짓말 행태의 하나는 하얀색에 티끌 하나라도 있으면 흰색이 아니다 라고 강변하는 것입니다. 전체가 사실일 경우 일부가 사실이 아니라 하더라도 그 사실이 부정될 수 없다는 대법원 판결도 있습니다."

사실 탄광 노동이라는 것이 80년 전에는 그야말로 인간능력의 한계를 시험할 정도의 중노동이라는 것은 사실이고[51] 일본에서도 탄광은 막다른 골목에 처한 노동자들이 가는 곳이었다. 메이지 초기인 1880년대 홋카이도 호로나이 탄광에서는 일본 본토의 죄수나 아이누족을 동원해 강제노동을 시켰다. 탈주한 죄인들은 오호츠크해 연안에 있는 아바시리 근처의 감옥에 수용되었다.[52] 그런 탄광에 조선인들이 주로 배치되었다는 것도 사실이다. 1939년 8월부터 1945년 8월까지 조선인 72만 5,000명이 강제연행됐다. 끌려온 조선인들이 배치된 산업은 주로 석탄광업, 금속광업, 토목건축업, 제강업이며, 이 중 석탄광업이 전체의 절반에 가깝다. 그리고 광산기업에 송출된 조선인은 탄광 중에서도 가장 힘들고 위험한 노동에 종사해야 했다.[53] 1944년6

---

51 George Owell, *The Road to Wigan Pier*, Penguin Books, London, 1989, pp. 21-26. 조지 오웰이 젊었을 때 사회주의자가 되는 계기는 1936년 봄 두 달간 영국의 랭카셔(Lancashire)와 요크셔(Yorkshire)의 탄광지대를 르뽀 취재해서 이 책을 쓰면서부터이다. 이 책에는 탄광노동자가 혹사당하는 사례를 생생하게 기록했다. 예를 들면 카트를 타고 갱도로 내려간 후, 2마일이나 되는 거리의, 겨우 무릎걸음으로 걸을 수 있는 높이인, 수평갱 통로를 허리를 굽히고 걸어가야 막장(pit)에 도착한다. 노동시간은 막장에 도착해서부터 계산된다.

52 손일, 『에노모토와 메이지 유신』, 푸른길, 2017, 36쪽.

53 야마모토 요시타카(山本義隆), 서의동 옮김, 『일본과학기술 총력전-근대150년 체제의 파탄』, AK커뮤니케이션, 2019, 275쪽.

월 시점의 통계에 의하면 조선노동자의 62%가 탄광에 배치되었다.[54] 헌병의 감시와 군대 조직을 본뜬 직급제가 도입되었고, 불합리한 정신주의가 횡행했다.[55] 탄광에서는 이른바 오야붕 꼬붕이라는 위계질서도 심했고 조선인 일본인 구분할 필요도 없이 일반적으로 상당한 린치가 가해진 것도 사실이다.[56] 전쟁 중의 총력전체제하에서 노동조건은 더 악화되었다. 노동자 재해도 급격히 늘어났다.[57] '탄광의 노예노동'은 일본근대화 과정의 어두운 측면으로 소개되기도 한다.[58] 이러한 열악한 조건에서 조선인 노무자들이 일본인과 동등한 대우를 받았을 리도 만무하려니와 설사 동등한 대우를 받았다 한들 그것이 무슨 의미가 있겠는가? 그 '잘못된 일본인 광부 사진' 한 장은 그러한 기막힌 사실을 폭로해주는 것이었다.

1965년에 체결된 한일청구권협정은 이들의 체불임금, 저축 등을 일본정부가 '변제'하는 것을 포함하는 '청구권청산 개념'으로 일본정

---

54 澤田克己(사와다 카츠미), 앞의 책, 2020, 104쪽. 탄광노동자 중에 조선인의 비율은 33%였다.

55 오구마 에이지(小熊英二), 조성은 옮김, 『민주와 애국: 전후 일본의 내셔널리즘과 공공성(2002)』, 돌베개, 2019, 49쪽. 당시 8대 조선소의 노동자는 정규 종업원 20%, 징용공 및 학도 55%, 조선인, 중국인, 포로, 수감인 등을 합해 21%였다. 평균 노동시간은 매일 11.4시간에 이르렀고, 심야업무 및 휴게시간 삭감이 강행되었다. 재인용: 遠山茂樹, 『新版 昭和史』, 岩波新書, 1959, 221쪽.

56 후지타 쇼조(藤田省三), 김석근 옮김, 『천황제 국가의 지배원리』, 논형, 2009, 69-70쪽. "사랑의 채찍"이 그런 실태를 암시하는 것이다. 재인용: 1942년 8월 21일자 사카다 스스무(坂田進)의 조선인 노무관리에 관한 논문, 일본청년년보 1942년 제1집 260쪽.

57 야마모토 요시타카(山本義隆), 앞의 책, 2019, 272-273쪽. 군수산업의 생산력 확충 진행 과정에서 무려 12~13시간, 심할 경우 15시간에 이르는 장시간 노동, 격일 철야작업 등 살인적인 노동이 전국 각지의 군수 관련 공장에서 일상화해왔다. 공장재해는 1,000명당 사망자 수가 1933년 0.28에서 1937년 0.35로, 중상자는 13.44에서 15.69로 급증했다. 사망과 중상을 합해 1,000명당 16이라는 1937년의 통계는 그 자체로도 가공할 만한 것이었다. 같은 시대라도 탄광 같은 더럽고 위험한 업종에서는 좀 더 심각했던 것으로 추정된다.

58 존 다우어(John W. Dower), 앞의 책, 2009, 58-59쪽.

부가 한국정부에게 3억 달러를 제공한다는 내용이었다. 이에 따라 이
들에게는 1970년대 초반까지 일본정부채권이나 저축 등 입증 가능한
자료를 바탕으로 한국정부가 변제를 신청하는 사람들에게 약간의 변
제를 해주었다.[59] 1990년대 이후 일본군위안부 피해자들의 자기구제
노력을 보면서 징용자들도 자신의 피해를 구제하기 위한 노력을 시
작하였다. 한국정부는 2005년 8월 민관대책위원회에서 청구권협정
의 무상 3억 달러 중에는 "강제동원피해보상[60] 문제 해결 성격의 자금
이 포괄적으로 감안되어 있다"고 보았다.[61] 그 후속대책으로 이들 중
이미 사망한 사람들의 가족에게 최대 2,000만 원을 지급하는 등 2차
'지원금'을 지급했다. 그러나 일부 징용피해자들은 우리 법원에 '변제'
개념이 아닌 '불법행위에 따른 피해에 대한 배상'을 청구하는 소송을
제기하여 대법원의 판결에 이르게 된다.

---

59 필자는 '보상'이 아닌 '변제'라는 용어를 쓰기로 했다. 법적으로 '보상'은 합법
    적인 행위로 인해 발생한 손해에 대해 지급한다는 개념이다. '변제'는 그냥
    밀린 채무를 이행하는 의미이다. 한국정부나 한국인들이 일본의 식민지지배
    가 합법적이라고 인정한 적은 한 번도 없다. 따라서 '보상'이라는 용어를 쓰
    는 것은 모순이다.
60 '보상'이라는 용어부터 틀렸다. 그것은 '변제' 아니면 '배상', 또는 배상 성격의 위
    로금이다.
61 2005.8.26.(금)「한일회담 문서공개 후속대책 관련 민관공동위원회 개최」에
    관한 국무조정실 보도자료.

한국인의 자화상

"침묵은 사라졌다. 바깥에 있는 사람들이 소리를 지르고 있었다.
안에 있는 사람들도 소리를 지르기 시작했다. 아마도 아무도 이날까지는
눈먼 사람들의 외침이 이렇게 무시무시할 수 있다는 것을 몰랐을 것이다.
그들은 아무런 이유도 없이 소리를 지르는 것 같았다.
우리는 그들에게 조용히 하라고 말하고 싶지만, 그러다 보면 우리도 결국 소리를 지르게 된다.
우리에게 부족한 것이 있다면 우리는 그들처럼 눈이 멀지 않았다는 것뿐이다.
그러나 결국은 그런 날이 오게 될 것이다. 어쨌든 그때의 상황은 이랬다.
한쪽에서는 공격하며 소리를 질렀고, 다른 한쪽에서는 방어하면서 소리를 질렀다."

주제 사라마구(Jose Saramago), 『눈먼 자들의 도시』 중에서

1. '일제의 잔재' 트라우마와 '오리엔탈리즘'

2016년 7월 5일 필자는 중국 상하이의 옛 홍구공원에 있는 윤봉길의사를 추모하는 매헌기념관을 방문했던 감회를 SNS에 짧은 글 몇 줄로 올렸다.

"상해 홍구공원내 윤봉길의사 기념관에 전시된 의사의 글을 읽을 때마다
눈물이 났다. … 25살의 젊은이 … 내 나라가 아무리 고귀한 목적이라 해
도 다시는 이런 젊은이들이 목숨을 거는 상황으로 내몰지 않기를 빌었다."

필자의 둘째 아이는 안중근의사가 뤼순감옥에서 순국할 때보다 한 살 더 많다. 누가 그 젊은이들을 죽음으로 내몰았는가를 생각하면 화가 치밀기도 한다. 과거의 '우리(한국, 조선) 사회'는 그들만 죽음으로 내몬 것이 아니다. 수만, 수십만의 생명이 나라를 잘못 둔 탓에 죽음으로 내몰렸다. 우리가 배운 1871년의 신미양요는 미군이 강화도에 그저 상륙했다가 철수한 것이 아니라 처절한 비대칭적인 살육의 전투였다. 19세기 말에 미국언론에 게재된 미군의 전투기록은 승자로서 조선군을 측은하게 여기는 내용이었다.

> "반대편 언덕 위 요새에서는 조선의 병사들의 장엄한 구호 소리 혹은 구슬픈 노래가 들렸다… 이들은 실제로 더 이상 저항할 수 없는 최후까지 버티다가 죽을 때도 손에 칼을 쥐고 용감하게 전사하였다. 어느 누구도 이들보다 더 용감할 수는 없었을 것이다. 수적으로는 작은 규모의 미군이었지만 신형 소총과 중포를 보유한 미군과의 전투는 시작부터 불평등한 것이었다. 약 350명의 조선인이 사망하였다. 부상자 20명은 생포되었다. 미군은 매키 중위 외에 두 명이 사망하였고 10여 명이 부상을 입었다."[1]

널려진 조선군 전사자의 시신들 사진을 보면서 윤봉길의사 기념관에서 느꼈던 눈물어린 감상이 오버랩된다. 조선군인들은 그들의 신세를 한탄하며 가뜩이나 구슬픈 음조의 우리 민요를 더욱 더 구슬프게 부르고 있었는지도 모른다. 임진왜란을 온몸으로 겪으면서 류성룡은 "나라가 나라가 아니다"라고 한탄한다. 그나마 "하늘이 도와서" 왜적을 물리칠 수 있었다는 것이다. '조선은 인력으로서는 어떻게 할 수 없는 나라'라는 강한 의미가 들어 있다. 그 10년 전에 율곡은 조선을

---

1 이재정 · 서윤희 편, 『19세기 말 20세기 초 서양인이 본 한국』, 국립중앙박물관, 2017, 41-42쪽. 미국 Harper's Weekly 1894. 8월 18일자 등

"썩어 내려앉는 집"에 비유했다. 당시 조선은 이미 어떻게 할 수 없는 나라였다.[2]

그로부터 400년 후에는 일본에게 조선이라는 나라를 송두리째 빼앗기고 젊은이들은 또 다시 징용으로 징병으로 생과 사의 길로 내몰렸다. 그 시대를 살아갔던 젊은 지식인들은 모두가 고뇌에 빠져 있었고 '죄인'처럼 수치를 느끼면서 살았다. 1917년 쯤 춘원 이광수는 자전적 에세이 「거울과 마조 안자」에서 그의 정신(psyche)이 3개의 자아 이미지로 충돌하고 있음을 보여준다. 거울은 식민지 지식인에게는 3개의 자아가 충돌하는 무대였다. 이상적인 자아상(서구의 문명화된 백인), 조선인이라는 스티그마(낙인)가 찍힌 자, 그리고 그 두 개 자아 사이에 있는, 거울에 비친 자기의 모습을 바라보는 현실의 자신이다. 그는 1922년에는 『개벽』에 "조선사람은 제일 못나고 제일 가난하고 산천도 남만 못하고 시가도 남만 못하고, 가옥도 의복도, 음식도 남만 못하고 과학도, 발명도 철학도 예술도 없고 일을 할 줄도 모르거니와 할 일도 없고 이러케 불쌍한 백성은 다시 업슬 것"이라고 썼다.[3] 시인 이상도 「거울」이라는 시에서 '본래의 나'와 거울에 비친 '허상의 나'를 비교하면서 그와 비슷한 고뇌를 토로하고 있다. 그것은 영원한 열등감 속에서 헤매게 되는 식민지 지식인 군상들의 모습이었다.[4] 28세로 요절했던 윤동주도 「자화상」이라는 시에서 "외딴 우물을 홀로 찾아가 들여다보곤 그 물에 비치는 사나이가 미워져서 돌아갔다"고 했다. 또한 「참

---

2 송복, 『조선은 왜 망하였나: 임진왜란과 류성룡: 징비록에 답이 있었다』, 일곡문화재단, 2011, 14-16쪽.
3 유선영, 『식민지 트라우마: 한국 사회 집단 불안의 기원을 찾아서』, 푸른역사, 2017, 85쪽.
4 위의 책, 71-74쪽. 필자는 졸저 『횃불과 촛불』의 제6장에서 '남과 북'이 서로 응시하는 상징으로 이상의 시 「거울」을 소개했다.

회록」에선 "파란 녹이 낀 구리 거울 속엔 욕된 자신의 얼굴이 비치고 슬픈 사람의 뒷모양이 나타난다"고 했다.[5] 누가 왜 이 젊은이들의 운명을 욕되고 슬프고 참회하게 만들었을까? 필자는 왜 이런 보지도 못했던 '오래 전' 사람들의 이야기에 눈시울이 뜨거워지고 울분이 치솟고, 미안한 감정이 생기는 것일까? 필자는 그들과 무슨 관계가 있는가? 바로 "나는 한국인이다"라고 느끼고 있기 때문일 것이다.

그런데 한국인이란 어떤 사람인가? 오백 년 전, 100년 전에도 한국인이라는 의식을 가진 사람들이 살고 있었을까? 필자는 2007년 5월 21자 한 일간지에 「한국에서 이념이란」 제목으로 쓴 칼럼에서 "한국인은 무엇으로 한민족임을 인식하는가? 국적인가, 생물학적인 인종인가, 문화공동체인가? 사실 그것이 불분명하다. 우리에겐 공통의 이념이 없다. 공통의 역사관도 없고, '아리랑' 외에는 한국인임을 확인하는 음악도, 춤도, 스토리도 없다. 사실은 그런 것들이 민족적 자존심의 바탕인데 말이다."라고 의문을 던지며 글을 시작했다.[6] 사실 전 세계에 흩어져 있는 모든 '한국인'들이 공통적으로 인식할 수 있는 하나의 용어가 없는 것이 사실이다. 유태인은 어느 나라 국적이건 유태인이고, 중국인 일본인도 마찬가지이다. 그런데 '한국인'에게는 그런 용어가 없다. 함재봉은 그의 저서 『한국 사람 만들기』에서 "한국인을 지칭하는 공통의 용어만 없는 것이 아니라 한국 사람과 조선 사람(북한 사람), 재미교포와 재일교포, 조선족과 고려인 사이의 공통점도 사실상 찾아보기 힘들고 이들을 하나로 묶어주는 것도 없다"고 썼다. 언어, 이념, 종교, 풍습도 다 달라져 있다. 한국은 원래 '다문화 사회'

---

5 윤동주 시집, 『하늘과 바람과 별과 시』, 정음사, 2017, 20-21쪽, 60-61쪽.
6 2007년 5월 21일자 『서울신문』[열린세상]

였다. '한국 사람'이란 호칭이 최초로 등장한 것은 1897년 12월 2일자 독립신문이었지만 확정된 개념으로 일반적으로 인식되기 시작된 것은 20세기 후반에 만들어진 인간형이라고 한다.[7] 함재봉은 한국 사람을 다섯 종류의 인간형으로 분류했다. 첫 번째는 친중 위정척사파 인간형이다. 이들은 조선시대의 조선 사람들일 것이다. 두 번째는 '친일개화파' 인간형인데 이들은 1870년대 말부터 형성되기 시작해서 일본을 모방한 '개화'를 꿈꾸던 사람들이었다. 이들은 근대 문명을 이해하는 데 일본이 자체 개발한 '문명개화'라는 틀을 그대로 채용했다. 세 번째는 '친미기독교파' 인간형인데 이들은 일본이 점차 조선 침략의 야욕을 드러내자 일본 대신 미국을 모델로 삼기 시작했다. 네 번째는 '친소공산주의파' 인간형인데, 이들은 일본 제국주의에 저항하여 '반자본주의'와 '반제국주의'의 모델로 소련의 공산주의를 보았고 그 이념으로 조선의 독립과 조선의 소비에트 건설을 꿈꾸었다. 마지막 다섯 번째는 '인종적 민족주의파'로서 '피'를 공유하는 '인종(race)'과 '민족(nation, ethnicity)'이라는 새로운 개념을 통해서 동질적 개념을 찾았다. '조선 민족'이나 '한민족'은 이렇게 태어났다고 했다. 1945년 일본이 패망하고 한국이 해방되면서 이 다섯 가지 유형의 '한국인'들이 한반도로 모여들어 뒤엉키면서 서로 투쟁하기 시작했다는 것이다. 결국 '한국인'은 동족상잔을 겪으면서 남과 북, 좌와 우, 지역적으로는 동

---

7 함재봉, 『한국 사람 만들기 I』, 아산서원, 2017, 6-9쪽. 비록 기독교와 불교 등 보편적 종교를 가진 사람이 43.9%이지만 현재의 한국 자체가 다종교 사회이다. 한국의 50대 성씨 중 14개(26%)가 귀화 성씨라고 한다. 2015년 한국의 성씨는 5,582개로 이 중 한자가 없는 성씨가 4,074개에 달하고, 초등학생 중 다문화 가정 출신 학생 비율은 2.77%라고 했다. 또한 2017년 현재 1,000명 이상의 다문화 가정 출신자가 군복무를 하고 있다.

과 서로 갈라졌다.[8] 그러한 분열의 모든 것이 일본 제국주의의 분열적인 식민통치가 한반도에 남겨놓은 잔재라는 견해도 있다.[9]

흔히 식민지지배를 경험한 피식민지 민족은 모욕, 폭력, 차별, 억압, 착취와 소외를 체험하여 그 트라우마로 인해서 자기중심적인 나르시시즘과, 같은 민족끼리 서로 차별하고 모욕하고 폭력을 휘두르는 가학적 자학적인 양면적 극단성을 보이는 증후군(stigma)를 겪게 된다고 한다.[10] 어쩌면 이 단순한 사례가 "일본 치하에서는 조용히 같이 살던 한국인들이 해방되자마자 왜 서로 살상을 하게 되었을까"라는 필자의 오래된 질문에 대한 답을 부분적으로나마 제공해 주는 것일지도 모른다. 일제의 대표적인 억압과 폭력 수단은 경찰이었다. 일제에게 주권을 완전히 빼앗기기도 전인 1906년부터 당시 한국인들은 일제의 경찰과 헌병들로부터 폭력을 당하고 있었다.[11] 일제는 일본인들에게 해오던 것과 똑같은 방식인 폭력을 통하여 한국인을 순종하게 만들 수 있다고 생각했던 것 같다. 프란츠 파농(F. Fanon)에 의하면 식민지민들은 장기간 모욕과 폭력에 노출되어 그 모욕을 주는 체제에 철저히 순응하면서도 동시에 자신과 타자에 대해 히스테릭한 공격성을 내면에 감추고 있다고 한다. 그 수치감을 극복하기 위해 허세를 부리고 스스로를 과대평가하면서 남과 비교하여 우월하다는 자기확신(나

---

8 위의 책, 11-13쪽.

9 Bruce Cumings, "The Legacy of Japanese Colonization in Korea", in Ramon H. Myers ed., *The Japanese Colonial Empire, 1895-1945*, Princeton University Press, N.J., 1984, p. 496.

10 유선영, 앞의 책, 2017, 7쪽.

11 위의 책, 101-119쪽. 1919년에 총 7만 1,000명의 즉결심판자 중 절반이 태형을 받았으니 매년 경찰서에서 매질을 당한 조선인이 3만~4만 명은 되는 셈이었다. 태형은 1920년에 폐지되었다.

르시시즘)에 집착하기도 한다는 것이다.[12] 한국인들의 '자기 종족 비하적인 잘난체'를 하는 습성이 바로 그 식민지 근성에서 온 것인지 필자가 알 수는 없다. 그러나 필자 주변에서 그런 자조적인 넋두리는 지금도 흔히 들을 수 있다. 일제강점기를 살아간 한국의 지식인들에게는 동포들을 멸시하고 비하하고 부정하는 방법만이 오직 유일한 자신의 우월성을 확인하는 수단이었을 것이다. 그들은 자신이 아무리 똑똑해도 결코 일본인이나 서양인과 같은 지위에 오를 수 없다는 현실 속에서 조선인을 부정함으로써만 자신의 우월성을 확인할 수 있는 콤플렉스를 가지게 된다는 것이다. 그러한 경향을 당시의 민족언론도 비판하고 있다.[13] 지식인들은 자신이 열등한 동족과 '다르다는 것'을 확인하기 위해 거리를 두기 시작하면서 친일이 곧 문명화라고 혼동하다가 마침내 친일로 전향하게 된다. 그들에게는 그것이 근대화를 의미하는 것이었을 것이다.[14] 지식인층은 지배자에 대한 적극적인 협조자가 되거나 치열하게 저항하는 양 극단으로 갈라지게 된다. 어떤 일본 언론인은 "청일전쟁이 일본의 승리로 끝나자 조선인들은 정부의 각료를 비롯한 고위공직자들이 앞다투어 외국의 앞잡이가 되었다."고 썼다.[15]

---

12 위의 책, 28-29쪽. 파농은 카리브해 프랑스령에서 태어난 흑인 프랑스인이다. 그는 식민지민인 흑인들의 정체성에 관한 심리적 혼란을 보여주는 『검은 피부 하얀 가면』과 『대지의 저주받은 자들(The Wretched of the Earth)』(1963)의 저자다.

13 위의 책, 289-291쪽. 동아일보가 1925년 9월 8일 1면에 「자기망각증」이라는 제목으로 "조국에 대해 악언하고 민족성을 천시하는 것을 마치 큰 이익이나 자랑처럼 여기는 사람들이 많다"고 비난하고 있다. 또한 같은 신문 1929년 5월 23일자도 1면에서 「자부심과 자책심: 충고와 만매(謾罵)」라는 제목으로 "민족성에 대한 부정과 비하는 사회주의자건, 민족주의자건 식민지 지식인들이라면 외면하기 어려운 유혹이었다. 어느 면에서 식민지의 먹물깨나 들었다는 식자층은 조선과 조선인을 매도하고 질타하는 것을 사명으로 알았다."고 비판했다.

14 위의 책, 82쪽.

15 Peter Duus, *The Abacus and the Sword: the Japanese Panetration of*

이토 히로부미가 초대 통감으로 부임하자마자 관직과 양반으로서의 특권을 계속 유지하기 위해 접근한 지배계급 사람들의 도움을 받았다.[16] 1920년대를 풍미했던 계몽운동이나 민족개조론은 사실은 일본의 식민지지배에 협력하는 담론이었다.[17] 1922년경부터 만세 소요자에 대한 조선인의 밀고가 많아졌다는 총독부의 기록이 있다. 그것은 지식인들뿐만이 아니라 일반 대중들도 순응하게 되었다는 의미이다.[18]

우리나라에서 '일제의 잔재'를 식민지 트라우마 형태로 논하는 것은 주로 서구의 식민지 사례를 모델로 하기 때문이다. 그런데 한일관계는 유럽의 식민지지배 사례와는 본질적으로 다르다. 점령자인 일본과 피지배자인 조선은 문화적 뿌리를 공유하면서도 일본이 문화적 헤게모니를 주장할 수는 없었다. 기간도 35년으로 비교적 짧은 사실상의 '군사적 점령기간'에 불과했다. 그래서 '일제강점기'라고 하는 것이다. 마침 조선에 이주한 일본인들은 프랑스의 '피에 누아르'가 그랬던 것처럼 대개가 일본에서는 하층민이었던 영세 상인들이었다. 이들은 조선인을 상대로 사기, 고리채, 유흥업, 매춘업 등을 일삼아 원성을 샀다. 조선인들은 이들을 민도 면에서 경쟁해 볼 만한 상대로 여겼다.[19] 그렇기 때문에 탈식민주의 진단과 분석의 틀을 오용 또는 과용하면 마치 한국과 일본 간의 문명사적 단층이 큰 것으로 오해될 우려가 있다. 그것은 트라우마라기보다는 남아있는 습관이거나, 학문이나 사고의 '일본식 프레임'이라는 표현이 더 적합할 것 같다. 그것을 일

Korea 1895-1910, University of California Press, Berkeley and Los Angeles, Ca. 1998, p. 408.

16 위의 책, p. 212-215.
17 유선영, 앞의 책, 2017, 85-86쪽.
18 위의 책, 148쪽.
19 위의 책, 291쪽.

반적으로 '일제의 잔재'라고 해두기로 하자. 그 잔재는 보통사람들에게는 간단한 것들이었다. 필자가 어렸을 때는 "벤또(弁当·도시락)"라는 말이 일상적으로 쓰였다. 방안의 옷장은 "오시레(押入·오시이레)"였고, 소풍간다고 하면 어른들은 "원족(遠足·엔소쿠)을 가는구나"라고 되받았다. 고등학교 때까지 입었던 까만 교복은 일제 군국주의시대의 유물이었다. 군대에 입대했더니 "총기 수입하라"고 해서 조교에게 무슨 뜻이냐고 물었다가 박달나무 곤봉으로 한 대 맞으며 "아 그거 총 닦으라는 말이야"라는 답을 얻었다. 그것은 일본말 "데이레(手入·손질)"를 한자 그대로 쓰는 것이었다. 그것은 해방된 지 35년이 지난 뒤의 일이었다. 그런 것들이 일본말이라는 것을 알게 되는 데 그만큼의 세월이 걸렸다. 그리고 필자 자신은 일본식으로 사고하고 있다는 생각을 한 적은 없었지만, 필자보다 한 15년 연상의 외교관 선배들에 대해서는 "일본식으로 사고하고 있다"고 비난은 많이 했다. 필자의 선친은 이 세상에서 가장 좋은 트럭은 일제였고, "왜놈들은 대단하다"는 말을 되풀이했다. 그런데 이미 30대인 필자의 아이들은 일본을 그저 좀 신기한 문화가 있는 외국이라는 정도로 생각한다. 사실 '친일'이라는 말도 실제로는 일본식 프레임으로 사고한다는 말이 더 실상에 가까운 것이다. 그것은 주로 권력계층과 지식인들이 일제강점기 시절에 통용되던 사고방식이나 이론, 형식을 그대로 되풀이한다는 것을 비판할 때 쓰이는 정도의 말인데 정치적인 의미가 가미되면 '내부의 적'을 지칭하게 된다.

부르스 커밍스는 "어떤 한국인은 한국인 모두가 일제에 저항했다는 신화에 빠져 있고 어떤 사람은 아무도 일제에 협력하지 않았다는 신화를 믿는다. 이것이 일본이 한 일이라면 무엇이든 거부하면서도 사실상 많은 일본 관습을 채택하는 기묘한 패턴을 설명해준다."고 한국사회에 남아 있는 '일제 잔재'를 비꼬았다.[20] 한국의 지식인들은 100년 동안 서양 근대의 문물과 체계를 일본을 통해서 다시 배웠다. 따라서 거기에 묻어 있는 일본의 세계관을 배제할 수 없었다.[21] 해방은 되었지만 국력은 여전히 패전국 일본의 20분의 1도 되지 않는 초라한 집단이었다. 그 '일제 잔재'의 편린이 한국정치와 사회에서 계속해서 작동할 수밖에 없었다. 거기에는 대체로 네 가지 유형이 있다.

첫 번째는 자신의 기득권을 지키기 위해 옛 제도나 방식을 고수하는 것이다. 전직 일제의 앞잡이 노릇을 했던 경찰의 행태가 대표적인 사례로 지적되었다. 또한 정치적인 목적으로 친일과 반일 논란을 일으키는 포퓰리스트 정치인들도 여기에 해당된다. 학계에서 옛날의 지식을 제자들에게 강요하고 도전을 용납하지 않는 노교수도 이 부류에 속한다. 그것이 한국의 학문적 수준을 낙후되게 한 원인이기도 하다.

두 번째는 일제강점기의 잔재를 타파한다고 하면서 무의식적으로 그 시대의 프레임을 그대로 사용하는 것이다. 학계에서 많이 보이는 패턴이다.

세 번째는 일상생활의 습관화된 버릇이 보통 사람들의 생활양식에서도 나타나는 현상이다. 필자 세대에도 흔히 쓰이던 생활용어나 상행위 관례 같은 것들인데, 물론 지금은 거의 사라졌다.

네 번째는 일제강점기 통치를 변호, 은폐하는 소위 역사부정주의자들이 여기에 해당된다. 그 문제점을 진짜로 모르고 그런 행위를 한

20 Bruce Cumings, 앞의 글, 앞의 책, 1984, 481–482쪽.
21 전상숙, 『한국인의 근대국가관 '민주공화국' 재고: 식민지시기 국가의 이중성과 민족문제의 상관관계를 중심으로』, 도서출판 선인, 2017, 34쪽.

다면 좀 모자라는 인간이거나, 알면서도 그런다면 그것은 가장 사악한 매국 부류이다. 해방 후에도 서구문화는 일정부분 일본을 통해서 유입되었다. 학문에도 여전히 일본식 프레임이 녹아들어 있다. 특히 일본에서 공부해서 학위를 딴 사람들은 그런 경향이 강하다. 물론 이러한 행태는 친일 문제가 아니라 학문적인 수준의 문제이다. 어떤 교수는 평생 국내에서 좌파였다가 2년 동안 일본에 갔다 와서 단번에 우파 지식인으로 변하고 '식민지근대화론'을 주장하면서 친일주의자로도 변모했다. 외교관으로서 귀 아프게 들어왔던 말이 있다. "강대국은 재빨리 정책전환을 하기가 어렵다. 그것은 마치 항공모함이 방향을 트는 것과도 같다. 소형 선박에 비해서 장시간에 걸쳐 훨씬 더 큰 원을 그리며 전환한다"는 말이다. 학문도 깊이가 깊지 않으면 입장이나 이론을 그때그때 휙휙 바꿀 수 있을 것이다. 필자는 그런 경우를 일본의 어떤 세력에게 '포섭당했다'고 표현한다. 한국은 일본이나 중국, 미국 학계를 포섭하기는 어려워도 이 나라들은 한국 학계를 '포섭'하기는 쉽다.

한국사에 관한 역사인식도 일본이 안내하는 경로에 따라서 형성될 수밖에 없었다. 메이지 유신부터 러일전쟁까지의 시기에 일본인이 출간한 한국 고대사에 관한 저술이 모두 31종이나 된다고 한다. 물론 객관적이고 실증적인 연구에 바탕을 둔 것은 거의 없었다. 이 책들을 매개로 일선동조론과 임나일본부설(남선경영설) 등이 강력히 대두되었다.[22] 국내의 많은 사학자들이 식민사관을 정의하고 그 유형을 폭로했다.[23] 그러나 식민사관을 어떻게 분류하고 또 어떻게 비판한다 하더

---

22 한양대학교 비교역사문화연구소, 『식민주의 역사학과 제국』, 2016, 34-35쪽.
23 위의 책, 28-31쪽.

라도 필자가 보기에는 식민사학이라고 공격하는 민족사학도 그 기본 개념이나 인식은 일본이 만들었던 프레임을 벗어나지 못하고 있는 것으로 보인다. 결국은 식민사관적인 프레임으로 식민사관을 비판을 하는 것이다. 그런 패턴은 에드워드 사이드가 지적한 "오리엔탈리즘의 논리와 방법론으로 오리엔탈리즘을 비판하는" 패턴과도 같은 것이다. 역사학의 일본 프레임의 대표적인 사례가 「경제발전단계론」에 관한 것이었다. 19세기 말의 경제연구자인 후쿠다 도쿠조(福田德三 · 1874-1930)는 1902년 불과 몇 주간 한국을 여행한 후에 쓴 논문에서 한국경제 후진성의 원인이 봉건제도의 결여에 있다는 점을 지적했다. 이른바 '봉건제 결여론' 프레임이 탄생했다.[24] 그 이후 거의 100년 동안 한국의 역사학자들은 그 논리를 반박하고 부정하기 위해서 봉건제론이라는 프레임 속에서 발버둥쳤다.[25] 그리고 70~80년대에 '내재적 발전론', '자본주의 맹아론' 등이 나왔고 급기야는 일제강점기 때 비로소 경제발전의 기초가 마련되었다는 '식민지근대화론'까지 등장했다. 「경제발전단계론」과 「일본근대화론」에 관해서는 앞장에서 상세히 비판적으로 설명했다. 간단히 말하자면 '식민지근대화론'은 「일본근대화론」을 '일본의 한국지배 성과론'으로 재포장한 것이었다. 그것은 앞장에서 소개한 '일본식 모방 오리엔탈리즘'의 프레임이라고 할 수 있다. 한국과 일본의 입장을 바꾸어 예를 들면 이런 것이다. 직업적 관료제

---

24 위의 책, 40쪽; 하타다 다카시(旗田巍), 이기동 역, 『일본인의 한국관』, 일조각, 1997, 35-36쪽. 1902년 여름 젊은 경제학자였던 후쿠다는 한국을 여행하여 한국의 실상을 견문하고 동시에 자료를 수집했다. 그 견문.자료에 기초하여 이듬해인 1903년부터 1904년에 걸쳐 「韓國의 經濟組織과 經濟單位」라는 논문을 썼다. 서양 근대사회를 낳은 것은 봉건제도인데, 봉건제도가 없는 한국의 현상은 일본으로 말하자면 봉건제도가 성립되지 못했던 후지와라씨 시대(9세기 말-1185년까지)의 단계에 상당하다고 보았다.
25 한양대학교 비교역사문화연구소, 앞의 책, 2016, 54쪽.

도의 확립이 유럽 근대화의 하나의 기준이 된다면 이미 천 년 전에 일반적인 관리 등용제도인 과거제도를 시행했던 중국과 한국, 그리고 베트남은 그때서부터 이미 근대화된 것이라고 볼 수 있다는 서구 역사학자의 견해가 있다.[26] 그것은 권력을 세습귀족이 독점하지 못하도록 하는 장치가 되었고 사회적인 신분상승의 사다리도 되었다. 일본의 근대 사법고시제도는 그러한 과거제도를 모델로 한 것이었다. 일본은 역사적으로 관리 등용제도가 없었기 때문이다. 만약 한국의 어느 학자가 그렇기 때문에 일본의 근대화가 늦었다고 주장하고 일본의 학자들이 일본에서도 이전부터 관리 등용을 위한 '시험'이 있었다는 것을 입증하기 위해서 기록을 샅샅이 뒤지거나 그렇게 해석하는 이론을 만드느라 동분서주한다면 그것은 '한국식 오리엔탈리즘의 프레임'에 갇히게 된다는 것이다.

그러나 식민지근대화론을 주장하던 사람들이 이제는 더욱 진화(?)해서 네 번째 유형의 프레임, 즉 아예 노골적으로 '친일적 역사부정주의자'를 자처하고 있다. 그들은 스스로 "비도덕적인 등가물"을 만들어서 일본에게 바치는 사람들이다. 그것은 차라리 '자학적 등가물'이라고 표현하는 편이 더 나을 것 같다. 『반일종족주의』라는 책의 프롤로그 첫 문장은, "한국의 거짓말 문화는 국제적으로 널리 잘 알려진 사실입니다"라는 해괴한 말로 시작된다. 그것은 일본의 극우 역사부정주의자인 하타 이쿠히코(秦郁彦)의 20년 전 주장이라고 한다.[27] 그것은

---

26 Alexander Woodside, *Lost Modernity: China, Vietnam, Korea, and the Hazards of World History*, Havard University Press, Cambridge, Massachusetts, 2006, p. 2, pp. 17–31.

27 강성현, 『탈진실의 시대, 역사 부정을 묻는다: '반일 종족주의' 현상 비판』, 푸른역사, 2020, 35쪽.

100여 년 전부터 일본이 퍼뜨렸던 프로파간다였다.[28] 그리고 그 책의 각 장의 내용에는 불과 몇 권의 책이 참고문헌의 전부다. 철저히 고민하고 연구한 흔적이 보이지 않는다. 교묘한 통계 데이터 조작과 의도적인 오독으로 채워져 있다. "실로 악질적인 대목은 범죄통계로 '국민성'을 재단하는 행위 자체"라는 지적도 있다.[29] 또한 어떤 위안부가 1944년 말 당시 싱가포르에서 송금했다는 1만~2만 엔은 도쿄에서는 100여 엔 가치밖에 없었다고 한다.[30] 전쟁지에서 유통되는 화폐는 일본의 법정화폐인 엔이 아니었다. 지급되는 그 화폐는 그 지역의 인플레율 내지는 일본 엔화와의 교환 비율에 따라 그 실질 가치가 정해진다. 사실상 휴지가 되는 경우가 흔했다. 보통 사람들은 그러한 조건을 은폐하고 교묘하게 조작된 통계 데이터를 그대로 믿게 될 가능성이 크다. 그런 것은 일본식 거짓말 유형은 물론, 역사부정주의자들의 대표적인 수법으로 이미 잘 알려져 있는 것들이다. 경제는 명목화폐 가치를 기준으로 한다면 당연히 커지는 경향이 있다. 인플레 때문이다. 명목화폐 가치를 실질 가치로 환산조차 해보지 않고 그것이 많아졌다고 발전이라고 할 수 없는 것은 자명한 사실이다. 경제 통계와 사회적 데이터에는 그러한 많은 함정이 있다. 지식인이 비전문가인 일반 시민들에게 그런 개념을 하나하나 설명해주지 않으면서 그 통계수치를 증거라고 내세운다면 그는 사실상 미필적 고의에 의한 사기죄를 범하는 것이다. 두 개의 데이터가 있는데 하나만 제시하며 설명하는 것도 사기다. 단 한 개의 사례나 데이터만 가지고 그것이 일반적인 추세

28 위의 책, 78-79쪽.
29 위의 책, 74-75쪽.
30 위의 책, 118-119쪽.

라고 주장하는 것은 무지와 사기가 합쳐진 것이다. 그런데 그런 것은 많이 들어본 수법이다. 바로 일본식 거짓말 유형의 냄새가 나는 것이다! 이제는 그런 주장을 해서 맹목적인 이념적 지지자들에게 책을 파는 이익이나 취하는 지식인들은 없어져야 한다. 그런 지식인의 학문적 양심은 우리의 선조인 그 조선시대의 선비들보다도 못하다.

필자도 그 책을 보고 깜짝 놀랐고 슬펐다. 조선 후기의 경제사에 관한 그 명저를 쓰신 분이 이렇게까지 해야 하나 하는 처절한 아쉬움을 느꼈다. 필자는 그 책이 출간된 직후 대학동기 대화방에 다음과 같은 글을 올렸다.

"2003년경 내가 워싱턴에 근무하고 있을 때 그 책의 저자 중 한 분이 쓴 『수량경제사로 다시 본 조선후기』를 보고 만난 적도 없는 사람을 존경하게 되었다. 페르낭 브로델[31]의 『물질문명과 자본주의』나 하위징아의 『중세의 가을』의 한국판 스토리를 읽는 것 같았다. 그리고 10년도 더 지나 2015년 가을쯤 어떤 선배의 소개로 저녁을 같이 했다. 책을 읽고 존경하게 된 저자를 만나는 두근거림을 그때 처음 느꼈다. 그때 그는 조선은 노비사회였고 동족을 노비로 삼은 나라는 세계 역사상 조선이 유일하다고 했다. 또한 위안부는 매춘이었고, 일본에게 합병될 때 대부분 노비신분이었던 조선인들 중 많은 이들이 환영했고, 조선이 해방되었을 때 실망한 사람이 많았다고도 했다.

현재의 일본에 대한 역사비판이나 반일 프레임이 분명히 심하다는 측면이 있는 것은 나도 한탄한다. 그것을 학문적으로 비판해서 진실의 균형을 추구하는 것은 필요하고도 옳은 일이다. 그러나 자연과학도 아니고 사회학문에서 다른 이론을 완벽하게 부정할 수 있는 천재적 능력자는 있을 수 없는 것 아닌가. 나는 그래서 이 저자들이 궤변론자 같이 보이기도 한다. 역사에서 기록이라는 데이터는 중요하다. 저자들이 제시하는 사료

---

31 Fernand Braudel(1902.8.24.–1985.11.27.). 프랑스의 역사학자

는 그들이 박사학위를 가진 사람들이니까 맞을 것이다. 그러나 그분들은 그 반대 사료나 현장에서 일어날 수 있는 기록과 현실의 간극은 체험해 본 적이 없는 사람들 같다.

그리고 일본적인 사고와 그 방법론 냄새가 너무 난다. 일본 역사학의 주류는 랑케의 실증사학과 객관주의를 내걸고 있지만 그것은 서구역사의 철학적인 면보다는 방법론만 차용한 것으로 잘 알려져 있다. 일본 학계는 기록만이 사료이고 진실이라는 것이다. 그게 일본의 형식주의 만능의 실상이고 일본인이 (거짓이라는 인식도 없이) 너무나 자연스럽게 거짓말을 할 수 있는 기반이다. 그 책의 어떤 저자는 징용은 일제의 마지막 1년 정도였고 그 이전에는 모집이었다고 하면서 일제의 논리를 합리화한다. 어느 한 군데 탄광의 월급지급표를 제시하며 조선인 징용자가 대등한 대우를 받았다고 한다. 이 사람은 일본 우익이 제네바에서 주최하는 '위안부는 가짜'라는 세미나에 초청받아 간다고 공항에서 인증샷을 찍어서 SNS에 올리는 수준이다. 모집으로 집단 취업차 일본에 간 사람들도 분명히 있긴 있었던 것 같다. 오사카 총영사관 관할지역인 와카야마현에 당시 취업으로 왔던 함안 출신자만 사는 지역이 있다. 그러나 모든 징용이 다 강제연행은 아니라고 해서 모든 징용이 다 자유 선택이었다고 말할 수는 없다(난 연구자가 아니므로 일일이 반대 자료를 제시할 수는 없지만 반대 의견 학자들이 반대 자료도 많이 제시한다). 포주를 해서 돈 번 자와 직접 위안부로 일해서 돈 번 여자들이 많다고 주장한다. 그런데 그 근거 자료는 단 한 개의 케이스만 제시한다. 그러면서 포주는 다 조선인이라고 한다. 위안부가 다 자발적 매춘이라고 한다. 그러면 일본군위안부나 강제징용자들의 증언은 100% 다 거짓인가? 못 배운 사람들은 다 거짓말쟁이이고, 진실을 말할 자격도 없다는 걸까?

이 저자들에게는 세 가지 문제점이 있다. 첫째는 경제사 영역에 충실했다면 학자의 전문적인 견해로 존중되었을 것이다. 『수량경제사로 다시 본 조선후기』는 진짜 완전 명저다. 그러나 이 사람들은 너무 쉽게 남이 고생하는 전문 연구영역을 휘젓는다. 한일청구권협정에 관한 문서를 읽어나 보고 원래 청구할 재산권도 없다는 소리 하나? 분명히 말하건대 한국은 청구할 재산권이 있고 일본은 없다. 미군정당국이 일본재산은 모두 압류했고 이를 한국 정부에 모두 이관했기 때문이다. 일본이 클레임하려

거든 한국이 아니라 미국에 해야 한다. 일본이 한국을 영구지배하려 한 것이 미덕이라는 말인가? 그래서 일본이 조선을 같은 한 나라로 대접했다고? 소위 내지(일본)와 조선은 법률적으로나 사회적으로 다른 나라였다. 조선은행권과 일본은행권은 완전 별개였고 조선은행권은 동남아에서 전쟁군표로 썼다. 동남아지역에서 휴지가 된 조선은행권도 많았다고 일본이 발행한 조선은행史에 쓰여 있다. 사실과 다르고 왜곡된 주장이 많다.

두 번째는 학문적 분석의 객관성을 버리고 처음부터 결론을 내리고 모든 자료를 거기에 끼워 맞추는 게 너무 일본식이라는 거다. 귀납적 방법론을 쓰면서 연역적 결론을 내리는 것은 완전 일본식이다.[32]

세 번째는 그런 방법론으로 너무나 큰 극단적인 결론을 내린다는 것이다. '전부가 불법 강제연행이나 비인도적 강제노동은 아니었다'라고 균형만 잡았다면 이 사람들 훌륭한 일을 했다고 학문적 평가를 받을 텐데… 일본군위안부가 100% 다 강제로 끌려가고 모두가 다 강제징용 당하지는 않았을 것이라는 것은 합리적인 추론일 수 있다. 한일 간에 서로 "위안부는 모두 다 머리채 잡혀 끌려갔다", "아니다 모두 다 매춘이다"라는 토톨로지 싸움이야말로 저질 논쟁이 되었다. 그런데 좌파가 구닥다리 반일 프레임으로 한국사회를 휘젓는다고 해서 이에 대항하는 우파를 자처하며 똑같이 정반대의 극단 프레임을 추구하는 것은 좀 저질 냄새가 난다. 그것은 건전한 보수우파를 망하게 하는 행위다.

이 책은 한일관계의 전체적인 내막을 자세히 모르는 한국 사람들뿐 아니라 처음부터 일본인들을 독자로 상정했을 것이다. 일본어로 번역될 것이고 저작권료는 큰돈이 될 것이다. 일본어 서적시장은 얼추 우리의 네다섯 배 되고 이런 류의 책은 최소 10만 부는 보장된다. 한국인 ***라는 ××이 쓴(실제는 대필 의심) 한국을 폄하하는 책이 수만 부가 팔린다."

상대방의 입장이나 사정을 이해하는 것이 옳은 일이기는 하다. 그러나 '자학적 등가물'을 만들어내는 방식으로, 잘못에 대한 인식도 없고 아무런 반성의지가 없는 가해자를 이해하는 것이 곧 정의(正義)를

---

32 앞장의 역사부정주의 사례 참조.

실현하는 것은 아니다. 그런 관점에서 서경식 교수는 마치 일본인의 시각에서 한국인을 비판하는 듯한 입장을 보여오고 있는 박유하씨의 학문적 수준과 편향성을 지적하고 비판했다.[33] 어떤 수준이든 어떤 형태이든 간에 이런 문제에 관한 한 한국인의 자기반성은 내부를 향해서 할 일이지 일본이라는 외부를 향해서 할 일은 아니다. 그런다고 해서 일본인들이 스스로 반성하게 될 가능성은 전혀 없다. 한국의 지식인이 자기만의 '보편성'이나 '객관성'에 심취하는 순간 '매국'의 나락으로 떨어져버리는 것도 이 때문이다. 그렇기 때문에 우리 스스로의 반성은 전제가 깔리고 더 정교하게 구성되어야 한다. 그래서 우리 정치인이나 지식인들이 일본 언론과 인터뷰하는 것도 경계하고 치밀하게 계산된 준비를 해야 하는 것이다. 왜냐하면 일본 쪽이 그렇게 준비하기 때문이다. 토머스 홉스(Thomas Hobbes · 1588-1679)는 『리바이어던』에서 "남이 너에게 행하기를 원치 않는 일은 너도 남에게 하지 말라"고 강조했다. 그러고 보니 공자가 말한 "기소불욕 물시어인(己所不欲 勿施於人)"과 의미가 완전히 똑같은 말이다. 홉스는 이 말은 일종의 "내면의 법정(in foro interno)"에서나 통하는 자연법 개념이지 "외부의 법정(in foro externo)"에서는 통하지 않는다고 말했다. 겸손하고 유순하고 약속을 잘 지키는 사람이, 아무도 그렇게 하지 않는 시대와 장소에서 혼

---

33 서경식, 한승동 옮김, 『다시, 일본을 생각한다: 퇴락한 반동기의 사상적 풍경』, 나무연필, 2017, 91쪽; 서경식·다카하시 데쓰야(高橋哲哉), 한승동 옮김, 『책임에 대하여: 현대 일본의 본성을 묻는 20년의 대화』, 돌베개, 2019, 58쪽, 106-107쪽; 박유하, 『제국의 위안부』, 뿌리와 이파리, 2015(2판), 339쪽. 박유하씨는 또한 『제국의 위안부』 부록에 실린 한 세미나의 발제문이라는 「위안부 문제, 다시 생각해야 하는 이유」라는 글에서 "일본의 우경화는 자연발생적인 것이 아니라 한국의 대일 자세가 그렇게 만든 측면이 있습니다. 최근 눈에 띄게 늘어난 혐한 현상 역시 마찬가지입니다. 개인관계뿐만이 아니라 국가관계도 상대적인 것이기 때문입니다."라고 말했다. 필자 주: 독자들은 이런 논리가 정상적인 것인지 생각해보기 바란다.

자서만 그렇게 한다면, 그는 다른 사람의 먹이가 되고 말 것이고 자기 자신의 파멸을 초래할 것이기 때문이라는 것이다.[34] 홉스는 400년 전에 이미 현대의 스톡홀름신드롬과 '자학적 등가물'을 경고한 것이다.

한국의 역사부정주의는 자기성찰이 아니라 한마디로 자기부정과 자기혐오를 바탕으로 하고 있다. 역사갈등의 가해자가 아닌 피해자 측이 말하는 역사부정주의는 기괴하고도 기만적이다. 그들의 비난의 화살은 철저하게 외부가 아닌 내부를 향해 있다.[35] 그것은 학문적 수준을 물어야 하는 문제이기도 하다. '일본근대화론자'들이 자신들의 몰가치적인 통계만능주의를 "가치문제로부터 자유로운 가치(the value of the "value free")"라고 말장난처럼 표현했던 것처럼, 한국의 역사부정주의자들은 '진실로부터 자유로울 수 있는 자유(the freedom of the "truth-free")'를 추구하는 사람들이다. 한편 이러한 사람들과 정반대 입장에 있다는 사람들이 "토착왜구를 사냥한다"는 반일 프레임을 강화할수록 일제 잔재의 트라우마는 더 심화되고, 일본 프레임의 족쇄는 더 조여지게 된다. 스스로를 일본의 사슬로 묶는 것이나 마찬가지다. 그것이 바로 일본이 바라는 이일대로계(以逸待勞計)일 것이다. 사실상 '일제의 잔재'는 한국인 스스로가 실제보다 증폭시키고 재생산하는 측면이 크다. 그것은 한국이 일본보다 우월적이고 일본을 능가하고, 이겨야 한다는 한국식 "negritude"심리[36]를 조장할 우려가 있다. 그러나 한국은 이미 그런 수준은 넘어섰다. 한국이 이만큼 일본을 따라잡은 것은 세계 어느 역사를 보더라도 기적에 가까운 것이다. 민주주의도 그렇

---

34 토머스 홉스, 진석용 옮김, 『리바이어던 I』, 나남, 2008, 212-213쪽.
35 강성현, 앞의 책, 2020, 264쪽.
36 "흑인이 사실상 우월한 문화적 수준을 가지고 있다"고 주장하는 것

다. 미국은 일본에게 헌법을 만들어주었다. 일본의 민주주의는 일본인 스스로 이룩한 것이 아니라 점령군에 의해서 "명령받은 민주주의"이고 "배급받은 자유"라고 일본인 스스로 규정했다. 일본 사회는 그 헌법의 정체성과 일본인 스스로의 헌법을 만드는 문제로 분열되어 있다. 그런데 한국인은 스스로 민주공화제를 택하고, 스스로 그 헌법을 만들었다. 한국인에게는 민주주의를 충실하게 소화할 수 있는 내재적 전통이 있기 때문이다. 그것은 주자학적 용어로 민본주의를 의미하는 "왕도정치"라고 했고, 역성혁명론은 늘 왕권을 위협했다. 한국인은 서구식 민주주의에 미숙함이 있었고 일시적으로 독재의 양상을 보이기도 했으나 민초들의 직접적인 힘으로 성숙한 다원적인 민주주의를 성취하였다. 경제발전의 성과는 더 이상 말할 나위도 없다. 한국인이 스스로의 과거를 부정하고 자신의 일족을 비하하고 적대시해야 할 아무런 이유가 없다. 따라서 국민을 두 개의 진영으로 갈라치기해야 하는 이유도 없는 것이다. '일제의 잔재'는 다시 말하거니와 권력자들의 욕심 속에, 그리고 지식인들의 나태함 속에 있는 것이지 우리 국민들 속에 남아있는 것은 아니다.

근대 이후의 한일관계사는 일본의 거짓말의 종합 역사이자 한국 정치의 무능함의 역사였다. 그러나 일본의 거짓말과 그 의도를 다 파헤쳐 폭로하고 일본에게 반성과 사과를 촉구하는 것이 곧 한국이 정의로워진다는 것은 아니다. 자전적 소설인 『The Lost Names』을 쓴 재미작가 김은국(Richard Kim · 1932-2009)씨는 1980년대 초 한 일간지 칼럼에서 자신의 소설의 제목이 처음에는 『빼앗긴 이름』으로 번역되었던 것을 자신의 요청으로 『잃어버린 이름』으로 수정되었다고 썼다. 그것은 '빼앗겼다'라는 말에는 빼앗긴 사람의 책임은 전혀 없다는 뉘앙스가 담겨 있기 때문이라고 했다. 이름을 빼앗긴 자들의 책임도 감안한다면 '잃어버렸다'는 말이 더 적절한 번역이라는 것을 강조했다. '빼앗긴'이 아니라 '잃어버린'의 관점에서 우리의 역사를 조망하는 자세와 능력이 필요하다는 의미일 것이다. 한국은 피해자의 몫만큼의 불의를 저질렀다. 따라서 일본의 과거사를 단죄함과 동시에 한국의 과거사에 대한 통철한 반성과 사유가 없다면 역사인식은 정리가 되지 않는다.

국립외교원의 김종학 교수는『개화당의 기원과 비밀외교』에서 근대 개화기의 조선지식인들의 대외적 행태를 외교사료를 바탕으로 분석하여 비판하고 있다. 구한말 주로 중인계급의 인물들인 개화당은 같은 조선인보다 서양인이나 일본인을 더 신뢰해서 스스럼없이 자신들의 음모와 정체를 털어놓고 도움을 청했다.[37] 1874년 3월 6일 역관 오경석은 주중 영국공사관의 메이어스(William F. Mayers) 서기관을 찾아가 이러한 속내를 털어놓았다. 메이어스가 본국 외무성에 보고한 기록에 의하면 오경석은 조선이 청이나 일본과 마찬가지로 서양국가들과 외교를 시작하지 않을 수 없을 것으로 확신하고 있지만, 다만 조선의 지배층이 문제라고 말했다. 지배층은 구체제로부터의 변화를 완강히 거부하고 있다는 것이다. 또 소수의 세도가와 그 친족들은 자신들의 특권이 줄어들 것을 우려해서 외부세계로부터 정보가 유입되는 것마저 철저히 막고 있다고 하소연했다. 따라서 조선사회의 변화는 오직 힘(force)에 의해서만 가능하다는 것이 그의 확신이었다.[38] 오경석은 3차례나 영국공사관을 비밀리에 방문해서 군함을 동

---

37 김종학,『개화당의 기원과 비밀외교』, 일조각, 2017, 15쪽.
38 위의 책, 29쪽.

원해 조선을 침략해 줄 것을 간청했다. 메이어스는 이런 오경석의 발언을 납득하기 어려웠다. 메이어스는 오경석의 간청은 "기묘한 희망 (the singular hope)"이라고 표현했다.[39] 오경석은 1876년 1월 일본 군함 6척이 강화도에 진입하기 직전, 일본 대표에게도 조선의 내부사정을 밀고하고 일본이 위엄을 보이고 최대한 국위를 떨치는 것이 최선이라고 무력간섭을 간청했다.[40] 오경석은 일본인들과 내통하면서 이번 기회에 일본 군함이 무력을 과시해서 조선사회가 큰 충격을 받기를 갈망하고 있었다.[41] 비슷한 시기에 개화승 이동인도 일본에 있는 주일영국공사관의 사토우 서기관을 찾아가 오경석과 같은 취지로 영국의 개입을 요청했다. 이러한 개화당의 음모는 말하자면 이독제독(以毒除毒), 즉 독으로 독을 제거하는 극약처방에 비유할 수 있다.[42] 그러나 일본 외무성에서는 이동인과 개화당을 조선 내부의 정세를 탐지하기 위한 정보원으로만 여겼을 뿐, 실제로는 그다지 신뢰하지 않고 있었다.[43] 청국 관헌은 박영효와 김옥균을 경박재자(輕薄才子)로 평가했다.[44] 이들은 생면부지의 외국인들에게 비밀스런 속마음을 털어놓았다. 그래서 개화당의 정체가 조선 사료보다는 외국 사료를 통해서 더 생생하게 파악된다고 한다.[45]

요즘의 개념으로 말하자면 그들은 '간첩질'을 한 것이나 마찬가지

39 위의 책, 33쪽.
40 위의 책, 38-40쪽.
41 위의 책, 50쪽.
42 위의 책, 90쪽.
43 위의 책, 112쪽.
44 다보하시 기요시(田保橋潔), 김종학 옮김, 『근대 일선관계의 연구 上』(1940), 일조각, 2013, 813쪽.
45 김종학, 앞의 책, 2017, 377쪽.

였다. 그러나 문제는 가난이었고 그 가난은 정치로 인해서 초래된 것이었다. 나라가 가난하면 천재나 위인도 나타나지 않는다. 왜냐하면 천재나 위인은 태어나는 것이 아니라 그런 환경 속에서 성장하고 자신이 속한 나라의 후광을 업고 세계에 알려지기 때문이다. 한 국가의 정부가 가치 있게 작동하지 않을 때 정치인이나 관리들은 도둑이 된다. 그런 사람들은 대외관계에서는 간첩이 될 것이다. 김종학은 '애국'과 '매국'의 차이는 처음에는 털끝만큼의 차이에서 시작하여 나중에는 천리 차이가 난다고 보았다. 김옥균-이완용-이용구로 이어지는 계보와 서재필-안창호의 계보는 크게 다른 것 같지만, 사실 그 차이는 굉장히 미묘한 지점에서 갈라질 뿐이라는 것이다.[46]

가난하면 아무리 아름답고 경이로운 전통문화도 기괴한 원시인의 춤이 되고, 전통 예술작품도 헐값에 거래되는 고물이 되거나 기껏해야 남의 나라 부잣집 거실의 장식물이 된다. 가난하면 검소한 척하는 것도 잠시뿐 물질적인 궁핍은 점차 정신적인 퇴락을 초래하고 비굴하고 뻔뻔스러운 용기를 가져다준다. 자학(自虐)하고 자조(自嘲)하는 것이 역사를 반성하는 것은 아니며, 스스로의 역사를 반성한다고 해서 자학사관으로 연결되는 것도 아니다. 또한 반성이라는 것은 무조건 과거를 부정하는 것만으로는 성립되지 않는다. 반성에도 그 수준과 능력이라는 '품위'가 있어야 한다. 한 사회가 스스로 역사를 반성할 수 있다는 것은 사회적 포용력을 발휘할 수 있다는 것이며, 그만큼 사회적 지능지수가 높다는 것이고, 발전의 동력이 있다는 것을 의미한다. 우리 사회를 갈기갈기 찢어내고 우리가 가진 힘을 잘게 잘게 분열시켜 와해시킬 때가 아니다. 사실 일본과의 역사문제는 일본에 대한 원

---

46 위의 책, 384쪽.

한과 증오를 내세운 반일이나 국내의 정치적 반대파를 몰아붙이기 위한 재료로 쓰기 위해 파내는 것이 되어서는 안 된다. 이제는 정치리더들이 과거의 부끄러운 정치리더들의 행위를 거울로 삼고, 지난 세월 국민들을 보호해주지 못한 국가의 책임을 통감하고 대신 국민들에게 사죄하는 도덕적 여유도 가져야 할 것이다. 그리고 다시는 안중근의사나 윤봉길의사와 같은 젊은이들을 죽음으로 내몰고 영웅으로 치켜세우는 그런 국가적 불행을 저지르지 않을 것을 약속해야 한다. 우리 스스로의 역사반성이 있어야 일본에게도 제대로 된 역사반성을 촉구할 수 있다. 일본과의 역사문제의 본질은 일본이 과연 앞으로 우리의 진정한 우방이 될 수 있을 것인가 아니면 또 같은 나쁜 짓을 되풀이하는 불량이웃이 되어 경계를 강화해야 하느냐 하는 미래에 관한 것이다. 또한 우리 정치리더십에 대한 진지하고 겸허한 반성의 재료이기도 하다. 19세기 말에 이노우에 고와시(井上毅 · 1844-1895)는 "조선의 실태를 목격하니 도저히 동맹으로 합칠 나라가 아니었다"고 말했다고 한다.[47] 일본을 우호국으로 만드는 길을 정하는 것은 상당 부분 우리의 책임이라는 의미로 받아들이고 싶다.

한국은 아시아에서는 흔치 않게 국민의 혁명을 통해서 민주주의를 이룩했다는 자부심을 자랑할 자격이 있다. 그만큼 한국이라는 사회는 일본과 같은 "늪지대"[48]는 아니다. 밖에서 들어오는 이데올로기나 가치가 뿌리가 썩어서 고사되지도 않고, 원형이 손상되지 않은 상태에

---

47 하종문, 『왜 일본은 한국을 정복하고 싶어 하는가: 정한론으로 일본 극우파의 사상적 · 지리적 기반을 읽다』, 메디치미디어, 2020, 188쪽.
48 엔도 슈샤쿠의 소설 『침묵』에서 페레이라 신부가 옛 제자 로드리고 신부에게 일본 사회를 풍자한 말. 일본에 들어온 모든 외래 사상은 일본이라는 늪지대에 빠지고 결국에는 그 뿌리까지 썩어버린다고 했다.

서 한국의 토양을 먹으며 잘 자랄 수 있다. 이미 35년 전 일본 도쿄에서 새로 부임한 한국대사와 한국특파원의 대화 속에서 젊은 초임 외교관이었던 필자는 그런 긍정적인 단초를 보았다. 신임 이원경 대사는 '직접선거를 통해 선출된' 노태우정부의 초대 주일대사로 1987년 봄 일본에 부임하여 주요 인사들을 예방하고 있었다. 일본정치를 담당하고 있던 필자도 대사를 수행하고 있었다. 어느날 대사가 도쿄의 정가(政街)인 나가다초(永田町) TBR빌딩의 어느 유력 일본정치인 개인사무실을 방문했다가 나오는 길에 한국의 유력 일간지 일본특파원을 만났다. 대사는 1층 로비에서 커피 한잔 하면서 그 기자와 담소하다가 문득 그의 의견을 물었다. 곧 일본의 공영방송인 NHK뉴스에 직접 출현하여 단독 인터뷰를 하게 되어 있는데 어떤 언어를 써야 할지 고민이라고 했다. 그 문제는 매우 예민한 문제라고 생각되었기 때문에 대사뿐 아니라 대사관의 간부들도 고심하고 있었다. 이 대사는 일제강점기에 고교시절부터 일본에서 공부를 했기 때문에 일본어는 모국어 수준으로 잘 한다. 그런데 굳이 통역이나 자막을 이용해야 하는가 하는 현실적인 측면과, 한국인의 대일감정과 관련된 국민정서 상의 고민이 있었다. 대사에게 어느 누구도 똑 부러지는 의견을 내놓지 못하고 있었다. 그러자 그 특파원이 명쾌한 답을 내 놓았다. "대사님이 일본방송에서 일본어로 직접 발언하시는 것은 좋지 않습니다. 그러나 (필자를 가리키며) 이 서기관이 일본어로 직접 인터뷰한다면 그것은 자랑스러운 일일 것입니다. 왜냐하면 대사님은 일본어를 강제로 배웠고 이 서기관은 스스로의 필요에 의해서 공부했기 때문입니다. 같은 일본어가 한국인에게는 아직 그런 극단적인 차이가 있습니다." 그날 이후 대사나 참모들 모두 고민하지 않았다. 대사는 한국어로 답변하고 일본어 자막을 화면 밑에 까는 것으로 정했기 때문이다. 필자는 같은 내용이 원인과 인식에 따라서 그렇게 정반대로 해석될 수 있다는 것을 그때 처음 경험했다. '일제의 잔재'도 현재의 한국 사회의 수준 여하에 따라 배척의 대상이 되기도 하고 자산이 되기도 할 것이다.

한국사회의 토양이 "늪지대"가 아니라는 또 하나의 사례를 경험한 적이 있다. 필자는 2000년 봄부터 외교부 통상교섭본부에서 우리 통상외교에 관한 홍보와 언론대응을 담당하고 있었다. 언제나 그렇듯이 당시에도 미국의 시장개방 압력에 따라 우리나라의 시장개방문제가 가장 큰 정치이슈가 되어 있었다. 특히 스크린쿼터 폐지가 큰 이슈였다. 모든 영화인들이 스크린쿼터를 고수할 것을 주장하면서 삭발식까지 거행했다. 한덕수 통상교섭본부장이 한국의 통상정책을 이끌며 고심하고 있었다. 어느날 가수이자 방송인으로 유명한 배철수씨의 칼럼이 유력 일간지에 실렸다. 제목은 잘 기억나지 않는데, "내 직업은 DJ다. 선배들이 요즘 뭐하냐고 물으면 DJ한다고 대답한다. 선배들은 40이 넘어서도 그 일을 하냐며 측은해 한다…"라는 내용으로 시작된다. 기사 속 내용은 이러하다. 과거 70년대 방송에서 틀어주던 음악은 거의 미국 팝송이었다고 한다. 당시에는 한국가요를 틀면 촌스럽다고 난리였다는 것이다. 그러나 요즘(2000년) 자신이 트는 음악은 모두 한국가요라며 자기도 못 느끼는 사이에 이렇게 정반대로 변했다는 것이다. 그건 아마도 70년대에 미국 팝송을 열심히 듣고 베꼈기 때문에 오늘날 이런 수준의 한국음악이 탄생할 수 있었던 게 아닌가 싶다고 한다. 그러면서 이렇게 마무리했다. "뭐 요즘 영화계에서 난리치고 있는 '스크린쿼터' 같은 '가요쿼터'가 있었던 것도 아닌데…." 필자는 그 기사를 오려내어 한 본부장에게 드렸더니 그는 그것을 한동안 윗

주머니에 넣고 다녔다. 《기생충》이라는 우리나라 영화가 오스카상까지 타는 것을 보면서 그 때의 일이 생각났다. 오늘날 한국의 K-POP이나 K-CINEMA가 전 세계적으로 각광을 받게 된 것은 한국의 자유롭고 개방적인 토양 때문인 것은 틀림없는 것 같다. 무엇보다도 한국이 더 이상 '가난하지 않기' 때문일 것이다. 마찬가지로 요즘 필자 내외는 어느 방송의 크로스오버 4중창 경연 프로그램을 즐겨보면서 우리 젊은 성악가들이 주로 칸초네를 이탈리아 말로 부르는 것을 보면서 우리 노래가 없는 것이 좀 아쉬웠다. 그러나 멀지 않은 장래에 K-Crossover가 전세계적으로 유명해질 것이라고 확신하고 있다.

2. 한국과 일본이 이웃국가로 살아가야 하는 이유

한국에 대한 대중적 편견의 뿌리는 일본 사회에 아직도 남아 있다. 일본의 일반 서점에는 아예 혐한서적 고정코너가 마련되어 있다. 반면 한국 내 서점에는 그렇게 공개적인 혐일이나 반일 코너는 없다. 필자는 사실 1989년 말 일본 근무를 마치고 한국의 주폴란드 대사관 개설요원으로 폴란드로 떠나면서 다시는 일본 관계 일을 하지 않겠다고 마음먹었다. 그 이유는 일본과의 외교라는 것이 국제적인 그리고 보편적인 인식 수준과는 너무 달랐기 때문이었다. 국제인이 될 수 있는 교훈이나 학습효과를 기대할 수가 없었다. 그 당시에 일본의 경제력이 세계 2위고 미국과 G2 운운하고 있어도 일본이 세계적인 보편적 가치를 만들어낼 가능성도 전혀 없었다. 젊은 필자는 그런 외교가 별로 재미가 없었던 것 같다. 필자의 아주 가까운 언론인 친구가 있다. 그는 유력 신문의 사회부 기자였다. 필자가 그에게 "일본특파원은 정치부 기자가 아니라 사회부 기자가 오면 더 잘 할 것이다"라고 몇 번 말했던 적이 있었다. 이유는 한일 간 외교는 주로 사회면에 실릴 만한 일이 외교 어젠다가 되기 때문이었다. 그래서 사회부 기자가 기사 냄새를 더 잘 맡을 수 있다고 본 것이다. 그래서 그랬는지는 모르겠으나 그 친구는 필자가 일본을 떠난 후에 일본특파원으로 가서 4년 이상을 장수하며 성공적으로 임무를 마치고 돌아와서 정치부장과 편집국장을 거쳐 임원으로까지 승승장구했다. 역시 그가 보는 일본 사회나 한일관계는 양국 사회에 깊게 드리워져 있는 그늘까지 파헤치는 독특한 통찰력이 있다. 아무튼 한일 간 외교문제가 양국 국내의 사회문제와 긴밀하게 연관되고 있다는 특징이 양국 국민들의 일상생활에서 한일관계와 관련된 문제가 자주 입에 오르내리는 이유가 되는 것이다. 물론 한국인이 여전히 더 예민하겠지만….

이런 이야기를 하게 된 것은 한국과 일본은 국력의 차이 변화가 어떻든 간에 서로가 벌거벗고 있다고 해도 좋을 정도로 가까운 사이라는 것이다. 한국과 일본은 마치 서로가 "어제 저녁 그 집이 외식 나가서 무엇을 먹었는지까지 속속들이 다 알고 있는," "엘리베이터를 같이 쓰는 바로 맞은편 집" 같은 관계이다. 그래서 싸움이 나면 크게 벌어진다. 서로가 싸움질만 하면 동네 전체에 대해서 체면이 서지 않는다. 그렇기 때문에 필자는 한국의 외교는 일본문제로부터 출발한다고 생각한다. 일본문제를 넘어서는 것이 한국외교의 시작점이라는 것이다. 그렇다면 한국의 진정한 외교는 아직 시작되지도 않은 셈이 된다. 그렇다고 해서 한국이 꼭 '일본을 이겨야 한다'는 의미는 아니다. 한국인들이 일본과 얽힌 과거의 기억을 어떤 형태나 내용으로든 잘 소화해 내고 일본과 신선한 출발을 할 수 있다면 그것이 일본문제를 넘어서는 것이다. 그것은 일본에게도 마찬가지이다. 한국을 우호적인 이웃으로 만들지 않고는 세계 무대에서 일본을 내세우기가 어렵다. 그것은 나카소네가 누구보다도 절실하게 깨달았던 것 같다. 그렇다면 우리는 한 번쯤 외교라는 기본을 되돌아봐야 할 것이다. 외교는 기술이 아니다. 외교의 기본은 그 나라의 국력이다. 경제가 탄탄하고 외부 위협에 대한 억지력을 유지하면서 국민이 파국의 비용을 감당할 의지가 클수록 그 나라의 외교적 자산은 강해지는 것이다. 그 연후에 민주주의국가인가 독재국가인가 등 그 나라에 대한 이미지가 작용한다. 세계에서 그 나라가 어느 정도 '지위'에 속하는가 하는 것이 정해진다. 그것은 국가의 계급이 아니다. '남들이 나를 어떻게 생각하나' 하는 이미지이다. 그것을 바탕으로 스스로의 국가이익의 범위와 행동 반경을 정하고 가능한 수단을 활용하는 것이다.

　한국은 강대국인가? 아니다. 그러면 주요국에는 들어가는가? 그렇다. 한국은 이미 선진국 그룹은 물론 주요경제국 회의인 G20 그룹에 들어가 있고 연례 G7회의에는 거의 매번 초청되는 나라가 되었다. 한국의 GDP가 동남아 국가들보다 월등하게 크다고 해서 그 나라들보다 외교적 독립성도 큰가? 아니다. 한국은 분단되어 북한과 대치하고 있고 주변이 모두 큰 나라라서 지정학적으로는 약한 나라 취급을 받는다. 여기서 한국의 외교적 지위에 대한 이미지가 형성된다. 그러니 일단 한국은 강대국이 아닌 비강대국이라고 분류하고 강대국의 외교적 이익이나 수단과 한 번 비교해 보기로 하자. 같은 사안이라도 강대국과 비강대국의 외교는 정반대의 모양새가 된다. 그런 인식은 이미 2천여 년 전에 투키디데스가 『펠로폰네소스 전쟁사』에서 소개하고 있다.[49] 우선 강대국일 경우 '힘이 있다'는 의미는 '힘이 센 것처럼 보인다'는 것이다. 반면 비강대국은 힘을 기준으로 할 수는 없고 자신이 전략적으로 매력적이고 가치 있도록 보이는 것이 중요하다. 강대국은 환경과 질서를 만들 수 있지만 비강대국은 그렇게 만들어지는 환경과 질서에 잘 적응하고 또한 그것을 자신에게 유리하게 잘 이용할 수 있어야 한다. 강대국은 여러 나라에게 양다리를 걸칠 수 있지만 비강대국은 어느 편이냐고 압박받는 상황이 계속될 것이다. 만약 양다리를 걸치면 양쪽에서 동시에 공격받거나 버림받을 수 있다. 이것을 국제정치학에서는 연루의 공포(fear of entrapment)와 방기의 공포(fear of abandonment)라고 한다. 2차대전 직전 독일과 소련에 대한 폴란드의 양다리 외교의 비참한 결과가 그 대표적인 사례다. 강대국의 외교는 현실주의(realpolitik)를 내세울 수 있지만 비강대국은 아이디얼리즘(이상주의)적 프레임을 내세울 수밖에 없다. 강대국은 과거의 적국을 동맹으로 활용할 수 있고 현재의 적국과도 대화할 수 있지만, 비강대국은 그런 것이 거의 불가능하다. 강대국은 자신의 정책을 하나의 독트린(원칙)으로 제시하고 유지할 능력이 있다. 그러나 비강대국은 그러한 능력이 없다. 수시로 바뀌는 조건에 따라 적응해 가야 한다. 강대국은 문제해결에 양자교섭 방식을 선호하겠지만 비강대국은 가능하다면 유엔 등 다자주의나 지역협력의 틀이 더 바람직하다고 생각할 것이다. 키신저와 같은 강대국의 외교정책 입안자는 어떤 지역이나 국가에 대한 외교정책을 실험할 수 있고, 실패하더라도 미국이 그 대가를 치르지 않는다. 마치 남의 머리에 대고 리벌버 권총의 발사확률을 시험하는 러시안 룰렛 게임 같다. 반면 비강대국의 외교적 실험은 권총

---

49 투키디데스, 박광순 역, 『펠로폰네소스전쟁사(상)(하)』, 2017, 범우. 86-97쪽.

을 자기 머리에 대고 실험하는 것과 같은 것이다. 외교적 실패는 당장 안보와 경제면에서 치명적인 손실을 초래한다. 따라서 한국은 미국이나 중국, 러시아와 같은 강대국의 정책이나 학자들의 견해를 참고는 할 수 있겠지만 흉내를 내는 것은 위험하다. 그래서 키신저 같은 사람이 한국의 외교장관이 되더라도 위대한 외교관으로 역사에 남을 가능성은 거의 없다.

외교의 두 번째 기본 포인트는 외교는 결코 진실을 파헤쳐서 심판하는 기능은 아니라는 것이다. 외교적으로 해결한다는 것은 진실을 밝히고 범법자를 처벌하고, 반드시 사과를 받아야 하는 것은 아니다. 외교는 여러 가지 이익이나 목적을 위해서 여러 가지 타협을 여러 가지 형태로 선택할 수 있는 영역이다. 따라서 어떤 사안은 국민의 감정과 약간 결이 다른 내용이나 형태로 '봉합'할 수도 있다. 그것은 그렇게 하는 것이 '외교적 가성비'가 있다는, 즉 더 큰 국가이익이 된다는 의미이다. 외교에 관해서 정치지도자가 '건설적인 거짓말'을 해야 하는 경우도 있다.[50] 외교에서는 필연적으로 사실이나 진실인 것처럼 보이는 것은 사실이나 진실로 간주하는 경향이 있다. 진실을 찾아내라고 요구하는 보통사람들의 감정과 국가라는 공동체의 안전과 이익을 위한 현실의 간극을 원만하게 메우는 것이 정치지도자의 역할이다. 국민의 말만 잘 듣는 것이 전부는 아니다. 문제는 그 리더십이 민주주의적인 인식과 절차에 따라서 행해져야 한다는 것이다.

세 번째는 일본에 대한 역사적인 이미지 프레임에서 어느 정도 탈피해야 한다는 것이다. 일본은 그리 선진국은 아니다. 일본으로부터

---

50 존 미어샤이머(John Mearsheimer), 전병근 옮김, 『왜 리더는 거짓말을 하는가?: 지도자의 거짓말에 관한 불편한 진실』, 비아북, 2011, 19-20쪽.

모든 것을 배울 수 있고, 일본의 외교가 다 합리적이고 강하다고 생각하던 '필자의 선친'의 시대는 이미 오래 전에 지나갔다. 그것은 일본을 깔보자는 것이 아니라 우리의 시각을 정돈하자는 말이다. 일본 사회는 의외로 비합리적인 면이 많다는 것은 앞에서 이미 설명했다. 과거 일본도 엄청나게 비합리적이고 엉뚱한 전략적 결정을 내리고 실패한 사례가 부지기수로 많다.[51] 또한 아무리 우수한 경제학자들을 동원해서 주요국들과 일본의 경제력 격차와 일본이 버틸 수 있는 시간에 관한 객관적인 결과를 제시해도 그 정보는 상층부에서는 무시되기 일쑤였다. 이미 미국과의 전쟁은 정해져 있었기 때문에 그 방향에 반하는 데이터는 고려할 가치가 없는 것으로 치부했다.[52] 일본의 고전(古典)이 된 『실패의 본질』은 이러한 비합리적인 사고체계를 비판하면서 일본의 패전 요인을 7가지로 요약했다. 즉 사고가 경직되어 있어 창의력이 없고 따라서 창조적 파괴도 일어날 수 없는 사고체계, 두 번째는 그렇기 때문에 이노베이션 능력도 없다는 것. 세 번째는 형식의 전승(傳承)에만 집착하는 것. 네 번째는 현장의 현실과 지혜를 무시한다는 것. 일본군의 '참모'는 실제 전투경험이 없는 탁상전략가들이 많았다. 다섯 번째는 모든 조직과 단위에서 리더십의 문제가 크다는

---

51 片山 杜秀(가타야마 모리히데), 『未完のファシズム—「持たざる国」日本の運命』, 新潮社, 東京, 2012, 139–140쪽. 예를 들면 1928년판 『통수강령』과 1929년판 『전투강요』는 강한 적에 대해서는 적용될 수 없다는 전제가 깔려 있었다. 왜냐하면 전략 자원을 '갖지 못한 나라' 일본은 강한 적과는 전쟁을 해서는 안 된다는 것을 전제로 하고 있기 때문이었다. 그런데 그것이 불과 10여 년 뒤인 1941년에는 이 세상에서 가장 강력한 적인 미국과의 전쟁에 적용되었다. 1936년 2·26 사건으로 황도파(皇道派)가 군부 중앙에서 완전히 밀려나면서 나중에 전쟁을 주도하는 통제파의 독주를 제어할 그룹이 사라졌기 때문이다.

52 牧野邦昭(마키노 구니아키), 『經濟學者たちの日米開戰』, 新潮選書, 東京, 2018, 143–170쪽.

것. 마지막으로 집단의 분위기(구키 · 空氣)에 구속되는 멘탈리티 문제. 분위기에 그저 따라가는 행태가 무책임의 구조를 형성한다.[53] 아마도 2019년 7월 1일의 한국에 대한 '전략물품 수출규제 강화조치'가 이런 류에 속하는 결정이었을 것이다.

일본이 경제적으로 한창 잘 나가고 있던 1980년대, 당시 나카소네정권은 과거 일본이 지배했던 한국과 우호적인 관계를 유지하는 것이 일본외교의 이익이라고 생각했다. 일본의 강대국 이미지를 부각시키기 위한 것이었다. 그리고 그것이 일본 국내정치에서 일본국민들에게도 어필할 수 있는 소재가 되었다. 미국도 그것을 원했다. 왜냐하면 한미일 군사협력체제를 강화하기 위해서는 한국과 일본이 외교적 협조관계를 잘 유지하고 있어야 했기 때문이었다. 기본적으로 현실주의적 세력균형의 신봉자인 키신저는 1990년대 초반 그의 저서 『Dipomacy』를 집필하고 있을 때 아시아에서 미국과 중국, 일본이라는 세 국가 간의 균형이 지속되리라고 상정하고 있었다. 키신저라는 강대국의 '전략가'에게는 한국이라는 존재는 안중에도 없었다. 그는 소련의 위협이 계속되는 한 미국과 일본의 이익은 일치하겠지만 중국과 한국의 국력이 커져가는 상황에서는 미국과 일본의 전략적 이해관계가 달라질 수도 있다고 보았다. 일본이 자체 방위능력을 빠른 속도로 강화할 것을 예견했다. 그리고 북한핵문제가 악화될 경우 일본이 미국의 통제에서 벗어나 홀로서기를 시도할 가능성도 지적했다.[54] 그러면서 일본이 핵무장을 포기하지는 않을 것이지만 미국의 통제 아래

---

53 도베 료이치(戸部良一)외, 『失敗の本質: 日本軍の組織論的 研究』, ダイヤモンド社(다이야몬드사), 東京, 1984 (2013년 70쇄 발행); 스즈키 히로키(鈴木博毅), 『「超」入門 失敗の本質』, ダイヤモンド社(다이야몬드사), 동경, 2012.
54 Henry Kissinger, *Diplomacy*, Simon & Schuster, N.Y. 1994, p. 826-827.

있는 일본의 군사력이 순전히 독립적이고 국수주의적인 일본의 군사력보다는 덜 위험할 것이라고 주장했다. 그리고 미일관계는 미중관계와 서로 상극적인 반대방향으로 움직일 것이라고 내다보았다. 즉 미중관계가 악화되면 미일관계가 밀접해지고, 반대로 미중관계가 좋은 상태로 유지되는 경우에 미일관계는 소원해진다는 것이다.[55] 구조적인 측면의 예언은 대체로 맞는 것이지만 키신저가 계산하지 못한 한 가지가 있다. 3개국에 의해 유지되는 균형이 아니라 '미국과 미국에 종속된 일본' 대 중국이라는 양자 대립 구도가 된 것이다. 그것은 일본의 경제적 위상이 추락했기 때문이다. 일본은 미국에 '기생하는' 국가가 되었다. 마치 1차대전 직전의 독일과 오스트리아 간의 동맹관계 같은 것이다.[56] 아베시대에는 일본의 국제적 지위가 이전만큼 탄탄하지도 못했다.

그럼에도 불구하고 일본은 미국과 중국으로부터 여전히 지역강대국으로서 그 전략적 가치를 인정받고 있다. 따라서 미국과 중국이 한국과 일본을 대하는 방식에는 사실상 명백한 차이가 있다. 미국은 한국과 중국이 접근할 경우 한국에게 채찍질을 하고, 일본이 중국에 접근하려고 하면 반대로 당근을 준다. 중국은 한국이 미국에 밀착하면 한국에 손해를 끼치고, 일본이 미국과 밀착하면 일본을 견제하는 것으로 그친다. 아베로서는 국내정치적 상황에서 해외의 적을 만들어야 하는 포퓰리즘적인 정치에서 만만한 것은 한국뿐이었다. 한국에 대한 혐한이 국내정치적인 이익이 되므로 그것을 외교적으로 활용하기

---

55 위의 책, p.829.
56 독일의 기생적 동맹국이었던 오스트리아가 세르비아를 합병하는 바람에 독일은 내키지 않았지만 1차 세계대전에 빨려들어갔다.

위해서는 미국에 대해서 미일관계를 인질로 한국을 모함해야 하는 것이다. 한일관계에 관한 일본의 '고자질'은 일본의 대미 로비의 중요한 일환이며 그것을 위해서 워싱턴 정가와 학계에 엄청난 돈을 쏟아 부어왔다.[57] 필자는 한국의 중국 접근 프레임도 틀림없이 일본이 만들었을 것이라고 확신한다. 한일 간 역사갈등 문제도 일본이 당연히 미국에 '고자질'할 것이다. 이때 한국이 중국에 접근한다거나 중국 편을 든다는 마타도어를 병행한다. 어차피 역사문제에서는 한국과 중국, 그리고 경우에 따라서는 북한까지도 가세하여 일본과 대립하는 구도가 형성되어 있기 때문에 미국의 우려를 자극하기에 딱 좋은 재료가 될 수도 있다. 한일 간 외교마찰이 발생하면 미국은 대체로 일본에게 그리 불리하지 않은 타협안으로 한국을 끌어들인다. 미국은 일본의 입장을 전면적으로 무시할 수는 없다. 미국은 한국보다 더 중요한 안보자산인 일본을 너무 자극하거나 좌절시킬 경우 그 비용이 크다는 것을 잘 알고 있기 때문이다. 일본과의 역사갈등 문제를 외교적으로 해결하기 어려운 이유는 일본의 근대역사에 대한 일본 사회의 태도뿐만 아니라 이러한 국제정치적 환경조건도 작용하기 때문이다.

일본에도 일본 나름의 전후 시대의 민족주의가 여전히 작동하고 있다. 일본의 민족주의를 지탱하는 에너지는 비교적 단순하다. 첫째, 그것은 관제 민족주의이다. 둘째, 기존권력인 막부를 타도하고 280개 분국인 번을 하나로 통합하는 것으로부터 발현되었다. 셋째, 일본의 민족주의는 천황의 역사적 이미지와 불가분의 관계에 있다. 그렇기 때

---

57 Kent E. Calder, *Asia in Washington: Exploring the Penumbra of Transnational Power*, Brookings Institution Press, Washington DC, 2014, p.170-201. 지금도 일본의 "사사카와 재단"이 워싱턴에서 그런 역할을 하고 있다.

문에 일본 사회는 과거 역사를 부정하거나 반성할 수가 없는 구조이다. 그것을 부정하고 반성하면 사회는 뒤집어져 버린다. 넷째, 그것은 지배이데올로기가 지속되고 있다는 것을 의미한다. 억압은 계속된다는 것이다. 다섯째, 일본의 힘이 비축되고, 반대로 주변국인 한국과 중국이 형편없이 쇠락하고 있는 조건이 주어졌을 때 대외팽창적 침략주의로 발전하게 된다. 여섯째, 경제적 번영은 이러한 모든 프로세스를 보장하는 것이다. 그런데 두 번째와 다섯 번째, 여섯 번째 조건이 이미 사라졌다. 19세기와는 달리 중국은 이미 세계적인 강국으로 부상해 있고, 한국과 일본의 GDP 격차는 1:3으로 좁혀져 있다. 그러면 일본의 민족주의 에너지 중 남는 것은 첫 번째와 세 번째, 네 번째뿐이다. 그런데 민주주의를 내세우고 있는 이상 네 번째 억압적 지배이데올로기는 불가능한 에너지이다. 자 그러면 일본의 민족주의 에너지 중 남는 것은 정부가 계속해서 '관제 민족주의'로 주도하는 것과 세 번째인 기존의 역사인식을 고수하는 것 이외에는 없다. 그러니 역사문제에 얼마나 예민하겠는가. 그것은 옛날 우리가 가난했던 시절 길거리 싸움에서 흔히 들을 수 있는 생존을 위한 절규 같은 것이 되었다. "그래 나도 먹고살라고 그런다 왜!", "나는 가진 게 이 몸뚱아리 하나뿐이란 말이야"라고 소리치며 단속반에게 따지던 아낙네들의 절규 말이다. 우리는 지금 역사문제를 가지고 일본의 그 단 하나 남아있는 '몸뚱아리' 건드리고 있는 것인지도 모른다. 또한 여기에 '혐한'이라는 일본의 지배이데올로기가 연동하고 있는 것이다.

이 시점에서 17세기에서 18세기 사이의 100여 년간의 긴 시간을 사이에 두고(한일 관계의 긴 역사를 되돌아볼 때) 조선에 대한 일본인의 존중이 멸시로 변질되는 역사적 현상에서 엿볼 수 있는 교훈은 세 가지이다.

첫째, 존중을 받으려면 상대방의 선의에 의존할 것이 아니라 상대방이 필요로 하는 존재가 되어야 한다는 것이다. 우리의 경제력이든 군사력이든, 문화적인 역량이든 상대방이 두려워하고 필요로 할 때 상대방은 우리를 존중하고 대접한다는 것이다. 옛날이나 지금이나 국가 간의 관계에서 선의란 없다. 조선이 비록 7년간의 일본의 침략으로 전 국토가 황폐화되고 백성은 도탄에 빠져서 경제는 파탄상태로 전락했지만, 도쿠가와 이에야스는 새로운 지배이데올로기를 과시하기 위해서는 오직 그 조선의 유교지식과 문화적인 역량을 필요로 했던 것이다. 그래서 조선통신사를 예우했다. 그런 필요성이 사라지고 조선이 쇠락하면서 '조선멸시관'이 심화되기 시작한 것이다. 저항력이 떨어지면 바이러스에 쉽게 감염되는 것과 같은 이치이다.

두 번째는 정부의 인식이나 정책이 사회 전반을 지배한다는 것이다. 막부가 조선에 대해 우호적인 정책을 유지하고 있을 때는 한국의 뛰어난 학문과 그것을 만들어낸 한국의 학자에 대한 일본 사회의 존경심이 강했다.[58] 그것은 그 사회가 왕조이든 공화국이든, 독재이든 민주주의든 상관없는 일반적 현상이다. 단지 그 정도의 차이만 있을 뿐이다. 따라서 어떤 외교 사안에 관하여 국민여론을 핑계로 삼는 것은 그것을 해결할 능력이 없거나 그것을 이용하겠다는 의사의 표시라는 의미로 이해할 수 있을 것이다. 또한 어느 사회의 배타성은 정부의 의지에 의해서 더욱 증폭되거나 억제될 수 있는 것이다. 역사적으로

---

58 하타다 다카시(旗田巍), 이기동 역, 『일본인의 한국관』, 일조각, 1997, 15쪽. 물론 민중의 인식이 정부의 인식이나 정책에 영향을 미치기도 하지만 그것은 민주주의가 정착된 오늘날의 이야기이다. 18세기에는 민중의 그런 정도의 영향력은 없었다. 오늘날의 민주주의 정부라 하더라도 대중의 인식 형성에 대한 그 영향력은 여전히 상당하다.

일본의 혐한 인식이 대중화된 것은 일본정부의 의도적인 세뇌에 따른 것이었다.

세 번째, 이웃해 있는 국가들 간에는 좋은 것이든 나쁜 것이든, 직접적이든 간접적인 방법으로든, 능동적으로든 수동적으로든, 서로 영향을 미친다는 것이다. 한중일 삼국 간의 긴 역사에서 볼 때 좋은 영향은 주는 자나 받는 자나 다 건강할 때 이루어졌다. 21세기에는 민주주의 의식이 가장 건강한 것이다. 그러나 그 '좋은 영향'을 주고받을 수 있는 조건은 아직 요원한 것 같다.

오히려 지금 한일관계는 좀 심하게 비틀어져 있다. 코로나 사태로 인해 민간의 왕래마저 끊어져 버린 현재의 한일관계는 진짜 빙하기라고 할 수 있다. 과거 1973년 김대중 납치사건 이후 1983년 초 나카소네 일본 총리가 방한할 때까지 10년간을 한일관계의 동결기라고 했지만 그때와는 비교가 되지 않을 정도이다. 필자는 2011년 말 교토에서 개최된 이명박 대통령과 노다 일본 총리 간의 한일정상회담에서 양국 최고의 '선출 권력'이 일본군위안부 문제만 가지고 거의 말싸움에 가까운 논쟁으로 일관하는 광경을 보면서 그 징조를 이미 보았다. 현재 한일관계는 역사문제가 지배하고 있다. 역사문제의 양대 현안은 위안부합의 이행 여부에 관한 문제와 한국 대법원의 강제동원피해자 손해배상 판결에 따른 관련 일본기업 재산 압류 문제이다.

한일 일본군위안부에 관한 합의의 문제점

결론부터 말하자면, 일본정부의 관여가 이미 일본 사회 내부와 국제사회에서 인정되고 있는 상황에서 한국정부가 위안부문제에 관해 일본정부와 '합의'한다는 것도 누군가의 프레임에 말려드는 것이다. 2015년 12월 28일 한일 양국 외교부장관이 나란히 서서 발표한 일본군위안부 문제 합의는 아이러니컬하게도 양국간 현안문제의 해결이 아니라 오히려 한일관계를 악화시키는 결과가 되었다. 사실 필자는 그 합의 뉴스를 들으며 합의 경위나 경과 그리고 그 내용에 대해 고개를 갸우뚱하지 않을 수 없었다.

돌이켜보면 그해 11월 2일 서울에서 개최된 한일정상회담에서 양측은 일본군위안부 문제의 조속한 타결을 위한 협의를 가속화하자고 합의했다. 이에 대해 당시 박근혜 대통령이 아베 총리에게 올해 말까지 일본군위안부 문제를 해결하도록 요구했다는 한국 언론들의 보도도 있었다. 아베는 물론 그러한 사실은 없었다고 부인했다. 보도 내용이 사실이라면 이제까지 전혀 접점이 보이지 않았던 문제에 대해서 우리 대통령이 왜 느닷없이 그해(2015년) 말까지 시한을 정해서 압박했을까? 바로 그 '시한을 못 박았다'는 것이 첫 번째 이상한 점이었다. 한국 외교관들은 보통은 합의의 시한을 정하면 우리(한국)가 불리해진다고 생각한다. 그것은 국내정치적인 이유(대통령의 심기 때문에)나 여론 때문에 날짜를 다시 조정하기도 힘들고 자연히 우리의 교섭력이 약해지기 때문이다. 이번에도 타결의 시한을 정한 셈이 되니 우리에게 결코 유리하지 않은 구도가 될 우려가 있는 것이다. 두 번째는, 여기에 더해 미국의 개입설이 나돌았다. 필자도 그렇게 생각했다. 이미 그해 3월에 미국 국무부의 웬디 셔먼 정무차관이 한국의 정치지도자가 과거사 문제를 정치에 이용한다는 취지의 발언을 하여 물의를 일으켰다. 그것은 일종의 시그널 같은 것이었는지도 모른다. 일본의 학자들도 그 미국의 섣부른 개입에 주목하고 그 문제점을 지적했다. 아베 정권이 갑자기 그전까지 말했던 것과 다른 얘기를 꺼냈다는 것이다. "어느 날 갑자기 합의해 버렸다. 그것은 한일 양국이 미국으로부터 상당한 압박을 받았을 것이라는 점을 시사한다"는 것이다.[59] 그것은 결국 한일 양측이 모두 합의 결과를 '손해 보았다'고 생각할 가능성이 큰 것이다. 그렇다면 그것은 처음부터 잘못된 것이고 미국의 개입의 결과가 잘못되었다는 것을 의미한다.[60] 셋째, 그 교섭의 통로가 외교라인이 아니었다. 교섭통로가 왜 그렇게 되었는지에 관한 상세한 내막은 공식적으로는 지금도 잘 알려져 있지 않다. 넷째, 합의 경위나 경과는 그렇다 하더라도 이 시기에 이 문제를 일본과 합의하는 것이 전략적으로 유리한 것인지에 관한 의문이었다. 일본군위안부 문제는 이미 글로벌 이슈화가 되어 일본으로서는 사방에서 공격을 받고 있었다. 좀 야하게 표현하면 일본의 이마에 이미 주홍글씨가 새겨지고 있었다.

'설익은 합의'는 전략적으로 한국에게 잘 해도 손해이고 일본은 못해도 이익을 얻는 그런 미련한 게임이었다. 일본군위안부 피해자 문제는 이미 더 이상 한일 양국 정부 간의 합의로 해결될 성격이 아닌 복합적인 국제적 이슈가 되어 있었기 때문이다. 그것은 피해자 개인의 구제에 관한 문제만도 아니다. 일본군위안부 문제는 대략 네 가지 속성을 가진 역사적, 정치사회적 문제가 되었다. 첫째는 외교 어젠다로서의 성격이 있다. 2015년 12월 28일의 양국 간 합의는 이에 국한

---

59 우치다 다쓰루(內田樹)·시라이 사토시(白井聰), 정선태 옮김, 『속국/민주주의론: 일본은 미국의 지배에서 벗어날 수 있을까?(屬國民主主義論)』, 모요사, 2018, 63-64쪽; 朝日新聞取材班(아사히신문취재반), 『自壞する官邸: 「一強」の落とし穴』, 朝日新聞社, 2021, 113-115쪽. 아베는 합의에 소극적이고 신중했으나 기시다 외상과 총리실의 야치 안보국장이 밀어붙였다고 한다.

60 최근 바이든 정부의 국무장관이 된 토니 블링컨이 한일 간의 그 위안부합의를 중개했다는 사실이 공개되었다. 그렇다면 앞으로 한국이 이 문제를 정리하는 데 매우 어려울 것이라는 점을 시사하는 것이다.

된 것이라고 할 수 있다. 두 번째는 이미 여성인권의 침해라는 글로벌 인권 이슈가 되어 있다. 양국 정부가 합의한다고 모든 사안이 종결되는 것은 아니다. 세 번째는 제국주의 침탈의 결과라는 역사 교훈이다. 피해자들이 사망한 후에도 중요한 역사교육 테마가 될 것이다. 네 번째는 피해자 개인의 원통함을 풀어주는 일이다. "피해할머니들이 돌아가시기 전에 꼭 일본의 사죄를 받아야 한다"는 말이 여기에 해당되는 개념이다. '위안부 매춘' 운운하는 사람들은 겨우 이 네 번째 개념인 피해자 개인의 인격을 모독하는 엉뚱한 소리를 하고 있는 것이다. 최근 미국의 명문대학에도 그런 '학문적 쓰레기'를 생산하는 교수가 있다는 것을 알고 무척 놀랐다. 이러한 개념 분류에 따르면 그 위안부 합의는 현실적으로는 '한일 양국간 외교현안'이라는 개념만 대상으로 할 수 있는 것이었다. 또한 이제까지 한일 양국 정부나 학계, 그리고 관련단체와 피해 당사자들 모두는 무엇이 사과인가에 대한 개념조차 공유하지 않고 '합의'했고 싸웠다.

필자는 2018년 1월 모 일간지에 「위안부문제의 핵심은 일본의 진정한 사과이다」 제하의 칼럼을 쓰면서 사죄 또는 사과의 정의를 언급했다. 당시 한일 간에 공유되는 사과의 개념이 있는지 몇몇 학자들은 물론 외교부 담당자에게 직간접적으로 문의했으나 그런 공유된 개념이 있다는 답변은 없었다. 그러나 국제인권법정이나 학계에서 통용되는 '사과의 개념'은 이렇다. "사과(apology)는 자신이 관련된 잘못된 행위를 확인하고 뉘우침(remorse)을 표명하며 그에 대한 책임을 인정하고, 미안함을 표명하고, 배상을 하면서 장래 그러한 행위를 되풀이하지 않도록 '변화하겠다'고 약속하는 일련의 연계된 행위를 의미한다. 사과는 피해자에게 직접 전달되고 피해자가 만족

할 때까지 계속돼야 진정성이 입증된다. 진정한 사과가 있어야 용서와 화해로 이어질 수 있다."[61] 이 정의에 따르면 합의를 "1㎜도 옮길 수 없다"는 스가 일본 관방장관의 점잖지 못한 발언도 그 합의를 무시하는 것이 된다.[62] 일본은 원래 일본이 잘 하는 방식 그대로 그 합의의 내용을 즉시 부정함으로써 합의를 사실상 당일 파기했다. 기시다 외상은 "위안부문제는 당시 군의 관여 하에 다수의 여성의 명예와 존엄에 깊은 상처를 입힌 문제로서, …아베 내각총리대신은 일본국 내각총리대신으로서… 사죄와 반성의 마음을 표명한다"는 아베 총리의 사죄의 뜻을 대신 표명했다.[63] 그런데 기시다는 양국 외교장관 합의 발표 직후 일본기자들에게 일본이 내기로 한 10억 엔은 배상금이 아니라고 함으로써 사실상 사죄의 의미를 부정했고, 일본의 언론은 그것을 대대적으로 보도했다. 일본은 합의 당일 이미 사실상 합의를 파기한 것이나 마찬가지이다. 그 이듬해 1월 18일에는 아베 총리가 국회에서 "군과 관헌에 의한 이른바 '강제연행'을 직접 보여주는 기술은 발견되지 않았다는 입장에는 어떠한 변화도 없다. …'군의 관여라는 것은 위생관리를 포함한 관리와 설치'뿐"이라며 사실상 자신의 사과 입장을 번복했다.[64] 10월 4일에는 국회 질의에 대한 답변에서 "일본군위안부 피해자들에게 사

---

61 2018년 1월 25일자 『서울신문』 [열린세상] 「위안부문제의 핵심은 일본의 진정한 사과이다」, 이현주 동북아역사재단 사무총장.

62 https://www.yna.co.kr/view/AKR20180110106651073?input=1179m (검색일 2021.7.21.)

63 https://www.yna.co.kr/view/AKR20151228147500014?input=1179m (검색일 2021.7.21.)

64 https://www.yna.co.kr/view/AKR20160118560551073?input=1179m(검색일 2021.7.21.); Matin Fackler, 『安倍政権にひれ伏す日本のメディア』, 雙葉社, 東京, 2016, 89쪽.

죄편지를 쓸 생각은 털끝만치도 없다"라고 말해 스스로 합의 내용을 부인했다.[65] 그에 앞서 합의 후 두 달도 지나지 않은 2016년 2월 16일에는 유엔여성차별철폐위원회에 고위직 외교관인 스기야마 외무심의관(차관보)이 직접 참석하여 "군과 관헌에 따른 이른바 '강제연행'을 확인할 수 없었다.… 위안부를 성노예라고 하는 표현은 적절치 않다"라고 주장하여 외교실무자도 이 합의를 사실상 파기했다.[66] 이 사례들은 그럴듯하게 합의문을 만들고 해석은 멋대로 하는 "비단벌레(玉虫·다마무시) 색깔의 합의(玉虫色の合意)"로 대표되는 일본식 거짓말의 정수를 보여주는 것이다. 또한 한국이 얼마나 순박하게(실제로는 미련하게) 일본에게 사기를 당하나 하는 것을 보여주는 사례이기도 하다. 한국 정부가 합의 내용을 홍보하면 할수록 '일본에 유리하게' 해석되는 이상한 상황이 전개되었다.

이 합의는 '일본이 10억 엔을 냈다'는 것과 '더 이상 이 문제를 가지고 왈가왈부하지 마라'는 의미로서의 불가역, 그리고 일본이 요구하는 소녀상 철거문제만 부각되었다. 한국의 정권이 바뀌어 문재인정부가 들어서고 나서는 한국이 합의를 뒤집고 파기한다는 프레임까지 뒤집어쓰게 되었다. 한국 정부는 한 번도 '일본이 합의를 사실상 먼저 파기했다'는 내용을 적시한 적이 없다. 그래서 파기의 책임이 몽땅 한국에게 돌아오게 된 것이다. 왜 그런지 정말 궁금하다. 이전 정부가 한 것은 모두 부정하는 데 너무 집중했던 탓일지도 모른다. 한국의 문재인정부는 이 합의가 잘못되었다고 당연한 지적을 하면서도 동시에 일본

---

65 https://www.yna.co.kr/view/AKR20161003033551073?input=1179m
(검색일 2021.7.21.)
66 https://www.mofa.go.jp/mofaj/a_o/rp/page24_000733.html(검색일
2021.7.21.)

이 이 합의를 이미 사실상 파기했다는 사실도 적시해야 했다. 2017년 말 발표된 외교부의 위안부합의 검증 태스크포스의 보고서에 일본이 사실상 합의를 파기했다는 사실을 한 줄이라도 적시했으면 좋았을 것이다. 요즘의 확장된 법률 적용 기준에 따른다면 그 태스크포스에 참여했던 사람들을 '직무유기죄' 혐의로 처벌해야 할 것이다. 일본은 '불가역'이라는 조건을 부각시키면서 "합의를 준수하라"고 공세를 폈다. 피해자에 대한 '사과의 불가역'이 아니라 가해자가 '약속의 불가역'을 외치는 적반하장의 지경에 이르렀다. '불가역'이라는 개념은 가해자가 잘못을 인정하고 사과한 것을 번복하지 말라는 의미이지 가해자가 피해자에게 강요하는 개념은 아니다. 가해자는 어떤 경우에도 '적반하장'의 태도를 보여서는 안 되는 것이다. 그러나 일본의 정치가들은 이러한 간단한 개념마저 무시했고, 한국 정부는 그 개념을 강하게 주장하지도 않았다. 외교에서 적반하장은 이렇게 간단히 일어난다. 결국 이 합의를 기화로 역사문제와 관련된 가해자 피해자의 위치가 사실상 역전되어 버렸다. 일본이 약속을 파기당한 피해자인 척하게 되었다.

강제동원피해자에 대한 대법원의 배상 판결에 관한 논란

징용으로 연행된 사람들이 제기한 '불법행위에 의한 피해에 대한 배상'에 관한 재판은 '식민지지배의 불법성'이 판단기준이 되었다. 2012년 한국 대법원은 "징용을 합법으로 보는 일본 사법부의 판결이 이를 불법으로 간주하는 우리 헌법의 핵심가치와 상충되어 인정할 수 없으며, 일본의 국가권력이 관여한 반인도적 불법행위와 식민지지배와 직결된 불법행위로 인한 손해배상청구권은 청구권협정에 포함되지 않았다"고 판결했다. 2018년 10월 30일 대법원의 재심 판결은 그러한 법리적 근거를 재차 확인한 것이었다. 일본정부는 이제까지 일관되게 청구권협정은 어디까지나 경제협력협정이라는 입장을 주장해 왔다. 따라서 당연히 당시에는 인권문제가 논의되지 않았던 것이기 때문에, 국제인권법의 취지에 따라, 일본의 불법행위로 침해된 인권을 구제하기 위한 개인청구권은 일본정부의 임의 재량으로 배제할 수 없다는 것도 그 판결의 근거가 되었다. 사실 청구권협정으로 "모든 것이 완결되었다"는 일본정부의 주장은 '애매하다'기보다는 법리적으로 틀린 것이다. 징용자의 미수 임금이나 반강제의 저축금, 국채의 변제에 관한 것이라면, 65년 청구권협정으로 그것들은 그야말로 완전 '변제'되었다. 청구권협정으로 다 해결되었다는 일본의 주장은 이 '변제' 부분을 말하는 것이다. 만약 대법원이 이러한 미수재산권의 변제를 판결한 것이라면 대법원 판결이 틀렸고 일본의 주장이 맞는다. 그러나 이번 소송은 원고측이 일본의 식민지지배라는 '불법행위'로 인한 '손해배상'을 제기한 것이었고, 대법원의 판결은 일본 식민지지배가 불법이었고, 이 불법한 일본정부의 조치를 이행한 것도 불법이 되기 때문에 일본기업이 '손해배상'을 하도록 판결한 것이었다.[67]

물론 서구의 과거 제국주의 국가들은 식민지지배가 불법이었다고 법적으로 인정하지는 않는다. 그러나 서구 식민지제국들은 도의적, 정치적인 책임과, 지배 중 불법행위에 대한 책임을 인정하는 추세이다. 지배기간 동안 발생했던 가혹행위 등 개별 사건에 대해서는 대부분이 그것을 인정하거나 사과하고 보상했다. 또한 노골적으로 그것이 '합법적이었다, 잘한 일이다'라고 공언하지도 않는다. 그런 언동을 하는 정

---

67 '변제', '보상', '배상'의 개념 차이에 유의해야 한다.

치인들은 그리 존경받지도 못하고 정치인으로서의 생명도 일찍 끝났다. 더구나 바로 옆의 인근국에 대해서 침략적 행동을 했던 과거 역사에 대해서는 더욱 더 신중하게 접근하고 대화한다. 그리고 일본의 한국 지배 성격은 유럽국가들의 식민지지배와는 그 성격과 경위가 다르다는 것은 이미 주지의 사실이다. 그래서 식민지라기보다는 군사적 강점이라고 해야 한다. 또한 서구 제국주의 국가들이 법적으로 인정하지 않는다고 해서 피식민지 국가의 헌법적 판결이 불법이라고 간단히 단정할 수는 없는 것이다. 개별국가의 최고재판소는 보편적인 가치와 조약을 비롯한 일반 국제법에 명백하게 위배되지 않는 한 그 사회의 인식을 반영하는 정치적 판결을 내릴 수가 있다. 그렇기 때문에 2018년 10월 우리 대법원이 강제동원피해자 손해배상판결에서 일제의 식민지지배를 불법이라고 규정한 전제에서 판결한 것이 '불법적'이고, 일본이 주장하는 것처럼 '국제법 위반'이라고는 할 수 없다. 따라서 대법원의 판결은 존중해야 하는 것이다. 47쪽뿐이 안 되는 판결문을 한 번 읽어보기만 해도 웬만하면 다 이해할 수 있는 평이한 내용이다. 말하자면 65년의 협정은 민사에 관한 것이었고, 이번 판결은 형사적 책임과 배상에 관한 것이라고 구분한다면 더 쉽게 이해할 수 있을 것이다.

사실 우리가 아는 국제법 위반은 전부 일본이 한 것이었다. 역사상 한일 간에 체결된 거의 모든 조약은 그 내용이 '애매'했고, 일본정부의 당시의 입장과 현재의 해석이 일치하지 않는 모순이 있다. 일본은 그간 줄곧 식민지지배가 합법적이었다고 주장해왔다. 일본의 정부 관계자들이나 정치인들은 1965년의 청구권협정은 전쟁 당사자 간의 평화조약이나 강화조약이 아니며, 일본의 불법행위에 대한 인정이나 그에 대한 사과와 배상 개념이 아니라는 입장을 줄곧 되풀이해왔다.

따라서 일본이 한국대법원의 판결에 반박하려면 식민지지배가 합법이냐 불법이냐에 대해서만 따지고, 65년 협정에 의해서 한국에 제공한 돈이 그저 무상원조인지, 변제금인지, 불법행위에 대한 배상금인지를 분명히 밝혀야 하는 것이다. 그저 '이미 줄 돈을 다 주었으니 다 끝났다', "국제법 위반이다"라고만 주장하는 것은 '논리적인 무식함을 가장한' '일본 특유의 모르는 척하는 거짓말'이다. 일본이야말로 '한국의 국제법위반 운운'할 수 있는 처지가 아니다. 하긴 그런 걸 반박하지 못하고 끌려 다니면서 역사문제의 가해자-피해자 구도를 정반대로 뒤집어 버린 한국 정부의 대응 수준도 창피한 수준이다. 우리사회 일각에서 제기되었던 '한일 기업 참여 징용피해자기금' 방안은 얼핏 보면 그럴듯하지만 외교적, 법적 개념상의 문제가 있다. 대법원은 일본기업이 배상하라고 판결했는데 아무런 법적 근거나 설명이나 과정 없이 우리 정부가 나서서 배상을 대신하겠다고 하는 것은 한국 스스로가 대법원의 판결에 문제가 있다는 것을 자인하는 것이 되기 때문이다. 그것은 바로 일본이 원하는 프레임이다. 일본 측이 이 구상에 '긍정적인 관심' 있는 척하는 것도 다음 단계로 유인하는 것이다. 한국은 "한국이 또 골대를 옮긴다"고 투덜대는 일본과 지루한 협상을 해야 하고, 일본은 '한국의 잘못된 행동에 대해 일본이 관대하게 협조하는' 프레임을 만들 것이다. 사실 최선의 모양새는 우리가 덥석 제안하는 것보다는 일본이 먼저 제안하도록 하는 것이지만 일본이 그럴 리가 없다. 그렇기 때문에 그런 방안을 가능하게 하는 최소한의 정치적 명분과 국내법적 근거, 그리고 정부예산 사용에 관한 최소한의 입법적 동의가 있어야 한다. 그것이 보다 큰 틀의 역사적, 정치적인 고려가 필요한 이유이다.

한일 외교부장관 간 합의된 일본군위안부합의 문의내용에 대해서 일본 외상이 그 직후 사실상 부정하는 입장의 발언을 한 것에 대해 그 즉시 아무런 반박을 하지 않음으로써 그 이후부터 한국이 그 내용을 해석하고 설명해야 하는 입장이 되어버렸다. 당시 한국의 박근혜정부는 일본외상의 발언 즉시 그것을 따지고 합의 그 자체의 존폐를 인질로 삼아서 시시비비를 확인하였어야 했다. 게다가 문재인정부는 그것을 '한국이 합의를 위반한다'는 이미지로 더 악화시켜버렸다. 그것은 전 정부의 '이상한 합의'의 '이상한 결과'를 문재인정부가 다시 '이상하게 처리한 결과'라고도 할 수 있다. 강제동원피해자에 대한 대법원의 배상 판결에 관한 논란에 대해서도 마찬가지이다. 한국 정부는 일본에게 65년의 한일청구권협정이 '무엇이 국제법 위반'이고 '법적으로 다 끝났다'는 것이 무슨 의미인지를 치밀하게 추궁해야 한다. 원래 역사갈등 문제는 일본이 답을 제시하면 한국이 채점하는 구도였다. 그런데 이제는 한국이 합의를 위반한 '가해자'인 것처럼 몰리는 주객전도의 상황을 넘어서 이제는 일본에게서 국제법을 위반했다는 소리까지 듣는 적반하장의 상태를 겪게 되었다. 일본이 사실상 역사문제로 경제제재까지 하는 지경에 이르렀다. 2019년 7월 1일 일본이 한국에게 취한 소위 「수출관리규제 강화조치」는 사실상 역사문제에 대한 보복조치였다. 일본은 '한국이 국제법을 위반한다'는 프레임으로 프로파간다를 해오고 있다. '한국은 언제나 약속을 뒤집고 시끄러운 소동을 일으킨다'는 프레임은 19세기부터 일본이 국제사회에 대해 줄곧 해오던 프로파간다였다. 대체로 1876년 한일수호조규 이래의 일본이 한일 간의 모든 조약과 협약과 합의를 자기 마음대로 해석하고, 부정하고, 왜곡하고, 위반했어도 한국은 아무런 문제제기나 항의를 하지 못했다. 그런데 과거에는 한국이 힘도 없고 일본의 손아귀 속에 들어가 있어서 아무런 대응을 할 수 없었다고 치자. 지금은 그러면 왜 그런 프레임에 말려들어 있을까? 분명히 대응할 능력이 있는데도 하지 않는 것은 다른 목적에 정신이 꽂혀있기 때문이라고 볼 수밖에 없다. 그럴 수 있는 능력이 있음에도 불구하고 아무것도 하지 않은 것도 일종의 직무유기이다. 강대국이 아닌 한국은 외교에서 사적인 이해관계가 작용한다면 반드시 국가와 국민의 이익을 손상시키게 된다.

한국과 일본은 보편적 가치를 존중하는 사회인가?

소위 한일 간의 역사갈등이라는 이슈는 서로가 관련되는 과거-현재-미래로 연결되는 역사의 흐름을 관통하는 보편적인 가치를 과연 존중하고 있는가 아닌가에 대한 물음이다. 그렇기 때문에 각자가 스스로 해결해나가야 할 문제인 것이다. 문제는 '가해자'의 기억과 '피해자'의 기억이 전혀 다르다는 것이다. 한일 간의 역사관이나 역사인식의 괴리 문제가 정치, 사회, 외교적으로 표출되는 데는 세 가지 측면이 있다.

첫째는 역사인식의 상호성 또는 호혜성 문제이다. 자국의 역사에 관한 서사(historiography)가 상대 국가의 역사를 왜곡하거나 그 자존심을 훼손하지 않도록 유의하고 있는가 하는 것이다. 안보 분야에서의 '신뢰 구축(CBM: Confidence-Building Measures)'처럼 역사 분야에서도 CBM이 필요하다. 유럽, 특히 EU회원국 사이에서는 이러한 개념이 총의(cosensus)로서 합의되어 있다. 역사와 국경의 경계선에 관해서는 일방적인 레토릭이란 거의 존재하지 않는다.

두 번째는 근대 역사상 일본의 침략으로 인한 피해자들에 대한 태도, 사과와 보상 또는 배상의 개념에 대한 일본의 입장이다. 국제적으로 통용되는 사과와 화해 개념의 순서는 책임을 인정한 후 사과, 그리고 그에 대한 보상이나 배상에 따라 화해가 성립하는 것이다. 침략을 인정하지 않는다면 '사과'라는 개념 자체가 성립할 수 없고, 그 뒤로 따라오는 여러 책임에 관한 개념도 성립할 수 없다. 따라서 화해도 이루어질 수가 없을 것이다.

세 번째는 사과가 '일관성과 지속성을 유지하느냐'이다. 이전에 책임을 인정하고 사과했던 내용을 훼손하지 않고 그대로 계속해서 인정하고 존중해야 한다는 것이다. 이 맥락에서 나올 수 있는 말이 '불가역적(irreresible)'이라는 말이다. 불가역은 이럴 때 쓰이는 말이다. 가해자가 피해자에게 강요하는 용어는 아니다. 가해자 측에서 그런 말을 거리낌 없이 쓰고 있다는 사실 자체가 그 철학적 수준의 저질성을 말해주는 것이다. 일본은 '철저한 법치, 정치적 청렴, 약자에 대한 배려, 높은 공공심, 자기 억제와 철저한 타자 이해, 사회적 인프라의 정비가 잘 되어 있다'는 자기 이미지가 있다.[68] 그런데 그것은 사실은 바로 일본인의 자기기만이다. 속을 들여다본 일본의 이미지는 정반대이다. 일본인은 결코 법치를 존중하지 않는다. 일본인에게 법은 강한 자의 전유물이다. 절대로 청렴하지 않다. 약자에 대한 배려도 전혀 없다. 공공심? 사실은 이기적 타산이 언제나 더 앞선다. 자기 억제는 남에 대한 배려에서가 아니라 나의 안전을 위한 것이다. 타자 이해는 타자가 강한 자일 때만 작동한다. 사회적 인프라도 그리 높은 수준이 아니다. 한국인이 사죄 요구를 되풀이하는 원인은 언제나 일본의 정치

---

68 오구라 기조(小倉紀藏), 한정선 역, 『일본의 혐한파는 무엇을 주장하는가(강연록)』, 제이엔씨, 2015, 29-38쪽.

인이나 지식인들이 제공하고 있다는 사실도 간과해서는 안 된다. 바로 그 가해자의 '사과의 불가역'이 지켜지지 않기 때문이다.

그리고 친한적이고 한국을 이해한다고 하는 일본의 지식인들의 인식도 최대치는 결국 양비론으로 수렴한다는 현실도 잊어서는 안 된다. '혐한은 너도 잘못해서 생긴 것이다'라는 교묘한 일본식 '비교의 거짓말' 류의 유체이탈 화법이 난무한다. 일본식 물귀신작전이다. 언제나 이런 양비론이 될 수밖에 없는 이유는 일본 지식인들의 견해가 대개는 '보편적인 가치' 개념의 기반이 없이 논리를 전개하기 때문이다. 그렇기 때문에 일본 사회의 내면의 모습을 알면 알게 될수록 이런 문제를 협상하거나 합의해서 타결한다는 것은 정말로 어렵다는 것을 알게 된다. 그것은 일본이나 일본인을 폄하하자는 것이 아니다. 일본이 그렇다는 것을 알아야 한국인도 원만한 대처를 할 수 있다는 것이다. 설익은 합의가 새로운 갈등을 야기한다는 것을 모르면 무지한 것이고, 알면서도 합의하는 것은 더 나쁜 기만이기 때문이다.

책임과 사과는 보편적인 가치에 대한 인식과 존중이 있어야 성립될 수 있는 것이다. 역사적 책임에 관한 개념을 소위 '법적' 책임 문제와 '죄', 그리고 그 죄 값에 대한 '처벌', 그리고 '도의적인 책임'으로 구분하여 너무 구체적으로 논의함으로써 오히려 정치적으로 해결하기 어렵게 만드는 경향이 있다. 때로는 그야말로 스포일러(spoiler)가 되기도 한다. 책임 문제를 형사법적인 범죄 개념으로만 접근할 경우 앞선 세대가 저지른 범죄행위에 대해서 후대가 무슨 책임을 질 수 있겠느냐라는 논리가 금방 나올 수 있다. 아버지의 범법행위를 아들이 책임질 수 없는 것과 같은 이치라는 논리일 것이다. 그러나 채무의 경우에는 상속의 개념으로서 승계의 책임도 인정된다. 그래서 나중 세대는 역사상 저질러진 폭력이나 탄압 행위에 직접 책임은 없다고 할 수 있을지 모르겠지만, 그러한 행위의 결과가 빚은 수익을 누리고 있는 경우가 적지 않다는 것을 책임의 근거로 제시하기도 한다. 독일에서 열린 재판에서는 몇몇 독일의 대기업이 제2차 세계 대전 때 유대인의 노예노동을 통해 부의 일부를 얻었다는 사실을 근거로 배상 판결이 이루어졌다. 마찬가지로 일본의 가시마 건설, 미쓰비시 중공업 같은 중심적인 기업들도 태평양전쟁 때 조선이나 중국에서 온 사람들의 강제노동을 통해서 부의 일부를 얻었다. 이렇게 부를 축적한 기업들은 간접적으로 역사적 폭력의 수혜자로서 과거에 저지른 부정에 관여하고 있는 이른바 '사후종범'이라는 것이다. 이러한 논리로 현재의 일본인들이 과거의 폭력행위와 '연루'되어 있기 때문에 현세대에게도 책임이 돌아간다는 의견도 있다.[69] 그래서 한나 아렌트는 정치적으로 '완전하게 책임이 없다'고 말할 수 있는 것은 '망명자나 국가 없는 사람들'뿐이라고 잘라 말했다.[70] 그들 자신이 행하지 않았더라도 그들의 이름으로 행해진 일에 대해서는 유죄로 추정하고 죄책감을 느껴야 한다는 것이다.[71] 또한 불법행위의 책임과 그에 대한 처벌 논리로 말하자면 처벌에 앞서서 그 관련되는 행위가 유죄라는 판결이 있거나 고백이 있어야 한다는 것이다. 과거 전쟁이 '침략'이었는지 아닌지, 전쟁 범죄가 있었는지 아닌지라는 판단이 이루어지지 않으면 전쟁에 대

---

69 테사 모리스 스즈키(Tessa Morris Suzuki), 김경원 옮김, 『우리 안의 과거(The Past within Us): 과거는 미디어를 통해 어떻게 기억되고 역사화되는가?』, 휴머니스트, 2006, 45−46쪽, 120쪽.

70 다카하시 데쓰야(高橋哲哉), 김성혜 옮김, 『역사/수정주의』, 푸른역사, 2015, 26−28쪽.

71 한나 아렌트(Hannah Arendt), 김선욱 옮김, 『예루살렘의 아이히만』, 한길사, 2006, 381쪽.

한 책임 논의도 시작할 수조차 없다.[72]

아베는 2015년 8월 소위 「종전 70주년 담화」에서 "그 전쟁과는 아무런 상관없는 우리 아이들과 손자, 그리고 그 다음 세대의 아이들에게 계속 사죄의 숙명을 짊어지게 해서는 안 됩니다."라고 선언했다. 그런데 앞서 언급한 것처럼 형법논리로 유추해 보면, 후대가 전 세대가 한 행위에 대해서 전혀 책임이 없다고 주장하는 것은 전 세대가 중대한 형사범죄를 저질렀다는 의미가 된다. 한편 그것이 불법행위가 아니라고 주장하면서 후손이 책임을 지지 않을 것이라고 주장하는 것이라면, 예를 들자면 우선 국가의 채무 개념이나 구도는 확 바뀌어야 한다. 죽는 사람은 자신의 생애에 걸쳐 그 속해 있는 국가가 진 빚의 N분의 1만큼 부채상환을 하고 죽어야 한다. 말하자면 '죽음세'를 납부해야 하는 것이다. 왜냐하면 후손은 아무런 책임을 지지 않을 것이기 때문이다. 그런 장치가 없다면 국가가 발행하는 채권의 신용은 제로가 되어 아무도 사지 않을 것이다. 이런 반론을 생각해 보는 것만으로도 아베의 저 말은 단어는 배열되어 있지만 내용으로서는 아무런 의미가 없는 것이다. 역사부정주의자들의 주장이나 논리가 다 그런 것이다.

역사의 책임이라는 것이 반드시 그 죄 값을 치러야 하는 사과나 변상책임의 의미는 아니다. 그것을 공연히 '사과'라는 말로 포장하여 대중의 거부감을 일으키는 얄팍한 정치적 술수를 부리는 측면도 있다. 필자는 '책임'이라는 말의 의미는 일본국민에게 '죄나 책임이 있다, 없다, 사과를 해야 한다, 아니다' 하는 문제에 초점을 두는 것은 결코 바람직한 개념이 아니라고 생각한다. 외교가 심판하는 것이 아

---

72 다카하시 데쓰야(高橋哲哉), 앞의 책, 2015, 104-105쪽.

닌 것처럼 역사도 심판하는 것은 아니다.[73] 역사에 존재하는 패턴은 발견되는 것이지 만들어지는 것은 아니다.[74] 역사의 교훈도 만들어지는 것이 아니라 찾고 기억하는 것이다. 역사관이나 역사인식에는 분명히 보편적 가치에 대한 인식 수준의 문제가 작용한다.

한일관계가 지리적으로 가장 인접한 이웃 국가로서 서로가 각각 상정하는 '국제법'만으로 규율할 수 없다는 것은 마치 이웃집들 간에 법만 가지고 관계를 규율하며 살기는 어렵다는 것과 마찬가지이다. 법과 법 사이의 영역에 존재하는 최소한의 도덕이나 윤리, 배려 등의 법적 양심과 법외적인 도덕 규칙이 적용되지 않는다면 그것은 먼 이웃보다 더 먼 소원한 관계가 됨을 의미한다. 그런 의미에서 100년 전의 병합 문제와 식민지지배에 관해 판단하는 것이 법적으로 '옳고 그르냐'의 문제가 아니라 그 이상의 이웃으로서의 배려에 관한 것이라고 할 수 있다. 임진왜란 이후 200년 이상 이웃 간에 평화롭고 우호적인 선린관계를 유지해 왔다면 그것이 정의이고 국가 간 도의의 원칙이 되어야 한다. 그 자체가 '관습법'적 권위를 가져야 한다. 그것을 최초로 깨는 자는 뭔가 바람직하지 않은 일을 저지르는 것이다. 결국은 이 말은 일본이 양국 간의 과거사에 대해서 어떤 입장을 표명하고, 그것을 지속적으로 유지하느냐가 바로 이러한 장래의 숙제에 대한 해답이라는 것이다. 그것은 현재와 장래에 서로가 어떤 관계 속에서 살아갈지, 평화우호적인 공존인가 의심과 투쟁의 관계 속에서 위험한 이웃으로서 살아

---

73 마르크 블로크(Marc Bloch), 고봉만 옮김, 『역사를 위한 변명』, 한길사, 2007, 166-167쪽.
74 Peter Novick, *The Noble Dream: the "Objectivity Question" and the American Historical Profession*, Cambridge University Press, N.Y., 2005, p. 2.

가야 하는가를 정하는 것이다. 그 틀 속에서 한국도 과거의 일을 되돌아보고 일본에게 불편함이 없는 이웃이 되도록 노력하면 되는 것이다.

한일 간 역사문제에 관한 첫 번째 문제점은 그것의 개념화부터 되어있지 않다는 것이다. 사건이나 이슈의 성격은 물론 책임과 반성, 사과, 처벌의 개념, 법적 개념과 도덕적 개념의 차이, 배상과 보상의 개념의 차이, 가해자가 할 수 있는 말의 품위 등에 대한 공통된 개념은커녕 그 차이 자체의 구분도 없이 마구 사용된다. 그것은 한 사회의 문명적 수준에 관한 것이다. 역사에 관한 '책임'이란 오늘날의 보편적 개념의 법과 가치에 관해 현재 세대가 어떻게 인식하고 그것을 미래 세대에게 어떻게 가르치고 물려줄 것이냐 하는 것에 관한 인식이라는 의미에 더 가깝다. 만약 과거 세대가 했던 일이 잘못이라고 생각한다면 현재 세대와 미래 세대는 그런 일을 하지 않을 것이라고 약속한다는 대답을 할 수 있는 것이다. 만약 일본의 현재 세대가 보편적인 법이나 가치에 대한 존중심이 전혀 없고, 따라서 일본인들이 어떤 약속도 할 수 없다면, 일본은 국제사회에 그렇게 밝히고 살면 되는 것이다. 그런데 일본인들이 현재는 보편적인 가치를 존중한다고 주장하면서, 과거 일본의 행위를 바로 그 보편적인 가치에 기준을 두고 판단하는 것조차 거부하는 것은 모순 아니면 위선이다. 과거를 합리화하려면 현재의 보편적 가치도 존중하지 않는다고 솔직히 고백해야 하는 것이다.

따라서 '책임'이란 이런 질문에 답하는 것이다. "가까운 과거에 자신의 선조들이 했던 행위에 대해서 모든 보편적인 가치개념을 대입했을 때 현재의 '너'는 그것이 '옳다' '그르다'라는 가치판단을 할 수 있는가? 그런 기회가 다시 온다면 '너'는 다시 그런 행동을 할 의도가 있는가 없는가?" 이런 질문에 답해야 하는 것이다. 한국인은 우연히 일본의 이웃에서 태어나 그 관계된 역사를 체험했기 때문에 당연히 그런 답변을 요구할 수 있는 것이다. 현재와 미래를 같이 살아가려는 이웃으로서는 그것을 알아야 할 권리가 있다. 만약 그런 질문을 불쾌해 하거나 대답을 거부한다면 결국 그 이웃은 대화도 필요 없고, 오직 경계의 대상이 될 뿐이다. 오누마 야스아키(大沼保昭) 도쿄대 명예교수는 말한다.

"위안부가 되었던 분들의 대부분이 속아서든 강제로든 성적 희생을 강요당했다는 사실은 학문적으로 거의 실증이 되었다. 강제는 없었다거나 위안부는 공창이었다고 격렬하게 주장하는 것은 일본이나 다른 외국에서 거의 실증된 학문적 성과를 정면으로 부정하는 것이다. 그것은 부끄러워해야 할 일이며, 일본의 국제적인 평가에도 상처가 될 수 있다. 그런 것이 아니라 과거에는 분명 나쁜 짓을 했지만, 현재의 일본은 진심으로 반성하고 있다고 하는 일본 국민의 생각, 그리고 태도를 확실하게 보여주어야 한다."[75]

유럽과 같은 서구사회에서는 역사부정주의가 어떤 이야기로 엮어지더라도 그 기반에는 보편적인 종교와 인권존중과 시민적 민주주의라는 보편적인 가치, 서로가 공유하는 그 무엇이 있다. 불행하게도 일본에서는 그러한 보편적인 가치가 아직도 확인되지 않고 있다. 일본의 천황주의는 보편적인 가치가 될 수 없다는 것은 일본인 누구나 잘 알고 있을 것이다. 일본 우익의 역사부정주의가 유럽보다 더 조악하고, 사악하고, 고약한 것은 보편적인 가치라는 개념조차 한 점 바탕에 깔려 있지 않기 때문이다. 보편적인 가치에 대한 인식이 없기 때문에 일본은 갈라파고스화 한다는 말을 듣게 된다. 그래서 일본의 어떤 지식인은 일본군위안부 문제를 "화장실 구조에 관한 역사처럼 주변적(marginal) 이

75 오누마 야스아키·에가와 쇼코, 조인구·박홍규 옮김, 『한중일 역사인식 무엇이 문제인가』, 섬앤섬, 2018, 163쪽.

야기"라고 거리낌 없이 말할 수 있는 것이다.[76] 이러한 어투는 일본의 정치지도자나 지식인의 저질적 언동의 대표적인 사례다. 소위 '일본 사상사'라는 데에서 흔히 보이는 언설이다. 이들은 모든 역사는 이야기이며 따라서 무엇이든 '정치성'을 갖는다고 주장한다.[77] 그러나 역사가 정치성을 갖게 되는 것과 역사에 정치성을 입히는 것은 전혀 다른 것이다. 역사가 '사후적으로' 정치적인 영향을 미칠 수는 있겠지만, 그렇다고 그것이 역사의 해석에 '사전적으로' 정치성을 주입시켜도 된다는 의미는 아니다. '사전적(a priori)'이라는 개념과 '사후적(a posteriori)'이라는 개념을 구분할 줄 아는 것은 철학의 기본 지식이다.

한 국가의 외교역량은 당연히 국가 자신의 역량을 반영하는 것이지만 특히 대일외교는 그 역사성 때문에 더욱 더 국가역량이 총동원되어야 한다. 대일외교를 일선 외교관들에게만 부담지우는 것은 너무 가혹하고, 정치지도자가 정치이데올로기와 국내정치적 시각으로만 처리하는 것은 너무 위험하다. 또한 역사문제가 정치화되는 것을 수수방관하고 심지어는 그 분위기에 편승하기까지 하는 지식인들은 무책임한 것을 넘어 사악하다고까지 비판받을 수 있는 것이다. 역사문제는 당장 해결하기 위해서 끝없는 마찰을 감수하는 것보다는 상대방이 스스로 해결해야 하는 과제로 전환시키는 것이 가장 바람직한 형태라고 할 수 있다. 사실상 역사문제를 외교적 처방이나 수단으로 해결한다는 것은 양측의 정치지도자와 국민들의 일치된 이성과 감정 없이는 거의 불가능한 일이다.

한일 간 갈등이 이 지경까지 온 마당에는 차라리 지금이 우리의

---

76 다카하시 데쓰야(高橋哲哉), 앞의 책, 2015, 53쪽.
77 위의 책, 56쪽.

그러한 총체적인 역량을 발휘해 볼 수 있는 좋은 기회이기도 하다. 따라서 우리 스스로가 한국사회 내부에서 우선 할 수 있는 일들을 해가면서 국제적·보편적 기준에 맞는 방식으로 일본과의 현안을 처리해 나가는 것이 국가의 품격을 보여주는 것이 될 것이다. 우리 정부가 국가를 대표하여 이들 일본군위안부 피해할머니들과 강제동원피해자들, 나아가 원폭피해자 등 모든 식민지피해자들에게 '국가의 이성과 권능'이 19세기 말 이후 일제강점기에 지켜주지 못한 것, 그리고 그 이후 제대로 보호하고 구제해주지 못한 것을 사과하고, 그것을 공식적인 기록으로 남겨놓고 일본의 진정한 사과를 기다린다는 입장을 표명하는 것이 좋을 것이다. 일본의 금전적인 보상이나 배상은 더 이상 필요 없다는 것을 분명히 하면서 말이다.

이러한 철학적 역사적 인식을 공식화함으로써 한국은 역사문제에서 일본에 대한 도덕적 우위를 가지고 어떤 형태로든 이 과제를 처리해 나갈 수 있는 최소한의 근거를 마련할 수 있다. 이미 1993년 3월 당시 김영삼 대통령은 "피해자들에 대한 금전적 보상은 일본에 직접 요구하지 않고 한국 정부가 직접 하겠다"고 천명했다. 그 후 김영삼 대통령은 일본 기자들이 일본군위안부 문제에 대한 입장을 묻자 "우리가 원하는 것은 당신들의 돈이 아닙니다. 우리는 당신들이 진실을 분명하게 인정하기를 바랍니다. 그때에만 문제가 해결될 수 있습니다"라고 대답했다.[78] 대한민국의 대통령이 역사문제에 대해서 이처럼 수준 높은 역사인식을 가지고 논리적인 답변을 한 예는 그 이전이나 그 이후에도 없었다.

---

78 이안 부루마(Ian Buruma), 정용환 옮김, 『아우슈비츠와 히로시마: 독일인과 일본인의 전쟁 기억』, 한겨레신문사, 2002, 324쪽.

안타깝게도 일본의 정치지배자들은 여전히 '한국을 밟고 일어서야' 일본의 국제적 지위가 향상된다고 생각한다. 그들은 '한국과 손을 잡고 일어서야' 일본이 더 모범적이고 권위 있는 지위를 얻을 수 있다는 것을 아직도 깨닫지 못하고 있다. 일본의 철학자 가라타니 고진(柄谷行人)은 제국이 될 자격이 없는 국가가 제국이 되려고 하면 그것은 단지 제국주의가 될 뿐인데, 그런 제국주의는 "도적떼에 불과했다"고 했다.[79] 한일관계는 지금 그 전환기를 겪고 있다. 한국과 일본이 대등한 우호관계를 추구하겠다고 한다면 논쟁할 것은 논쟁하고 협력이 필요한 것은 협력하는 관계를 만들어야 한다. 우리의 논리를 치열하게 전개하면서 일본이 내미는 답을 채점하는 위치로 돌아가야 한다. '일본과의 관계회복이 중요하다'는 단순 논리만 되풀이하면서 원칙과 명분 없이 미국이나 일본이 원하는 대로 따라가서 '봉합'하는 것이 외교는 아니다. 그런 것이 누적되면 한국의 외교자산을 잠식하게 된다. 너무 조용한 우호관계나 상대방에 대한 과도한 기대는 금물이다. 이익은 당연히 서로 부딪친다. 논쟁이 필요한 곳에서 논쟁을 회피한다면 협력할 수 있는 분야도 보이지 않게 된다. 양국이 민주주의 가치를 그나마 상당 부분은 공유하기 때문에 논쟁도 가능한 것이다. 외교에서는 작은 이익과 큰 이익을 구별해서 취할 수밖에 없을 때도 있다. 따라서 역사 현안문제의 유일한 해결책은 이 문제에 외교적인 다 걸기(all-in)를 하지 않는 것이다. 역사문제에 관한 이견은 이견인 채로 치열하게 싸우고 관리하면서(구동론이·求同存異), 북한문제, 미국의 아시아정책, 그리고 중국문제, 그리고 아시아 지역과 세계적 차원의 국제

---

79 柄谷行人(가라타니 고진), 『帝國の構造−中心.周邊.亜周辺』, 青土社, 東京, 2014, 100쪽.

협력 이슈에 관해서 적극적으로 협력해 나가야 할 것이다. 그것을 한일 간 '편의적 공존관계'라고 해도 좋을 것이다.

민초들과 젊은 세대를 위한 한일 우호관계를 생각하며

필자가 처음 외교관으로서 일본에 근무하던 80년대에는 소위 '파이프 외교'라는 말이 있었다. 그때는 정치지도자들 상호 간에 소통과 우의가 넘치는 교류가 있었다. 양국 지도자들을 연결하는 정상배들이 왕래하면서 뒷거래한다는 의미였는데, 총체적으로 보면 양국 국민들 간의 관계는 차갑기까지 할 정도로 소원하고 왕래도 적었다. 물론 여기에는 양국 간의 경제적인 격차도 작용했다. 한국 형편에서는 그리 사람들이 많이 돌아다니지 않던 시대였기도 했고, 일본 사람들은 여행이라면 무조건 '유럽으로 유럽으로' 하던 시절이었다. 그러나 양국의 정치인들과 경제인들은 서로 끼리끼리 모여서 '사케(일본술)'를 돌리면서 우의를 다졌다.

그런데 20여 년 뒤 일본 근무차 다시 와서 느낀 것은 그것이 정반대 양상으로 변해 있다는 것이었다. 정치가들의 관계는 싸늘해졌지만 양국의 보통 사람들은 서로 각 분야에서 빈번하게 교류하면서 개인적인 우정도 교환하고 있다. 가끔 오사카에 주재하는 다른 나라의 총영사들이 자국과 일본 간에 어떤 교류행사가 개최된다고 '특별한 뉴스'로 언급하곤 했다.[80] 그런 '뉴스'를 듣고 한 번은 그런 들뜬 분위기에 '초를 치는' 장난을 쳤다. "너는 너네 나라와 관련해서 오사카에서 열리는 행사들을 다 알고 있나?" "그럼 다 알지." "나는 대부분의 행사

---

80 오사카에는 당시에 21개국의 총영사관이 있었다.

를 그냥 모르고 지나쳐버려. 매일매일 하도 많이 열리니까. 오사카에 교류 행사차 오는 한국인들은 총영사관에 신고나 연락도 안 해. 하긴 간사이공항과 한국을 오가는 항공편이 하루에 수십편이나 되니까 누가 오는지도 몰라. 오사카뿐만이 아니야. 일본열도 전역의 웬만한 도시는 다 마찬가지야." 이야기가 여기까지 이르면 다른 나라 총영사들은 다들 입을 다문다. 그만큼 한국과 일본의 관계는 세계 어느 나라와도 비교할 수 없을 정도로 가깝고 특별하다. 그 특별함을 만들어내고 있는 사람들은 외교관이나 정치인이 아니라 보통사람들이었다. 한일 간 보통사람들 간의 교류는 역사 속에서도 그렇고 오늘날에도 그렇고, 서로 극한적으로 배타적이지는 않았다. 앞의 장에서 설명했던 것처럼 조선시대에도 서로 가끔 조우하는 한국과 일본의 보통사람들은 서로를 신기한 외국인으로서 호기심을 가지고 비교적 담담하고 따뜻하게 대했다. 조선과 일본의 에도막부는 그 당시 다른 어느 세계보다도 선진적인 '표류민 송환제도'를 운용하고 있었다.[81] 일본의 침략이 시작되던 19세기 말까지만 해도 조선인들은 일본을 경계하거나 적으로 생각하지 않았다. 오히려 조선의 독립을 도와주기 때문에 고마운 선린우호국이라고 생각했다.[82]

　물론 그런 기대가 전혀 틀렸다는 것은 곧 머지않아 폭로되었다. 그리고 19세기 말부터 조선에 들어와 정착한 일본인들은 일제경찰과 같은 식민지관료뿐만 아니라 민간인들도 거의 모두 조선인들의 시각에서는 '악랄한 일본인들'이었다. 조선인에 대한 멸시와 차별의식이 가장 강했던 사람들도 이들 조선거류 일본인들이었다. 그중에는 조

---

81 앞의 장 민중들의 시각
82 전상숙, 앞의 책, 2017, 46–48쪽.

선 땅에서 태어난 일본인판 "피에 누아르"들도 있었다.[83] 그들은 대체로 총독부의 강경정책을 요구했다. 일본 국회에서 그런 행태가 조선인 측의 불만요인이었다고 지적되기도 했다.[84] 그러나 그들은 일본 제국주의의 정치권력이 깔아놓은 기울어진 운동장에 익숙해진 일본인들이었다. 이안 부루마는 "인간은, 지도자가 무한한 권력을 획득하고 그 추종자들에게 자신보다 약한 사람을 마음 놓고 괴롭힐 자유가 주어지는 곳이면 어디든 위험하다. 개인에게나 군중에게나 억제되지 않은 권력은 야만적 행위를 낳는다. 아우슈비츠와 난징은 그 규모와 방식의 차이에도 불구하고 언제나 그 확실한 증거로 남아 있을 것이다. 독일이나 일본 두 나라 어느 곳에서나 악당은 투표에 의해 축출될 수 있다. 이것을 고의적으로 무시하고 그 대신 민족적인 카인의 표식을 찾는 사람(외국인을 증오하는 사람)은 과거에서 아무것도 배우지 못한 사람이다."라고 경고한다.[85] 서유럽에서는 국민들 간에는 아직도 약간의 반목적인 감정도 있고 경쟁심도 강하겠지만 적어도 지도자들 간에는 언제나 우호와 협력이 강조되고 있다.[86] 그렇기 때문에 사회 전체적으로는 상호 간의 배타적인 감정이나 분위기는 근절되거나 억제되거나 최소한 수면 아래로 잠재화되어 있다는 것이다. 마루야마 마사오는 종전 직후인 1946년에 쓴 논문인 「초국가주의의 논리와 심리」의 마지

---

83 이승엽, 「문화정치 초기 권력의 동향과 재조일본인 사회」, 이형식 편저, 『제국과 식민지의 주변인: 재조일본인의 역사적 전개』, 보고사, 2013, 80–85쪽.

84 위의 글, 위의 책, 227–232쪽.

85 이안 부루마(Ian Buruma), 앞의 책, 2002, 335쪽.

86 한나 아렌트(Hannah Arendt), 앞의 책, 2006, 62–63쪽. 이스라엘 사람들은 독일 총리 아데나워가 히틀러에 대해서 책임을 져야 한다고 주장하지는 않겠다고 말한다. 그들은 아데나워를 "그 격조 있는 독일인이 비록 20년 전 수백만 명의 유대인을 학살하는 데 협조한 바로 그 민족에 속한다 해도, 우리에게 그는 한 격조 있는 인간이다."고 말했다.

막을 이렇게 마무리했다. "일본 제국주의의 마침표가 찍힌 8월 15일은 동시에 초국가주의의 전 체계의 기반인 국체가 절대성을 상실하고 비로소 처음으로 자유로운 주체가 된 일본 국민에게 그 운명을 넘겨준 날이기도 했다."[87] 마루야마 교수가 살아있다면 오늘의 일본에 대해 뭐라고 말했을까? 일본 국민은 일본의 운명을 넘겨받았는가? 또한 일본을 사랑했던 원조 지일파인 캐나다인 노먼(E. H. Norman)은 "국민의 고혈을 짜내려는 지배자들이 이웃에 대한 미움을 심으려 한다."고 일본인들에게 80년 전에 이미 경고했다. 국민들이 권력에 속지 않는 것, 비도덕적이고 부패한 권력을 추방할 수 있다는 자신감이 민주주의를 지키는 힘이고 각자의 자유와 행복을 지키는 길이라는 것은 한국인이나 일본인이나 다같이 공유할 수 있는 생각일 것이다. 그것이 바로 제대로 된 민주주의의 힘이다. 그래서 보통사람들의 눈에는 한일 양국의 이해와 협력의 길이 언제나 활짝 열려 있다.

현실의 국제관계에서 약한 자는 용서할 능력도 없고 용서받기도 어렵다. 한일 간의 역사갈등에서 한국의 그 이상한 일부 학자들처럼 일본을 용서하자든가 '한국에게도 잘못이 있다', '한국이 더 잘못했다'는 식의 수준으로 대응한다면 일본은 기다렸다는 듯이 모든 책임을 한국에 떠밀 것이다. 그래서 그런 학자들은 한국의 "노암 촘스키"가 되지 못하고 친일매국노로 급전직하 전락해 버리게 되는 것이다. 그럼에도 불구하고 한국인들이 일본의 보통사람들을 이해하는 데 도움이 될 만한 여담 한마디로 이 긴 글을 끝내고자 한다. 필자는 우연한 기회에 폴란드 역사학자로부터 피해자 의식에 관한 폴란드인의 인식

---

87 마루야마 마사오(丸山眞男), 김석근 옮김, 「초국가주의의 논리와 심리」, 『현대정치의 사상과 행동』, 한길사, 1997, 64쪽.

을 들을 수 있었다. 대부분의 한국인들은 폴란드가 주변국에 의해서 침략받고 그 역사도 왜곡되었을 것이기 때문에 폴란드도 우리와 비슷한 피해자 의식이 있을 것이라고 생각하는 경향이 있다. 그러나 그는 "폴란드에는 피해자 역사인식이 없다. 왜냐하면 폴란드인들뿐만 아니라 러시아인들도 짜르나 스탈린의 폭정시대의 똑같은 희생자이기 때문이다"라고 말했다. 필자는 그 말을 듣고 일본인 여성이나 탄광노동자에 대한 인권유린 사례와 같은 일본인들의 희생과 피해를 떠올렸다. 그들도 사실은 똑같은 피해자들이긴 하다.[88] 이제는 한국인들과 일본인들이 모두가 잘못된 정치권력에 의해 희생자가 되었던 역사적 교훈을 공유하고 미래에 다시 고개를 들지 모르는 그러한 전체주의적, 독재적 정치권력을 경계하고 방지하는 데 서로 협조할 정도의 수준은 되었다고 생각된다. 필자가 읽었던 책의 내용 중에 가장 기억에 남는 장면은 일본의 패전 직후 소학교 2학년짜리 어느 전사자의 딸아이에 관한 이야기였다. 물론 많은 한국인들의 시각에서는 그런 글들이 단지 '일본인들이 피해자'라는 티를 내는 것이라고 폄하할 수도 있을 것이다. 그러나 폴란드 역사학자의 말과 같이 다 같은 인간이라는 입장에서 보면, 가해국의 정치권력에 의해서 전쟁으로 내몰리고 희생된 보통사람들이나, 피해국의 무능한 정치권력 때문에 버려져서 희생된 보통사람들이나, 구분하고 차별할 수 있는 기준이 마땅한 게 없는 것도 사실이다. 예수님이 "죄를 지지 않은 사람은 돌을 던지라"고 말했던 그 대상은 불쌍한 사람을 대상으로 하는 말이지 제사장이나 바리새인들과 같은 권력자나 특권층을 상정한 말은 아니었다. '같은' 희

---

88 서울신문 「열린세상」 2017년 8월 27일자 기고문, 「역사왜곡, 개방된 역사관으로 대응해야」

생자들끼리 싸우는 것은 권력자들이 노리는 바로 그것일지도 모른다. 그 어린 딸아이에 관한 이야기는 유메노 규사쿠(夢野久作)라는 작가의 장남인 스기야마 류마루(杉山龍丸)가 패전 직후에 귀환 사무 자원봉사를 맡았던 경험을 회상하며 남긴 글이었다.

"우리는 매일같이 찾아오는 유족들에게, 당신의 아드님은, 부군은 돌아가셨다. 죽었다, 죽었다, 죽었다고 전하는 괴로운 일을 했다."
나는 어느 날 식량난으로 병이 난 조부모를 대신해서 아버지의 소식을 물으러 온 소학교 2학년 소녀와 조우했다. 장부를 뒤적여 보니, 필리핀 루손의 바기오에서 전사한 것으로 되어 있었다.
"당신 아버지는…" 이라고 말을 꺼내며, 나는 소녀의 얼굴을 보았다. 여윈, 새까만 얼굴, 자라난 앞머리 아래로 길게 찢어진 눈을 크게 뜨고, 내 입술을 바라보고 있었다.
나는 소녀에게 대답해야만 한다. 대답해야만 한다고 몸속을 휘몰아치는 전율을 간신히 억누르며, 어떤 목소리로 대답을 했는지 모르겠다.
"당신 아버지는, 전사하셨습니다."
이렇게 말하고 목소리가 이어지지 않았다. 순간 소녀는 크게 뜬 눈을 더욱 크게 뜨며, 마치 울먹거릴 것처럼 보였다. … 그러나 소녀는,
"저는 할아버지가 시켜서 온 거예요. 아버지가 전사했으면, 관계자 아저씨에게 아버지가 전사한 때랑, 전사한 상황, 상황을요, 그걸 써 달라고 해서 와라, 라고 하셨어요."
나는 입을 다물고 고개를 끄덕이고… 간신히 다 써서, 봉투에 넣어 소녀에게 건네주자 작은 손으로 주머니에 소중히 넣더니, 팔로 감싸 안으며 고개를 숙였다.
눈물 한 방울 흘리지 않고, 목소리 하나 울리지 않았다.
어깨에 손을 올리고 뭔가 말을 하려고 생각하면서 얼굴을 들여다보자, 소녀는 아랫입술을 피가 날 정도로 깨문 채, 눈에 힘을 불끈 주고 어깨로 숨을 쉬고 있었다. 나는 목소리를 삼키고 한참 있다가,
"혼자서 집에 갈 수 있겠니"라고 물었다. 소녀는 내 얼굴을 바라보며,
"할아버지 할머니가 전차비를 주시고, 전차를 가르쳐 주셨어요" 라고 나

에게 말했다. "그러니까 갈 수 있지"라고 다시금 자기 스스로에게 들려
주듯이, 꾸벅하고 고개를 끄덕였다.

나는 몸속이 뜨거워져 버렸다. 집에 가는 도중에,

"나한테는 두 여동생이 있어요. 엄마도 죽었어요, 할아버지께서 말씀하
셨어요. 울면 안 된다고, 그러니까 내가 단단히 정신 차리지 않으면 안
된다고, 나는 울면 안 된다고." 라며, 작은 손을 잡은 나의 손에 몇 번이
고 몇 번이고 말한 것만이, 내 머리 속을 뱅뱅 맴돌고 있었다. 어떻게 되
는 걸까, 나는 대체 무엇일까, 무엇을 할 수 있을까?

현지 주민들도 많이 죽었던 루손섬 바기오의 전투는 천황이 고노에의 항
복 제안을 거부한 시기에 벌어졌다.(이상 전체 인용)[89]

한편 일본의 문예평론가인 가토 노리히로(加藤典洋)는 일본 사회와
일본정치에서 보통사람들이 처해 있는 상황을 다음과 같은 애처로운
(pathetic) 패러디로 묘사했다.

이런 정경이 떠오른다. 우리는 어린아이들이고 돌을 건네받으며 이런 말
을 듣는다. "자 이 돌을 될 수 있는 대로 멀리 던져보렴." 우리는 있는 힘
을 다해 던진다. 그러자 이런 말이 들린다. "자, 이번엔 그걸 주우러 가
렴." 우리는 열심히 걸어가 그것을 집어온다. 우리는 또 한 번 명령을 받
는다. "그럼 다시 한 번, 이 돌을 가능한 한 멀리 던져봐." 우리는 간다.
우리는 돌을 집어온다. 우리는 또 명령을 받는다⋯ 아마도 이때, 걸어서
집으러 갈 일을 염두에 두고 돌을 던진다면 게임은 끝난다. 그 일을 하는
것의 '의미'가 사라진다. '비틀림'에서 회복된다는 것은 '비틀림'을 마지
막까지 견뎌내는 것, 바로 그것이다. 그것이 회복 그 자체보다 더 커다란
경험인 것이다.[90]

89 가토 노리히로(加藤典洋), 서은혜 옮김, 「패전후론」, 『사죄와 망언사이에서』,
창작과 비평사, 1998, 75-77쪽. 재인용: 杉山龍丸「ふたつの悲しみ」(『聲なき
聲のたより』1967, 11『日常の 思想』,『前後日本思想大系』第14卷, 築摩書房,
1970에 수록) 263쪽, 265-266쪽.

90 위의 글, 위의 책, 98쪽.

■ 참고문헌

1. 한국어 문헌

가쓰라지마 노부히로(桂島宣弘), 김정근·김태훈·심희찬 옮김, 『동아시아 자타인
　　식의 사상사: 일본내셔널리즘 생성과 동아시아』, 논형, 2009

가토 노리히로(加藤典洋), 서은혜 옮김, 「패전후론」, 『사죄와 망언사이에서』, 창
　　작과 비평사, 1998

가토 노리히로(加藤典洋), 서은혜 옮김, 「전후후론」, 『사죄와 망언사이에서』, 창
　　작과 비평사, 1998

가토 슈이치(加藤周一), 김진만 옮김, 「일본 사회·문화의 기본적 특징」, 가토 슈
　　이치(加藤周一) 등, 『일본문화의 숨은 形』(1984), 소화(한림신서 일본학
　　총서 1), 2002

가토 요코(加藤陽子), 윤현명·이승혁 옮김, 『그럼에도 일본은 전쟁을 택했다』, 서
　　해문집, 2018

강상중, 임성모 옮김, 『내셔널리즘』, 이산, 2004

강성현, 『탈진실의 시대, 역사 부정을 묻는다: '반일 종족주의' 현상 비판』, 푸른
　　역사, 2020

강항, 김찬순 옮김, 『간양록: 조선 선비 왜국 포로가 되다』, 보리, 2004

가토 요코(加藤陽子), 양지연 옮김, 『왜 전쟁까지: 일본제국주의의 논리와 '세계
　　의 길' 사이에서』, 사계절, 2018

고노시 타카미츠(神野志隆光), 권오엽·권정 역, 『古事記와 日本書紀』, 제이앤씨,
　　2005

고선윤 글·박태희 사진, 『토끼가 새라고?: 고선윤의 일본이야기』, 안목, 2016

권혁태·차승기 엮음, 『전후의 탄생: 일본 그리고 조선이라는 경계』, 그린비,
　　2013

금병동, 최혜주 옮김, 『조선인의 일본관: 600년 역사 속에 펼쳐진 조선인의 일본
　　인식』, 논형, 2008

구스타프 르 봉(Gustave Le Bon), 이재형 옮김, 『군중심리(Psychologie des
　　Foules·1895)』, 문예출판사, 2013

김시덕, 『일본의 대외 전쟁: 16~19세기 일본 문헌에 나타난 전쟁정당화 논리』,
　　열린책들, 2016

김영회, 일본 만엽집(만엽집)은 향가였다, 북랩, 2021

김용운, 『한·일간의 얽힌 실타래: 신라·백제에서부터 한·일까지』, 문화사상사,
　　2007

김용운, 『풍수화: 원형사관으로 본 한·중·일 갈등의 돌파구』, 맥스교육(맥스미디
　　어), 2014

김정기, 『일본 천황 그는 누구인가: 그 우상의 신화』, 푸른사상, 2018

김정욱, 「남북전쟁과 공적 역사」, 문화사학회엮음, 『기억은 역사를 어떻게 재현하는가』, 한울엠플러스(주), 2017

김종학, 『개화당의 기원과 비밀외교』, 일조각, 2017

김학준, 『서양인들이 관찰한 후기조선』, 서강대학교출판부, 2010

김태기, 「'일본회의'의 성장과 종교단체의 역할: '생장의 집(生長の家)'를 중심으로」, 남기정 엮음, 『일본 정치의 구조 변동과 보수화: 정치적 표상과 생활세계의 실상』, 박문사, 2017

김현구 외, 『일본서기 한국관계기사 연구(I)』, 일지사, 2002

김현구 외, 『일본서기 한국관계기사 연구(II)』, 일지사, 2002

김현구 외, 『일본서기 한국관계기사 연구(III)』, 일지사, 2002

나가하라 게이지(永原慶二), 하종문 옮김, 『20세기 일본의 역사학』, 삼천리, 2011

나인호 지음, 『증오하는 인간의 탄생』, 역사비평사, 2019

나카노 고이치(中野晃一), 김수희 옮김, 『우경화하는 일본 정치』, 에이케이커뮤니케이션즈, 2016

남기정, 「서문: 일본 우경화 신화에 대한 과학적 이해를 위하여」, 남기정 엮음, 『일본 정치의 구조 변동과 보수화: 정치적 표상과 생활세계의 실상』, 박문사, 2017

남기정, 「자위대는 군대가 될 것인가?: '자주방위의 꿈'과 '미일동맹의 현실'」, 남기정 엮음, 『일본 정치의 구조 변동과 보수화: 정치적 표상과 생활세계의 실상』, 박문사, 2017

남상구, 「일본 교과서 문제의 역사적 경위와 실태: 국제주의와 애국주의의 길항」, 남기정 엮음, 『일본 정치의 구조 변동과 보수화: 정치적 표상과 생활세계의 실상』, 박문사, 2017

노 다니엘, 『아베 신조의 일본』, 새창미디어, 2014

다나카 아키라(田中彰), 현명철 옮김, 『메이지 유신과 서양 문명: 이와쿠라 사절단은 무엇을 보았는가』, 小花, 2006

다보하시 기요시(田保橋潔), 김종학 옮김, 『근대 일선관계의 연구 上』(1940), 일조각, 2013

다카사키 소오지(高崎宗司), 최혜주 옮김, 『일본망언의 계보(妄言の原形)』, 한울, 1996

다카하시 데쓰야(高橋哲哉), 김성혜 옮김, 『역사/수정주의』, 푸른역사, 2015

다케다 에이지(竹田榮治), 송병권 옮김, 『GHQ: 연합국 최고사령관 총사령부』, 평사리, 2011

다키 고지(多木浩二), 박삼헌 옮김, 『천황의 초상』, 소명출판, 2007

■참고문헌

도널드 킨(Donald L. Keene), 김유동 옮김, 『메이지라는 시대: 유신과 천황 그리고 근대(Meiji and His World 1852~1912) 1』, 서커스, 2017

도요시타 나라히코(豊下楢彦), 권혁태 옮김, 『히로히토와 맥아더 : 일본의 전후는 어떻게 만들어졌는가(昭和天皇.マッカーサー會見)』, 개마고원, 2009

동북아역사재단(편), 『동북아 평화와 역사문제』, 2016

동북아역사재단 한국외교사편찬위원회 편, 『한국의 대외관계와 외교사, 고대편』, 2019

동북아역사재단 한국외교사편찬위원회 편, 『한국의 대외관계와 외교사, 고려편』, 2019

루스 베네딕트(Ruth F. Benedict), 서정완 역(후쿠이 나나코의 일본어판 옮김), 『일본인의 행동패턴』(1945 작성, 1997년 일본어판 발행), 소화, 2002

리차드 H. 미첼(Richard. H. Mitchell), 김윤식 옮김, 『日帝의 思想統制』, 일지사, 1982

마고사키 우케루(孫崎亨), 양기호 옮김, 『미국은 동아시아를 어떻게 지배했나: 일본의 사례, 1945~2012년(戰後史 正体)』, 메디치미디어, 2013

마르크 블로크(Marc Bloch), 한정숙 옮김, 『봉건사회 II』, 한길사, 2001

마르크 블로크(Marc Bloch), 고봉만 옮김, 『역사를 위한 변명』, 한길사, 2007

마르타 도이힐러(Martina Deuchler), 김우영·문옥표 옮김, 『조상의 눈아래서: 한국의 친족, 신분 그리고 지역성』, 너머북스 2018

마루야마 마사오(丸山眞男), 김석근 옮김, 「초국가주의의 논리와 심리」, 『현대정치의 사상과 행동』, 한길사, 1997

마루야마 마사오(丸山眞男), 김진만 옮김, 「原型, 古層, 執拗(집요)低音」, 가토 슈이치 등, 『일본문화의 숨은 形』, 소화(한림신서 일본학총서 1), 2002

마이클 키벅(Michael Keevak), 이효석 옮김, 『황인종의 탄생: 인종적 사유의 역사』, 현암사, 2016

모토오리 노리나가(本居宣長), 고희탁 옮김, 『일본 '국체' 내셔널리즘의 원형: 모토오리 노리나가의 국학』, 동북아역사재단, 2011

미나미 히로시(南博), 남근우 옮김, 『일본인의 심리』, 소화, 2000

미나미 히로시(南博), 서정완 옮김, 『일본적 自我』, 소화(한림신서 일본학총서3), 2002

미셸 푸코(Michel Foucault), 오생근 역, 『감시와 처벌: 감옥의 역사』, 나남출판, 1997

미야케 히데토시(三宅英利), 하우봉 옮김, 『역사적으로 본 일본인의 한국관』, 풀빛, 1990

박삼헌, 「'만세일계'의 주박에 걸린 보수 논객들」, 남기정 엮음, 『일본 정치의 구조 변동과 보수화: 정치적 표상과 생활세계의 실상』, 박문사, 2017

박유하, 제국의 위안부, 뿌리와 이파리, 2015(2판)

박진우, 『근대일본 형성기의 국가와 민중』, J & C, 2004

박해순, 『1894 일본조선침략』, 나녹, 2019

배상열, 징비록: 비열한 역사와의 결별, 추수밭, 2015

베네딕트 앤더슨(Bendedict Anderson), 서지원 옮김, 『상상된 공동체: 민족주의의 기원과 보급에 대한 고찰』, 도서출판 길, 2018

사카이 나오키(酒井直樹), 최정옥 옮김, 『희망과 헌법』, 그린비, 2019

사토 히로오(佐藤弘夫), 성해준 옮김, 『神國日本』, 논형, 2014

서경식, 한승동 옮김, 『다시, 일본을 생각한다: 퇴락한 반동기의 사상적 풍경』, 나무연필, 2017

서경식·다카하시 데쓰야(高橋哲哉), 한승동 옮김, 『책임에 대하여: 현대 일본의 본성을 묻는 20년의 대화』, 돌베개, 2019

서정익, 『일본근대경제사』, 혜안, 2003

성희엽, 『조용한 혁명: 메이지 유신과 일본의 건국』, 소명출판, 2016

손일, 『에노모토와 메이지 유신』, 푸른길, 2017

신동준, 『근대일본론: 군국 일본의 국가제도와 그 운용자들』, 지식산업사, 2004

신명호, 『고종과 메이지의 시대』, 역사의 아침, 2014

신숙주, 신용호 외 주해, 『해동제국기』, 범우사, 2004

신유한, 강혜선 옮김, 『조선 선비의 일본 견문록: 해유록, 대마도에서 도쿄까지』, 이마고, 2008

스테판 다나카, 박영재·함동주 옮김, 『일본 동양학의 구조』, 서남동양학술총서 24, 문학과 지성사, 2004

아베 긴야(阿部謹也), 이언숙 옮김, 『일본인에게 역사란 무엇인가: 세켄(世間) 개념을 중심으로』, 도서출판 길, 2005

아이자와 야스시(會澤安), 김종학 역, 『신론(新論)』, 세창출판사, 2016

안재홍, 김인희 역주, 『조선상고사감』, 우리역사연구재단, 2014

안토니 스미스(Anthony D. Smith), 강철구 옮김, 『민족주의란 무엇인가: 근대주의를 넘어선 새로운 모색』, 용의 숲, 2012

앨빈 토플러(Alvin Tofler), 이규행 감역, 『권력이동(Power Shift)』, 한국경제신문사, 1991

야나기사와 교지(柳澤協二), 이용빈 옮김, 『망국의 일본 안보정책: 아베 정권과 적극적 평화주의의 덫』, 한울, 2015

야마다 아키라(山田郎), 윤현명 옮김, 『일본, 군비확장의 역사−일본군의 팽창과 붕괴』, 어문학사, 2019

야마모토 요시타카(山本義隆), 서의동 옮김, 『일본과학기술 총력전−근대150년 체제의 파탄』, AK커뮤니케이션, 2019

야마모토 히로후미(山本博文), 이원우 옮김, 『할복: 일본인은 어떻게 책임지는가』, 논형, 2013

■ 참고문헌

야마베 겐타로(山邊健太郎), 최혜주 옮김, 『일본의 식민지 조선통치 해부: 일본의
　　역사학자 야마베 겐타로가 진술한 일본 식민지 조선 통치 보고서』, 어문
　　학사, 2011

야스다 고이치(安田好一), 이재우 옮김, 『일본 '우익'의 현대사(右翼戰後史)』, 오
　　월의봄, 2019

야스다 히로시(安田浩), 하종문·이애숙 옮김, 『세 천황 이야기: 메이지, 다이쇼,
　　쇼와의 정치사』, 역사비평사, 2009

야스마루 요시오(安丸良夫), 박진우 옮김, 『현대일본사상론: 역사의식과 이데올
　　로기』, 논형, 2006

야스마루 요시오(安丸良夫), 박진우 옮김, 『근대천황상의 형성』, 논형, 2008

야스카와 주노스케(安川壽之輔), 이향철 옮김, 『후쿠자와 유키치의 아시아 침략
　　사상을 묻는다』, 역사비평사, 2011

요네야마 도시나오(米山俊直), 김필동 옮김, 『일본인의 집단(나카마)의식』, 도서
　　출판 소화, 1997

에드워드 사이드(Edward W. Said), 김성곤.김정호 옮김, 『문화와 제국주의』, 도
　　서출판 창, 2002

에드워드 사이드(Edward W. Said), 박홍규 옮김, 『오리엔탈리즘』, 교보문고, 2018

에드윈 라이샤워(Edwin O. Reischauer), 이관섭 옮김, 『일본 근대화론(1965)』,
　　소화, 1997

에릭 홉스봄(Eric Hobsbawm), 박지향·장문석 옮김, 『만들어진 전통(The
　　Invention of Tradition)』, 휴머니스트, 2004

에릭 홉스봄(Eric Hobsbawm), 강명세 옮김, 『1780년 이후의 민족과 민족주의』,
　　창비, 2008

에른스트 카시러, 박찬국 옮김, 『상징형식의 철학-제2권 신화적사유』, 아카넷(대
　　우고전총서), 2014

엔도 슈사쿠(遠藤周作), 공문혜 옮김, 소설 『침묵』, 홍성사, 2003

오구마 에이지(小熊英二), 조성은 옮김, 『민주와 애국: 전후 일본의 내셔널리즘과
　　공공성(2002)』, 돌베개, 2019

오누마 야스아키·에가와 쇼코, 조인구·박홍규 옮김, 『한중일 역사인식 무엇이
　　문제인가』, 섬앤섬, 2018

오구라 기조(小倉紀藏), 한정선 역, 『일본의 혐한파는 무엇을 주장하는가(강연
　　록)』, 제이엔씨, 2015

요시타 유카타(吉田裕) 지음, 하종문, 이애숙 옮김, 『일본인의 전쟁관(1995)』, 역
　　사비평사, 2004

요시다 유타카(吉田裕), 최혜주 옮김, 『일본의 군대: 병사의 눈으로 본 근대일

본』, 논형, 2005

우치다 다쓰루(內田樹)·시라이 사토시(白井聰), 정선태 옮김, 『속국/민주주의론: 일본은 미국의 지배에서 벗어날 수 있을까?(屬國民主主義論)』, 모요사, 2018

우치다 다쓰루(內田樹)·시라이 사토시(白井聰), 정선태 옮김, 『사쿠라 진다-전후 70년 현대일본을 말하다(日本戰後史論)』, 이터널샤인, 2019

원중거(元重擧), 김경숙 옮김, 『조선 후기 지식인, 일본과 만나다: 乘槎錄』, 소명출판, 2006

유진 카멘카(Eugene Kamenka), 손인철·김창회 역, 『민족주의의 이해(Nationalism: The nature and evolution of an idea)』, 문음사, 1990

유선영, 『식민지 트라우마: 한국 사회 집단 불안의 기원을 찾아서』, 푸른역사, 2017

유성룡, 이민수 옮김, 『징비록: 부끄러운 역사를 이겨 낸 위대한 기록』, 을유문화사, 2014

유홍준, 『나의 문화유산답사기: 일본편1 규슈』, 창비, 2013

윤건차, 「식민지 일본인의 정신구조-'제국의식'이란 무엇인가-」, 이형식 편저, 『제국과 식민지의 주변인: 재조일본인의 역사적 전개』, 보고사, 2013

윤치호, 김상태 역, 『물 수 없다면 짖지도 마라: 윤치호 일기로 보는 식민지 시기 역사』, 산처럼, 2001

이기용, 『정한론: 아베, 일본 우경화의 뿌리』, 살림출판사, 2015

이승엽, 「문화정치 초기 권력의 동향과 재조일본인 사회」, 이형식 편저, 『제국과 식민지의 주변인: 재조일본인의 역사적 전개』, 보고사, 2013

이안 부루마(Ian Buruma), 정용환 옮김, 『아우슈비츠와 히로시마: 독일인과 일본인의 전쟁 기억』, 한겨레신문사, 2002

이안 부루마, 최은봉 옮김, 『근대 일본』, 을유문화사, 2004

이안 부루마, 신보영 옮김, 『0년: 현대의 탄생, 1945년의 세계사(2014)』, 글항아리, 2016

이영, 팍스 몽골리카의 동요와 고려 말 왜구: 동아시아의 파이렛츠와 코르세어, 혜안, 2013

이영훈 편, 『수량경제사로 다시 본 조선후기』, 서울대학교 출판부, 2004

이완범, 『한반도 분할의 역사: 임진왜란에서 6.25전쟁까지』, 한국학중앙연구원출판부, 2013

이원희, (日本) 천황과 귀족의 백제어, 주류성, 2015

이재석, 고대 한일관계와 『일본서기』: 일본서기의 허상과 실상, 동북아역사재단, 2019

이재정·서윤희 [편], 『19세기 말 20세기 초 서양인이 본 한국』, 국립중앙박물관, 2017

이창재, 『신화와 정신분석』, 아카넷, 2014

이타사카 겐(板坂元), 정 형 옮김, 『일본인의 논리구조(1971)』, 소화, 1996

■ 참고문헌

이현주, 『햇불과 촛불: 벼랑 끝에 선 그들만의 천국』, 조선일보사, 2003

이형식, 「재조일본인 연구의 현황과 과제」, 이형식 편저, 『제국과 식민지의 주변인: 재조일본인의 역사적 전개』, 보고사, 2013

임지현, 『기억전쟁: 가해자는 어떻게 희생자가 되었는가』, Humanist, 2019

자크 데리다(Jacque Derrida), 배지선 옮김, 거짓말의 역사, 이숲, 2019

전상숙, 『한국인의 근대국가관 '민주공화국' 재고: 식민지시기 국가의 이중성과 민족문제의 상관관계를 중심으로』, 도서출판 선인, 2017

정근식·한기영·이혜령·고노 겐스케·고영란, 『검열의 제국: 문화의 통제와 재생산』, 푸른역사, 2016

정순태, 『여몽연합군의 일본정벌』, 김영사, 2007

정약용, 정약전, 정해겸 편역주 『다산서간정선』, 현대실학사, 2002

정약용, 민족문화추진회 편, 『다산문선』, 솔 출판사, 2006

정일성, 『일본 군국주의의 괴벨스 도쿠토미 소호(德富蘇逢)』, 지식산업사, 2005

정지희, 「자민당 정권의 방송 내용 규제 논리와 NHK 우경화 논란: 2000년대 이후를 중심으로」, 남기정 엮음, 『일본 정치의 구조 변동과 보수화: 정치적 표상과 생활세계의 실상』, 박문사, 2017

제럴드 커티스, 박철희 옮김, 『흔들리는 일본의 정당정치: 전환기 일본 정치개혁의 구조와 논리』, 한울, 2003

제베데이 바르부(Zevedei Barbu), 임철규 역, 『歷史心理學(1983)』, 창작과 비평사, 1997

조경달, 최혜주 옮김, 『식민지 조선과 일본』, 한양대학교 출판부, 2015

조명철 등, 『일본인의 선택: 일본인, 그들은 무슨 생각으로 어떤 선택을 했는가』, 다른 세상, 2002

조용래, 『천황제 코드』, 논형, 2009

존 다우어(John W. Dower), 최은석 옮김, 『패배를 껴안고: 제2차 세계 대전 후의 일본과 일본인(Embracing Defeat: Japan in the Wake of World War II)』, 민음사, 2009

존 미어샤이머(John Mearsheimer), 『왜 리더는 거짓말을 하는가?: 지도자의 거짓말에 관한 불편한 진실』, 전병근 옮김, 비아북, 2011

지모토 히데키(千本秀樹), 최종길 옮김, 『천황제의 침략책임과 전후책임』, 경북대학교출판부, 2017

최혜주, 『정탐 제국일본, 조선을 엿보다』, 한양대학교출판부, 2019

최혜주, 『아오야기 쓰나타로의 조선정탐과 출판활동』, 한양대학교 출판부, 2020

탁석산, 『한국인의 정체성』, 책세상, 2000

탁석산, 『한국인의 주체성』, 책세상, 2000

테사 모리스 스즈키(Tessa Moris Suzuki), 박광현 옮김, 『일본의 아이덴티티를 묻는다』, 산처럼, 2005

테사 모리스 스즈키(Tessa Morris Suzuki), 김경원 옮김, 『우리 안의 과거(The Past within Us): 과거는 미디어를 통해 어떻게 기억되고 역사화 되는가?』, 휴머니스트, 2006

토마스 홉스(Thomas Hobbes), 진석용 옮김, 『리바이어던 1: 교회국가 및 시민 국가의 재료와 형태 및 권력』, 나남, 2018

투키디데스, 박광순 역, 『펠로폰네소스전쟁사(상)(하)』, 범우, 2011

패트릭 스미스(Patric Smith), 노시내 옮김, 일본의 재구성(Japan: A Reinterpretation), 마티, 2008

프란츠 파농, 이석호 옮김, 『검은 피부 하얀 가면』, 인간사랑, 2019

하구치 나오토(樋口直人), 김명숙 역, 『재특회(在特會)와 일본의 극우:배외주의 운동의 원류를 찾아서』, 제이엔씨, 2016

하야미 아키라(速水融), 정성원·정안기 옮김, 『근세 일본의 경제발전과 근면혁명』, 도서출판 혜안, 2006

하우봉, 『조선시대 한국인의 일본인식』, 혜안, 2006

하종문, 『왜 일본은 한국을 정복하고 싶어 하는가: 정한론으로 일본 극우파의 사상적·지리적 기반을 읽다』, 메디치미디어, 2020

하타노 스미오(波多野澄雄), 오일환 옮김, 『전후일본의 역사문제』, 논형, 2016

하타다 다카시(旗田巍), 이기동 역, 『일본인의 한국관』, 일조각, 1997

한나 아렌트(Hannah Arendt), 이진우·박미애 옮김, 『전체주의의 기원 1』, 한길사, 2006

한나 아렌트(Hannah Arendt), 김선욱 옮김, 『예루살렘의 아이히만』, 한길사, 2006

한다 시게루(半田滋), 조흥민 옮김, 『일본은 전쟁을 원하는가: 집단적 자위권과 전쟁국가의 귀환』, 글항아리, 2015

한상일·한정선, 『일본, 만화로 제국을 그리다』, 일조각, 2006

한양대학교 비교역사문화연구소, 『식민주의 역사학과 제국』, 2016

함재봉, 『한국 사람 만들기 I』, 아산서원, 2017

황태연 외, 『일제종족주의(Japanese Imperialist Tribalism)』, NEXEN MEDIA, 2019

후지타 쇼조(藤田省三), 김석근 옮김, 『천황제 국가의 지배원리』, 논형, 2009

참고문헌

2. 영어 문헌

Adam D. Rotfeld and Anatoly V. Torkunov ed., *White Spots and Black Spots: Difficult Matters in Polish-Russian relations 1918-2008*, Unversity of Pittsburg Press, Pittsburg PA., 2015

Alexander Woodside, *Lost Modernity: China, Vietnam, Korea, and the Hazards of World History*, Havard University Press, Cambridge, Massachusetts, 2006

Alexis de Tocqueville, translated by Gerald E. Bevan with an Introduction and Notes by Iassc Kramnick, *Democracy in America and Two Essays on America*, Penguin Books, London England, 2003

Bruce Cumings, "The Legacy of Japanese Colonization in Korea", in Ramon H. Myers ed., *The Japanese Colonial Empire, 1895-1945*, Princeton University Press, N.J., 1984

Carol Gluck, *Japan's modern myths; ideology in the late Meiji period*, Princeton University Press, Princeton, NJ. 1985

Christopher L. Hill, *National History and the World of Nations: capital, state, and the rhetoric of history in Japan, France, and the United States*, Duke University Press, Durham, NC, 2008

David Vine, *Base Nation: How U.S. Military Bases Abroad Harm America and the World*, Henry Holt and Company, LLC. New York, 2015

Deborah Lipstadt, *Denying the Holocaust: The Growing Assault on Truth and Memory*, The Free Press/ Macmillan, New York, N.Y. 1993

Don Oberdorfer, *The Two Koreas*, Addison-Wesley, Massachusetts, 1997

E. H. Carr, *What is History*, Penguin Books, London, England, 1990

E. H. Norman, "Japan's Emergence as a Modern State", in John W. Dower ed. *Origins of the Modern Japanese State: Selected Writings of E. H. Norman*, Pantheon Books, Random House, N.Y., 1975

E. H. Norman, "Feudal Background of Japanese Politics", in John W. Dower ed. *Origins of the Modern Japanese State: Selected Writings of E. H. Norman*, Pantheon Books, Random House, N.Y. 1975

Erich H. Fromm, *Escape from Freedom*, Owl Books, Henry Holt and

Company, Inc. N.Y., 1994

Frederik L. Schodt, *America and the four Japans: friend, foe, model, mirror*, Stone Bridge Press, Berkeley, Ca. U.S. 1994

Friedlich A. von Hayek, *The Road to Serfdom*, The University of Chicago Prss, Chicago, 1994

Georges Duby, translated by Arthur Goldhammer, *The Three Orders: Feudal Society Imagined*, University of Chicago Press, Chicago, 1980

George Owell, *The Road to Wigan Pier*, Penguin Books, London, 1989

Glenn Davis, John G. Roberts, *An occupation without troops: Wall Street's half-century domination of Japanese politics*, YENBOOKS, Tokyo, Japan, 1996

Henry Kissinger, *Diplomacy*, Simon & Schuster, N.Y. 1994

James Mann, *About Face: A History of America's Curious Relationship with China, from Nixon to Clinton*, Vintage/Random House, New York, 2000

Jennifer Lind, *Sorry States: Apologies in International Politics*, Cornell Universit Press, New York, 2008

Jeremy Atack and Peter Passell, *A New Economic View of American History(2nd ed.)*, Noton & Co.,N.Y., 1994

John B. Duncan, *The Origin of the Choson Dynast*, University of Washington Press, Seattle, WA. 2014

John Kenneth Galbraith, *The Anatomy of Power*, CORGI BOOKS, London, GB, 1985

John W. Dower, "E. H. Norman, Japan and the Use of History", in John W. Dower ed. *Origins of the Modern Japanese State: Selected Writings of E. H. Norman*, Pantheon Books, Random House, N.Y 1975

John Dower, *Ways of Forgetting, Ways of Remembering: Japan in the Modern World*, The New Press, New York, 2012

Kent E. Calder, *Asia in Washington: Exploring the Penumbra of Transnational Power*, Brookings Institution Press, Washington DC, 2014

Kevin P Clements, "Trust, Identity, and Conflict in Northeast Asia", in Kevin P Clements ed., *Identity, Trust, and Reconciliation in East Asia: Dealing with Painful History to Create a Peaceful Present*, Palgrave Macmillan, Cham, Switzerland, 2018

참고문헌

Laura Hein and Mark Selden, "The Lesson of War, Global Power, and Social Change", in Laura Hein and Mark Selden ed., *Censoring history: citizenship and memory in Japan, Germany, and the United States*, M.E.Sharpe(An East Gate Book), N.Y., 2000

Linus Hagström, "The 'Abnormal' State: Identity, Norm/Exception and Japan", in Kevin P Clements, ed., *Identity, Trust, and Reconciliation in East Asia: Dealing with Painful History to Create a Peaceful Present* Palgrave Macmillan, Cham, Switzerland, 2018

Marc Gallicchio, *The scramble for Asia : U.S. military power in the aftermath of the Pacific War*, Rowman & Littlefield, Lanham, Maryland, 2012

Marius B. Jansen, 「Japanese Imperialism: Late Meiji Perspectives」, in Ramon H. Myers ed., *The Japanese Colonial Empire, 1895-1945*, Princeton University Press, N.J., 1984

Mark R. Piattie, "Japanese Attitudes Toward Colonialism, 1895-1945", in Ramon H. Myers Ed., *The Japanese Colonial Empire, 1895-1945*, Princeton University Press, N.J., 1984

Mark R. Peattie, Introduction", in Ramon H. Myers ed., *The Japanese Colonial Empire, 1895-1945*, Princeton University Press, N.J., 1984

Michael J. Green, *by More Than Providence*, Columbia University Press, New York, 2017

Michael H. Hunt and Steven I. Levine, *Arc of empire : America's wars in Asia from the Philippines to Vietnam*, The University of North Carolina Press, 2012

Michalel Pillsury, *The Hunred-Year Marathon:China's Secret Strategy to Replace America as the Global Superpower*, St. Martin's Griffin, New York, 2016

Michael Schaller, *The American occupation of Japan : the origins of the Cold War in Asia*, Oxford University Press, N.Y. 1985

Murphy, R, Taggart, *Japan and the shackles of the past*, Oxford University Press, New York, 2014

Naoko Shibusawa, *America's geisha ally: reimagining the Japanese enemy*, Havard University Press, Cambridge, Massachusetts, 2006

Paul Johnson, *A History of the American People*, Harper Collins, New

York, NY, 1997

Peter Duus, *The Abacus and the Sword: the Japanese Panetration of Korea 1895–1910*, University of California Press, Berkeley and Los Angeles, Ca. 1998

Peter Novick, *The Noble Dream: the "Objectivity Question" and the American Historical Profession*, Cambridge University Press, N.Y., 2005

Ramon H. Myers Ed., *The Japanese Colonial Empire, 1895–1945*, Princeton University Press, N.J., 1984

Ria Shibata, "Apology and Forgiveness in East Asia", in Kevin P Clements ed., *Identity, Trust, and Reconciliation in East Asia: Dealing with Painful History to Create a Peaceful Present*, Palgrave Macmillan, Cham, Switzerland, 2018

Robert L. Heilbroner, *The Worldly Philosophers: The Lives and Ideas of the Great Economic Thinkers*, Touchstone/Simon & Shuster, New York, 1992

S. C. M. Paine, *The Japanese Empire: Grand Strategy from the Meiji Restoration to the Pacific War*, Cambridge University Press, Cambridge, U.K., 2017

Stefan Tanaka, *Japan's Orient: Rendering Past into History*, university of california press, Berkeley, California, 1993

Stefan Tanaka, *New times in modern Japan*, Princeton University Press, Princeton, New Jersey, 2004

Stephen E. Ambrose, Undaunted Courage: Meriwether Lewis, Thomas Jefferson, and the Opening of the American West, Touchston of Simon & Shuster, NY, 1996

Stephen Vlastos ed., *Mirror of modernity: invented tradition of modern Japan*, Univesity of California Press, 1998

Tibor Frank and Frank Hadler ed., *Disputed Territories and Shared Pasts: Overlapping National Histories in Modern Europe*, Palgrave Macmillan, New York, 2011

Walter LaFeber, *The Clash: U.S.–Japanese relations throughout history*, Norton, N.Y. 1998

William J. Sebald with Russel Brines, *With MacArthur in Japan: a personal history of the occupation*, Norton & Co.Inc. N.Y., 1965

3. 일본어 문헌

朝日新聞取材反班(아사히신문취재반), 『自壞する官邸: 「一強」の落とし穴』, 朝日新
　　聞社, 2021

戸部良一(도베 료이치) 외, 『失敗の本質: 日本軍の組織論的 研究』, ダイヤモンド
　　社(다이야몬드사), 東京, 1984(2013년 70쇄 발행)

半藤一利(한도 가즈토시)·保阪正康(호사카 마사야스), 『日中韓を振り回すナショ
　　ナリズムの正體』, 東洋經濟, 東京, 2014

石井修(이시이 오사무), 『ゼロからわかる核密約』, 柏書房, 東京, 2010

池内敏(이케우치 사토시), 『薩摩藩士朝鮮漂流日記: 鎖国の向こうの日朝交渉』,
　　講談社, 東京, 2009

池内敏(이케우치 사토시), 『日本人の朝鮮觀はいかにして形成されたか』, 講談社,
　　東京, 2017

柄谷行人(가라타니 고진), 『帝國の構造－中心.周邊.亜周辺』, 青土社, 東京, 2014

片山 杜秀(가타야마 모리히데), 『未完のファシズム—「持たざる国」日本の運命』,
　　新潮社, 東京, 2012

琴秉洞(금병동), 『日本人の朝鮮觀: その光と影』, 明石書店, 東京, 2006

小谷賢(고타니 켄), 『日本軍のインテリジェンス: なぜ情報が活されないのか』, 講
　　談社, 2007

小林啓治(고바야시 히로하루), 『總力戦体制の正体』, 柏書房, 2016

金光哲(김광철), 「異民族起源說における神功皇后的朝鮮觀の檢討」, 京都部落史研
　　究所紀要 第 10號, 1990

金光哲, 『中近世における朝鮮觀の創出』, 倉書房, 東京, 1999

牧野富夫(마키노 도미오) 編著, 『アベノミクス崩壊』, 新日本出版社, 東京, 2016

牧野邦昭(마키노 구니아키), 『經濟學者たちの日米開戦』, 新潮選書, 東京, 2018

牧野洋(마키노 요), 『官報複合體: 權力と一体化する新聞の大罪』, 講談社, 2012

Mark Caprio, 杉田米行 編著, 『アメリカの對日占領政策とその影響』, 明石書店,
　　東京, 2004

松田武(마쓰다 다케시), 『戦後日本におけるアメリカのソフト·パワー: 半永久的
　　依存の起源』, 岩波書店, 東京, 2008

Matin Fackler, 『安倍政権にひれ伏す日本のメディア』, 雙葉社, 東京, 2016

三谷博(미타니 히로시), 『明治維新とナショナリズム: 幕末 外交政治 變動』, 出川
　　出版社, 東京, 1997

マイケル·シャラー(Michael Schaller), 市川洋一 訳, 『日米関係とは何だったの
　　か: 占領期から冷戦終結後まで』, 草思社, 東京, 2004 高橋哲哉(다카하

시 데쓰야), 『戰後責任論』, 講談社, 東京, 2005

森田実(모리타 미노루), 「日本獨立の氣槪はどこで失われたのか?」in 關岡英之+
　　特別取材班 編著, 『アメリカの日本改造計劃』, イースト.プレス, 2007

中川未來(나카가와 미라이), 『明治日本の國粹主義とアジア』, 吉川弘文館, 東京, 2016

西川博史(니시카와 히로시), 『戰中戰後の中國とアメリカ·日本:「東アジア統合構
　　想」の歷史的檢證』, HINAS(北海學園北東アジア研究交流センター), 札幌
　　市, 2014

落合弘樹(오치아이 히로키), 『秩祿處分』, 講談社學術文庫, 講談社 2015, 東京

大嶽秀夫(오타케 히데오), 『日本型ポピュリズム』, 中央公論新社, 東京, 2003

小倉紀藏(오구라 기조), 『韓國は一個の哲學てある』, 講談社, 東京, 2011

齊藤貴男(사이토 다카오), 『戰爭經濟大國』, 河出書房新社, 東京, 2018

澤田克己(사와다 카쓰미), 『反日韓國という幻想: 誤解だらけの日韓關係』, 毎日新
　　聞出版, 2020

關幸彦(세키 요시히코), 國史の誕生－ミカドの國の歷史學, 講談社, 2014

小学館, 『Junior 日本の歷史 1: 國のなりたち』, 東京, 2010

小学館, 『Junior 日本の歷史 5: 天下泰平のしくみ·江戸時代』, 東京, 2010

鈴木博毅(스즈키 히로키), 『『超』入門 失敗の本質』, ダイヤモンド社(다이야몬드
　　사), 東京, 2012

Tessa Morris-Suzuki(테사 모리스 스즈키), 伊藤茂 譯, 『愛國心を考える』, 岩
　　波文庫, 2007

土屋由香(쓰치야 유카), 『親美日本の構築』, 明石書店, 2011

渡辺治(와타나베 오사무), 『安部政權と日本政治の新段階: 新自由主義.軍事大國
　　化.改憲にとう對抗するか』, 旬報社, 2013

渡辺治(와타나베 오사무), 『〈大國〉えの執念: 安部政權と日本の危機』, 大月書店,
　　東京, 2014

安丸良夫(야스마루 요시오), 『神々と明治維新－神仏分離と廢仏毀釋』, 岩波新書,
　　東京,1979

米原謙, 金鳳珍, 區建英, 『東アジアのナショナリズムと近代: なぜ対立するのか』,
　　大阪大學出版部, 吹田市, 2011

横田一(요코다 이치), 「年次改革要望西研究: いま明らかされるマスコミに默殺れ
　　た内政干涉の全貌」in 關岡英之+特別取材班 編著, 『アメリカの日本改造
　　計劃』, イースト.プレス 2007

吉野誠(요시노 마코토), 『明治維新と征韓論: 吉田松陰から 西鄕隆盛へ』, 明石書
　　店, 2002

찾아보기

○